आधुनिक गीतिकाव्य

आधुनिक गीतिकाव्य

डॉ. उमाशंकर तिवारी

वाणी प्रकाशन

प्रकाशन के उत्कृष्टतम 63 वर्ष

vaniprakashan.com

सजिल्द पहला संस्करण : 1997
सजिल्द दूसरा संस्करण : 2000
सजिल्द तीसरा संस्करण : 2026

वाणी प्रकाशन
4695, 21-ए, दरियागंज, नयी दिल्ली-110 002
फ़ोन : + 91 11 23273167, 23275710
शाखाएँ
अशोक राजपथ, पटना-800 004, बिहार
कॉफ़ी हाउस कैम्पस, महात्मा गांधी मार्ग, प्रयागराज-211 001, उत्तर प्रदेश
महात्मा गांधी अन्तरराष्ट्रीय हिन्दी विश्वविद्यालय, वर्धा-442 001, महाराष्ट्र
sales@vaniprakashan.in
vaniprakashan@gmail.com

Aadhunik Geetikavya
by Dr. Umashankar Tiwari

ISBN : 978-81-7055-54-07
Criticism

मूल्य : ₹ 895

जी.एस. ऑफ़सेट, दिल्ली-110 095 में मुद्रित

वाणी प्रकाशन का लोगो मक़बूल फ़िदा हुसैन की कूची से

अनुक्रम

भूमिका

आधुनिक हिंदी गीतिकाव्य : अंतर्वर्ती चेतना एवं शिल्पतंत्र

भारतीय वाङ्मय में वैदिक युग से आज तक गीतिकाव्य का निर्विच्छिन्न विकास होता चला आ रहा है। साहित्य का समाजशास्त्र बताता है कि गेयता आदिम मनुष्य की प्रकृति की देन है। हर्षोल्लास के क्षणों में आदिम मनुष्य गाता रहा है और पीड़ा के क्षणों में भी गाकर ही अपनी वेदना प्रकट करता रहा है। इसके भी पर्याप्त प्रमाण मिलते हैं कि यह गान वाद्य-नृत्य-नाट्य से मिलते हुए एक संश्लिष्ट कला-रूप बन गया। शताब्दियों तक आदिम युग का मनुष्य इस संश्लिष्ट कला-रूप से अपना अनुरंजन करता था अथवा अपने शोक-संवेग को व्यक्त करता था। सभ्यता के बढ़ते चरणों के साथ मनुष्य की कला-चेतना का भी विकास हुआ। उसने संगीत की शक्ति को पहचाना, उसका पृथक् रूप से विकास किया। उसने नृत्य की आवेगाकुल भंगिमाओं को पहचाना और उसके नाना रूपों को पल्लवित किया। उसने नाट्य-बिन्दुओं को संजोया और उसे खुले तथा शास्त्रीय रंगमंच तक ले जाकर जातीय मनोरंजन का महान् साधन बना दिया। हर्षोल्लास, विरह-वेदना, अग्नि, सोम, वरुण, सविता, पर्जन्य, उषा आदि के प्रति भाव विगलित स्तुतियों, जातीय वीरों, कबीलों के मुखियों आदि की जीवन-कथाओं की अभिव्यक्तिओं से श्रुत और स्मृति साहित्य का बड़े पैमाने पर सृजन प्रारंभ हो गया। प्रबन्ध, मुक्तक, नाटक, स्तोत्र, गीति जैसे अनेक काव्यरूप अस्तित्व में आये और क्रमशः इनका विकास और विशेषीकरण होते-होते अनेकानेक काव्यरूपों एवं काव्य-भेदों का विकास हो गया। यह विकास शताब्दियों के भीतर न होकर सहस्राब्दियों के भीतर हुआ।

सांस्कृतिक विकास के साथ-साथ विभाजन और विशेषीकरण की यह प्रवृत्ति बढ़ती रही। ऋग्वेद तथा अन्य तीन वेदों का अध्ययन करने पर पता चलता है कि उसमें संकलित ऋचाओं में भारतीय गीतिकाव्य का अत्यंत समृद्ध आदिम कोष तो है ही, अनेक भारतीय उपाख्यानों, प्रबन्ध-वृत्तों का भी महाकोष है। यह आकस्मिक नहीं है कि हम जब-जब भारतीय काव्य-रूपों या काव्य-प्रभेदों के उद्‌भव की बात

करते हैं, वैदिक युग तक जाना आवश्यक हो जाता है। वस्तुतः आदिम युग की आदिम जड़ताओं से मुक्त होने के बाद आर्यों की ऐहिक और आमुष्मिक—सभी प्रकार की आशा-आकांक्षाओं, राग-विरागों, लोकोत्तर एषणाओं एवं लोकेषणाओं की अभिव्यंजना वैदिक ऋचाओं में दिखलाई पड़ती है। वह आर्य जाति की प्राकृतिक शक्तियों की पूजा-उपासना, भक्ति और आत्म निवेदन के भीतर से उठते हुए भारतीय देव विज्ञान का प्रथम सोपान है। सुप्रसिद्ध गीतकार, विद्वान् और आलोचक डॉ. उमाशंकर तिवारी ने प्रस्तुत ग्रंथ आधुनिक हिंदी गीतिकाव्य अंतर्वर्ती चेतना एवं शिल्पतंत्र में वैदिक युग के गीतिकाव्य की सूक्ष्म मीमांसा की है।

डॉ. तिवारी ने प्रारंभ में और अन्यत्र भी गीतिकाव्य के सैद्धांतिक विवेचन के प्रसंग में मुक्तक को गीतिकाव्य के अंतर्गत आनेवाली एक विधा के रूप में देखा है। रामायण-महाभारत-काल या लौकिक संस्कृत अथवा प्राकृत-काल में वैदिक युग की तरह गीतियों के महत्त्व के कम हो जाने पर टिप्पणी करते हुए लिखा है, 'गीतिकाव्य का प्रमुख तत्त्व गेयता ही विकास के मार्गावरोध का कारण बन गया। गेयता के कारण उसे संगीत के क्षेत्र में ढकेल दिया गया और अगेय मुक्तक नाम से एक स्वतंत्र काव्य-रूप की कल्पना करके उसे प्रबन्ध काव्य के समानान्तर स्थापित कर दिया गया।' विचारणीय बात यह है कि शास्त्र-चिंतन, रचित साहित्य का अनुगामी होता है। एक लंबे समय तक गणतंत्रों से निकलते राजतंत्र की विकासोन्मुख अवस्थाओं तक जातीय आख्यानों का निर्माण होता रहा। वैदिक साहित्य, औपनिषदिक साहित्य, ब्राह्मण ग्रंथ, पौराणिक ग्रंथ, स्तोत्र साहित्य हमारी देव भावना से जुड़कर धार्मिक एवं दार्शनिक चिंतन की ओर बढ़ गये। साहित्य या काव्य-सृजन ने अपना अलग रास्ता बनाया। ऐसा भी नहीं है कि दोनों का अन्तरावलंबन न हुआ हो, वह खूब हुआ किन्तु साहित्य-सृजन का पथ अलग होता हुआ और अपना सुनिश्चित पथ पकड़ता हुआ दिखलाई पड़ता है। भरत के नाट्यशास्त्र से लेकर कविराज जगन्नाथ के रसगंगाधर तक का शास्त्र-चिंतन एक मामले में सर्वत्र प्रशंसित हुआ है कि उसने तात्विकता की खोज पर बराबर ध्यान दियां। जब उसने काव्य का विभाजन शुरू किया, तब प्रबन्ध केन्द्र में आ गया। प्रबन्ध के विपरीत अनिबद्ध या मुक्तक को आना ही था, फिर दोनों के उपभेद हुए। मुक्तक के अनेक भेद छंदों की संख्या पर आश्रित थे। दो छंद के लिए युग्मक, तीन के लिए संदानितक, चार के लिए कलापक, पाँच या उससे अधिक के लिए कुलक और राशि-राशि मुक्तकों के लिए कोष शब्द का व्यवहार किया गया। महत्त्व इन भेदों का नहीं है वरन् उस परिभाषा का है जो मुक्तक की विशेषता को लक्षित करने के लिए की गयी है। मुक्तक को अनिबद्ध भी कहा गया। अग्निपुराण के काव्यशास्त्रीय भाग में मुक्तक को चमत्कारक्षम एक श्लोक कहा गया है—'मुक्तकं श्लोक एकैकश्च चमत्कारक्षमः सताम्' ध्वन्यालोक में आनन्दवर्धन ने अमरुक के श्लोकों के आधार

पर कहा कि मुक्तकों मे रसनिबन्धन के लिए आग्रहशील कवि के निमित्त रसाश्रित औचित्य नियामक तत्त्व है—'तत्र मुक्तकेषु रसबन्धाभिनिवेशिनः कवेत्सदाश्रयोभिः औचित्यम्'। इस प्रकार यह सिद्ध हो जाता है कि मुक्तक को किन परिस्थितियों में समस्त अनिबद्ध काव्य के लिए खड़ा होना पड़ा। गीतिकाव्य भी अनिबद्ध एवं रसात्मक काव्य होता है। इस आधार पर गीतिकाव्य मुक्तक काव्य का अंशभूत हो जाता है। मुक्तकों की रसपेशलता और व्यंग्यात्मकता ने अभिनव गुप्त को इतना प्रभावित किया कि उन्होंने सोल्लास उद्घोषित किया—'अमरुक कवेरेकः श्लोकः प्रबन्ध शतायते।'

गीतिकाव्य के अनुशीलन-कर्त्ताओं ने प्रायः गीतिकाव्य के अंगीभूत रूप में मुक्तक को लिया है। किसी ने उसे प्रगति मुक्तक कहा है, किसी ने उसे गीतिमुक्तक कहा है तो किसी ने मुक्तक गीति कहा है। निश्चित ही शास्त्रीय चिंतन की तात्विकता के आधार पर यह मान्य होने योग्य नहीं है किन्तु एक बात इन अनुशीलनकर्त्ताओं की बिल्कुल ठीक है कि गीतिकाव्य मानव की आदिम अवस्था से ही उसके भावों का वाहक बना और आज तक निर्विच्छिन्न रूप से विकसित होता हुआ आज की विकसित अवस्था में पहुँचा है। स्वभावतः इस ग्रंथ के लेखक डॉ. उमाशंकर तिवारी इसी मत के हैं। यदि हम तात्विकता और शास्त्रीय चिंतन की ओर ध्यान न दें तो गीतिकाव्य को मूल मानकर मुक्तक को उसकी शाखा मानना अनुचित भी नहीं है। इतना ही नहीं लेखक ने संस्कृत में गीतिकाव्य के अभाव के पीछे समाज के शासक और शासित—दो भागों में विभाजित होने और शासक वर्ग के साहित्य में बौद्धिक विलास और कलाचातुर्य की प्रधानता स्वीकार करते हुए गीतिकाव्य धारा को पालि, प्राकृत, अपभ्रंश जैसे सामाजिक मन से जुड़े साहित्यों में विकसित होने की बात को भी लक्षित किया है।

प्रस्तुत प्रबन्ध की केन्द्रीय प्रतिश्रुति शिल्प-विकास को लेकर है। वैदिक युग से लेकर अद्यावधि तक की गीतिकाव्य के शिल्प-विकास की यात्रा कई हजार वर्षों में फैली है और उसके आलोड़न-विलोड़न के लिए केवल प्राचीन भारतीय वाङ्मय को ही देखना पर्याप्त न होगा वरन् इसके लिए विभिन्न भारतीय भाषाओं के साथ उर्दू के माध्यम से आये योरोपीय साहित्य के प्रभावों का अध्ययन भी आवश्यक होगा। विद्वान् अनुशीलनकर्ता बड़े श्रमपूर्वक वैदिक संस्कृत, लौकिक संस्कृत, पालि, प्राकृत और अपभ्रंश काव्य में गीतिकाव्य के पारम्परिक रूपगत विकास में उर्दू काव्य के प्रभावों की भी चर्चा करता है। उर्दू के गज़ल, नज़्म, रुबाई और किता, मुसन्नस, खमसा या मुखल्लास, बहृर आदि अनेक काव्यरूपों एवं छन्दों के प्रभाव को रेखांकित करता है। आधुनिक हिंदी कविता के विकास में पारंपरिक उर्दू और अंग्रेजी साहित्य के प्रभावों से कितने ही नये रूपों की अवतारणा गीतिकाव्य में हुई। अंग्रेजी से शीर्षकबद्ध लिरिक (प्रगति मुक्तक), सानेट (चतुर्दशपदी), ओड (सम्बोध गीति),

एलेजी (शोक गीत) और बैलेड (लघु गाथा गीत) आदि लेकर गीतों का लेखन हिंदी के अनेक आधुनिक गीतकारों ने किया। इसके अतिरिक्त लोकगीतों की भारतीय काव्य-परंपरा के प्रभाव को भी लेखक बड़ी सूक्ष्मता से विवेचित करता है।

गीतिकाव्य के शिल्पगत विकास की केन्द्रीय प्रतिश्रुति एक दूसरी समस्या भी खड़ी करती है। समस्या यह है कि लेखक़ आधुनिक गीतिकाव्य के विभिन्न युगों की चर्चा करते हुए उन युगों की राजनीतिक, सांस्कृतिक पृष्ठभूमि तथा उसके साहित्यिक प्रभावों के रेखांकन के साथ-साथ उसके भावगत आयामों के विवेचन-विश्लेषण का पूरा-पूरा प्रयास भी बड़े मनोयोगपूर्वक करता है। इसके कारण को समझना चाहिए। वस्तुतः काव्यवस्तु से काव्यरूप का गहरा संबंध है। एक प्रकार से काव्य की भावात्मक सत्ता ही उसकी रूपात्मक विशेषताओं को निर्धारित करती है। इस दृष्टि से देखें तो समीक्षक युग-परिवर्तन के साथ बदलती हुई भाव-वस्तु के नये-नये रूपात्मक परिवर्तनों को लक्षित करने में पूरी तरह सक्षम हुआ है। इस दिशा में वह अपने पूर्ववर्ती शोधकों से निश्चय ही बहुत आगे है। इस प्रसंग में यह ध्यातव्य है कि लेखक ने कई बार गीतिकाव्य का वर्गीकरण रूपात्मक के साथ-साथ वस्तुगत या भावगत आधार पर भी किया है। इस संदर्भ में मैं पुनः कहना चाहूँगा कि रूप या भाव की भिन्न कोटियाँ न तो हैं, न मानी जानी चाहिए। एक के विश्लेषण के लिए दूसरे को आधार लेना ही होगा।

प्रस्तुतः शोध-प्रबन्ध की एक बड़ी विशेषता यह है कि कालक्रम के साथ बदलती युगीन परिस्थितियों के विवेचन में अनुशीलनकर्ता डॉ. तिवारी ने सामाजिक-सांस्कृतिक (Socio-cultural) पृष्ठभूमि का विवेचन बड़े ही प्रगतिशील ढंग से किया है। भारतीय इतिहास के प्रागैतिहासिक काल से आठवीं शताब्दी तक के काल को विकासोन्मुख सामंत-काल मानना, उसके बाद से आधुनिक काल के प्रारंभ के पूर्व तक के काल को, ह्रासोन्मुख सामंत-युग मानना एक प्रकार की सामाजिक-सांस्कृतिक दृष्टि का ही परिचायक है। इतना ही नहीं, वह मानकर चलता है कि संस्कृति समाज के मानस का प्रतिबिम्ब है जिसकी आधारशिला बाह्य परिस्थितियाँ हैं। इन्हीं के ऊपर संस्कृति के भवन का ऊपरी ढाँचा निर्मित होता है। यही कारण है कि लेखक प्रत्येक काल के विवेचन के पूर्व उस काल की आर्थिक, राजनीतिक, सांस्कृतिक परिस्थितियों का सूक्ष्मता से विवेचन करता है और अपने प्रगतिशील समीक्षा-मानकों के अनुसार ही अनेक तार्किक और युक्तिसंगत निर्णयों तक पहुँचता है।

वैदिक युग के बाद संस्कृत, पालि, प्राकृत, अपभ्रंश साहित्यों के भीतर गीतिकाव्य के परिवर्तनमान स्वरों की पहचान तो डॉ. तिवारी इस प्रबन्ध में कराते ही हैं, मध्यकाल के हिंदी गीतिकाव्य की पृष्ठभूमि का विवेचन भी उसी मनोयोग से करते हैं। उनकी यह मान्यता है कि आदिम मानव-समाज के नृत्य-गीत से ही

विश्लेषीकृत होकर संगीत और गीतिकाव्य, नाटक और आख्यायिका आदि का विकास हुआ है। वस्तुतः डॉ. तिवारी ने वैदिक गीतों के विभिन्न रूपों का विस्तृत एवं सूक्ष्म अनुशीलन किया है। औपनिषदिक गीतों की ओर भी शोधकर्त्ता का ध्यान गया है और उसने उनमें गीतों की प्रकृति के मूल उपादानों को खोजने का प्रयत्न किया है। वह संस्कृत साहित्य के बहुलांश के गीतिविरोधी होने के बावजूद महाभारत पुराण, स्तोत्र और नाट्य ग्रंथों में गीतों के स्वरूप का अनुसंधान करता है। जयदेव के गीतगोविन्द को वह 'आदिमकाल से जन-जीवन में प्रचलित नृत्यगीत की शैली में लिखा गया गीतिकाव्य' मानता है। उसके अनुसार गीतों के सभी मूलभूत गुण गीतगोविन्द में पाए जाते हैं।

गीतगोविन्द निस्संदेह एक श्रेष्ठ गीतिग्रंथ है, फिर भी दो प्रभावों की ओर मुक्तक या गीतिमुक्तक के अनुसंधित्सुओं का ध्यान जाना आवश्यक है। सर्वप्रथम तो वह नालन्दा-विक्रमशिला के सहज यानी बौद्धों के गान और चर्यापदों के साथ-साथ बंगाल में प्रचलित यात्रागीतों को आत्मसात करता है, दूसरी ओर वह प्रबन्ध-लेखन की शास्त्रीय परंपरा से भी अनुभावित है। यह परपंरा मुक्तकगीतियों के परवर्ती साहित्य में भी मिलती है। विद्यापति, कबीर, सूर, तुलसी—सभी ने अपने पदों के संग्रहों में किसी न किसी प्रकार का बन्धत्व अवश्य स्वीकार किया है। गीतिकाव्य की दृष्टि से पालि और प्राकृत साहित्य का अत्यधिक महत्त्व है। सुत्तनिपात, रतिणुत्तक, धम्मपद, थेरगाथा, थेरीगाथा पालि मुक्तक साहित्य की अमूल्य निधियाँ हैं। इनमें गीतिकाव्य की समस्त रूढ़ियों के मिलने के साथ-साथ लोकजीवन के अछूते चित्र मिलते हैं। यह सही है कि बौद्ध साहित्य के अंग होने के कारण इनमें धर्मभाव की कमी नहीं है फिर भी यह उन अर्थों में धार्मिक नहीं है जिन अर्थों में संस्कृत में लिखे धर्मग्रंथ। प्राकृत की हाल सातवाहन की गाथा सप्तशती आमुष्मिकता से ओतप्रोत पूरे भारतीय साहित्य की ऐसी पहली काव्यकृति है जिसमें ऐहिक प्रेम अर्थात् स्त्री-पुरुष के मिलनोत्सव एवं विरह-पीड़ा की भरपूर अभिव्यक्ति संभव हुई है और जिसके फलस्वरूप संस्कृत में गोवर्द्धनाचार्य की आर्यासप्तशती तथा अमरुक के अमरुशतक जैसे अनेक काव्यग्रंथ लिखे गये। प्रस्तुत प्रबन्ध में शोधकर्ता डॉ. उमाशंकर तिवारी ने प्राकृत के बज्जा वग्ग आदि की चर्चा की है और गाथा सप्तशती की गाथाओं में गीतिकाव्य का अभाव देखकर लिखा है—'मेरे विचार में गाथा सप्तशती गीतिकाव्य नहीं, मुक्तक काव्य-कोश है। गीतिकाव्य के तत्त्व उसकी बहुत कम गाथाओं में मिलते हैं, उनमें कवि की आत्माभिव्यंजना नहीं है। गीतिकाव्य का बाह्य रूप-संगठन भी उनमें नहीं मिलता।' शोधकर्ता के इस कथन में सार है फिर भी गाथा प्रारंभ से ही गीति-छन्द रही है और गाथा सप्तशती को भी निश्चय ही गेय काव्य के रूप में गाया जाता रहा होगा। नाटकों में परिचारकों अथवा स्त्रियों के द्वारा प्राकृत गाथाओं का गान होता था। अभिज्ञान शाकुंतलम् के पाँचवें अंक

में रानी हंसपादिका द्वारा गाई जानेवाली उपालंभमूलक गाथा-गीति इसकी गेयता का पुष्ट प्रमाण है।

अपभ्रंश में गीतिकाव्य स्वतंत्र रूप से सिद्धों के साहित्य में तथा हेमचन्द्र के प्राकृत व्याकरण के चतुर्थपाद में एक जगह दिखलाई पड़ता है, किन्तु विद्वान् शोधकर्ता ने अपभ्रंश प्रबन्धकाव्यों में लिखित स्तोत्रादि, प्रबन्धकाव्यों के मध्यवर्ती गीतों तथा प्रबन्ध काव्यों के महत्त्वपूर्ण छन्द कडवक धत्ताक शैली में गीतात्मकता के दर्शन किये हैं। वह जैनों के चाचरि या चच्चरी तथा रास रासउरासा या रासो काव्यों को 'लघुगेय काव्य' मानता है—यहाँ तक कि पृथ्वीराज रासो में भी वह गेयता के गुणों का दर्शन करता है। इन सबको वह नृत्यगीत मानता है जो ऐतिहासिक एवं वस्तुगत प्रमाणों से भी प्रमाणित है। शोधकर्ता चर्यापदों, चच्चरी और नामदेव के पदों में राग-निर्देश देखकर उनके गीतितत्त्व की ओर इंगित करता है और इस प्रसंग में वह जैन काव्य में प्रचलित अनेक काव्य-रूपों का विवेचन करता है। इस प्रकार गीतिकाव्य या मुक्तक गीति की दृष्टि से उसके विवेचन का यह अंश बहुत ही महत्त्वपूर्ण बन जाता है।

मध्यकाल का विवेचन करते हुए शोधकर्ता भक्तिकालीन गीतिकाव्य की पूर्णता का श्रेय मुसलमान शासकों के प्रतिष्ठित होने के बाद की सुस्थिर एवं शांतिपूर्ण व्यवस्था को देता है। निश्चय ही मुसलमानों की आक्रमणकालीन उथल-पुथल की स्थिति कतिपय वीर काव्यों के प्रणयन के लिए उपयुक्त भले ही रही हो, गीतिकाव्य या अन्य प्रकार के भावमय अभिव्यक्ति के योग्य नहीं थी। लेखक के मत से अंशतः सहमत होते हुए मैं गीतिकाव्य को भक्तियुग की भावाभिव्यक्ति का प्रमुख सार्थवाह बनने का श्रेय भक्ति आंदोलन को दूँगा। निश्चित रूप से दक्षिण भारत के भक्तिमत के आचार्यों के उत्तर भारत की ओर आने तथा यहाँ पहले से मौजूद शैव-वैष्णव एवं जैन-बौद्ध काव्य धाराओं की भक्ति के खण्ड-खण्ड सरोवरों के दक्षिणात्य भक्ति-तरंगों से मिलकर भारतव्यापी तरंगिणी बनकर लहराने को ही लाखों पदों के सृजन का श्रेय दिया जा सकता है। कृष्ण भक्ति हो अथवा रामभक्ति, निर्गुण भक्ति हो अथवा सगुण भक्ति, सबके पीछे भगवान् की लीला की लोकरंजिनी एवं लोकरक्षिणी शक्ति में वह अमोघ विश्वास ही था जो सहस्र-सहस्र पदों में फूट पड़ा था।

यह प्रसन्नता का विषय है कि शोधकर्ता ने बड़ी सूक्ष्मता एवं प्रौढ़ विश्लेषण-क्षमता के साथ पदों के रूपगत वैविध्य का वर्गीकरण किया है और उस वर्गीकरण को प्रमाणों-उदाहरणों से पुष्ट करते हुए भक्तिकालीन पदों, गीतियों को अपभ्रंश और आदिकालीन गीतिकाव्य-परंपराओं से जोड़ा है। यह भी ध्यान देने योग्य है कि उसने युग-परिवर्तन के अनुरूप रूप-परिवर्तन को भी लक्षित किया है। विद्वान् अनुशीलनकर्ता ने मध्यकालीन गीतिकाव्य का रूपगत वर्गीकरण तो किया ही है,

विषयगत वर्गीकरण भी किया है। स्तुति, गोचारण, प्रेम, वीर, मंगल, उपालंभ, कीर्तन, लीला एवं ऋतु से जुड़े इस वर्गीकरण में अनेक पारंपरिक विषय हैं और अनेक शोधकर्ता द्वारा आविष्कृत। जहाँ तक कीर्तन-गीत का प्रश्न है, कीर्तन भगवान् की लीला का होता है और उपर्युक्त कोई भी भेद लीला से बाह्य नहीं है। वस्तुतः यह लीला-गान या कीर्तन की परंपरा ही थी जिसने 16वीं शताब्दी के सम्पूर्ण भारत को भक्तिमय करने का कार्य किया। यह कीर्तन की ही परंपरा थी कि सैकड़ों भक्तों ने अपने-अपने इष्ट देवताओं के लिए सैकड़ों पदों की रचना की। वस्तुतः यह कीर्तन ही था जिसने भक्तिकाव्य को जन-जन से जोड़ दिया और वह लोकचित्त में व्याप्त हो गया। मेरा सुझाव है कि विषयगत वर्गीकरण में कीर्तन को लेने की अपेक्षा रूपगत वर्गीकरण में लिया जाना अधिक श्रेयस्कर होगा।

उत्तर मध्यकाल को विद्वान् अनुशीलनकर्ता गीतिकाव्य के लिए अनुपयुक्त बताता है। उसका कारण वह राजनीतिक दृष्टि से केन्द्रीय इस्लामी शक्ति का टूटना और अनेक राजाओं का स्वतंत्र हो जाना बताता है। वस्तुतः राजनीतिक परिवर्तन साहित्य में चेतनागत परिवर्तन उपस्थित करते हैं। चेतनागत परिवर्तन काव्यवस्तु और काव्यरूपगत परिवर्तन को संभव बनाते हैं। इस तथ्य को विद्वान् लेखक ने अनेक बार स्वीकार भी किया है। वस्तुतः धार्मिक मठों-मंदिरों की कीर्तन-धारा और भक्तिकाव्य की रचना-धारा उत्तर मध्यकाल में भी बहती रही किन्तु प्रतिभाओं के अभाव में उसमें अष्टछाप के कवियों अथवा तुलसी जैसे बड़े कवियों के दर्शन नहीं होते। इस काल में प्रतिभा के धनी कवियों ने विभिन्न हिन्दू दरबारों में राज्याश्रय प्राप्त किया और राधा-कृष्ण के प्रेम के माध्यम से ही अपने लौकिक शृंगार तथा आलंकारिक कला-चेतना को यात्रावृत्तों में प्रकट करने लगे। वस्तुतः यह ह्रासोन्मुख सामंतवाद का काल था जिसमें राजन्य वर्ग के सामने राष्ट्रीयता या अपने राज्य की रक्षा के लिए युद्ध अथवा संघर्ष का कोई उच्चादर्श नहीं था वरन् वे मुगल शासकों को कर देकर स्वयं राग-रंग में डूबने वाले लोग थे। उत्कर्षोन्मुख मुगलशासन भक्तिकाल है और परवर्ती पतनोन्मुख मुगलशासन रीतिकाल है। निस्संदेह रीतिकाल में गीतिकाव्य को कोई खास प्रोत्साहन नहीं मिला। उसे गीतिकाव्य की दृष्टि से परवर्ती संत संप्रदायों तथा सगुण धर्मी रामभक्त कवियों से ही संतोष करना पड़ा है। संत काव्य के दादू पंथ, निरंजनी संप्रदाय, बावरी पंथ, सतनामी संप्रदाय, पल्टू एवं गरीबदासी पंथ के कवियों तथा रामभक्ति के परवर्ती रसिक संप्रदाय के बाल अली, प्रेम कली आदि कवियों के गीतिकाव्य का विवेचन शोधकर्ता ने इसी दृष्टि से किया है। उसने इस काल के उर्दू रेख्ता और हिंदी रूपमाला छन्दों की तुलना करके उनका नैकट्य सूचित करने का प्रयत्न किया है। लोकगीतात्मक काव्यरूपों—चैता, सोहर, घाटो, फाग, होरी आदि में उस समय का प्रभूत गीतिकाव्य रचित हुआ है। वस्तुतः उस काल का एक छंद सवैया अपने समस्त भेदों के साथ, अपनी स्वतंत्र

गीतात्मक प्रकृति के कारण रीतिबद्ध, रीतिमुक्त एवं संत संप्रदाय के कवियों द्वारा प्रभूत परिमाण में लिखा गया। 'सवैया' अभिधान ही इस बात का सूचक है कि वह कभी पाँच पंक्तियों का रहा होगा और पाँचवीं पंक्ति 'टेक' के रूप में प्रयुक्त होती रही होगी। सवैया के प्राप्त रूप में भी उसकी चतुर्थ पंक्ति छंद के मर्म को इस प्रकार समेटे रहती है कि पाठक चौथी पंक्ति तक पहुँचते-पहुँचते रोमांचित हो उठता है। मेरा सुझाव है कि विद्वान् अनुशीलनकर्ता को सवैया, कवित्त तथा इस प्रकार के अन्य गेय छन्दों के भीतर गीतिकाव्य की रूपगत संभावनाओं की तलाश करनी चाहिए थी। वस्तुतः रीतिकाल सामंतवाद का ह्रासोन्मुख काल था जिसमें राजन्य वर्ग के सामने युद्ध और विजय की उदात्त प्रेरणाएँ शून्य हो गई थीं और वह रागरंग, अलंकरण और सज्जा को ही अपना गौरव एवं उपलब्धि मानने लगा था। उत्कर्षोन्मुख मुगल शासन 'भक्ति काल' है जबकि पतनोन्मुख मुगल शासन 'रीतिकाल' है। निस्संदेह रीतिकाल में गीतिकाव्य को कोई प्रोत्साहन नहीं मिला। विद्वान् शोधकर्ता ने छांदिक गीतों एवं गीतिछंदों की चर्चा पूर्व अध्यायों में की है। रीतिकाल में भी सवैया छंद की विशेष रूप से विपुल राशि निर्मित हुई जो अत्यधिक गेय तो थी ही, नाम की दृष्टि से पाँच पंक्तियों का स्मरण भी दिलाती थी। यह पाँचवीं पंक्ति निश्चित ही टेक जैसी पंक्ति होती थी जो कम से कम सवैया के केन्द्रीय भाव को तो पूरी तरह संकेतिक करती ही थी। आज भी सवैया की अंतिम पंक्ति असाधारण रूप से केन्द्रीय अर्थ से सम्पन्न होती है और वह पाठक को पूरी तरह रोमांचित करने की शक्ति रखती है। सवैया ही नहीं कवित्त में भी भक्ति भावना एवं आत्माभिव्यंजना की पूरी सामर्थ्य भक्तिकालीन साहित्य में तो थी ही, उसके बाद के साहित्य में भी मिलती है। शोधकर्ता को इन संभावनाओं पर भी ध्यान देना चाहिए था।

शोधकर्ता ने इस अध्याय के अंत में उत्तर मध्यकाल में गीतिकाव्य के संदर्भ में संतकाव्य के दादू पंथ, निरंजनी संप्रदाय, बावरी पंथ, सतनामी संप्रदाय, पल्टू एवं गरीबदासी पंथ के कवियों तथा रामभक्ति के परवर्ती रसिक संप्रदाय के बाल अली, प्रेमकली तथा रसमाला आदि कवियों के गीतिकाव्य का विवेचन किया है। उसने इस काल में रेख्ता और रूपमाला छंदों की तुलना करके यह बताने की चेष्टा की है कि हिंदी और उर्दू का गीतिकाव्य कितना निकट आ गया था। लोकगीतात्मक काव्य-रूपों चैता, सोहर, घाटो, फाग, होरी आदि रागों में उस समय प्रभूत मात्रा में गीतियों का सृजन हुआ। सत्य यह है कि उस काल की जो कविता राज्याश्रयों में चली गयी, वह साहित्यिक, कलात्मक और मनोहर तो है किन्तु तुलसी-सूर की ऊँचाई नहीं पा सकी है और जो कविता पूर्ववत मठों-मन्दिरों में पनपती रही, वह स्वतंत्र होती हुई भी युगप्रभाव से वंचित है जैसे सुन्दरदास और जगजीवन साहब आदि का छांदिक अभिव्यक्तिमूलक गीतिकाव्य।

निस्संदेह हिंदी गीतिकाव्य के विकास में आधुनिक काल का भक्तिकाल के बाद सर्वाधिक महत्त्व है। इसलिए शोधकर्ता ने विवेच्यकाल में प्रवेश के पूर्व साहित्य की सामाजिक-सांस्कृतिक पृष्ठभूमि का विस्तृत एवं तार्किक विवेचन किया है तथा अपना दृष्टिकोण स्पष्ट करते हुए लिखा है—काव्य का परिवर्तन परिवर्तित युग की सामाजिक एवं सांस्कृतिक विचारधाराओं तथा विभिन्न जातियों के नवीन संपर्क एवं अंतरावलम्बन पर निर्भर करता है। किसी देश के हजारों वर्षों के इतिहास में उस देश के जनसमाज को विभिन्न सामाजिक, राजनैतिक एवं आर्थिक परिवर्तनों से होकर गुजरना पड़ता है और बाह्य आक्रामक या आक्रांत जातियों के साथ वैचारिक एवं सांस्कृतिक संबंध स्थापित करना पड़ता है। फलतः विभिन्न जातियों की संस्कृतियों का सम्मिश्रण और समन्वय होता रहता है जिससे साहित्य के विविध अंग भी प्रभावित होते हैं। इस आधार के स्मरण के साथ वह आधुनिक काल के गीतिकाव्य के अनुशीलन में प्रवेश करता है।

विद्वान् अनुशीलनकर्ता ने आधुनिक काल को गीतिकाव्य के विकास की दृष्टि से चार युगों में बाँटा है : (1) संक्रांति युग अर्थात् भारतेन्दु युग (2) पुनरुत्थान युग अर्थात् द्विवेदी युग (3) विद्रोह युग अर्थात् छायावाद युग और (4) क्रांतियुग अर्थात् छायावादोत्तर युग। वस्तुतः हिंदी काव्य के विकास की दृष्टि से भी यही युग-विभाजन समीचीन है। यह दूसरी बात है कि छायावादोत्तर युग की क्रांतिधर्मिता कभी भाव-बोध के स्तर पर तो कभी रूप-बोध के स्तर पर बराबर करवटें बदलती रही और उसकी हर करवट एक नष्ट आंदोलन को जन्म देती रही है। यह आंदोलनधर्मिता ही छायावादोत्तर कविता की खास पहचान है। यह भी ध्यान देने की बात है कि जो काव्य-स्वर आंदोलन नहीं बना, वह चाहे कितना भी सशक्त क्यों न रहा हो, अपनी विशिष्ट पहचान बनाने में समर्थ नहीं हुआ।

प्रस्तुत अनुशीलन में 1850 से 1900 के साहित्य को सांस्कृतिक संक्रांति की छाया के रूप में देखा गया है। सांस्कृतिक संक्रांति की प्रक्रिया तो सघन भाव से इस्लामी संस्कृति के प्रभाव से शुरू हो गई थी किन्तु उसकी प्रक्रिया अंग्रेजी संस्कृति के प्रभाव से तेज़ हो गई। अंग्रेजी के शिक्षा के माध्यम बनने और संचार-साधनों के वैज्ञानिक आविष्कारों से तीव्र हो जाने, छापेखाने के आविष्कार और बड़ी संख्या में पुस्तकों के प्रकाशन और पत्र-पत्रिकाओं के प्रचार-प्रसार से सांस्कृतिक संक्रांति के सुफल लोकतांत्रिक चेतना, स्वतंत्रता एवं समानता की मूल्यगत अवगति के रूप में दिखलाई पड़े। बौद्धिकता और रूढ़ि-विरोध के रूप में आधुनिकता का प्रभाव बढ़ा। जहाँ सामाजिक और सांस्कृतिक सोच के फलस्वरूप रूढ़ियाँ, गतानुगतिकता, अंधविश्वास और जड़ीभूत आस्थाएँ बहिष्कृत होने लगीं, वहीं तत्कालीन भारतीय मानस में नवजागरण कालीन आंदोलन आमूलचूल परिवर्तन करने में लग गया। कम से कम पढ़ा-लिखा समझदार तबका इन आंदोलनों से प्रभावित हुए बिना नहीं रहा।

इन सबका प्रभाव साहित्य पर भी पड़ा। हिंदी कवियों के सामने अभिव्यंजना के माध्यमों का विकट प्रश्न खड़ा हुआ। खड़ी बोली के काव्य-भाषा के रूप में स्वीकृत होते ही यह प्रश्न और भी चुनौतीपूर्ण हो गया। ब्रजभाषा और अवधी के परंपरागत छंद तो उसे विरासत में प्राप्त थे किन्तु उनमें नयी विषय-वस्तु की अभिव्यंजना की सामर्थ्य शेष नहीं थी। संस्कृत वर्णवृत्तों की ओर कवियों का आकर्षण बढ़ा। उर्दू बहरों और गज़ल आदि लोकप्रिय काव्य-रूपों की ओर भी कवि आकृष्ट हुए। यही नहीं अंग्रेजी साहित्य से परिचित होने के कारण उनमें अंग्रेजी के छंदों, उसके प्रगीत-रूपों और एलेजी, एपिस्टिल आदि विभिन्न रूपों के प्रति गहरा झुकाव दिखलाई पड़ा। भारतेन्दु-युग के भीतर तो प्राचीन मूल्यों और नवजागरणकालीन जीवन-मूल्यों का तीव्र संघर्ष दिखलाई पड़ने लगता है और उस युग के सभी कवि-लेखक नवजागरणकालीन जीवन-मूल्यों के पक्षधर के रूप में अपनी रचनाओं के साथ खड्गहस्त दिखलाई पड़ते हैं, किन्तु वे खड़ी बोली में काव्य-रचना का शुभारंभ करते हुए भी खड़ी बोली को काव्य-भाषा के अनुपयुक्त और ब्रजभाषा को काव्य-रचना के उपयुक्त मानते रहते हैं। यही मुख्य कारण है कि कविता के स्तर पर आधुनिकता का संक्रमण इस युग में उतना तीव्र नहीं दिखलाई पड़ता जितना उसके बाद के युगों में। भारतेन्दु जी के दिवंगत होते ही उनके मंडल के प्रताप नारायण मिश्र जैसे कवि-लेखकों और अयोध्या प्रसाद खत्री तथा श्रीधर पाठक जैसे कवि-लेखकों में काव्यभाषा के रूप में खड़ी बोली की प्रतिष्ठा को लेकर जो संघर्ष छिड़ता है वह कुछ दिनों तक ब्रजभाषा बनाम खड़ी बोली के रूप में वाद-प्रतिवाद के चक्र से गुज़रता रहा किन्तु इतिहास का तर्क खड़ी बोली के पक्ष में होने के कारण, अन्ततः खड़ी बोली को काव्य-भाषा के रूप में प्रतिष्ठित कर देता है। बीसवीं शती के पहले दशक से ही खड़ी बोली गद्य एवं काव्य-लेखन के लिए मानक भाषा के रूप में स्वीकार कर ली जाती है। स्वभावतः नवजागरण कालीन जीवन-मूल्यों (बौद्धिकता, आधुनिकबोध आदि) को कविता में ग्रहण करने की प्रक्रिया तेज़ हो जाती है किन्तु दुर्भाग्य यह कि काव्य-चेतना के संक्रांति के बाद पुनरुत्थान की ओर मुड़ जाने के कारण वह मर्यादावाद और सुधारवाद के कारण प्रबन्धकाव्यों की व्यवस्थित इतिवृत्तात्मक भूमि पर संचरण करने लगती है। कविता का स्वच्छंदतावादी दृष्टिकोण समानान्तर गति से क्षीण रूप में प्रवाहित होते हुए भी काव्यात्मक उत्कर्ष छायावाद के प्रादुर्भाव के बाद ही प्राप्त करता है। अनुशीलनकर्ता ने पुनरुत्थान युगीन प्रवृत्तियों को उच्चमध्यवर्ग की अंग्रेजीपरस्ती और उनके नैतिक पतन की प्रतिक्रिया माना है और इस मध्यवर्गीय आंदोलन को सामंतविरोधी और नयी औद्योगिक सभ्यता का पक्षधर भी कहा है। मेरे विचार से सामंतवाद-विरोध की अपेक्षा इस कविता में नैतिक पराभव की प्रतिक्रिया ही पुरानी कहानियों के उदात्त नैतिक चरित्रों की शृंखलाबद्ध अवतारणा के रूप में क्रियाशील दिखलाई पड़ती है और यह मध्यवर्गीय आंदोलन

ही है जो एक साथ सामंतवाद और पूँजीवाद से चौथे और पाँचवें दशक तक राजनीतिक, सांस्कृतिक और साहित्यिक धरातल पर लड़ता दिखलाई पड़ता है।

विद्रोहयुगीन गीतिकाव्य के रचनाकार मध्यवर्ग के रचनाकार थे जो नवजागरण के सुधारवाद से आगे बढ़कर उसकी सूक्ष्म आध्यात्मिकता से प्रभावित थे, अंग्रेजी शिक्षा-दीक्षा ने जिन्हें स्वच्छन्दतावादी काव्य का उन्मुक्त क्षितिज प्रदान किया था और प्रतिबंधों भरे सामाजिक जीवन और पराधीनता की जकड़ से मुक्त करके खुली हवा और निर्बन्ध प्रकृति के बीच जीने के लिए एक मार्ग दिया था। महात्मा गांधी के देशव्यापी अहिंसात्मक सत्याग्रह आंदोलनों की सफलताओं तथा विफलताओं ने इन कवियों में कभी शक्ति-संचार किया तो कभी नैराश्य की लहरें पैदा कीं। महायुद्धोत्तर अंतर्राष्ट्रीय आर्थिक-नैतिक बिखराव ने भी इस युग के कवियों में नैराश्य के भावों को गहरा किया किन्तु सर्वाधिक महत्त्वपूर्ण प्रवृत्ति इस युग के कवि की व्यक्तिनिष्ठ प्रवृत्ति थी, उसका 'मैं' था जो उसे एक ओर पाश्चात्य व्यक्तिवादी आंदोलनों के प्रत्यक्ष-अप्रत्यक्ष प्रभावों से मिला था, जिसे उगते हुए भारतीय पूँजीवाद ने भी पुष्ट किया था, दूसरी ओर जो उसे भारतीय धर्म और गांधीवादी अध्यात्म से प्राप्त हुआ था और तीसरी ओर जो उसे एक प्रकार की अराजक सामाजिकता के भीतर से उपलब्ध हुआ था। इस विद्रोह युग ने उसे व्यक्ति-स्वातंत्र्य, वैयक्तिक सुख-दुख की अभिव्यक्ति और उसके समन्वय की चेष्टा, जीवन और जगत्, पुरुष और प्रकृति को जानने-समझने का दार्शनिक उपक्रम प्रकृति से प्रारंभ करके जागतिक पीड़ा तक जाने का स्वच्छन्दतावादी काव्यनिष्ठ प्रयत्न तथा समस्याओं के समाधान के लिए किसी ठोस जीवन-दृष्टि के अभाव में हृदयवादी-आनन्दवादी जीवन-दर्शन तक जाने और प्रायः नैराश्य और पलायन का शिकार हो जाने की स्थितियाँ प्रदान कीं। वैसे यह निश्चित था कि छायावादी काव्यान्दोलन ने चार-साढ़े चार सौ वर्षों की धार्मिक स्थूलता एवं अलंकृत श्रृंगारिकता और अकाव्योपयोगी पुनरुत्थानमूलक आदर्शवाद के बंधन को तोड़कर जिस छायावादी-रहस्यवादी काव्य-प्रासाद का निर्माण किया, वह न तो उसके पूर्व दिखलाई पड़ा था न उसके बाद।

रूप-विधान की दृष्टि से भी इस युग की कविता भावनात्मक विद्रोह की तरह पर्याप्त विद्रोहधर्मी थी/जिसके फलस्वरूप नाना प्रकार के काव्य-रूपों की अवतारणा के साथ-साथ अभिव्यंजना के स्तर पर भी अनेकानेक प्रयोग हुए। विद्वान् अनुशीलनकर्ता ने सांगीतिक गीति, पदगीति, मुक्तक गीति, प्रगीत, सम्बोध गीत, सानेट आदि पश्चिमागत गीतियाँ, मध्यगीति, गाथा-गीत, आवृत्ति गीत, नाट्य गीति, पत्र गीति, मुक्त गीति, व्यंग्य गीति आदि शीर्षकों के अंतर्गत उस काल की प्रगीत मुक्तकीय सम्पदा का विवेचन किया है। इसमें संदेह नहीं कि अनुशीलनकर्ता की दृष्टि संपूर्ण छायावादी गीतिकाव्य के विस्तार को रूपशिल्प की दृष्टि से गहराई में आँकने की कोशिश करती है। वह मुक्तक गीतियों की रूपात्मक विविधता का

विश्लेषण तो करती ही है, 'साकेत' से 'कामायनी' तक के प्रबन्ध काव्यों की मध्यगीतियों का विवेचन भी 'मध्यगीति' के अंतर्गत करती है।

छायावादी काव्यान्दोलन का पूर्वार्ध काल्पनिक और भावात्मक विद्रोह काल था–रीतिकाल एवं द्विवेदी युग की शृंगारिक रसिकता और भोगवाद, स्थूलता और इतिवृत्तात्मकता के विरुद्ध। यह विद्रोह सूक्ष्मता के आग्रह के कारण कवि को अतीन्द्रिय, वायवी और स्वप्निक कल्पना-लोकों तक ले गया और कविता 'कल्पना के कानन की रानी' बनकर रह गयी। इनका चिन्तन-पक्ष रहस्यात्मक अनुभूतियों और वस्तुजगत के अभावों और पीड़ाओं की क्षतिपूर्ति अतीत के सुख-स्वप्नों और भविष्य की कल्पित सृष्टियों तक सीमित था।

छायावादी काव्यान्दोलन के उत्तरार्ध में छायावादी कवि ने संभवतः अपनी अतिशय काल्पनिकता और भावात्मकता की कमजोरियों को पहचाना और अपने युग की विसंगतियों के रू-ब-रू होकर प्रौढ़ कृतियों की रचना की। प्रसाद की 'कामायनी', निराला का 'तुलसीदास' और 'राम की शक्ति पूजा' और 'वनवेला' जैसी कविताएँ, पंत की 'युगांत', 'युगवाणी' एवं 'ग्राम्या' की कविताएँ, महादेवी के प्रौढ़ता प्राप्त गीत, माखनलाल चतुर्वेदी, दिनकर, सुभद्राकुमारी चौहान और नवीन आदि की कविताएँ इसी कालखंड में लिखी गयीं। निश्चय ही छायावाद का संपूर्ण काव्यवैभव इसी युग की कृतियों में प्रकट हुआ। विद्वान् अनुशीलनकर्ता ने युग परिवर्तन की इस प्रक्रिया को रेखांकित एवं विश्लेषित किया है।

उसने यहीं पर रूपग्रहण करती उन तीन अंतर्विरोधी प्रवृत्तियों को भी रेखांकित किया है जो छायावादी काव्यान्दोलन के समाप्त होने के बाद उसके भीतर से निर्गत हुईं। यह परंपरा एक ओर निराला और पंत की प्रगतिशील रचनाओं से प्रारंभ होकर प्रगतिवाद की परवर्ती काव्य-धारा के रूप में विकसित हुई, दूसरी ओर अज्ञेय, भारतभूषण अग्रवाल, गिरिजा कुमार माथुर की प्रयोगवादी काव्यधारा अपना स्वरूप-संगठन करते हुए तारसप्तक के माध्यम से आगे बढ़ी। तीसरी धारा व्यक्तिवादी स्वच्छंदतावाद की थी जो कवि को उसके निजी संसार के सुख-दुख और सामाजिक प्रतिबंधों से भाववादी संघर्ष की स्थितियों तक तो ले गई लेकिन उसके आगे नहीं जा सकी।

शोधकर्ता द्वंद्वात्मक विकास-प्रक्रिया के आधार पर छायावाद के अंतर्विरोध, छायावादोत्तर विकास-प्रक्रिया तथा छायावादी तत्त्वों के छायावादोत्तर विकसित स्वरूप का विश्लेषण एवं विवेचन करता है। इस विवेचन-क्रम में उसने तुलनात्मक ढंग से राष्ट्रीयता के विभिन्न रूपों का निम्नवत निरूपण किया है :

इस प्रकार राष्ट्रीयता की जो परंपरा भारतेन्दु युग से प्रारंभ हुई थी, वह पुनरुत्थान की नैतिकतावादी सांस्कृतिक राष्ट्रीयता के रूप में और छायावाद-युग में स्वच्छंदतावादी सांस्कृतिक राष्ट्रीयता तथा धर्मनिरपेक्ष राजनीतिक विद्रोह के रूप में

अभिव्यक्त हुई। उसका मत है कि निस्संदेह देश की राजनीतिक प्रगति और स्वतंत्रता संग्राम के बदलते स्वरूप के अनुसार काव्यगत विद्रोह का स्वरूप भी बदलता गया।

छायावादोत्तर युग को अनुशीलनकर्ता छायावाद के अंतर्विरोधों का प्रतिफलन मानता है। वह अपने लंबे विवेचन में राजनीतिक-आर्थिक परिस्थितियों के परिणामस्वरूप कविता में उभरती छायावाद-विरोधी काव्य प्रवृत्तियों को लक्षित करता है और उनके भीतर भी छायावाद की किसी न किसी प्रवृत्ति का अंतर्भाव पाता है। विवेचन-क्रम में वह छायावादोत्तर काल को दो युगों में विभाजित करता है—प्रतिक्रिया युग और सामंजस्य युग। प्रतिक्रिया युग में तीन काव्य-प्रवृत्तियों—व्यक्तिवादी स्वच्छंदतावाद, प्रगतिवाद और प्रयोगवाद का आविर्भाव देखता है और सामंजस्य युग में 'नयी कविता' का प्रादुर्भाव। वस्तुतः वह 'नयी कविता' का विकास भी दो रूपों में निरूपित करता है—प्रथम, मुक्तछंदाश्रयी नयी कविता और गीतात्मक एवं छंदाश्रयी नवगीत। लेखक ने स्पष्ट रूप से प्रतिक्रियावादी काव्य को ध्वंसशील माना है और सामंजस्यमूलक कविता को विकसनशील।

व्यक्तिवादी स्वच्छंदतावाद के अंतर्गत विवेचित साहित्य में उस युग के कवि के अहंवाद को लक्षिंत किया गया है और रेखांकित किया गया है कि व्यक्तिवादी स्वच्छंतावादी युग में नारी को लेकर व्यक्तिगत जीवन की यौनाकांक्षाओं, उत्तप्त रुधिर धर्मी वासनाओं तथा अपने भीतर की कुंठाओं की कहानी को गीतों में गाना ही कविकर्म हो गया था। इस युग की कविता में तीन प्रकार की प्रवृत्तियाँ मिलती हैं—आत्मरति, आत्मप्रशंसा और मिथ्या आत्मविश्वास। दूसरे व्यक्तिगत जीवन में नकारात्मक भावबोध का शिकार होना। तीसरे मधुचर्यामूलक उत्सव धर्मी कविताओं द्वारा क्षयी रोमांस की सृष्टि करना। भवगतीचरण वर्मा, बच्चन, अंचल, नरेन्द्र शर्मा नेपाली आदि ने इस प्रकार की प्रभूत रचनाएँ की हैं। वस्तुतः इन कवियों में न तो जीवन का गहन बोध है, न कोई सकारात्मक दार्शनिक चिंतन। रोमानी भावुकता इनकी कविता को छायावादी समग्रतामूलक काव्यबोध के सामने बौना सिद्ध करती है।

इन कवियों का महत्त्व इतना ही है कि इन्होंने छायावादी टकसाली पदावली और काल्पनिक ऊँचाइयों से कविता को मुक्त कर आम जन की भाषा और व्यक्ति के जीवन की सहज-सामान्य संवेदनाओं से जोड़ा। एक प्रकार से इनकी रचनाओं ने भी नयी कविता के लिए भाषिक एवं छांदसिक अभिव्यक्ति की विरासत छोड़ी।

व्यक्तिवादी स्वच्छंदतावाद की एक अधिक स्वस्थ, दायित्वपूर्ण काव्यधारा जानकी वल्लभ शास्त्री, हंसकुमार तिवारी, शिवमंगल सिंह सुमन, गोपाल सिंह नेपाली, शंभुनाथ सिंह, गुलाब खण्डेलवाल, रूपनारायण त्रिपाठी और श्रीपाल सिंह 'क्षेम' आदि की थी जो अपने वस्तु-जीवन के ठोस आधार पर अपने गीतों का विन्यास करते थे। प्रकृति के प्रति रागात्मक संबंध, सामाजिक दायित्व की अवगति एवं राष्ट्रीय

ऐतिहासिक अवमूल्यन के प्रति चिंता उनकी रचनाओं में मिलती है। कल्पना प्रवणता, भावुकता और प्रेम नाना भावदशाओं का आनुभूतिक संयोग उनकी रचनाओं में बराबर मिलता है।

प्रगतिवादी और प्रयोगवादी काव्य का एक ही अध्याय 'छायःवादोत्तर गीतिकाव्य का शिल्पगत विकास-2' में विवेचन करने का जोखिम अनुशीलनकर्ता ने क्यों उठाया है—यह बात स्पष्ट नहीं होती। छायावाद के विरुद्ध दोनों प्रतिक्रियाशील थे, दोनों की यह प्रतिक्रिया न केवल विषयवस्तु के स्तर पर थी, अभिव्यंजना के स्तर पर भी थी—ये समानताएँ उनके दिशागत और दार्शनिक मतभेदों तथा भिन्न तेवर ग्रहण करते रचना शिल्प को एक ही स्थान पर निरूपित करने मात्र से विवेचित नहीं हो सकती। ज्यादा अच्छा हुआ होता यदि अनुशीलनकर्ता दोनों का पृथक्-पृथक् स्वतंत्र विवेचन करता। फिर भी यह देखकर संतोष होता है कि वह इन दो धाराओं का विवेचन एक ही अध्याय में अलग-अलग और बहुत कुछ पूर्वापर क्रम से करता है।

अनुशीलनकर्ता ने पंत और निराला की सामाजिक, वस्तुतत्त्व वाली कविताओं को 'छायावादी प्रगतिवाद' कहा है। उसकी दृष्टि में इन गीतात्मक और कई बार निबन्धात्मक रचनाओं में बौद्धिक विवचेन और आरोपित सहानुभूति अधिक दिखलाई पड़ती है, जीवनानुभूति कम। वह भगवतीचरण वर्मा, नरेन्द्र शर्मा, दिनकर, केदारनाथ अग्रवाल और नागार्जुन की कविता में भी प्रगतिवादी विचार की अभिव्यक्ति देखता है। मेरे विचार से पंत और निराला—खासतौर पर 'युगवाणी' के पंत कविता को प्रगतिवादी विचार-दर्शन की अभिव्यक्ति का माध्यम बनाते हैं जिसका कविता से दूर तक कोई सरोकार नहीं बन पाता किन्तु 'ग्राम्या' में वह जीवन-दृष्टि एक सीमा तक जीवनानुभूति का अंग बन सकी है। निराला कहीं भी शोषित-उत्पीड़ित के अंकन में रागात्मक अनुबंधों के दायरे से बाहर नहीं जाते और वर्ण्य को उसकी गहन भावगत परिवृत्ति में प्रतिष्ठित करते हैं। 'वह तोड़ती पत्थर' इसका एक ज्वलंत उदाहरण है। केदारनाथ अग्रवाल और नागार्जुन की रचनाएँ भी इसी प्रकार जनजीवन के उत्पीड़न-संदर्भों से गहरे रागबोध के स्तर पर जुड़ती हैं।

वस्तुतत्त्व के विवेचन में अनुशीलनकर्ता मानवतावाद को प्रगतिवादी काव्य के मुख्य स्वर के रूप में रेखांकित करता है। वर्ग संघर्ष, क्रांति, सामाजिक विषमता आदि को तो प्रगतिशील काव्य अपना कथ्य बनाता ही है। नागार्जुन ने स्वातंत्र्योत्तर भारत की दुर्दशा के कारणों की खोज में कांग्रेस और उसके नेताओं के प्रति बड़े पैने व्यंग्य किये हैं—वैसे ही या उससे भी ज्यादा चुभते व्यंग्य जैसे कभी निराला नें किये थे। प्रगतिवादी कवियों में रामविलास शर्मा, गजानन माधव मुक्तिबोध, शमशेर बहादुर सिंह, केदारनाथ सिंह आदि का नाम सादर लिया जा सकता है। यह ध्यान देने की बात है कि मुक्तिबोध को छोड़कर शेष की अभिव्यक्तियाँ अधिकांशतः छांदसिक

और गीतात्मक हैं। डॉ. उमाशंकर तिवारी ने प्रगतिवादी काव्य के शिल्प का विवेचन करते हुए उसके सभी रूपों की समीक्षा की है।

डॉ. तिवारी का इस धारा पर स्पष्ट अभिमत है कि 'प्रगतिवादी मूल्य बाहर से मँगाये हुए थे, इस देश के बुद्धिजीवियों के मानस की उपज नहीं थे। इसी अर्थ में वे बाह्यारोपित, सतही और प्रतिक्रियाजन्य थे।' इसके पूर्व वे कहते हैं 'मूल्य ऊपर से आरोपित नहीं किये जाते, वे या तो परंपरागत संस्कारों के भीतर से उपलब्ध होकर मनुष्य के अस्तित्व के अंग बन जाते हैं या फिर नयी परिस्थितियों और पूर्व प्रचलित परंपरा के संघर्ष से मनुष्य के मन में नये रूपों में जन्म लेते हैं।' मेरी दृष्टि में प्रगतिशील कविता के जन्म के पीछे नयी परिस्थितियों और पूर्व प्रचलित परंपरा के संघर्ष के बिन्दु ही एक खास विचारधारा का आश्रय लेकर उठ खड़े हुए हैं।

प्रयोग वस्तुतः व्यक्ति को केन्द्र बनाकर कविता को प्रयोग-वैचित्र्य के स्तर पर ग्रहण करने का अभ्यासी रहा है। अज्ञेय ने 'तारसप्तक' से प्रारंभ कर तीसरे सप्तक तक जिन कवियों को संकलित किया, उनमें कई प्रगतिशील भी थे किन्तु अभिव्यक्ति के माध्यम के मामले में सभी राहों के अन्वेषी थे। कालान्तर में प्रयोगवाद का जो स्वरूप उभरा और विद्वानों द्वारा उसका जो रूप-निर्धारण हुआ, वह उसे एक खास तरह के मानसिक संगठन वाले कवियों के समूह के रूप में ही सामने रखता है। इनकी प्रवृत्ति नवीन और विचित्र प्रयोगों से पाठकों को चौंकाने, कविता को अकविता के स्तर तक ले जाने, समस्त पुरानी काव्यगत मान्यताओं को नकारते हुए नये काव्य-मानक निश्चित करने के साहस के रूप में दिखलाई पड़ती है। यह भी सत्य है कि ये प्रयोगवादी कवि नयी कविता-युग में भी रचनाशील रहते हैं और उसके प्रमुख कवियों में रेखांकित होते रहे हैं। तारसप्तक और अन्य सप्तकों के बाहर के बिहार के तीन कवियों ने नकेन (1956 ई.) तथा प्रपद्यवाद का प्रवर्तन किया। अज्ञेय-प्रवर्तित प्रयोगवाद में प्रयोग साधन-रूप में गृहीत है, साध्य रूप में नहीं। इसलिए ये प्रयोगशील ही हैं किन्तु प्रपद्यवादी प्रयोग को ही साध्य भी मानते हैं। वे अपने को सच्चा प्रयोगवादी सिद्ध करते हैं। प्रयोगवाद के ऐतिहासिक संदर्भों के निरूपण के साथ अनुशीलनकर्ता प्रयोगवादी गीतिकाव्य की विषयगत एवं रूपगत प्रवृत्तियों का विश्लेषण गहराई से करते हैं। विषयगत विवेचन करते हुए 'राहों के अन्वेषण' को डॉ. तिवारी उनकी अनास्था से जोड़ते हैं जो न केवल मूल्यों को अस्वीकृत करती है, रूप-शिल्प को भी स्वीकार नहीं करती है। भय, आशंका, अंतर्द्वंद्व और हताशा बार-बार इन कविताओं में सिर उठाती है गोकि प्रगतिवादी आस्था अथवा छायावादोत्तर वैयक्तिक यौन-स्वातंत्र्य की प्रवृत्तियाँ नये रोमैंटिक तेवर के साथ जब-तब इन कविताओं में जीवन का कुछ स्वाद पैदा करती हैं। वस्तुतः ये कवि तत्कालीन योरोपीय कवियों—विशेषतः इलियट, आडेन, एजरा पाउण्ड, स्पेंडर आदि की महायुद्धोत्तर सांस्कृतिक संकट की कविताओं से परोक्षतः या प्रत्यक्षतः अवश्य

प्रभावित थे। बहुत दूर तक द्वितीय महायुद्धोत्तर पराधीन भारत के सांस्कृतिक संकट ने भी इस कुंठाग्रस्तता और व्यक्तिवादिता को जन्म और बढ़ावा दिया।

'तारसप्तक' के मनोविश्लेषणपरक गीतिकाव्य की प्रकृति और प्रेम के माध्यम से वर्णित स्वच्छन्द यौन प्रवृत्ति तथा सामाजिक विद्रोह की प्रवृत्ति को रेखांकित करते हुए शोधकर्ता बेहिचक विद्रोहयुगीन आदर्शवाद और पुनरुत्थानयुगीन स्थूल नैतिकता के विरुद्ध प्रतिक्रिया के रूप में देखता-परखता है। शिल्पगत विवेचन में वह पदगीति, प्रगीत, मुक्तकगीति, आवृत्ति गीत, व्यंग्यगीति, निब[illegible]गीति, नाट्यगीति आदि विविध रूपों को खोजता और रूप-शिल्प की दृष्टि से सूक्ष्म विवेचन प्रस्तुत करता है। वस्तुतः छायावाद से प्रारंभ हुई छंद-स्वातंत्र्य की यात्रा यहाँ तक लयता के बंध को स्वीकार करती हुई चलती है। 'तारसप्तक' की मुक्त छान्दिक प्रायः सभी कविताओं में लय का निर्वाह मिलता है।

वस्तुतः प्रयोगवादिता उतनी किसी विचारधारा से नहीं जुड़ी थी जितनी रचनाकारों की प्रयोगसंबंधी उत्कट सृजनेच्छा से। यही कारण है कि मार्क्सवादी विचारधारा से जुड़े हुए अनेक रचनाकार सप्तकों के भीतर संगृहीत हुए हैं और इसी रूप में वे हिंदी कविता में प्रतिष्ठित भी हुए। रामविलास शर्मा, मुक्तिबोध, भारतभूषण अग्रवाल, हरिनारायण व्यास, शमशेर बहादुर सिंह और केदारनाथ सिंह घोषित रूप से प्रगतिशील कवि थे। इसलिए प्रगतिवाद और प्रयोगवाद को अलगाते हुए इस रुचिसाम्य पर भी ध्यान देना चाहिए। यह भी ध्यातव्य है कि ठेठ प्रगतिवादी कविताओं की संभावनाएँ न्यूनतम थीं जबकि प्रयोगवादी कविता की संभावनाएँ वृहत्तम। यही कारण है कि प्रयोगवाद (व्यापक अर्थों में) के प्रायः सभी कवि नयी कविता-आंदोलन के साथ जुड़ गये।

नयी कविता-आंदोलन एक सीमा तक प्रगतिवाद और प्रयोगवाद का सामंजस्य करता है। प्रगतिवादी वस्तु और प्रयोगवादी शिल्प वाली कविता को कुछ लोगों ने नयी कविता कहना चाहा किन्तु मेरी दृष्टि में नयी कविता का अनुभव-संसार न तो किसी वैचारिक अनुशासन से अनुशासित था न उसका शिल्प-पक्ष प्रयोगवादी राहों के अन्वेषण का भटकाव लिये था। नयी कविता में प्रायोगिक अभिरुचि के न होने का कोई प्रश्न ही नहीं था किन्तु यह वृत्ति प्रधान नहीं थी। यहाँ भी कुछ कवि कुछ भाषिक और उपमानगत प्रयोगों से पाठक को चौंकाते रहने की प्रवृत्ति से चालित थे किन्तु वह 'नयी कविता' का प्रकृत मार्ग नहीं था। 'नयी कविता' का जन्म मुख्यतः स्वतंत्रता-प्राप्ति और गणतंत्र की संस्थापना के साथ ही हुआ था। इसलिए उसका सरोकार प्रारंभ से ही आशा, उल्लास और स्वप्न-दर्शन से शुरू होकर लोकतांत्रिक विकास-यात्रा की संगतियों और विसंगतियों के यथार्थ से सघन भाव से जुड़ता जाता है। 1962 का चीनी आक्रमण हमारे अंतर्राष्ट्रीय आदर्शवाद के परखचे उड़ा देता है और हम भय, हताशा, असहायता, कुंठा, संत्रास आदि मनोभावों

से ग्रस्त हो जाते हैं। सारी रचनाशीलता इन्हीं मनोभावों की अभिव्यक्ति में जुट जाती है। इनकी सहायता के लिए योरोपीय अस्तित्ववाद आता है और संपूर्ण परिस्थिति को एक दार्शनिक तर्क-पद्धति का आधार दे देता है। एब्सर्डिटी (निरर्थकता बोध), एलियनेशन (अजनबीपन) इस दर्शन की ओर से हिंदी कविता को वह दाय था जिसने 'नयी कविता' के विकास को अवरुद्ध ही किया। इन्हीं दिनों गीन्सवर्ग की सेक्स और अराजक मानसिकता के काव्य का प्रभाव बंगभाषा के मलयज चौधरी और हिंदी में कैलाश जोशी, राजकमल चौधरी आदि पर विशेष रूप से पड़ा। साधारणतया तो वह प्रभाव सभी पर कुछ न कुछ पड़ा। सातवें दशक का राष्ट्रीय और वैश्विक वातावरण काफी उथल-पुथल से भरा था जहाँ अपने देश में भारत-चीन और भारत-पाकिस्तान युद्ध केन्द्रीय राजनीति को डाँवाडोल करने में सहायक हुए, वहीं विपक्ष की अस्थिर राजनीति संविद सरकारों तक पहुँचकर आपसी विद्वेष के कारण सत्ताच्युत हो गई और इंदिरा गांधी के नेतृत्व में हुए सन् 1970 के चुनाव में कांग्रेस का भारी बहुमत-प्राप्ति तक का एक युग समाप्त हो जाता है।

नयी कविता वस्तु और शिल्प दोनों दृष्टियों से अपने चरम तक पहुँचकर उतार की ओर ढुलकने लगी। हुआ यह कि सातवें दशक के उत्तरार्ध में 'किसिम किसिम की कविता' के आंदोलन शुरू हो गये। भूखी पीढ़ी, युयुत्सु पीढ़ी, अकविता, सचेतन कविता जैसे डेढ़ दर्जन कविता-आंदोलनों के भीतर 'नयी कविता' के विरोध सामने आये। धीरे-धीरे 'नयी कविता' का स्थान 'समकालीन कविता' ने ले लिया। कुछ लोग समकालीन कविता का प्रारंभ सन् 1960 के बाद से ही मानते हैं। यह मान्यता इसलिए भी ठीक जान पड़ती है कि मोहभंग और विडंबित यथार्थ के दर्शन की जो प्रक्रिया 1960 के बाद शुरू होती है, वह बराबर बढ़ती-सी चली जाती है। कुछ लोग 'समकालीन कविता' को 'नयी कविता' का ही विकास मानते हैं। प्रस्तुत शोध-ग्रंथ के विद्वान् लेखक का भी यही मत जान पड़ता है क्योंकि वह सातवें और आठवें दशक की कविता को कहीं भी 'समकालीन कविता' नहीं कहता।

पाँचवें दशक के अंतिम वर्षों में गंभीर ऐतिहासिक राजनैतिक परिवर्तनों के बाद हिंदी कविता की प्रासंगिकताएँ और प्राथमिकताएँ भी बदलने लगीं। प्रयोगवाद की यौन अराजकतामूलक मनोविश्लेषणप्रधान कविताएँ और प्रगतिवाद की दार्शनिक विवृत्तियाँ तद्‌युगीन वास्तविकता के मेल में नहीं थीं। स्वतंत्रता-प्राप्ति का गहरा उल्लास कवि के हाथों भी आलोकमंजूषा बन गया और सामूहिक रूप से हिंदी रचनाशीलता आशा, विश्वास, सृजनेच्छा और जातीय परिदृश्य के सम्मोहक सपनों से भर उठी। उस समय के गीतकार प्रयोग एवं प्रगतिशील कवियों की कविता एकबारगी एक नयी हवा में साँस लेने लगी। हम बड़े सम्मान के साथ संपूर्ण विश्व में एक स्वतंत्र राष्ट्र होने के दर्प को इन कविताओं में किसी न किसी रूप में साँस लेते हुए देख सकते हैं। यही वह भावभूमि है जिसने नयी कविता को जन्म दिया

और यदि हम कुछ अपवादों को छोड़ दें तो नयी कविता ने नयी वास्तविकताओं में रू-ब-रू चलती हुई स्फुट रचनाओं में, श्रेष्ठ प्रलम्बित काव्यों में, खण्ड प्रबन्धों और काव्य-रूपकों में अभूतपूर्व ऊँचाई स्थापित की।

युगीन वास्तविकताएँ रचनाशीलता के लिए चुनौती होती हैं किन्तु साथ ही उसे स्वीकार कर लेने पर रचनाशीलता, नयी ऊर्जा, नयी प्राणवत्ता और नये शिल्प के साथ कविता की विकास-यात्रा को समृद्ध करती है। इतना ही नहीं, नव्य वास्तविकता एक विधा या शैली में न अँटकर अनेक रूपों, विधानों और शैलियों में प्रकट होती है। विद्वान् अनुशीलनकर्ता अपनी ऐतिहासिक समीक्षा के क्रम में अपना युक्तिसंगत पर्यवेक्षण देता है कि नयी कविता और नवगीत उसका अंग है, इसलिए नयी कविता में नवगीत को भी अंतर्भुक्त मानना चाहिए। कविता निश्चय ही व्यापक शब्द है और गीत उसका व्याप्य। मेरे विचार से यह बिन्दु शोधकर्ता के ध्यान में है। उसका कथन है—'नयी कविता और नवगीत दो भिन्न नाम होते हुए भी काव्य प्रवृत्ति या काव्य-धारा के रूप में दोनों अभिन्न या अविच्छेद्य हैं, क्योंकि विषय-वस्तु, भाषा, बिम्बविधान, दृष्टिकोण सभी दृष्टियों से नयी कविता और नवगीत में कोई भेद नहीं है। दोनों की विशेषताएँ और लक्षण एक ही हैं, अन्तर केवल इतना है कि नवगीत में लयात्मक और गेय छंदों तथा शैलियों का प्रयोग होता है जबकि नयी कविता में गेयता का गुण, गीत शैली जैसी पद-योजना, ध्रुवक पद्धति आदि नहीं होते। अनुशीलनकर्ता को साधुवाद दिया जाना चाहिए कि वह दोनों ही पक्षों के अतिउत्साही आलोचकों के मत वैभिन्न्य को नज़रअंदाज करते हुए एक इतिहास सम्मत निष्कर्ष की प्रतिष्ठा करता है।

आठवें दशक के मध्य से ही बिहार और उत्तर प्रदेश के कुछ कृती कवियों ने नवगीत की पृथक् प्रतिष्ठा का ध्वज उठाया। इनमें सर्वाधिक समर्थ और छायावादोत्तर युग के गीतिकाव्य, नयी कविता के कवि डॉ. शंभुनाथ सिंह ने नवगीत की प्रतिष्ठा के लिए एक आंदोलन चलाया। उनकी स्थापना थी कि 'नवगीत' प्रत्येक युग में लिखा गया और यदि उन्हीं विशेषताओं के साथ भविष्य में जब कभी लिखा जाएगा, नवगीत ही कहलाएगा। दूसरे छांदसिक कविता ही कविता है, छंदमुक्त कविता कविता नहीं है। वस्तुतः कविता की आत्मा हम चाहे जिस तत्त्व को निश्चित करें, वह तत्त्व कविता की लघुतम इकाई वाक्य में ही साकार होता है, इसलिए कविता निश्चित रूप से पद्य से भिन्न एक विशेष प्रकार की भाषा है। चाहे नयी कविता हो अथवा नवगीत, यदि वह विशेष प्रकार की काव्य-भाषा से उपकृत नहीं है तो वह कविता नहीं है। छंद कविता का एक सुघड़ वाहन है, किन्तु उसके कारण कविता कविता होती है, यह एक मिथ्या अवधारणा है।

प्रतिक्रियापरक चिंतन रचनाशीलता के मूल्यांकन का शत्रु है। नवगीत की अद्यावधि विपुल सृष्टि हो चुकी है। विभिन्न कवियों के कई दर्जन संग्रह, नवगीत

के तीन दशक और उसकी एक अर्द्धशती अब तक प्रकाशित हो चुकी है। संपूर्ण भारत में ये कवि जनमंचों पर समदृत होते रहे हैं। इन तथ्यों के बावजूद दुर्भाग्यवश समकालीन (नयी) कविता के अनेक कवि और समीक्षक मुखर रूप से नवगीत को समकालीन कविता मानने से इंकार करते रहे हैं। यदि कविता की समकालीनता समसामयिक युगबोध और कविता के उपकरणों से जुड़ना है तो नवगीत समकालीन कविता क्यों नहीं माने जा सकते ? यदि यह कहा जाये कि नवगीतों को उनकी भावभूमि और अभिव्यंजना-शिल्प की अपनी भिन्नताओं के कारण समकालीन कविता के रूप में परिगणित नहीं किया जा सकता। तब तो यह बात समझ में आती किन्तु केवल छांदसिक एवं गेय अभिव्यक्ति होने के कारण उन्हें समकालीन कविता न मानना एक प्रकार का आलोचकीय षड्यंत्र है। युगीन दंश से तीक्ष्ण बनी हुई अनेक गीत रचनाओं में समकालीन कविता की पहचान पूरी तरह बनी हुई है और आलोचनात्मक ईमानदारी का तकाज़ा है कि समकालीन कविता का विचार करते समय उसकी एक सशक्त धारा के रूप में इसे भी स्वीकार किया जाये।

आलोचक ने शोध की ऐतिहासिक प्रक्रिया को सार्थक करते हुए भारतेन्दु युग से प्रगति-प्रयोग युग तक विस्तारपूर्वक नवगीत के मूल स्रोतों की खोजबीन की है। इस क्रम में निराला संबंधी विवेचन अत्यंत महत्त्वपूर्ण है। उसका यह कहना अत्यंत सार्थक है कि यदि हम अपने प्रति और इतिहास के प्रति ईमानदार हैं तो हमें निस्संकोच स्वीकार करना होगा कि नवगीत ही नहीं—समस्त नयी कविता के प्रथम उन्नायक महाकवि निराला हैं। यह कथन अनुशीलनकर्ता की इतिहास की गहरी पकड़ का परिचायक है। निराला की यह विशेषता थी कि वे निरन्तर अपनी कविता में प्रयोगशील रहे—भाषा के स्तर पर, भाव के स्तर पर और कथन-भंगिमा के स्तर पर। न केवल उनकी कविता बहुवस्तु स्पर्शिनी है, वरन् बहुस्तर स्पर्शिनी भी है। यही कारण है कि उन्होंने बेला, अनामिका, गीतिका, नये पत्ते आदि में ऐसे गीत लिखे हैं जैसे नये गीत आज नवगीत के पुरोधा भी नहीं लिख पा रहे हैं। इसके बाद लेखक ने खोजपूर्वक सभी छायावादोत्तर काव्य-धाराओं के गीतों में नवगीत के तत्त्वों की खोज की है।

अनुशीलनकर्ता ने नयी कविता और नवगीत की समशीलता का विस्तृत विवेचन किया है। आस्था, युयुत्सा और आक्रोश, आत्मान्वेषण, प्रेमानुभूति, अस्तित्ववादी प्रभाव, सामाजिक विसंगति और एकाकीपन, अजनबीपन, भय, आशंका और संत्रास जैसी प्रवृत्तियों को नयी कविता और नवगीतों में समान रूप से खोजा और विश्लेषित किया है। यह तुलनात्मक समीक्षा नवगीत को समकालीन कविता न माननेवाले आलोचक को सबसे बड़ा उत्तर है।

अपनी मूल प्रतिश्रुति के अनुसार अनुशीलनकर्ता ने नयी कविता और नवगीत के शिल्प तत्त्व का भी विवेचन किया है। सांकेतिक गीत, पद गीत, लघुतम गीत,

प्रगीत, मुक्तक गीत, आवृत्ति गीत, नाट्य गीत और व्यंग्य गीत जैसे रूपों के अंतर्गत नयी कविता और नवगीत की रूपात्मक उपलब्धियों, संभावनाओं का सुंदर विवेचन किया है।

उपसंहार के अंतर्गत प्रबन्धकार कुछ बड़े मौलिक प्रश्न उठाता है। कविता में बौद्धिकता की पूर्ण प्रतिष्ठा वह असंभव मानता है। कविता का अपना परिचित शस्त्र और शास्त्र—दोनों ही उसका राग-बोध है। बिना रागात्मक हुए कोई भी बात कविता नहीं हो सकती है, यह उसकी मान्यता है। उसने यह भी माना है कि मनुष्य बने रहने के लिए भी बौद्धिकता और रागात्मकता के बीच में एक संतुलन अपेक्षित है। अद्यतन कविता के नामकरण के बारे में वह एक जरूरी सवाल खड़ा करता है। वह ज़रूरी सवाल है कि 'नव या नया' शब्द आखिर कब तक कविता के साथ जुड़ा रहेगा ? मैं भी इस प्रश्न से रू-ब-रू अक्सर होता हूँ। यदि हम आधुनिक काल के काव्य-युगों की काल-सीमा और उनके नामकरण पर दृष्टिपात करें तो उसे हम नयी कविता-युग के पहले कभी भी पन्द्रह या बीस वर्षों से अधिक नहीं पाते और कोई भी काल-युग नया या नव समकालीन जैसे विशेषणों से अभिहित नहीं हुआ है। इतिहासकार के सामने यह एक बड़ी समस्या है जिसका साहसपूर्ण उत्तर 1950 से आधी शताब्दी की कविता के नामकरण के रूप में उसे देना होगा।

इस ग्रंथ के लेखक डॉ. उमाशंकर तिवारी पिछले चार दशकों से गीतिकाव्य की रचना में संलग्न हैं। इन्होंने स्वच्छन्दतावादी गीतों से अपना कवि-जीवन प्रारंभ किया और जल्दी ही नवगीत-आंदोलन के जन्म के साथ ही उसके उन्नायकों में प्रतिष्ठित हो गये। इनके कई काव्य-संग्रह प्रकाशित हो चुके हैं और एक लोकप्रिय कवि के रूप में आपने समकालीन कविता में अपनी जगह सुरक्षित कर ली है। आपके प्रस्तुत शोध-प्रबन्ध के तत्त्वस्पर्शी ऐतिहासिक विवेचन के पीछे आपकी उस सिद्ध रचनाशीलता का भी योगदान है। प्रस्तुत शोध-प्रबन्ध को प्रकाशित होते देखकर मुझे गहरी प्रसन्नता हो रही है और आशा है कि डॉ. तिवारी भविष्य में उत्तम समीक्षा-ग्रंथों का प्रणयन करके संतुलित समीक्षा की आवश्यकता की पूर्ति करेंगे।

—डॉ. जितेन्द्रनाथ पाठक

प्रथम अध्याय

गीतिकाव्य का उद्भव और विकास

आधुनिक युग में काव्य की जितनी विधाएँ प्रचलित हैं, उन सबका बीज आदिम युग के काव्य में वर्तमान था। मनुष्य जब अपने विकास की प्रारंभिक अवस्था में था, उस समय भाषा के उद्भव के साथ ही काव्य का प्रादुर्भाव हुआ था। उस आदिम मानव समाज में कविता का विकास किस रूप में हुआ, इसका अध्ययन करने पर काव्य की प्रमुख विधा-गीतिकाव्य के मूल रूप का पता चल सकता है। समाज शास्त्रियों ने मानव समाज के विकास का अध्ययन करके जो धारणाएँ निश्चित की हैं, उनके अनुसार ही यहाँ गीतिकाव्य के प्रारंभिक स्वरूप पर विचार किया जाएगा।

विद्वानों का अनुमान है कि विश्व की सभी मानव जातियों का आदिम काव्य पहले सामूहिक नृत्य-गीत के रूप में ही रहा होगा। आदिम मानव अपने सभी कार्य सामूहिक रूप में करता था और उस समय उसके कलात्मक मनोविनोद के साधनों में सामूहिक नृत्य-गीत सर्वप्रमुख था। भारत में आज भी संथाल, मुण्डा, डरांव, कोल-भील आदि जातियों के त्योहारों और उत्सवों का प्रधान अंग सामूहिक नृत्यगीत ही है। इसमें स्त्री-पुरुष दोनों ही साथ-साथ नृत्य-गान करते हैं। आदि मानव के कार्य-कलाप सीमित थे। कबीला ही उसका समाज था। उसके सभी कार्य संश्लिष्ट होते थे। व्यष्टि कल्पना उसके मस्तिष्क के बाहर की बात थी। उसके धार्मिक कर्मकाण्ड आवेगाविष्ट क्षणों में लय और चरण-चालन से युक्त नृत्य-गीत का स्वरूप ग्रहण कर लेते थे। इस प्रकार यह अनुमान करना स्वाभाविक है कि जिस तरह आज की आदिवासी जातियों के बीच सामाजिक उत्सवों के अवसर पर अतिशय प्रसन्नता या दुःख की अभिव्यक्ति के क्षणों में जादू-टोना, तंत्र-मंत्र, यज्ञ-बलिदान, नृत्य-गीत आदि परस्पर घुले-मिले रहते हैं, उसी तरह सभ्य जातियों के आदिमयुग के समाज में भी होता रहा होगा। इस युग के सामूहिक नृत्यगीत की भाषागत अभिव्यंजना को ही इस युग का गीतिकाव्य कहा जा सकता है। चूंकि सभ्यता के आरंभिक युग के इस नृत्य से गीत अनिवार्यतः जुड़ा हुआ था, इसके गतिमय पदाघातों और मुद्राओं

से छंद-शास्त्र का विकास हुआ। डेनमार्क के प्रख्यात विद्वान् 'बोमे' के शब्दों में इस युग में नृत्य के बिना गीत या गीत के बिना नृत्य संभव नहीं था। गीति-परंपरा का मूल रूप नृत्य में प्रयुक्त गीत ही था।[1]

आदिम नृत्य में नेता या अगुवा की प्रमुख भूमिका हुआ करती थी जो गीत शुरू करने के साथ ही चरण-चालन प्रारंभ कर देता था। फिर भी आदिम नृत्य में अगुवा का उतना महत्त्व नहीं रहा होगा क्योंकि नृत्य-गीत या काव्य का संचालन अथवा निर्देशन व्यक्ति के हाथ में बहुत बाद में आया। सभ्य जातियों के बीच भी जो आदिम वर्ग हैं, उनमें गीत का नृत्य से धीरे-धीरे अलग होना आदिम मानव के गीत-विकास की सूचना देता है। सभ्यता का प्रारंभ होने पर गीत गायक द्वारा प्रदत्त मनोरंजन का प्रतिरूप हो गया जिसे मीड़ 'टेक' के रूप में, अथवा समवेत गायन (कोरस) के रूप में दुहराया करती थी। यह पद्धति बहुत लम्बे काल तक चलती रही, कम से कम उस समय तक तो चलती ही रही जबकि कविता के रूप में गाई हुई कथा ही 'गाथा' या 'लोक-कथा-काव्य' के रूप में अभिव्यक्त होने लगी।

इस प्रकार स्पष्ट है कि आदिम गीतिकाव्य में 'टेक' को महत्त्वपूर्ण स्थान प्राप्त था। फर्डिनेंड वोल्ड के अनुसार 'टेक' उतनी ही प्राचीन है जितनी मानव जाति की कविता। आदिम युग में तो मुख्य रूप से पूजा, सहभोग, नृत्य, क्रीड़ा या दूसरे प्रारंभिक उत्सवों के अवसर पर गीत के भीतर की 'टेक' के माध्यम से ही समुदाय प्रत्यक्ष रूप से गायन में भाग लिया करता था।[2]

व्यवहार में होता यह था कि गीत की टेक प्रारंभकर्ता को थोड़ा विश्राम करने का अवसर प्रदान करती थी। मीड़ तब तक उस पंक्ति को दुहराती रहती थी, जब तक वह बिना तैयारी के ही गीत का दूसरा चरण सोच लेता था। यह प्रवृत्ति आज भी लोकगीतों—कजली, ख्याल, लावनी आदि में देखी जाती है।

लोक-गाथा (Ballad) अपने मौलिक रूप में सामूहिक ढंग से गाई जाती थी और सामूहिक रूप में उसका नृत्य भी होता था। मीड़ के 'टेक' दुहराने तथा प्रारंभकर्ता के गाने के बीच का श्रम-विभाजन तो निश्चित रूप से बाद का विकास जान पड़ता है। 'टेक' के इस अध्ययन-क्रम में डॉ. मियर (Meyer) के काव्य के उद्‌भव संबंधी विचार महत्त्वपूर्ण हैं :

---

1. "No dance without singing and no song without a dance, songs for the dance were the earliest of all songs and melodies for the dance, the oldest music of every race" –p. 75
Quoted from 'A Hand book of Poetics' by B. Gummere
2. "The refrain is as old as any Poetry of the people and occurs chiefly there in, arising from direct participation folk-songs at worship, feast, dance, games or whatever other primitive ceremonies. –p. 83
Quoted from 'A Hand book of Poetics' by B. Gummere

"कविता का आदिस्वरूप या आदिगीत आदिम मानव की अविवक्षित चिल्लाहट मात्र था। भय, आनन्द, दुःख या प्रेम के आवेगात्मक भाव जब संगीतात्मक ध्वनि या ध्वनि-समूहों के रूप में सहसा अनायास अभिव्यक्त हुए तो वह अभिव्यक्ति चिल्लाहट के रूप में ही थी। यह ध्वनि या ध्वनि-समूह अपने मूल रूप में अर्थ-रहित था। परवर्ती युग के धार्मिक काव्य में भी अवशिष्ट रूप में वर्तमान था। अंतर इतना ही था कि इस विकसित रूप वाले गीत में विवक्षित शब्दों का भी समावेश हो गया था।"[1]

इस प्रकार आदिकालीन समूहगान का प्रारंभ टेक-पद्धति से हुआ इसका वह स्वरूप आज भी अवशिष्ट है। इस समय भी यह पद्धति लोकगाथा या नृत्य में वर्तमान है। आधुनिक कवियों और संगीतज्ञों द्वारा गृहीत गीत, नृत्य एवं टेक हमें आज भी उस आदिम काव्य की याद दिलाते हैं।

समस्त लोक-काव्य या तत्कालीन गीतिकाव्य का विकास बिना पूर्व तैयारी की अभिव्यक्ति की प्रक्रिया द्वारा हुआ। स्केन्डनेविया के कुछ हिस्सों में आज भी कबीलों के प्रत्येक सदस्य को स्वरचित पंक्तियाँ गानी पड़ती हैं—कम से कम पारस्परिक काव्य-चरण को थोड़े भिन्न रूप में तो प्रस्तुत करना ही पड़ता है। आइसलैण्ड में भी इसी प्रकार आपस में पारस्परिक गीत-पंक्तियों के माध्यम से मनोविनोद किया जाता है। एक समय ऐसा था जब नार्वे से लेकर इटली तक गीत-प्रतिद्वंद्विता और आशु कविता सामान्य रूप से प्रचलित थी। भारतीय लोकगीतों में भी कजरी और 'बिरहा' के दंगल होते हैं जिनमें लोक कवि आशु रचना करके वहीं गाते और श्रोताओं को आश्चर्यचकित करते हैं।

कहने का अर्थ यह है कि आदिमकाव्य जनता के बीच में जनता द्वारा रचा जाता था। अकेले में गीत की रचना करने की बात उस काल का मनुष्य सोच भी नहीं सकता था, ठीक उसी प्रकार जैसे आज का सभ्य मनुष्य सामूहिक काव्य-रचना की कल्पना नहीं कर सकता। उस समय संपूर्ण कविता सामाजिक संपत्ति मानी जाती थी। 'टेन ब्रिंक्स' के अनुसार उस समय काव्य निर्माण का नहीं, पुनर्निर्माण का होता था। कविता के विभिन्न मौखिक संस्करण तैयार होते रहते थे जो स्वतःस्फूर्त होते थे। उनमें विषयगत मौलिकता नहीं होती थी। उनमें प्रारंभ या समापन का भी कोई विधान नहीं था। वैसे रचनाएँ शुरू होती थीं और समाप्त भी होती थीं किन्तु उनकी

---

1. This was simply inarticulate cry of the primitive man, the sudden sense of fear, delight, wonder, grief or love expressed in a melodious sound or series of songs, the earliest form of Poetry, this sound or series of sounds is preserved by the piety of a later age in its original and now meaningless form imbedded among the articulate words of a developed song.

–Dr. Meyer

कोई निश्चित बंदिश नहीं थी क्योंकि लोग यह नहीं जानते थे कि रचना क्या है और रचनाकार कौन है। किसी एक साहित्यिक कृति की बात सोचना तो असंभव था। उस समय कविताएँ सिर्फ कविताओं के लिए हुआ करती थीं। सभी कुछ अस्थिर था। इस प्रकार जातिगत आवेगात्मक आवश्यकताओं के परिणामस्वरूप परंपरा के सामूहिक भण्डार से अन्य कलाओं की भाँति गीतिकाव्य का उद्भव और विकास हुआ।

काव्यरूप की दृष्टि से गीतिकाव्य

भारतीय आलंकारिक गीति की सत्ता को मुक्तक काव्य में ही अंतर्भुक्त मानते हैं। पश्चिमी देशों में ऐसा नहीं है। वहाँ यूनानी साहित्य से लेकर आज तक गीतिकाव्य (लीरिक पोएट्री) को स्वतंत्र विधा का महत्त्व प्राप्त है। वहाँ मुक्तक जैसी संक्षिप्त रचनाएँ भी गीतिकाव्य के अंतर्गत गृहीत होती हैं। भारतीय काव्य मूलतः प्रबंध-प्रधान रहा है।

वैदिक काव्य गीति-प्रधान था लेकिन रामायण-महाभारत काल या लौकिक संस्कृत एवं प्राकृत काल को गीति-प्रधान नहीं कहा जा सकता क्योंकि काल-प्रवाह गीतिकाव्य के प्रतिकूल था। गीतिकाव्य का प्रमुख तत्त्व गेयता ही विकास के मार्गावरोध का कारण बन गया। गेयता के कारण उसे संगीत के क्षेत्र में ढकेल दिया गया और अगेय मुक्तक नाम से एक स्वतंत्र काव्यरूप की कल्पना करके उसे प्रबंध काव्य के समानान्तर स्थापित कर दिया गया। फिर भी यह कहा जा सकता है कि वैदिक साहित्य, मध्यकालीन संस्कृत और प्राकृत साहित्य तथा आधुनिक भारतीय भाषाओं के साहित्य में गीतिकाव्य की धारा किसी न किसी रूप में निरन्तर प्रवहमान रही है। उसका रूप मुक्तक काव्य, प्रबंध काव्य और निबंध काव्य से पर्याप्त भिन्न है। उसे सर्वथा स्वतंत्र विधा मानना युक्ति संगत है, किसी लक्षण विशेष के कारण उसे मुक्तक काव्य के भीतर ढकेलना अवैज्ञानिक है।

गीतिकाव्य की विशेषताएँ

गीतिकाव्य की विशेषताएँ निम्नलिखित हैं जो उसे अन्य काव्यरूपों से अलग करती हैं।

1. गेयता : रूप-संगठन की दृष्टि से स्वरबद्धता गीतिकाव्य का अनिवार्य धर्म है। इसी से उसके शब्द-चयन या छंद-योजना का निर्धारण होता है। वैसे कुछ गीतियाँ ऐसी भी हैं जो स्वर-बद्ध नहीं होतीं फिर भी उनमें एक आंतरिक लय वर्तमान रहती है। वस्तुतः यही आंतरिक गीतात्मकता या अंतस्स्यूत गेयता गीतिकाव्य की निजी विशेषता है जो उसे अन्य काव्यरूपों से अलग और विशिष्ट

स्थान प्रदान करती है।

2. **संक्षिप्तता :** गीतिकाव्य का संक्षिप्त या आकार में लघु होना आवश्यक है क्योंकि लंबी रचना न तो ठीक ढंग से गाई जा सकती है और न तो अनुभूति की केन्द्रीयता एवं सघनता को प्रगट कर सकती है। आकार की लघुता गीति के प्रभाव एवं आकर्षण की रक्षा करने के साथ-साथ भावानुभूति को सापेक्ष्य व्यंजना और उच्च कोटि की गरिमा प्रदान करती है। इसीलिए गीतिकाव्य अनिवार्यतः संक्षिप्त होता है।

3. **आत्माभिव्यंजकता :** आत्माभिव्यंजना 'गीतिकाव्य' के रूप-संगठन की पीठिका है। अपनी प्राणवाहिनी शक्ति तथा स्वाभाविक सृजनशीलता के कारण उसे 'गीतिकाव्य' को जन्म देने का श्रेय है। आदिम युग के मानव से लेकर अधुनातन मनुष्य तक अपने निजी दुःख-सुख की अभिव्यक्ति रोने-गाने या हँसी-खेल के रूप में करते हैं। चूंकि आदिम समाज की सामूहिक भावनाएँ संगठनात्मक अभेद के कारण इस अर्थ में व्यक्तिनिष्ठ थीं कि उस समय का पूरा समाज ही व्यक्ति के समान एक इकाई था। उत्तरोत्तर समाज में व्यक्तिवाद का विकास होता गया और गीतिकाव्य व्यक्ति की आत्माभिव्यक्ति बनकर रह गया। वह निजी सुख-दुःखात्मक अनुभूतियों की अभिव्यक्ति काव्य के रूप में करता है और ऐसे काव्य को गीतिकाव्य से इतर कोई संज्ञा नहीं दी जा सकती। 'गीतिकाव्य' एक ऐसी विधा है जिसमें वस्तु-वर्णन बहुत कम होता है। उसकी रागात्मक अभिव्यक्ति कभी प्रच्छन्न होती है और कभी प्रत्यक्ष। जहाँ भावाभिव्यंजना प्रधान होती है, वहाँ तो रागात्मकता प्रत्यक्ष होती है किन्तु जहाँ वस्तु-वर्णन की प्रधानता होती है, वहाँ भी रागात्मकता प्रच्छन्न रूप में वर्तमान रहती है। रागात्मकता वस्तु-वर्णन में इस प्रकार अनुस्यूत रहती है कि पाठक या श्रोता को सहज ही अपनी ओर आकर्षित कर लेती है। इस प्रकार व्यक्तिनिष्ठ रागात्मकता 'गीतिकाव्य' की मौलिक विशेषता है।

4. **अनुभूति-प्रवणता :** आत्माभिव्यंजकता के अतिरिक्त अनुभूति-प्रवणता 'गीतिकाव्य' का अनिवार्य गुण है। जब तक गीतिकाव्य में अभिव्यक्त होने वाली अनुभूतियाँ सच्ची, सघन और अन्वितिपूर्ण नहीं होंगी, तब तक उन्हें 'गीति' की संज्ञा नहीं प्राप्त हो सकती। आत्मानुभूत कथ्य को इस विधा में महत्त्वपूर्ण स्थान दिया जाता है। दूसरों की कही-सुनी अनुभूति की अभिव्यक्ति नकली होने के कारण गीतिकाव्य में त्याज्य है क्योंकि उसमें गीतिकाव्य के लिए अपेक्षित अनुभूतियों जैसी सघनता, गहराई और पारस्परिक सामंजस्य का अभाव होता है। अनुभूति में केन्द्रीयता का गुण वर्तमान होता है, जोड़ी-बटोरी आत्मानुभूतियाँ एक साथ प्रस्तुत होने पर अन्विति एवं सघनता को नष्ट कर देती हैं। यही कारण है कि एक गीति में एक ही केन्द्रीय अनुभूति को गहराई और तीव्रता के साथ अभिव्यक्ति दी जाती है क्योंकि ऐसा न करने पर अनुभूति की सच्चाई और निजता असुरक्षित हो जाती

है। यहीं पर गीतिकाव्य मुक्तक या प्रबंध-रचना से स्पष्टतः अलग हो जाता है क्योंकि प्रबंध एवं मुक्तक काव्य में अभिव्यक्त विचार सामान्यतः व्यापक होते हैं जबकि गीतिकाव्य में व्यक्त भाव व्यक्तिनिष्ठ और विशिष्ट होते हैं। इन अनुभूतियों का सीधा संबंध कवि की अंतश्चेतना से होता है। इसलिए इन अनुभूतियों में मौलिकता एवं ताज़गी का गुण सर्वोपरि होता है। गीतिकाव्य की संक्षिप्तता अनुभूतियों की कसावट और गहराई को अक्षुण्ण बनाये रखने में भरपूर सहयोग करती है।

5. भावोच्छ्‌वास की सहजता : गीतिकाव्य एक सहज साध्य काव्य होता है और उसमें किसी प्रकार के श्रम की विवशता नहीं होती। उसका संबंध हृदय के तीव्रावेगों से होता है और वह नितान्त सहजता के साथ आशुकाव्य की तरह अभिव्यक्त होता है। गीतिविधा ही एक ऐसी विधा है जिसकी रचना प्रक्रिया में आयासहीनता प्रमुख होती है। भावावेग की तीव्रता को अभिव्यक्त होने से रोकना गीतिविधा के कवि के लिए असंभव है। फिर भी वह जड़ माध्यम नहीं होता। वह अनुभूति को कलात्मक रूप देने का भी विवेक रखता है। उसका यह विवेक रचना के क्षणों में सहजक्रिया (रिफ्लेक्स ऐक्शन) के रूप में कार्य करता है क्योंकि निजी तौर पर गीति का शिल्प स्वतः उद्‌भूत होता है।

6. प्रभावान्विति : गीतिकाव्य अत्यंत आत्मकेन्द्रित और अन्वितियुक्त होने के कारण समग्र प्रभाव का बोधक है। उसकी अभिव्यक्ति सहज, सफल और पूर्ण होती है। उसका प्रभाव भी सीधा और अन्वितिपूर्ण होता है क्योंकि उसमें विषय-वस्तु का बाह्य-वर्णन या घटना-विवेचना का अनावश्यक विस्तार नहीं होता। सामान्य रूप से प्रत्येक गीति-रचना में और विशेष रूप से छोटे गीत में उच्च कोटि की प्रभविष्णुता एवं प्रभावान्विति होती है। साहित्य का कोई अन्य काव्यरूप इस दृष्टि से उसकी समता नहीं कर सकता।

गीतिकाव्य के भेद

उपर्युक्त विवेचन से स्पष्ट है कि गीतिकाव्य आत्मगत अनुभूतियों की प्रभावपूर्ण संगीतात्मक अभिव्यक्ति है। आदिमयुग से लेकर आज तक गीतिकाव्य स्वरूप भेद के साथ विकसित होता रहा है। ऊपर कहा जा चुका है कि आदियुग के मानव की भावाभिव्यक्ति नृत्य-गीतात्मक थी और उसी से समस्त कलाओं एवं काव्यरूपों का उद्‌भव हुआ। बाद में वह शब्द-प्रधान हो गयी। संगीत से उसका संबंध टूट गया और अनेक काव्यरूप परिवर्तित रूपाकार ग्रहण कर स्थापित होते गये। वैदिक काव्य का स्तुति-साहित्य भी ऐसी ही काव्यात्मक अभिव्यक्ति है जो आगे चलकर प्रबंध-काव्य, मुक्तक-काव्य, गीतिकाव्य और निबंध-काव्य के रूप में विभक्त हो गई है। प्राचीन यूनानी विद्वानों ने काव्य के तीन भेद किये हैं—गीतिकाव्य, महाकाव्य और

नाट्य-काव्य। संगीत-बद्ध गाई जाने वाली रचना को गीतिकाव्य की संज्ञा प्रदान करते थे और इसी आधार पर उन्होंने गीतिकाव्य के दो भेद किये थे : 1. वाद्ययंत्र के साथ गाये जाने वाले गीत और 2. समवेत गीत (कोरस)। आज की जनजातियों और आदिवासियों के गीतों तथा आधुनिक मध्यम वर्गीय सभ्य समाज के लोकगीतों के आधार पर गीतिकाव्य के प्रारंभिक स्वरूप की कल्पना हम कर सकते हैं। इस प्रारंभिक गीतिकाव्य को तीन वर्गों में विभक्त करके देखा जा सकता है—1. संगीत 2. गीत और 3. गाथागीत। संगीत में नाद-तत्त्व प्रधान होता था, शब्द-योजना पर कोई विशेष बल नहीं दिया जाता था। 'गीत' शब्द-प्रधान होता था। उसमें रागबद्धता और नाद-तत्त्व की प्रमुखता नहीं थी। 'गाथा-गीत' गेय होता था और गेयता के साथ-साथ कथानक के संभार से भी युक्त होता था। बाद में संगीत का जब काव्य से अलगाव हो गया, गाथा-गीत में कथानक की योजना कम होती गई और इसी परिवर्तनशील विकास प्रक्रिया के क्रम में गीतिकाव्य को साहित्य के भीतर विशुद्ध रूप से स्वतंत्र काव्यरूप का महत्त्वपूर्ण स्थान प्राप्त हो गया।

यूरोपीय साहित्य में गीतिकाव्य के निम्नलिखित भेद किये गये हैं :

1. गाथा-गीत (Ballad), 2. शोकगीत (Elegy), 3. संबोध-गीत (Ode), 4. व्यंग्य-गीत (Satire), 5. साध्यवसान गीति (Allegory), 6. चतुर्दश पदी सानेट 7. समवेत गीत (Chorus), 8. प्रेम-गीत (Love lyric), 9. गोचारण-गीति (Pastoral-song) आदि।

भारत में गीतिकाव्य के ये सभी भेद प्राप्त नहीं होते क्योंकि भारतीय साहित्य शास्त्र में इस दृष्टि से गीतिकाव्य का विवेचन या रूप-विभाजन नहीं किया गया है। उपलब्ध भारतीय गीति-साहित्य को दृष्टि में रखकर यदि विभाजन की रेखा खींचनी हो तो विषय की दृष्टि से निम्नलिखित गीति-रूपों का दर्शन किया जा सकता है :

1. स्तुति-गीत या स्तोत्र 2. मंत्र-गीत 3. गोचारण-गीत 4. प्रेम-गीत 5.व्यंग्य-गीत 6. वीर-गीत 7. मंगल-गीत 8. प्रशस्ति-गीत (विरुदावली) 9. उपालंभ-गीत 10. कीर्तन-गीत (भजन) 11. युद्ध-गीत 12. प्रयाण-गीत 13. राष्ट्र-गीत 14. ऋतु-गीत 15. शोक-गीत।

उपर्युक्त गीत रूपों में कुछ तो ऐसे हैं जो इस देश में बहु प्रयुक्त काव्यरूप रहे हैं, जैसे—स्तुति-गीत, मंत्र-गीत, मंगल-गीत, प्रशस्ति-गीत, प्रेम-गीत आदि। इनसे इतर कुछ गीति-रूप ऐसे हैं जो वेदों में तथा वेदों के परवर्ती साहित्य में पाए जाने के बावजूद बहुप्रयुक्त न होने के कारण गीतिकाव्य के अंतर्गत नहीं सम्मिलित किये जा सके।

ऊपर के वर्गीकरण का आधार विषय-वस्तु है। शैली और रूप संगठन की दृष्टि से भी गीतिकाव्य का विभाजन किया जा सकता है जिसका स्वरूप निम्नलिखित

होगा :

1. नृत्य-गीत 2. सांगीतिक गीत 3. प्रगीत (संघात) 4. पद-गीत 5. आवृत्ति-गीत 6. नाट्य-गीत 7. मुक्तक-गीत 8. गाथा-गीत 9. समवेत-गीत और प्रश्नोत्तर-गीत (संवाद गीत)।

साहित्यिक दृष्टि से गीतिकाव्य के इन समस्त शैलीगत भेदों को समेटकर केवल दो वर्गों (गीत और प्रगीत) में भी रखा जा सकता है। प्रगीत के अंतर्गत केवल संघात की शैली होगी और शेष सभी शैलियों को गीत का उपभेद मानना होगा।

वैदिक युग का गीतिकाव्य

गीतिकाव्य के लक्षणों, विशेषताओं और प्रभेदों की दृष्टि से यदि वैदिक काव्य को देखा जाए तो ऋग्वेद, सामवेद और अथर्ववेद के प्रायः सभी सूक्तों को गीतिकाव्य के अंतर्गत मानना पड़ेगा।

यजुर्वेद के गद्यबद्ध छंदों में भी आवृत्तिमूलक शब्द-योजना और लयात्मकता इतनी अधिक है कि उन्हें गीतिकाव्य के अंतर्गत गृहीत किया जा सकता है। जैसे—

अग्नेय त्व मह्यं वरुणो ददातु सोऽमृतत्वमशीयायुर्दात्रऽएधि मयो मह्यं प्रतिग्रहीते रुद्राय त्वा मह्यं वरुणो ददातु सो मृतत्वमशीय प्राणो दात्रऽएधि वयो मह्यं प्रतिग्रहीते वृहस्पतये त्वा मह्यं वरुणो ददातु सोऽमृतत्वमशीय त्वग्दात्र एधि मयो मह्यं प्रतिग्रहीते यमाय त्वा मह्यं वरुणो ददातु सोऽमृतत्वमशीय ह्यो दात्रऽएधि वयो मह्यं प्रतिग्रहीते —यजु. पूर्व अध्याय 8-47

कोऽदात्कस्माऽदात्कामोऽदात्कामायादात
कामो दाता कामः प्रतिग्रहीता कामेरुत्ते।। 8-48

हे स्वर्ण, अग्नि रूप वरुण तुमको मुझे दें। वह स्वर्ण हमें अमृतत्व वाली आयु (अमरत्व) दे। हे स्वर्ण, तुम दाता की आयु बढ़ाओ। प्रतिग्रहकर्त्ता में भी सुखी होऊँ। हे गाय, रुद्ररूप वरुण तुमको मुझे दें। गाय पानेवाला मैं आरोग्यता प्राप्त करूँ। हे गो, तुम दाता के प्राण-बल को बढ़ाओ और मुझ प्रतिग्रह वाले की भी आयु वृद्धि करो। हे परिधान, वृहस्पति रूप वरुण तुमको मुझे दे रहे हैं। मैं तुम्हें पाकर अमर हो जाऊँ। तुम दाता की त्वचा को प्रवृद्ध करो और मुझ प्रतिग्रहीता के लिए सुख वृद्धि करो। हे अश्व, यम रूप वरुण ने तुम्हें मेरे लिए दिया है। मैं तुम्हें पाकर आरोग्यता प्राप्त करूँ। तुम दाता के लिए अश्वों की वृद्धि करो और मुझ प्रतिग्रहीता के लिए भी पशु आदि की वृद्धि करो।

उपर्युक्त यजुर्मंत्रों में प्रत्येक वाक्य में त्वा, मह्यं, वरुणो ददातु, सो मृतत्वमशीय तथा एधि, मयो, प्रतिग्रहीते, ये शब्द समूह (वाक्यांश) दुहराये गये हैं।

अड़तालीसवें मंत्र 'अदात' शब्द की कई बार आवृत्ति हुई है। इस प्रकार यह एक लयात्मक मंत्र है जिसे परवर्ती काल के साहित्याचार्यों ने काव्यरूपों के विवेचन के प्रसंग में गद्य काव्य की एक विशेष शैली 'वृत्ति गंधि' बतलाया है। ऐसे गद्य काव्य को भी गद्य-गीति माना जा सकता है। आदिम जातियों की गद्य की भाषा भी छंदोबद्ध काव्य के समान ही शब्दावृत्ति प्रधान एवं लयात्मक होती है। आदिवासी ओझा, झाड़फूँक के समय गद्य को मंत्र के रूप में गाते हुए पढ़ते हैं। यजुर्मंत्रों का स्वरूप इस बात का परिचायक है कि लोक-जीवन में काव्य के जो रूप प्रचलित थे, वैदिक मंत्रों में उनका संघटनात्मक अवशेष दिखलायी पड़ता है। छंदोबद्ध ऋचाओं में भी आदिम काव्य की गीति शैलियों के अवशेष वर्तमान हैं।

वैदिक गीतिकाव्य के शैलीगत भेद

वैदिक साहित्य में गीतिकाव्य के ग्यारह शैलीगत भेद मिलते हैं जो निम्नलिखित हैं :

1. नाट्य गीत 2. सांगीतिक गीत 3. पद-गीत 4. प्रगीत 5. आवृत्ति गीत 6. मुक्तक गीत 7. गाथा गीत 8. समवेत गीत 9. प्रश्नोत्तर गीत 10. गीति-माला 11. मध्यगीत।

इन सभी शैलियों में आदिम गीतिकाव्य की विभिन्न शैलियों का विकसित रूप वर्तमान है। उनके संबंध में विचार कर लेने के बाद ही परवर्ती काव्य की भारतीय गीति-परंपरा का सम्यक् अनुशीलन किया जा सकता है।

1. नाट्य गीत : नाट्य गीत में अभिनय के साथ संवाद के रूप में गीतों का प्रयोग होता है। आदिम मानव समाज के नृत्य-गीतों में संवादात्मक नृत्य गीत की पद्धति प्रचलित थी। बच्चों की क्रीड़ा में आज भी इसी प्रकार के अभिनयात्मक गीत प्रयुक्त होते हैं। जैसे—छूत-छुवौवल के खेल में एक लड़का 'चोर' हो जाता है और बाकी लड़कों को छूना चाहता है। यदि कोई लड़का छू जाता है तो वह 'चोर' हो जाता है। चोर तथा अन्य लड़कों में संवाद होता है। चोर पूछता है—'आवें' और लड़के कहते हैं 'आओ' फिर संवाद इस प्रकार आगे बढ़ता है—'कितने बजे'—'ढाई बजे' 'खट्टा-मिट्ठा, लाल-लाल' पानी लेके, दौड़ आओ ? कैसे ? इस पर सभी लड़के 'ऐसे' कहकर भागकर बतलाते हैं। ये सभी संवाद गाकर कहे जाते हैं।

ठीक इसी प्रकार लोकगीतों में भी स्त्रियाँ दो दलों में बँटकर संवादात्मक गीत गाती हैं।

यही पद्धति वेदों के कुछ सूक्तों में दिखलाई पड़ती है जिनमें पात्रों के संवाद छंदोबद्ध होते हैं। अनेक विद्वान् इन संवाद-सूत्रों को ही भारतीय नाटकों का आदि रूप मानते हैं। उनका कहना है कि वैदिक यज्ञों में इन संवाद-सूक्तों का विनियोग

नहीं होता था। यज्ञ से इन संवाद-सूक्तों का इतना ही संबंध था कि यज्ञ के अवसर पर रात्रि में अथवा यज्ञ-समाप्ति के बाद पारिप्लव आख्यानों में जो नाट्याभिनय होते थे, उनमें विभिन्न व्यक्ति उन संवादों के पात्र के रूप में अभिनय करते अथवा सूक्तोक्त मंत्रों को गाते थे। उदाहरण के लिए यम-यमी संवाद तथा पुरुरवा-उर्वशी संवाद को ले सकते हैं। इन संवादों का यज्ञ में कोई उपयोग नहीं होता था। वसिष्ठ और नदीवाले संवाद में तो अभिनय का अनुमान करना बिल्कुल स्वाभाविक है क्योंकि नदी का अभिनय अभिनेत्रियाँ ही करती रही होंगी। यम-यमी संवाद का एक अंश यहाँ उद्धृत है :

"ओ चित्सखायं सख्या ववृत्यां तिरः पुरुचिदर्णवं जगन्वात्
पितुर्नयातमा दधीत वेधाअधिक्षमि प्रतरं दी ध्यानं।"

(हे यम, मैं इस विशाल समुद्र के मध्य तुमसे मिलने की इच्छा करती हूँ। तुम माता की कोख से ही मेरे जन्म के साथी हो।) ऋ. 10-1-10-1

न ते सखा सख्यं वष्ट्येतत्सलक्ष्मा यद्विषरूपा भवति।
महत्पुत्रासो असुरस्य वीरा दिवो धर्तार उर्विया परिख्यन्।।

(हे यमी, तुम मेरी सहोदरा हो। हमारा अभीष्ट यह नहीं है। प्रजापति के स्वर्गलोक के रक्षक देवगण सब देखते हुए विचरण करते हैं।) ऋ.10-1-0-2

नाट्य गीति-शैली के इन संवादों में पात्रों के नाम छंद से अलग नहीं दिये गये हैं। संबोधनों से ही पता चलता है कि किस व्यक्ति को संबोधित किया जा रहा है और कौन संबोधन कर रहा है ? इस पद्धति का विकास आगे चलकर गीतिनाट्य और नाटक के रूप में हुआ। गीतिनाट्य में पात्रों का नाम अलग देकर उनके गीतात्मक संवादों को लिखा जाता है। नाटक में भी यही होता है पर संवाद छंदोबद्ध न होकर गद्य में होते हैं। नाट्य-गीति अथवा संवाद-गीति का स्वरूप लोकगीतों में आज भी वर्तमान है। आधुनिक भाषाओं के गीतिकाव्य में भी संवाद-शैली के उदाहरण मिलते हैं।

2. सांगीतिक गीत (ध्रुवा गीत) : आदिम समाज में प्रचलित नृत्य-गीत से ही संगीत और गीतिकाव्य का अलग-अलग स्वतंत्र विकास हुआ। जहाँ संगीत और गीतिकाव्य परस्पर मिले-जुले हैं, वहाँ सांगीतिक गीत की शैली दिखलाई पड़ती है। भारतीय संगीत में स्तोभ (अर्थहीन) शुष्काक्षरों का प्रयोग आदिम मानव के गीतों में प्रयुक्त निरर्थक ध्वनियों की आवृत्ति की पद्धति का ही विकसित रूप है। वैदिक मंत्रों में तो यह पद्धति नहीं मिलती पर उन मंत्रों के गाने की विधि में वह वर्तमान है। मंत्रों के गान की विधि विकसित होकर वैदिक संगीत का रूप धारण करती है जिसे 'सामगान' कहते हैं। यज्ञों में सामगान अनिवार्य था। सामगान के सम्यक्

निर्वाह के लिए उसके 5 विभाग किये गये थे जिन्हें पंचविध साम कहा गया है :

''प्रस्तावोद्गीथ प्रतिहारोपद्रवनिधनानि भक्तयः तत्पंचविध्यं स्मृतं आख्यास्यामः।'

अर्थात् पंचविध साम जिसे भक्ति भी कहा जाता है, पाँच प्रकार का होता है—प्रस्ताव, उद्गीथ, प्रतिहार, उपद्रव और निधन। प्रस्ताव, साम का प्रारंभिक भाग है। यज्ञों में प्रस्तोता नामक ऋत्विज प्रारंभ में गाता है। उद्गीथ को प्रधान ऋत्विज उद्गाता गाता है जिसका प्रारंभ ओम् के गान से होता है। प्रतिहार दो विभागों को जोड़ता है। इसे गानेवाला प्रतिहर्त्ता कहलाता है। उपद्रव का गान उद्गाता करता है जो प्रधान साम-गायक होता है। वह प्रतिहर्त्ता द्वारा गान करने के बाद उसी का पुनः खण्डशः गान करता है। 'निधन' साम-गान का अंतिम विभाग है। जिसे प्रस्तोता, उद्गाता और प्रतिहर्त्ता तीनों मिलकर एक साथ गाते हैं।

वैदिक मंत्रों को संगीत के रूप में स्वर-बद्ध करने की क्रिया का नाम ही साम-गान है। ऋग्वेद की जिन ऋचाओं का पाठ 'होता' नामक ऋत्विज करता था, उन्हीं को उद्गाता संगीत की विधि से गाता था। साम-गान में गायी गयी ऋचाओं को सामयोनि कहा जाता था। ऐसी ही ऋचाओं के संग्रह का नाम 'सामवेद' है। इसके दो भाग है—आर्चिक भाग एवं गान-भाग। आर्चिक भाग में ऋग्वेद की ऋचाएँ संकलित हैं। इसके भी दो भेद हैं—पूर्वार्चिक और उत्तरार्चिक। पूर्वार्चिक के छः अध्यायों में से प्रथम पाँच अध्याय ग्राम गान और छठा अध्याय आरण्य गान कहलाता है। उत्तरार्चिक में नौ अध्याय या प्रपाठक हैं। उत्तरार्चिक की विशेषता यह है कि उसमें सूक्त की जगह प्रगाथ का प्रयोग हुआ है और प्रत्येक प्रगाथ में प्रारंभ की ऋचा पूर्वार्चिक के किसी सूक्त की प्रथम ऋचा है। बाद की ऋचाएँ नयी हैं अर्थात् वे ऋग्वेद में नहीं हैं। वस्तुतः उत्तरार्चिक की प्रथम ऋचाएँ राग या धुन का संकेत देने के लिए हैं ताकि उसी धुन में बाद की ऋचाएँ भी गायी जाएँ। उदाहरण के लिए उत्तरार्चिक के प्रथम प्रपाठक में द्वितीयार्ध की प्रथम ऋचा ''पात्तमा वो अन्धसः इन्द्रमभिप्रगायत। विश्वासाहं शतक्रतुं महिष्ठं चर्षणीनाम।'' पूर्वार्चिक की द्वितीय प्रपाठक द्वितीय दशति की प्रथम ऋचा है।

इस तरह स्पष्ट है कि ऋग्वेद के सूक्तों के गान की जो विधि थी, उसी के आधार पर नये गेय मंत्रों की रचना होती थी जिनसे सामवेद के गान-ग्रंथ बने हैं। ये गान ग्रंथ संगीत के आदि रूप हैं। जिस तरह आधुनिक शास्त्रीय संगीत में शब्द-भाग को स्वर-लिपिबद्ध रूप में न लिखकर केवल सीधे ढंग से जब लिपिबद्ध किया जाता है तो उन्हें गीत कहा जाता है। इसी प्रकार वैदिक संगीत में केवल शब्द-भाग आर्चिक ग्रंथ और स्वरालाप वाले भाग गान-ग्रंथ हैं। गान-ग्रंथ चार प्रकार के हैं : 1. ग्राम गेयगान 2. आरण्यक गान 3. ऊह गान 4. उह्य गान।

डॉ. शंभुनाथ सिंह की दृष्टि में इस नामकरण का आधार संभवतः यह है कि

ग्राम गेयगान के अंतर्गत ग्रामीण समाज में प्रचलित गीतों की स्वरावली को और आरण्यक गान के भीतर वन्य जातियों में प्रचलित स्वरावली को अपना लिया गया था। इससे स्पष्ट है कि सामवेद की गान-पद्धति पर लोकगीत का प्रभाव था। इसीलिए इन्हें प्रकृति गान भी कहा गया है। ग्राम-गान का विकार (विकास) ऊहगान और आरण्यक गान का विकास उह्य गान में हुआ है। परवर्ती काल में जब ग्राम-गान और आरण्यक गान रूढ़ होकर आर्ष अथवा अपौरुषेय माने जाने लगे तो उन्हीं के आधार पर जो नवीन गान-विधि निर्मित हुई, उससे क्रमशः ऊह और उह्य नाम दिया गया।

ऊपर सामगान के पाँच भागों या भक्तियों का उल्लेख किया जा चुका है। एक ही गान में ये पाँचों विधियाँ बारी-बारी प्रयुक्त होती हैं। इन विधियों में ऋग्वेद की ऋचाओं को रागबद्ध करने के लिए जिन स्वरों और व्यंजनों द्वारा स्वरालाप का विधान होता है, वे विकार कहलाते थे। उदाहरणार्थ किसी ऋचा में प्रयुक्त 'अग्न' शब्द का विकार 'ओग्नापि' हो जाता था। इसी प्रकार विश्लेषण, विकर्षण अभ्यास, विराम और स्तोभ की विधि भी प्रचलित थी। 'विश्लेषण' में किसी पद या अक्षर को स्वरालाप की सुविधा के लिए विभाजित कर दिया जाता था। जैसे 'वीतये' का गान 'वोयि तोया रयि' के रूप में होता था। विकर्षण के अंतर्गत ह्रस्व के स्थान पर दीर्घ और दीर्घ के स्थान पर प्लुत उच्चारण होता था। अभ्यास उस विधि का नाम था जिसमें किसी पद की अनेक आवृत्ति होती थी। जैसे—'तोयायि तोयायि'। विराम में किसी पद को बीच से तोड़ देते थे, जैसे—'गुणानोहव्यदातये' की जगह 'गृणानोहदातये'। ऋचा के शब्दों के अतिरिक्त अपनी ओर से जो अक्षर या पद मिला दिये जाते थे, उन्हें स्तोभ कहा जाता था।

स्तोभ : स्तोभ की पद्धति वस्तुतः आदिम नृत्य-गीत से ही ली गयी है। आदिम जन-समाज में नृत्य-गीतों के आयोजन में जो गीत गाए जाते थे, उनमें प्रायः निरर्थक शब्दों का प्रयोग होता था। वर्तमान समय में भी आदिम जातियों में गाए जानेवाले गीतों में बहुत से टेक वाले शब्द ऐसे होते हैं जिनका कुछ अर्थ नहीं होता, वे केवल हर्ष, विस्मय आदि भावों को व्यक्त करनेवाली ध्वनि होते हैं। श्रमिक जैसे—'हैया-हैया' आदि शब्दों का व्यवहार करते हैं, वैसे ही गीतों में इस तरह के शब्दों का, टेक के रूप में प्रयोग होता था। सभी देशों में बच्चों के गीतों में इस तरह के निरर्थक ध्रुवकों का प्रयोग होता है। उदाहरण के लिए भोजपुरी क्षेत्र का एक क्रीड़ा-गीत यह है :

ओक्का बोक्का
तीन तलोक्का
लौवा लाठी
चन्दन काठी

चनना में का बा
इजइल विजइल पान-फूल
एक हाथ पचक्का।

इसी प्रकार के निरर्थक ध्वनि-समूह आदिवासियों के गीतों में भी होते हैं। आदिम मानव सार्थक शब्दों के अभाव में लय में स्वर-पूर्ति के लिए ऐसे ही निरर्थक ध्वनि-समूहों का प्रयोग करता रहा होगा। आज भी भारतीय शास्त्रीय संगीत में गायक आलाप में 'तनाना रीरी तोम तनाना तोम तोम' जैसे निरर्थक शब्दों का प्रयोग करते हैं। भरत मुनि ने 'नाट्य शास्त्र' में नाटक के विविध स्थलों पर ध्रुवा के प्रयोग का नियम बतलाया है और कहा है कि नान्दी के बाद अवकृष्टा, अड्डिता आदि स्तोत्रों (शुष्काक्षरों) का प्रयोग करना चाहिए :

"न तत्र गानं कर्तव्यं तत्र स्तोभ क्रिया भवेत्।"[1]

'स्तोभ' का अर्थ 'नाट्य शास्त्र' के टीकाकार अभिनवगुप्त ने शुष्काक्षर किया है। शुष्क अवकृष्टा का यह उदाहरण भरतमुनि ने दिया है :

झण्डे झण्डे दिल्लग दिल्ले। जम्बुक बलितक तेते नाम।[2]

स्तोभ भी तीन प्रकार का होता है :

1. वर्ण-स्तोभ जिसमें इकारादिस्वर होते हैं। 2. पद-स्तोभ जिसमें हाउ आदि पद होते हैं। 3. वाक्य-स्तोभ जिसका उदाहरण ऊपर दिया जा चुका है।

ऋक :

अग्न या याहि वीतये गृणानो दृव्य दायते। निहोता सत्सि वर्हिषि। साम 1,1,1,1

साम :

ओग्नाई। आया ही 3। वोइतोया 23। तो या 23।
गृणानो ह। व्य दातो याऽ 23। नो या 23 ना इ हो ता साऽ 23।
त्साऽ 23। वाऽ 234 औ हो वा। हींऽ234 षी।

उपर्युक्त उदाहरण में ऋग्वेद की ऋचा को गाने में ओ, ई, आ, हा, ऊ आदि स्वरों को मिलाकर विकृत किया जाता है। गान के इन्हीं स्वरों को स्तोभ कहा जाता है। ओउम् भी एक प्रकार का स्तोभ ही है जिसका प्रयोग गान के दो विभागों को जोड़ने के लिए होता है। इन्हीं साम-स्वरों का विकास संगीत-शास्त्र के अंतर्गत आलाप के स्वरों में हुआ है।

---

1. नाट्यशास्त्र : 5-25
2. नाट्यशास्त्र : 5-114, 115

स्तोत्र और शस्त्र : सामवेद में संकलित समस्त सूक्त एवं प्रगाथ साम-संगीत के नियमों से बद्ध होने के कारण सांगीतिक गीत हैं। उन गीतों को जब यज्ञों के अवसर पर उद्गाताओं द्वारा सस्वर गाया जाता था तो उन्हें 'स्तोत्र' कहा जाता था—जिन मंत्रों का होता और अध्वर्यु पाठ करते थे, वे शस्त्र कहलाते थे :

'अप्रगीत मंत्र साध्या स्तुतिः शस्त्रम्।'
'प्रगीतमंत्र साध्या स्तुतिः स्तोत्रम्।'

स्तोत्र और पाठ दोनों के अनेक भेद थे। पाठ के भेद घनपाठ, जटापाठ आदि तथा स्तोत्र के भेद स्तोत्र, गाथा आदि थे।

स्तोभ : वह गान-विधि जिसमें ऋचाओं को सीधे, फिर पर्याय रूप में तथा विभिन्न स्वरों में गाया जाता था, 'स्तोभ' कहलाती थी।

सामगान के अंतर्गत कई शैलियाँ विकसित हुईं, जैसे भरद्वाज द्वारा आविष्कृत वृहत् साम, वसिष्ठ द्वारा उद्भाषित रथन्तर साम आदि। छंदों के आधार पर भी साम-गान के भेद प्रचलित थे, जैसे—गायत्री छंद का गायत्र और शक्वर का शाक्वर कहलाता था। इसी प्रकार बेरूत, खेत, अर्क, भद्र, वैराज आदि नाम भी प्रचलित थे। ये सभी ध्रुवागीत थे।

3. पदगीत : पदगीत का तात्पर्य ऐसे गीत से है जिसमें प्रथम पंक्ति या पद कुछ पदों के बाद बार-बार दोहराये जाते हैं। शास्त्रीय संगीत में इन प्रारंभिक पदों को ध्रुवक या ध्रुवा कहा जाता है। आदिम जन-समाज के नृत्य-गीतों में प्रथम पद को दुहराने की जो परंपरा थी, वैदिक मंत्रों में उसी का विकास आवृत्तिमूलक ध्रुवकों में दिखलाई पड़ता है। ये ध्रुवक वाले पद ध्रुवा पद कहलाते थे और शास्त्रीय संगीत का विकास होने पर इस शैली के गीत का नाम ध्रुवक पड़ा। वेदों में पद का अर्थ किसी छंद का चतुर्थ भाग है जिसे पाद भी कहा जाता है। वैदिक छंद मात्रानुसारी (मात्रिक) नहीं, अक्षरानुसारी (वर्णिक) होते हैं। इन अक्षरानुसारी छंदों के भी दो भेद होते हैं—अक्षर गणना वाले छंद और पादाक्षर गणना वाले छंद। अक्षर गणनानुसारी छंदों में पाद-विभाग नहीं होता। प्राग्गायत्री छंद केवल अक्षरानुसारी होते हैं। जैसे—मा (चार अक्षर), प्रमा (आठ अक्षर), प्रतिमा (बारह अक्षर), उपमा (सोलह अक्षर) और समा (बीस अक्षर) वाले शब्द हैं। यजुर्वेद के गद्यात्मक मंत्रों में ये छंद दिखलाई पड़ते हैं। इनमें पाद-विभाजन नहीं होता।

पादानुसारी छंदों में छंद के समस्त अक्षरों को कुछ पादों में विभक्त किया जाता है। उनमें अक्षर गणना के साथ-साथ पादाक्षर गणना भी आवश्यक है। ऋग्वेद के पद्यात्मक मंत्रों में ही यह पादबद्ध शैली दिखलाई पड़ती है। ऋग्वेद में कुल चौदह छंद प्रयुक्त हुए हैं जो निम्नलिखित हैं :

गायत्री, उष्णिक, अनुष्टुप, वृहती, पंक्ति, त्रिष्टुम, जगती, अति जगती,

शक्वरी, अति शक्वरी, अष्टि, अत्यष्टि, धृति और अति धृति।

अन्य छंद अन्य वेदों में प्राप्त होते हैं। ऋग्वेद में भाष्यकार वेंकट माधव ने भी यही बात कही है।

चतुर्दशेत्थं कविभिः पुराणेश्छन्दांसि दृष्टानि समीरितानि।
दृष्टन्ति दृष्टानि तु संहितायामन्यानि वेदेष्वपरेषु सन्ति।।

शौनक ने वेदों में छब्बीस छंद माने हैं और बतलाया है कि प्रत्येक छंद में दो अक्षर कम होने पर विराज छंद बन जाता है। छब्बीस छंदों के छब्बीस विराज छंद बनते हैं। इस प्रकार वेदों में बावन छंद हैं। पादाक्षर गणनानुसारी छंदों में पदों की संख्या तथा प्रत्येक पाद के अक्षरों की संख्या निश्चित होती है। जैसे—गायत्री में कुल तीन पाद और प्रत्येक पाद में आठ अक्षर होते हैं। उसी तरह अनुष्टुप में चार पाद और प्रत्येक पाद में आठ अक्षर होते हैं। इन दोनों छंदों में दो-दो अक्षर कम हो जाने पर विराट् गायत्री और विराट् अनुष्टुप् छंद बन जाते हैं।

गायत्री छंद

अग्निमीले पुरोहितं।
यक्षस्य देवमृत्विजं।
होतारं रत्न घातमम्।

इन तीनों पदों में आठ-आठ अक्षर हैं। किसी सूक्त में जब कोई पाद (पद) अनेक बार दुहराए जाएँ तो उसे पदगीत कहा जा सकता है। जैसे :

प्रतित्यं चारु मध्वरं गोपीधाय प्रहूयसे।
मरुद्भिरग्न आगहि। 1
नहि देवो न मर्त्यो महस्वत क्रतुं परः।
मरुद्भिरग्न आगहि। 2
ये महो रजसो विदुर्विश्वे देवासो अद्रुहः।
मरुद्भिरग्न आगहि। 3
य उग्रा अर्कमानृचुरना धृष्टास ओजसा।
मरुद्भिरग्न आगहि। 4
ये शुभ्रा घोरवर्णसः सुक्षत्रोसो रिशादसः।
मरुद्भिरग्न आगहि। 5
ये नाकस्याधिरोचते दिवि देवास आसते।
मरुद्भिरग्न आगहि। 6
य ईखयन्ति पर्वतान् तिरः समुद्रमर्णवम्।

मरुद्भिरग्न आगहि। 7
आ ये तन्वन्ति रश्मिभिस्तिरः समुद्र मोजसा।
मरुद्भिरग्न आगहि। 8
अभित्वा पूर्वपीतये सृजामि सोम्यं मधु।
मरुद्भिरग्न आगहि। 9

(ऋक 1-5-19)

इस सूक्त में गायत्री छंद की 9 ऋचाएँ हैं। प्रत्येक ऋचा या मंत्र में तीन पद हैं और सबमें प्रथम ऋचा के अंतिम पद की आवृत्ति हुई है। इस प्रकार यह सूक्त एक पदगीत है। चारों वेदों में इस प्रकार के सैकड़ों पदगीत हैं। पदों की आवृत्ति गान में सौन्दर्य उत्पन्न करने के लिए ही होती थी।

संस्कृत साहित्य में बहुत से ऐसे स्तोत्र मिलते हैं जिनमें प्रथम छंद का अंतिम पद अन्य पदों में भी अंतिम पद होता है। अतः संस्कृत का स्तोत्र काव्य वस्तुतः पदगीत ही है। इसी शैली का विकास जयदेव के गीत-गोविन्द में पदों के रूप में दिखलाई पड़ती है। आधुनिक भाषाओं में मध्यकालीन संतों ने जिस पद-काव्य की रचना की थी, वह वैदिक पदगीतों की शैली का विकसित रूप है।

पद के संबंध में भरत मुनि ने 'नाट्यशास्त्र' में विशेष रूप से विचार किया है। उनके अनुसार गान्धर्व विद्या के मुख्य तीन आधार हैं—स्वर, ताल और पद। स्वर और ताल में बद्ध अक्षरात्मक छंद को निबद्ध संगीत कहा जाता है। जो पद अक्षरों की निश्चित संख्या तथा गतियति के नियमों से नियंत्रित नहीं होते, वे अनिबद्ध पद कहलाते हैं। बद्ध और अनिबद्ध दोनों प्रकार के पदों को गाया जा सकता है। यहाँ पद से भरत मुनि का तात्पर्य संगीत का पद या गीत भाग है। इस संबंध में नाट्यशास्त्र का कथन विचारणीय है :

यत्किंचिदक्षरकृतं तत्सर्व पद संज्ञितम्।
निबद्ध चानिबद्धं च तत्पदं द्विविधं स्मृतम्।।
अतालं च सतालं च द्विप्रकारकं च तद् भवेत्।
सतालं च ध्रुवार्थेषु निबधं तच्च वै स्मृतम्।।
यत्तुवा करुणोपेतं सर्वातोद्यानुरंजनम्।
अतालमनिबद्धं च पदं तुज्ञेयमेव च।।
नियताक्षर सम्बन्धं छन्दोयति समन्वितम्।
निबद्धं तु पदं ज्ञेय नाना छन्दः समुद्भवम्।।
स्वच्छन्दयति पादं तु तथा च नियताक्षरम्।

अनिबद्धं पदं ज्ञेयं महाताल लयाक्षरम्।।
अनिबद्धाक्षराणि स्युर्यान्य जाति कृतानि तु।
आतोधकरणेस्तेषां विधानमपि निर्दिशेत्।।
अपदान्य निबद्धानि तालेन रहितानि च।
आतोद्येषु नियुक्तानि यानि तानि तु योजयेत्।।

नाट्यशास्त्र—32-26 से 32 तक

उपर्युक्त उद्धरण का आशय यह है कि सभी अक्षर-बद्ध रचनाएँ पद कहलाती हैं। पद दो प्रकार का होता है—निबद्ध और अनिबद्ध। निबद्ध पद तालयुक्त और अनिबद्ध तालरहित होता है। ध्रुवागीत में निबद्ध अर्थात् तालयुक्त पद प्रयुक्त होते हैं। अनिबद्ध अर्थात् तालरहित पद भी गाये जा सकते हैं पर वे ध्रुवागीत नहीं हो सकते। विभिन्न छंदों में जब निश्चित अक्षर संख्या वाले ऐसे पद होते हैं तो उन्हें ध्रुवागीत कहा जाता है। अनियंत्रित अर्थात् तालरहित अनिबद्ध पद भी गेय होते हैं, पर उन्हें ध्रुवागीत नहीं कहा जा सकता। ऐसे गीत भी होते हैं जो अक्षर संख्या और ताल स्वर से नियंत्रित पदों वाले नहीं होते। वे भी ध्रुवा पद नहीं हैं। इस संबंध में डॉ. शंभुनाथ सिंह ने पृ. 25 अध्याय 1 अपने शोध-प्रबंध 'प्राचीन भारतीय काव्य रूपों के उद्‌भव और विकास' में निम्नलिखित निर्धारण प्रस्तुत किये हैं :

1. वे अक्षर पदानुसारी छंद जो सामगान के स्वर-ताल से निबद्ध हैं, उन्हें ध्रुवागीत कहा जा सकता है। 2. वे अक्षर पदानुसारी छंद जो सामगान के स्वर-ताल से अनिबद्ध हैं, उन्हें अनिबद्ध पदगीत कहा जा सकता है। 3. वे अक्षरानुसारी छंद जो सामगान के स्वरताल से नियंत्रित नहीं हैं, फिर भी गेय हैं, उन्हें केवल गीति कहा जा सकता है।

प्रथम प्रकार के छंद सांगीतिक गीत हैं। उन्हें ध्रुवागीत भी कहा जा सकता है क्योंकि वे स्वर-ताल के नियमों से आबद्ध हैं। भरतमुनि ने नाटकों में ध्रुवागीत के प्रयोग का विधान बतलाया है। संस्कृत नाटकों में ध्रुवागीत का स्वरूप कुछ भिन्न हो गया। द्वितीय प्रकार के छंद पदगीत हैं। पदगीत में प्रथम ऋचा के अंतिम पद की आवृत्ति आवश्यक है।

4. प्रगीत : प्रगीत अंग्रेजी के 'लिरिक' शब्द का समानार्थी है। इसके अंतर्गत वह छंदोबद्ध रचना आती है जो गेय तो होती है पर निबद्ध गीत नहीं होती। साथ ही उसमें पदगीत की तरह अंतिम पद आवृत्तिमूलक नहीं होता। पदगीत अक्षर-पदानुसारी छंद से निर्मित होता है। प्रगीत में अक्षर-पदानुसारी और अक्षरानुसारी दोनों प्रकार के छंद होते हैं। पर न तो किसी पद या शब्द की आवृत्ति होती है और न पूरा सूक्त निबद्ध गीत ही होता है। इसलिए प्रगीत को निम्न रूप में परिभाषित किया जा सकता है :

"प्रगीत वह गेय काव्य है जो गीत की तरह संगीतबद्ध या आवृत्तिमूलक

पद-बद्ध नहीं होता, पर जिसका गान अनिबद्ध रूप में हो सकता है। वह केवल पठित काव्य होता है।''

''गीतिकाव्य की सीमा में उसे इसलिए रखा जाता है कि उसमें गीत की तरह आत्माभिव्यंजकता और भावान्विति होती है। जिसका विवेचन पहले हो चुका है, गीतिकाव्य के संघटक तत्त्व उसमें वर्तमान रहते हैं। कहने का अर्थ यह है कि उसमें आत्माभिव्यंजकता, भावान्विति, अनुभूति की सघनता, भावोच्छ्वासमयता और प्रभावान्विति होती है।''

रूप-संघटन की दृष्टि से प्रगीत एक विषय के अनेक छंदों की रचना है जिसमें संक्षिप्तता और लयात्मकता होती है। उसे साहित्याचार्यों द्वारा निर्दिष्ट संघात संज्ञक मुक्तक भी कहा जा सकता है।

'प्रगीत' शब्द को जिस अर्थ में हमें ग्रहण करना है, उसमें और उसके परंपरागत अर्थ में पर्याप्त भिन्नता है। पहले कहा जा चुका है कि वेदों के जो मंत्र प्रगीत (स्वरावलियों में निबद्ध) थे, उनको स्तोभ कहा जाता था—''प्रगीत मंत्र साध्या स्तुतिः स्तोत्रम्'' इस कथन में प्रगीत का अर्थ 'प्रधान रूप से गाया हुआ' है। किन्तु आज 'प्रगीत' का अर्थ बदल गया है। अब 'गीत' से भिन्न उस छंदोबद्ध रचना को प्रगीत कहा जाता है जो स्वरावली-बद्ध नहीं है और न पदगीत के समान आवृत्तिमूलक टेक से युक्त है।

उपर्युक्त परिभाषा की दृष्टि से यदि वैदिक काव्य का अवलोकन किया जाये तो उसमें प्रगीत काव्य की संख्या बहुत अधिक मिलेगी। सामवेद के समस्त मंत्रों, यजुर्वेद के गद्यात्मक यजुषों एवं ऋग्वेद-अथर्ववेद के पदगीतों के अतिरिक्त जितने सूक्त हैं, उनमें प्रगीत शैली के सूक्त पर्याप्त संख्या में हैं। उदाहरण के लिए ऋग्वेद के आठवें मण्डल के 48 वें से 54 वें तक के सूक्त लिये जा सकते हैं। 48 वें सूक्त में त्रिष्टुप् और जगती छंद में 15 ऋचाओं में सोम की स्तुति की गयी है। यह सूक्त सामवेद में नहीं है। सभी ऋचाओं में प्रगाथ कण्व में 'सोम' के संबंध में अपने रागात्मक संबंध की अनुभूतियों को अभिव्यक्त किया गया है। विषयान्तर न होने के कारण इसमें अनुभूति की सघनता और प्रभावान्विति वर्तमान है। इसलिए यह प्रगीत है। बाद के सूक्त दस-दस ऋचाओं के हैं जिनमें इन्द्र की स्तुति है। वे भी प्रगीत काव्य की विशेषताओं से युक्त हैं। एक प्रगीत की प्रथम और अंतिम ऋचाएँ उद्धृत की जा रही हैं। इस प्रगीत में ऋषि कण्व एलूष ने 'आप और अन्न' की स्तुति की है :

प्रदेवन्ना ब्रह्मणे गातुरेत्वयो प्रच्छा मन्सो त प्रयुक्ति।
महीं मित्रस्य धासिं पृथुज्रपसे कीरधा सुवृक्तिम्। 1।

X X X

आग्मन्नाय उशतीर्बर्हिरिदं न्यध्वरे असदन्देवपन्तीः।
अध्वर्णवः सुनुतेन्द्राय सोममभूदुवःसुश्कादेव पज्या।। 15

—ऋ. 10-3-30

यज्ञ के समय यह सोम-रस शीघ्रतापूर्वक देवताओं के निमित्त जल की ओर गमन करे। हे ऋत्विज, मित्रावरुण के लिए उस महान् अन्न का संस्कार करो और इन्द्र के लिए श्रेष्ठ स्तुति का उच्चारण करो। 1।

देवताओं की ओर गमन करने के लिए कुशों की ओर जाता हुआ जल यज्ञ-भूमि को प्राप्त हुआ है। हे ऋत्विजो, जल आ गया है। अब तुम सरलता से देव-भजन कर सकोगे। मधुर सोम-रस को इन्द्र के लिए अर्पित करो। (1)।

5. आवृत्ति गीत : गीतिकाव्य में गेयता और स्मरण-सुलभता लाने के लिए छंदों के पदों अथवा शब्दों की आवृत्ति करने की पद्धति आदिम मानव के नृत्य-गीतों में वर्तमान थी और वह परंपरा के रूप में वैदिक काव्य से होती हुई आज तक चली आ रही है। गीतिकाव्य के दो भेद हैं—प्रगीतकाव्य और गीतिकाव्य। दोनों ही गेय हैं किन्तु गीतिकाव्य में आवृत्ति की पद्धति होने के कारण गेयता अधिक होती है जिससे वह निबद्ध संगीत के रूप में सरलता से प्रयुक्त हो सकता है। इसके विपरीत प्रगीत काव्य में आवृत्ति नहीं होती यद्यपि प्रगीत काव्य को भी संगीत बद्ध किया जा सकता है। जैसा सामवेद के अधिकांश सूक्तों में दिखलाई पड़ता है पर जो सौन्दर्य और माधुर्य आवृत्तिमूलक गीतों में होता है, वह प्रगीत काव्य में नहीं मिलता। मौखिक साहित्य में लिखित साहित्य की अपेक्षा आवृत्ति की प्रवृत्ति इसलिए अधिक होती है कि उसके कारण लिखित काव्य या साहित्य को सरलता से याद किया जा सकता है। वैदिक काव्य मौखिक परंपरा में ही सुरक्षित रहा। इसलिए स्वभावतः उसमें ऐसे गीतों की कमी नहीं है जिनमें शब्दों और पदों की अनेक प्रकार से आवृत्ति की गयी है। ऊपर यह बतलाया जा चुका है कि पदगीत भी आवृत्तिमूलक गीत ही होता है। किन्तु परवर्ती संस्कृत साहित्य तथा आधुनिक भारतीय भाषाओं के साहित्य में गीत की विशिष्ट परंपरा ही बन गयी थी। इसलिए उसे गीतिकाव्य की एक विशिष्ट शैली मानना पड़ा है। सच पूछा जाए तो पदगीत को आवृत्ति गीत से भिन्न नहीं माना जा सकता। आवृत्ति गीतिकाव्य का अनिवार्य लक्षण नहीं है किन्तु गीत के लिए अनिवार्य नहीं तो आवश्यक अवश्य प्रतीत होता है।

वैदिक गीतिकाव्य में आवृत्ति की जितनी शैलियाँ दिखलाई पड़ती हैं, उनके नाम निम्नलिखित हैं :

1. एक पदावृत्ति या ध्रुवावृत्ति (पदगीत) 2. द्विपदावृत्ति (अर्द्ध ऋचावृत्ति) 3. त्रिपदा वृत्ति 4. चतुष्पदावृत्ति (पूर्णावृत्ति) 5. आद्य पदावृत्ति 6. अन्त्य शब्दावृत्ति 7. शब्दबहुलावृत्ति 8. आद्यपदावृत्ति 9. मध्यपदावृत्ति 10. आदि-अन्त्य शब्दावृत्ति

11. पदावृत्ति समुच्चय 12. विविधावृत्ति और 13. ऋचावृत्ति।

6. मध्यगीत : जब किसी बड़ी कविता के बीच में एक या एकाधिक गीत आ जायें तो उन्हें मध्यगीत कहा जा सकता है। वैदिक काव्य में ऐसे मध्यगीत पर्याप्त हैं। अथर्ववेद के लंबे सूक्तों में तथा यजुर्वेद के अध्यायों में इनकी संख्या अधिक है। लंबे काव्य में गीत रखने की परंपरा वैदिक काल से लेकर आधुनिक युग तक चली आ रही है। रामचरित-मानस के स्तोत्र में और साकेत तथा कामायनी जैसे प्रबंधकाव्यों के भीतर के गीत इसके प्रमाण हैं। ये गीत बड़े काव्य के आदि, मध्य या अंत में कहीं भी होते हैं। उदाहरण के लिए यजुर्वेद के दसवें मण्डल के 35वें और 36वें सूक्त को ले सकते हैं। 35 वें सूक्त में कुल 14 ऋचाएँ हैं। उनमें प्रारंभ की दो और अंत की दो ऋचाओं को छोड़ दिया जाए तो शेष दस ऋचाओं को पदगीत कहा जा सकता है, जैसे :

द्यावा नो अद्य पृथिवी अनागसो मही त्रायेतां सुविताय मातरा।
उषा उच्छन्त्यप वाधतामधं स्वस्तयग्नि समिधान भीमहे।।3
इयं न उस्रा प्रथमा सुदेव्य रेवत्सनिभ्यो रेवती न्यच्छतु।
आरे मन्युं दुर्विदन्नस्य धीमहि स्वस्त्यग्निं समिधान भीमहे।।4

इसी प्रकार शेष आठ ऋचाओं में भी अंतिम पद 'स्वस्त्यग्निं समिधान भीमहे' की आवृत्ति हुई है जिससे यह एक पदगीत है। 36 वें सूक्त में भी 14 ऋचाओं में से बीच की दस ऋचायें पदगीत हैं। सूक्त के मध्य में होने से इन्हें मध्यगीत कहा जा सकता है। अथर्ववेद के 15 वें काण्ड में अनेक मध्यगीत हैं। उसके नवें काण्ड के छठे सूक्त का उत्तरार्ध पाँच छंदों का पूर्णावृत्ति गीत है। बड़े के बीच में होने के कारण वह भी मध्यगीत है। 9 वें काण्ड के आठवें सूक्त में पूर्वार्ध के 5 छंद द्विपदावृत्ति गीत हैं। शेष सूक्त में गीतात्मक आवृत्ति नहीं है।

अथर्ववेद के कुछ सूक्तों में एक से अधिक गीत मिलते हैं। ऐसे गीतों को भी मध्यगीत कहा जाएगा। उदाहरण के लिए दसवें काण्ड को लिया जा सकता है। इसके छठे सूक्त में कुल 35 मंत्र हैं। इस सूक्त के बीच में दो गीत ग्रथित हैं। पहला गीत 10वें से 21वें मंत्र तक और दूसरा 23 वें से 28वें मंत्र तक है। पहला गीत पदगीत है और दूसरा संघटना की दृष्टि से आवृत्ति गीत है :

यम बध्नाद वृहस्पतिदेवेभ्यो असुरक्षितम्।
समायं मणिरागमत् सह गोमिरजा विभिरन्नेन प्रजयासह।।
यम बध्नाद वृहस्पतिदेवेभ्यो असुरक्षितम्।
स मायं मणिरागमत् सह ब्रीर्हियवाभ्यां महसा भूत्या सह।।

—अथर्व 10-3-6-23, 24

इसी प्रकार सातवें सूक्त में दो और 17 वें सूक्त में तीन मध्यगीत हैं। ऋग्वेद के 10 वें मण्डल के 59 वें सूक्त में तीन गीत सम्मिलित हैं।

7. गीतिमाला : गीति-माला से तात्पर्य एक ही गीत की अनेक सूक्तों में प्रसारित शृंखला से हैं। ये गीत दो प्रकार के हैं। कुछ गीत इस प्रकार के हैं जो किसी लंबे गीत को कई टुकड़ों में बाँटकर रखे गये प्रतीत होते हैं, जैसे ऋग्वेद के नवें मण्डल के सूक्त संख्या 112, 113, और 114। इन तीनों सूक्तों के देवता पवमान हैं किन्तु पहले के ऋषि शिशु और दो के ऋषि कश्यप हैं। तीनों में प्रत्येक ऋचा के अंत में 'इन्द्रायेन्दो परिस्तव' पद की आवृत्ति हुई है। डॉ. शंभुनाथ सिंह ने अपने शोध प्रबन्ध 'प्राचीन भारतीय काव्य-रूपों के विकास' में इस आवृत्ति की चर्चा करते हुए लिखा है–'यह संभव है कि शिशु ऋषि ने 112वां सूक्त रचा हो और बाद में उसी गीत को कश्यप ऋषि ने दो बार में बढ़ाया हो।' तत्कालीन रचना-प्रक्रिया को ध्यान में रखते हुए यदि विचार करें तो उपर्युक्त संभावना की सत्यता प्रमाणित हो जाती है। 112 वें सूक्त की ही भांति आठवें मण्डल के 39 वें से 42 वें तक के चार सूक्त, जिसके रचयिता नाभाक काण्व ऋषि बतलाये गये हैं, एक ही गीत के चार भाग हैं। उनमें 'नमन्ता मन्यके समे' पद की ऋचा के अंत में आवृत्ति हुई है। इस प्रकार इन तीनों सूक्तों को मिलाकर उसे एक 'गीतिमाला' कहा जा सकता है। इसी तरह अथर्ववेद के 13 वें काण्ड के सूक्त संख्या 4 में दो गीत ऐसे हैं जो दो-दो सूक्तवत भागों में बँटे हुए हैं। सूक्त संख्या 4 (2) और 4 (3) में आवृत्ति-पद एक ही है–'य एतं देव एक वर्तं वेद।' सूक्त संख्या 4 (5) और 4 (6) में भी एक ही ऋचा की बार-बार आवृत्ति हुई है :

"नमस्ते अस्तु पश्यत पश्य मा पश्यत।।
अन्नाथेन पद्य सा तेजसा ब्राह्मणवर्चसेन।।"

दूसरे प्रकार की गीतिमाला में ध्रुवक की एक ऋचा अनेक सूक्तों के अंत में दुहराई गई है। इसी आवृत्ति के कारण इन्हें एक गीतिमाला के गीत माना जा सकता है। इस प्रकार की एक गीतिमाला में देवता भिन्न-भिन्न हैं पर छंद और ऋषि एक ही हैं। ये सूक्त गीति शैली में नहीं रचे गये हैं पर सबका अंत एक ही ऋचा से होता है। उदाहरणार्थ–ऋग्वेद के सातवें मण्डल के एक सौ चार सूक्तों में से अस्सी से अधिक सूक्त ऐसे हैं जिनकी समाप्ति 'यूयं पात स्वस्तिभिः सदा नः' पद से होती है। सातवें मण्डल के सभी सूक्तों के रचयिता वसिष्ठ ऋषि हैं। प्रत्येक सूक्तांत में इस पद की आवृत्ति के कारण ऐसे सभी सूक्तों को जो गीतिकाव्य के अंतर्गत आते हैं, एक गीतिमाला कहा जा सकता है।

इसी तरह प्रथम मण्डल के एक सौ पैंसठवीं से लेकर एक सौ इक्यावनवीं संख्या तक के सूक्तों के अंत में निम्नलिखित ऋचा की आवृत्ति हुई है :

एष वः स्तोमो मरुत इमं गीमन्दिरर्यस्य मान्यस्य कारोः।
एषा यासीष्ट तन्वे वयां विद्यामेषं वृजनं जीरदानुम्।

ये सभी सूक्त अगस्त्य ऋषि के रचे हुए हैं। इनमें छोटे और बड़े दोनों प्रकार के सूक्त हैं किंतु ये सभी सूक्त गीतिकाव्य हैं। सभी एक ही ऋचा से समाप्त होते हैं। इसलिए इन्हें एक गीतिमाला कहा जा सकता है।

8. प्रश्नोत्तर गीत : आदिम जनसमाज के नृत्य के गीत में प्रश्नोत्तर शैली के गीतों का स्वरूप वर्तमान था। आधुनिक युग में भी लोकगीतों में प्रश्नोत्तर शैली के गीत पाये जाते हैं। ऋग्वेद और अथर्ववेद के सूक्तों में तथा यजुर्वेद के विभिन्न अध्यायों में प्रश्नोत्तर शैली के मंत्र वर्तमान हैं। केवल अथर्ववेद में एक सूक्त ऐसा है जिसके तैंतीस मंत्रों में से पच्चीस मंत्रों में प्रश्न उपस्थित किये गये हैं और शेष मंत्रों में उनका उत्तर है। इस सूक्त को प्रश्नोत्तर शैली का ही गीत कहा जायेगा। यद्यपि यह सूक्त शरीर-रचना की रहस्यमयता से संबंधित है जिसके कारण इसमें आत्माभिव्यंजना का तत्त्व नहीं है, किंतु प्रश्नोत्तर शैली वाले गीत की दृष्टि से इस सूक्त को सर्वाधिक महत्त्व दिया जाना चाहिए।

9. समवेत गीत : समवेत गीत उन गीतों को कहा जाता है जिन्हें कई व्यक्ति मिलकर एक साथ गाते हैं। इस दृष्टि से सामवेद के गीत समवेत गीत ही हैं क्योंकि यज्ञ के अवसर पर 'होता' मिलकर उनका गान करते थे। वास्तविक समवेत गीत वे हैं जो सामूहिक नृत्य के साथ गीत के रूप में प्रयुक्त होते हैं। वैदिक गीतों में कौन से गीत नृत्य के साथ गाये जाते थे अथवा किन गीतों का सामूहिक गान होता था, यह बतलाना अत्यंत कठिन है। अतः वैदिक नृत्य-गीत के समान वैदिक समवेत गीत के विषय में भी निश्चयात्मक रूप से यह नहीं कहा जा सकता कि अमुक गीत, समवेत गीत है। किंतु इतना स्पष्ट है कि आवृत्तिमूलक गीत ही समवेत गीत रहे होंगे क्योंकि ऐसे गीतों को सामूहिक ढंग से गाने में सुविधा होती है।

10. मुक्तक गीत : जिस गीत में प्रत्येक ऋचा एक स्वतंत्र मुक्तक हो, साथ ही उसमें आवृत्ति वाले पद या शब्द हों, उसे मुक्तक गीत कहा जा सकता है। यद्यपि गीतिकाव्य और मुक्तक काव्य के मूल तत्त्वों में पर्याप्त अंतर है किंतु बाह्य रूपाकार की संघटना की दृष्टि से यदि अनेक मुक्तकों को एक गीत के रूप में रख दिया गया हो तो उसे भी 'गीतिकाव्य' ही कहा जायेगा। मुक्तक गीत की परंपरा भी अत्यंत प्राचीन है। शृंगारिक तथा वीर रसात्मक मुक्तकों में अनुभूति की सघनता होती है और उन्हें गेय रूप में उपस्थित किया जाये तो ऐसे अनेक मुक्तक होंगे जिन्हें एक साथ संकलित करके 'गीतिकाव्य' का रूप दिया जा सकता है। प्राकृत में, गाथा छंद में, मुक्तक रूप में, गीतिकाव्य की रचना की परंपरा विकसित हुई थी जो संस्कृत नाटकों की प्राकृत गाथाओं तथा 'गाथा सप्तशती' के शृंगारिक मुक्तकों में दिखलाई

पड़ती है। लोकगीतों में 'विरहा' और 'धोबियों के गीत' इसी प्रकार के होते हैं जिनमें दो-दो पंक्तियों के अनेक मुक्तकों को एक साथ एक ही धुन में गाया जाता है। भोजपुरी के एक धोबी-गीत की कुछ पंक्तियाँ तुलनात्मक दृष्टि से विचारणीय हैं :

मोटी मोटी लिटिया लगइहे धोबिनियाँ
कि बिहनै चलै का बा घाट।
तीनहि चीज मत भूलिहै धोबिनियाँ
कि टिकिया तमाखू थोड़ा आगि।
निबिया के पेड़वा जबै नीक लागै,
जब निबकौरी न होय।
गेहूँ के रोटिया तबै नीक लागै
घी से चमोरी होय।[1]

इसमें दोनों चरण एक-दूसरे से असंबद्ध हैं किंतु दोनों एक ही गीत के अंग हैं। इसलिए इस गीत को मुक्तक गीत कहा जायेगा। इसी प्रकार वेदों में भी बहुत से सूक्त और अध्याय ऐसे हैं जिनमें विषयगत एकता नहीं है और न भावान्विति ही है फिर भी वे गीत रूप में नियोजित हैं। अतः उन्हें मुक्तक गीत कहा जा सकता है। ऋग्वेद के एक सूक्त का अनुवाद दिया जा रहा है जो स्वतंत्र मुक्तकों का संग्रह प्रतीत होता है :

ये कौन श्रेष्ठ और युवा हमारे पास आये हैं क्या ये दूत का कार्य करने के लिये आये हैं ? हे अग्नि, हमने चमस की निंदा नहीं की है। हमने इस काष्ठ-कर्म के बारे में ही कहा है। हे सुधन्वा के पुत्रो ! मैं देवताओं की आज्ञा से तुम्हारे पास आया हूँ। तुम एक चमस के चार कर दो। ऐसा करने पर तुम्हें भी देवताओं के साथ भाग मिलेगा। हे देवताओं के बंधुओ ! तुमने अग्नि को दूत बनाया है। तुम गाय और घोड़ा निर्मित कर हमें दो, माता-पिता को युवावस्था दो। इन सब कार्यों के बाद हम तुम्हारे समक्ष उपस्थित होंगे। हे ऋभुगण ! कार्य करने के पश्चात् ही तुमने पूछा कि जो दूत यहाँ आया था, वह कहाँ है ? जब त्वष्टा ने चमस के चार टुकड़े किये तब वह स्त्रियों को देखकर लज्जा से छिप गया। तब त्वष्टा ने कहा कि जिन्होंने देवताओं के पीने के पात्र चमस की निंदा की, उन्हें हम मार डालें...इन्द्र ने घोड़ों को जोड़ा, अश्विदेवों ने रथ को जोड़ा, वृहस्पति ने गाय को पुकारा, ऋभु, बिम्बा और बाज देवताओं के पास गये और यज्ञभाग प्राप्त किया। हे सुधन्वा-पुत्रो ! तुमने अपने कर्म से चर्म द्वारा गाय को पुनर्जीवित किया। —ऋ. 1-21-161

इस सूक्त में विषयगत एकता नहीं है, न इसमें आवृत्तिमूलक गीति शैली ही

---

1. लोकगीतिका : सम्पादिका श्रीमती प्रभावती सिंह, पृ. 66

है। इसकी प्रत्येक ऋचा में अलग-अलग बात कही गयी है फिर भी इस सूक्त के ऋषि ने इतने उच्छ्वसित वेग से अपनी बात कही है कि इन मुक्तकों के संकलन को भी गीत माना जा सकता है। इसीलिए अथर्ववेद के एक सूक्त में संकलित कुछ मुक्तक ये हैं :

दिन के समान प्रकाशित, तीनों लोकों का पालक, रक्षक एवं धारक वह अहिंसित और अमर सुंदर जन्म लेकर बढ़ने वाला परमात्मा योनि द्वारा उत्पन्न हुआ है। देह से संबंधित स्वयं प्रकाश्य अमरात्मायुक्त व्रती में बल सहित आ रहा हूँ जो बल सहित हवि प्रदान करता है, उसे इन्द्र रत्न आदि देते हैं।

पुत्र ! अपने क्षत्रिय पिता को पूजे, ज्येष्ठ कल्याण के निमित्त अपने धर्म में लगे। हे वरुण ! तुम अपने अनेक स्थानों को दिखलाते हुए सांसारिक जीवों की देह-रचना करते हो। अदिति-पुत्र मित्र वरुण को हम पढ़ाते हैं। हे वरुण ! तुम इस सैन्यदल की दुग्धादि से वृद्धि करते हो और आधे से स्वयं बढ़ते हो। हे आकाश-पृथ्वी के देवो ! विद्वान् ऋषियों के द्वारा प्रकाशित सत्यवाणी का हम वर्णन करते हैं।[1] इस सूक्त में भी एक दूसरे से असंबद्ध मुक्तक रूप वाले छंद एक साथ संकलित कर दिये गये हैं, इस कारण इसे मुक्तक गीत कहा जा सकता है। लौकिक संस्कृत में गाथा-सप्तशती के मुक्तकों को एक साथ संकलित कर देने से ही मुक्तकगीत कहा जाता है। मध्यकालीन हिंदी में घनानन्द के प्रेमविषयक मुक्तकों को इसी दृष्टि से गीत माना जाता है।

11. गाथा गीत : गाथागीत से तात्पर्य ऐसे गीत से है जिसमें कथानक-तत्त्व किसी न किसी रूप में अवश्य सम्मिलित है। गाथा गीत भी गीतिकाव्य का ही एक रूप है। गाथा और गीतिकाव्य दोनों में जिन विशेषताओं का मिश्र रूप दिखलाई पड़ता है, वे विशेषताएँ निम्न हैं :

1. गाथा गीत में संक्षिप्तता का होना आवश्यक है। वह गाथा (बैलेड) के समान लंबा काव्यरूप नहीं है पर उसमें गीतिकाव्य जैसी अत्यंत लघुता नहीं होती।

2. उसमें गाथा का ब्यौरेवार वर्णन नहीं होता। गाथा गीत में कथा के विविध पक्षों की ओर संकेत भर कर दिया गया रहता है।

3. उसमें आत्माभिव्यंजना का तत्त्व भी एक सीमा तक वर्तमान रहता है। यद्यपि विशुद्ध गीत जैसी आत्मव्यंजकता उसमें नहीं होती पर वर्ण्य व्यक्ति या देवता के प्रति कवि की रागात्मकता और आत्मानुभूति की सघनता होती है।

4. उसमें चरित्र के विकास का अवसर नहीं रहता और न वस्तु वर्णन की अधिकता ही होती है पर चरित्र का समग्र प्रभाव अवश्य वर्तमान रहता है।

5. उसमें ऐतिहासिक, पौराणिक चरित्रों या समसामयिक पुरुषों की प्रशस्ति

---

1. अथर्ववेद, 5-1-1

रहती है।

यदि इन विशेषताओं को ध्यान में रखकर वैदिक गीतिकाव्य पर विचार किया जाये तो वेदों में गाथा गीत के बहुत से उदाहरण दिखलाई पड़ेंगे। ऋग्वेद के ऐसे सभी सूक्तों को गाथा गीत कहा जायेगा जिनमें इन्द्र, वरुण, अश्विनी कुमार, ऋभुगण आदि देवताओं के कार्यों का वर्णन है या समसामयिक राजाओं या पूर्वज ऋषियों की प्रशस्ति का गान किया गया है। दूसरे शब्दों में वेदों की पौराणिक-ऐतिहासिक गाथाओं, नाराशंसी गाथाओं और दान-स्तुतियों को गाथा गीत कहा जा सकता है क्योंकि उसमें वर्ण्य देवता या पुरुष के प्रति मंत्रकर्त्ता ऋषियों की घनीभूत रागात्मकता दिखलाई पड़ती है।

इस प्रकार के अनेक गाथा गीत ऋग्वेद में वर्तमान हैं। इन्हें प्रबन्ध काव्य का आदि रूप कहा जा सकता है लेकिन मेरी धारणा में वे गीतिकाव्य के ही अंतर्गत आते हैं। इसी कारण उन्हें गाथा गीत कहा गया है। ऋग्वेद में सबसे अधिक इन्द्र संबंधी गाथाएँ हैं। इन्द्र संबंधी एक गाथा को, जो ऋग्वेद के चौथे मण्डल (सूक्त सं. 16) में है, उदाहरण के रूप में लिया जा सकता है। इसमें त्रिष्टुप और पंक्ति छंद की कुल 21 ऋचाएँ हैं। इसमें प्रारंभ की पाँच ऋचाओं में इन्द्र की स्तुति की गयी है। बाद की 10 ऋचाओं में इन्द्र के विविध कार्यों का उल्लेख किया गया है—जैसे शम्बर से गायों का उद्धार करना, वृत्र का वध करके जल को मुक्त करना, सरमा को पणियों के पास दौत्य कार्य के लिए भेजना, कुत्स की रक्षा, शुष्ण और कुवय का वध, सूर्य के चंद्र का तोड़ना, पिप्रु, प्रवृद्ध मृगय आदि का नाश, विदीथ और ऋजीस्वा को बंदी बनाना, शम्बर के नगरों का विध्वंस आदि। सूक्त की अंतिम छः ऋचाओं में इन्द्र की प्रार्थना है जिसमें सूक्त के ऋषि वामदेव से अपनी हार्दिक कामनाओं को व्यक्त किया गया है। इस तरह इस सूक्त का आधा भाग वर्णनात्मक है और आधा भाग भावाभिव्यंजक है। भावाभिव्यंजकता के कारण इस सूक्त को गाथा-गीति कहा जा सकता है।

इन्द्र संबंधी अन्य गाथाएँ भी इसी प्रकार की हैं। अश्विन-सबधी एक गाथा ऋग्वेद के प्रथम मण्डल (सूक्त सं. 116) में है जिसे गाथा गीत कहा जा सकता है। इस सूक्त में त्रिष्टुप् और पंक्ति छंद की 25 ऋचाएँ हैं। इस सूक्त की प्रारंभिक और अंतिम ऋचा के अलावा अन्य सभी ऋचाओं में अश्विनी कुमारों के कार्यों का संक्षेप में उल्लेख किया गया है। विमद की रक्षा, सूर्या के साथ विवाह के समय घुड़दौड़ प्रतियोगिता में अश्विनी कुमारों की विजय, समुद्र में फेंके गये भुज्ज की रक्षा, पेद्रु को अश्व-दान, कक्षीवान को बुद्धिदान, अत्रि की रक्षा, च्यवन को यौवन-दान, वन्दन को कुएँ से निकालना, दध्यंग द्वारा अश्विनी कुमारों को मधुविद्या की शिक्षा, वध्रि को पुत्र दान, राजाखेल की पत्नी का पैर कट जाने पर लोहे का पैर बनाकर देना आदि निजन्धरी और पौराणिक आख्यानों की ओर संकेत मात्र किया गया है।

इन्हीं कथाओं को पुराणों में विकसित किया गया है।

मानव संबंधी गाथाएँ राजाओं और ऋषियों के विषय में हैं। सुदास की सहायता के लिए इन्द्र का पराक्रम और हरियूपिया के विध्वंस से संबंधित सूक्त भी ऐतिहासिक गाथा गीत ही हैं। ऋषियों से संबंधित आख्यानों में वसिष्ठ की गाथा (ऋ. 7-2-33) एक सुंदर गाथा गीत है। इसमें त्रिष्टुप् और पंक्ति छंद की चौदह ऋचाएँ हैं। इसके ऋषि वसिष्ठ और वसिष्ठ के पुत्र हैं। इन ऋषियों ने जो स्वयं वसिष्ठ के वंशज हैं, अपने पूर्वज वसिष्ठों के कार्यों तथा पराक्रम का वर्णन किया है। इसमें आदि वसिष्ठ के जन्म और प्रतिभा का भी वर्णन किया है। अपने पूर्वज पितरों का आवाहन करते हुए वसिष्ठ गोत्रीय ऋषियों ने इस प्रशस्ति काव्य की रचना की है। उनके सामगान तथा स्तोत्र-रचना की प्रशंसा भी इस सूक्त में की गयी है। इसी तरह दान-स्तुतियों में भी यजमान राजाओं के दान की प्रशंसा करते हुए उनके लिए मंगल कामना की गयी है। इस प्रकार के सभी सूक्तों को गाथा गीत की श्रेणी में रखा जा सकता है।

वैदिक गीतिकाव्य का विषयगत वर्गीकरण

वैदिक गीतिकाव्य की शैलियों का विवेचन कर लेने के बाद यह देखना भी आवश्यक प्रतीत होता है कि विषय की दृष्टि से भी गीतिकाव्य का विवेचन किया जाए। विषय की दृष्टि से गीतिकाव्य के वर्गीकरण का स्वरूप निम्नलिखित होगा :

1. स्तुति गीत 2. अभिचार गीत 3. गोचारण गीत 4. प्रेम गीत 5. व्यंग्य गीत 6. वीर गीत 7. मंगल गीत 8. प्रशस्ति गीत 9. उपालंभ गीत 10. कीर्तन गीत 11. युद्ध गीत 12. प्रयाण गीत 13. राष्ट्र गीत 14. ऋतु गीत 15. शोक गीत।

शोक गीत वैदिक काव्य में नहीं है। श्मशान और मृत्यु का वर्णन तो कई सूक्तों में हुआ है किंतु उनमें शोक का भाव कहीं नहीं व्यक्त हुआ है।

ऋतु गीत : इसका बीज रूप पर्जन्य और मरुत तथा आदित्य संबंधी सूक्तों में दिखाई पड़ता है। यजुर्वेद में संवत्सर चक्र का वर्णन है। उसके एक मंत्र में ऋतुओं का वर्णन निम्न प्रकार से किया गया है :

"हे प्रथम ऋतु ग्रह ! तुम उपयाम पात्र में ग्रहण किये गये हो। चैत्र की मधुरता की कामना करता हुआ मैं तुमको ग्रहण करता हूँ। हे द्वितीय ऋतुग्रह ! तुम उपयाम पात्र में ग्रहण किये गये हो। मैं वैशाख मास की संतुष्टि के लिए तुम्हें ग्रहण करता हूँ। हे तृतीय ऋतुग्रह ! तुम उपयाम पात्र में ग्रहण किये गये हो। मैं ज्येष्ठ मास की संतुष्टि के लिए तुम्हें ग्रहण करता हूँ। हे चतुर्थ ऋतुग्रह ! तुम उपयाम पात्र में ग्रहण किये गये हो। मैं तुम्हें आषाढ़ मास की संतुष्टि के निमित्त ग्रहण करता हूँ। हे पंचम ऋतुग्रह ! तुम उपयाम पात्र में ग्रहण किये गये हो। मैं तुम्हें श्रावण

मास की संतुष्टि के लिए ग्रहण करता हूँ। हे षष्ठ ऋतुग्रह ! तुम उपयाम पात्र में ग्रहण किये गये हो। मैं तुम्हें भादों मास की संतुष्टि के लिए ग्रहण करता हूँ। हे सप्तम ऋतुग्रह ! तुम उपयाम पात्र में ग्रहण किये गये हो। मैं तुम्हें आश्विन मास की संतुष्टि के निमित्त ग्रहण करता हूँ। हे अष्टम ऋतुग्रह ! तुम उपयाम पात्र में ग्रहण किये गये हो। मैं तुम्हें कार्तिक मास की संतुष्टि के लिए ग्रहण करता हूँ। हे नवम ऋतुग्रह ! तुम उपयाम पात्र में ग्रहण किये गये हो। मैं तुम्हें मार्गशीर्ष मास की संतुष्टि के लिए ग्रहण करता हूँ। हे दशम ऋतुग्रह ! तुम उपयाम पात्र में ग्रहण किये गये हो। मैं तुम्हें पौष मास की संतुष्टि के लिए ग्रहण करता हूँ। हे एकादश ऋतुग्रह ! तुम उपयाम पात्र में ग्रहण किये गये हो। मैं तुम्हें माघ मास की संतुष्टि के लिए ग्रहण करता हूँ। हे द्वादश ऋतुग्रह ! तुम उपयाम पात्र में ग्रहण किये गये हो। मैं तुम्हें फाल्गुन मास की संतुष्टि के निमित्त ग्रहण करता हूँ। हे त्रयोदश ऋतुग्रह ! तुम उपयाम पात्र में ग्रहण किये गये हो। पाप के स्वामी अधिक मास की संतुष्टि के निमित्त मैं तुम्हें ग्रहण करता हूँ।'' यजुर्वेद के तेरहवें अध्याय (मंत्र सं. 25) में बसन्त ऋतु का नामोल्लेख किया गया है :

'मधुश्च माधवश्च बसन्तिकावृतु'

वीर गीत, युद्ध गीत एवं प्रयाण गीत : वीर गीत, युद्ध गीत और प्रयाण गीत का मिलाजुला रूप भी ऋग्वेद और अथर्ववेद के कई सूक्तों तथा यजुर्वेद के कुछ अध्यायों में मिलता है। 'गाथा नाराशंसी' तथा पौराणिक गाथाओं वाले सूक्तों में कई ऐसे हैं जिनमें इन्द्र तथा यजमान राजाओं की वीरता एवं पराक्रम का ओजपूर्ण वर्णन किया गया है। अनेक सूक्तों में शत्रु को पराजित करने के लिए जो संकल्प व्यक्त किया गया है, उसमें युद्ध की तैयारी तथा विजय की कामना का ओजपूर्ण वर्णन हुआ है। ऋग्वेद के दसवें मण्डल का 126 वाँ सूक्त एक सुंदर वीर गीत है जिसकी नौ ऋचाओं में शत्रु की पराजय और अपनी विजय की प्रार्थना अग्नि से की गयी है। छठे मण्डल के 75 वें सूक्त में युद्धास्त्रों की स्तुति की गयी है। इसमें वर्म, धनुष, सारथी, अश्व और रथ से युद्ध में सहायक होने की प्रार्थना की गयी है और योद्धा राजा को विजय के लिए आशीर्वाद दिया गया है। बाण और चाबुक की स्तुति करते हुए ऋषि कहता है—सुंदर पंख वाले बाण का दाँत मृग की सींग है। यह प्रत्यंचा ताँत से बँधी हुई है। यह प्रेरित होकर गिरता है। जहाँ नेता विचरते हैं, वहाँ यह बाण हमें आश्रय प्रदान करे। हे बाण ! हमें बढ़ाओ। हमारा शरीर पाषाण के समान दृढ़ हो। सोम हमारा पक्ष लें। अदिति मंगल करें। हे चाबुक ! सारथी तुम्हारे द्वारा अश्व को चलाते हैं। तुम अश्वों को रणभूमि में ले जाओ। हे हस्तघ्न ! प्रत्यंचा के प्रहार का निवारण करता हुआ, सर्प के समान देह के द्वारा प्रकोष्ठ को व्याप्त करता है। जो बाण विषयुक्त, लौहमय और हिंसक मुख वाला है, वह पर्जन्य से उत्पन्न है, उसे नमस्कार है।

राष्ट्र गीत : राष्ट्र गीत का जो अर्थ आज ग्रहण किया जाता है, उस अर्थ में वैदिक काव्य में राष्ट्र गीत नहीं मिल सकता। उस काल में राज्य ही राष्ट्र था। अतः राजाओं को आशीर्वाद देते समय ऋषियों ने राज्य या राष्ट्र की जो मंगल कामना की है, वही उस काल का राष्ट्र गीत है। वस्तुतः वैदिक काव्य में राज्य-स्तुति ही राष्ट्र-स्तुति थी। जैसे—"हे राजन् ! तुम राष्ट्र के अधिपति बनाये गये हो। तुम इस राष्ट्र के स्वामी बनो। तुम स्थिर मति, अटल विचार और दृढ़ कर्मों के करने वाले होओ। तुम्हारी प्रजा तुम्हारे प्रति अनुरक्त रहे। तुम्हारे राष्ट्र का अमंगल न हो।"[1]

"हे राजन् ! तुम पर्वत के समान अटल होकर यहीं निवास करो। तुम इस राज्य से हटना नहीं। जैसे इन्द्र अविचल रूप से रहते हैं, वैसे ही तुम भी निश्चल होवो। तुम अपने राज्य को सुदृढ़ बनाने वाले बनो।"[2]

इन्द्र ने अक्षय यज्ञ-सामग्री प्राप्त की और इस अभिषिक्त सम्राट् को अपना आश्रय प्रदान किया। बृहस्पति ने भी इस राजा को आशीर्वाद दिया।[3]

अथर्ववेद में भी राष्ट्रगीत[4] और वीर गीत[5] के उदाहरण वर्तमान हैं। अथर्ववेद के एक सूक्त में सत्ताईस ऋचाओं में यजमान की सेना के विजय के लिए देवता ही नहीं, राक्षस और भूत-प्रेत आदि की भी प्रार्थना की गई है।[6] इसमें सेनानायकों से प्रयाण के लिए भी कहा गया है—'हे सेनानायको ! तुम अपनी ध्वजाओं सहित इस संग्राम के लिए कटिबद्ध होओ, कवच आदि धारण कर रण-क्षेत्र के लिए कूच करो।' इससे स्पष्ट है कि यह एक प्रयाणगीत है। यजुर्वेद में भी प्रयाण गीत का एक उत्कृष्ट उदाहरण मिलता है जिसके बीस मंत्रों में युद्ध-सामग्रियों की स्तुति की गयी है। इसे युद्ध गीत का उदाहरण माना जा सकता है।

गोचारण गीत : गोचारण गीत पाश्चात्य साहित्य के गीतिकाव्य की एक विशिष्ट परंपरा का नाम है। इसका अभिप्राय ग्रामीण जनता में प्रचलित उस गीतिकाव्य से है जिसमें ग्रामीण प्रकृति के बीच में बिताये जाने वाले नैसर्गिक जीवन का सहज चित्रण होता है। यूनान के प्राचीन कवि थियाक्रिटस (280 ई. पू.) ने जो गोचारण-काव्य लिखा था, उसमें भेड़ चरानेवालों को पात्र बनाया गया था और उन्हीं के एकालाप के रूप में गीतों की रचना की गयी थी। योरोपीय गोचारण-काव्य में

1. ऋग्वेद 6-6-75 (11 से 21 तक)
2. वही, 10-13-173 (1, 2, 3)
3. अथर्ववेद 3-1-4
4. वही, 3-4-19
5. वही, 11-5-10
6. यजु. उत्तर. अ. 29-38 से 58 तक।

उसी यूनानी गोचारण काव्य की शैली का अनुकरण किया जाता रहा है।

भारत में गीतिकाव्य की जो परंपरा रही है उसमें गोचारण गीत की शैली तो मिल जाती है किंतु इस नाम का कोई काव्यरूप नहीं मिलता। वेदों में गोचारण गीत की शैली के कई उदाहरण मिलते हैं। इसके अंतर्गत पशुओं को चराने, उनको वापस लाने आदि से संबंधित बातों के अतिरिक्त ग्रामीण परिस्थितियों का चित्रण करनेवाला काव्य भी आता है। वेदों के जिन सूक्तों में पशु-चारण, कृषि कार्य, झोंपड़ी-निर्माण, जंगल से लकड़ी काटना आदि कार्यों का वर्णन किया गया है, उन्हें गोचारण गीत कहा जा सकता है। गोचारण गीत का एक सुंदर उदाहरण ऋग्वेद में है जिसके एक अंश का अनुवाद प्रस्तुत है :

"हे गायो ! तुम हमको छोड़कर अन्य किसी के पास न जाओ। तुम अन्न-धन से संपन्न हो। अतः दूध प्रदान कर हमारी सेवा करो। ...मेरे वंश में होनेवाली ये गायें बारम्बार हमारी ओर आवें। हे अग्नि ! तुम इन्हें मेरे पास रहनेवाली बनाओ। वे यहाँ रहती हुई मोटी बनें। मैं गौओं से संपन्न गोष्ठ की स्तुति करता हूँ। मैं कामना करता हूँ कि मेरी गायें एकत्र होकर घर लौट आएँ। वे चरने जाएँ और फिर वापस आ जाएँ। मैं गाय़ों को चरानेवाले गोपों की भी स्तुति करता हूँ। जो गाय चरानेवाला गोप गायों को ढूँढ़कर घर ले आता है, वह उसे चराकर सकुशल घर लौट आये। ...हे गौओ को चरानेवाले पुरुष ! इन गौओं को मेरे पास लाओ। इन गौओं को यहाँ लौटा लाओ। हे गौओं ! तुम भी इधर लौट आओ। मैं कहाँ से लौटा लाऊँ ? हम कहाँ से लौटें ! सब दिशाओं से गौओं को लौटा लाओ। हे गौओ ! तुम भी सब दिशाओं से लौटकर यहाँ आओ।"

ग्रामीण वातावरण का चित्रण करनेवाले सूक्तों में कहीं शकुन पक्षी का संश्लिष्ट वर्णन है। कहीं वर्षा ऋतु में मेढकों की उछल-कूद का वर्णन है। और कहीं ग्रामीण अंचल में खेत जोतते हुए किसानों का सुंदर वर्णन किया गया है। किसानों का वर्णन करते हुए वामदेव ऋषि कहते हैं—"हे क्षेत्रपति ! जैसे गौ दूध देती है, वैसे ही तुम हमको शुद्ध मधुर और घी के समान स्वादिष्ट जल दो। तुम जलों के स्वामी हो, हमें हर प्रकार से सुखी बनाओ। ...हल चलानेवाले पशु सुखी हों, मनुष्य भी सुखपूर्वक हल चलावें। हल सुखपूर्वक खेत को जोतें। रस्सियाँ पशुओं को सुखपूर्वक बाँधें। चाबुक को भी सुखपूर्वक चलाया जाए।...हे सीते ! हल की हराई ! तुम सौभाग्यवती हो। तुम पृथ्वी के नीचे जानेवाली हो। हम तुम्हारे गुणों की प्रशंसा करते हैं क्योंकि तुम हमें सौभाग्य प्रदान करनेवाली हो। एक सूक्त में कुटिया बनाने का बहुत ही संश्लिष्ट चित्रण किया गया है जिससे यह पता चलता है कि वैदिक काल में गाँवों में किस प्रकार के घर बनाये जाते थे।

प्रेम गीत, उपालंभ गीत और कीर्तन गीत वैदिक काव्य में कम मिलते हैं। शुद्ध शारीरिक संबंध के अतिरिक्त स्त्री-पुरुष के प्रेम संबंध के अन्य रूप वैदिक

साहित्य में बहुत कम मिलते हैं। यम-यमी सूक्त में शारीरिक संबंध की कामना अभिव्यक्त हुई है। पुरुरवा-उर्वशी संवाद में प्रेम का विशद रूप दिखलाई पड़ता है। सूर्या-विवाह संबंधी सूक्त में भी वर-वधू के प्रेम का चित्रण हुआ है जिसमें वर कहता है—"मैं 'ओम्' हूँ, तुम 'सा' हो, मैं साम हूँ, तुम ऋक् हो।"

उपालंभ गीत, प्रेम गीत के अंतर्गत है और प्रेम संबंधी उपालंभ तो वैदिक काव्य के पुरुरवा-उर्वशी संवाद में ही दिखलाई पड़ता है। देवताओं के प्रति ऋषियों का उपालंभ-कथन बहुत अधिक मिलता है किंतु ऐसे सूक्तों को उ लंभ गीत नहीं कहा जा सकता क्योंकि उनमें लौकिक प्रेम-व्यंजना नहीं है। ीतन गीत की जो परंपरा सगुण भक्ति-धारा के साथ प्रारंभ हुई, उसका मूल रू वैदिक स्तुति गीतों में ही देखा जा सकता है।

द्वितीय अध्याय

परवर्ती भारतीय साहित्य में गीतिकाव्य की परंपरा

भारत में आदिकाल से लेकर आज तक गीतिकाव्य की धारा अजस्त्ररूप से प्रवाहित होती आ रही है। वस्तुस्थिति तो यह है कि गीति-धारा ही वैदिक काल की मुख्य काव्य-धारा थी किंतु ज्यों-ज्यों आर्य सभ्यता विकसित होती गई और प्राचीन आर्य धर्म, पौराणिक धर्म में बदलता गया त्यों-त्यों गीतिकाव्य का पराभव होता गया।

मध्यकाल में दसवीं शताब्दी के बाद भक्ति आंदोलन के साथ गीतिकाव्य का पुनरुत्थान हुआ और समस्त आधुनिक भारतीय भाषाओं में वह फिर काव्य की प्रमुख धारा बन गया। संस्कृत साहित्य में तो गीतिकाव्य का इतना ह्रास हुआ कि उसमें विशुद्ध गीति के उदाहरण जयेदव से पूर्व मिलते ही नहीं हैं। इसका कारण यह था कि कवियों को दरबारों में स्थान मिलने लगा था जिससे संस्कृत काव्य लोक-काव्य से पूर्णतः विच्छिन्न हो गया था। संस्कृत का लौकिक काव्य इतना अधिक असांप्रदायिक और ऐहिक था कि उसमें वैदिक देवताओं की स्तुति के लिए अवकाश ही नहीं था। पौराणिक देवताओं के लिए स्तोत्रों की रचना अवश्य होती रही, परन्तु उन स्तोत्रों को साहित्यिक महत्त्व अधिक नहीं प्राप्त हुआ। इसीलिए कालिदास ऐसे शैव मतावलंबी कवि अथवा अश्वघोष जैसे बौद्ध मतावलंबी कवि ने शिव और बुद्ध के संबंध में स्तुतिपरक गीतिकाव्य की रचना नहीं की।

किंतु इसका अर्थ यह नहीं कि पूर्ववर्ती संस्कृत-साहित्य में गीतिकाव्य का सर्वथा अभाव है। वैदिक काल के उपरांत उपनिषदों के चिंतन प्राधान्य के कारण गीतिकाव्य की धारा लुप्तप्राय हो गई किंतु गीतिकाव्य की आवृत्ति की शैली उपनिषदों में भी अवशिष्ट रह गई थी। उपनिषदों का काव्य इतना आध्यात्मिक और दार्शनिक है कि उसमें कवि की आत्माभिव्यंजना के लिए कोई स्थान नहीं है। फिर भी कहीं-कहीं उस ज्ञान-काण्ड की कठोर-भूमि पर अनुभूतियों की सघनता और विश्व के मूलतत्व के प्रति अदम्यास्था के कारण उपनिषदों की आंतरिक चेतना गीतात्मक हो गई है। जहाँ गद्य का मार्ग छोड़कर उपनिषद के चिंतकों ने छंद का मार्ग अपनाया

है, वहाँ गीतात्मकता अधिक उभर आई है। केनोपनिषद के प्रथम खण्ड में कुल आठ मंत्र हैं जिनमें तीन गद्य बद्ध और पाँच छंदोबद्ध हैं। इनमें से छंदोबद्ध मंत्रों में गीतात्मक प्रवृत्ति के साथ-साथ गीतात्मक आवृत्ति भी उसी प्रकार की है जैसी वैदिक सूक्तों में पाई जाती है। पदावृत्ति की जो पद्धति वैदिक काव्य में थी, वही यहाँ भी है—जैसे केनोपनिषद के प्रथम खण्ड के पाँच छंदोबद्ध मंत्रों में से प्रत्येक में अंतिम दो पद एक ही हैं। उदाहरणार्थ :

यद्धाचानभ्युदितं येन वागभ्युद्यते।
तदेव ब्रह्म त्वं विद्धि नेदं यदिदमुणसते।। 4।।
यन्मनसा न मनुते येनादुर्मनो मतम्।
तदेव ब्रह्म त्वं विद्धि नेदं यदिदमुपासते।। 5।।[1]

इसी के समानान्तर गीतों में भी अंतिम दो पदों की समानता कई श्लोकों में दिखलाई पड़ती है। यथा :

यः सर्वमानमिस्नेहस्तत्तत्प्राय शुभाशुभम्।
नाभनन्दति न द्वेष्टि तस्य प्रज्ञा प्रतिष्ठिता।।
यदा संहरते चायं कूर्मो गानीव सर्वशः।
इन्द्रियाणीन्द्रियार्थेभ्यस्तस्य प्रज्ञा प्रतिष्ठिता।।[2]

इस गीत के बारहवें अध्याय के चौदह से सत्रह तक चार श्लोकों में तथा तेरहवें अध्याय के उनतीस और तीस दो श्लोकों में भी अंतिम दो पदों की समानता मिलती है। रामायण, महाभारत तथा पुराणों में भी शब्दों और पदों की गीतात्मक आवृत्ति की प्रवृत्ति कहीं-कहीं दिखलाई पड़ती है। महाभारत में आद्य शब्दावृत्ति का उदाहरण निम्नलिखित हैं :

कच्चिन्नशूद्रेण न हीनजनेन वा करदेनोपपन्ना।
कच्चित्पदं मूर्ध्नि न पंकदिग्धं कच्चिन्न माला पतिता श्मशान।।
कच्चित्सवर्णप्रवरो मनुष्य उद्रिक्तवर्णोप्युत एव कच्चित्।
कच्चिन्न वामो मम मूर्ध्नि पादः कृष्णाभिमर्शेन कृतोऽथ पुत्र।।[3]

इस उद्धरण में अर्जुन द्वारा द्रौपदी के परिणय के उपरांत द्रुपद के मन में उत्पन्न हुई शंका का बहुत ही मनोवैज्ञानिक चित्रण किया गया है। पुराणों में यद्यपि इतिवृत्तात्मक वर्णन अधिक है, देवताओं की स्तुति में जो स्तोत्र कहे गये हैं वे

1. केनोपनिषद : खण्ड 1-4,5
2. श्रीमद्भागवत्गीता : अध्याय 2-57, 58
3. महाभारत : आदि पर्व : अध्याय 119-15, 16

गीतिकाव्य की ही परंपरा के अंतर्गत आते हैं। उदाहरणार्थ स्कन्द पुराण के एक स्तोत्र का कुछ अंश यहाँ दिया जा रहा है :

त्वदंघिन् पाथोज युगं मुरारे। नोपासितं जन्मसु पूर्वजेषु ।
तत्कर्मणां दारुण पाक भाजं दीनं परित्राहि कृपाम्बुधे मग्न।।2।।
क्व निर्मलं त्वच्चरणाब्जयुग्मं विरिञ्चि रुदेन्द्र किरीटमग्नम्।
क्वा हं कुदीनः शकृदस्तमांसमूत्रास्थि संघेः पिहितस्त्वचा वै।।3।।[1]

इसी प्रकार अन्य पुराणों में भी स्तुति गीत या स्तोत्र बिखरे हुए मिलते हैं। गीतिकाव्य की दृष्टि से श्रीमद्‌भागवत पुराण विशेष महत्त्व का है। श्रीकृष्ण की लीलाओं का वर्णन उसमें जिस लालित्य और माधुर्य भाव से परिपूर्ण है, उसके कारण काव्य में गीतात्मकता का आ जाना स्वाभाविक है। श्रीमद्‌भागवत में विविध लीला-प्रसंगों को 'गीत' नाम दिया गया है। जैसे—वेणु-गीत, गोपी-गीत, युगल-गीत पिंगला-गीत, भिक्षु-गीत, ऐल-गीत आदि। श्रीमद्‌भागवत के इन प्रसंगों में काव्यात्मकता और गीतात्मकता का सुंदर सामंजस्य हुआ है। यद्यपि उनमें पदगीत की शैली नहीं अपनाई गई है किंतु संस्कृत के गीतात्मक वर्णवृत्तों—शिखरिणी, इन्द्रवज्रा आदि में रचे गये इन लीला-गीतों में गेयता और आत्माभिव्यंजकता पूर्णतः वर्तमान है।

संस्कृत के परवर्ती काव्यसाहित्य में विशुद्ध गीति शैली का अभाव दिखलाई पड़ता है। संभवतः गीति की धारा शिष्ट साहित्य से निकलकर लोकाश्रित साहित्य में सिमट गई थी। इसीलिए दसवीं-ग्यारहवीं शताब्दी के पूर्व जहाँ संस्कृत साहित्य प्रबन्धकाव्य की दृष्टि से इतना संपन्न है, वहीं गीतिकाव्य की दृष्टि से वह उतना ही रिक्त भी है। दूसरी ओर पालि, प्राकृत और प्राकृतापभ्रंश में उसी कालावधि में गीतिकाव्य की विविध शैलियों का लोक प्रचलित रूप दिखलाई पड़ता है। पौराणिक धर्म के विकास के साथ ही स्तोत्र साहित्य भी निश्चित रूप से पूर्णतः विकसित हुआ होगा। किंतु संस्कृत के शिष्ट साहित्य में स्तोत्र साहित्य को विशेष महत्व न दिये जाने के कारण स्तोत्र साहित्य का अधिकतर भाग विलुप्त हो गया। 10वीं शताब्दी के जो स्तोत्र आज हमें प्राप्त हैं, उनमें से अनेक स्तोत्रों के रचयिता शंकराचार्य बतलाये जाते हैं। निश्चय ही वे सबके सब शंकराचार्य द्वारा बनाए गये नहीं हैं किंतु कुछ स्तोत्र तो उनके लिखे अवश्य हैं—'भवान्याष्टकम', 'आनन्दलहरी' आदि। किसी अज्ञात कवि द्वारा लिखित शिव-तांडव स्तोत्र अपने माधुर्य, गेयता एवं शब्द-योजना के कारण अत्यंत प्रसिद्ध है। कुछ छंद यहाँ दिये जा रहे हैं :

---

1. स्कंधपुराण : अध्याय 20/2,3

जटाटवीगलज्जल प्रवाह पावितस्थले गलेऽवलम्ब्य लम्बिता भुजंग तुंग मालिकाम्।
डमड् डमड् डमड् डमन्तिनादवड्डर्वयं चकार चण्डताण्डवं तनोतु नः शिवः शिवम्।1।
जटाकटाह सम्भ्रमं भ्रमन्निलिम्प निर्झरी विलोलवीचि वल्लरी विराजमानमूर्द्धनि।
धगद्धगद्धगज्ज्वलल्लाट पट्ट पावके किशोर चन्द्र शेखरे रतिः प्रतिक्षणं मम।।2।।

संस्कृत-नाटकों में गीति अथवा गीत की चर्चा तो बहुत आई है किंतु उनमें विशुद्ध गीत कहीं दिखलाई नहीं पड़ता। 'अभिज्ञान शाकुन्तलम्' में दुष्यंत, हंसपादिका के जिस गीत की बहुत प्रशंसा करते हैं, वह प्राकृत की एक ललित गाथा मात्र है। उसमें गीतिकाव्य जैसी आवृत्ति या लयात्मकता नहीं दिखलाई पड़ती है। 'नाट्यशास्त्र' में भरतमुनि ने जिन ध्रुवा गीतों का विधान किया है, उनका भी गीत-पक्ष नाटकों में स्पष्ट कहीं दिखलाई नहीं पड़ता। वस्तुतः नाटकों का अभिनय करनेवाले संगीत का विधान स्वयं करते थे। नाटककार का काम शुद्ध गीत लिखना नहीं था। गीत के नाम पर नाटकों में जो श्लोक दिखलाई पड़ते हैं, वे वस्तुतः मुक्तक काव्य हैं। नाटक के प्रयोक्ता (सूत्रधार, अभिनेता आदि) ध्रुवा-गीतों की योजना अलग से करते थे। नाटकों में पाये जाने वाले श्लोकों को नाटक का पाठ्य भाग ही माना जा सकता है, गीत भाग नहीं। यद्यपि भरतमुनि ने स्पष्ट लिखा है :

यस्मादर्थानुरूपाहि ध्रुवा कार्यार्थदर्शिका।
वर्णानांतु मुनः कार्यं कृशत्वं पद संश्रयम्।।

—नाट्यशास्त्र, 29-40

इसके अनुसार ध्रुवा-गीत ऐसा होना चाहिए जो नाटक के विभिन्न प्रसंगों को शब्द तथा स्वर के सहारे अभिव्यक्त करे। यह कार्य पाठ्य श्लोकों के द्वारा नहीं हो सकता क्योंकि वे सांगीतिक गीत नहीं होते। जो सांगीतिक गीत संस्कृत के नाटकों में गाये जाते थे, वे संभवतः नाटक के बाहर माने जाते थे। उन्हें नाटक के ग्रंथों में स्थान नहीं दिया जाता था। इस प्रकार संस्कृत के नाट्य साहित्य ने भारतीय संगीत का विकास भले ही किया हो, पर भारतीय गीतिकाव्य के विचार की दृष्टि से उनका योगदान बहुत महत्त्वपूर्ण नहीं माना जा सकता।

जयदेव का गीतगोविन्द

भारतीय गीतिकाव्य के इतिहास में 10 वीं शताब्दी के संस्कृत के कवि जयदेव को महान युगप्रवर्तक कवि मानना चाहिए। जयदेव ने संस्कृत काव्य की चिराचरित काव्य-रूढ़ियों को तोड़कर लोक-साहित्य और लोक-जीवन से प्रभाव ग्रहण करके संस्कृत काव्य को नवीन चेतना और प्राणवत्ता दी। उन्होंने भारतीय साहित्य की विलुप्तप्राय धारा गीतिकाव्य को पुनरुज्जीवित किया और काव्य को जन-जीवन के

निकट पहुँचाया। उनका 'गीतगोविन्द' काव्यरूप की दृष्टि से अत्यंत मौलिक है। इसमें बंगाल के लोकजीवन में बहुकाल-प्रचलित यात्रा-गीतों की शैली अपनाकर श्रीकृष्ण-लीला से संबंधित गीतों की रचना की गई है। इसी कारण पिशेल और लेबी जैसे पाश्चात्य विद्वान् 'गीतगोविन्द' को नाटक और गीत के बीच का काव्यरूप मानते हैं। विलियम जोन्स ने इसे गोचारण नाटक (पेस्टोरल ड्रामा) कहा है। वस्तुतः 'गीतगोविन्द' आदिमकाल से जन-जीवन में प्रचलित नृत्य-गीत की शैली में लिखा गया 'गीतिकाव्य' है जिसे जयदेव के समय से ही नृत्य के साथ गाया जाने लगा था। 'गीतगोविन्द' के गीत राग तालबद्ध रूप में गाये जा सकते हैं। इस प्रकार 'गीतगोविन्द' को नृत्यगीत की शैली का 'गीतिकाव्य' कहा जा सकता है। उसके गीतों में गेयता, संक्षिप्तता, आत्माभिव्यंजकता और अनुभूति की सघनता पूर्णतः वर्तमान है। उदाहरण के लिए कुछ पंक्तियाँ दी जा रही हैं :

सखि हे ! केशीमथन मुदारम्।
रमय मयासह मदन मनोरथ भावितया सविकारम्।
प्रथम समागम लज्जितया पटु चाटुशतैरनुकूलम्।
मृदु मधुर स्मितभाषितया शिथिलीकृत जघन दुकूलम।। सखि.।।

इस गीत में छः पद (स्टेंजा) हैं। प्रारंभिक ध्रुवक के अंतिम शब्द का अनुप्रास प्रत्येक चरण के अंतिम शब्द के साथ है। इस तरह यह विशुद्ध पदगीत है। इसी पदगीत की शैली का अनुसरण आधुनिक भारतीय भाषा के मध्यकालीन भक्त कवियों—चंडीदास, विद्यापति, सूरदास, तुलसीदास, नन्ददास आदि ने किया है। जयदेव ने स्वयं प्राकृतापभ्रंश के कवियों तथा लोक प्रचलित काव्य से यह शैली ग्रहण की थी।

पालि, प्राकृत और प्राकृतापभ्रंश का गीतिकाव्य : वैदिक काल के उपरांत लौकिक संस्कृत में जब अलंकृतकाव्य की रचना होने लगी तो गीतिकाव्य स्वभावतः दरबारों में प्रवेश न पा सका क्योंकि गान्धर्व विद्या ने शास्त्रीय संगीत का रूप धारण कर लिया और राजदरबारों में कवियों के साथ-साथ संगीतज्ञ भी रखे जाने लगे। प्रबन्धकाव्य और मुक्तककाव्य का दायित्व कवियों ने सँभाला और गीतिकाव्य संगीतज्ञों के बीच पहुँचकर मार्गी संगीत (शास्त्रीय संगीत) के रूप में ढल गया पर साधारण जनता में जो दरबारों की सभ्यता और संस्कृति से अलग थी, मौखिक परंपरा से प्राप्त गीतिकाव्य का प्रचलन पूर्ववत् बना रहा। बौद्धकाल में गौतमबुद्ध और महावीर स्वामी ने वेद-ब्राह्मण विरोधी धर्मों का प्रचलन किया और सामान्य जनता को तथाकथित देववाणी (संस्कृत भाषा) और देवयजन के पाश से मुक्त कर सहज धर्म और स्वाभाविक भाषा को अपनाने की शिक्षा दी। इस प्रकार लोक भाषाओं और लोकसाहित्य का उत्थान हुआ। पालि, प्राकृत और प्राकृतापभ्रंश

भाषाओं के साहित्य का उदय और विकास इन्हीं प्रेरक शक्तियों और परिस्थितियों के प्रभाव से हुआ। इंन भाषाओं में जो काव्य रचा गया, उस पर काव्य की मौखिक परंपरा का गहरा प्रभाव था। गीतिकाव्य मौखिक परंपरा में ही जीवित था। अतः इन भाषाओं ने वैदिक काल से चली आती मौखिक परंपरा वाली गीतिधारा को अपनाया। इसीलिए पालि, प्राकृत और प्राकृतापभ्रंश में गीतिकाव्य की परंपरा अधिक सुरक्षित रह सकी है।

पालि का गीतिकाव्य : पालि भाषा का प्राचीनतम आकर साहित्य 'त्रिपिटक' है जिसके 'सुत्तपिटक' के 'खुद्दक निकाय' में 'धम्मपद' 'थेरी गाथा' और 'थेर गाथा' नामक ग्रंथ हैं। धम्मपद में भगवान् बुद्ध के मुख से समय-समय पर निकली चार सौ तेईस उपदेश-गाथाएँ संकलित हैं। अनेक दृष्टियों से ये गाथायें वैदिक काव्य से समानता रखती हैं। इसमें अधिकतर अनुष्टुप छंद का प्रयोग हुआ है किंतु बीच-बीच में कुछ अन्य छंद भी दिखलाई पड़ जाते हैं। 'सुत्तपिटक' के काव्य का विभाजन ऋग्वेद के सूक्तों के समान नहीं हुआ है। इसके विपरीत विभिन्न निकायों में भिन्न-भिन्न शैलियाँ अपनाई गई हैं। जिस तरह से वैदिक सूक्तों में सूक्त के ऋषि और छंद का नाम दिया गया है, उसी तरह 'धम्मपद' के छंदों में उपदेश का स्थान और उस व्यक्ति का नाम दिया गया है, जिसको बुद्ध ने उपदेश दिया था। कोई-कोई उपदेश एक ही अनुष्टुप में है और किसी-किसी में दो-तीन या चार अनुष्टुप भी हैं। इन छंदों में शब्दावृत्ति और पदावृत्ति की वैसी ही प्रवृत्ति दिखलाई पड़ती है जैसी ऋग्वेद में वर्तमान है। इससे यह प्रतीत होता है कि बौद्ध भिक्षु इन छंदों को मंदिरों में गाते अथवा सस्वर पाठ करते थे।

धम्मपद में आवृत्ति गीत : 'धम्मपद' नाम रखने का कारण भी यही प्रतीत होता है कि इसके छंद गेय पद थे। 'पद' शब्द का व्यवहार उत्तर वैदिक काल से ही 'गाथा' के समान गाये जाने वाले छंदों के लिए होने लगा था। 'धम्मपद' में कहीं-कहीं तो तीन-तीन पदों वाले अनुष्टुप हैं और इस प्रकार के दो-दो अनुष्टुपों में प्रथमपद की आवृत्ति की गई है। जैसे :

मनोपुब्बगमा धम्मा मनोसेट्ठा मनोमया।
मनसा चे पदुट्ठेन मासति वा करोति वा।
ततो नं दुक्खमन्वेति चक्कं वा वहतो पदं ।। 1 ।।
मनोपुब्बगमा धम्मा मनोसेट्ठा मनोमया
मनसा चे पसन्नेन मासति वा करोति वा।
ततो नं सुखमन्वेति छाया व अनपायिनी।। 2 ।।[1]

---

1. धम्मपद : यमक बग्गो, 1, 2

यहाँ अनुष्टुप छंद का साम्यीकृत रूप दिखलाई पड़ता है। अनुष्टुप में सामान्यतया चार पद माने जाते हैं और प्रत्येक पाद में आठ-आठ अक्षर होते हैं, किंतु यहाँ छः पाद हैं, यद्यपि प्रत्येक पाद में आठ-आठ ही अक्षर हैं। अनुष्टुप के उपर्युक्त दो षट्पदी छंदों को एक गीत माना जा सकता है क्योंकि यहाँ प्रथम अनुष्टुप के प्रथम दो पदों की द्वितीय अनुष्टुप के आरंभ में आवृत्ति की गई है। इस तरह यहाँ आदि पदावृत्ति की गीति-शैली अपनाई गई है।

'धम्मपद' में अन्त्य पदावृत्ति की प्रवृत्ति भी इसे गीतिकाव्य ही सिद्ध करती है। उदाहरणार्थ :

इध सोचति पेच्च सोचति पापकारी उभयत्थ सोचति।
सो सोचति सो विहञ्ञति दिस्वा कम्भ किलिट्ठमत्तनो।।
इध मोदति पेच्च मोदति कत पुञ्जो उभयत्थ मोदति।
सो मोदति सो पमोदति दिस्वा कम्भ बिसुद्धमत्तनो।।[1]

इसमें दो अनुष्टुप हैं। दोनों में कुछ शब्दों के परिवर्तन के साथं एक ही वाक्य की आवृत्ति हुई है। अतः ये दोनों मिलकर एक गीत का रूप धारण कर लेते हैं। 'धम्मपद' के इस प्रथम बग्ग का नाम 'यमक बग्ग' संभवतः इसीलिए है कि उसमें दो-दो अनुष्टुपों के अंतिम पद की आवृत्ति हुई है। कहीं-कहीं तो वैदिक सूक्तों के समान 'धम्मपद' में भी पूर्णावृत्ति की गीतिशैली मिल जाती है। उदाहरणार्थ दो अनुष्टुप दिये जा रहे हैं :

अकोच्छि मं अबधि मं अजिनि मं अहासिमे।
ये च तं उपनबूहन्ति वेरं तेसं न सम्मति।। 3।।
अकोच्छि मं अबधि मं अजनि मं अहासिमे।
ये तनं उपनयूहन्ति वेरं तेसूपसम्मति।। 4।।[2]

इन दोनों छंदों में कुछ शब्दों के हेर-फेर के साथ बाकी एक ही वाक्य दुहराये गये हैं। कहीं-कहीं एक ही अनुष्टुप में एक शब्द की अनेक बार आवृत्ति हुई है। इसे बहुल शब्दावृत्ति शैली कह सकते हैं। उपर्युक्त उद्धरणों में सोचति, मोचति, मोदति, पेच्च, इध आदि शब्दों की अनेक बार आवृत्ति हुई है। कहीं-कहीं दो छंदों में ऋग्वेदीय सूक्तों के समान आदि पद की आवृत्ति हुई है :

अप्पमादरतो भिक्खु पमादे भयदस्सि वा।
सञ्जोजनं अणु थूलं डहं अग्गीव गच्छति।। 11।।

---

1. धम्मपद : यमक बग्गो-15,16
2. वही, 3-4

अप्पमादरतो भिक्खु पमादे भयदस्सि वा।
अमब्बो परिहाणाय निब्बाणस्सेव सन्तिके।। 12।।[1]

इन दोनों छन्दों में प्रथम दो पदों की आवृत्ति हुई है। इसी प्रकार विभिन्न छंदों आदि शब्दावृत्ति, आदि अन्त्य शब्दावृत्ति की शैलियाँ भी प्रयुक्त हुई हैं। अतः समस्त धम्मपद को गीतात्मक छंदों का संकलन कहा जा सकता है अथवा उसे गीतात्मक निबंध काव्य भी कह सकते हैं।

थेर और थेरी गाथाओं में गीतात्मकता : खुद्दक निकाय के ही दो छन्द अन्य ग्रंथ 'थेरी गाथा और थेर गाथा' हैं। इन दोनों में विभिन्न भिक्खुओं (थेर) और भिक्खुनियों (थेरी) के वचनों का संग्रह किया गया है। यद्यपि ये दोनों धर्म और नैतिकता संबंधी उक्तियों के संग्रंह हैं फिर भी इनमें काव्यात्मकता अधिक है। इनमें कवियों और कवयित्रियों ने अपनी अनुभूतियों और जगत् की नश्वरता के प्रति अपनी भावनाओं को बहुत ही सच्चाई से अभिव्यक्त किया है। इसी कारण इनमें आत्माभिव्यंजकता और रागात्मकता का तत्त्व अधिक है। इस दृष्टि से थेर गाथा और थेरी गाथा को गीतात्मक काव्य माना जा सकता है। अपने मन को प्रबोध देने के लिए इन कवियों ने जगत् की वस्तुओं का सादृश्य उपस्थित करके सुंदर काव्य की रचना की है। 'थेर गाथा' में पदगीतों की संख्या भी कम नहीं है जिनके प्रत्येक छंद में ध्रुवक पद की आवृत्ति की गई है। धनिक गोप द्वारा रचित एक सुंदर पदगीत का उदाहरण निम्न है :

पक्कोदनो दुद्धखीरो हमास्मि, अनुतीरे महिया समान वासे।
छन्नाकुटि आदित्ये ग्गिनि अथचे पत्थपसी पवस्स देव।। 1
अंधकम कषा न बिज्जरे, कच्छे रुलहतिणे चरन्ति गावो।
वुटिठंपि सहेयूयुं आगतं अथ चे पत्थयसी पवस्स देव।। 2
गोपी मम अस्सवा अलोला दीधरतं सेवासया मनया।
तस्सा न सुणामि किंचिपापं अथ चे पत्थपसी पवस्स देव।। 3
अस्थिवसात्थि धेनुषा गोधरणीयो पवेणियो अत्थि।
उमं च गवंपच्च अत्थि अथ चे पत्थयसी पवस्स देव।। 4
सीलनिरवाता असंपवेधि दामा मुंजममा सुसंठान।
नहि सिक्खन्ति धेनुपाऽपि देतुं अथ चे पत्थयसी पवस्स देव।। 5[2]

(मेरा भात पक चुका है। दूध दुह लिया गया है। मही नदी के तीर पर स्वजनों के साथ निवास करता हूँ। कुटी छा ली है। आग भी सुलगा ली है। अब हे देव,

1. धम्मपद : यमक बग्गो, 11,12
2. सुत्तनिपात : अनुवादक श्री धर्मारक्षित, पृ. 4-7

चाहो तो खूब बॅरसो। 1. मक्खी और मच्छर यहाँ नहीं हैं। कछार में उगी घास को गायें चरती हैं। पानी भी पड़े तो उसे वे सह लें। अब हे देव, चाहो तो खूब बरसो। 2. मेरी ग्वालिन आज्ञाकारी और अलोला है। वह मेरी त्रिकाल की प्रिय संगिनी है। उसके विषय में कोई पाप नहीं सुनता। अब हे देव, चाहो तो खूब बरसो। 3. मेरे बैल और बछड़े हैं, गाभिन गायें हैं और तरुण गायें भी हैं और सबके बीच गायों का पति सांड भी है। अब हे देव ! चाहो तो खूब बरसो। 4. खूँटे मजबूत गड़े हैं, मूंज के पगहे खूब नये और बड़े हैं। बैल उन्हें तोड़ नहीं सकते। अब हे देव ! चाहो तो खूब बरसो।)

उक्त उद्धरण वैदिक गीतिकाव्य की परंपरा का शुद्ध पदगीत है जिसमें अंतिम पद 'अथ चे पत्थयसीपवस्स देव' की आवृत्ति सभी गाथाओं में हुई है।

थेर गाथा के कवियों ने प्रकृति के सुंदर और रमणीय दृश्यों की ओर भी अपनी दृष्टि डाली है और उनके प्रति अपने रागात्मक मनोभावों को सुंदर ढंग से व्यक्त किया है। 'संकिच्च' नामक थेर का ऐसा ही एक गीत यहाँ उद्धृत किया जा रहा है :

यथा अब्मानि वेरम्मा वातो धुवति पावुसे।
सञ्ञा में अभिकीरन्ति विवेक पहि सञ्ञुता।।

नामिनन्दामि मरणं नामिनन्दामि जीवितं।
कालञ्च पटिकंखामि निब्बिसं मतको यथा।।
नामिनन्दामि मरणं नामिनन्दामि जीवितं।
कालञ्च पटिकंखामि, सम्मजानो पटिस्सतोति।।[1]

(जिस प्रकार पावस ऋतु में पवन, बादलों को उड़ा ले जाता है, उसी प्रकार मेरी विवेक-पट्टी पर भी उत्तम विचार संचरण करते हैं। मैं न तो मृत्यु का अभिनन्दन करता हूँ, न जीवन का। मैं निवृत्तमृत्यु के समान मुक्त होकर काल की प्रतीक्षा करता हूँ। मैं न तो मृत्यु की प्रतीक्षा करता हूँ, न जीवन की। मैं सम्यक् ज्ञान और स्मृतिवान होकर काल की प्रतीक्षा करता हूँ।)

उपर्युक्त तीनों अनुष्टुपों में भाव की एकता, अनुभूति की गहनता और कथ्य की संक्षिप्तता वर्तमान है। अंतिम दो छंदों में प्रारंभ के दो छंदों की आवृत्ति भी हुई है। अतः इसे पदगीत माना जा सकता है। 'सप्तक' थेर द्वारा रचित निम्नलिखित छंद भी शुद्ध गीतिकाव्य के उदाहरण हैं :

---

1. थेरगाथा : 601, 609, 610

यदा बलाका सुचि पण्डरच्छा। कालस्स मेघस्स मयेन तज्जिता।
पलेहिनि आलयमा लयसिनी। तदा नदी अजकरणी रमेति।।
यदा बलाका सुविसुद्ध पण्डरा। कालस्स मेघस्स मयेन तज्जिता।
पररियेसति लेणम लेणदसिस्सनी। तदा नदी अजकरणी रमेति।।[1]

इसमें अंतिम पद की आवृत्ति हुई है। अतः यह पदगीत है।

थेरी गाथाओं में गीतात्मकता और भी अधिक दिखलाई पड़ती है। भिक्खुनियों में भिक्खुओं की अपेक्षा अधिक भावप्रवणता का होना स्वाभाविक ही था। इसलिए उनमें गीतात्मक आवृत्तियाँ भी अधिक हैं। भिक्खुनी अम्बपाली का एक गीत नीचे दिया जा रहा है :

कालकाममखण्सदिसा वेल्लितग्गा मम मुइजा अहुं।
ते जराय साणवाक सदिसा सच्चवाषि वचनमृनञ्जथा।।
चित्तकारसुक्ता व लेखिता सोमते सु ममुका पुरे मम।
ता जराय वलीहि पलम्बिता सच्चवादिवचनम नञ्जथा।।
पीन वहृय हितुग्गता उमो सोमते सुधनका मुरे मम।
थेरी'ति बलम्बते नोदका सच्चवादिवचनम म नञ्जथा।
एदिसो अहु अयं समुस्सयो जज्जरी बहुदुक्खानमा' लयो।
सो पत्नेपपतितो जराधरो सच्चवादिवचनम् नञ्जथा।।[2]

(मेरे जो घुँघराले बाल पहले भौंरे के रंग जैसे काले थे, आज वे इस वृद्धावस्था में सन के समान सफेद हो गये हैं। सत्यवादी बुद्ध के वचन कभी अन्यथा नहीं होते। पहले मेरी दो काली भौंहें ऐसी लगती थीं जैसे किसी कुशल चित्रकार ने भौंहों का चित्र अंकित किया हो। वे ही आज वृद्धावस्था के कारण झुर्रीदार हो कर नीचे लटक गई हैं, सत्यवादी बुद्ध के वचन कभी अन्यथा नहीं होते। पहले मेरे जो स्तन पीन, गोल और उन्नत थे, वे ही आज जलहीन थैली (थेरी) के समान लटक गये हैं। सत्यवादी बुद्ध के वचन कभी अन्यथा नहीं होते। एक समय मेरा शरीर इतना सुंदर था, किंतु वही अब जरा-जर्जर और दुःखों का घर बन गया है। जैसे कोई मकान लिपाई-पुताई के बिना जर्जर होकर ध्वस्त हो जाता है, वैसे ही यह शरीर भी शीघ्र ही नष्ट हो जायेगा। सत्यवादी बुद्ध के वचन कभी अन्यथा नहीं होते।)

इन तीनों छंदों में अंतिम पद सच्चवादिवचनम् नञ्जथा की आवृत्ति हुई है। इसलिए यह शुद्ध पदगीत है।

---

1. थेरगाथा : 310, 313
2. थेर मुक्ता : 252, 56, 65, 70

प्राकृत का गीतिकाव्य

पालि-साहित्य धार्मिक एवं सांप्रदायिक साहित्य है। इसलिए उसमें लौकिक काव्य का अभाव है। इसके विपरीत प्राकृत भाषा में लौकिक एवं सांप्रदायिक-धार्मिक दोनों प्रकार का काव्य प्रचुर मात्रा में मिलता है। प्राकृत का लौकिक साहित्य जन-जीवन के अधिक निकट था। इसलिए उसमें गीतिकाव्य के तत्त्व अधिक मिलते हैं। यद्यपि प्राकृत में आवृत्तिमूलक गीत नहीं मिलते, किन्तु गीतिकाव्य के अन्य तत्त्वों की दृष्टि से प्राकृत का साहित्य अत्यंत महत्त्वपूर्ण है। प्राकृत का गीतिकाव्य मुख्यतः 'गाहा' या 'गाथा' छंद में निबद्ध है। प्राकृत का सर्वप्रिय छंद गाहा है जैसे संस्कृत का सर्वप्रिय छंद अनुष्टुप और अपभ्रंश का 'दूहा' है। वैदिक छंदों में अक्षरों की गणना होती है। लौकिक संस्कृत में गण-वृत्तों का प्रयोग होने लगा जिसमें वर्ण और मात्रा दोनों की निश्चित संख्या और क्रम का विधान था। सामान्य जनता इन गण-वृत्तों का प्रयोग किसी प्रकार भी नहीं कर सकती थी। सामान्य जनता या तो अक्षर छंदों का प्रयोग कर सकती है या मात्रिक छंदों का। 'गाहा' छंद के संबंध में मेरी यह निश्चित धारणा है कि यह प्रारंभ में जनता के बीच में प्रचलित गेय छंद था जो केवल मात्राबद्ध होता था। इसका नाम 'गाहा' या 'गाथा' ही यह स्पष्ट कर देता है कि यह गाने के लिए प्रयुक्त होता था। ऋग्वेद के गेयमंत्रों को 'गाथा' और उन्हें गाने वालों को 'गाथिन' कहा गया है। 'सामवेद' के एक भाग का नाम 'उद्गाथ' है जिसका अर्थ यह है कि उसे गाया जाता था। वैदिक काव्य की परंपरा में होने के कारण ही जनता में प्रचलित इस गेयकाव्य तथा उसके छंद का नाम 'गाथा' पड़ गया।

गाथा छंद

'प्राकृत पेंगलम्' के अनुसार 'गाहा' छंद में चार चरण होते हैं। प्रथम चरण में बारह, द्वितीय में अठारह, तृतीय में बारह और चतुर्थ में पन्द्रह मात्राएँ होती हैं।[1] इस तरह यह एक मात्रिक छंद है किन्तु 'प्राकृत पेंगलम्' में यह भी कहा गया है कि गाथा छंद गणबद्ध भी होता है। मात्रा और गण के विधान के कारण 'गाथा' छंद के सत्ताईस भेद हो गये।[2] 'प्राकृत पेंगलम्' में गाथा छंद को पढ़ने का संकेत भी

---

1. पढमं बारहमत्ता बी ए अट्ठारिहिहि संजुत्ता।
   जह पढमं तह तीजं दहपंच बिहूसिबा गाहा।। 54।। प्राकृत पेंगलम्
2. गाथा के सत्ताईस भेदों के नाम इस प्रकार हैं—लक्ष्मी, ऋद्धि, बुद्धि, लज्जा, विद्या, क्षमा, देवी, गौरी, धात्री, चूर्णा, छाया, कांति, महामाया, कीर्ति, सिद्धि, मानिनी, रामा, गाहिनी, दिश्वा, वासिता, शोभा, हरिणी, चक्री, सारसी, कुररी, सिंही और हंसिका। प्राकृत पेंगलम—60-61

बतलाया गया है :

पढ़मं वी हंस पअं बीए सीहस्स विक्कमं जाआ।
तीए गअवर लुलियं अहिवर लुलिअं चउत्थए गाहा।।62।।

अर्थात् 'गाथा' के प्रथम चरण को हंस की गति की तरह मंथर गति से, द्वितीय चरण को सिंह के विक्रम की तरह, तृतीय को हाथी की गति की तरह तथा चतुर्थ चरण को सर्प की गति की तरह पढ़ना चाहिए। 'गाथा' का और भी विवेचन 'प्राकृत पेंगलम्' में किया गया है जिससे पता चलता है कि 'गाथा' के अनेकानेक रूप प्रचलित थे। 'विगाहा' (विगाथा) और उग्गाहा (उद्गाथा) तथा गाहिनी भी गाथा से ही मिलते-जुलते छंद थे। जनता में इन्हीं छंदों को गाने की प्रथा थी, बाद में प्राकृत के अलंकृत कवियों ने 'गाथा' छंद को अपना लिया और कृत्रिम प्राकृत में शास्त्रीय और अलंकृत काव्य की रचना करने लगे। हाल ने 'गाहा सतसई' में जिन सात सौ गाथाओं का संकलन किया, वे इसी प्रकार के अलंकृत गाथा छंद हैं जो या तो अनेक अलंकृत कवियों द्वारा लिखे गये हैं या हाल ने लोकप्रचलित गीत-गाथाओं की शैली और छंद में स्वयं इन छंदों की रचना की है। इसी कारण 'गाथासप्तशती' की गाथाओं में गेयता का गुण अधिक नहीं है।

बहुत से लोगों ने 'गाथासप्तशती' को गीतिकाव्य माना है। मेरे विचार से 'गाथासप्तशती' गीतिकाव्य नहीं मुक्तक काव्य कोश है। गीतिकाव्य के तत्त्व उसकी बहुत कम गाथाओं में मिलते हैं। अधिकांश गाथायें कामशास्त्रीय प्रसंगों और नायक-नायिका भेद का वर्णन करती हैं और उनमें कवि की आत्माभिव्यंजना कहीं भी नहीं है। गीतिकाव्य का बाह्य रूप संघटन भी उनमें कहीं नहीं मिलता। केवल शृंगारिक वर्णनों के कारण ही किसी काव्य को गीतिकाव्य नहीं माना जा सकता। गाथासप्तशती की जिन गाथाओं में ग्रामीण जीवन का चित्रण मिलता है, वे भी संभवतः अलंकृत कवियों द्वारा परिवर्तित कर दिये गये हैं। उनका मूल रूप अवश्य 'गीतिकाव्य' का रहा होगा। वस्तुतः लोक प्रचलित 'गाथा' छंद एक प्रकार का मुक्तक गीत होता था। आज भी उत्तर भारत में आभीर जाति के लोग जो बिरहा गाते हैं, वह मुक्तक गीत ही होता है। बिरहा का प्रत्येक छंद पूर्वापर संबंध से रहित होता है और गानेवाले सभी छंदों को एक साथ गाते हैं। गेयता के बंधन के कारण ही ये स्वंतत्र मुक्तक एक गीत माने जाते हैं। बिरहा का एक उदाहरण यहाँ दिया जा रहा है जो भोजपुरी बोली में हैं।[1]

अहिरा के सोभेला ललकी लउरिया, बभना के ललका जनेउ।
नोनिया के सोभेला कान्हे पै फरुहवा, जे छत्री के तीर-तरुवार।।1।।

---

1. लोकगीतिका : सम्पादिका श्रीमती प्रभावती सिंह, पृ. 65

चंदा बरन के मोर वर मिलि गये, सूरुज से मिलि गये जेठ।
बिजुरी सी चमकत ननदी मिलि गयी, बदरी बरन मिली सास।।2।।
बंसिया बजाइ बस कइले कन्हैया जी, एही जमुनवां के तीर।।
मथुरा नगरिया में भइली कुसलइया, कान्हा भइलें जतिया अहीर।।3।

बिरहा के इन तीन छंदों में कथ्य संबंधी कोई एकता नहीं है। तीनों मुक्तक हैं किन्तु गेयता के बंधन तथा आत्माभिव्यंजना की प्रवृत्ति के कारण ये तीनों मिलकर एक गीत हैं। अतः इन्हें मुक्तक गीत कहा जाएगा। इसी प्रकार 'गाथा' छंद भी लोकप्रचलित गीतिकाव्य रहा होगा। उस गीतिकाव्य का कुछ आभास 'गाथासप्तशती' के ग्रामीण वातावरणवाली सहज गाथाओं में मिल जाता है। 'गाथासप्तशती' के बाद का जयवल्लभ द्वारा संकलित गाथा-कोश 'बज्जालग्गं' भी उसी प्रकार का एक अलंकृत मुक्तक कोश है जिसका गीतिकाव्य से कोई संबंध नहीं है।

संस्कृत नाटकों में प्राकृत गीत

जैसा 'प्राकृत पेंगलम्' में कहा गया है, लोक-प्रचलित 'गाथा' छंद के गाने की एक विशेष विधि थी जिसमें पहले उसे मंथर गति से गाया जाता था फिर द्रुत गति से उदात्त स्वर में, फिर विलम्बित गति से और अंत में द्रुत विलम्बित गति से गाया जाता था। संभवतः संस्कृत नाटकों में 'गाथा' छंदों को इसी विधि से गाया जाता था। 'अभिज्ञान शाकुन्तलम्' के पाँचवें अंक में रानी हंस पादिका द्वारा एक गाथा गाने का प्रसंग आया है जिसे सुनकर दुष्यंत ने कहा–'अहो। रागपरिवाहिनी गीतिः।' वह राग परिवाहिनी गीति निम्न थी :

अहिणव महु लोलुवो भवं तह परिचुम्बिथ चुअमञ्जरिम्।
कमल बहि मेतणिब्बुदो महुअर विह्नरिषोसिणं कह।।1।।[1]

यह निश्चित ही एक उपालंभगीत है जिसमें भ्रमर के बहाने रानी हंसपादिका ने राजा दुष्यंत को यह उलाहना दिया है कि जैसे नये-नये रस का लोभी भौंरा, आम्रमंजरी का चुम्बन करने के बाद कमलवन में पहुँचकर आम्रमंजरी का अनुराग भूल जाता है, वैसे ही राजा दुष्यंत ने मुझे भुला दिया है। यह गीत ऐसे राग में गाया गया था कि आलाप के आरोहावरोह में गीत के शब्द विलुप्त नहीं होने पाये थे। इसीलिए जब विदूषक ने दुष्यंत से पूछा कि क्या आपको गीत का अक्षरार्थ अवगत हुआ तो दुष्यंत ने उत्तर दिया कि रानी हंसपादिका मुझे उपालंभ दे रही हैं। इससे स्पष्ट है कि प्राकृत में रचे 'गाथा' छंद नाटकों में गाये जाते थे और उनके गाने

1. अभिज्ञान शाकुंतलम् : पंचम अंक-1

की विधि इतनी अधिक सांगीतिक नहीं होती थी कि उसका शब्दार्थ ही स्वरालाप में डूब जाए। भरतमुनि ने 'नाट्यशास्त्र' में नाटकों के भीतर 'ध्रुवा गीत' का जो विधान दिया है, उसके अनुसार नाटक के अंतर्गत गीत का प्रयोग इस प्रकार होना चाहिए कि संगीत में शब्दार्थ डूबने न पाए :

गीते वाद्ये च नृत्ते च प्रवृत्तेऽपि प्रसंगतः।
खेदो भवेत् प्रयोक्तानां प्रेक्षकाणां तथैव च।।
खिन्नानां रसमावेषु स्पष्टतया नोपजायते।
ततः शेष प्रयोगस्तु न रागजनको भवेत्।। [1]

अर्थात् गीत, वाद्य तथा नृत्य का अत्यधिक प्रयोग प्रयोक्ता तथा प्रेक्षक दोनों के लिए खेदजनक होता है।

प्रयोक्ता तथा प्रेक्षकों की नाटक को देखने से संबंधित रसानुभूति ऐसी मनःस्थिति में पूर्ण नहीं हो पाती। अतः नाटक में संगीत-योजना अधिक शास्त्रीय नहीं होनी चाहिए। भरतमुनि ने नाटकों में गाने योग्य ध्रुवागीतों का उदाहरण भी दिया है। ये उदाहरण प्राकृत के ही हैं :

विविहवणविहारी कमल वण सुअंधी।
कुमुअवण विवोही सरदि सरई वाओ।।
हंस दल समुदिए सा रसकुल मुहले।
मत्त महुअरगणे हिंडेइ महुअरिया।। [2]

ये प्राकृत छंद अत्यंत सरस, सुबोध एवं गेय हैं। प्राकृत भाषा में गीत गाने का उद्देश्य यही था कि उसे प्रेक्षक सरलतापूर्वक समझ लें। साथ ही इससे यह भी सिद्ध होता है कि भरतमुनि के काल में संगीत में प्राकृत छंदों का ही प्रयोग विशेष रूप से होता था। नाट्यशास्त्र के अनुसार केवल देवता विषयक गान या संकीर्तन में ही नाटकों में संस्कृत भाषा का प्रयोग उचित है।[3] भरतमुनि के पूर्व संस्कृत में जो नाटक लिखे गये होंगे, उनके ध्रुवागीतों में प्राकृत छंदों का ही प्रयोग होता रहा होगा। यही परंपरा कालिदास आदि के नाटकों में भी दिखलाई पड़ती है। अभिज्ञान शाकुंतलम् में हंसपादिका, मालविकाग्निमित्र में मालविका और विक्रमोर्वशीय में पुरुरवा आदि के गीत प्राकृत में ही हैं। इन गीतों में जो सहजता और सरलता है, वह 'गाथासप्तशती' और 'बज्जालग्नं' में कहीं नहीं दिखलाई पड़ती।

कालिदास के नाटकों में प्रयुक्त प्राकृत के सभी गीत 'गाथा' छंद में नहीं हैं।

---

1. नाट्यशास्त्र : 5-161,162
2. नाट्यशास्त्र : 136, 140
3. वही,/32, 408, 419

'विक्रमोर्वशीय' में कई अड्डिला और पादाकुलक छंद भी हैं। 'प्राकृत पेंगलम्' में इन छंदों का लक्षण बतलाया गया है। उदाहरण निम्नलिखित है :

फलिहसिलाह अणिमाल णिज्झरू वहुविह कुसुमे विरह असेहरु।
किण रमहुरुग्गी अमणोहरु देक्खावहि महु पिश्रश्रम महिहरु।।[1]

यह अड्डिला छंद है। इसमें चार चरण होते हैं। प्रत्येक चरण में 16 मात्राएँ होती हैं। प्रथम एवं द्वितीय अथवा तृतीय एवं चतुर्थ चरणों में अन्त्यानुप्रास होता है। चरण के अंत में दो लघु होते हैं। यह हिंदी के चौपाई छंद से मिलता-जुलता है। इसी से मिलता-जुलता पादाकुलक छंद भी होता है। 'विक्रमोर्वशीय' का पैंतालीसवां छंद पादाकुलक छंद है। इसी प्रकार प्राकृत के अन्य छंदों का भी प्रयोग हुआ है। ये सभी छंद गीत नहीं हैं। संस्कृत नाटकों में प्रयुक्त कुछ छंद पाठ्य होते हैं और कुछ गेय नाटकों के प्राकृत छन्द प्रायः गेय और संस्कृत छन्द पाठ्य होते हैं। 'विक्रमोर्वशीय' का 54 वां छंद एक सुंदर गीतिकाव्य है जिसमें छः चरण हैं और दो-दो चरणों में अन्त्यानुप्रास है। संस्कृत के नाटकों में अन्त्यानुप्रासयुक्त छंदों का प्रयोग भारतीय साहित्य में एक नवीन घटना है।

संस्कृत साहित्य में अन्त्यानुप्रासयुक्त छंद नहीं प्रयुक्त हुए हैं। जयदेव के गीतिकाव्य में सर्वप्रथम अन्त्यानुप्रासों का प्रयोग हुआ है। इस दृष्टि से कालिदास के इन प्राकृत छंदों का बहुत अधिक महत्त्व है। पूर्ववर्ती प्राकृत साहित्य में भी इस प्रकार के तुकांत छंदों का प्रयोग नहीं मिलता। 5 वीं, छठीं शताब्दी के बाद जबकि प्राकृत की जगह प्राकृतापभ्रंश में साहित्य-रचना होने लगी तो सहसा इस प्रकार के तुकांतयुक्त गेय छंदों का बहुल प्रयोग होने लगा।

प्राकृतापभ्रंश का गीतिकाव्य

प्राकृतापभ्रंश प्राकृत का ही परवर्ती रूप है जिसे कुछ विद्वान् अपभ्रंश भाषा कहते हैं। प्राकृतापभ्रंश के दो रूप हैं—एक तो परिनिष्ठित प्राकृतापभ्रंश जो प्राकृत और देशी भाषाओं का मिश्रण है और जिसमें प्राकृत भाषा के तत्त्व अधिक हैं। दूसरा वह लोकभाषावाला रूप जिसमें प्राकृत के तत्त्व बहुत कम हैं। इस दूसरे रूप को ही पुरानी हिंदी, पुरानी गुजराती और पुरानी बंगला आदि नाम दिया जाता है। यहाँ अपभ्रंश के प्रथम रूप के अंतर्गत आनेवाले साहित्य पर ही विचार किया जायेगा यद्यपि अपभ्रंश के कुछ दोहे कालिदास के नाटकों में भी मिल जाते हैं किन्तु उसमें व्यापक रूप से साहित्य-रचना का प्रारंभ सातवीं शताब्दी से हुआ। 600 ई. से लेकर

---

1. विक्रमोर्वशीय : चतुर्थ अंक-50

1200 ई. तक इस परिनिष्ठित अपभ्रंश में प्रभूत काव्य रचा गया। अपभ्रंश के काव्य की विशेषता यह है कि उसमें मात्रिक छंदों का प्रयोग बहुत अधिक होने लगा और ये सभी छंद अन्त्यानुप्रासयुक्त होते थे। अन्त्यानुप्रास अथवा तुकांत छंद-रचना की पद्धति भारत में किस स्रोत से आई, यह स्वतंत्र अनुसंधान का विषय है। अनुमानतः यह कहा जा सकता है कि यह पद्धति लोकप्रचलित गेय छंदों में पहले पहल विकसित हुई और शिष्ट साहित्य में उसी का अनुकरण करके, तुकांत छंदों का प्रयोग किया जाने लगा। इसीलिए अपभ्रंश में ऐसे नये छंद दिखलाई पड़ते हैं जो इससे पूर्व प्राकृत में भी नहीं थे। गेय छंदों में आवृत्ति अधिक होती । अपभ्रंश के छंदों में भी यह प्रवृत्ति अधिक दिखलाई पड़ती है। अतः यह नो.चत रूप से कहा जा सकता है कि अपभ्रंश के आवृत्तियुक्त तुकांत छंदों का विकास लोक प्रचलित गेय छंदों के अनुसार ही हुआ है। अपभ्रंश में गीतिकाव्य के निम्न रूप दिखलाई पड़ते हैं :

1. प्रबंधकाव्यों में स्तोत्रादि के रूप म लिखित गीतिकाव्य।
2. प्रबंधकाव्यों के भीतर स्वतंत्र मध्यगीत।
3. कड़वक रचना पद्धति में गीतात्मकता।

1. स्तोत्रकाव्य : प्रबंधकाव्यों में प्राप्त होनेवाले स्तोत्र तथा गीत अपभ्रंश में प्रायः सभी कवियों द्वारा लिखे गये हैं। 7 वीं शताब्दी में स्वयंभू देव के 'पउम चरिउ' में प्रारंभ का मंगलाचरण एक सुंदर स्तोत्रकाव्य है जिसके कुछ अंश नीचे दिए जा रहे हैं :

पणवेप्पिणु आइ-भडाराहों, संसार-समुहुचाराहों।।1।।
पणवेपिप्पणु अजिय-जिणेसरहो, दुज्जय-कन्दप्प-दप्प-हरहो।।2।।
पणवेविप्पणु अहिण-दण-जिणहो, कम्मद्ठ-दुट्ठ-रिउ-णिज्जिणहो।।4।।
पणवेवि सुमद्-तित्थंकरहो, वयपज्य-महादुद्धर-धरहो।।5।।

—पउम चरिउ, प्रथम संधि, कड़वक-1-1-5

इस कड़वक में कुल नौ छंद अर्थात् अट्ठारह द्विपद हैं। प्रत्येक द्विपद में अन्त्यानुप्रास है और सबमें प्रथम शब्द 'पणवेवि' अथवा 'पणवेप्पिणु' शब्द की आवृत्ति हुई है। तीर्थंकरों की स्तुति के कारण इसे स्तुति गीत अथवा स्तोत्र कहा जा सकता है। आद्यपद की आवृत्ति तथा अन्त्यानुप्रास के कारण इन प्रबंधों में अत्यधिक गीतात्मकता दिखलाई पड़ती है। 'पउम चरिउ' की तीसरी संधि में इसी प्रकार का आवृत्ति प्रधान स्तोत्र है :

जय अजरामर-पुर-परमेसर। जय जिण आइ पुराण महेसर।।2
जय दय-धम्भ-रयण-रयणायर। जय अण्णाण-तमोह-दिवायर।।3

—पउम चरिउ, तृतीय संधि, कड़वक 8-2, 3

इस कड़वक में धत्ता के बाद 9 द्विपदियाँ हैं और सभी में 'आद्य शब्द' 'जय' की आवृत्ति हुई है। यह वही पद्धति है जो वैदिक काव्य में वर्तमान थी।

पुष्पदंत के महापुराण में भी अनेक स्थानों पर इसी प्रकार के आद्य शब्दावृत्तिवाले कड़वकबद्ध छंद मिलते हैं। स्तोत्रों के छंद अन्य कड़वकों के छंदों से भिन्न होते हैं। इसी पद्धति का अनुसरण तुलसीदास ने भी 'रामचरित मानस' में किया है। पुष्पदंत का एक स्तोत्र यह है :

णमो जिणा कपं तपा सणा सणा। णमो वियुद्ध बुद्ध सिद्ध सासणा।
णमो कसाय सो यगेय वज्जिया। णमो फणिंद चंद विंदु पुंज्जिया।
णमो अदीण काम वाणवारणा। णमो महा भवाम्बुरासितारणा।
णमो बिसाल मोहजाल छंदिणा। णमो जियारि रायरायणंदणा।
णमोणिदित्त सुण्णं वाइ वासणा। णमो अगेय भेय भाव भासणा।
णमो गयाल साल सील भूसणा। णमो पसण्ण दिण्णरोस दूसणा।

—महापुराण-संधि 38-कड़वक-16

यह पूरा कड़वक एक स्तोत्र है। सानुप्रास और समस्त पदावलीवाले इस प्रकार के स्तोत्रों की शैली संस्कृत के स्तोत्र काव्य में भी मिलती है।

2. प्रबंधगत मध्यगीत : प्राकृतापभ्रंश के प्रबंधकाव्यों में कहीं-कहीं सांगीतिक गीत की शैली भी अपनाई गई है। ऐसे गीत 'गाथा' गीत के ढंग के हैं। उदाहरण के लिए स्वयंभू के 'पउम चरिउ' के सुंदर काण्ड में हनुमान के लंका प्रवेश का वर्णन एक स्वतंत्र गाथा गीत के रूप में किया गया है। यह प्रसंग एक पूरी संधि में वर्णित है जिसमें 15 कड़वक हैं। प्रत्येक कड़वक का प्रारंभ एक ही ध्रुवक के साथ हुआ है और अंत में धत्ता दिया गया है। ध्रुवकवाले छंद का नाम कवि ने 'जम्मेटिया' (कुछ प्रतियों में जंमिट्ठिया दुबह) दिया है। एक कड़वक यहाँ दिया जा रहा है :

तो उत्थन्तरे देह विसालिया।
जुज्फु समोडेवि थिय आसालिया।। तेन तेन तेन चित्तें। 1
मरू मरू महुए अप्पउ दरसइ।
मइं अवगण्णेवि एहु को पइसइ।। तेन तेन तेन चित्ते। 2
को सक्कइं हुअवहें झप्प देवि। आसीविसु मुअहि भुयंग लेवि।। 3
को सक्कइ महि कक्खएं छुहेवि। गिरि-मन्दर-गरुव-मरुव्वहेवि।। 4
को सक्कइ जम-मुहें पइसरेवि। भुअ बलेण समुहु समुत्तरेवि।। 5
को सक्कइ असि-पंजरे चडेवि। धरणिन्द-फणालिह मणि खुडेवि। 6
को सक्कइ सुखइ समर हणेंवि। को पइसइ महंतिण-समु गणेवि।।8
धत्ता
तं वपणु सुणेवि जस लुद्धएण, हणुवन्ते अमरिस कुद्धएण।

अवलोइय विज्ज समच्छरेण, णमै इणि पलय-सणिच्छरेण।। 9

—पउम चरिउ-सुंदर काण्ड-48-1

इस कड़वक की योजना तीन प्रकार के छंदों से हुई है। प्रारंभ में ध्रुवक के दो पद हैं जिनके अंत में 'तेन तेन तेन चित्ते' पद की आवृत्ति हुई है। उसके बाद द्विपदीवाले 6 अन्त्यानुप्रासयुक्त चरण हैं। अंत में चार पदों का एक धत्ता है जिनमें दो-दो पदों में परस्पर अन्त्यानुप्रास है। बीच की द्विपदियों में आद्य शब्दावृत्ति हुई है। यह पद्धति पूरी संधि के 14 कड़वकों में अपनाई गई है। प्रत्येक कड़वक के प्रारंभ में दोनों द्विपदियों के अंत में 'तेन तेन तेन चित्ते' पद की आवृत्ति की गई है इस प्रकार पूरी संधि पदगीत शैली का एक गाथा-गीत है। उसके बाद वाली संधि (49 वीं संधि) में तो स्वयंभू ने स्पष्ट स्वरलिपि देकर एक कड़वक लिखा है जो निम्न है :

सुखहुणयणाणन्द यरु : स-स-ग-ग-म-नि-नि-नि-स-स-नि-धा :
समर सएहिं णिव्वढ-भरु : -म-गा-म-गा-म-म-धा-स-नी-स-ध-स-नी-स-स-ध :
पवर सरीरु पलम्व भुउ : स-स-स-स-ग-ग-म-म-नि-नि-स-नि-धा :
लंक पईसइ पवणसु उ : म-म-गा-म-गा-म-धा-स-नी-धा-स-नी-स-धा :

इसके बाद के तीन कड़वक भी मध्यगीत के रूप में हैं क्योंकि उनके ध्रुवक में 'सुमण-दुअ ह सुमरन्तिया' पद की आवृत्ति की गई है।

कड़वक रचना में गीतात्मकता

गीत का एक रूप इन प्रबंध काव्यों में यह दिखलाई पड़ता है कि पूर्वापर छंदों से भिन्न छंद में एक पूरा कड़वक गीत के उपयुक्त छंद और शैली में दे दिया जाता है। पुष्पदंत ने ऐसे बहुत से गीत महापुराण में रखे हैं—महापुराण की बारहवीं संधि का 12 वां कड़वक और तेइसवीं संधि का दूसरा कड़वक ऐसे ही स्वतंत्र मध्यगीत हैं। एक उदाहरण पर्याप्त होगा :

सेयन्ते णिज्जिय सिय सरंय णिवसिय वरयं वारिय नरयं।
पत्ता रायातं जिणहरयं दुक्किय हरयं सुभविणवरयं।
दिट्ठो लिहिओ तेहिं पडो झसइं धणडो मणि णच्चिपओ।
तं पेच्छिवि अहिलसियसिवो मणु को ण णिवो रोमंचिपओ।
केण विमणिया-पुत्तलिया लपकोमलिया वण्णुज्जलिया।
एसा वाला सामलिया णामें ललिया अलि कोंतलिया।

—पउम चरिउ-संधि 23-कड़वक 2

यह पूरा कड़वक दुबई और धत्ता को छोड़कर 19 चरणों का है। दो-दो चरणों

में अन्त्यानुप्रास है, केवल एक जगह तीन चरणों में अन्त्यानुप्रास है जो कवि की असावधानी के कारण हो गया प्रतीत होता है। प्रत्येक चरण में शब्द-योजना अनुप्रासयुक्त और प्रवाहपूर्ण है। इस तरह यह पूरा कड़वक एक मध्यगीत है। कड़वक बदलकर छंद परिवर्तन करके भी कहीं-कहीं गीतात्मकता लाई गई है। ऐसे कड़वकों में अत्यंत लघु और अन्त्यानुप्रासयुक्त छंदों का प्रयोग हुआ है।

गाथा गीत

प्राकृतापभ्रंश काव्यों में लघु गाथागीत या प्रशस्ति गीत नहीं मिलते जैसे आठवीं शताब्दी के बाद की लोकभाषा—पुरानी हिंदी में मिलते हैं। इसका कारण यह है कि 8 वीं शताब्दी से ही प्राकृतापभ्रंश उत्तरोत्तर दरबारों अथवा जैन पंडितों की रूढ़ भाषा बनती गई। जनता अपनी भाषा में अपने काव्यरूपों के माध्यम से अपनी भावनाओं को अभिव्यक्त करती रही। लोकभाषा के उन पुराने काव्यों को बहुत से विद्वान् भ्रमवश अपभ्रंश नामक भाषा का काव्य बतलाते हैं। यदि अपभ्रंश से उनका तात्पर्य प्राकृतापभ्रंश है तो लोक भाषाओं के काव्यों को प्राकृतापभ्रंश का काव्य किसी भी स्थिति में नहीं माना जा सकता क्योंकि उनकी भाषा प्राकृत की अपेक्षा आधुनिक भाषा हिंदी के अधिक निकट है। ठीक वैसे ही जैसे पुरानी हिंदी के लघु गीतिकाव्यों जिन्हें रास, रासउ, रासक, मंगल, धवल, प्रशस्ति, तिलक, चर्चरी, फाग आदि नाम देकर लिखा गया। हिंदी के गीतिकाव्य के विकास का अध्ययन करते समय उनके विषय में विशेषरूप से विचार किया जाएगा।

तृतीय अध्याय

हिंदी गीतिकाव्य का विकास आदि और मध्यकाल

पहले कहा जा चुका है कि भारत का आदिम काव्य गीतात्मक था जो वैदिक सूक्तों के रूप में दिखलाई पड़ता है। संस्कृत भाषा का विकास होने पर शिष्ट साहित्य से गीतिकाव्य की धारा सहसा लुप्त हो गई। पालि और प्राकृत में वह प्रबंधकाव्यों के भीतर आवृत्तिमूलक गीतों अथवा नाटकों में प्राकृतगीतों के रूप में सुरक्षित रही। परवर्ती प्राकृत या प्राकृतापभ्रंश में गीतिकाव्य पुनः बड़े वेग से फूट निकला। संभवतः इस बार वह लोक जीवन से निकलकर शिष्ट साहित्य में प्रविष्ट हुआ। उसी समय प्राकृतापभ्रंश के दूसरे रूप लोकभाषा या देशी भाषा में गीतिकाव्य की यह धारा शिष्ट काव्य मानी जाने लगी। यदि वैदिक गीतिकाव्य को प्राकृतापभ्रंश और पुरानी हिंदी के गीतिकाव्य की तुलना में रखकर देखा जाये तो उनमें अद्भुत साम्य दिखाई पड़ेगा। प्राकृत और प्राकृतापभ्रंश में प्रबंधकाव्यों के भीतर स्तोत्र के रूप में अथवा आवृत्तिमूलक कड़वकों के रूप में गीतिकाव्य के जो लक्षण मिलते हैं, उनका विकास पुरानी हिंदी में प्रबंधकाव्यों से अलग गीतिकाव्य के स्वतंत्र रूप में दिखलाई पड़ता है।

प्राचीन हिंदी साहित्य को मोटे तौर पर दो भागों में विभाजित किया जा सकता है :

1. आदिकालीन हिंदी साहित्य (800 ई. से 1400 ई. तक)
2. मध्यकालीन हिंदी साहित्य (1400 ई. से 1850 ई. तक)

आदिकालीन हिंदी साहित्य को दो युगों—उद्भव काल और विकास काल तथा मध्यकालीन हिंदी साहित्य को भी दो युगों—पूर्व मध्यकाल और उत्तर मध्यकाल में विभाजित किया जा सकता है। प्राचीन हिंदी के गीतिकाव्य के विकास को इन्हीं दो युगों से विभक्त कर देखा जा सकता है।

आदिकालीन हिंदी गीतिकाव्य

युग-परिवर्तन के साथ काव्यरूप बदलते रहते हैं। वैदिक युगों में गीतिकाव्य का जो स्वरूप प्रचलित था, वह आगे चलकर धर्माश्रित और रूढ़िगत होने लगा। शिष्ट साहित्य के दरबारों से जुड़ने के समानान्तर गीतिकाव्य शिष्ट वर्ग से कटकर ग्रामीण जनता और धार्मिक संप्रदायों के साथ सम्बद्ध हो गया। फिर ह्रासोन्मुख साम्राज्य युग में चूँकि संस्कृत साहित्य रूढ़बद्ध हो गया, वह पुनः जनजीवन से शिष्ट साहित्य के भीतर प्रविष्ट होने लगा। गीतिकाव्य को शिष्ट साहित्य से जोड़ने का कार्य मुख्यतः लोक कवियों और धार्मिक सांप्रदायिक साधुओं, संतों योगियों तथा सिद्धों ने किया। निष्कर्ष यह कि छठीं शताब्दी के बाद पुरानी हिंदी में गीति धारा पुनः प्रबल वेग से प्रवाहित हुई। इस काल की परिस्थितियाँ वैदिक काल की परिस्थितियों से काफी भिन्न हो चुकी थीं। अब कवि, समूह का प्रतिनिधि न होकर एक व्यक्ति था और या तो अपनी निजी भावनाओं को काव्य के रूप में अभिव्यक्त करना चाहता था या अधिक से अधिक किसी आश्रयदाता राजा, सेठ या धर्मगुरु की प्रशंसा कर लेता था। यही कारण था कि इस युग में वैदिक युग की अनेक शैलियाँ समाप्त हो गईं, बहुत से विषय-गत प्रकार भी लुप्त हो गये, फिर भी पुरानी हिंदी के गीतिकाव्य की विवेचना पूर्वोल्लिखित निम्न शैलियों के आधार पर ही पहले की जा रही है :

1. नृत्यगीत : नृत्यगीत और कीर्तनगीत से अर्थ उन गीतों का निकलता है जो किसी देवता या महापुरुष के कीर्तिगान के लिए नृत्य अथवा आंगिक प्रचेष्टाओं के साथ गाये जाते थे। प्राकृतापभ्रंश में जैन धर्म के प्रभाव से इस तरह के गीत लिखे गये। पाँचवीं शताब्दी के पहले ही गीत के इस रूप का नये रूप में प्रारंभ हो गया था। उपरूपकों में 'रासक' नाट्यगीत कहे जायेंगे। जिस नाट्यगीत में प्रबंधात्मक तत्त्व क्षीण दिखलाई पड़े और गेयता का गुण अधिक हो, उसे 'नृत्यगीत' कहा जायेगा। मंदिरों में आंगिक क्रियाओं से युक्त गीतों को ही कीर्तन कहा जाता है। अंतर दोनों में मात्र इतना है कि कीर्तन देवताओं या शलाका-पुरुषों के गुण-कीर्तन के लिए प्रयुक्त होते हैं जबकि नृत्यगीत किसी भी वैयक्तिक विषय पर आंगिक प्रचेष्टाओं के साथ उपस्थित किये जा सकते हैं। नाट्य विद्या और संगीत विद्या के धार्मिक संप्रदायों से जुड़ जाने के बाद इनका उपयोग बहुत कुछ धार्मिक हो गया।

वैदिक काव्य में नृत्यगीत का उपयोग किया गया है।[1] ऐतरेय आरण्यक के अनुसार "महाव्रत नामक सोम याग में दासियों का समूह-नृत्य आयोजित होता था जिसमें तीन से लेकर छः तक नर्तकियाँ होती थीं। नर्तकियों के सिर पर जल से

---

1. "यस्या गायंति नृत्यंति भूम्यां भर्त्याखेलवाः"—अथर्ववेद—पृथिवी सूक्त—12-1-1-41

भरा कुम्भ होता था और वे बायें से दायें गोलाकार चक्कर देकर नाचती थीं।"[1] इस नृत्यगीत का विकास नाट्यकला के अंतर्गत 'रासक' नामक उपरूपक के रूप में तथा संगीत कला के अंतर्गत लास्यनृत्य के साथ गाये जानेवाले गीत के रूप में हुआ। कालिदास के मालविकाग्निमित्र की कथावस्तु नृत्यगीत की प्रतियोगिता से शुरू होती है। उसमें दो नृत्याचार्यों—गुणदास और हरिदत्त में से कला-ज्ञान की दृष्टि से अधिक विद्वान् आचार्य का निर्णय करने के लिए उन आचार्यों की शिष्याओं की प्रायोगिक परीक्षा ली जाती है। गुणदास की शिष्या मालविका नृत्य करने आती है। निर्णायिका पंडिता केशिकी के आदेशानुसार मालविका छलिक (चलित) नृत्य करती है जो शर्मिष्ठा-रचित चतुष्पद (नृत्यगीत) है। इससे यह सिद्ध होता है कि एकला नृत्यगीत की पद्धति कालिदास के युग में संगीत कला के अंदर प्रचलित थी। सामूहिक-नृत्य-गीत नाटकों में होता ही था। धार्मिक संप्रदायों के प्रभावशाली होने के बाद मंदिरों में भी नृत्य के साथ गीत गाये जाने लगे और एकला नृत्य के अतिरिक्त सामूहिक नृत्य के साथ भी गीतों का आयोजन होने लगा। पुरानी हिंदी के चर्चरी, धवल, मंगल और रास इसी प्रकार के नृत्यगीत वाले काव्यरूप थे।

चर्चरी : यह भी गेय-काव्य था जो विभिन्न रागों में निबद्ध होता था और नृत्य के साथ गाया जाता था। 'चर्चरी' वस्तुतः नृत्य का पर्याय था। भोजपुरी क्षेत्र में 'चांचर' नामक स्त्रियों का सामूहिक नृत्यगीत आज भी पर्याप्त प्रचार में है। कालिदास के विक्रमोर्वशीय के चतुर्थ अंक के प्राकृत गीतों को कुछ लोग चर्चरी कहते हैं।[2] प्राकृत में भी चर्चरी नामक काव्यरूप का उल्लेख है। इसके अंतर्गत जैन मुनियों या किसी विशिष्ट पुरुष की प्रशस्ति होती थी। इसे मंदिरों में नृत्य के साथ विविध रागों में गाया जाता था। इसका प्रमाण श्री हर्ष की रत्नावली नाटिका के इस कथन से भी मिल जाता है :

"अये यथाहयमितन्यमानमृदुमृदेशानुगतगीत मधुरः पुरः पौराष्णां समुच्चरति चर्चरी ध्वनिस्तथा तर्कयामि।"

चर्चरी गान में मृदंग के ताल के अनुसार मधुर गीत गाया जाता था। अपभ्रंश के दो काव्यों—हरि कविकृत 'जम्बुसामि चरिउ' एवं नयनंदीकृत 'सुदंसण चरिउ' में भी चर्चरी के गेय काव्य होने का उल्लेख है।

रास, रासक या रासउ : प्राकृतापभ्रंश में जिस प्रकार चर्चरी की रचना होती थी, उसी प्रकार रास, रासक या रासउ की भी रचना होती थी। ये लघुकाव्य थे और

---

1. "प्रेष्याः संशस्ति पूर्ण उदकुंमास्ति स्रोवयाः षडुत्तमा। इमं धिष्णयं कुंभं च त्रिः प्रदक्षिणं परिव्रजाय दक्षिणेः पाणिमिर्दक्षिणानूरुनाध्नाना एहृयेषा इदंमधू इदमां ध्वतिवदंत्य—ऐ. आ. 1-1
2. अपभ्रंश भाषा और साहित्य : डॉ. देवेन्द्र कुमार जैन, प्रथम संस्करण, पृ. 166

मंदिरों में धार्मिक उत्सवों पर गाये जाते थे। जैन साधुओं और कवियों ने रास-काव्यों की रचना की थी। नृत्य के साथ ताली बजाकर या लकड़ी (लगुड़ा) बजाकर सामूहिक रूप में इनका गान होता था। जिनदत्त सूरि के 'उववक्ष रसायन रास' के छत्तीसवें छंद में कहा गया है कि रात्रि में रास-गान के समय ताली नहीं बजानी चाहिए क्योंकि जीव-हिंसा का भय रहता है और दिन में स्त्रियों को पुरुषों के साथ लगुड़ा रास में भाग नहीं लेना चाहिए क्योंकि उससे चोट लगने की आशंका रहती है।

ताला रासु विदिंति न रयणिहिं।
दिवस विलउडारसु सहुंपुरिसिंहिं।

श्री अगरचंद नाहटा के अनुसार जैन मंदिरों में ये दोनों रास (ताली और लगुड़ा रास) चौदहवीं शती तक खेले जाते थे।[1]

सं. 1327 में 'सप्तक्षेत्री रास' की रचना हुई थी जिसमें यह विवरण दिया हुआ है कि जैनमंदिरों में श्रमणों और श्रावकों की उपस्थिति में ताला रास और लकुटा रास का आयोजन होता था जिसमें ललित वाणी, मधुर शब्द, ताल, छंद और वाद्य के साथ 'जिन' का गुंणगान होता था।[2]

भारतीय नाट्यशास्त्र में भी इस लोकप्रचलित गीति नाट्य 'रास' को 'रासक' नाम का उपरूपक माना गया है। वाग्भट्ट के 'काव्यानुशासन' में यह उल्लेख मिलता है कि रासक एक मसृणोद्धत गेय रूपक है जिसमें अनेक नर्तकियों तथा अनेक प्रकार के ताल और लय होते हैं और 64 तक के युग्मक (युगल) होते हैं।[3]

इस प्रकार यह स्पष्ट हो जाता है कि रास या रासक का प्रारंभिक स्वरूप लोक प्रचलित गीति नृत्य का था। बाद में शिष्ट साहित्य के अंतर्गत उसे 'रासक' नामक मसृणोद्धत गेय रूपक माना गया किंतु लोक में उसका गीति-नाट्य वाला रूप ही चलता रहा। जैन साधुओं और कवियों ने भी, धर्मप्रचारार्थ रासक या रास नाम से लघुकाव्य लिखे जिनका मंदिरों में नृत्य के साथ उपयोग होता था। कालान्तर में उसमें से नृत्य निकल गया और केवल गान रह गया। इस प्रकार रास, रासअ (रासउ) रासा या रासो शब्द ग्यारहवीं शताब्दी के बाद लघुगेयकाव्य के लिए प्रयुक्त होने लगा। पृथ्वीराज रासो के रचना-काल में 'रासो' नामक काव्यरूप प्रबंधकाव्य की सीमा में चला आया था यद्यपि उसमें गेयता का गुण अब भी वर्तमान था।

---

1. प्राचान भाषा-काव्यों की विविध संज्ञायें : ले. श्री अगरचंद नाहटा, ना. प्र. प. वर्ष 58, अंक 4, सं. 2010, पृ. 420
2. प्राचीन गुर्जर काव्य संग्रह : सप्तक्षेत्रिरास, पृ. 52
3. अनेक नर्तकीयोज्यं चित्रतालतयान्वितम्।
आचतुः षष्टि युगलाद्रासकं मसृदणोद्धतम्।। वाग्भट्ट-काव्यानुशासन की वृत्ति।

इस संबंध में एक विचारणीय बात और है—8 वीं शताब्दी के अपभ्रंश के महाकवि एवं छंद शास्त्र के आचार्य स्वयंभू ने अपने ग्रंथ के आठवें अध्याय में लिखा है कि रासाबंध में धत्ता, छड्डड़िया और पद्धड़िया छंदों का प्रयोग होता है।[1] उन्होंने यह भी लिखा है कि रास काव्य में संगीत, वाद्य एवं अभिनय का भी योग रहता है। रासबंध को कड़वकबद्ध काव्य कहा जा सकता है। इसमें संधियों में धत्ता, दुबइ, अडिल्ला तथा मात्रिक छंद, पद्धड़िया, छड्डरागी तथा पडिल्ला छंदों का प्रयोग होता है। ये काव्य संगीतबद्ध अभिनय एवं तालभेद से युक्त होने के कारण 'मात्रा एवं पंचताल से अविच्छिन्न काव्य' कहे जाएँगे। 8 वीं शताब्दी में लोकभाषा में ऐसे गीतात्मक प्रबंधों की रचना होती थी जिनका नृत्याभिनय होता था।

उपर्युक्त विवेचन को दृष्टि में रखकर यदि हम पुरानी हिंदी के काव्य पर विचार करें तो इस निष्कर्ष पर पहुँचने में देर नहीं लगती कि रास, रासय और चांचर या चच्चरी नाम से जितने लघुकाव्यों की रचना उस काल में हुई, वे अधिकतर नृत्यगीत ही थे। जिनदत्त सूरि का 'उववेस रसायण रास' भी नृत्यगीत ही है जिसमें कुल 80 छंद हैं। ये छंद ऐसे हैं जिन्हें किसी भी राग में गाया जा सकता है। वैसे यह उपदेशात्मक काव्य है और इसमें मानव जीवन की दुर्बलता की ओर संकेत किया गया है तथा सामाजिक एवं धार्मिक बुराइयों की निंदा की गई है। यह भी बताया गया है कि मंदिरों में नर्तकी का नृत्य कभी-कभी, विशेष अवसरों पर होना चाहिए। रास नृत्य के दो रूपों—भैरव रास और तालारास को मंदिरों में स्थान नहीं मिलना चाहिए।

इस युग के चर्चरी, रास और स्तुति नामक लघु जैन प्रबंध काव्य धार्मिक गुरुओं एवं महापुरुषों की प्रशस्तियों से भरे हुए चरितकाव्य हैं। इनमें न तो कथा-विस्तार है, न वस्तु-वर्णन सौंदर्य। ये केवल नृत्य के साथ गाये जाने के लिए लिखे गये थे। इस प्रकार के लघुकाव्य निम्न हैं :

रास :

1. जंबू स्वामी रास—धर्मसूरि (1266 वि.)
2. नेमिनाथ रास—जिनप्रभ सूरि
3. रेवंत गिरि रास—विजयसेन सूरि (1288 वि.)
4. संघपति समरा रास—अंबदेव सूरि (1371 वि.)
5. सुभद्रा रास
6. स्थूलभद्द रास
7. मलयरेहा रास
8. जिनचंद सूरि वर्णना रास

---

1. स्वयंभू छंद : श्लोक 49, 50, 51

9. उवबेस रसायण रास—जिनदत्त सूरि।

चच्चरी :

1. चांचरि या चच्चरी—जिनदत्त सूरि (11 वीं शती)
2. चर्चरी—सोलण
3. चांचरि स्तुति—(36 पद्यों की चांचरि—पाटण भंडार में सुरक्षित)
4. गुरु स्तुति चांचरि—(15 पद्यों की चांचरि—पाटण भंडार में सुरक्षित)

2. सांगीतिक गीत : संगीत-निबद्ध रचना को सांगीतिक गीत कहते हैं। पुरानी हिंदी में संगीत-निबद्ध गीतिकाव्य की प्रचुरता है। संस्कृत नाटकों में भी इसे प्रमुखता प्राप्त थी। कालिदास के विक्रमोर्वशीय के अपभ्रंश के 9 छंद ऐसे चर्चरी गीत हैं जिन्हें शास्त्रीय रीति से अभिनय के समय गाया जाता था। जिन स्वयंभू छंदों का पहले उल्लेख किया गया है, संगीत-निबद्ध थे और वाद्य के साथ गाये जाते थे। इन छंदों का नाम दुबह, डिल्ला (अडिल्ला), पद्धड़िया, छड्डणी, पडिल्ला आदि थे। इन छंदों को तालबद्ध रूप में तो गाया ही जाता था, विराम या यति का विधान भी सांगीतिक तत्त्वों के अनुसार होता था। इनमें लिखे गये स्तोत्र और प्रशस्ति गीतों को धवल और मंगल-गान कहा जाता था। उदाहरण के लिए जैन प्रार्थनाओं और स्तुतियों में 'धवल तथा मंगल' शब्द आते हैं—"धवल मंगल गान खाकुले जिन गृहे जिननाममहं यजे।" अर्थात् धवल और मंगल गीतों की ध्वनियों से भरपूर जिन मंदिर में मैं जिन-नाम की आराधना करता हूँ। छंदानुशासन में भी इसी अर्थ में ये शब्द प्रयुक्त हुए हैं। वस्तुतः लौकिक महापुरुषों की प्रशस्ति करनेवाले गीत धवल कहलाते थे और आध्यात्मिक महापुरुषों के प्रशस्ति परक गीत मंगल।[1]

जैन मंदिरों में गाये जानेवाले ये गीत सांगीतिक गीत हैं। इनके दो भेद हैं—मार्गी (शास्त्रीय) और देशी। यद्यपि जैन मंदिरों में शास्त्रीय संगीत के रूप में गीतों का गान होता ही रहा होगा, फिर भी फागु, चांचरी आदि देशी संगीत-निबद्ध रचनाओं का गान अधिक होता था। बौद्धों के चर्यापदों में इससे प्रतिकूल स्थिति थी। वहाँ जिन रागों का प्रयोग होता था, वे मार्गी संगीत के राग हैं, जैसे—भैरवी, पटमंजरी, मल्लरी आदि। कुछ ऐसे राग भी प्रयोग में थे जिनका उल्लेख मार्गी संगीत में भी नहीं था, जैसे—देशाख, शबरी, मालसी, गबुड़ा, रामक्री आदि। संभवतः ये लुप्त राग थे। इनका उपयोग पूर्वी भारत के पूर्वी प्रदेशों में 10 वीं शताब्दी के पूर्व भले ही होता रहा हो, उस समय ये मार्गी संगीत में थे लेकिन अब लुप्त हो गये हैं। मध्यकाल के संतों में भी इस तरह का नाम देने की प्रवृत्ति दिखाई पड़ती है। संभव है, यह परंपरा उन्हें पुरानी हिंदी के गीतिकाव्य से प्राप्त हुई हो।

---

1. डॉ. देवेन्द्र कुमार जैन : अपभ्रंश भाषा और साहित्य, प्रथम संस्करण (पृ. 238) वाराणसी, 1965

पुरानी हिंदी में सांगीतिक गीत के जो रूप उपलब्ध हैं, उन्हें निम्न भागों में विभाजित किया जा सकता है :

मार्गी सांगीतिक गीत, देशी सांगीतिक गीत और कड़वकबद्ध गीत। इन तीनों का रूप-संघटन भिन्न था। मार्गी सांगीतिक गीत वैदिक सूक्तों के समान छोटे पदगीत होते थे। देशी सांगीतिक गीत लघु प्रबंध काव्यों जैसे होते थे और उन्हें आद्यंत एक ही छंद में लिखा जा सकता था। कड़वकबद्ध गीत या तो स्तुति-स्तोत्र के रूप में लिखे जाते थे या प्रशस्ति-काव्य के रूप में। उनमें कड़वक पद्धति का अनुसरण मिलता है। पद्धड़िया के 16 पदों के बाद धत्ता रखा जाता था और कई कड़वकों से एक गीत बनता था जिसे पद्धड़ियाबंध गीत की संज्ञा भी दी जा सकती है।

सांगीतिक शैली में बौद्ध सिद्धों के चर्यापद के अनेक गीतों की रचना हुई थी। इनके विषय आध्यात्मिक एवं समाज-सुधार संबंधी हुआ करते थे। यद्यपि इन्हें पद कहा जाता था, फिर भी उनमें पदगीतों जैसी आद्य या अंत्यपदावृत्ति नहीं मिलती। ये गीत सामवेदी सूक्तों की तरह के होते थे। सूक्तों की तरह इनको भी गाया जाता रहा होगा क्योंकि इन चर्यापदों के साथ रागों के नाम भी दिये हुए हैं। अंतर छंदों में अवश्य मिलता है। सूक्तों के छंद अक्षर छंद थे जबकि चर्या गीतों में मात्रिक छंदों का प्रयोग होता था और वे दो-दो चरणों के अंत्यानुप्रास से युक्त होते थे।

चर्यापदों में दो-दो चरणों या पदों का एक यमक या युग्मक होता था और पाँच युग्मकों की सहायता से एक गीत बनता था। पदों या चरणों के युग्मक-बंध के नाते ही संभवतः उन्हें पद कहा गया होगा। इनमें कई प्रकार के छंदों का प्रयोग प्राप्त होता है। कुछ छंद तो अपभ्रंश काव्योंवाले ही हैं जिनका प्रयोग जैन कवियों की पुरानी हिंदी के पद्धड़ियाबद्ध गीतों में होता था। इसी छंद को प्राकृत पेंगलम् में अडिल्ला छंद कहा गया था जिसका एक रूप पादाकुलक कहलाता था। चौपाई नाम से मध्यकालीन हिंदी के प्रबंधकाव्यों में बहुप्रयुक्त छंद भी कोई दूसरा नहीं बल्कि यही छंद था।

महाराष्ट्र के संत नामदेव के पद सांगीतिक गीत के उदाहरण हैं क्योंकि उनमें रागों का स्पष्ट उल्लेख है जैसे—राग वैभव, असावरी, ठोड़ी, भैरऊ आदि। गुरु ग्रंथ साहब में जो नामदेव-बानी संकलित है, उसमें भी चर्यापद जैसे गीत हैं। गुरु ग्रंथ साहब में नामदेव की कुल पैंसठ बानियाँ या पद हैं। उनमें अनेक रागबद्ध छंदों का प्रयोग हुआ है।

देशी सांगीतिक गीत : चर्यापदों और चर्चरी आदि के प्रसंग में विभिन्न रागों का उल्लेख इस बात को प्रमाणित करता है कि सहजयानी सिद्धों के चर्यागान और नामदेव के पद संगीत शास्त्रोक्त रागों में गाये जाते थे। कुछ ऐसे राग जो संगीत शास्त्र में नहीं मिलते लेकिन इनके यहाँ उल्लिखित हुए थे, निश्चित रूप से देशी

राग रहे होंगे, जैसे—शबरी राग शबर जाति में प्रचलित रहा होगा। इसी प्रकार विभिन्न उत्सवों पर गाये जाने वाले विभिन्न गीतों के विशिष्ट राग रहे होंगे जिन्हें देशी संगीत कहा जायेगा। पुरानी हिंदी में जैन कवियों ने मंदिरों में तथा उत्सवों-त्यौहारों पर गाये जाने वाले देशी राग-निबद्ध गीतों की रचना की थी जो निम्नलिखित हैं :

1. लोक प्रचलित छंदों के नाम पर आधारित—चउपई, दूहा आदि, जैसे—नेमिनाथ चउपई, ढोला मारुरा दूहा।

2. लोक प्रचलित ऋतुकाव्य—बारहमासा, फाग, धमाल, चौमासा आदि।

3. स्तुति और मंगल वाचक—स्तुति, मंगल, विनती या विनय आदि।

4. प्रशस्ति व्यंजक नाम—बेलि, विजय, चंद्रिका, पताका, लता, विलास, विनोद आदि।

5. संख्यावाचक नाम—दशक, बीसी, पच्चीसी, बत्तीसी, चालीसा आदि।

6. बारहखड़ी या वर्णमाला काव्य-कक्क (शालिभद्र कक्क) मातृका (दूहा मातृका) आदि।

इन नामों को अलग-अलग काव्यरूप नहीं माना जा सकता। इनमें से अधिकांश गीतिकाव्य या मुक्तककाव्य हैं। कुछ ऐसे भी हैं जिन्हें प्रबंधकाव्य और निबंधकाव्य कहा जाएगा।

फागु या फाग, धम्माल : फागु और धम्माल बसंत ऋतु के गीत हैं जिनमें अनेक प्रकार के रागों और छंदों का प्रयोग हुआ है। फागु या धम्माल नाम का कोई विशेष राग या छंद नहीं मिलता। पुरानी हिंदी में जो फागु काव्य मिलते हैं, वे अधिकतर रोला छंद में लिखे गये हैं। जैसे—सिरि थूलिभद्द फाग और श्री नेमिनाथ फागु।

'सिरि थूलिभद्द फाग' सं. 1257 के आसपास 'जिन पद्म सूरि' द्वारा लिखित गेय काव्य है जिसमें कुल 27 पद्य या छंद हैं। पूरी कविता को आवृत्तिमूलक गीत की संज्ञा दी जा सकती है। शब्दावृत्ति की अधिकता के कारण अनुरणन का गुण वर्तमान है। कवि ने नायिका कोशा के श्रृंगारिक मनोभावनाओं तथा रूपचित्रों का मार्मिक वर्णन प्रस्तुत किया है। अनुरणन, मार्मिक अभिव्यंजना, गेयता और कलेवर की संक्षिप्तता आदि के कारण इसे गीतिकाव्य के अंतर्गत रखा जाएगा। आद्यंत रोला छंद में लिखित होने के कारण इसमें गेयता तथा रागबद्धता उच्चकोटि की है। 'सिरिथूलि भद्द फाग' का शब्दावृत्ति मूलक एक छंद देखा जा सकता है :

झिरिमिरि झिरिमिरि झिरिमिरि ए मेहा बरसंति।
खलहल खलहल खलहल ए बाहुला बहंति।

झबझब झबझब झबझब ए बीजुलिय झबक्कह।
धरहर धरहर धरहर ए बिरहिणी मणु कंपइ।

श्री नेमिनाथ फागु राजशेखर सूरि द्वार लिखी गई है। रचना-काल 13 वीं, 14वीं शताब्दी के आसपास है और रोला छंद में लिखित कुल 27 गेय छंदों को विभिन्न रागों में निबद्ध किया गया है।

चउपई : चउपई चतुष्पदी का अपभ्रंश रूपान्तर पुरानी हिंदी का एक ऐसा छंद है जो अडिल्ला से थोड़ा भिन्न है और प्राकृत पेंगलम् के अनुसार गणवृत्त है। इसमें चार मात्राओं वाले सात गण और अंत में एक गुरु का विधान है। इस प्रकार 28 मात्राओं का छंद चउपई कहा जाता है। हेमचंद्र इसे वस्तु कहते हैं किंतु चउपई या चतुष्पादिका में वस्तुतः बदनक या अडिल्ल-मडिल्ल छंदों का प्रयोग हुआ है। स्वयंभू छंद के अनुसार बदनक 16 मात्राओं का छंद होता है जिसमें अंतिम दो वर्ण लघु होते हैं। यदि अंतिम दो लघु की जगह दो दीर्घ कर दिया जाये तो वह 16 मात्राओं वाला चौपाई छंद हो जाता है। बदनक के दो-दो चरणों में अंत्यानुप्रास कर देने से अडिल्ला छंद बन जाता है। यदि चारों चरणों में अन्त्यानुप्रास हो जाये तो वह मडिल्ल छंद हो जाता है। इसी की कोटि का एक और छंद होता है जिसे पारणक कहते हैं। उसमें चार-चार मात्राओं के तीन गण और अंत में तीन लघु होते हैं–(4+4+4 ल., ल., ल.) ये सभी छंद पद्धड़िया-बंध में प्रयुक्त होते थे। पद्धड़ियाबंध कड़वकबद्ध छंदयोजना का नाम था जिसमें चार चतुष्पदियों के बाद एक धत्ता होता था। अडिल्ला, मदनक, पारणक या हिंदी की चौपाई आदि सभी पद्धड़ियाबंध के लिए प्रयुक्त होते थे। प्राकृतापभ्रंश के प्रायः सभी प्रबंधकाव्य कड़वकबद्ध या पद्धड़ियाबंध शैली में लिखे गये हैं। पुरानी हिंदी में कई लघु-प्रबंध काव्य भी इसी पद्धति में लिखे गये हैं। पृथ्वीराज रासो में भी यही पद्धति मिलती है। दोहा, चौपाईवाली शैली का विकास इसी पद्धड़िया-बंध से हुआ जिसमें सूफी प्रेमाख्यानक काव्य आगे चलकर लिखे गये।

इस तरह स्पष्ट है कि पद्धड़िया कोई छंद नहीं, शैलीगत परपरा का नाम है जिसमें 16 या 15 मात्रा वाले चार पदों के छंद होते थे और दो-दो पदों में अंत्यानुप्रास होता था। कालिदास के नाटकों में बदनक या चौपाई छंद में लिखी गई चतुष्पदियों का प्रयोग गाने के लिए किया गया है। 5 वीं से 10 वीं शताब्दी तक जनता के बीच चतुष्पदियों का गान लोकप्रिय हो चुका था और यही कारण है कि पुरानी हिंदी के लोकानुयायी कवियों ने लघुप्रबंधों, मंदिरों में तथा त्योहरों आदि में गाये जानेवाले गीतिकाव्य के रूप में भी इन चतुष्पदियों का इतना अधिक प्रयोग किया है। वाद्य के साथ अथवा केवल मौलिक संगीत के रूप में इनका गठित होना इनकी विशिष्टता का प्रमाण है। 'चउपई' भी एक प्रकार का गीति-रूप था। गेय छंदों के नाम पर

उस युग में काव्यों का नामकरण होने लगा था, जैसे—ढोला, मारुरा दूहा, दोहा, मातृका आदि। परवर्ती युग में भी गेय छंदों को अपनाकर पूरे काव्य की रचना हुई। गिरिधर दास और दीनदयाल गिरि ने कुंडलिया छंद का इसी दृष्टि से उपयोग किया था। पुरानी हिंदी की चउपई का गीतकाव्य नेमिनाथ चतुष्पादिका या नेमिनाह चउपई है। इसकी रचना विनय चंद्र सूरि ने 1200 ई. के लगभग की थी। इसको एक भावात्मक और गेय लघु प्रबंध के रूप में गीतिकाव्य ही कहना चाहिए।

कड़वकबद्ध स्तुति-गीत : पुरानी हिंदी में ऐसे कई लघु काव्य मिल जाते हैं, जिन्हें कड़वकबद्ध गीत कहा जा सकता है। ये वस्तुतः स्तुति-गीत होते थे और इनकी छंद-योजना कड़वकबद्ध हुआ करती थी। कड़वकों को पदगीत का ही एक रूप माना जा सकता है। विजयसेन सूरि का 'रेवंत गिरि रास' इसी प्रकार का चार कड़वकोंवाला कड़वकबद्ध गीत है। इसकी रचना संवत् 1288 ई. में हुई थी। इस काव्य के कड़वकों में पद्धड़िया बंध वाले अडिल्ला आदि छंदों से भिन्न अन्य गेय छंद भी रखे गये थे। 'गय सुकुमाल रास' भी एक कड़वकबद्ध काव्य है। इसकी रचना 14 वीं शताब्दी में देल्हड़ नामक कवि ने की थी। इसमें नये ढंग की कड़वक योजना है जो पद्धड़िया बंध से भिन्न है। रास काव्य होने के कारण यह नृत्य गीत के भीतर परिगणनीय है।

3. पदगीत : पुरानी हिंदी में पदगीतों का प्रारंभ हो गया था। बाद में कबीर और उनके बाद के हिंदी कवियों ने इसी प्रकार के पदगीतों की रचना की। अपभ्रंश में पदगीतों का रूप उतना विकसित नहीं था जितना वैदिक सूक्तों में। वैदिक सूक्तों में प्रथम छंद के प्रथम या अंतिम पद की आवृत्ति अन्य छंदों के आरंभ या अंत में अवश्य होती थी। अपभ्रंश के काव्यों में इस प्रकार की पदावृत्ति नहीं मिलती। पुरानी हिंदी के पदों में भी प्रथम या अंतिम पद की आवृत्ति की शैली नहीं अपनाई गई है। फिर भी पुरानी हिंदी के पद उन वैदिक गेय गीतों जैसे लगते हैं जिनमें किसी विशेष छंद—गायत्री, जगती, त्रिष्टुप, उविणक आदि के कई पद एक साथ एकत्र कर दिये गये हैं और जिनमें गीतिकाव्य के आंतरिक गुण वर्तमान हैं। दोनों में भेद केवल इस बात का है कि वैदिक गेय सूक्तों में एक ही छंद के भीतर दो या अधिक पदों में अंत्यानुप्रास (यमक) नहीं होता, जबकि पुरानी हिंदी में अंत्यानुप्रास होता है।

पद गीत का एक रूप वह भी है जिसमें प्रथम छंद के आदि या अंत पद की अन्य छंदों के आदि या अंत में आवृत्ति आवश्यक होती है। पुरानी हिंदी में वैदिक पदगीत की यह शैली कम दिखलाई पड़ती है। 12 वीं शताब्दी में जयदेव द्वारा लिखे पदों में भी आवृत्ति की पद्धति नहीं मिलती। जयदेव के पद 'गुरुग्रंथ साहब' में संकलित हैं। 13 वीं शताब्दी में नामदेव और सघना तथा 14 वीं शताब्दी में रामानंद एवं विद्यापति द्वारा अनेक ऐसे पदों की रचना हुई जिनमें पदावृत्ति की पद्धति नहीं अपनाई गई फिर भी उनमें गेयता का गुण वर्तमान है। रामानंद के पदों को देखने

से स्पष्ट हो जाता है कि गाते समय प्रत्येक छंद (चारपद) के बाद ध्रुवकवाली पंक्ति अवश्य ही दुहराई जाती रही होगी और टेक पद्धति का उपयोग भी किया जाता रहा होगा।

यह ऐसा युग था जिसमें पदगीत की एक नयी पद्धति का आविष्कार हुआ—प्रथम पंक्ति का ध्रुवक (टेक) के रूप में प्रयोग तथा बाद के पदों में उसी के अंत्यानुप्रास की योजना। पद की यह पद्धति अधिक प्रचलित हुई और दो पदों के अंत्यानुप्रास वाले छंदों की पद्धति धीरे-धीरे लुप्त होती गई। नामदेव, रामानंद और विद्यापति ने आद्यंत समान अंत्यानुप्रासयुक्त पदगीतों की खूब रचना की है। पद का वह रूप मध्यकाल में पर्याप्त लोकप्रिय हुआ। पदगीत का एक और रूप इस युग में प्रचलित हुआ। इसमें प्रथम पंक्ति में छंद का केवल एक पद 'टेक' या ध्रुवक के रूप में रहता था, दूसरी पंक्ति में उस छंद के दो पद होते थे और दूसरे पद का प्रथम पंक्ति से अंत्यानुप्रास होता था। बाद की दो-दो पदोंवाली दो पंक्तियों में अंत्यानुप्रास हुआ करता था।

पदगीतों की विविध शैलियों के इस विवेचन के बाद हिंदी साहित्य के उद्‌भव और विकास कालीन कवियों के पदगीतों का संक्षिप्त पर्यवेक्षण आवश्यक है। ऊपर कहा जा चुका है कि सहजयानी बौद्ध सिद्धों के पदगीत निबद्ध गीत (सांगीतिक गीत) थे और कुछ ऐसे भी थे जिनके साथ शास्त्रीय रागों के नाम नहीं दिये गये थे। पदगीत के रचनाकारों में सरहपा, शबरपा, लुइपा, दारिपा, काहिपा और शांतिपा के नाम उल्लेख्य हैं। इनके गीत 'चर्यापद' में संगृहीत हैं। इसी परंपरा में मत्स्येंद्रनाथ और गोरखनाथ के पदों को भी लिया जायेगा यद्यपि गोरखनाथ का काल विवादास्पद है। डॉ. बड़थ्वाल उन्हें 11 वीं शती का मानते हैं। उन्होंने 'गोरखबानी' नामक एक संकलन प्रस्तुत किया है जिसमें गोरखनाथ के कई पदगीत रखे गये हैं। गोरखनाथ के गुरु मत्स्येंद्रनाथ के भी दो पदगीत प्राप्त हुए हैं। इनका समय भी 10 वीं शती का उत्तरार्द्ध या 11 वीं शती माना गया है। 14 वीं शती के पूर्व पुरानी हिंदी के आध्यात्मिक पदगीतों की रचना करनेवाले भक्त और संत कवि 'गुरु ग्रंथ साहब' में संकलित हैं। संस्कृत के गीत-कवि जयदेव के भी दो पदगीत 'गुरु ग्रंथ साहब' में वर्तमान हैं। इन संकलित पदों में संस्कृत गीतों वाले गीतिकाव्य के लक्षण प्राप्त नहीं होते। 14 वीं शती के महाराष्ट्र के संतकवि सधना का एक पद भी 'गुरु ग्रंथ साहब' में रखा गया है। स्वयं रामानंद जी ने भी पुरानी हिंदी में पदगीतों की रचना की थी जिनका संकलन आचार्य हजारी प्रसाद द्विवेद्वी ने 'रामानंद की हिंदी रचनाएँ' नामक ग्रंथ में किया है। इस प्रकार पुरानी हिंदी में पदगीतों की जो परंपरा विकसित हुई, वह काफी पुष्ट थी और कालांतर में संत एवं भक्त कवियों द्वारा इसे और भी परिमार्जन एवं संपुष्टि प्राप्त हुई।

4. मुक्तक गीत : लोकगीतों ने भी अनेक काव्यरूपों को जन्म दिया है। उनका एक रूप मुक्तक काव्य जैसा भी है। जैसे—आभीरों का बिरहा तथा धोबियों का श्रम-गीत। धोबियों का श्रम-गीत 'बिरहा' से थोड़ा भिन्न इस अर्थ में है कि धोबी अपने गीतों में मुक्तकों के बाद एक निरर्थक ध्रुवक 'छियो राम छियो' लगाया करते हैं यद्यपि अंतरा के छंद, जिनको वह कपड़ा निचोड़ते समय गाता है, परस्पर असंबद्ध स्वतंत्र मुक्तक जैसे होते हैं जिन्हें वह अंततः ध्रुवक से जोड़ता रहता है। इस स्वतंत्र मुक्तकों को चूँकि वह एक साथ गाता है, इसलिए ये सभी मिलकर 'बिरहा' जैसे हो जाते हैं। इस प्रकार के सभी गीत मुक्तक-गीत ही कहे जायेंगे।

पुरानी हिंदी में ऐसे मुक्तक गीतों की समृद्ध परंपरा थी जो लोकगीतों से होकर शिष्ट साहित्य तक पहुँची थी। निश्चित रूप से उस समय के लोकगीतों की एक पद्धति मुक्तक छंदों को गाने की रही होगी। गेयता के कारण ही उनका नाम 'गाहा' पड़ा होगा। वैदिक सूक्तों में से गीत रूप में प्रयुक्त सूक्तों को 'गातु' और 'गाथ' कहा जाता था। यही 'गाथ' लोकगीतों में आकर 'गाह' या 'गाहा' हो गया। प्राकृत में तो मुक्तक गीतों : गाहा : के छन्द का नाम ही 'गाहा' हो गया। जिसे संस्कृत में आर्या छंद की संज्ञा प्राप्त हुई। निष्कर्ष यह कि प्राकृत का 'गाहा' लोक प्रचलित मुक्तकगीत ही था। इन लोकप्रचलित मुक्तकगीतों (गाथाओं) के अनुकरण में दरबारी शिष्ट कवियों द्वारा श्रृंगारिक और कामशास्त्रीय काव्य के रूप में मुक्तक काव्यों की रचना हुई। इन्हीं मुक्तकों का संकलन 'हाल' ने अपनी 'गाहा सतसई' में किया। बज्जलगा भी ऐसे ही मुक्तकों का संकलन है। यद्यपि जनता में न गाये जाने के कारण इन मुक्तकों का गेयता का गुण धीरे-धीरे समाप्त होने लगा था फिर भी 'गाहा सतसई' में लोकगीतों से संबंधित कुछ गाथायें संकलित कर ली गई हैं। ग्रामीण जीवन की स्वाभाविकता से संबद्ध ये गाथायें मुक्तकगीतों की परंपरा में आती हैं। इसी परंपरा का विकास परवर्ती अपभ्रंश में दोहा या दूहा के रूप में हुआ। दोहा परवर्ती काल का लोकप्रचलित छंद था। गाथाओं में पदांत यमक की पद्धति नहीं थी। 'दोहा' छंद में द्वितीय और चतुर्थ चरणों में अंत्यानुप्रास (पदांत यमक) होता था। इस तुकांत योजना से छंद की गेयता सिद्ध हो जाती है। कालिदास के विक्रमोर्वशीय के चतुर्थ अंक में जिन अपभ्रंश के गीतों को रखा गया है, वे सभी अंत्यानुप्रास से युक्त हैं। उन्हें भी मुक्तकगीत माना जा सकता है क्योंकि वे पदगीतों की तरह अनेक छंदों या पद्योंवाले नहीं हैं।

एक छंद में पूरी बात कहनेवाला काव्य मुक्तक काव्य कहलाता है। कई मुक्तक यदि एक साथ रख दिये जायें तब भी उनमें कोई पूर्वापर संबंध नहीं दिखाई पड़ेगा लेकिन एक प्रकार के कई मुक्तक यदि किसी व्यक्ति द्वारा गाये जायें तो उन्हें मुक्तक-गीत कहा जाएगा। इस दृष्टि से हेमचंद्र के प्राकृत-व्याकरण में उदाहृत दोहों को मुक्तक-गीत की श्रेणी में रखा जा सकता है। 'प्रबंधचिंतामणि' में भी ऐसे ही

लोकप्रचलित मुक्तक-गीतों का संकलन किया गया है। धार के राजा मुंज से संबंधित कुछ स्फुट दोहे 'प्रबंधचिंतामणि' में रखे गये हैं जिनका मूल रूप लोकप्रचलित मुक्तक गीतों में ढूँढ़ा जा सकता है। यद्यपि यह निश्चय नहीं है कि इन दोहों के रचयिता मुंज हैं या कोई और फिर भी मुंज की कथा इतनी करुण है कि उन दोहों का लोकप्रचलित होना या लोकगीतों के रूप में गाया जाना स्वाभाविक है। लोकगीतात्मकता के कारण इन दोहों को मुक्तक-गीत कहा जायेगा। हेमचंद्र के प्राकृत-व्याकरण में लोक प्रचलित मुक्तक गीतों से दोहे लिये गये हैं। विरहिणी से तथा मुग्धा नायिका के वर्णन से संबंधित दोहे अलग-अलग मुक्तक गीतों की स्थिति का संकेत करते हैं। 'ढोला मारुरा दोहा' में भी यही प्रक्रिया दिखाई पड़ती है। लोकगाथा के बहुत से दोहे कबीर-ग्रंथावली तथा 'माधवानल कामकंदला' प्रबंध में भी मिलते हैं। वस्तुतः कबीर के दोहे लोकप्रियता के नाते लोकगीतों में ले लिये गये और फिर 'ढोला मारुरा दोहा' के संकलनकर्ताओं ने उन्हें ग्रहण कर लिया। 'माधवानल कामकंदला' और 'ढोला मारुरा दूहा' का स्रोत इस दृष्टि से एक ही है। 'ढोला मारुरा दोहा' में ऐसे अनेक दोहे हैं जिनका ढोला मारु की कथा से कोई संबंध नहीं है। ढाढ़ी नामक पेशेवर गानेवाली जाति ने इन लोक प्रचलित मुक्तक गीतों को 'ढोला-मारु' के भीतर मान लिया था। इस प्रकार 'ढोला मारुरा दूहा' में इनका प्रवेश लोक-परंपरागत ही है। इन मुक्तक गीतों का प्रभाव तो यह पड़ा कि पुरानी हिंदी के शिष्ट साहित्य में भी कुछ कवियों ने मुक्तक शैलीवाले गीत लिखे। कुछ का विवरण निम्नलिखित है :

संजम मंजरी : ग्यारहवीं शताब्दी के उत्तरार्द्ध या बारहवीं शताब्दी के पूर्वार्द्ध में माहेश्वर सूरि द्वारा लिखा गया यह लघुकाव्य मुक्तक गीत है। इसमें कुल 35 दोहे हैं जिनमें भावात्मक ढंग से संयम का महत्त्व समझाया गया है।

सालिभद्द कक्का : यह 71 दोहों का एक ककहरा काव्य है। पद्म या पउम नामक कवि ने इसकी रचना की थी। पूरी रचना में शालिभद्र का प्रशस्ति गान किया गया है लेकिन दोहे क, का, ख, खा आदि क्रम से प्रस्तुत किये गये हैं। यद्यपि इन दोहों की रचना स्तुति-रूप में गाने के लिए की गई थी, फिर भी इन्हें मुक्तक रूप में सुनाया जा सकता है क्योंकि इनमें पूर्वापर संबंध का निर्वाह नहीं है। इस रचना को विशुद्ध मुक्तक गीतिकाव्य की संज्ञा दी जा सकती है।

दूहा मात्रिका : इसके रचनाकार का नाम ज्ञात नहीं है। इसमें कुल 57 दोहे हैं जिनका स्वरूप ककहरा काव्य जैसा ही है। इसकी रचना भी स्तुति रूप में की गई है। लेकिन इसमें उपदेशात्मकता बहुत अधिक है।

5. नाट्य गीति : वैदिक संवाद सूक्तों जैसे लघु नाट्यगीतों का सस्कृत, प्राकृत और अपभ्रंश में अभाव है लेकिन पुरानी हिंदी में 'मृगम्युतकम' नामक एक ऐसा काव्य अवश्य मिलता है जिसे नाट्य गीति कहा जा सकता है। इसका रचना-काल

13 वीं शती का उत्तरार्द्ध है। इसमें कुल 42 पद हैं। रचनाकार का कोई संकेत नहीं मिलता है। एक पद्य चार पदों वाले छंद में बाँधा गया है और प्रत्येक छंद में प्रथम और द्वितीय तथा तृतीय और चतुर्थ चरणों में अंत्यानुप्रास है। कथानक का प्रारंभ दिखलाकर मृगावती और उसके पुत्र (मृगायुत) का संवाद प्रस्तुत किया गया है। माता मृगावती सांसारिक भोग में लिप्त है। पुत्र को वैराग्य उत्पन्न होता है। वह दीक्षित होना चाहता है। माँ उसे यायावरवृत्ति के कष्टों की याद दिलाती है किंतु पुत्र उसे नरक का वर्णन सुनाता है। इस तरह माता-पुत्र के संवाद के रूप में इस लघुकाव्य की रचना हुई है। छंद-योजना बहुत ही गेय है और अनुप्रासमूलक शब्द योजना के कारण काव्य की रमणीयता बहुत बढ़ गई है।

6. प्रगीत : प्रगीत एक विषय पर लिखी गई क्रमबद्ध रचना को कहते हैं। इसमें गेयता, संक्षिप्तता और आत्माभिव्यंजना का गुण वर्तमान रहता है। गीत से प्रगीत इस अर्थ में भिन्न है कि प्रगीत में पदगीत के समान ध्रुवक या पदावृत्ति की पद्धति नहीं अपनाई जाती और सांगीतिक गीत के समान स्वर-ताल का अतिशय नियंत्रण भी स्वीकार नहीं किया जाता। विषय-वस्तु की सघनता एवं भावना की केन्द्रीयता प्रगीत का प्रधान लक्षण है। ऐतिहासिक क्रम में वैदिक काव्य के प्रगीतों के बाद केवल पुरानी हिंदी में ही प्रगीत शैली का काव्य मिलता है। फागु और रास संज्ञक नाट्य गीतों और गेय गीतों को तथा स्तोत्र संज्ञक गीतों को प्रगीत काव्य के अंतर्गत रखा जा सकता है।

7. आवृत्ति गीत : आवृत्तिमूलक पदबद्ध रचनायें गीतिकाव्य के अंतर्गत रखी जाती हैं। अपभ्रंश में पदावृत्ति की प्रवृत्ति बहुत अधिक मिलती है लेकिन उनका संबंध मुख्यतः प्रबंध काव्यों से ही था। पुरानी हिंदी में ऐसी बात नहीं है। यहाँ ऐसे अनेक लघुकाव्य मिल जाते हैं जिनमें पदों और शब्दों की आवृत्ति हुई है। इन लघुकाव्यों को आवृत्तिगीत कहा जा सकता है। जो निम्न हैं :

सत्यपुरीय महावीर उत्साह : इसकी रचना 11 वीं शती में हुई थी। यह कुल पन्द्रह छंदों का एक स्तोत्र है। इसके लेखक कोई धनपाल थे जो जैनमतावलंबी थे। इस स्तोत्र में रोला छंद का प्रयोग हुआ है। रोला में लिखे जाने के कारण इसमें उच्च कोटि की गेयता का गुण वर्तमान है। साथ ही अनुरणन भी बहुत है क्योंकि कवि ने वर्ण-शब्द और पद की आवृत्ति द्वारा अनुप्रास की छटा उत्पन्न की है। इस स्तोत्र काव्य की गीतात्मकता निम्नलिखित छंद की आवृत्तिमूलक पद-योजना से स्पष्ट हो जाती है

जिमि महतु गिरवरह मेरु गहगणह दिवायरु,
जिमि महंतु सुखरह मज्झि उवहिहि रयणायरु।

जिमि महंतु सुखरह मज्झि सुरलोक सुरेसरु,
तिमि महंतु तिय लोय जितउ सच्चउरि जिणेसरु।।

उपर्युक्त छंद में अनेक शब्दों की आवृत्ति हुई है। प्रथम चरण के आदि पद 'जिमि महंतु' की आवृत्ति अन्य चरणों के प्रारंभ में हुई है। इसलिए यह एक आवृत्ति गीत है।

8. मध्यगीत : मध्यगीत किसी बड़े प्रबंध या लघुकाव्य में बीच मे अपनी गेयता, आवृत्तिमूलकता और स्वतंत्र अस्तित्व के कारण पूरे प्रबंध से अलग प्रतीत होते हैं। अपभ्रंश में ऐसे गीत सहस्रों की संख्या में प्राप्त हो सकते हैं। सभी प्रबंध काव्यों में या तो स्वतंत्र गीत रखे गये हैं या देव-स्तोत्र। स्वयंभू के पउम चरिउ और धनपाल के महापुराण में अनेक स्तोत्र भरे पड़े हैं जिन्हें मध्यगीत कहा जा सकता है। पुरानी हिंदी में भी गद्यात्मक एवं पद्यात्मक काव्य के भीतर मध्यगीतों की परंपरा पूर्णतः विकसित हुई है। लघु प्रबंध काव्यों में भी स्तोत्र तथा आवृत्ति की प्रवृत्ति के कारण मध्यगीत प्राप्त होते हैं। 11 वीं शताब्दी के कवि नयनंदी के 'सकल विधि निधान' काव्य में जिन अट्ठावन संधियों की योजना है, उसमें स्थल-स्थल पर आवृत्तिमूलक गीतों की योजना की गई है। इसी प्रकार 'करकंड चरिउ' में रतिवेगा नायिका के विलाप का वर्णन एक करुणगीत के रूप में हुआ है। 'कुमार पाल प्रतिबोध' नामक ग्रंथ के अंतर्गत 'देशार्ण भद्र कथा' एक प्रसंग है जिसमें आठ छप्पयों का एक स्तुतिकाव्य मिलता है। विद्यापति की कीर्तिलता में भी अनेक मध्यगीत दिखाई पड़ते हैं।

9. गाथा गीत : गेय प्रबंध काव्यों को इसके अंतर्गत रखा जा सकता है। होमर के 'इलियड' 'ओडेसी' नामक महाकाव्य, गाथा गीतिकाव्य थे। हिंदी में रामचरित मानस का भी इतना अधिक गान होता है कि उसे गाथा गीत मानने में आपत्ति नहीं हो सकती। पुरानी हिंदी में तो अब्दुल रहमान का 'संदेस रासक' एक ऐसा गेय काव्य है जिसकी तुलना कालिदास के 'मेघदूत' से की जा सकती है। 'मेघदूत' की भाँति 'संदेश रासक' का कथानक अत्यंत क्षीण है। प्रबंधत्व के बावजूद उसे गीतिकाव्य ही कहा जायेगा क्योंकि उसमें गीतिकाव्य के सभी लक्षण वर्तमान हैं। 'ढोला मारुरा दूहा' को भी गाथा गीत ही कहना चाहिए क्योंकि वह भी लोककंठ में विकसित गेय-गाथा गीत है। इसी प्रकार वि. सं. 1454 में लिखा गया 'बाहुबलि चरित' भी एक उत्कृष्ट गाथागीत है। इसमें मध्यगीत भी भरे पड़े हैं। महावृत्ति इसकी प्रमुख विशेषता है।

पुरानी हिंदी के गीतिकाव्य की इन शैलियों के विवेचन से इतना स्पष्ट हो जाता है कि वैदिक काल के बाद भारतीय गीतिधारा का वेगवान प्रवाह आधुनिक भाषाओं के साहित्य में दिखाई पड़ा। इस काव्यधारा में विषयों की विविधता भी बहुत

अधिक थी। इस दृष्टि से पुरानी हिंदी में निम्न प्रकार के गीत-रूप वर्तमान हैं :

स्तुति गीत : जैन शलाका पुरुषों एवं गुरुओं की स्तुति से संबंधित गीतों को स्तोत्रगीत या स्तुति गीत कहना चाहिए। स्तुति नाम के अतिरिक्त चंद्रायण, परिपाटी, रेलुआ, कुलक, धवल आदि नामों से भी स्तुतिगीत लिखे गये। मुख्य स्तुति गीत निम्नलिखित हैं :

1. जिन बल्लभ सूरि-गुण वर्णन—13 वीं शताब्दी।
2. जिन चंद्र सूरि रेलुआ—14 वीं शताब्दी।
3. शालिभद्र रेलुआ—14 वीं शताब्दी।
4. गुरावली रेलुआ—14 वीं शताब्दी।
5. तपागच्छ गुरावली (वर्धमान गणि कृत)—14 वीं शताब्दी।
6. शत्रुंजय चैत्य पारिवाणी (सोमप्रभजाणि कृत)—13 वीं शताब्दी।
7. जिन प्रबोध सूरि चंद्रायण—13 वीं शताब्दी।
8. जिनेश्वर सूरि चंद्रायण—13 वीं शताब्दी।
9. जिन भद्र सूरि अष्टक—13 वीं शताब्दी।

ये सभी स्तुति गीत हैं क्योंकि ये आकार से ही लघु हैं और इनमें गेयता भी पूरी तरह वर्तमान है।

गोचारण गीत : ग्रामीण जीवन का स्वाभाविक चित्र प्रस्तुत करनेवाले मुक्तक गीत गोचारण गीत कहे जाते हैं। हेमचंद्र के प्राकृत व्याकरण में बहुत से इस प्रकार के दोहे वर्तमान हैं।

प्रेम गीत : पुरानी हिंदी में प्रेम गीतों का भी बाहुल्य है। धार्मिक और ऐतिहासिक दोनों प्रकार के काव्यों में प्रेम की सच्ची अनुभूतियाँ पूर्णतया अभिव्यक्त हुई हैं। इनमें ऐसे बहुत-से गीत हैं जिनमें प्रेम भावना की अभिव्यजंना प्रमुख है। इन्हें प्रेम गीत कहा जाएगा। जैसे—ढोला मारुरा दूहा, वीसलदेव रासो, थूलमद्द फागु, नेमिनाह चउपई आदि।

ऋतु गीत : जिन गीतों में ऋतु की विशिष्टता व्यक्त की जाये, उन्हें ऋतुगीत कहा जा सकता है। इनके दो भेद किये जा सकते हैं—ऋतु के प्रभाव का वर्णन करनेवाले बारहमासा आदि और दूसरे ऋतु विशेष के त्योहारों-उत्सवों से संबंधित फागु, बसंत, चांचरी आदि। नेमिनाह चउपई और धर्मसूरि स्तुति आदि बारहमासा गीत हैं जबकि नेमिनाथ फागु और स्थूलिभद्र, फागु आदि फागु।

इसी प्रकार गुरुओं, शलाका पुरुषों अथवा ऐतिहासिक पुरुषों के गुणगान से संबंधित गीतिकाव्यों को प्रशस्ति-गीत कहा जा सकता है। हेमचंद्र के प्राकृत व्याकरण और प्रबंधचिंतामणि में कुछ ऐसे दोहे हैं जो युद्ध तथा प्रयाण से संबंधित हैं। इन्हें युद्ध गीत तथा प्रयाण गीत कहा जा सकता है। नृत्यगीत और सांगीतिक गीत के अंतर्गत जितने गीत आते हैं, उन्हें कीर्तन गीत कहा जा सकता है। इसी प्रकार मंगल

नाम से लिखे गये गीतों को मगल गीत कहा जाएगा।

मध्यकालीन गीतिकाव्य

मध्यकाल के अतर्गत दो काल आते हैं—पूर्व मध्यकाल और उत्तर मध्यकाल। पूर्व मध्यकाल भारतीय इतिहास का प्रथम पुनर्जागरणकाल था जिसमें विभिन्न दार्शनिक सिद्धांतों के आधार पर भिन्न-भिन्न धार्मिक संप्रदायों की स्थापना हुई या पूर्व स्थापित संप्रदायों का तीव्र गति से प्रचार-प्रसार हुआ। मुसलमानों के आक्रमण के उपरांत जो राजनीतिक उथल-पुथल व्याप्त थी, 1400 ई. के बाद वह कम हो गई और मुगल राज्य स्थापित होने के बाद देश में एक नये प्रकार के साम्राज्य-युग का प्रारंभ हुआ जिसमें राजनीतिक सुव्यवस्था एवं शांति थी। देश के शासक विदेशी भाषा-भाषी थे, इसलिए उनके दरबारों में हिंदी कवियों को आश्रय पाने का अधिक अवकाश नहीं था। अतः हिंदी कविता स्वभावतः या तो लोक के बीच पल्लवित होती रही या धार्मिक संप्रदायों और मठों के आश्रय में विकसित होने लगी। लोक-जीवन में गीतिकाव्य की धारा ही मौखिक परंपरा में प्रवाहित रहती है। इसलिए लोकाश्रित और धर्माश्रित कवियों ने अधिकतर गीतिविधा को ही अपनी अभिव्यक्ति का माध्यम बनाया। हिंदी साहित्य के आदिकाल में काव्य की गीतिविधा का नये सिरे से प्रारंभ भी इन धर्माश्रित और लोकाश्रित कवियों ने ही किया था। उन्होंने गीतिकाव्य की जिन शैलियों और स्वरूपों को अपनाया था, मध्यकाल में उनका और भी विकास हुआ।

इस अध्याय के प्रारंभ में बताया जा चुका है कि युग-परिबर्तन के साथ काव्य की विधाओं में भी परिवर्तन होता रहता है। मध्यकाल की राजनीतिक, आर्थिक और सामाजिक परिस्थितियाँ आदिकालीन परिस्थितियों से पर्याप्त भिन्न थीं जिससे तत्कालीन साहित्य के स्वरूप और गुणों में भी परिवर्तन घटित हुआ। इस काल में संस्कृत-साहित्य के स्थान पर आधुनिक भाषाओं का साहित्य पूर्ण रूप से प्रतिष्ठित हो गया किंतु आधुनिक भाषाओं—विशेषकर हिंदी ने भारतीय साहित्य की अक्षुण्ण परंपरा को छोड़ा नहीं, उसे और भी पुष्ट और विकसित किया। संस्कृत साहित्य में जिन काव्यरूपों का पूर्ण विकास हो चुका था, उनके दाय एवं परंपरा को युगानुरूप परिवर्तित करके स्वीकार किया गया और जो काव्यरूप संस्कृत और प्राकृत में उपेक्षित रह गये थे किंतु जो वैदिक काव्य में वर्तमान थे, उन्हें नये सिरे से पुनर्जीवित करके पूर्णतः संपन्न बनाया गया। लोक-जीवन से काव्य को जोड़कर इस काल के हिंदी कवियों ने वैदिक काल के समान काव्य को नवीन जीवनी शक्ति दी। अब काव्य संस्कृत के काव्य के समान राजाओं और धनिकों का मुखापेक्षी नहीं था। ऐसी स्थिति में गीतिकाव्य के विकास के लिए सबसे अधिक अवसर था। मंदिरों और

मठों में कीर्तन-भजन के रूप में नृत्यगीत और स्तुतिगीत लिखे और गाये जाते रहे। सामान्य जनता भक्तिपरक अथवा आध्यात्मिक पदों का गान करती रही। नाट्य गीतों का लोकमंच पर अभिनय होता रहा और तुलसी, सूर जैसे महाकवि एकांत भाव से पदगीतों के क्षेत्र में अपनी प्रतिभा के बल पर नवीन प्रयोग करते रहे। परिणामस्वरूप पूर्वमध्यकाल का अधिकांश साहित्य गीतिकाव्य ही है।

किंतु उत्तर मध्यकाल में गीतिकाव्य का पुनः ह्रास होने लगा। मुगल साम्राज्य के क्षीण हो जाने के बाद देश में छोटे-छोटे अनेक राजा और सूबेदार शासक बन गये और कवि उनके यहाँ आश्रित बनकर काव्य-रचना करने लगे। धर्माश्रित काव्य मठों संप्रदायों के घेरे में बंदी होता गया और संस्कृत की शृंगारिक एवं रीतिबद्ध काव्य-परंपरा मुख्यतः मुक्तक विधा के माध्यम से राज दरबारों में पुनः प्रतिष्ठित हो गई। सामाजिक, राजनीतिक और आर्थिक विघटन की सहज काव्यात्मक अभिव्यक्ति इस ह्रासकालीन साहित्य में देखी जा सकती है। परिणामतः हिंदी साहित्य लोक जीवन से दूर होता गया और गीतिकाव्य का महत्त्व भी कम होता गया।

पूर्व मध्यकाल में मुगल शासकों तथा उनके सूबेदारों ने भारतीय संगीत विधा को आश्रय देकर उसको नये रूप में विकसित किया। स्वामी हरिदास, बेजू बावरा और तानसेन ने न केवल संगीतशास्त्र को उच्च शिखर पर पहुँचाया बल्कि उन्होंने स्वयं गीतों की रचना करके उन्हें रागबद्ध भी किया था। इसके अतिरिक्त हिंदी साहित्य के आदिकाल से ही कवि संगीत का आश्रय लेकर गीतों की रचना करता आ रहा था। 8 वीं शताब्दी से लेकर बारहवीं शताब्दी तक सरहपा, शबरपा, कणहपा आदि बज्रयानी सिद्धों ने रागबद्ध गीतिकाव्य की रचना की और कुछ ने अपनी कृतियों का नाम ही 'गीति' रखा जैसे—शबरपा कृत चित्तगुह्य गीति, गंभीरार्थ गीति और महामुद्रावज्र गीति। उन्होंने अपने गीतों में रागों के नाम भी दिये हैं। उनके द्वारा प्रयुक्त रागों का उल्लेख पहले ही किया जा चुका है, इस परंपरा को पूर्वमध्यकाल के कवियों ने भी अपनाया। सूरदास, तुलसीदास तथा कृष्ण भक्ति शाखा के अनेक कवियों ने अपने पदों के साथ रागों के नाम भी दिये हैं। इससे यह स्पष्ट हो जाता है कि उन्होंने ये गीत शास्त्रीय पद्धति से गाने के लिए लिखे और संभवतः वे निर्दिष्ट रागों में स्वयं उन्हें गाते भी थे। भक्ति-भावना का संगीत से बड़ा घनिष्ठ संबंध है। संगीत के राग मानवों को परस्पर आबद्ध करते हैं। इसलिए रागात्मक अनुभूतियों की अभिव्यंजना के लिए रागबद्ध गीतिकाव्य सर्वाधिक उपयुक्त है।

मध्यकालीन गीतिकाव्य की विशेषता यह है कि उसमें एक ओर तो गेय गीतिकाव्य की जिसे पद कहा जाता है, रचना अधिक हुई, दूसरी ओर गीतिकाव्य के अन्य रूपों प्रगीत, गीति-नाट्य, मुक्तकगीत आदि का भी समुचित विकास हुआ। यों तो समस्त काव्य को गाया जा सकता है, किंतु गीतिकाव्य के लिए सांगीतिक

विधान सरलता से हो सकता है। गीतिकाव्य के अंतर्गत भी सांगीतिक गीतों के लिए रागबद्धता, चाहे वह मार्गी राग हो या देशी, आवश्यक है। पूर्वमध्यकाल के कवियों ने सांगीतिक पदगीतों के अतिरिक्त प्रगीत आदि की रचना की जिन्हें शुद्ध गीत नहीं कहा जा सकता, यद्यपि वे गीतिकाव्य के अंतर्गत ही आते हैं। यहाँ यह स्पष्ट कर देना आवश्यक है कि पूर्वमध्य काल में ही 'गीतिकाव्य' का एक भाग सांगीतिक होने के कारण विशिष्ट शिल्प से युक्त होकर 'पद' कहा जाने लगा। इन पदों में 'ध्रुवक' का होना आवश्यक होता था। आदिकाल में बज्रयानी सिद्धों ने जिस गीतिकाव्य की रचना की थी, उसमें विशुद्ध पद का शिल्प नहीं दिखलाई पड़ता किंतु मध्यकाल में पद रचना का शिल्पगत विकास विविध रूपों में हुआ। दूसरी ओर ऐसे लघु गीतिकाव्यों की भी रचना हुई जिनमें पदवाला शिल्प नहीं मिलता। उन्हें प्रगीत कहा जा सकता है जो सांगीतिक शिल्प से रहित हैं।

वैदिक काल के गीतिकाव्य के भेदों के आधार पर ही मध्यकाल के गीतो का भी विवेचन किया जा सकता है :

1. नृत्य गीत : इसकी विशेषताओं के विषय में पहले बताया जा चुका है और कहा जा चुका है कि आदिकाल में जैन मंदिरों में लगुडा-रास और ताली-रास का विधान था और रास, चच्चरी, फागु आदि नामों से लिखे गये गीतों को वहाँ नृत्य के साथ गाया जाता था। पूर्व मध्यकाल में भी जैन कवियों ने नृत्यगीतों की रचना का क्रम बनाए रखा। 17 वीं शताब्दी के भगवती दास ने 'श्रीचूनरी' नाम का एक गीत लिखा था जो दो-दो पंक्तियोंवाले 35 पदों का एक नृत्यगीत है। उदाहरण के लिए दो पद दिये जा रहे हैं :

आदि जिनेसर बंदों पहं मण वय काइ त्रिसुद्धि हो।
सारद पद प्रणमूँ सदा उपजे निर्मल बुद्धि हो।।
मेरी सील सुरंगी चूनड़ी।।1 ।।
समकित वस्त्र बिसाहिले ज्ञान सलिल संगि सेइ हो।
मल पचीस उतारि कै दिढिपन साजी देइ जी।।
मेरी सील सुरंगी चूनड़ी।।2 ।।

इसमें दोहा छंद के अंत में 'हो' या 'जी' जोड़ दिया गया है और ध्रुवक की पंक्ति 'मेरी सील सुरंगी चूनड़ी' को हर दोहे के अंत में दुहराया गया है। इसी प्रकार कवि रूप चंद का खटोलना गीत भी दोहों के साथ 'टेक' जोड़कर गाने के लिए लिखा गया है।[1] कवि ब्रह्मदीप का 'मनकरहा रास' भी इसी प्रकार का नृत्यगीत है।[2]

---

1. देखिए : अपभ्रंश और हिंदी में जैन रहस्यवाद—डॉ. वासुदेव सिंह, परिशिष्ट, पृ. 36
2. वही, पृ. 37

कृष्णभक्ति शाखा के गौड़ीय संप्रदाय में नृत्य के साथ 'गीत' गाने की प्रथा थी और इस संप्रदाय के कवियों द्वारा लिखे गये अनेक पद 'नृत्यगीत' के उदाहरण हैं। विद्यापति द्वारा लिखे गये पद मिथिला प्रदेश में नाच के साथ गाये जाते हैं। यहाँ तक कि विद्यापति के पदों को गानेवाले नर्तकों की शैली का नाम ही 'विदापति नाच' हो गया है।

2. सांगीतिक गीत : पहल कहा जा चुका है कि सांगीतिक गीत दो प्रकार का होता है—मार्गी (शास्त्रीय) और देशी (लोकगीत)। पूर्व मध्यकाल में इन दोनों प्रकार के सांगीतिक गीतों का पूर्ण विकास हुआ। आदिकाल के वज्रयानी सिद्धों तथा गोरखनाथ, नामदेव आदि की भाँति इस युग में विद्यापति, कबीर, रैदास, सूरदास, तुलसीदास, मीराबाई, दादू, सुंदरदास, नंददास, पलटू साहब, शिवनारायण आदि भक्त और संत कवियों ने जिन पदों की रचना की, वे सबके सब गाने के लिए लिखे गये थे। इनमें से कुछ कवियों ने अपने पदों के साथ पूर्ववर्ती कवियों के समान उन शास्त्रीय रागों का नाम भी दे दिया है जिनमें इन पदों को बद्ध किया जा सकता है। बहुत संभव है कि ये कवि स्वयं अपने पदों को रागबद्ध कर गाते रहे हों। इन कवियों द्वारा प्रयुक्त रागों के नाम ये हैं—राग केदारा, सोरठ, कान्हड़ा, जेतश्री, घनाश्री, विलावल, रामकली, आसावरी, मारु, गौड़ मलार, वसंत, सूहो, कल्याण, सारंग, टोड़ी, मलार, ललित, गौरी आदि।

यहाँ यह बात ध्यान देने की है कि गीतिकाव्य की रचना छंदों के आधार पर होती है और संगीत नादविद्या है जिसमें लयबद्ध आरोह-अवरोह की प्रक्रिया द्वारा स्वर-साधना की जाती है। अतः विशुद्ध संगीत में शब्द-साधना अर्थात् पद-रचना का उतना महत्त्व नहीं रहता। इसलिए यदि शास्त्रीय संगीत के नियमों का पूर्णतः पालन किया जाये तो गेय पद के छंद विधान में इतना परिवर्तन हो जायेगा कि उसे शुद्ध छंदोबद्ध रचना नहीं कहा जा सकता। इसलिए ऐसा प्रतीत होता है कि शास्त्रीय सांगीतिक रागों के साथ इन पदों का पूर्ण सामंजस्य नहीं है। फिर भी संगीतज्ञ भक्त कवियों ने एक ही छंद को भिन्न-भिन्न रागों में आबद्ध किया। उदाहरण के लिए सूरदास के दो पद ले सकते हैं जिनमें रागों के नाम अलग-अलग दिये गये हैं :

राग मलार (1)
मधुकर, मन सुनि जोग डरै,
तुमहू चतुर कहावत अति ही इतो न समुझि परै।।
और सुमन जो अनेक सुगंधित, सीतल रुचि सो करै,
क्यों तू कोकनद बनहिं सरै औ और सबै अनरै।

—सूरदास

राग घनाश्री (2)

ऊधो ! मन माने की बात
दाख कुहारा छांड़ि अमृत फल विष कीरा विष खात।
जो चकोर को है कपूर कोउ तजि अंगार अघात्।
मधुप करत घर कोरि काठ में बंधत कमल के पात।

—सूरदास

इन दोनों पदों में छंद पूर्णतः एक ही है। ध्रुवकवाली पंक्ति की मात्रायें भी समान ही हैं, फिर भी दोनों में दो रागों का नाम देने का अर्थ यही हो सकता है कि एक ही छंद को अनेक रागों में गाया जा सकता है। इसी तरह एक ही राग में भिन्न-भिन्न छंदों को भी गाया जा सकता है। इस कथन के परिणामस्वरूप सूर और तुलसी के एक ही राग में लिखे भिन्न छंदों वाले दो पदों को लिया जा सकता है :

राग विलावल (1)

कर-कंकन तें भुज-टांड़ भई,
मधुबन चलत स्याम मन मोहन आवन-अवधि जो निकट दई।।
जो हति पंथ मनावत संकर वासर निसि मोहिं गनत गई।
पाती लिखत विरह तन व्याकुल कागर ह्वे गयो नीरमई।।

—सूरदास

राग विलावल (2)

झूलत राम पालने सोहैं। भूरि भाग जननी जन जोहैं।
तन मृदु मंजुल मेचकताई। झलकति बाल विभूषन झाई।।
अधर-पानि-पद-लोहित लोने। सर सिंगार-भव सारस सोने।

—तुलसीदास (गीतावली)

यहाँ सूरदास के पद में ध्रुवक की पंक्ति सवैया छंद का उत्तरार्ध भाग है। बाद.वाली पंक्तियों का आधा चरण चौपाई का एक चरण है और दूसरा चरण भिन्न छंद का है किंतु तुलसीदास जी का पद विशुद्ध रूप से चौपाई छंद में ही लिखा गया है। इसमें ध्रुवक की दो पंक्तियाँ चौपाई छंद की एक अर्द्धाली हैं। बाद की पंक्तियाँ भी चौपाई छंद में ही हैं। यह संगीत शास्त्र के विद्वानों के अध्ययन का विषय है। यहाँ इतना ही कहना पर्याप्त है कि इन पदों को उनके साथ उल्लिखित शास्त्रीय रागों में गाने की कोई परंपरा लोक-जीवन में वर्तमान नहीं है। इस समय शास्त्रीय संगीत गानेवाले कलाकार अधिकतर सदारंग आदि संगीतज्ञों के लिखे गीतों को या अपने-अपने घरानों में प्रचलित पूर्ववर्ती संगीतज्ञों के रचे पदों को ही गाते हैं जिनमें साहित्यिक गुणों का अभाव है फिर भी इतना तो स्पष्ट है कि इन पदों को विभिन्न

शास्त्रीय राग-रागिनियों में गाया जा सकता है।

शास्त्रीय संगीत की जटिलता को हटाकर उसमें सहजता लाने के प्रयास में ठुमरी, ख्याल, भजन आदि सुगम संगीत की शैलियों का विकास हुआ। मध्यकालीन कवियों के पदों को संगीतज्ञ भजन के रूप में ही अधिकतर गाते हैं। इन भजनों में किसी राग की मूल लय को पकड़कर पूरे पद को आरोह-अवरोह की जटिलता के बिना सीधे ढंग से गा दिया जाता है। धार्मिक अवसरों पर या मंदिरों में सूर, तुलसी, मीरा आदि के पद इसी प्रकार भजन के रूप में गाये जाते हैं। आधुनिक युग में भात खंडे, विष्णु दिगंबर, ओंकार नाथ ठाकुर, दिलीप कुमार राय, के. सी. डे आदि संगीतज्ञों ने भजन शैली का पर्याप्त विकास किया जिससे ये मध्यकालीन संतों के पद पुनः संगीत के क्षेत्र में बहु प्रयुक्त होने लगे हैं।

देशी सांगीतिक गीत : जैसा पहले कहा जा चुका है जब शिष्ट साहित्य लोक-जीवन से दूर होने लगता है, शिष्ट साहित्य के कवि लोक छंद और लोक-रीतियों को अपनाकर काव्य को पुनः नया रक्त प्रदान करते हैं। मध्यकाल के कवि लोक-मंगलवादी थे। वे भक्ति और आध्यात्मिक साधना को घर-घर तक पहुँचाना चाहते थे। इसलिए आवश्यक था कि वे लोक प्रचलित छंदों, काव्यरूपों और गीत शैलियों को अपनाकर अपना संदेश जनता तक पहुँचाते। यह बात संत और भक्त कवियों के उन गीतों से प्रमाणित हो जाती है जो लोकगीतों की शैली में लिखे गये हैं। विद्यापति, कबीर और तुलसी ने लोकगीतों की शैलियों का भरपूर उपयोग किया है। लोकगीतों में प्रत्येक पद में किसी पद विशेष को आवृत्त करने की शैली अपनाई जाती है। हो, जी, रे आदि इसी प्रकार के टेक के पद हैं। कभी-कभी दो-तीन शब्दों को भी दुहराया जाता है। रे पद की आवृत्तिवाला कबीर का गीत यह है :

नाम सुमिरि नर बावरे तोरी सदा न देहिया रे।
यह माया कहौ कौन की, काके संग लागी रे।
गुदरी सी उठि जाइगी, चित्त चेति अभागी रे।।
सोने की लंका बनी धूर की धानी रे।
सोइ रावन की साहिबी छिन मांही बिलानी रे।।[1]

स्त्रियों द्वारा गाये जानेवाले गीतों की शैली में लिखा गया कबीर का यह गीत लोक प्रचलित लचारी शैली में लिखा गया है :

अैसी नगरिया में केहि विधि रहनां।
नित उठि कलंक लगावै सहनां।। टेक।।
एकै कुंवा पांच पनिहारी।

---

1. कबीर ग्रंथावली : संपादक पारसनाथ तिवारी, हिंदी समिति प्रयाग, द्वितीय खंड, पृष्ठ 56

एके लेजु भरै नौ नारी।।
फटि गया कुंवा बिनसि गई बारी।
बिलग भईं पांचौं पनिहारी।।
कहै कबीर छांड़ि मैं मेरा।
उठि गया हाकिम लुटि गया डेरा।।

विद्यापति ने भी बहुत से पद लोकगीतों—विशेषकर स्त्रियों में प्रचलित गीतों की शैली में ही लिखे हैं। प्रत्येक चरण के अंत में 'रे' या 'हो' पद की आवृत्ति तथा छंद विधान से यह बात प्रमाणित हो जाती है :

मोरा रे अंगनवा चानन केर गंछिया
ताहीं पर कुररय काग रे।
सोने चोंच बांधि देबहुं तोहें वायस,
जौं पिया आंवोत आज रे।
चहुं दिसि चम्पा मओलि फूललि,
चान इंजोरिया राति रे।
कइसे कै हम मयन अराधब,
होइत बर रति सौंति रे।
विद्यापति कवि गाइय तोहर पिय अछि,
गुनक निधान रे।
राव जोगीसर सब गुन आगर,
लखिमा देह रमान रे।

लोक में विवाह आदि साम्राजिक उत्सवों के अवसर पर स्त्रियों द्वारा विविध प्रकार के गीत गाये जाते हैं। जैसे—विवाह और यज्ञोपवीत के अवसर पर मंगल-गीत और गारी, पुत्रोत्सव के अवसर पर सोहर, आदि। इसी तरह विभिन्न ऋतुओं में भी स्त्रियों और पुरुषों द्वारा अनेक प्रकार के ऋतुगीत गाये जाते हैं जैसे—होली, फाग, कजली, बिरहा आदि। मध्यकालीन कवियों ने इन लोक प्रचलित गीति-शैलियों को भी अपनाया। इनमें से बसंत ऋतु संबंधी गीत-फाग और चांचर को आदिकाल में जैन कवियों ने अपनाकर बहुत से गीत लिखे थे जिसका उल्लेख पहले किया जा चुका है। गोस्वामी तुलसीदास ने गीतावली और विनय-पत्रिका में बसंत राग में अनेक पद लिखे हैं जो फाग का ही शास्त्रीय रूपान्तर है जैसे—तुलसी का एक पद बसंत राग में लिखा गया है किंतु उसे होरी राग का अनुकरण कहा जा सकता है :

खेलत वसंत राजाधिराज। देखत नभ कौतुक सुरसमाज।।
सोहैं सखा अनुज रघुनाथ साथ। झोलिन्ह अबीर, पिचकारि हाथ।।

बाजहिं मृदंग, डफ, ताल, बेनु। छिरके सुगंध भरे मलय रेनु।।
उत जुवति-जूथ जानकीसंग। पहिरे पट भूषन सरस रंग।।
—गीतावली, पृ. 425, छंद 22

मध्यकाल के जैन कवियों ने तो उस परंपरा का निर्वाह किया ही है, संत कवियों ने 'फाग' का आध्यात्मिक-रूपक फाग की शैली में तथा राम और कृष्ण भक्ति शाखा के कवियों ने अपने इष्टदेव के होली खेलने का वर्णन करते हुए फाग, चौताल और होरी सज्ञक पदों की रचना की है। राम लला नहछू का छंद सौहर वाला ही है। विवाह के अवसर पर नाइन द्वारा वर का नाखून काटते समय 'सोहर' राग में गाने के लिए तुलसीदास ने 'रामलला नहछू' की रचना की। मंगल-काव्य की परंपरा भी पहले से ही प्रचलित थी। विवाह के समय स्त्रियाँ राम के विवाह से संबंधित गीत गाती हैं।

'गीतावली' में भी लोकगीतों की शैली में बहुत से गीत लिखे गये हैं। राम के विवाह की सूचना पाकर अयोध्या नगर के घर घर में बधाइयाँ गाई जाने लगीं। राग कान्हरा में लिखित निम्नलिखित बधाई गीत लोकगीत की शैली से प्रभावित है :

राम-लखन सुधि आई, बाजै अवध बधाई।
ललित लगन लिखि पत्रिका,
उपरोहित के कर जनक-जनेस पठाई।।
कन्या भूप विदेह की रूप की अधिकाई,
तासु स्वयंवर सुनि सब आये,
देस देस के नृप चतुरंग बनाई।।
पन पिनाक, पवि मेरु तें गुरुता कठिनाई।
लोकपाल, महिपाल, बान बानइत,
दसानन सके न चाप चढ़ाई।।
तेहि समाज के रघुराज के मृगराज जगाई।
भंजि सरासन संभु को जग जय,
कल कीरति, तिय तियमनि सिय पाई।।
पुर घर घर आनंद महा सुनि चाह सुहाई।
मातु मुदित मंगल सजै,
कहै मुनि प्रसाद भये सकल सुमंगल, माई।।
गुरु आयसु मंडप रच्यो, सब साज सजाई।
तुलसिदास दसरथ बरात सजि,
पूजि गनेसहि चले निसान बजाई।।

3. पदगीत : मध्यकाल के कवियों ने गीतिकाव्य के अंतर्गत अधिकतर पदों

की ही रचना की है। आदिकालीन कवियों ने पद की जो पद्धति अपनाई थी, कबी और तुलसी ने उसका निर्वाह तो किया ही है, किंतु उन्होंने विविध छंदों को तोड़कर ध्रुवकवाली पंक्ति के साथ जोड़ दिया है और इस प्रकार मध्यकाल में पद शैली के अनेक रूप दिखाई पड़ते हैं। सांगीतिक गीत और पदगीत में इस दृष्टि से बहुत कुछ साम्य है। 'पद' और 'गीति' दोनों शब्दों का प्रयोग बज्रयानी सिद्धों ने किया है। उनकी गीतियों को 'चर्या पद' भी कहा जाता है। उन्होंने प्रायः चौपाई या अडिल्ल छंद को लेकर दो-दो अर्द्धालियों को समतुकांत रखते हुए कुछ अर्द्धालियों का एक पद मान लिया है। चर्यापद के दो-दो चरणों के अंत्यानुप्रासयुक्त छंदों से निर्मित रागबद्ध पदों का एक उदाहरण यह है :

राग भैरवी
काअ णावडि खांटि मरा केडुआल
सदगुरु बअणे घर पतवाल।।
चीअ थिर करि धरहु के नाइ।
आण उपाय पार ण जाइ।।
नौवाही नौका हाण अ गुरो।
मेलि मेलि सहजें जाउ ण आणें।।
वाटत भअ खांट वि वलआ।
भव उलोलें सब वि वोलिआ।।
कुल लई खरे सोत्ते उजाअ।
सेरह मणइ गप्रणे समाइ।।

—सरहपाद—चर्यापद-38

आदिकाल के परवर्ती कवियों रामानंद, गोरखनाथ, नामदेव आदि ने इस प्रकार ध्रुवक रहित पदों की रचना की थी। मध्यकाल के कवि कबीर तथा अन्य संतों ने इस पद्धति को अपनाकर बहुत अधिक पदों की रचना की है। ध्रुवक की एक या दो पंक्तियाँ रखकर उसी के अंत्यानुप्रासवाली पंक्तियाँ लिखकर पद निर्मित करने की शैली इस काल में विशेष रूप से प्रचलित हुई। तुलसीदास ने तो पद की अनेक शैलियों का स्वयं आविष्कार किया। इस काल में पदगीत की निम्नलिखित शैलियाँ प्रचलित थीं :

1. बिना ध्रुवक के दो-दो समतुकांत चरणोंवाले पद।
2. ध्रुवक से युक्त ऐसे पद जिनमें अन्य पंक्तियों के अंत में ध्रुवक के साथ अंत्यानुप्रास नहीं होता।
3. ऐसे पद जिनमें ध्रुवक की प्रथम पंक्ति किसी छंद का एक चरण होती है। बाद में उसी छंद के दो चरणों की एक पंक्ति के साथ उसक

अंत्यानुप्रास होता है। उसके बाद दो-दो चरणों की दो पंक्तियों में परस्पर अंत्यानुप्रास होता है और ध्रुवक के साथ उनका अंत्यानुप्रास नहीं होता।

4. ऐसे पद जिनके प्रारंभ में किसी छंद के आधे या एर्क भाग का ध्रुवक होता है और बाद की उसी छंद की सभी पंक्तियों का ध्रुवक के साथ अंत्यानुप्रास होता है।
5. ऐसे पद जिनकी सभी पंक्तियाँ बराबर मात्राओं की होती हैं और सबमें अंत्यानुप्रास होता है।
6. ऐसे पद जिनमें कवित्त छंद के एक चरण का अर्द्धांश (16 मात्राएँ) 'टेक' बना दिया जाता है और बाद में कवित्त छंद के चरणों को ही, चाहे उनकी संख्या जितनी भी हो, अंत्यानुप्रासयुक्त रखा जाता है।
7. ऐसे पद जिनमें संबोधनात्मक शब्द या वर्ण रे, री, हो आदि बार-बार चरणांत में दुहराए जाते हैं।

इन सभी शैलियों के एक-एक उदाहरण नीचे दिये जा रहे हैं :

1. *तनना बुनना तज्यौ कबीर।*
राम नाम लिखि लियौ सरीर।। टेक।।
मुसि मुसि रोवै कबीर की माई। ए बारिक कैसे जीवहिं खुदाई।।
जब लगि तागा वाहौं बेही। तब लगि बिसरै राम सनेही।।
कहत कबीर सुनहु मेरी माई। पूरन हारा त्रिभुवन राई।।[1]

इसमें आरंभ की दो पंक्तियों के आगे टेक लिखकर यह बताया गया है कि ये ध्रुवक की पंक्तियाँ हैं। गाते समय बाद की दो-दो पंक्तियों की समाप्ति के बाद इस ध्रुवक की आवृत्ति की जाती रही होगी। बाद की पंक्तियों में दो-दो चरण समतुकांत हैं। रैदास ने भी अधिकांश ऐसे ही पदों की रचना की है। ये आदिकालीन पदों की ही परंपरावाले पद हैं। तुलसीदास ने विभिन्न छंदों में दो पंक्तियों के समतुकांत वाले बहुत से पदों की रचना की है जिनमें ध्रुवक नहीं हैं जैसे :

तू दयालु दीन हौं तू दानि हौं भिखारी।
हौं प्रसिद्ध पातकी तू पाप पुंज हारी।।
नाथ तू अनाथ को अनाथ कौन मोसों।
मो सम आरत नहिं आरति हर तोसों।।
ब्रह्म तू हों जीव, तू है ठाकुर हौं चेरो।
तात मात गुरु सखा तू सब विधि हितु मेरो।

—विनय पत्रिका, छंद-79

---

1. कबीर ग्रंथावली : सं. पारसनाथ तिवारी, पद प्रेम को अंग, छंद 12

2. *भाई रे राम कहो मोहि बताओ,*
सत राम ताके निकट न आओ।। टेक
राम कहत सब जगत भुलाना, सो यह राम न होईं।
करम अकरम करुनामय केसो, करता नांव सू कोईं।।
जा रामहीं सबै जग जानै, भरम भुले रे भाई।
आपआप तें कोइ न जानै, कहै कौन स्' जाईं।।[1]

इसमें प्रारंभ की दो पंक्तियाँ ध्रुवक के रूप ं हैं। बाद की पंक्तियों में छंद बदल गया है और दो-दो पंक्तियों में अंत्यानुप्रास है। इसे गाते समय दो-दो पंक्तियों के बाद ध्रुवक की दो पंक्तियाँ दुहराई जाती ंगी।

3. *खेलन चलिये आनंद कंद।*
सखा प्रिय नृपद्वार ठाढ़े बिपुल बालक-बृंद।।1।।
तृषित तुम्हरे दरस कारन चतुर चातक-दास।
वपुष-बारिद बरषि छवि-जल हरहु लोचन-प्यास।।2।।
बंधु-बचन बिनीत सुनि उठे मनहुं केहरि-बाल।
ललित लघु सर चापकर, उर-नयन-बाहु बिसाल।।3।।
चलत पद प्रतिबिंब राजत अजिर सुखमा-पुंज।
प्रेम बस प्रति चरन महि मानो देति आसन कंज।।4।।[2]

इसमें प्रथम पंक्ति छंद की एक पंक्ति का आधा भाग है। दूसरी पंक्ति छंद की पूरी पंक्ति है जिसमें प्रथम पंक्ति के साथ अंत्यानुप्रास है। बाद की दो-दो पंक्तियाँ उसी छंद की परस्पर अंत्यानुप्रासयुक्त हैं।

4. *ऊधो ! बिरहौ प्रेमु करै।*
ज्यों बिनु पुट पट गहै न रंगहिं, पुट गहे रसहि परै।।
जौ आवौ घट दहत अनल तनु तौ पुनि अमिय भरै।
जौ धरि बीज देह अंकुर चिरि तौ सत फरनि फरै।।
जौ सर सहत सुभट सम्मुख रन तौ रवि रथहि सरै।
सूर गोपाल प्रेम पथ-जल तें कोउ न दुखहि डरै।।[3]

इसमें भी प्रथम पंक्ति छंद की एक पंक्ति का आधा भाग है। बाद की सभी पंक्तियाँ उसी छंद की हैं और सबमें टेक के साथ अंत्यानुप्रास है।

---

1. संत रविदास और उनका काव्य : लेखक डॉ. गोपाल जी स्वर्णकिरण, पृ. 57, छंद 58
2. गीतावली : बालकाण्ड, पद सं. 40
3. भ्रमर गीत सार : आचार्य रामचंद्र शुक्ल, पृ. 70

5. *भलो भली भांति है जो मेरे कहे लागिहै।*
मन राम नाम सों सुभाय अनुरागिहै।।1।।
राम नाम को प्रभाउ जानि जूड़ी आगिहै।
सहित सहाय कलिकाल भीरू भागिहै।।2।।
राम-नाम सों बिराग, जोग, जप जागिहै।
बाम बिधि भाल हू न करम दाग दागिहै।।3।।
राम नाम मोदक सनेह सुधा पागिहै।
पाइ परितोष तू न द्वार द्वार बागिहै।।4।।
राम नाम काम-तरु जोइ जोइ मांगिहै।
तुलसिदास स्वारथ परमारथ न खांगिहै।।5।।[1]

इसमें कवित्त छंद की एक पंक्ति के द्वितीय चरण के 15 वर्णों को लेकर सभी पंक्तियों की रचना हुई है और सबमें अंत्यानुप्रास है। प्रथम पंक्ति को ही टेक मान लिया गया है।

6. *रंगभूमि आये दसरथ के किसोर हैं।*
पेखनो सो पेखन चले हैं पुर-नर-नारि,
बारे-बूढ़े, अंध-पंगु करत निहोर हैं।।1।।
नील पात नीरज कनक मरकत घन
दामिनि-बरन तनु, रूप के निचोर हैं।।
सहज सलोने राम-लषन ललित नाम
जैसे सुने तैसेइं कुंवर सिरमौर हैं।।2।।
चरन सरोज चारु जंघा जानु उर कटि
कंधर विसाल बाहु बड़े बरजोर हैं।।
नीके हैं निषंग कसे, कर कमलनि लसे
बान बिषिखासन मनोहर कठोर हैं।।3।।[2]

इसमें प्रथम पंक्ति कवित्त छंद की एक पंक्ति का 15 वर्णोंवाला चरण है। बाद में सभी पंक्तियाँ कवित्त छंद के नियमों के अनुसार 16 और 15 वर्णों के चरणोंवाले हैं। कवित्त में केवल 8 चरण होते हैं किंतु इस नियम को छोड़कर इस पद में प्रारंभ के तीन चरणों को एक 'टेक' मान लिया गया है और बाद में चार-चार चरणों का एक पद मानकर उन पर संख्या दी गई है। इस पद गीत में कुल छः पद (स्टेंजा) हैं।

---

1. विनय पत्रिका, छंद 70
2. गीतावली, पद संख्या 73

7.(अ) रे चित चेत अचेत काहें, बालक का देख रे।
जाति ते कोई पद नहिं पहुँचा, राम भगति बिसेख रे।।
खटक्रम सहित जे विप्र होते, हरि भगति चित दृढ़ नाहिं रे।
हरि की कथा सुहाय नाहीं, सुपचतूलै ताहि रे।।[1]
(ब) तन धरि सुखिया कोइ न देखा जो देखा सो दुखिया हो।
उदै अस्त की बात कहत हौं सबका किया बिबेका हो।। टेक।।
घाटे बाटै सब जग दुखिया क्या गिरही बैरागी हो।
सुकदेव अचारज दुख के कारनि गरभ सौं माया त्यागी हो।।
जोगी दुखिया जंगम दुखिया तपसी को दुख दूना हो।
आसा त्रिसनां सबको व्यापे कोई महल न सूना हो।।[2]

इन दोनों पदों के अंत में 'रे' और 'हो' वर्णों की आवृत्ति करके गेयता उत्पन्न की गई है। इनमें दो-दो पंक्तियों में अंत्यानुप्रास है। संत कवियों में यह प्रवृत्ति बहुत अधिक दिखाई पड़ती है।

4. मुक्तक गीत : मध्यकाल में किसी एक टेक को अपनाकर विभिन्न विषयक मुक्तकों को एक साथ रखकर गीतिकाव्य-रचना करने की प्रवृत्ति भी वर्तमान थी। अष्टक, दशक, चालीसा आदि संज्ञाओंवाले गीत भी लिखे गये जिनमें प्रत्येक मुक्तक स्वतंत्र होते हुए भी एक ही गीत का अंश है। 17 वीं शताब्दी के जैन कवि रूपचंद का एक काव्य ऐसा ही है जिसकी कुछ पंक्तियाँ ये हैं :

औरन सो रंग न्यारा न्यारा, तुम सू रंग करारा है।
तू मन मोहन नाथ हमारा, अब तो प्रीति तुम्हारा है।।1।। औरन।।
जोगी हुवा कान फंडाया, मोटी मुद्रा डारी है।
गोरख कहै त्रसना नहीं मारी, धरि धरि तुम ची न्यारी है।।2।। औरन।।
जग में आवै बाजा बजावै, आछी तान मिलावे है।
सबका राम सरीखा जान्या, काहे को भेष लजावै है।।3।। औरन।।
जती हुआ इन्द्री नहिं जीती, पंचभूत नहिं मारया है।
जीव अजीव को समझा नाहीं, भेष लेई करि हारया है।।4।। औरन।।[3]

इनमें जितने पद हैं सबके विषय अलग-अलग हैं किंतु प्रथम पद को टेक के रूप में प्रयुक्त किया गया है। इसलिए यह मुक्तक गीत है।

---

1. संत रविदास और उनका काव्य : डॉ गोपाल जी स्वर्णकिरण, पृ. 161
2. कबीर ग्रंथावली : सं. पारसनाथ तिवारी, पद : उपदेश चितावनी, पृ. 53, छंद 91
3. अपभ्रंश और हिंदी में जैन रहस्यवाद : डॉ. वासुदेव सिंह, पृ. 99

5. नाट्य गीति : मध्यकाल में संवादात्मक नाट्य गीति की परंपरा क्षीण सी हो गई। यद्यपि केशवदास ने रामचंद्रिका को संवादात्मक शैली में लिखा किंतु गीति-विधा के अंतर्गत संवादों का उपयोग नहीं मिलता। कृष्ण-भक्त कवियों ने दान-लीला, मान-लीला, रास-लीला, नाग नथैया-लीला आदि संज्ञक पद बहुत से लिखे हैं किंतु उनमें संवादों का विधान नहीं है, फिर भी उन्हें नाट्यगीत के अंतर्गत ग्रहण किया जा सकता है क्योंकि उनमें से प्रत्येक पद किसी पात्र की उक्ति के रूप में लिखा गया है। अभिनय के साथ उन पदों का गान भी होता रहा है। रास-लीला में विभिन्न संप्रदायों के कवियों के लीला-विषयक पद गाये जाने की परंपरा रही है। यद्यपि आजकल जो रास-लीला होती है, उसमें आधुनिक प्रचलित लोक-रागों में बद्ध लोक कवियों द्वारा रचित गीतों का गान होता है। गौड़ीय संप्रदाय के कवियों द्वारा लिखे पद बंगीय पद्धति की कीर्तन मंडलियों द्वारा नृत्य के साथ गाये जाते हैं।

6. प्रगीत : मध्यकाल में पद संज्ञक जो रचनाएँ मिलती हैं, उन सबको गीतिकाव्य कहा जा सकता है। इसके अंतर्गत सांगीतिक गीत एवं पदगीत के साथ-साथ नृत्य गीत, नाट्य गीत और प्रगीत भी मिले-जुले हैं। गोस्वामी तुलसीदास जी ने 'गीतावली' और 'विनय पत्रिका' में ऐसे कई पदों की रचना की है जिनमें गेयता का गुण अधिक नहीं है। इसीलिए उनमें 'ध्रुवक' या 'टेक' का विधान नहीं रखा गया है। इस प्रकार की रचनाओं को 'प्रगीत' कहा जा सकता है। जिन लघु रचनाआ में ध्रुवक नहीं हैं, और यदि वे गेय नहीं हैं तो उन्हें भी 'प्रगीत' ही माना जाएगा। 'प्रगीत' के लक्षण निम्नलिखित हैं :

1. प्रगीत में ध्रुवक नहीं होता।
2. इसमें दो-दो या चार-चार चरणों के पद होते हैं जो समतुकांत होते हैं।
3. प्रगीत के सभी पदों में कथनगत तारतम्य होता है।
4. इसमें गेयता का गुण अधिक नहीं होता। यद्यपि गाने वाले किसी भी छंद यहाँ तक कि गद्य को भी गा सकते हैं, किंतु गेयपद रचना का नाद-सौंदर्य विशिष्ट होता है। प्रगीतों में इस विशिष्ट नाद-योजना का अभाव होता है।
5. विशुद्ध प्रगीत अधिक गेय न होते हुए भी गीतिकाव्य के लक्षणों में आत्माभिव्यंजकता, संक्षिप्तता, प्रभावान्विति आदि से युक्त होता है, किंतु ऐसे प्रगीत भी मिलते हैं जिनमें गीतिकाव्य के ये लक्षण अधिक नहीं होते। ऐसी वर्णनात्मक कविताओं को या तो 'निबंध काव्य' माना जाएगा या 'हीन गीतिकाव्य'।

मध्यकाल में प्रगीत अधिक नहीं लिखे गय फिर भी जैन कवियों की रचनाओं तथा कबीर और तुलसी के पद-संग्रहों में कुछ 'प्रगीत' वर्तमान हैं। ये 'प्रगीत' बारहमासा, ककहरा आदि नाम देकर भी लिखे गये हैं। तुलसीदास की गीतावली के निम्नलिखित पद 'प्रगीत' काव्य के उदाहरण हैं :

'वसंत बिहार' (उत्तर कांड—21) अयोध्या की रमणीयता (उत्तर कांड—19) इसी प्रकार विनय पत्रिका के पद 135, 136। इनमें विनय पत्रिका के प्रगीत का एक पद उद्धृत किया जा रहा है :

जिव जवतें हरिते बिलगान्यो। तब तें देह गेह निज जान्यो।।
माया बस स्वरूप बिसरायो। तेहि भ्रम तें दारुन दुख पायो।।
पायो जो दारुन दुसह दुख, सुख-लेस सपनेहुं नहिं मिल्यो।
भव-सूल, सोक अनेक जेहि, तेहि पंथ तू हठि हठि चल्यो।।
बहु जोनि जनम, जरा, विपति, मतिमंद ! हरि जान्यो नहीं।
श्री राम बिनु विश्राम मूढ़ ! बिचारु, लखि पायो कहीं।।

—विनय पत्रिका—पद संख्या 136

इस प्रगीत में कुल 12 पद (स्टेंजा) हैं। प्रत्येक पद में छः पंक्तियाँ हैं। प्रारंभ में दो अर्द्धालियों वाली चार चरणों की एक चौपाई है। उसके बाद चार चरणों का एक हरिगीतिका छंद है। यही क्रम सभी बारह पदों में रखा गया है। इस प्रकार प्रत्येक पद पूर्वापर संबंधयुक्त है किंतु ध्रुवक और उसके साथ का अंत्यानुप्रास नहीं है। इसमें प्रगीत की सभी विशेषताएँ मिलती हैं।

कबीर की 'रमैनी' भी जिसमें 20 पद हैं, प्रगीत ही है। यह दोहा चौपाई की कड़वकबद्ध शैली में लिखा गया है। प्रत्येक कड़वक में तीन चौपाई और एक दोहा है। पूरा काव्य अध्यात्म समाज सुधार परक है। कबीर का दूसरा प्रगीत 'चौतीस रमैनी' है। वह ककहरा काव्य है। इसमें प्रारंभ में दो दोहे, एक चौपाई उसके बाद चौपाइयाँ हैं पर बीच-बीच में दोहे भी रखे गये हैं। हिंदी वर्णमाला के 52 अक्षरों को लेकर आध्यात्मिक और उपदेशात्मक बातें कही गई हैं।

7. आवृत्ति गीत : जैसा पहले कहा जा चुका है कि पुरानी हिंदी में पदों और चरणों की आवृत्तिवाले जो लघुकाव्य मिलते हैं, उन्हें आवृत्तिमूलक गीतिकाव्य कहा जा सकता है। प्राकृतापभ्रंश के परवर्ती कवियों में भी यह प्रवृत्ति वर्तमान थी। 16 वीं शताब्दी के जैन कवि छीहल के 'आत्मसंबोधन जयमाल' शीर्षक लघुकाव्य को इसी श्रेणी में रखा जा सकता है। उसकी कुछ पंक्तियाँ ये हैं :

हउं दंसण णाण चरित्त सुद्धु।
हउं देह परमाणु वि गुण समिद्धु।।
हउं परमाणंदु अखंड देसु।
हउं णाण सरोवर परमहंसु।।
हउं चेयण लक्खण णाण पिंडु।
हउं परम णिरंजण गुण पयंडु।।[1]

1. अपभ्रंश और हिंदी में जैन रहस्यवाद : डॉ. वासुदेव सिंह, पृ. 281, 'आत्मसंबोध जयमाल'

इसमें 'हउं' पद की आवृत्ति प्रत्येक चरण में की गई है।

रैदास, कबीरदास आदि संतों के काव्य में इस प्रकार की आवृत्तिमूलक गीतियाँ मिलती हैं जैसे :

नाम तुम्हारे आरत भंजन मुरारे।
हरि के नाम बिनु झूठे सकल पसारे।
नाम तेरो आसन, नाम तेरो उरसा।
नाम तेरो केसरी ले छिड़का रे।।
नाम तेरो अमिला नाम तेरो चंदन
धसि जपै नाम ले तुझ कूंचा रे।।[1]

कबीर का भी एक पद इसी प्रकार का है :

इहु धन मेरे हरि के नाउ।
गाँठि न बाधउँ बेचि न खाउ।
नाउ मेरो खेती, नाउ मेरे बारी।।
भगति करउ जन सुरनि तुम्हारी।
नाउ मेरे माया, नाउ मेरे पूंजी।
तुमहिं छाड़ि जानौ नहिं दूजी।।
अंत की बेरियां नाउ सहाई।।
नाउ मेरे बन्धिय नाउ मेरे भाई।
नाउ मेरे निर्धन जिउ निधि पाईं।
कहे कबीर जैसे रंक मिठाई।।[2]

जैन कवि आनंदघन कृत (आनंद बहोत्तरी) 29 वाँ छंद भी इसी प्रकार का है।

8. मध्य गीत : आदिकालीन प्रबंध कवियों के काव्यों की भाँति मध्यकाल के भक्त कवियों के प्रबंध काव्यों में स्तुति के रूप में अथवा भावात्मक प्रसंग में इस तरह के मध्यगीत मिलते हैं। गोस्वामी तुलसीदास ने रामचरितमानस में अनेक स्थलों पर इस प्रकार के गीतात्मक छंद लिखे हैं। ऐसी जगहों पर उन्होंने प्रायः 'हरिगीतिका' छंद का प्रयोग किया है—मानस के प्रथम सोपान में रामजन्म के उपरांत 191 वें दोहे के बाद मरहट्ठा छंद में एक गीत इसी प्रकार का है जिसकी प्रथम दो पंक्तियाँ ये हैं :

1. संत रविदास और उनका काव्य, पद संख्या 46
2. कबीर ग्रंथावली : सं. पारसनाथ तिवारी, पद संख्या 22

भये प्रकट कृपाला दीन दयाला कौसल्या हितकारी।
हरषित महतारी मुनिमनहारी अद्‌भुत रूप निहारी।

इसमें चार पंक्तियों में अंत्यानुप्रास है। षष्ठ सोपान में दोहा संख्या 108 के उपरांत सीता के अग्निप्रवेश का वर्णन इसी प्रकार हरिगीतिका छंद में किया गया है जो एक मध्यगीत है। यह पद्धति मानस में अनेक जगहों पर अपनाई गई है। सप्तम सोपान के 12 वें दोहे के उपरांत हरिगीतिका के छः छंदों में एक सुंदर मध्यगीत की रचना हुई है। मानस में अनेक स्थलों पर संस्कृत में भी 'मध्यगीत' लिखे गये हैं। सप्तम सोपान का प्रसिद्ध गीत "रुद्राष्टक—नमामीश मीशान निर्वाण रूपं विभुंव्यापकं ब्रह्म वेदस्वरूपं" भी इसी प्रकार का मध्यगीत है। जायसी के पद्‌मावत में आवृत्तिमूलक मध्यगीत अनेक स्थलों पर मिलते हैं।

9. गाथा गीत : लोक गाथाओं के समान गेय लघु प्रबंधकाव्यों को गाथा गीत कहा जा सकता है। ऐसे गेयतायुक्त लघुप्रबंध मध्यकाल में कृष्ण भक्ति शाखा के अनेक कवियों ने लिखे हैं।

10. गीति प्रबंध : ऐसे प्रबंधात्मक काव्यों को गीतिप्रबंध कहा जा सकता है जिनमें स्फुट गीतिकाव्य के माध्यम से पूरी कथा कह दी जाती हैं। ऐसे काव्यों में प्रत्येक गीत या पद किसी विशेष प्रसंग को लेकर लिखा जाता है किंतु उन सभी प्रसंगानुसारी पदों को कथा-क्रम के अनुसार रख दिया जाता है जिससे सभी गीतों को मिलाकर पढ़ने पर एक कथात्मक प्रबंध की प्रतीति होने लगती है। सूरदास का सूरसागर, तुलसी की गीतावली और कृष्ण गीतावली नामक काव्य इसी प्रकार के गीति प्रबंध हैं। इनमें प्रत्येक गीत अपने आप में स्वतंत्र है किंतु वह एक पूरे कथानक का अंग भी है। यह पद्धति मध्यकाल की निजी उपलब्धि है। इसके पूर्व भारतीय साहित्य में यह पद्धति कभी नहीं प्रचलित थी।

मध्यकालीन गीतिकाव्य का विषयगत वर्गीकरण

मध्यकाल के गीतिकाव्य की विविध शैलियों का सम्यक् विवेचन करने के बाद यह आवश्यक है कि विषय की दृष्टि से भी इन पर विचार किया जाये। पिछले अध्याय में गीतिकाव्य का जो विषयगत वर्गीकरण किया गया है, उसके अनुसार मध्यकाल के साहित्य में निम्नलिखित प्रकार के गीतिकाव्य दिखलाई पड़ते हैं—

1. स्तुति गीत 2. गोचारण गीत 3. प्रेम गीत 4. वीर गीत 5. मंगल गीत 6. उपालंभ गीत 7. कीर्तन गीत 8. लीला गीत और 9. ऋतु गीत।

1. स्तुति गीत : भक्त कवियों द्वारा विविध देवी-देवताओं के प्रति भक्ति-भावना की अभिव्यक्ति के रूप में जो स्तोत्र या स्तुतियाँ लिखी गईं, वे इस कोटि के अंतर्गत आती हैं। इन स्तुतिगीतों में कवि अपने आराध्य के प्रति अपनी

श्रद्धा और दैन्य-भावना को व्यक्त करते हैं। तुलसी, सूर आदि कवियों के विनय और गुण-कथनवाले पद इसी प्रकार के हैं जैसे :

चरण कमल बन्दौं हरि राई।
जाकी कृपा पंगु गिरि लंघे, अंधे को सब कुछ दरसाई।

—सूरदास

या

अब लौं नसानी अब ना नसैहों।
राम कृपा भव निसा सिरानी, जागे फिर ना डसैंहों।

—तुलसीदास

2. गोचारण गीत : मध्यकाल में कृष्ण की बाल लीला का वर्णन करने के प्रसंग में कृष्ण भक्त कवियों ने ब्रजभूमि से संबंधित जिस विपुल गीतिकाव्य की रचना की है, वह एक प्रकार से गोचारण काव्य ही है। पश्चिमी देशों में गीतिकाव्य का यह रूप रूढ़िगत बन गया था जिसमें भेड़ चरानेवालों के जीवन से संबंधित अनुभूतियों को गीत का रूप दिया जाता था। भारत में भी गोचारण या ग्राम्य गीतिकाव्य की परंपरा वैदिक काल से ही वर्तमान रही है। सूरदास द्वारा कृष्ण का बाल लीला वर्णन हित हरिवंश, स्वामी हरिदास, नंददास आदि कृष्ण और गोपिकाओं की प्रेम लीला का वर्णन गोचारण-गीत के अंतर्गत माना जाएगा। यहाँ एक उदाहरण पर्याप्त होगा :

मैया, हौं गाइ चरावन जैहों।
तू कहि महर नंद बाबा सौं, बड़ो भयौ न डरैहों।
रैता, पैता, मना मनसुखा, हलधर संगहि रैहों।
बंसीवट तर ग्वालनि के संग, खेलत अति सुख पैहों।
ओदन, भोजन, दै दधि कांवरि, भूख लगै तैं खैहों।

—सूरदास

3. प्रेम गीत : गीतिकाव्य में प्रेमानुभूति की अभिव्यक्ति सर्वाधिक हुई है। मध्यकाल के कवियों ने प्रेम को भौतिक धरातल से उठाकर आध्यात्मिक धरातल पर प्रतिष्ठित किया था। इस कारण सगुण भक्त और निर्गुण भक्त—दोनों ही प्रकार के कवियों ने प्रेम की संयोगावस्था और वियोगावस्था की विविध दशाओं का बहुत ही मार्मिक वर्णन किया है। विद्यापति, सूरदास, नंददास, मीराबाई आदि कवियों का काव्य प्रेम गीतों से भरा हुआ है। मीराबाई की आध्यात्मिक प्रेमाभिव्यंजना दर्शनीय है :

मेरे तो गिरिधर गोपाल दूसरो न कोई।

जाके सिर मोर मुकुट मेरो पति सोई।।
भाई छोड़या, बंधु छोड़या, छोड़या सगा जोई।
साधु संग बैठ बैठ लोक लाज खोई।
भगत देख राजी हुई जगत देख रोई।
अंसुवन जल सींच सींच प्रेम बेलि बोई।।
दधि मथ घृत काढ़ लियो, डार दई छोई।
राणा विष को प्याला भेज्यो, पीय मगन होई।।

4. वीर गीत : वीर गीत का तात्पर्य वीर गाथात्मक लघुगेय काव्य है। लोकगीतों में इस प्रकार के वीर गाथा गीत अधिक पाये जाते हैं। वीर काव्य की अभिव्यंजना के लिये गीति का काव्यरूप अधिक उपयुक्त नहीं है फिर भी गोस्वामी तुलसीदास ने गीतावली में अनेक ऐसे पदों की रचना की है जिनमें शौर्य और उत्साह का उत्कृष्ट वर्णन हुआ है। जैसे :

जौ हौं अब अनुसासन पावौं।
तौ चंद्रमहिं निचोरि चैल ज्यों, आनिसुधा सिर नावौं।।
कै पाताल दलौं व्यालावलि अमृत कुंड महि लावौं।
भेदि भुवन, करि भानु बाहिरो तुरत राहु दै तावौं।।
बिबुध बेद बरबस आनौं धरि, तौ प्रभु अनुग कहावौं।
पटकों मीच नीच मूषक ज्यों, सबहिको पापु बहावौं।।
तुम्हरिहि कृपा, प्रताप तिहारेहि, नेकु बिलम्ब न लावौं।
दीजे सोइ आयसु तुलसी, प्रभु, जेहि तुम्हरे मन भावौं।।

5. मंगल गीत : मध्यकाल के भक्त कवियों ने ऐसे अनेक गीत लिखे हैं जो लोक में, विवाहादि सामाजिक उत्सवों पर गाये जानेवाले काव्यरूपों का आश्रय लेकर लिखे गये हैं। वे मंगल गीत विभिन्न नामों से प्रचलित थे। जैसे—मंगल, बेलि, सूहो या सोहिलो, सोहर नहछू, ब्याह आदि। ये गीत परिवार के मांगलिक कार्यों के अवसर पर धार्मिक कृत्य के रूप में मान्य थे। विवाह के अवसर पर स्त्रियाँ समवेत रूप में मंगल गीत, ब्याह गीत का गान करती हैं। उसी प्रकार यज्ञोपवीत, विवाह तथा अन्य अवसरों पर पितृ निमंत्रण (पितर नेवतन) के रूप में कुल के पूर्वजों का नामोल्लेख करते हुए जो गीत गाये जाते हैं, वे भी मंगल काव्य के अंतर्गत ही आते हैं। ग्राम गीतों के अंतर्गत शिव-पार्वती, राम और सीता के विवाह से संबंधित गीत आज भी मांगलिक कार्यों के अवसर पर स्त्रियों द्वारा गाये जाते हैं। गोस्वामी तुलसीदास ने गीतिकाव्य की इन शैलियों को अपनाकर 'रामलला नहछू' 'जानकीमंगल' और 'पार्वतीमंगल' नामक काव्यों की रचना की है। 'रामलला नहछू' में लोकगीत के सोहर छंद को अपनाया गया है जिसके अंत में 'हो' टेक लगी रहती है। नंददास

के लघुकाव्य 'रुक्मिणी मंगल' में मंगल गीत की प्रधानता है। चतुर्भुज दास का 'हितजू को मंगल' भी मंगल गीत की ही परंपरा में आता है।

नख काटत मुसकाहिं बरनि नहिं जातहि हो।
पदुम राग-मनि मानहुँ कोमल गातहि हो।
जावक रचि क अंगुरियन्ह मृदुल सुठारी हो।
प्रभु कर चरन पछालत अति सुकुमारी हो।

जानकीमंगल और पार्वती मंगल में भी यही छंद प्रयुक्त हुआ है किंतु उसमें 'हो' टेक नहीं लगी है। साथ ही प्रत्येक आठ छंद के बाद एक 'हरिगीतिका' छंद भी रख दिया गया है। जैसे :

विनय गुरुहि, गुनिगनहि, गिरिहि, गननाथहिं।
हृदय आनि सियराम धरे धनु माथहिं।।1।।
गावउं, गौरि-गिरीस-विवाह सुहावन।
पापनसावन, पावन, मुनि-मन-भावन।।2।।

6. उपालंभ गीत : कुछ विद्वानों ने गीतिकाव्य का एक रूप उपालंभ गीत भी माना है।[1] पाश्चात्य साहित्य में गीतिकाव्य के अंतर्गत यह भेद प्रचलित नहीं है किंतु जहाँ भी गीतिकाव्य की रचना हुई है, वहाँ कवि विरह-वेदना के वर्णन में वियोगी द्वारा अपने प्रिय के प्रति कहे गये उपालंभ-वचनों की अभिव्यक्ति अवश्य करता है। भारतीय साहित्य में वैदिक काल से ही गीतिकाव्य का यह प्रिय विषय रहा है। वैदिक ऋषि अपने आराध्य देवता के प्रति अपना उपालंभ प्रस्तुत करते हैं। मध्यकाल के कवियों ने भी श्रृंगार वर्णन के अंतर्गत उपालंभ विषयक गीतों की रचना प्रभूत मात्रा में की है। सूरदास तथा नंददास ने गोपियों के विरह-वर्णन में 'भ्रमर गीत' के अंतर्गत जिन गीतों की रचना की है, उन्हें 'उपालंभ गीत' ही कहा जायेगा।

संदेसनि मधुवन कूप भर्‌यो।
जो कोउ पथिक गयो है ह्याँ तें पुनि नहिं अवन करयो।
कहत कोऊ परदेसी की बात...

7. कीर्तन गीत : मध्यकाल के वैष्णव कवि अपने आराध्य देवता की उपासना नौ प्रकार की भक्ति के माध्यम से किया करते थे जिसे 'नवधाभक्ति' की संज्ञा दी गई थी। इस भक्ति का एक भेद कीर्तन भी है।[2] ये कवि कीर्तन के लिए जिन गीतों

---

1. विरह गीति का उपालंभ गीति विशिष्ट प्रकार है। गीतिकाव्य : डॉ. रामखेलावन पाण्डेय,पृ.206
2. 'श्रवणं कीर्तनं विष्णोः स्मरणम् पाद सेवनम्।
   अर्चनं वंदनं दास्यं सख्यात्मनिवेदनम्। 7 : 5 : 23—श्रीमद्‌भागवत

की रचना करते थे, वे प्रायः 'समवेत गीत' के रूप में गाये जाते थे। मंदिरों में देवता के सम्मुख आरती के समय तथा प्रातः पूजन के समय कीर्तन होता है तथा विशेष पर्वों और उत्सवों पर भी कीर्तन का आयोजन होता है। कीर्तन गीत, वाद्य के साथ तथा अकेले-अकेले भी गाये जाते हैं। प्राकृतापभ्रंश और पुरानी हिंदी में जैन कवियों ने विपुल मात्रा में लोक प्रचलित गीतों की शैली में कीर्तन गीत लिखे थे। यह परंपरा मध्यकाल में और भी विकसित हुई। महाप्रभु बल्लभाचार्य ने सूरदास को श्रीनाथ जी के मंदिर में कीर्तन करने के लिये ही नियुक्त किया था। अष्टछाप के दूसरे कवि नंददास द्वारा लिखा गया कीर्तन विषयक पदों का संग्रह 'पदावली' है। 'अष्टछाप' के अन्य कवियों—कृष्णदास अधिकारी, परमानंद दास, चतुर्भुज दास, गोविंद स्वामी आदि ने भी कीर्तन गीत लिखे हैं। कृष्णदास ने कीर्तन के लिए स्फुट पदों की रचना की थी। परमानंद दास बल्लभाचार्य का शिष्यत्व ग्रहण करने के बाद गोवर्द्धन में आकर भगवान का कीर्तन-गान लिखने लगे। ये स्वयं कीर्तन करते भी थे। कुंभनदास की भी नियुक्ति बल्लभाचार्य द्वारा श्रीनाथ जी के मंदिर में कीर्तन की सेवा के लिए हुई थी। इनके स्फुट पद कीर्तन गीत हैं। चतुर्भुजदास के पद भी बल्लभ संप्रदाय के कीर्तन-संग्रहों में पर्याप्त मात्रा में वर्तमान हैं। गोविंद स्वामी स्वयं कीर्तन गीतों की रचना करके श्रीनाथ जी के मंदिर में गाया करते थे। इनके पद विविध राग-रागिनियों में बद्ध हैं। बल्लभ संप्रदाय के अतिरिक्त गौड़ीय संप्रदाय, निम्बार्क संप्रदाय, राधावल्लभ संप्रदाय और टट्टी संप्रदाय के अंतर्गत बहुत से कवि हुए जिन्होंने भगवान् कृष्ण के कीर्तन के लिए गीतों की रचना की है। गोस्वामी तुलसीदास ने भी 'रामचरितमानस' में स्थान-स्थान पर कीर्तन के लिए स्तोत्रों की रचना की है और 'विनय पत्रिका' में भी उन्होंने अनेक रागबद्ध कीर्तन गीत लिखे हैं। जैसे :

गाइए गनपति जगवंदन। संकर सुवन भवानी नंदन।।
सिद्धि सदन गज बदन बिनायक। कृपासिंधु सुंदर सब लायक।।
मोदक प्रिय मुद मंगल-दाता। बिद्यावारिधि बुद्धि विधाता।
माँगत तुलसिदास कर जोरे। बसहिं राम सिय मानस मोरे।।1।।

—सोहिलो गीत—तुलसीदास—गीतावली-2

8. लीला गीत : लीला गीत भी 'कीर्तन गीत' जैसा ही होता है। नवधा भक्ति के अंतर्गत कीर्तन के साथ श्रवण और स्मरण का भी विधान है। इसलिए भगवान के लीला संबंधी गीत इसलिए लिखे जाते थे कि कवि उन गीतों की रचना द्वारा भगवान का गुण कथन एवं स्मरण करे। साथ ही श्रोता भी उनके पाठ एवं गायन द्वारा भगवान की कृपा प्राप्त करें एवं काव्यानंद द्वारा सुख-साधना करे। विष्णु भक्त कवि भगवान राम के बाल्यकाल की लीलाओं का तथा कृष्णभक्ति शाखा के प्रचारक कवि कृष्ण की लीलाओं का वर्णन इसीलिए बड़ी रुचि के साथ करते थे। वैसे तो

भगवान का पूरा जीवन ही लीला प्रधान है लेकिन विशेषरूप से बालरूप की छोटी-छोटी घटनाओं को सहज आकर्षण के साथ बाँधकर इन भक्त कवियों ने उन्हें और भी महत्त्वपूर्ण बना दिया है। कांताभाव की उपासना करनेवाले गौड़ीय संप्रदाय, राधावल्लभ संप्रदाय, टट्टी संप्रदाय के कवियों ने कृष्ण की प्रेमलीलाओं का गीतिकाव्य के रूप में विशेषरूप से वर्णन किया है। लीला विषयक गीतिकाव्य की रचना करनेवाले कवियों में से कुछ प्रमुख ये हैं :

सूरदास—बाललीला के पद

नंददास—रास पंचाध्यायी, विरहमंजरी, मानमंजरी, गोवर्द्धन लीला आदि।

माधवदास जगन्नाथ (गौड़ीय संप्रदाय)—नारायण लीला, ग्वालिन झगरो, बाललीला, ध्यान लीला, रघुनाथ लीला आदि।

स्वामी हरिदास—केलिवाल

हित हरिवंश (राधावल्लभ संप्रदाय)—हित चौरासी

ध्रुवदास (राधावल्लभ संप्रदाय)—व्यालीश लीला।

9. ऋतु गीत : जैसा कि पिछले अध्याय में लिखा जा चुका है, प्राकृतिक सौंदर्य के परिवर्तनशील चित्रों के उपस्थित करनेवाले तथा ऋतुओं की विशिष्टता व्यक्त करनेवाले गीतों को 'ऋतु गीत' के अंतर्गत रखा जाता है। मध्यकाल में भक्त कवियों ने भगवान की लीलाओं के प्रसंग में अथवा विरह दशा के वर्णन में ऋतुओं के प्रभावों का वर्णन किया है अथवा ऋतु विशेष के जुड़े हुए उत्सवों और त्योहारों से संबंधित गीतों की रचना की है जैसे—नंददास कृत 'रूपमंजरी' (षड् ऋतु वर्णन) तुलसी और सूर का होली वर्णन। गोस्वामी तुलसीदास जी के होली वर्णन का एक उदाहरण निम्न है :

खेलत फागु, अवधपति, अनुज सखा रघु संग।
बरषि सुमन सुर निरखहिं सोभा अमित अनंग।।16।।
ताल, मृदंग, झांझ, डफ बाजहिं पनव-निसान।
सुघर सरस सह नाइन्ह गावहिं समय समान।।17।।
बीना-बेनु-मधुर-धुनि सुनि किन्नर-गंधर्व।
निज गुन गरुअ हरुअ अति मानहिं मन तजि गर्व।।18।।

उत्तर मध्यकाल का गीतिकाव्य

जैसा पहले कहा जा चुका है कि गीतिकाव्य का विकास लोकाश्रित और धर्माश्रित कवियों द्वारा ही होता आया है। राज्याश्रित कवि सामंती समाज की नागर रुचि के अनुरूप या तो चमत्कार प्रधान मुक्तक काव्य की रचना करते थे या पौराणिक एवं शास्त्रीय मान्यताओं के अनुरूप प्रबंधकाव्य लिखते थे। उत्तर मध्यकाल में भारतीय

समाज ह्रासोन्मुख अवस्था में था और हिंदी साहित्य सामंती वातावरण में मुख्यतः राज्याश्रित कवियों द्वारा रचा जा रहा था। ऐसे वातावरण में गीतिकाव्य के उत्कर्ष के लिए अधिक अवकाश नहीं था।

पूर्व मध्यकाल के कवियों ने गीतिकाव्य का इतना अधिक विकास कर दिया था कि उससे आगे जाने के लिए अत्यंत प्रतिभाशाली और मौलिक दृष्टिवाले कवियों की आवश्यकता थी। उत्तर मध्यकाल में ऐसे कवियों का अभाव था। अतः यह स्वाभाविक था कि इस काल में 'गीतिकाव्य' भी ह्रासोन्मुख हो जाता। फिर भी विभिन्न धार्मिक संप्रदायों के सगुण और निर्गुण मतवादी कवि इस काल में भी गीतिकाव्य की परंपरा को अपनाकर चल रहे थे जिससे यह काव्यरूप लुप्त नहीं होने पाया। इस काल के धर्माश्रित कवियों की संख्या बहुत अधिक है। उन्होंने विपुल साहित्य की रचना भी की है। उनमें कोई ऐसा महान् कवि नहीं हुआ जिसे तुलसी, सूर की कोटि में स्थापित किया जा सके फिर भी गीतिकाव्य के विकास में इन विभिन्न मतावलंबी संत कवियों का योगदान अत्यधिक महत्त्वपूर्ण माना जायेगा क्योंकि आधुनिक युग का गीतिकाव्य शैली की दृष्टि से इन लोकाश्रित भक्त कवियों से प्रत्यक्षतः प्रभावित हुआ है। उत्तर मध्यकाल के इन कवियों ने देशी संगीत के माध्यम से लोक में प्रचलित अनेक गीतकाव्यात्मक शैलियों को अपनाकर गीतों की रचना की। एक ओर उन्होंने होरी, फाग, निरगुन, चर्चरी, सोहर और चैता या घाटो आदि की रचना की, दूसरी ओर 'रेख़्ता' नामक गीतिकाव्य के एक नये रूप के साथ नये ढंग से भाषा एवं शैलीगत प्रयोग का मार्ग भी प्रशस्त किया। रामभक्त रसिक संप्रदाय में 'रूप सखी' नामक भक्त कवि हुए थे। वे अपने को 'सीता जी की बहन' मानते थे। उनकी 'होरी' नामक रचना बहुत प्रसिद्ध हुई थी। बुलाकीदास का नाम तो 'चैता' से आज भी जुड़ा हुआ है। संक्षेप में गीतिकाव्य के शैलीगत एवं विषयगत भेद प्रभेदों का समन्वित योगदान निम्नलिखित है :

'दादू पंथ' के संस्थापक दादू तथा उनके प्रमुख शिष्य सुंदरदास, जगजीवन, राघोदास और रज्जबदास का साहित्य काव्य कला की दृष्टि से महत्त्वपूर्ण है।

इनमें सुंदरदास को सवैया लिखने में रज्जब को पद-रचना में तथा जगजीवन को अरिल्लो के लेखन में सिद्धहस्तता प्राप्त थी। निरंजनी संप्रदाय के तुलसीदास एक आचार्य कवि थे। उन्होंने 17 वीं शताब्दी के अंतिम भाग में विपुल साहित्य की रचना की थी। डॉ. पीताम्बरदत्त बड़थ्वाल के अनुसार उन्होंने 4202 साखियों के अतिरिक्त 461 पदों तथा 4 लघुकाव्यों की रचना की थी। इन्हीं के पंथ के सेवादास निरंजनी ने गीतिकाव्य के क्षेत्र में महत्त्वपूर्ण कार्य किया था। डॉ. बड़थ्वाल के पास उनकी 3561 साखियों, 402 पदों, 20 कवित्तों, 4 सवैयों, 44 रेख़्ता तथा 10 लघुकाव्यों का संग्रह अब तक वर्तमान है। 'बावरी पंथ' के बूला साहब, गुलाल साहब, भीखा आदि ने पर्याप्त संख्या में पद-रचना की थी। भीखा साहब के 'गुरुभाई' हरपाल

साहब ने 'शब्द चतुर्मासा और कुण्डलिया' नामक ग्रंथ के अतिरिक्त अनेक स्फुट पदों की रचना की थी। इसी क्रम में सतनामी संप्रदाय के जगजीवन साहब तथा गोविंद साहब की चर्चा भी महत्त्वपूर्ण है। गोविंद साहब के शिष्य पलटू साहब ने 'पलटू पंथ' चलाया था। इन्होंने एक सिद्ध कवि के रूप में पर्याप्त संख्या में सबद, साखी के साथ-साथ रेख्ता, झूलना, अरिल्ल आदि लोकप्रिय गीति शैलियों में पद लिखे थे। उनके 10,000 पदों का रचना-संग्रह प्रकाशित हो चुका है। इसी प्रकार धरनीश्वरी संप्रदाय के धरनीदास, गरीबदासी पंथ के गरीबदास तथा रामभक्त रसिक संप्रदाय के बाल अली, प्रेमकली तथा रसमाला आदि ने गीतिकाव्य की विभिन्न शैलियों को अपनी रससिद्ध रचनाओं द्वारा समुचित विकास दिया था।

उत्तर मध्यकाल के संत कवियों के विपुल साहित्य में शैली की दृष्टि से पदगीत के अतिरिक्त सांगीतिक गीत, मुक्तक गीत आवृत्ति गीत जैसी कई प्रकार की गीत शैलियाँ प्राप्त हो जाती हैं। साथ ही विषय की दृष्टि से स्तुति गीत, प्रेम गीत, कीर्तन गीत, ऋतु गीत तथा मंगल गीत आदि भी इस पद-साहित्य की विपुल राशि में समाहित हैं। तुलसी और सूर ने रूपमाला छंद (मात्रिक और वर्णिक दोनों ही) में पद-रचना की थी जो परंपरा रूप में उत्तर मध्यकाल के इन संत कवियों के काव्य में भी प्रचलित थी। उदाहरण के लिए रूपमाला छंद में लिखी हुई निम्न दो अलग-अलग पंक्तियाँ दर्शनीय हैं :

तनिक दे री माइ माखन, तनिक दे री माइ। (रूपमाला मात्रिक)
रावरे मुख को बिलोकत ही भये दुख दूरि। (रूपमाला वर्णिक)

इनसे अगर उर्दू के अकबर कालीन कवि सादी के रेख्ता की परिभाषामूलक काव्यपंक्ति, सादी कि गुफ्तः रेखतः दर रेखतः+दर रेखतः। शीरो सकर आमे खतः हमरेखतः हम गीत हैं, से तुलना की जाय और प्रारंभ और अंत में दो-दो मात्राएँ तनिक दै री माइ माखन, तनिक दै री माइ के साथ रखा जाये तो दो भिन्न भाषाओं की गीति शैलियों की दूरी कम हो जाती है। वस्तुतः निर्गुणवादी कबीर के समय से चली आती हुई रेख्ता की गीतिशैली का हिंदी पद रचना में बढ़ता हुआ प्रयोग उत्तर-मध्यकाल के गीतिकाव्य की एक उपलब्धि है। उसने उर्दू के साथ हिंदी गीतिकाव्य को निकट लाने का महत्त्वपूर्ण कार्य किया। इस प्रकार उर्दू के हातिम (1746 ई.) मीर, सौदा, ग़ालिब आदि कवियों द्वारा प्रयुक्त तथा हिंदी के गद्य लेखक लल्लू लाल और आजाद जी जैसे आचार्यों द्वारा चर्चित 'रेख्ता' खड़ी बोली का ही एक विकसित रूप है।[1] उत्तर-मध्यकाल के इस ऐतिहासिक युग के रेख्तों ने संत

1. रेख्ता : माता बदल जायसवाल : हिंदी साहित्य कोश, पृ. 672, ज्ञानमंडल लिमिटेड, कबीर चौरा।

कवियों के आध्यात्मिक स्वरूप तथा उत्तरी भारत के मुसलमान कवियों के फारसी तरकीब के मिश्रित स्वरूप ने गीतिकाव्य को एक नयी गति और मुक्त आयाम प्रदान किया।

उर्दू के गीत-रूपों के अतिरिक्त लोक-प्रचलित गीत-रूपों से भी इस काल के संत और भक्त कवियों ने प्रेरणा ग्रहण की। उन्होंने चैता, सोहर, घाटो, फाग, होरी आदि रागों में निरगुन लिखा। यहाँ एक ही उदाहरण पर्याप्त होगा :

राम जमुना किनरवा सुनरि एक रोवे हो रामा।
राम एहि दहे मानिक हेरइले हो रामा।
राम गोड़ तोर लागों म केवट मलहा हो रामा।
एही दहे डालूँ मह जलिया हो रामा।
एक जाल डलले दोसर जाल डलले हो रामा।
वाझी गइलें घोघवा-सेवरवा हो रामा।
राम तोरा लेखे मलहा घोंघवा सेवरवा हो रामा।
मोरा लेखे उगले चनरमा हो रामा।
रामदास रे बुलाकी आरे गावेले घटेसरि हो रामा।
गाइ गाइ, जियरा समुझावे हो रामा।[1]

1. रामदास : 'लोकगीतिका' संपादिका प्रभावती सिंह, पृ. 26

चतुर्थ अध्याय

आधुनिक हिंदी गीतिकाव्य का विकास : संक्रांति-युग

आधुनिक युग का हिंदी गीतिकाव्य

पूर्व मध्यकाल के उपरांत हिंदी गीतिकाव्य का सम्यक् विकास आधुनिककाल में ही हुआ है। आधुनिककाल का हिंदी गीतिकाव्य पूर्ववर्ती भारतीय गीतिकाव्य की मूलधारा से पूर्णतः संपृक्त होते हुए भी बाह्यरूप-शिल्प की दृष्टि से बहुत परिवर्तित दिखाई पड़ता है। इसका कारण यह है कि युग परिवर्तन के साथ काव्य के आंतरिक तत्त्वों एवं बाह्य स्वरूप में भी परिवर्तन होता रहता है। इसीलिए काव्य का जो स्वरूप वैदिक काल में मिलता है, परवर्ती युगों में वह निरंतर परिवर्तित होता गया। काव्य के परिवर्तन का अर्थ मुख्यतः कथ्य-वस्तु, छंद, काव्य-रूप एवं अभिव्यंजना-पद्धति का परिवर्तन है। इसी कारण संस्कृत के काव्य और प्राकृत, अपभ्रंश एवं मध्यकाल के काव्य में इतना अधिक अंतर लक्षित होता है। काव्य का यह परिवर्तन परिवर्तित युग की सामाजिक एवं सांस्कृतिक विचारधाराओं तथा विभिन्न जातियों के नवीन संपर्क एवं अंतरावलंबन पर निर्भर करता है। किसी देश के हज़ारों वर्ष के इतिहास में उस देश के जन-समाज को विभिन्न सामाजिक, राजनैतिक एवं आर्थिक परिवर्तनों से होकर गुज़रना पड़ता है और बाह्य आक्रामक या आक्रांत जातियों के साथ वैचारिक एवं सांस्कृतिक संबंध स्थापित करना पड़ता है। फलतः विभिन्न जातियों की संस्कृतियों का सम्मिश्रण और समन्वय होता रहता है जिससे साहित्य के विविध अंग भी प्रभावित होते हैं। भारतीय गीतिकाव्य के विकास के संबंध में भी इसी दृष्टि से विचार करना होगा। वैदिक काल का गीतिकाव्य अत्यंत समुन्नत था क्योंकि उस काल का समाज आर्थिक और राजनैतिक आधार पर वर्ग-विभक्त समाज नहीं था जिससे सामान्य जन की सामूहिक मनोभावनाएँ अनिवार्यतः गीतिकाव्य के रूप में ही अभिव्यक्त होती थीं। सामंती साम्राज्य-युग के प्रारंभ के साथ ही समाज शासक और शासित-वर्ग में विभक्त हो गया। शासक-वर्ग का काव्य पांडित्यपूर्ण एवं

उच्च-वर्ग का साहित्य था। इसलिए उसमें बौद्धिक विलास और कला-चातुर्य अधिक था, समाज के सामूहिक मन की अभिव्यंजना उसमें नहीं थी, किंतु उस काल का लोकाश्रित और धर्माश्रित काव्य सामाजिक मन से जुड़ा हुआ था जिससे उसमें गीतिकाव्य विकसित होता रहा। इसीलिए संस्कृत साहित्य में गीतिकाव्य का अभाव है जबकि पालि, प्राकृत और अपभ्रंश में वह निरंतर विकसित होता रहा। आठवीं शताब्दी के बाद भारतीय समाज में पुनः व्यापक परिवर्तन घटित हुआ और भारतीय भाषाओं के उदय के साथ भारतीय काव्य के स्वरूप में भी व्यापक परिवर्तन हुआ। सामाजिक और धार्मिक जड़ता को तोड़ने के लिए इस काल में नवीन क्रांतिकारी विचारधाराओं और उन पर आधारित धार्मिक संप्रदायों का उदय हुआ और भक्ति तथा निर्गुण साधना ने जन-समाज को गहराई तक आंदोलित किया। अतः इस काल में साहित्य पुनः लोकजीवन की व्यापक भूमि पर प्रतिष्ठित हुआ। लोक-संपृक्त होने के कारण ही इस काल के काव्य में पुनः गीतिधारा बड़े वेग से फूट पड़ी। जयदेव, चंडीदास, विद्यापति, गुरुनानक, नामदेव, रामानंद, कबीर, रैदास, दादू, सूर, तुलसी, मीरा आदि संत और भक्त कवियों ने हिंदी साहित्य के विकास एवं उत्कर्ष काल में गीतिकाव्य की धारा को नयी दिशा में मोड़कर पूर्ण उत्कर्ष तक पहुँचाया। उन्होंने इस काव्य-रूप को दो स्रोतों से ग्रहण किया था। 1. पूर्ववर्ती साहित्य-परंपरा से 2. लोक साहित्य से। पूर्ववर्ती साहित्य-परंपरा के आधार पर उन्होंने शास्त्रीय छंदों को तोड़कर पद-शैली के नवीन रूपों का निर्माण किया। लोक साहित्य से उन्होंने लोक प्रचलित गीतिकाव्य के रूपों एवं शैलियों को ग्रहण किया। इस प्रकार गीतिकाव्य के विकास में मध्यकालीन संतों और भक्तों का योगदान अत्यधिक महत्त्वपूर्ण है।

मध्यकाल में इस्लामी प्रभाव

इस काल में भारत पर मुसलमानों के आक्रमण तथा उनके भारत में बस जाने के कारण भारतीय जीवन व्यापक रूप में प्रभावित हुआ और छः-सात सौ वर्षों के मुस्लिम शासनकाल में भारतीय संस्कृति पश्चिमी और पश्चिमोत्तर एशिया के देशों की संस्कृति से बहुत कुछ प्रभावित हुई। मुसलमानों के साथ पश्चिमी एशियाई देशों से सूफी संतों का भी आगमन हुआ जिन्होंने भारतीय सामाजिक वातावरण में अपने को ढालकर अपनी साधना एवं काव्य द्वारा भारतीय संस्कृति एवं पश्चिमी एशियाई संस्कृति का समन्वय करने का प्रयास किया। हिंदी काव्य पर उनका भी स्थायी प्रभाव पड़ा। उन्होंने भारतीय प्रबंध काव्य में मसनवी पद्धति के प्रेमाख्यान काव्यों की एक नयी धारा तो जोड़ी ही, भारतीय संगीत एवं गीतिकाव्य के क्षेत्र में समन्वय लाने का प्रयास किया। भारत के शास्त्रीय संगीत में उन्होंने नयी राग-रागिनियाँ जोड़ीं

जैसे राग जौनपुरी, कान्हड़ा, टोड़ी (मियां की टोड़ी), भूपाली, खयाल, ठुमरी आदि। जौनपुर के शर्की बादशाहों और ग्वालियर के मानसिंह तथा मुगल बादशाहों के दरबारों के मुसलमान संगीतज्ञों ने शास्त्रीय संगीत और फारसी संगीत का समन्वय करके भारतीय संगीत को एक नयी दिशा दी। यही नहीं, इस काल में अनेक लोकप्रचलित रागों को भी शास्त्रीय संगीत के अंतर्गत ग्रहण किया गया। ऐसे रागों को 'देशी संगीत' कहा गया जो शास्त्रीय या मार्गी संगीत से भिन्न है।

इसके अतिरिक्त फारसी कविता और संगीत के प्रभाव से ऐसे काव्यरूपों और सुगमसंगीत का भी प्रचार हुआ जो न तो शास्त्रीय संगीत के अंतर्गत आ सकते थे और न भारतीय छंद शास्त्र के मेल में थे। उर्दू भाषा और साहित्य के विकास के साथ इन गीति-रूपों का प्रचार उत्तरोत्तर बढ़ता गया। इनमें से गज़ल, रेख्ता, खयाल, लावनी आदि का नाम विशेष उल्लेखनीय है। गज़ल फारसी का सर्वाधिक लोकप्रिय काव्यरूप है। उत्तर-मध्यकाल में काव्य और सुगम-संगीत दोनों में गज़ल का विशेष प्रचार हुआ।

सर्वप्रथम दक्खिनी या रेख्ता भाषा के इब्राहिम आदिलशाह और कुतुबशाह और वली ने गज़लें लिखीं। बाद में जब रेख्ता ने उर्दू का रूप ग्रहण कर लिया तो मुगल शासन के अंतिम काल में उर्दू भाषा में बड़े पैमाने पर उर्दू गज़लों की रचना होने लगी। मीर, सौदा, जौक़, गालिब आदि महाकवियों ने उर्दू गज़लों को उत्कर्ष प्रदान किया। साथ ही सूफी कवियों और गायकों ने गज़ल में तसब्बुफ का रंग भरकर कव्वाली नामक 'सुगम संगीत' का विकास किया। उत्तर भारत में नर्तकियों और कव्वालों ने गज़ल को बहुत ही लोकप्रिय बनाया। आधुनिक युग के हिंदी गीतिकाव्य पर इस सुगम-संगीत का भी प्रभाव पड़ा है।

आधुनिक युग का गीतिकाव्य

हिंदी साहित्य के आधुनिक काल का प्रारभ, सन् 1850 ई. से माना जाता है। उन्नीसवीं शताब्दी के मध्य में भारत राजनीतिक, आर्थिक, सामाजिक और सांस्कृतिक दृष्टि से एक ऐसी संक्रांति की स्थिति में पहुँच गया था जिसमें आधुनिकता की प्रवृत्तियाँ प्रारंभ हो गई थीं। साथ ही प्राचीनता की प्रवृत्तियाँ भी अभी समाप्त नहीं हुई थीं। प्राचीनता और आधुनिकता का यह संक्रमण 19 वीं शताब्दी के उत्तरार्द्ध (भारतेंदु युग) के गीतिकाव्य में भी स्पष्ट दिखाई पड़ता है। तब से लेकर आज तक हिंदी का गीतिकाव्य उत्तरोत्तर परिवर्तन के विविध आयामों से गुज़रता आया है। आधुनिक काल को चार भागों में विभाजित किया जा सकता है—संक्रांति युग (भारतेंदु युग), पुनरुत्थान युग (द्विवेदी युग), विद्रोह युग (छायावाद युग), क्रांति युग (छायावादोत्तर युग)। इन चारों युगों का हिंदी गीतिकाव्य विषय-वस्तु और

रूप-शिल्प की दृष्टि से एक-दूसरे से पर्याप्त भिन्न रहा है। यह भिन्नता विकासोन्मुख परिवर्तन के कारण लक्षित होती है। हमारे आलोच्य युग (क्रांति युग या छायावादोत्तर युग) के गीतिकाव्य की शिल्पगत विशेषताओं को समझाने के लिए छायावादोत्तर युग के पूर्व के तीन युगों के गीतिकाव्य के स्वरूप और उसकी विशेषताओं को समझना आवश्यक है :

भारत में अंग्रेजों का पूर्ण आधिपत्य हो जाने के बाद यहाँ की शिक्षा-पद्धति भी अंग्रेजों की नीति के अनुरूप निर्धारित की गई। मेकाले के सुझाव के अनुसार ब्रिटिश शासकों ने अपने लाभ के लिए भारतीय विद्यालयों में शिक्षा का माध्यम 'अंग्रेज़ी' को बनाया। ज्यों-ज्यों अंग्रेज़ी शिक्षा-पद्धति का प्रसार होता गया, त्यों-त्यों भारतीय शिक्षित वर्ग अंग्रेज़ी साहित्य के साथ परिचित होने लगा। परिणामस्वरूप अंग्रेज़ी-साहित्य में प्रचलित विभिन्न साहित्य-रूपों से भारतीय परिचित होने लगे। भारत की आधुनिक भाषाओं में पहले से ही साहित्य वर्तमान था, किंतु उनमें साहित्य के वे रूप प्रचलित नहीं थे, जो अंग्रेज़ी के समृद्ध साहित्य में थे। जो अंग्रेज़ी पढ़े-लिखे नवयुवक अपनी मातृभाषाओं में साहित्य-रचना करने की क्षमता रखते थे, उन्होंने अंग्रेज़ी के उन साहित्य-रूपों को स्वीकार कर लिया जो भारतीय भाषाओं में नहीं थे।

छापाखानों के प्रचार के साथ पत्र-पत्रिकाओं का प्रकाशन भी प्रारंभ हुआ। इसमें कवियों और साहित्यकारों की रचनाएँ भी प्रकाशित होने लगीं। फलतः साहित्य-रचना और उसके प्रचार की प्रवृत्ति तेज़ी से बढ़ी। पाश्चात्य साहित्य-रूपों को स्वीकार करना आधुनिक फैशन माना जाने लगा। जैसे—ललित निबंध, आलोचना, पुस्तक-समीक्षा, कहानी, उपन्यास, एकांकी नाटक आदि। गीतिकाव्य का जो रूप पाश्चात्य साहित्य में प्रचलित था, वह भारतीय गीतिकाव्य के रूप से भिन्न था। इसलिए अंग्रेज़ी साहित्य से परिचित युवक लेखकों ने अपने प्राचीन गीतिकाव्य से अधिक रुचि न दिखलाकर अंग्रेज़ी ढंग के गीतिकाव्य में अधिक रुचि ली अथवा अंग्रेज़ी और भारतीय गीतिकाव्य के रूपों में समन्वय करना शुरू किया। इस तरह भारत की सभी आधुनिक भारतीय भाषाओं में उन्नीसवीं शताब्दी के प्रारंभ से ही गीतिकाव्य की नवीन शैलियाँ विकसित होने लगीं जो पाश्चात्य गीतिकाव्य से प्रभावित थीं।

ज्यों-ज्यों हमारे देश में पाश्चात्य देश की शिक्षा और सभ्यता का प्रभाव बढ़ता गया, त्यों-त्यों पाश्चात्य गीतिकाव्य का प्रभाव भी गहरा होता गया।

गीतिकाव्य की पूर्ववर्ती परंपरा और आधुनिक ढंग के गीतिकाव्य का युगपत् प्रवाह बीसवीं शताब्दी के दूसरे दशक तक चलता रहा किंतु छायावाद-युग में और उसके बाद प्राचीन परंपरावाली गीति-शैली का प्रयोग उत्तरोत्तर कम होने लगा और पाश्चात्य एवं पूर्ववर्ती भारतीय शैलियों का समन्वय करके गीतिकाव्य के बाह्य

रूप-शिल्प में अनेक प्रकार के नवीन प्रयोग किये गये। इस प्रकार 1850 ई. से लेकर 1950 ई. तक के सौ वर्ष के काल में हिंदी की गीति-विधा विकास की जिन सरणियों से अग्रसर हुई है, उसका विवेचन कर लेना आवश्यक है। विवेचन-क्रम में हम देखेंगे कि किस तरह संक्रांति-युग में गीतिकाव्य ने उपर्युक्त चार प्रेरणा-स्रोतों से इस तरह प्रभाव ग्रहण किया कि उन चारों का रूप अलग-अलग दिखलाई पड़ता रहा। पुनरुत्थान-युग में इन चारों के रूप अलग-अलग न रहकर परस्पर घुलमिल कर नवीन रूप ग्रहण करने लगे। यद्यपि महावीर प्रसाद द्विवेदी की पुनरुत्थानवादी मान्यताओं के कारण संस्कृत के वर्णवृत्तों को पद या छंद (स्टैंजा) का रूप देकर प्रगीत लिखने की प्रवृत्ति बलवती हो गई किंतु दूसरी ओर उर्दू की बह्रों का प्रयोग करके हिंदी में प्रगीतों और गीतों की रचना भी होने लगी। विद्रोह-युग में परिवर्तन की गति और भी तीव्र हो गई और उन चारों प्रभावों का इस प्रकार समन्वय हुआ कि हिंदी गीतिकाव्य नये साँचे में ढला हुआ प्रतीत होने लगा।[1]

संक्रांति युगीन काव्य की पृष्ठभूमि

सन् 1850 ई. से 1900 तक के काल को जिसे भारतेंदु-युग कहा जाता है, कुछ विद्वानों ने उसे संक्रांति-युग का नाम दिया है। यह नाम भाषा, साहित्य की विधाओं एवं विचारधाराओं की दृष्टि से सर्वथा उपयुक्त प्रतीत होता है। संक्रांति का तात्पर्य है वस्तुओं या तत्त्वों का इस प्रकार सम्मिलन कि दोनों एक-दूसरे से सन्निकट अपना अलग-अलग स्वरूप रखते हुए दिखाई पड़ें। दो राशियों की संक्रांति के समान दो युगों, दो सभ्यताओं या दो विचारधाराओं का भी संक्रमण होता है। विभिन्न कारणों से किसी देश या समाज में ऐसी परिस्थितियाँ उत्पन्न हो जाती हैं कि परंपरागत—धार्मिक, सामाजिक, राजनीतिक एवं आर्थिक धारणाएँ बदलने लगती हैं अर्थात् पुरानी धारणाएँ समाप्त होने लगती हैं और नवीन धारणाएँ स्थापित होने लगती हैं। जब तक परंपरा का प्रवाह तीव्र बना रहता है, तब तक नवीन धारणाएँ सामने नहीं आ पाती हैं। परिस्थितियों के दबाव से जब नवीन धारणाओं को मान्यता मिलने लगती है, तब भी पूर्ववर्ती धारणाओं का वेग प्रबल बना रहता है। कुछ समय बाद दोनों का वेग समान हो जाता है और ऐसा प्रतीत होने लगता है कि पुरानी धारणाएँ समाप्त हो रही हैं और नवीन धारणाएँ उनका स्थान ग्रहण कर रही हैं। इसी का नाम संक्रांति की स्थिति है। दोनों प्रकार की धारणाओं में पर्याप्त संघर्ष होता है और अन्ततोगत्वा पुरानी धारणाओं के मरणशील तत्त्व पूर्णतः नष्ट हो जाते हैं और शाश्वत तत्त्वों का नवीन धारणाओं के साथ सामंजस्य हो जाता है। संक्रांति

1. डॉ. शंभुनाथ सिंह : हिंदी काव्य की सामाजिक पृष्ठभूमि, प्रथम संस्करण, वाराणसी

की स्थिति में प्राचीन और नवीन धारणाओं का सामंजस्य नहीं रहता। दोनों अलग-अलग बने रहते हैं।

हिंदी साहित्य में 1850 ई. से 1900 ई. तक का काल इसी प्रकार का संक्रांति का काल है जिसमें पूर्ववर्ती सामंती ढाँचेवाले समाज की धारणाओं और भावनाओं को अभिव्यक्त करनेवाला साहित्य अपनी परंपरागत विषय-वस्तु और रूप-शिल्प के साथ रचा जाता रहा और साथ ही ब्रिटिश शासन की नवीन व्यवस्था के अनुसार तथा पाश्चात्य सभ्यता के संपर्क के प्रभाव से राष्ट्रीयता की भावना से युक्त लोकतांत्रिक समाज की स्थापना से संबंधित नये ढंग का साहित्य भी लिखा जाने लगा जिसकी विषय-वस्तु और रूप-शिल्प पूर्णतः भिन्न थे। इस काल में घटित होनेवाली संक्रांति के पीछे जो बाह्य परिस्थितियाँ काम कर रही थीं, उन पर भी एक दृष्टि डाल लेना उचित है।

भारतीय इतिहास में उन्नीसवीं शताब्दी का महत्त्व बहुत अधिक है क्योंकि ईस्ट इंडिया कंपनी के शासन-काल में जिस प्रकार की राजनीतिक गतिविधि दिखलाई पड़ी, तथा शासन व्यवस्था संबंधी जो नीतियाँ निर्धारित की गयीं, वे इस देश के लिए सर्वथा नयी थीं। 1857 के विप्लव के बाद भारत का शासन ब्रिटिश सरकार के हाथ में चला गया जिसके परिणामस्वरूप कंपनी द्वारा किये जानेवाले बहुत से अन्याय समाप्त हो गये। महारानी विक्टोरिया की घोषणा के कारण भारतीय जनता में संतोष और आशा की भावना उत्पन्न हुई और अंग्रेज़ों के प्रति विश्वास उत्पन्न हुआ। किंतु साथ ही शिक्षित भारतीय जनता में यह भावना भी घर करने लगी कि भारत का धन विदेशों में चला जा रहा है। भारतेंदु हरिश्चंद्र की इन पंक्तियों में तत्कालीन भारतीय मानस की सच्ची अभिव्यक्ति हुई है।

अंग्रेज़ राज सुखसाज सजा सब भारी।
पर धन विदेश चलि जात, यही अति ख्वारी।

संपूर्ण भारत में एक राज्य स्थापित हो जाने के कारण भारत के सभी प्रदेश एक केंद्रीय शासन के अधीन होकर राजनीतिक एकता के सूत्र में आबद्ध हो गये जिसके परिणामस्वरूप 1885 में भारतीय राष्ट्रीय कांग्रेस की स्थापना हुई जिसने पहले तो भारतीयों को शासन में स्थान दिलाने के लिए और बाद में औपनिवेशिक स्वराज्य की माँग की। इसमें दो विचारधाराओं के लोग थे जिन्हें 'गरम दल' और 'नरम दल' नाम दिया गया था। बालगंगाधर तिलक, लाला लाजपत राय और विपिनचंद्रपाल गरम दल के नेता थे जो स्वराज्य की माँग करते थे। इसके विपरीत गोपालकृष्ण गोखले, एनी वेसेन्ट आदि नेता शासन में भारतीयों को अधिक से अधिक स्थान दिलाने की माँग कर रहे थे। इसका परिणाम यह हुआ कि 1850 से लेकर 1900 तक पूरे देश में राजनैतिक स्वतंत्रता की चेतना उत्पन्न हो गई।

इस तरह सामाजिक बुराइयों एवं कुरीतियों को समाप्त करने की प्रबल भावना भारतीय समाज के अग्रचेता मनीषियों के मन में उत्पन्न हुई जिसके परिणामस्वरूप श्री राजाराम मोहन राय ने ब्रह्म समाज तथा स्वामी दयानंद सरस्वती ने 'आर्य समाज' जैसी सुधारवादी संस्थाओं की स्थापना की। इन संस्थाओं की विचारधारा पर पाश्चात्य सभ्यता और विचारधारा का भी प्रभाव पड़ा जिसके कारण इन्होंने हिंदू समाज की चिराचरित रूढ़ियों जैसे—सती प्रथा, विधवा के विवाह न करने की प्रथा, छुआछूत, मूर्ति-पूजा, वर्णव्यवस्था, बाल-विवाह, धार्मिक पाखंड आदि का प्रबल विरोध करके सामाजिक और धार्मिक क्षेत्र में समानता, सत्य और न्याय पर आधारित नवीन सामाजिक सिद्धांतों का प्रचार प्रारंभ किया। इस तरह बंगाल में ब्रह्म समाज, राजस्थान, मध्यप्रदेश और संयुक्त प्रांत में आर्य समाज, पंजाब में देव समाज, महाराष्ट्र में प्रार्थना समाज आदि संस्थाओं ने धार्मिक और सामाजिक सुधार की जो चेतना उत्पन्न की, उससे समाज का एक बहुत बड़ा वर्ग प्रभावित हुआ। शिक्षित वर्ग पर ईसाई धर्म और पश्चिम की समुन्नत सभ्यता का भी कम प्रभाव नहीं था। परिणामस्वरूप हिंदू समाज में पाश्चात्य शिक्षा, स्त्री-शिक्षा, विधवा-विवाह, सामाजिक समानता आदि आधुनिक विचारधाराओं के प्रति विश्वास जमा और परंपरागत रूढ़ियों के प्रति विद्रोह की भावना उत्पन्न हुई। ये सुधारवादी और रूढ़िवादी प्रवृत्तियाँ समान गति से 1900 ई. तक चलती रहीं।

इस काल में आर्थिक क्षेत्र में भी पर्याप्त परिवर्तन हुआ। शिक्षित वर्ग सरकारी नौकरियों एवं वकालत के पेशे की ओर आकृष्ट हुआ तथा मध्यवर्ग के उद्योग धंधों की प्रवृत्ति बढ़ी। रेल लाइनों के बन जाने एवं डाक-तार की सुव्यवस्था के कारण यांत्रिक उद्योगों का प्रारंभ हुआ। कोयले की खानों और लोहे के कारखानों की स्थापना के कारण उद्योगीकरण के नये रास्ते खुले और सूती वस्त्र तथा जूट के कारखाने खुलने लगे। ये कारखाने कलकत्ता, बम्बई, कानपुर, अहमदाबाद जैसे बड़े नगरों में केंद्रित होने लगे। यातायात के साधनों की सुविधा के कारण व्यापार का भी विस्तार हुआ जिससे एक नवीन मध्यवर्ग का उदय हुआ। इस मध्य वर्ग ने अंग्रेज़ों द्वारा किये जानेवाले भारत के आर्थिक शोषण का विरोध किया तथा स्वदेशी वस्तुओं के व्यवहार का आंदोलन प्रारंभ किया। इस तरह यह काल भारतीय औद्योगिक प्रगति के प्रारंभ का काल था। औद्योगिक प्रगति के साथ लोकतांत्रिक भावना एवं व्यक्तिवादी प्रवृत्तियों का उदय स्वाभाविक है। ये प्रवृत्तियाँ सामंतवादी समाज-व्यवस्था के विरोध में खड़ी हुई थीं। इस तरह इस काल में ही भारत में पूँजीवादी प्रवृत्तियों का तीव्रगति से विकास होने लगा किंतु सामंतवाद की जड़ें अब भी मजबूत थीं। ज़मींदारी-प्रथा और देशी रियासतों के कारण सामान्य प्रजा अर्धदास जैसा जीवन व्यतीत कर रही थी। इस तरह आर्थिक दृष्टि से भी यह संक्रांति का काल था। इन राजनीतिक, सामाजिक एवं आर्थिक परिवर्तनों का प्रभाव भारतीय समाज की

चिंतन-धारा पर भी पड़ा जिससे उसकी चिंतनात्मक एवं भावनात्मक क्रियाशीलता भी प्रभावित हुई। संस्कृति-समाज के मानस का प्रतिबिम्ब है जिसकी आधारशिला बाह्य परिस्थितियाँ हैं। उन्हीं के ऊपर संस्कृति के भवन का ऊपरी ढाँचा निर्मित होता है। अतः इस काल में शिक्षा, दर्शन, विज्ञान एवं अन्य शास्त्रों से संबंधित नवीन मान्यताओं के साथ चित्रकला, संगीत, मूर्तिकला, साहित्य, अभिनय आदि में भी नवीन मान्यताएँ स्थापित हुईं। सांस्कृतिक अभिव्यक्ति के ये माध्यम अब राजदरबारों से निकलकर समाचार-पत्रों और छपी पुस्तकों के माध्यम से जनता के दरबार में पहुँच गये। मध्यवर्गीय लेखक और कलाकार जो अपनी कृतियों के माध्यम से समाज में नवीन मान्यताओं का प्रचार तथा साहित्य-कला के नवीन अंगों के विविध प्रयोग करने लगे। किंतु परंपरागत सांस्कृतिक रूढ़ियाँ भी साथ-साथ चलती रहीं।

साहित्यिक सक्रांति

साहित्य संस्कृति का एक प्रमुख अंग है। अतः सास्कृतिक सक्रांति की छाया तत्कालीन साहित्य में भी दिखलाई पड़ती है। इस काल के साहित्य की स्पष्ट दो धाराएँ थीं—एक धारा में राज्याश्रित कवियों का और दूसरी धारा में मध्यवर्गीय लोकाश्रित लेखकों का साहित्य था। राज्याश्रित कवि देशी राजाओं एवं छोटे ताल्लुकेदारों के दरबारों में रहकर लक्षण-ग्रंथों तथा शृंगारिक एवं प्रशस्तिमूलक वीरगाथा की रचना करने में लगे थे। यह प्रवृत्ति ह्रासकालीन रीतिबद्ध एवं रीतिसिद्ध कवियों की परंपरा को आगे बढ़ाने में लगी थी। इस प्रवृत्ति के कवि ह्रासकालीन कवियों के पदचिह्नों पर चलते हुए ब्रजभाषा में कवित्त, सवैया, रोला, छप्पय, कुंडलिया आदि परंपरागत छंदों में अलंकृत, चमत्कारयुक्त एवं समाज के यथार्थ जीवन से विच्छिन्न रूढ़िबद्ध काव्य की रचना कर रहे थे। सेवक, सरदार, लछिराम, गिल्ला भाई आदि इसी प्रकार के राज्याश्रित कवि थे।

दूसरी धारा में वे मध्यवर्गीय कवि थे जो या तो स्वतंत्र रूप से पत्रकारिता और समाज-सेवा के काम में लगे हुए थे या धार्मिक संप्रदायों और मठों से संबद्ध थे। ये कवि अपने साहित्य में नवीन सामाजिक एवं धार्मिक विचारों की अभिव्यक्ति करते थे या धार्मिक और पौराणिक साहित्य की रचना कर रहे थे। धर्माश्रित कवियों पर आधुनिक विचारों का कोई प्रभाव नहीं था। उसी तरह राज्याश्रित कवि भी सामाजिक परिवर्तन से असंपृक्त आधुनिकतावादी दृष्टिकोण से कटे हुए थे किंतु मध्यवर्गीय कवियों में नवीन प्रवृत्तियों एवं मान्यताओं की प्रमुखता थी। वे काव्य-रचना तो ब्रजभाषा में करते थे किंतु गद्य साहित्य की रचना खड़ी बोली हिंदी में करते थे। उन्होंने काव्य में एक ओर तो ह्रासकालीन रीतिबद्ध एवं रीतिसिद्ध कवियों के समान कवित्त, सवैया और दोहा छंदों में शृंगारिक कविताएँ लिखीं तथा

पूर्वमध्यकालीन भक्त कवियों की परंपरा में कृष्णभक्ति संबंधी पदों की रचना की तो दूसरी ओर धार्मिक एवं सामाजिक सुधार विषयक कविता की रचना रोला, छप्पय आदि मात्रिक छंदों एवं उर्दू की बह्रों में की। अंग्रेज़ी के प्रगीतों का प्रभाव ग्रहण करके उन्होंने विविध विषयों को शीर्षक देकर निबंधकाव्यों अथवा प्रकृतिचित्रण संबंधी भावात्मक कविताओं की रचना की। यही नहीं उन्होंने उर्दू में भी नज़्मों और गज़लों की रचना की तथा हिंदी में उर्दू की नज़्म, गज़ल तथा अंग्रेज़ी के सानेट, शोकगीत एवं संबोधनगीत की शैली अपनाकर हिंदी को नयी दिशा में मोड़ने का प्रयास किया। उनकी कुछ कविताएँ खड़ी बोली में भी हैं। उनका गद्य-साहित्य जितना सुधारवादी एवं नवीनतावादी है, उतना उनका काव्य नहीं है फिर भी कविता में उन्होंने गीति-तत्त्व और शिल्प-तत्त्व दोनों दृष्टियों से आधुनिकता का समारंभ किया। इस तरह इस काल का साहित्य भी संक्रांति की स्थिति में ही था जिसमें नवीनता और प्राचीनता की प्रवृत्तियाँ साथ-साथ वर्तमान थीं।

संक्रांतिकालीन गीतिकाव्य के मूल स्रोत

यदि इस काल के कवियों के काव्य का आकलन किया जाये तो उनमें प्राचीन और नवीन शैलियों की रचनाएँ प्रायः समान मात्रा में दिखलाई पड़ेंगी। भारतेंदु हरिश्चंद्र ने राधा और कृष्ण से संबंधित शृंगारिक मुक्तक काव्य की रचना प्रभूत मात्रा में की है। यह प्रवृत्ति बालमुकुंद गुप्त, प्रताप नारायण मिश्र और प्रेमघन में भी दिखलाई पड़ती है। प्रबंधकाव्य की रचना इन्होंने नहीं की। इनका शेषकाव्य गीतिकाव्य है। प्रभाव और प्रेरणा की दृष्टि से उनके द्वारा रचित गीतिकाव्य को चार वर्गों में विभाजित किया जा सकता है :

1. पूर्ववर्ती भारतीय गीति परंपरा
2. लोकगीत परंपरा
3. उर्दू गीतिकाव्य की परंपरा
4. पाश्चात्य गीति परंपरा

1. पूर्ववर्ती भारतीय परंपरा का प्रभाव : मध्यकाल के कवियों ने गीतिकाव्य में जिन शैलियों का विकास किया था, उनका विवेचन पहले किया जा चुका है। संक्रांति काल के गीतिकाव्य में भी उनमें से अनेक शैलियाँ वर्तमान हैं। भक्त और संत कवियों ने अधिकतर सांगीतिक गीतों और पदगीतों की रचना की है। ह्रासकाल में इन शैलियों का प्रचार अधिक नहीं था किंतु संक्रांतिकाल में पुनः इन्हें अपनाकर गीतिकाव्य की रचना होने लगी। भारतेंदु हरिश्चंद्र, बालमुकुंद गुप्त, प्रताप नारायण मिश्र, खड्ग बहादुर मल्ल, प्रेमघन आदि कवियों ने न केवल भगवद्भक्ति बल्कि सामाजिक विषयों पर भी बहुत अधिक मात्रा में पदगीतों की रचना की है। साथ

ही मध्यकालीन कवियों के समान उन्होंने कुछ ऐसे पदों की भी रचना की है जो शास्त्रीय राग-रागिनियों में आबद्ध हैं। उन्होंने कुछ गाथा-गीतों की रचना भी की है जिनमें प्रगीत की शैली में पौराणिक कथानक आबद्ध किये गये हैं। नाट्यगीत की ओर भी भारतेंदु हरिश्चंद्र और बालमुकुंद गुप्त ने कदम बढ़ाया था पर उसका अधिक विकास नहीं हो सका। इसके अतिरिक्त इस काल में हिंदी के मात्रिक छंदों में शीर्षक देकर प्रगीतों की भी रचना की गई। इन सबके संबंध में बाद में विचार किया जायेगा।

2. लोकगीतों की परंपरा का प्रभाव : मध्यकाल के कवियों के समान इस काल में कवियों ने भी लोकगीतों की शैली में काव्य-रचना की है। भारतेंदु हरिश्चंद्र ने अपने एक लेख में इस बात पर बल दिया था कि सामाजिक एवं राष्ट्रीय विषयों पर हिंदी की उपभाषाओं या बोलियों में लोकप्रचलित गीतों की रचना करके उन्हें जनता में वितरित करना चाहिए ताकि जन-जागृति उत्पन्न हो सके।[1] इससे यह सिद्ध होता है कि लोकगीत की शैली में गीतिकाव्य की रचना करने में उनका उद्देश्य राष्ट्रीय एवं सामाजिक चेतना उत्पन्न करना था, मध्यकालीन भक्तकवियों के समान भगवद्भक्ति का प्रचार करना या अपनी भगवद्विषयक अनुभूति को निवेदित करना नहीं था। इस शैली में इन कवियों ने कजरी, बिरहा, चैता, फाग, होरी, जोगीड़ा आदि की रचना की है। यहाँ यह ध्यान देने की बात है कि इन गीतों में उन्होंने विभिन्न लोकगीतों की धुनों या रागों का ही अनुकरण किया है। उनका कथ्य लोकगीतों के कथ्य से बिल्कुल भिन्न है और भाषा भी अधिकतर ब्रजभाषा ही है। बालमुकुंद गुप्त ने खड़ी बोली में लोकगीतों की रचना की है। इस प्रकार इन गीतों में अधिकतर सामाजिक यथार्थ को ही प्रायः व्यंग्यात्मक शैली में अभिव्यक्त किया गया है।

3. उर्दू गीतिकाव्य की परंपरा का प्रभाव : 19 वीं शताब्दी तक उर्दू भाषा और उसके काव्य का पूर्ण विकास हो चुका था। इस भाषा ने खड़ी बोली हिंदी के गद्य को तो प्रभावित किया ही था, काव्य को भी कम प्रभावित नहीं किया। इस युग में समाज में उर्दू का विशेष सम्मान था और प्रत्येक शिक्षित व्यक्ति उर्दू का जानकार होता था। अतः इस काल के हिंदी कवियों ने भी या तो उर्दू भाषा में गज़लों और नज़्मों की रचना की या खड़ी बोली हिंदी में उर्दू की बह्रों में लावनी, मुसद्दस, मुखम्मस, मुसल्लस आदि की रचना की। ये सभी उर्दू गीतिकाव्य के रूप हैं। हिंदी गीतिकाव्य पर भी इनका पर्याप्त प्रभाव पड़ा था। इनकी लोकप्रियता से प्रभावित होकर इस युग के सभी कवियों ने इन कई गीतिशैलियों का उपयोग किया था। प्रारंभ में उर्दू में गज़लें ही लिखी जाती थीं। बाद में नज़्म अर्थात् विषय प्रधान प्रगीतों की भी रचना होने लगी। उर्दू में नज़्म की कई किस्में हैं। जैसे—मुसल्लस, रुबाई, खमसा

---

1. भारतेंदु हरिश्चंद्र : भारतेंदु ग्रंथावली

या मुखम्मस, मरसिया, मुसद्दस और मसनवी आदि। इन काव्य-रूपों को आधार बनाकर उर्दू और हिंदी दोनों में ही विपुल साहित्य की रचना हुई है। इसलिए इन पर भी विचार कर लेना आवश्यक है।

गज़ल : फारसी के चार काव्यरूपों—कसीदा, मसनवी, रुबाई और गज़ल में से गज़ल भारतीय गीतिकाव्य का समानार्थी है। कसीदा प्रशस्तिकाव्य है, मसनवी प्रबंधकाव्य और रुबाई मुक्तककाव्य। गज़ल की यह विशेषता है कि उसमें प्रारंभ की दो पंक्तियाँ या मिसरे समतुकांत होते हैं और बाद के दो-दो मिसरों में से हर दूसरे मिसरे में पहले शेर (द्विपदी) की तुक से समतुकांत योजना की जाती है। साथ ही प्रत्येक शेर (द्विपदी) अपने आप में मुक्तक काव्य के समान स्वतंत्र होता है। गज़ल का यह काव्यरूप परंपरा से प्रेमानुभूति की अभिव्यक्ति के लिए ही प्रयुक्त होता रहा है। वैसे सांसारिक प्रेम के अलावा इसमें भक्ति रस (तसव्वुफ), परिवार-प्रेम तथा देश-प्रेम की अभिव्यंजना भी की जाती है। गज़ल में पाँच से लेकर सत्रह शेर तक कहने की परंपरा रही है। हर शेर के अंत में जितने शब्द बार-बार आते हैं, उन्हें रदीफ तथा रदीफ के पहले के एक ही आवाज़वाले शब्दों को काफिया कहते है।[1]

गज़ल में गेयता और आत्मानुभूति की अभिव्यंजना प्रधान होती है तथा मतला या ध्रुवक की आवृत्ति बार-बार की जाती है।

इसे 'मुक्तक गीत' भी कहा जा सकता है क्योंकि इसमें प्रत्येक शेर कथ्य की दृष्टि से स्वतंत्र होता है जिससे पूरी कविता में विषयगत केंद्रीयता नहीं होती। भावात्मकता, सहजता, संक्षिप्तता और टेक पद्धति के कारण यह गीतिकाव्य के अंतर्गत आता है। भारतेंदु हरिश्चन्द्र की एक उर्दू गज़ल यहाँ दी जा रही है :

उठा के नाज से दामन भला किधर को चले।
इधर तो देखिए बहरे खुदा किधर को चले।।1।।
मेरी निगाहों में दोनों जहाँ हुए तारीक।
ये आप खोल के जुल्फे दोता किधर को चले।।2।।
X X X
चढ़ी हैं त्योरियाँ कुछ हैं मिजह भी जुम्बिश में।
खुदा ही जाने ये तेगे अदा किधर को चले।।6।।
गया जो मैं कहीं भूले से उनके कूचे में।
तो हंसके कहने लगे हैं रसा किधर को चले।।7।।[2]

---

1. डॉ. मसीहुज्जुमा : साहित्यकोश, भाग-1, ज्ञान लिमिटेड वाराणसी
2. गज़ल : बाबू हरिश्चंद्र 'रसा' चमनिस्ताने हमेशः बहार, दूसरा भाग, हरिप्रकाश यत्रालय, बनारस

नज़्म की किस्में : उर्दू के गीतिकाव्य के अंतर्गत गज़ल के अतिरिक्त और भी कई भेद होते हैं। उन सबको नज़्म कहा जाता है। नज़्म पदों या बंदिशों में विभक्त रचना होती है जो किसी एक विषय या भाव को लेकर लिखी जाती है। प्रत्येक पद की पंक्तियों की संख्या के अनुसार नज़्म के अनेक भेद होते हैं जिनके नाम ये हैं :

1. मुसल्लस (त्रिपदी) : नज़्म की वह किस्म जिसके प्रत्येक बंद में तीन पंक्तियाँ होती हैं, मुसल्लस कहलाती है। इसमें दो पंक्तियों का एक शेर समतुकांत होता है और तीसरी पंक्ति हर बंद में दुहराई जाती है। जैसे :

न जानों कम इसे यारो बड़ा तमाशा है
जिधर को देखो उधर एक नया तमाशा है
गरज़ मैं क्या कहूँ दुनिया भी एक तमाशा है।

X X X

जो शेर हैं उन्हें गीदड़ खड़े चिढ़ाते हैं।
पढ़त तो नाचे हैं, मेढक मल्हार गाते हैं।।
गरज़ मैं क्या कहूँ, दुनिया भी एक तमाशा है।

2. रुबाई और क़िता (चतुष्पदी) : रुबाई फारसी का एक प्रसिद्ध काव्यरूप है जिसमें समान वज़न की चार पंक्तियाँ या मिसरे होते हैं। दूसरे शेर का पहला मिसरा भिन्न लयवाला होता है तथा दूसरा मिसरा पहले शेर की पंक्तियों का समतुकांत होता है। पूरी रुबाई में एक ही बात, एक ही कथ्य या भाव व्यक्त होता है। किसी गज़ल में जब एक भाव से संबंधित दो शेर आ जाते हैं तो उन चार पंक्तियों को क़िता कहा जाता है। रुबाई चार पंक्तियों का भावात्मक मुक्तक काव्य है जो रुबाई नामक एक विशिष्ट बह्र या छंद में लिखी जाती है किंतु जब एक ही विषय या भाव से संबंधित अनेक रुबाइयाँ लिखी जाती हैं, तो उसे भी नज़्म कहा जाता है। फारसी में 'उमर खय्याम' की रुबाइयाँ प्रसिद्ध हैं। रुबाई का उदाहरण यह है :

है शबनमे हैरां को मुझसे ये हिजाब,
आँखों को करे चार नहीं ये उसे ताब।
हैरत को मेरी गौर अगर करता है,
आईने की आँखों में भर आता है आब।।

चार पंक्तियों के बंदवाली ऐसी भी नज़्म होती है जिसकी बह्र रुबाई की नहीं होती। उसमें प्रारंभ में ही समतुकांत मिसरों का एक शेर होता है। बाद के बंदों में

उसी वज़न के तीन समतुकांत मिसरे होते हैं और चौथा मिसरा प्रारंभ के दो मिसरों का समतुकांत होता है जैसे :

सुनरी सहेली। मेरी पहेली
बाबुल घर में। रही अलबेली।
कुछ कुछ मोहे समझ जो आई
एक जा ठहरी मोरी सगाई
आवन लागे बाम्हन नाई
कोई ले रुपया कोई ले धेली।

—बहादुरशाह जफ़र

3. खमसा या मुखम्मस (पंचपदी) : नज़्म की वह किस्म जो कई बंदों में किसी एक विषय या भाव को लेकर लिखी जाती है तथा जिसके प्रत्येक बंद में समान वज़न वाली बह्र के 5 मिसरे होते हैं, खमसा या मुखम्मस कही जाती है। पहले बंद में पाँचों पंक्तियाँ समतुकांत होती हैं किंतु बाद के बंदों में प्रारंभ की चार पंक्तियाँ एक ही बह्र के वज़नवाली तथा समतुकांत होती हैं और पाँचवीं पंक्ति पहले बंद की ही पाँचवीं पंक्ति होती है।

खुशी से दिल की मंगा इत्रोपान कोठे पर,
बिछा के फर्श लगा सायेबान कोठे पर।
हमारे मिलने का रख दिल में ध्यान कोठे पर,
कभी तो आओ हमारे भी जान कोठे पर
लिया है मैंने अकेला मकान कोठे पर।

—नज़ीर अकबराबादी

4. मुसद्दस (षट्पदी) : उस नज़्म को मुसद्दस कहा जाता है जिसमें एक विषय पर लिखे हुए कई बंद होते हैं और प्रत्येक बंद में छः पंक्तियाँ होती हैं। प्रत्येक बंद की पहली चार पंक्तियाँ समान वज़न वाली बह्र की एवं समतुकांत होती हैं। बाद की दो पंक्तियाँ उसी वज़नवाली बह्र में होती हैं किंतु वे प्रारंभ की चार पंक्तियों से भिन्न तुकवाली होती हैं। वे दोनों आपस में ही समतुकांत होती हैं। कभी-कभी पहले बंद की अंतिम दो पंक्तियाँ ही हर बंद में दुहरा दी जाती हैं। इसका उदाहरण निम्नलिखित है :

थर्राते हुए हाथ उठाकर वो पुकारी
इस हाथ के इस चाँद से माथे के मैं वारी
आखिर कोई दिन में है बस अब मौत हमारी
भैया नहीं जीने की मैं फुर्कत में तुम्हारी।

जब आके फिर इस झूले को आबाद करोगे।
तुम भी मेरी गोदी को बहुत याद करोगे।[1]

जबसे तुमको ले गया है यह फलक अजलम कहीं।
जी तरसता है कहीं और चश्म है पुरनम कहीं।।
हम पै जो गुज़रा है वह गुज़रा किसी पर कम नहीं।
न तसल्ली है न दिल को चैन है एकदम कहीं।।
छूट जाएँ ग़म के हाथों से जो निकले दम कहीं।
ख़ाक ऐसी ज़िंदगी पर तुम कहीं और हम कहीं।।

X X X

हर घड़ी आँसू बहाना दीदये खूंबार से
रात दिन सिर को पटकना हर दरो दीवार से।।
आहो नाला खींचता हरदम दिले बीमार से।
है बुरा अहवाल अब तो हिज्र के आजार से
छूट जाऊँ ग़म के हाथों से जो निकले दम कहीं।
ख़ाक ऐसी ज़िंदगी पर तुम कहीं और हम कहीं।[2]

—नज़ीर अकबराबादी

उर्दू बहूरों का प्रभाव : आधुनिक युग में हिंदी कविता परंपरागत छंद-शास्त्र से उत्तरोत्तर अधिकाधिक स्वतंत्र होती गई। संक्रांति-युग में इस स्वतंत्रता का बीज-वपन हुआ था जब संस्कृत के वर्णवृत्तों और हिंदी के मात्रिक छंदों के रहते हुए भी हिंदी के कवियों ने उर्दू की बहूरों या छंदों का निस्संकोच प्रयोग करना शुरू किया। बाद में उर्दू के ये छंद हिंदी के छंदों के साथ इस तरह घुलमिल गये कि उन्हें पहचानना भी कठिन हो गया। प्रारंभ में कवियों ने तो उर्दू की बहूरों को ज्यों का त्यों लेना शुरू किया पर बाद में उर्दू के छंद में दीर्घ को ह्रस्व बनाने की प्रवृत्ति का त्याग करके उन्हें मात्रिक छंद का रूप दे दिया गया। भारतीय पिंगलशास्त्र के अनुसार छंदों के प्रसार की इतनी अधिक व्यापकता है कि उर्दू की बहूरें भी उसमें अंतर्भुक्त हो जाती हैं। आधुनिक युग के पुनरुत्थान काल एवं विद्रोह काल में उर्दू के छंदों का इसी प्रकार भारतीयकरण कर लिया गया। इस तरह उर्दू की बहूरों का आधुनिक हिंदी गीतिकाव्य पर बहुत अधिक प्रभाव पड़ा है। उर्दू के इल्मेउरूज़ के जन्म का मूल स्रोत अरबी का इल्मेउरूज़ (छंद शास्त्र) है। उरूज़ का अर्थ है मक्का। मक्का में ही सर्वप्रथम खलील बिन अहमद ने छंद-शास्त्र की रचना की और इस

1. 'मरासिये अनीस' से उद्धृत।
2. चमनिस्तान हमेशः बहार चतुर्थ भाग : अमीर सिंह द्वारा संगृहीत, तृतीय संस्करण, हरिप्रकाश यंत्रालय, बनारस, पृ. 23-24

शास्त्र को मक्का के नाम पर 'इल्मेउरूज़' कहा। उन्होंने प्रारंभ में 15 बहूरें या छंद निश्चित किये। बाद में यह संख्या और बढ़ गई। इन छंदों को यति और प्रवाह के आधार पर कुछ विशेष ध्वनि की मात्रा या वज़न से नियंत्रित किया जाता है जो ये हैं—फैलुन, फ़ायलातुन, फ़ाउलुन, मफ़ऊल, मफ़ायलुन मुस्तफ़ एलुन, फ़ेयलात आदि। 'इल्मेउरूज़' के 16 बहूरों के उपर्युक्त माप अलग-अलग हैं, जिनके नाम ये हैं :

1. बहूरे हज़ज (मुसम्मन) 2. बहूरे हज़ज (मुसद्दस), 3. बहूरे रज़ज (मुसम्मन), 4. बहूरे रज़ज (मुसद्दस), 5. बहूरे रमल (मुसम्मन), 6. बहूरे रमल (मुसद्दस), 7. बहूरे कामिल (मुसम्मन), 8. बहूरे वाफ़र (मुसम्मन), 9. बहूरे मोतदारिक (मुसम्मन), 10. बहूरे मोतकारिब, 11. बहूरे मोकतज़िब, 12. बहूरे मुन्सरह (मुसम्मन 2 मुसद्दस) 13. बहूरे सरीय 14. बहूरे खफीफ 15. बहूरे मुज़्तस और 16. बहूरे मोजारे।[1]

इनके उदाहरण ये हैं :

बहूरे हज़ज (मुसम्मन)–

क़यामत तक रहे साक़ी सलामत तेरा मैख़ाना।

बहूरे हज़ज (मुसद्दस)–

सिरहाने मीर के आहिस्त बोलो।
अभी टुक रोते रोते सो गया है।।

बहूरे रज़ज (मुसम्मन)–

पैदा हुआ शोरे यकूंने में वो नग्मा भर दिया।
मेरे लिए वो किस क़दर तकलीफ़ फरमाते रहे।।

बहूरे रमल (मुसम्मन)–

ये मसायले तसब्बुफ ये तेरा बयाने ग़ालिब।
तुझे हम वली समझते जो न वादाख़्वार होता।।

बहूरे कामिल (मुसम्मन)–

है जहां का हाल अमां अजब कि कहीं मलाल कहीं तरब
कोई रात ढलने से जांतलब कोई बांगे मुर्गे सहर से खुश

बहूरे रज़ज (मुसद्दस)–

हमको मिला जो लुत्फ़ कूए यार का।
कब वो सबा को लुत्फ़ है गुलजार का।।

बहूरे रमल (मुसद्दस)–

रहम कर ऐ किब्रियाए जल जलाल।

---

1. मेराजुल उरूज़ : मौलवी कायम रज़ा साहब : अनवार अहमदी प्रेस इलाहाबाद।

दूर कर रंजोग़मोहुस्नो मलाल।।

बहूरे वाफर (मुसम्मन)–

डरा के कहा भला बे भला, खफा जो हुआ ज़रा वो सनम
मेरा भी ज़रा न ग़िला रहा, फंसा जो गया मुझे ये सितम

बहूरे मोतदारिक (मुसम्मन)–

जुल्फो रुख़ देखकर हो गये हम फ़िदा।
यूं हुए होयंगे आप पर कम फ़िदा।।

बहूरे मोतकारिब–

अगर यों ही ये दिल सताता रहेगा।
तो एक दिन मेरा जी ही जाता रहेगा।।

बहूरे मोकतज़िब–

हाय ये नसीब अपने जिसकी वो तमन्ना थी।
बादे मर्ग भी गाहे ख़ाक वो न आ निकला।।

बहूरे मुन्सरह (मुसद्दस)–

अहूद हमारा भी है गुलरु से।
कैद कर हमको चश्मे जादू से।।

बहूरे सरीय–

कु बुलबुले शैदाने ये गुल से कहा।
तुझको नहीं जुल्मों सिलन से खा।

बहूरे खफ़ीफ–

तेरे जलवे से हुए सब मुतहइर।
कोई वादा हो या कोई मुतबहिर।।

बहूरे मुज़्तस–

सहर को उठके जबां से जो काम लेते हैं मोमिन।
खुदा के बाद मुहम्मद का नाम लेते हैं मोमिन।।

बहूरे मोज़ारे–

तारीफ़ उस खुदा की जिसने जहां बनाया।
कैसी ज़मीं बनाई क्या आसमां बनाया।।

पाश्चात्य गीतिकाव्य का प्रभाव : पहले कहा जा चुका है कि ब्रिटिश शासन पाश्चात्य संपर्क और अंग्रेजी शिक्षा के कारण भारतीय साहित्य पर पाश्चात्य विशेषतः अंग्रेजी के साहित्य का बहुत प्रभाव पड़ा। जिस प्रकार कथा-साहित्य और नाट्य-साहित्य की गद्य-विधाएँ भारत में लुप्त हो गई थीं पर अंग्रेजों के संपर्क के कारण पुनः नये रूप में उठ खड़ी हुईं, उसी प्रकार उत्तर-मध्यकाल में लुप्तप्राय

भारतीय गीतिकाव्य भी अंग्रेजी साहित्य के संपर्क से नये सिरे से जाग्रत हो उठा। यह प्रभाव भारत की सभी भाषाओं पर समान रूप से पड़ा। हिंदी और उर्दू के साहित्यकार भी इससे अछूते नहीं रहे। उर्दू में पहले विशेषतः ग़ज़ल, मसनवी और मरसिया की ही रचना होती थी किंतु संक्रांति काल में उसमें भी नज़्म (प्रगीत) की रचना होने लगी। कुछ तो अंग्रेजी गीतिकाव्य के प्रभाव के कारण और कुछ उर्दू काव्य की इस नवीन गीतिविधा के कारण हिंदी में °ी किसी एक विषय या भाव से संबंधित अनेक बंदों या पदोंवाले प्रगीत लिखे जाने लगे जिन पर संबद्ध विषय का शीर्षक लगाया जाता था।

पूर्ववर्ती भारतीय गीतिकाव्य मुख्यतः पद-शैली में होता था जिसमें 'टेक' की पंक्ति की आवृत्ति की जाती थी। बीच के अंतरा के चरणों की पंक्तियाँ पाश्चात्य गीतों या प्रगीतों के बंद या पद के समान नहीं होती थीं। भारतीय काव्य में प्रकृति, मानव या घटना विशेष से संबंधित वर्णनात्मक या विवेचनात्मक कविता लिखने की परिपाटी भी प्रचलित नहीं थी किंतु आधुनिक युग के प्रारंभ (संक्रांति युग) में ही विविध घटनाओं, सामाजिक हलचलों, समसामयिक व्यक्तियों, देश और समाज की स्थिति तथा प्रकृति के सुंदर और महत्त्वपूर्ण स्थलों के संबंध में शीर्षकयुक्त कविताएँ लिखी जाने लगीं जो प्रायः प्रगीतात्मक होती थीं। यह अंग्रेजी गीतिकाव्य का ही प्रभाव था। 'संक्रांतिकाल' के बाद के युगों में अंग्रेजी के गीतिकाव्य की विविध विधाओं को स्वीकार किया जाने लगा जैसे—सानेट (चतुर्दशपदी), ओड (संबोधन-गीत), एलेजी (शोकगीत), बैलेड (लघु गाथा-गीत) आदि। छंद-विधान जैसे अंत्यानुप्रास संबंधी नियमों के साथ-साथ गीतिकाव्य की मूल चेतना भी पाश्चात्य गीतिकाव्य से ही प्रभावित होने लगी। पुनरुत्थान युग में अंत्यानुप्रासहीन छंदों, विद्रोह-युग में मुक्त छंद एवं क्रांति-युग में छंद-मुक्त पद योजनावाले गीतों और प्रगीतों की रचना, पाश्चात्य देशों में विकसित गीतिकाव्य के प्रभाव से ही हुई। इनके संबंध में विशेषरूप से बाद में विचार किया जाएगा।

संक्रांतिकाल का गीतिकाव्य

भारतीय साहित्य में उपलब्ध गीतिकाव्य के जिन भेदों का विवेचन किया जा चुका है, उनमें से निम्नलिखित छः भेद संक्रांतियुगीन हिंदी काव्य में भी उपलब्ध होते हैं। 1. सांगीतिक गीत 2. पदगीत 3. नाट्य गीत 4. प्रगीत और 5. गाथा गीत।

मध्यकालीन हिंदी गीतिकाव्य के प्रसंग में इन भेदों का वैशिष्ट्य दिखाया जा चुका है। संक्रांति काल में इनके स्वरूप में पर्याप्त परिवर्तन हो गया था। यहाँ उनके इस परिवर्तित स्वरूप का अध्ययन करना उचित होगा।

1. सांगीतिक गीत : सांगीतिक गीतिशैली के अंतर्गत मार्गी और देशी संगीत

का विवेचन पहले किया जा चुका है। इस काल में शास्त्रीय संगीत के अतिरिक्त शिष्ट समाज में सुगम-संगीत या हल्के गाने का भी प्रचार हुआ। ग्रामीण समाज और अशिक्षित जनता में लोकगीतों का प्रचलन अनादिकाल से रहा है। इस काल के शिष्ट समाज के कवियों द्वारा भी लोकगीतों में गीतिकाव्य की रचना हुई। इस काल में मध्यकाल के कवियों के समान मार्गी संगीत की राग-रागिनियों में बद्ध गीतों की रचना नहीं हुई और न गीतों के साथ शास्त्रीय राग-रागिनियों के नाम दिये गये किंतु देशी संगीत, सुगम-संगीत और लोकगीत संबंधी रागों के नाम देकर गीतों की रचना अवश्य की गई। भारतेंदु हरिश्चंद्र तथा उनके समकालीन कवियों ने हिंदी के प्रचार के लिये इस प्रकार के गीतों की रचना करके उन्हें प्रकाशित कराया। 'रस-बरसात',[1] 'नयी बहार',[2] 'मधुमुकुल',[3] 'मलार-हिंडोला',[4] आदि संग्रह इसी प्रकार के थे।

देशी संगीत : इस काल के हिंदी कवियों तथा लखनऊ के नवाबी दरबार के आश्रित मुसलमान संगीतज्ञों ने देशी संगीत की रचना विपुल मात्रा में की है। भारतेंदु हरिश्चंद्र ने इस तरह के रागबद्ध गीतों की न केवल स्वयं रचना की बल्कि उनका संग्रह भी किया तथा दूसरे से कराया। 'प्रेम तरंग'[5] नामक ग्रंथ उनके द्वारा लिखित ऐसे गीतों का संग्रह था। उनके द्वारा संपादित 'गुलजार पुर बहार'[6] नामक संकलन में उर्दू की गज़लों के अतिरिक्त स्वयं उनके द्वारा तथा चंद्रिका नामक किसी गायिका द्वारा रचित 'देशी संगीत', सुगम संगीत एवं लोकगीत के विविध रूपों जैसे—मलार, कजरी, होरी, ठुमरी, वरवा, पूर्बी, रेख्ता, सावनी, बसंत, खेमटा आदि का संकलन किया गया है। इस काल में अवध के नवाबी दरबार के आश्रित मुसलमान संगीतज्ञों तथा शायरों ने भी मार्गी एवं देशी रागों एवं सुगम गानों की रचना की थी। इनमें से यकरंग अख्तर, अजब रंग, अजमत, अफसोस लखनवी, आलम, हमदाद, उल्फतराय राजा, मस्तपिया, कदर, काजम, कायम खुशहाल, ताबां, नजीर, निजामी, फकीर हुसैन शाह, फरहत, मुलतान आलम, मुश्तरी बाई, वहजन, सनद, हाफिज, हैदर के नाम उल्लेखनीय हैं। इन लोगों ने विभिन्न रागों में गीत लिखे जैसे—ठुमरी, भैरवी, होली चीलू, होली खम्माच, भैरवीधीमा, असावरी, ठुमरी पीलू, ठुमरी देश, कल्याण

---

1. रसबरसात : बरसात में गाने लायक अच्छी-अच्छी चीजें, अमीर सिंह, हरिप्रकाश यंत्रालय बनारस।
2. नयी बहार : बहार, वसंत, होली और चैती घाटो का अति उत्तम संग्रह—वही।
3. मधुमुकुल काव्य : होली में गाने की चीजें—मल्लिक चंद्र आर्ट कंपनी बनारस।
4. मलार-हिंडोला आदि—वही।
5. प्रेम तरंग : गाने की उत्तम चीजें—बाबू हरिश्चंद्र रचित, प्रकाशक अमीर सिंह, हरिप्रकाश यंत्रालय बनारस।
6. गुलजार पुर बहार (परितोषित एवं सस्ती आवृत्ति)—श्री हरिश्चंद्र संपादित, प्रकाशक मल्लिक चंद्र और कंपनी, बनारस, सम्वत् 1940 (1883 ई.)

मत, जंगला तिताला, दादर-भोपाल, भैरवी धमार, ठुमरी पर्च, यमन, भैरवी खेमटा, होली, काफी, होली पर्च, हिंडोला देश, ध्रुपद खम्माच, देश, झंझवटी, परज, धम्मार आदि।[1] यहाँ कुछ देशी रागबद्ध गीतों के उदाहरण दिए जा रहे हैं :

ठुमरी

पिया रे पिया कौन देस रहे छाय।
कापर रहे बिलमाय।।
मेरी सुध बिसराय।
प्रेम सब जिय सों दूरि भुलाय। पिया रे पिया।
हरीचंद पिय निठुर बसे कत।
जोगिन हमहिं बनाय। पिया रे पिया।[2]

होली

हरदम हरनाम भजोरी।
जो हरदम हरिनाम को भजिहौ, मुक्ति हो जइहैं तोरी।
पाप छोड़ के पुन्य जो करिहौं तब बैकुंठ मिलो री।।
करम से धरम बनोरी।।
यकरंग पिय से जाय कहो कोई हर घर रंग मचो री।
सुर नर मुनि सब फाग खेलत हैं अपनी अपनी बारी।।
खबर कोई लेत न मोरी।।[3]

सुगम संगीत : शिष्ट समाज में शास्त्रीय संगीत के अतिरिक्त 'सुगम संगीत' या हल्के गाने का प्रचार सदैव रहा है। इसमें राग-रागिनियों एवं शास्त्रीय संगीत के अन्य नियमों का पालन नहीं किया जाता बल्कि वाद्य की संगत पर सुगम धुनों में अर्थप्रधान गीत गाये जाते हैं। शास्त्रीय संगीत नाद-प्रधान होता है। उसमें बोल अर्थात् 'टेक' की पंक्ति ही बार-बार स्वरों के आरोहावरोह के साथ आवृत्ति की जाती है और उसमें अधिकतर दो-चार पंक्तियाँ ही होती हैं। 'सुगम संगीत' में गीत की सभी पंक्तियों को इस तरह गाया जाता है कि श्रोताओं को गायन के साथ गीत के अर्थ का भी सही ढंग से बोध हो सके। भजन, गजल, लावनी, रेख्ता और ख्याल आदि इसके अंतर्गत आते हैं। भजन भक्तों और धार्मिक लोगों के बीच गाया जाता है। 'गज़ल' का उपयोग नृत्य का पेशा करनेवाले कव्वालों द्वारा विशेष रूप से मजलिसों में गाने के लिए होता रहा है। 'लावनी' और ख्याल के भी विशेषज्ञ

1. गंगा प्रसाद सिंह : हिंदी के मुसलमान कवि, पृ. 268 से 330 तक।
2. गुलज़ारपुर बहार : श्री हरिश्चन्द्र द्वारा सम्पादित, पृ. 58
3. हिंदी के मुसलमान कवि : गंगा प्रसाद सिंह विशारद द्वारा संगृहीत, पृ. 328

लावनीबाज और ख्यालबाज होते हैं। जिनके अलग-अलग दल या अखाड़े होते हैं। इनके बारे में पहले भी विचार किया गया है। संक्राति-काल के कवियों ने सुगम-संगीतवाले गीतों की भी रचना की है।

भजन : भजन गाने योग्य भगवद्विषयक पदों एवं अन्य कविताओं को कहा जाता है। इन्हें शास्त्रीय रीति से न गाकर सुगम ढंग से गाया जाता है। संक्रांति युग के प्रायः सभी कवियों ने पदगीत अथवा अन्य प्रकार के भजनों की रचना की। भारतेंदु हरिश्चंद्र ने मुख्यतः पद-शैली में भजन लिखे हैं। प्रताप नारायण मिश्र ने सवैया छंद को तोड़कर 'भजन' का रूप दे दिया है। बालमुकुंद गुप्त ने भी भजनों की रचना की है। यहाँ प्रतापनारायण मिश्र का एक भजन का कुछ अंश दिया जा रहा है :

शरणागतपाल कृपाल प्रभो। हमको इक आश तुम्हारी है।
तुम्हरे सम दूसर और कोऊ नहिं दीनन को हितकारी है।।
सुधि लेत सदा सब जीवन की अति ही करुना बिस्तारी है।
प्रतिपाल करैं बिन ही बदले अस कौन पिता महतारी।।[1]

भारतेंदु जी के 'करि मूरख मित्र मिताई फिर पछितैहो रे भाई' तथा 'जगत में घर को फूट बुरी' शीर्षक गीत भी भजन ही हैं।[2]

ग़ज़ल : पहले कहा जा चुका है कि इस काल के प्रायः सभी शिक्षित लोग उर्दू जानते थे और उर्दू में गज़लें लिखी थीं। हिंदी कविता में नवीनता लाने के लिए इन लोगों ने उर्दू के सर्वोत्कृष्ट काव्यरूप 'गज़ल' को भी अपनाया और उर्दू तथा हिंदी गज़लों की रचना की।

भारतेंदु हरिश्चंद्र 'रसा' तखल्लुस से गज़लें लिखते थे। उन्होंने 'चमनिस्ताने हमेशः बहार' के दूसरे भाग का संकलन एवं प्रकाशन कराया था। उसके आवरण पृष्ठ पर छपा है—'नित्य कुसुमाकरोद्यान' अर्थात् चमनिस्ताने हमेशः बहार, दूसरा भाग—इस हिस्से में नये और पुराने अच्छे-अच्छे शायरों की बहुत उम्दा चुनी हुई गज़लें दी गई हैं—उर्दू कविता और गाने के रसिकों के आनंद और उपकार के लिए बाबू हरिशचंद्र 'रसा' ने हरिप्रकाश यंत्रालय के स्वामी बाबू अमीर सिंह की सम्मति से संग्रह किया।[3] इस संकलन में भारतेंदु हरिश्चंद्र 'रसा' की नौ गज़लें संकलित की गई हैं जो विशुद्ध उर्दू भाषा की विभिन्न बहूरों में लिखी गई हैं। इसी प्रकार बालमुकुंद गुप्त और प्रतापनारायण मिश्र (तखल्लुस-बरहमन) ने उर्दू में गज़लें लिखी

1. कविता कौमुदी : लेखक रामनरेश त्रिपाठी, दूसरा भाग, पृ. 69
2. उपरिवत् पृष्ठ 15
3. चमनिस्ताने हमेशः बहार : हरिप्रकाश यंत्रालय बनारस, तीसरी बार मुद्रित।

थीं। बालमुकुंद गुप्त तो प्रारंभ में उर्दू के ही शायर थे। उन्होंने लिखा है—'इससे पहले सन् 1884 ई. से 1889 ई. तक मैंने जो कुछ तुकबंदी किया, वह सब कुछ उर्दू में है। उस समय मैं हिंदी नहीं जानता था। उर्दू कविता हिंदी कविता से अधिक है।'[1]

इस काल की उर्दू कविता की लोकप्रियता को देखकर तत्कालीन हिंदी कवियों में भी यह भावना प्रबल रूप से वर्तमान थी कि उर्दू की तरह हिंदी को भी लोकप्रियता प्राप्त हो। अतः उन्होंने हिंदी में भी गज़लें लिखने का प्रयास किया। बाबू हरिश्चंद्र ने तो अधिक हिंदी गज़लें नहीं लिखीं किंतु प्रतापनारायण मिश्र और बालमुकुंद गुप्त ने अवश्य अधिक संख्या में हिंदी गज़लें लिखीं। भारतेंदु हरिश्चंद्र ने 'गज़ल' के बीच में हिंदी के दोहे रखकर गज़ल की नयी शैली निकाली। जैसे :

चमक से वर्क की उस वर्कवस की याद आई है।
घटा है दम, घटी है जाँ, घटा जबसे ये छाई है।।
कौन सुन कासूं कहूँ सुरति बिसारी नाँह।
बदाबदी जिय लेत हैं, ये बदरा बदराह।।[2]
बहुत इन जालिमों ने आह अब आफत उठाई है।।

प्रतापनारायण मिश्र ने उर्दू की गज़लों के बीच के मिसरे हटाकर, उनकी जगह हिंदी के मिसरे जोड़कर गज़ल में नवीनता उत्पन्न की है। जैसे :

विवादी बढ़े हैं यहाँ कैसे कैसे
कमाल आते हैं दरमियाँ कैसे कैसे।।1।।
जहाँ देखिए म्लेच्छ सेना के हाथों।
मिटे नामियों के निशां कैसे कैसे।।2।।
बने पढ़ के गौरंड-भाषाद्विजाती।
मुरीदाने पीरे-मुगां कैसे कैसे।।3।।
बसो मूर्खते देवि, आर्यों के जी में।
तुम्हारे लिए हैं मकां कैसे कैसे।।4।।[3]

बालमुकुंद गुप्त की एक व्यंग्यात्मक गज़ल के कुछ शेर यहाँ दिये जा रहे हैं जिसमें ब्रजभाषा के कवियों पर व्यंग्य किया गया है :

---

1. बालमुकुन्द गुप्त : स्फुट कविता, भारतमित्र प्रेस कलकत्ता, 1905
2. रामनरेश त्रिपाठी : कविता कौमुदी, भाग 2, प्रथम संस्करण, पृ. 30
3. वही, पृ. 68-69

पूँजी बिगाड़ हमने खोली दूकान है है।
कर डाला अपना गिरवी बैठक मकान है है।।
अब दसही रोज में सब गाहक किधर गये हाय।
क्या चार ही दिन की थी पहली वो शान है है।।
जो थी दूकान पहले फूटी सी एक कहीं पर।
वो काटती है कैसी बढ़ बढ़ के कान है है।।[1]

लावनी : संक्रांति काल में मध्यवर्ग के उदय के साथ सामान्य जनता में लावनी रेख्ता और ख्याल की लोकप्रियता बढ़ी। संगीत और लोक संगीत के इन सुगम रूपों का प्रभाव हिंदी कविता पर 19वीं शताब्दी से ही शुरू हो गया। वस्तुतः लावनी एक ऐसी गीति शैली है जिसका विकास संगीत और लोकगीत के क्षेत्र में समानान्तर हुआ है। 'संगीत राग कल्पद्रुम' के अनुसार लावनी (लावणी) एक उपराग है जिसका विकास मियां तानसेन ने किया था। परवर्ती संगीतज्ञों ने इसके अनेक भेद किये हैं जैसे—लावनी भूपाली, लावनी देशी, लावनी जंगला, लावनी कलंगड़ा और लावनी रेख्ता आदि। साथ ही मध्यवर्गीय जनता में भी 'लावनी' नाम का उर्दू बहूरों में लिखा एक राग प्रचलित हो गया था। आज भी कव्वाली और बिरहा के समान 'लावनी' के दंगल होते हैं। सर्वप्रथम अमीर खुसरो ने इस राग का प्रयोग किया था। संत कवियों ने भी लावनी छंद में कुछ गीतों की रचना की थी। मध्यकालीन संगीतज्ञ कवि—हस्तिराम, हरिदास, रसरंग और कृष्णानंद आदि ने भी 'लावनी राग' को विशेष रूप से अपनाया था। सूफीमत से प्रभावित लोक गायकों ने लावनी राग का विशेष रूप से प्रचार किया और परवर्ती काल में लावनीबाजों के अखाड़े बन गये जिनमें गायकी और आशुकाव्य की प्रतियोगिता हुआ करती थी। खड़ी बोली और उर्दू की कविताएँ चंग के साथ गाई जाती थीं।

इस तरह खड़ी बोली हिंदी और उर्दू के विकास के साथ-साथ उत्तरी भारत के नगरों में लावनी नामक लोकाश्रित गीति-रूप का प्रचार-प्रसार हुआ।

19 वीं शताब्दी की उर्दू कविता में भी 'लावनी' शैली को अपनाकर नज्में लिखी गईं। आगरे के शायर नजीर अकबरावादी ने इसी काल में बहुत-सी लावनियाँ लिखी जिसका एक उदाहरण यह है :

यारो सुनो यह ऊधो कन्हैया का बालपन।
और मधुपुरी नगर के बसैया का बालपन।।
मोहन सरूप नृत्य करैया का बालपन।
बनबन के ग्वाल गऊ चरैया का बालपन।।

1. बालमुकुन्द गुप्त : स्फुट कविता, भारतमित्र प्रेस कलकत्ता, सन् 1905, पृ. 141

ऐसा था बाँसुरी के बजैया का बालपन।
क्या क्या कहूँ मैं कृष्ण कन्हैया का बालपन।

यह 33 बंदों की लावनी है जिसके प्रत्येक बंद में चार समतुकांत पंक्तियाँ तथा टेक की दो पंक्तियाँ हैं। इसे उर्दू का मुसहरा भी कह सकते हैं। इसमें प्रथम बंद की अंतिम दो पंक्तियाँ प्रत्येक बंद के अंत में 'टेक' के रूप में दुहराई गई हैं। नजीर अकबरावादी ने ऐसी बहुत सी लावनियाँ लिखीं थीं जो बड़ी लोकप्रिय हो गई। थीं। वस्तुतः लावनी एक ऐसा सुगम सांगीतिक गीतिकाव्य था जिसमें हिंदी और उर्दू की मिश्र रूपवाली भाषा प्रयुक्त होती थी। इससे वह जनता के लिए सहज और बोधगम्य थी। संक्रांति काल के मध्यवर्गीय कवि अपने सामाजिक कथ्य को जनता के बीच प्रचलित करने के लिए लावनी नामक गीतिकाव्य की रचना करते थे। भारतेंदु हरिश्चंद्र, प्रेमघन, प्रताप नारायण मिश्र, बालमुकुंद गुप्त आदि प्रसिद्ध कवियों के अतिरिक्त अन्य सामान्य कवियों ने भी इस विधा को अपनाया था। प्रतापनारायण मिश्र की 'मन की लहर' नामक पुस्तिका का द्वितीय संस्करण छपा था जिसके मुखपृष्ठ पर लिखा है—कई भाषा में प्रेम के कई एक भावों से भरी हुई कई एक लावनियाँ।

ईश्वरावलंबित प्रसिद्ध प्रतापनारायण मिश्र (बरमहन) के मन मानस से उमगी और परमानंद महोदधि श्री प्रेमदेव से मिली हुई।[1] इस पुस्तिका में मिश्र जी की उर्दू, खड़ी बोली हिंदी, ब्रजभाषा, संस्कृत और फारसी भाषा में लिखी लावनियाँ संकलित हैं। प्रतापनारायण मिश्र ने उर्दू बहूर के अतिरिक्त 'रोला' छंद में भी लावनी की रचना की है। जैसे :

यह मद मधुर मुसकान अधर पल्लव की।
प्रत्येक बात परिपूर्ण सहज शैशव की।
स्वाभाविक चितवन पूरित प्रेमासव की।
हरने वाली सर्वथा ज्ञान गौरव की।
छीन लेती है बरबस चित्त हमारा।
संसार तुच्छ जँचता है हम को सारा।[2]

इसकी अंतिम पंक्ति 'टेक' है जो लावनी के प्रत्येक बंद में पाँच पंक्तियों के बाद दुहराई गई है। इसे भी मुसद्दस कहा जा सकता है। भारतेंदु जी ने 'फूलों का गुच्छा' नामक एक पुस्तक लिखी थी जिसमें स्वलिखित लावनियों का संग्रह किया

1. मन की लहर : प्रतापनारायण मिश्र, भारत जीवन यंत्रालय, बनारस, 1888 ई.
2. वही, तृतीय संस्करण, पृ. 14-15

गया है। इसी प्रकार बालमुकुंद गुप्त की 'स्फुट कविता' नामक पुस्तक में 'सर सैयद का बुढ़ापा' नामक एक लंबी कविता दी गई है जो लावनी छंद में है और जिसकी रचना सन् 1890 ई. में हुई थी। इसमें व्यंग्य और आलोचना अधिक है, जिससे यह निबंध काव्य हो गया है। 'आजकल का सुख' 'साक्षात् अवतार' नामक कविताओं में भी यही छंद प्रयुक्त हुआ है।

उर्दू के बहूर के अतिरिक्त हिंदी के कतिपय छंदों में भी लावनी की रचना होती थी। 19 वीं शताब्दी के अंतिम दशक में महंथ जानकी प्रसाद उपनाम 'रसिक बिहारी' की एक पुस्तिका 'इश्क अजायब'[1] प्रकाशित हुई थी जिसमें 'चौबोल' हंसगति और मधुमाधवी छंद में लिखी कई लावनियाँ हैं।

रेख़्ता : रेख़्ता शब्द का प्रयोग छंद और भाषा दो अर्थों में होता था। 'अमीर खुसरो' ने फारसी और भारतीय छंदों के मिश्रण से रेख़्ता का आविष्कार किया था। अरबी और फारसी के शब्दों को खड़ी बोली में मिलाने से मुगल काल में दक्षिण में जो नयी भाषा बनी, उसे दक्खिनी और रेख़्ता या रेख़्ती कहा जाता था। वली, मीर आदि प्रारंभिक उर्दू कवि रेख़्ता के ही कवि थे। इस भाषा में लिखी जाने वाली गज़लों को भी रेख़्ता कहा जाने लगा। संभवतः इसी अर्थ में गालिब ने लिखा है :

रेखते के तुम्हीं उस्ताद नहीं हो गालिब।
कहते हैं अगले जमाने में कोई मीर भी था।।

इस प्रकार की गज़लों को गाने के लिए जो राग होते थे, उन्हें भी रेख़्ता ही कहा जाता था। इसे 'लावनी' राग के अंतर्गत मान लिया गया था। लावनी का एक भेद 'लावनी रेख़्ता' भी है।

आधुनिक काल में लावनी और रेख़्ता का भेद मिट गया। यद्यपि मध्यकाल में कबीर तथा अन्य संतों ने भी 'रेख़्ता' जैसे छंद लिखे हैं, किंतु संक्रांति काल में इसका 'सुगम संगीत' के रूप में अधिक प्रचार हुआ। इस काल में भारतेंदु हरिश्चंद्र ने 'चमनिस्ताने हमेशः बहार' के दूसरे भाग में गज़लों के साथ रेख़्ता का भी संग्रह किया है। उसमें मुंशी नंदकिशोर, सैयद आगा हसन खां अमानत और हींगा हरि, नागरी दास आदि के रेख़्ते सम्मिलित हैं। 19 वीं शताब्दी के संत कवि तुलसीदास हाथरसवाले के काव्य-संग्रह में भी कई रेख़्ते हैं।[2] यहाँ रेख़्ता का एक उदाहरण दिया जा रहा है :

भाती है मुझे साँवली सी शक्ल यार की।

---

1. इश्क अजायब : महंथ जानकी प्रसाद, भारतभूषण यंत्रालय, काशी, 1894 ई.
2. तुलसी साहिब हाथरसवाले की शब्दावली और जीवन चरित्र भाग 1, वेलवेडियर प्रेस स्टीम प्रिंटिंग वर्क्स इलाहाबाद से प्रकाशित।

कोशल किशोर दिलबरे दशरथ कुमार की।
राजीव नैन नेह भरे रैन के जगे।
झुक झुक के पलक गिरती हैं आलस खुमार की।।
मुसकान मंद माधुरी पर वारूं लाख जी।
किस्से नजीर दे कोई उस गुल उजार की।
रघुवर किशोर दीन पै टुक कीजिए नजर।
दानी शिरोमन जान के तेरी पुकार की।।103।।[1]

लोकगीत : पहले अध्याय में बताया जा चुका है कि काव्य की उत्पत्ति आदिम समाज में प्रचलित लोकनृत्य और लोकगीत से ही हुई है। समाज के वर्ग-विभक्त होने पर शिष्ट वर्ग के लोगों ने जिस साहित्य का निर्माण किया, वह सामान्य शिक्षित या अर्धशिक्षित जन-समाज की समझ के योग्य नहीं था। सामान्य जनता अनादि काल से प्रचलित और लोककंठ में सुरक्षित गीतों से ही संतुष्ट रहती थी। सामान्य जनता में प्रचलित परंपरा से प्राप्त इन्हीं ग्रामगीतों को 'लोकगीत' कहा जाता है। इनमें अलिखित परंपरा में विकसित होने के कारण, इन गीतों का स्वरूप सदैव परिवर्तित होता रहता है। इनमें 'गीतिकाव्य' और 'लोकसंगीत' का रूप मिला-जुला रहता है। अतः इन्हें भी सांगीतिक गीत कहा जा सकता है। ये गीत पुरुषों और स्त्रियों में अलग-अलग नामों और रूपों में प्रचलित रहते हैं। मनोरंजन के साथ-साथ सामाजिक उत्सवों, धार्मिक, जातिगत क्रियाओं और ऋतुओं के अवसर पर इनका गान करना भी इनकी महत्त्वपूर्ण उपयोगिता है। विविध अवसरों पर विविध रागों या धुनों वाले लोकगीत गाये जाते हैं। इसलिए उनका अलग-अलग नाम पड़ गया है। नाम और गाने के अवसर के आधार पर इनके अनेकानेक भेद हैं। जैसे :

सामाजिक उत्सव—विवाह का गीत, सोहर, नहछू का गीत, मंगल गीत, पिंडिया और छठ का गीत।

त्योहार—होली, फाग।

धार्मिक क्रियायें—देवी-गीत, नौमी पूजन गीत, पचरा, शिव संबंधी, तीर्थ और मेला संबंधी गीत।

जातिगत गीत—कहरवा, बिरहा, धोबी गीत, गोंड़ऊ गीत।

ऋतु गीत—कजली, होली या फाग, चैता, घाटो आदि।

श्रम गीत—जंतसार का गीत, निराई या रोपनी का गीत और कटनी का गीत।

गाथागीति—विजयमल, सोरठी, लोरिकायन, पूरनमल, भरथरी और आल्हा।

मध्यगीत में संतों और भक्तों ने इनमें से कई गीति शैलियों को अपनाकर

1. बाबू हरिश्चंद्र संगृहीत नित्य कुसुमाकरोद्यान अर्थात् चमनिस्ताने हमेशः बहार दूसरा भाग, हरिप्रकाश यंत्रालय, बनारस।

काव्य रचना की थी। सामंती वर्ग के दरबारी कवियों ने लोकगीतों को ग्राम्य और हेय समझकर उनकी उपेक्षा की। संक्रांतिकाल में मध्यवर्गीय कवियों ने संतों और भक्तों की पूर्ववर्ती लोकगीतात्मक काव्य परंपरा का अनुगमन किया जिसका उल्लेख पहले किया जा चुका है।

भारतेंदु मंडल के प्रायः सभी कवियों ने लोकगीतों की धुनों का आश्रय लेकर साहित्यिक गीतों की रचना की है। जनता में हिंदी भाषा तथा सामाजिक और राष्ट्रीय विचारों के प्रचार के लिए ही उन्होंने यह मार्ग चुना था। भारतेंदु हरिश्चंद्र ने इस प्रकार के गीतों का संग्रह 'प्रेम तरंग' नाम से हरिप्रकाश यंत्रालय से प्रकाशित कराया था। हरिप्रकाश यंत्रालय से ही 'रस बरसात' और 'नयी बहार' नामक ग्रंथ भी प्रकाशित हुए थे। इन सबका विज्ञापन इस प्रकार किया गया था :

प्रेम तरंग—गाने की उत्तम चीजें बाबू हरिश्चंद्र रचित—चार आना।

रस बरसात—बरसात में गाने लायक अच्छी-अच्छी चीजें—तीन आना।

नयी बहार—बहार, बसंत, होली और चैती घांटो का अति उत्तम संग्रह है—चार आना।

बद्रीनारायण चौधरी 'प्रेमघन' ने मीरजापुर में प्रचलित 'कजली' राग के विभिन्न भेदों के उदाहरण के रूप में कजलियाँ लिखी थीं जिनका संग्रह उन्होंने 'कजली कादम्बिनी' नाम से प्रकाशित कराया था। प्रतापनारायण मिश्र अपने 'ब्राह्मण' पत्र में अनेक लोक प्रचलित धुनों में गीत लिखकर छपाया करते थे। गीत गाकर भिक्षा माँगनेवालों के 'हरिगाथा' की धुन में उन्होंने 'हरिगंगा' और 'तृप्यंताम्' शीर्षक कविताएँ लिखी थीं। जैसे :

आठ मास बीते जजमान।
अब तो करो दच्छिना दान।। हरिगंगा।।
आजुकाल जो रुपया देव।
मानों कोटि यज्ञ करि लेव।। हरिगंगा।। आदि[1]

इसी धुन में उन्होंने हिंदी का हिमायत शीर्षक गीत भी लिखा था।

चहहुं जो सांचउ निज कल्यान।
तो सब मिलि भारत संतान।।
जपो निरंतर एक जबान।
हिंदी, हिंदू, हिन्दुस्तान।।[2]

बालमुकुंद गुप्त भी अपने 'भारत मित्र' पत्र में होली, फाग जोगीड़ा, खेमटा

1. कविता कौमुदी, दूसरा भाग, प्रथम संस्करण, पृ. 64
2. वही।

आदि धुनों में गीत प्रकाशित करते रहते थे। इनके ऐसे गीतों का संकलन 'स्फुट कविता' नामक संग्रह में किया गया है। उससे 'जोगीड़ा' शीर्षक कविता का अंतिम अंश यहाँ दिया जा रहा है :

हाँ सदाशिव गोरख जागे। सदाशिव गोरख जागे।।
लंदन जागे, पेरिस जागे, अमरीका भी जागे।
ऐसा नाद करूँ भारत में, सोता उठकर भागे।।
सदाशिव गोरख जागे।
मंतर मारूँ, जंतर मारूँ, भूत मसान जगाऊँ।
सब भारतवालों की अक्किल चुटकी मार उड़ाऊँ।।
सदा शिव गोरख जागे।[1]

लोकगीतों को साहित्यिक रूप देने में भारतेंदु हरिश्चंद्र ने सबसे अधिक काम किया था। उन्होंने ऐसे गीतों की कई पुस्तकें लिखी थीं जैसे—गीत गोविंदानंद, प्रेम फुलवारी, प्रेम मालिका, प्रेम प्रलाप, प्रेम तरंग, मधुमुकुल, वर्षा विनोद और होली लीला। उनका लिखा एक स्त्रियों का गीत (खेमटा) यहाँ दिया जा रहा है :

सोओ सुख निंदिया प्यारे ललन।
नैनन के तारे, दुलारे मेरे वारे,
सोओ सुख निंदिया प्यारे ललन।
भई आधी रात, बन सनसनात,
पथ पंछी कोउ आवत न जात,
जग प्रकृति भई मनु थिर लखात,
पातहुँ नहिं पाक्ख तरुन हलन।। सोओ.।[2]

बालमुकुंद गुप्त ने भी इस तरह के गीत लिखे हैं जैसे—'मरदानी स्त्रियाँ' और 'सभ्य बीवी'।[3]

2. पदगीत : पदगीत के संबंध में पिछले अध्यायों में विस्तार से विचार किया जा चुका है और बताया जा चुका है कि मध्यकाल तक ऐसे पदों की रचना होने लगी थी जिनमें प्रथम पंक्ति ध्रुवक के रूप में होती थी और बाद में ध्रुवक की समतुकांत पंक्तियाँ होती थीं। कुछ पद ऐसे भी होते थे जिनमें ध्रुवक की पंक्ति और बाद वाली पंक्ति समतुकांत होती थी जिनमें प्रारंभ की दो पंक्तियाँ समतुकांत होती थीं जिन्हें ध्रुवक मान लिया जाता था। उसके बाद की दो-दो पंक्तियाँ समतुकांत

---

1. बालमुकुंद गुप्त : स्फुट कविताएँ, भारत मित्र प्रेस कलकत्ता, 1905, पृ. 103
2. रामनरेश त्रिपाठी : कविता कौमुदी, भाग दो, पृ. 23
3. बालमुकुंद गुप्त : स्फुट कविताएँ, भारत मित्र प्रेस कलकत्ता, 1905, पृ. 93-94 और 100

होती थीं। गाते समय बाद की दो-दो पंक्तियों के बाद ध्रुवक की पंक्ति दुहराई जाती थी।

पहले कहा जा चुका है कि उत्तर-मध्यकाल में दरबारी कवियों ने पदगीतों की रचना नहीं की। रीतिबद्ध और रीतिसिद्ध मनोवृत्ति वाले कवि मुक्तक काव्य में ही अपने काव्य चातुर्य एवं चमत्कार का प्रदर्शन करते थे किंतु संक्रांतिकाल में मध्यवर्ग का उदय होने के कारण दरबारी प्रवृत्तियाँ कम हो गईं और साहित्य पूर्व मध्यकाल के समान लोकोन्मुख होने लगा। फलतः पूर्व मध्यकालीन काव्यरूपों का पुनः प्रयोग होने लगा। पदगीतों के प्रचार का यही प्रमुख कारण था।

इस काल में पदगीत की एक और भी शैली विकसित हुई। इस शैली के गीतों में ध्रुवक के अतिरिक्त कई बंद पद (स्टेंजा) होते हैं। प्रत्येक चरण में अंतरा की कुछ समतुकांत पंक्तियाँ होती हैं जिनके बाद एक या दो पंक्तियाँ 'ध्रुवक' की समतुकांत होती हैं। उत्तरोत्तर पदगीत की यह नवीन शैली अधिक लोकप्रिय होती गई और पद-शैली का प्रयोग कम होता गया। ऐसे ही पदगीतों को पुनरुत्थान-युग और विद्रोह-युग में 'गीत' कहा जाने लगा। संक्रांति काल में पूर्ववर्ती पद-शैली और नवीन (गीत शैली) दोनों में पदगीतों की रचना हुई।

पूर्ववर्ती पद-शैली : मध्यकालीन संत और भक्त कवियों—कबीर, दादू, रैदास, सूर, तुलसी, मीरा की भाँति संक्रांतिकाल के प्रायः सभी कवियों ने भक्तिपरक एवं समाज-सुधार संबंधी गीतिकाव्य की रचना परंपरागत पद-शैली में की। इन पदों की रचना अधिकतर ब्रजभाषा में ही की गई है। भारतेंदु हरिश्चंद्र ने अपने कई लघुकाव्य-ग्रंथ पद-शैली में ही लिखे तथा नाटकों में भी स्थान-स्थान पर पदों का प्रयोग किया। इसी प्रकार बद्रीनारायण चौधरी प्रेमघन, प्रतापनारायण मिश्र, बालमुकुंद गुप्त, खड्ग बहादुर मल्ल आदि कवियों ने भी प्रभूत मात्रा में पदों की रचना की थी। यहाँ भारतेंदु हरिश्चंद्र का एक पदगीत दिया जा रहा है :

भई सखि ये अँखियाँ बिगरैल।
बिगरी परी मानत नहिं देखे बिना साँवरो छैल।।
भई मतवार धरति पग डगमग नहिं सूझत कुल गैल।
तजि कै लाज साज गुरुजन को हरि की भई रखैल।।
निज चबान सुनि औरहु हरखत करत न कछु मन मैल।
हरीचंद सब संक छाँड़ि कै करहिं रूप की सैल।।

नवीन गीति शैली : संक्रांति-काल में नवीन गीति शैली का अभी प्रारंभ मात्र हुआ था। भारतेंदु हरिश्चंद्र ने 'ध्रुवक' रखकर 'भारत दुर्दशा' तथा 'नीलदेवी' नामक नाटकों में दो गीतों की रचना की है। उन्होंने स्वयं इन्हें लावनी शीर्षक देकर रखा है। इनकी 'ध्रुवक' की पंक्तियाँ ये हैं :

रोवहु सब मिलकर आवहु भरत भाई।
हा हा ! भारत दुर्दशा न देखी जाई।।

और

सब भाँति देव प्रतिकूल होइ एहि नासा।
अब तजहुँ वीरवर भारत की सब आसा।।[1]

इन गीतों में 'ध्रुवक' की दो पंक्तियाँ समतुकांत हैं और उसके बाद एक 'ध्रुवक' की समतुकांत पंक्ति रखकर फिर 'ध्रुवक' की एक पंक्ति को दुहरा दिया गया है। बंदों या पदों (स्टैंजा) में बद्ध 'गीत' की यही नवीन शैली आगे चलकर और भी अधिक विकसित हुई। इसके रूप-शिल्प को समझने के लिए भारतेंदु के सब गीत के दो बंद (स्टैंजा) यहाँ दिए जा रहे हैं :

सब भाँति देव प्रतिकूल होइ एहि नासा।
अब तजहुँ वीरवर भारत की सब आसा।।ध्रुव.।।
अब सुख सूरज को उदय नहीं इत ह्वै है,
सो दिन फिर इत अब सपनेहूँ नहिं ऐहै।
स्वाधीन पनो बलधीरज सबहिं नसैहै,
मंगलमय भारत भुव मसान ह्वै जैहै।
दुःख ही दुःख करिहै चारहु ओर प्रकासा।।
अब तजहुँ वीरवर भारत की सब आसा।।1।।

इस 'गीत' में चार-चार चरण (स्टैंजा) हैं और प्रत्येक चरण (स्टैंजा) के अंत में ध्रुवक की पंक्ति (अब तजहुं वीरवर भारत की सब आसा) को दुहराया गया है। उनकी चंद्रावली नाटिका में भी 'जोगिन का गीत' इसी प्रकार का है।[2]

भारतेंदु हरिश्चंद्र ने सामाजिक कथ्य की अभिव्यक्ति के लिए 'गीत' की इस नवीन शैली का प्रारंभ किया था जिसका अनुकरण बद्रीनारायण चौधरी 'प्रेमघन' बालमुकुंद गुप्त और प्रतापनारायण मिश्र ने भी किया। चरणों या बंदों (स्टैंजा) में बद्ध इन गीतों का मूलस्रोत 'लावनी' को ही माना जा सकता है जिसमें यह शैली अपनाई जाती थी। नजीर अकबरावादी के 'मुसद्दस' का उदाहरण पहले दिया जा चुका है जिसमें पहले बंद की अंतिम दो पंक्तियाँ हर बंद में दुहराई गई हैं। कुछ लावनियाँ ऐसी भी लिखी जाती थीं जिनमें प्रारंभ की दो पंक्तियाँ 'ध्रुवक' के रूप में होती थीं। बाद के बंदों में अंतरा की चार पंक्तियाँ समतुकांत होती थीं। पाँचवीं

---

1. भारतेंदु हरिश्चंद्र : भारत दुर्दशा नाटक, भारतेंदु ग्रंथावली, प्र. सं. 1950, पृ. 469
 नीलदेवी नाटक, वही, पृ. 531
2. भारतेंदु हरिश्चंद्र : चंद्रावली नाटिका, भारतेंदु ग्रं., प्रथम सं., 1950 ई., पृ. 459

पंक्ति 'ध्रुवक' की समतुकान्त होती थी और उसके बाद ध्रुवक की ही एक पंक्ति को दुहरा दिया जाता था। प्रतापनारायण मिश्र ने इसी शैली की लावनियाँ उर्दू हिंदी और संस्कृत तीनों में लिखी हैं। हिंदी की लावनियाँ खड़ी बोली और ब्रजभाषा दोनों में हैं। उनकी एक हिंदी लावनी का प्रारंभिक बंद इस प्रकार है :

दिन दिन दीन भारत की दसा अधिक अधिक अधिकाई है।
दीनबंधु बिन दीनन को, दीखत कोउ न सहाई है।।
X X X
विप्र भिखारी भये पेट पालैं के धरम प्रचार करैं,
परबस परि कै नृपति नाचै, कै जस विस्तार करैं।
बिन विद्या बिन बुद्धि बणिक, कैसे कल्पित व्यापार करैं,
बाबू बन कै सूद्र केहि की सेवा स्वीकार करैं।
आश कौन की काहि हाय ! जहँ निजता सबन गँवाई है।।
दीन बंधु बिन दीन को, दीसत कोउ न सहाई है।।[1]

इसमें प्रारंभ की दोनों पंक्तियाँ ध्रुवक हैं जिसमें दूसरी पंक्ति को 'टेक' के रूप में आगे के सभी चरणों (स्टैंजा) के अंत में दुहराया गया है। प्रतापनारायण मिश्र ने हिंदी के छंदों में भी इसी शैली में 'लावनियाँ' लिखी थीं। उनकी 'मन की लहर' नामक पुस्तक में 9 और 10 संख्या की लावनियाँ खड़ी बोली में और 11 तथा 20 संख्या की लावनियाँ ब्रजभाषा में हैं। इन सबमें एक ही छंद का प्रयोग किया गया है जो लावनी छंद से कुछ भिन्न प्रकार का है। इन 'लावनियों' को 'नवीन गीति-शैली का गीत' कहा जा सकता है। उदाहरण के लिए एक चरण (स्टैंजा) दिया जा रहा है :

जब से देखा प्रियवर ! मुखचंद्र तुम्हारा।
संसार तुच्छ जँचता है हमको सारा।।
इच्छा रहती है नित्य ये शोभा दखें,
लावण्यमयी यह दिव्य मधुरता देखें।
यह भाव अलौकिक भोलेपन का पेखें,
इस छवि के आगे और भला क्या देखें।
आहा ! यह अनुपम रूप जगत से न्यारा।
संसार, तुच्छ जँचता है हमको सारा।।

---

1. प्रतापनारायण मिश्र : मन की लहर, द्वि. सं., 1885, भारत जीवन यंत्रालय बनारस, पृ. 31

इस गीत में कुल चार चरण (स्टैंजा) हैं। सबमें सौंदर्यमाधुरी का केंद्रीय भाव वर्तमान है। इस प्रकार गेयता, संक्षिप्तता, सहजता, अनुभूति की सच्चाई और ललित पद-योजना सभी दृष्टियों से इसे हम 'गीत' कह सकते हैं। चरणबद्धता और 'टेक' पद्धति के कारण यह 'नवीन गीति-शैली' के अंतर्गत आयेगा। बद्रीनारायण चौधरी 'प्रेमघन' ने भी इस प्रकार के कई 'लावनी' शैली के गीत लिखे थे। उनका खड़ी बोली का एक 'भागो भागो अब काल पड़ा है भारी' देश-भक्ति की भावना से भरा है।[1] बालमुकुंद ने लावनी से अलग हटकर खड़ी बोली में समाज सुधार संबंधी व्यंग्य गीत लिखे थे। उनके 'साक्षात् अवतार' और 'कलकत्ते की ग्वालिन' शीर्षक गीत इसी ढंग के हैं। 'कलकत्ते की ग्वालिन' शीर्षक कविता का एक बंद यहाँ दिया जा रहा है :

दूध मेरा सच्चा बेपानी।
नहीं कोई जिसका सानी।
गधी का दूध सार का सार,
जिसे सब साहब करते प्यार,
वही है रोजी का आधार,
उसी का रखती हूँ भंडार।
आओ पीओ सब इसे है सबसे अनमोल
इसके पीए बुद्धि से अधिक बढ़ेगा बोल
इसे समझो गुण की खानी।
नहीं कोई जिसका सानी।[2]

26 अप्रैल सन् 1897 ई. में लिखे गये चार चरणोंवाले इस गीत में यद्यपि आत्मानुभूति की अपेक्षा बाह्यार्थ निरूपण की अधिकता है किंतु संरचना की दृष्टि से परवर्ती हिंदी गीतिकाव्य की एक झलक प्रस्तुत करता है। इसमें प्रत्येक बंद (स्टैंजा) में चार समतुकांत पंक्तियों के बाद एक दोहा रखा गया है और अंत में ध्रुवक की समतुकांत एक पंक्ति रखकर 'ध्रुवक' की पंक्ति को दुहरा दिया गया है।

3. नाट्यगीति : नाट्यगीति के संबंध में तीसरे अध्याय में बताया जा चुका है कि वह गेय लघु काव्य है जो नृत्य या नाट्याभिनय के साथ गाया जाता है। 'गीति नाट्य' नामक नाट्य काव्य में जो गीत होते हैं, वे भी नाट्यगीति ही हैं। संक्रांति-काल में हिंदी में नाटक लिखे जाने लगे थे और भारतेंदु हरिश्चंद्र ने गीति नाट्य की रचना भी की थी। उनके कई नाटकों में संवादात्मक गीत मिलते हैं। 'कर्पूर मंजरी' में

---

1. रामनरेश त्रिपाठी : कविता कौमुदी भाग-2, प्रथम संस्करण, 1920, पृ. 41
2. बालमुकुंद गुप्त : स्फुट कविता, पृ. 92

'विचक्षणा' और 'राजा' का संवाद गीति नाट्य है।[1] उनके 'अन्धेर नगरी' नामक प्रहसन में घासीराम का 'चना जोर गरम' गीत और चूरनवाले का 'चूरन गीत' भी नाट्यगीति ही है।[2] 'सतीप्रताप' नाटक में लवंगी-सुखाला, मधुकरी और सावित्री का संवाद नाट्य गीति का सुंदर उदाहरण है। उसका एक अंश यहाँ दिया जा रहा है :

लावनी
सखि ! बाले जोबन महा कठिन व्रत कीनो।
यह जोग भेष कोमल अंगन पर लीनो।।
अबही दिन तुमरे खेल-कूद के प्यारी।
पितु मातु चाव सों भवन बसों सुकुमारी।।
ओढ़ो पहिरौ लखि सुख पावै महतारी।
बिलसौ गृह संपति सखी गई बलिहारी।।
तजि देहु स्वांग जो सबही विधि सो हीनो।
यह जोग-भेष जो कोमल अंग पर लीनो।।

मधुकरी
सखि ! यही जगत की चाल जिती हैं क्वाँरी।
उनके सबही विधि मात पिता अधिकारी।।
जेहिं चाहैं ताकहँ दान करैं निज बारी।
यामें कछु कहनो तजनो लाज दुलारी।।
विनती मानहु हठ माँहि वृथा चित दीनो।
यह जोग-भेष जो कोमल अंग पर लीनो।।

इसमें चार पात्रों के संवाद के रूप में चार चरण हैं। ध्रुवक की पंक्ति 'यह जोग भेष कोमल अंगन पर लीनो' चारों चरणों (स्टैंजा) में दुहराई गई है। यह 'गीत' लावनी के रूप में गाने के लिए लिखा गया था। अतः उसमें गेयता तथा 'गीत' के अन्य गुण पर्याप्त मात्रा में वर्तमान हैं।

बालमुकुंद गुप्त की पुस्तक 'स्फुट कविता' में एक 'जोगीड़ा' है जिसकी रचना होली के समय नाचते हुए गाने के निमित्त की गई है। यह एक व्यंग्यात्मक नाट्यगीति है जिसमें बाबा, मेला, गुरुजी तथा बालकों का संवाद है। उसी पुस्तक में एक और व्यंग्यात्मक नाट्य गीति है जिसका शीर्षक है 'वसंत में विरह' इसमें 'कामिनी' और 'यामिनी' का संवाद 'गीत' के रूप में इस प्रकार दिया गया है :

कामिनी—थामो, थामो सखी।
यामिनी—क्यों सखी ! ऐसे तुम क्यों करते हो ?

---

1. भारतेंदु ग्रंथावली : भाग 1, प्रथम संस्करण, 1950 ई., पृ. 387-88
2. वही, पृ. 661-62

कामिनी—बीता शिविर, बसंत आ गया।
यामिनी—तभी पसीनों मरती हो।
कामिनी—देखो, देखो ! कोकिल कैसे कुहू करते हैं।
यामिनी—चीलें भी उड़ती हैं, कौवे मीठे बोल उचरते हैं।
कामिनी—अलिगन कैसे गूँज रहे हैं खिले हुए फूलों के पास।
यामिनी—बेशक, बहुत ठीक ! वह देखो कीड़े चाट रहे हैं घास।[1]

4. प्रगीत : पिछले अध्याय में बताया जा चुका है कि 'प्रगीत' एक विषय पर लिखा हुआ क्रमबद्ध लघुकाव्य है। 'गीत' के समान उसमें भी सहजता, गेयता और अनुभूति की सच्चाई का गुण वर्तमान रहता है। इसलिए उसे 'गीतिकाव्य' के अंतर्गत स्वीकार किया जाता है। बाह्यतः 'प्रगीत' प्रतीत होनेवाली कुछ ऐसी कविताएँ भी होती हैं जिनमें अनुभूति प्रवणता और सहजता नहीं होती। उन्हें 'प्रगीत' न कह कर 'लघुनिबंध काव्य' कहना चाहिए।

19 वीं शताब्दी में अंग्रेजी एवं उर्दू के प्रभाव से तथा समकालीन सामाजिक परिस्थितियों के दबाव से विषय का नाम देकर चरणबद्ध गीति रचना का प्रारंभ हुआ। इनमें से जो कविताएँ 'टेक' पद्धति पर लिखी गईं, उनसे 'गीतिकाव्य' का और जो 'टेक' पद्धति पर नहीं लिखी गईं, उनसे 'प्रगीत' का विकास हुआ। 'प्रगीत' में भी 'गीत' के समान चरण (स्टैंजा) होते हैं जिनमें दो, चार या छः समतुकांत पंक्तियाँ होती हैं।

संक्रांतिकाल के सभी कवियों ने इस प्रकार के प्रगीतों की रचना की है। कुछ कवियों जैसे—बालमुकुंद गुप्त और प्रतापनारायण मिश्र ने उर्दू में भी प्रगीतों की रचना की और उर्दू की बहरों तथा मात्रिक छंदों में प्रगीत लिखे हैं। भारतेंदु हरिश्चंद्र और बद्रीनारायण चौधरी 'प्रेमघन' ने अधिकतर हिंदी के मात्रिक छंदों में प्रगीत लिखे हैं। इस काल के प्रगीतों को दो कोटियों में विभक्त किया जा सकता है—1. अंग्रेजी के ढंग के ध्रुवक रहित और विषयपरक भावात्मक या वर्णनात्मक प्रगीत और 2. उर्दू में नज्म के ढंग के प्रगीत जैसे—मुसल्लस, खमसा, मुसद्दस आदि।

पहले प्रकार के प्रगीतों की रचना अधिक हुई है। ये प्रगीत अधिकतर रोला, छप्पय, दोहा, चौपाई और सवैया छंद में लिखे गये हैं। भारतेंदु हरिश्चंद्र ने अपने नाटकों में अनेक 'प्रगीत' दिए हैं। 'सत्य हरिश्चंद्र' नाटक का 'गंगा वर्णन' रोला छंद में तथा चंद्रावली नाटिका का यमुना-वर्णन तथा नारद-महिमा वर्णन 'छप्पय' छंद में लिखा हुआ प्रगीत है।[2] इसी प्रकार 'सत्य हरिश्चंद्र' नाटक में श्मशान वर्णन चौपाई छंद में तथा

---

1. बालमुकुंद गुप्त : स्फुट कविता, भारत मित्र प्रेस कलकत्ता, सन् 1905 ई., पृ. 14
2. भारतेंदु ग्रंथावली भाग 1, प्रथम संस्करण, नागरी प्रचारिणी सभा काशी, पृ. 28 और 454-456

'भारत दुर्दशा नाटक' में 'मद्यमहिमा' दोहा छंद में लिखा गया है।[1] बद्री नारायण चौधरी 'प्रेमघन' का हार्दिक हर्षादर्श, आनंद बधाई, आनंद अरुणोदय, कलिकाल वर्णन, शीर्षक कविताएँ भी प्रगीत ही हैं।[2] बालमुकुंद गुप्त की स्फुट कविता नामक पुस्तक में 'राम स्तुति' दस छप्पयों का, श्रीराम स्तोत्र 41 दोहों का प्रगीत है। उसी तरह 'राम भरोसा' तथा 'राम विनय' भी दोहों में लिखे गये प्रगीत है। 'शारदीय पूजा' की रचना छप्पय छंद में हुई है जिसमें 12 छंद हैं। 'दुर्गा स्तुति' भी 9 छप्पयों का प्रगीत है। लक्ष्मी पूजा और लक्ष्मी स्तोत्र की रचना भी छप्पय छंद में ही हुई है। इस तरह बालमुकुंद गुप्त ने इस काल में सबसे अधिक प्रगीतों की रचना की है।

नज्म के ढंग के प्रगीत : उर्दू की नज्म के अंतर्गत मुसल्लस, खमसा या मुखम्मस और मुसद्दस का उल्लेख पहले किया जा चुका है। ये सभी 'प्रगीत' के ही रूप हैं क्योंकि इनमें बंद या चरण (स्टैंजा) तो होते हैं किंतु 'टेक' का विधान नहीं होता। संक्रांतिकाल की हिंदी कविता में बालमुकुंद गुप्त ने उर्दू बहूरों में मुसल्लस, मुखम्मस और मुसद्दस की रचना की है। उनके 'स्फुट कविता' नामक काव्य-संग्रह में निम्नलिखित प्रकार के उर्दू प्रगीत मिलते हैं।

मुसल्लस : बालमुकुंद गुप्त की 'साक्षात अवतार' शीर्षक कविता मुसल्लस है। इसमें 7 बंद हैं। प्रत्येक बंद में दो पंक्तियाँ समतुकांत और तीसरी आधी पंक्ति भिन्न तुक की है। सभी बंदों की ये तीसरी पंक्तियाँ परस्पर समतुकांत हैं।

जग का भार उतारन को मैं स्वर्ग लोक से आया।
बच्चो चखो तुम्हारे खातिर हलवा पूरी लाया।[3]
मैं हूँ साक्षात् अवतार

खमसा या मुखम्मस : स्फुट कविता में 'तकरीर मुँह जबानी' शीर्षक कविता मुखम्मस का उदाहरण है। इसमें कुल छः बंद हैं। प्रत्येक बंद में आरंभ की 4 पंक्तियाँ समतुकांत हैं और अंतिम पंक्ति सभी बंदों में दुहराई गई है।

चाहे तो कलम लेके दिल सबका करूँ पानी।
इस बात में नहीं है कोई भी मेरा सानी।
पढ़ पढ़ मेरी लिखावट लाटों की मरे नानी।
एक काम में हूँ कच्चा जो खूब खाक छानी।
आती नहीं है मुझको तकरीर मुँह जुबानी।[4]

---

1. भारतेंदु ग्रंथावली भाग 1, प्रथम संस्करण, नागरी प्रचारिणी सभा काशी, पृ. 417 और 482
2. रामनरेश त्रिपाठी : कविता कौमुदी, प्रथम संस्करण, पृ. 43 से 51 तक
3. बालमुकुंद गुप्त : स्फुट कविता, पृ. 118
4. वही, पृ, 86

मुसद्दस : बालमुकुंद गुप्त की 'भैंस का मरसिया' शीर्षक कविता को मुसद्दस का उदाहरण माना जा सकता है। इसमें कुल 5 बंद हैं। प्रत्येक बंद में चार समतुकांत पंक्तियाँ हैं और बाद की दो-दो भिन्न तुकवाली आपस में समतुकांत हैं।

भैंस का मरसिया
बढ़े दिल की क्योंकर न अब बेकरारी।
जो मर जाये यों भैंस लाला तुम्हारी।
वह उम्र अपनी इतनी ही थी लाई बिचारी।
सितम कर गई जो अदम को सिधारी।
कहूँ क्या जो मुझको हुआ रंजो गम है।
यह सच है कि तुमसे जियादह अलम है।।[1]

अब तक संक्रांति युगीन गीतिकाव्य के रूप-संगठन के संबंध में विचार किया गया है। रूप-संगठन में पद-योजना एवं छंद योजना का प्रमुख स्थान होता है। इस काल का गीतिकाव्य अभी प्रारंभिक अवस्था में था। इस कारण उसके शिल्प में अभी निखार नहीं आ सका था। शिल्पगत वैशिष्ट्य के अभाव के कारण ही संक्रांति कालीन गीतिकाव्य के शिल्प के संबंध में यहाँ विचार नहीं किया जा रहा है।

1. बालमुकुंद गुप्त : स्फुट कबिता, पृ. 150

पंचम अध्याय

पुनरुत्थानयुगीन गीतिकाव्य का शिल्पगत विकास

संक्रांति युग के बाद का आरंभिक कालखंड गीतिकाव्य के शैलीगत विकास की दृष्टि से महत्त्वपूर्ण है क्योंकि बीसवीं शताब्दी के शुरू के पंद्रह वर्षों में भारत की आर्थिक, राजनैतिक, सामाजिक एवं सांस्कृतिक परिस्थितियाँ बहुत कुछ परिवर्तित हो चुकी थीं। लेकिन यह परिवर्तन अपने क्रमिक विकास एवं परिवर्धन के रूप में ही दिखलाई पड़ता है। इसीलिए संक्रांतिजनित परिस्थितियों के परिवर्तित होने के बावजूद इस काल की काव्यधारा संक्रांतियुगीन काव्यधारा से बहुत भिन्न नहीं है। भिन्न मात्र इतनी ही है कि पिछले युग की अपेक्षा इस काल के कवियों में पुनरुत्थान की प्रवृत्ति और अधिक हो गई। नैतिक दृष्टि अधिक बौद्धिक और शुद्धिवादी हो गई। राष्ट्रीयता का स्थान सामाजिक चेतना ने ले लिया और मस्ती के आवेग की जगह नीरसता, उपदेशात्मकता और बौद्धिक सहानुभूति अधिक बलवती हो गई। फिर भी कविता के स्वरूप में परिवर्तन हुआ और काव्य-विषयों का पर्याप्त विस्तार हुआ। इस समानता और भिन्नता को समझने के लिए तत्कालीन विभिन्न परिस्थितियों के विषय में भी संक्षेप में विचार कर लेना आवश्यक है।

आर्थिक स्थिति

उन्नीसवीं शताब्दी की समाप्ति तक देश के उद्योग धंधे अंग्रेजों की अनिच्छा के बावजूद बहुत कुछ विकसित हो चुके थे। 1896 ई. में स्वेज नहर का रास्ता खुल जाने से भारतीय माल का निर्यात पश्चिम में होने लगा था। बंगाल का कोयला-उद्योग विकसित हो रहा था और सूती तथा जूट मिलों की वृद्धि के साथ लोहे के कई कारखाने भी खुले चुके थे। रेलों के पर्याप्त विस्तार के कारण तैयार माल के वितरण में भी पर्याप्त सुविधा हो गई थी। औद्योगिक विकास के कारण श्रम-विभाजन और उद्योगों का केंद्रीकरण होने लगा था और हिन्दुस्तानी लोग भी सचेत व्यापारियों की

भाँति यूरोपियन कंपनियों के हिस्से खरीदने लगे थे। 1907 में जमशेदपुर में टाटा कंपनी की स्थापना हुई और कागज, साबुन, सीमेंट, चावल, आटा, चीनी, दियासलाई आदि की अनेक मिलें हिंदुस्तानियों द्वारा खोल ली गईं। पानी से बिजली बनाने के संयंत्र भी अनेक स्थानों पर खुले। स्वाभाविक था कि औद्योगिक विकास यदि इसी गति से होता रहता तो देश में आर्थिक संपन्नता आ जाती किंतु अंग्रेजों ने 'स्वतंत्र बाजार' की नीति को अधिक दिनों तक बढ़ावा नहीं दिया। 1894 में उन्होंने फिर आयात-कर तथा हिंदुस्तानी मिलों के कपड़ों पर टैक्स लगा दिया। देश की अधिकांश आबादी को अब भी अनियमित कृषि पर निर्भर रहना पड़ा और सरकारी मालगुजारी तथा लगान आदि की वृद्धि के कारण औसत किसान कर्जदार होता गया। जमीन उसके हाथ से निकलकर महाजनों के हाथ में जाने लगी।

राजनीतिक स्थिति

उपर्युक्त आर्थिक परिस्थिति का प्रभाव तत्कालीन राजनीति पर भी पड़ा। 1900 ई. तक कांग्रेस के दोनों दलों के सामने यह स्थिति स्पष्ट हो गई कि अंग्रेज देश का औद्योगिक विकास नहीं करना चाहते। फलतः पूँजीपति वर्ग कांग्रेस का साथ देने लगा। दूसरे लार्ड कर्जन की कठोर नीति के कारण समग्र राजनीतिक चेतना में विद्रोह उभरकर सामने आ गया। जापान की आर्थिक एवं राजनीतिक विजय, तुर्कों द्वारा यूनानियों की पराजय, इटली के स्वतंत्रता-युद्ध, आयरलैंड के होमरूल आंदोलन तथा फ्रांस की राज्यक्रांति के इतिहास आदि का भारतीयों के आत्मविश्वास तथा राष्ट्रीय चेतना पर पर्याप्त प्रभाव पड़ा। नेताओं के साथ-साथ मध्यवर्ग का युवा समुदाय काफी उग्र और क्रांतिकारी को गया। उसने 'स्वदेशी आंदोलन' के क्रम में विदेशी वस्तुओं का बहिष्कार प्रारंभ कर दिया। परिणामस्वरूप भारतीयों का अंग्रेजों के साथ स्वतंत्रता का एक लंबा संघर्ष चल पड़ा जो शिमला-शिक्षा सम्मेलन, लार्ड कर्जन के शाही दरबार, बंगाल विभाजन, स्वराज्य और स्वदेशी के क्रांतिकारी प्रचार, सूरत कांग्रेस के विवाद, मार्लो मिंटो सुधार, हिंदू मुस्लिम सांप्रदायिकता के बीजारोपण, लार्ड हार्डिंज की समझौतापरक नीति, होमरूल लीग की स्थापना आदि के राजनीतिक उत्थान-पतन के रूप में द्वितीय महायुद्ध तक अनवरत चलता रहा। इसी समय यूरोप में साम्राज्यवादी देशों की व्यापारिक होड़ और शक्ति संतुलन को बनाये रखने की नीति के कारण युद्ध के लक्षण पहले से ही मालूम होने लगे थे। अंतर्राष्ट्रीय परिस्थितियाँ विषम होने लगी थीं जिससे विवश होकर अंग्रेजों को भारतीयों के साथ नरमनीति बरतनी पड़ी। उदार पंथी कांग्रेसियों को विश्वास हो गया कि अंग्रेजों की नीति बदल रही है। उद्योगपतियों की शिकायतें भी बहुत कुछ दूर होने लगी थीं जिसके परिणामस्वरूप अंग्रेजों और देशी उद्योगपतियों के बीच एक प्रकार का सौहार्द

पैदा हुआ। इस प्रकार विवश होकर युद्धकाल में अंग्रेजों को भारतीय उद्योगधंधों की सहायता करनी पड़ी, जिसके परिणामस्वरूप पूँजीवाद तथा अंग्रेजी राज्य के ऊपर आश्रित सामंतवाद में समझौता हो गया। इस समझौते का प्रभाव यह हुआ कि पूर्ववर्ती संक्रांतिकालीन भारतीय साहित्य अब मर्यादावाद और पुनरुत्थानवाद के घेरे में दिखाई पड़ने लगा।

धार्मिक और सांस्कृतिक स्थिति

पुनरुत्थान की भावना के प्रसार का एक मुख्य कारण उच्च मध्यवर्ग की अंग्रेजपरस्ती तथा उनका नैतिक पतन भी था। 19 वीं शताब्दी के मध्यवर्गीय सांस्कृतिक आंदोलन को मूलतः इसी असंतोष की प्रतिक्रिया कहना चाहिए जिसका बीसवीं शताब्दी में मध्यवर्ग के बीच खूब प्रचार हुआ। आर्य समाज और रामकृष्ण मिशन ने भारतीयों में आत्मसम्मान की जो चेतना जाग्रत की, वह राजनीतिक क्षेत्र में उग्रवादी विचारधारा के रूप में प्रकट हुई। रामकृष्ण परमहंस ने भी काली की उपासना के माध्यम से सर्वधर्म समन्वय और सांस्कृतिक पुनरुत्थान का उपदेश दिया था। भारतीयों को काली के रूप में 'विमुक्त कुंतला बंदिनी भारतमाता' दिखलाई पड़ी जिन्हें स्वतंत्र करने के लिए वे बहुत कुछ हिंसक और क्रांतिकारी भी बन गये।

यही धार्मिक और आध्यात्मिक-भावना विभिन्न रूपों में पंजाब और महाराष्ट्र में भी काम कर रही थी। बालगंगाधर तिलक ने गणपति उत्सव, शिवाजी की जंयती, गौरक्षिणी सभा और गीता की नयी और निष्काम व्याख्या द्वारा हिंदू धर्म के आध्यात्मिक उन्नयन का भरपूर प्रयत्न किया। लाला लाजपतराय, मुंशी राम (श्रद्धानंद) आदि आर्यसमाज से ही आये थे। इन लोगों ने राष्ट्रीयता के साथ हिंदू पुनरुत्थान का कार्य भी किया। इसी प्रकार स्वामी रामतीर्थ, मद्रास और उत्तर भारत की 'थियोसॉफिकल सोसाइटी' के कार्यकर्त्ता श्रीमती एनी बेसेंट आदि सभी हिंदू पुनरुत्थान में विश्वास करने वाले अध्यात्मवादी थे।

अंग्रेजों ने जहाँ हिंदू-मुस्लिम-अलगाव नीति अपनाई और बंगाल का विभाजन कराया, वहीं प्राचीन संस्कृत साहित्य की शिक्षा के लिए बनारस में गवर्नमेन्ट संस्कृत कालेज, एशियाटिक सोसाइटी तथा 'पुरातत्व विभाग' आदि संस्थाओं की स्थापना भी कराई। राजगृह, तक्षशिला, सारनाथ, हड़प्पा, मोहनजोदड़ों आदि प्राचीन ध्वंसावशेषों की खुदाई हुई तथा ताजमहल आदि दर्शनीय ऐतिहासिक अवशेषों को संरक्षित किया गया जिससे अंजता-एलोरा की गुफाओं की चित्रकला, दक्षिण के प्राचीन मंदिरों और ताजमहल की वास्तुकला, बौद्ध और गुप्तकालीन मूर्तिकला आदि का महत्त्व सारे संसार में स्वीकार किया गया। मेक्समूलर, शापेन हावर, श्लीगेल आदि जर्मन विद्वानों ने बहुत से प्राचीन ग्रंथों की खोज की तथा वैदिक और लौकिक

संस्कृत साहित्य के संबंध में बहुत काम किया। तुलनात्मक भाषाविज्ञान के विकास का अध्ययन किया गया। संस्कृत और आधुनिक आर्य भाषाएँ भी यूरोपीय आर्य भाषाओं के परिवार की सिद्ध हुईं जिससे अपने प्राचीन साहित्य और अतीत-गौरव के प्रति भारतीयों की आस्था बढ़ी।

भारतीय कलाओं की ओर लोगों ने विशेष ध्यान दिया। विष्णु दिगंबर ने भारतीय संगीतशास्त्र की वैज्ञानिक व्यवस्था की तथा मुगलकालीन संगीत-परंपरा को आगे बढ़ाया। चित्रकला के क्षेत्र में राजा रवि वर्मा ने उन्नीसवीं सदी के अंत में जिस नवीन जागृति को जन्म दिया था, उसमें पाश्चात्य और मध्यकालीन भारतीय चित्रकला का प्रभाव अधिक था। इस काल में अवनींद्रनाथ ठाकुर ने चित्रकला का सही अर्थों में पुनरुत्थान किया। अजंता और पाश्चात्य चित्रकला का अद्भुत सम्मिश्रण इनकी चित्रकला में फलीभूत हुआ जिसे इनके शिष्यों ने और भी समृद्ध एवं विकसित किया।

इस प्रकार 19 वीं सदी के उत्तरार्ध और बीसवीं सदी के प्रारंभ में भारत में पुनरावर्तन की प्रवृत्ति के साथ-साथ पाश्चात्य और भारतीय संस्कृतियों के सामंजस्य की पीठिका तैयार हुई। संक्रांतियुग के भारतेंदु तथा अन्य कवि पाश्चात्य कला, शिक्षा और उद्योगधंधों को अपनाने के पक्षपाती थे। इसीलिए साहित्य-सर्जना में उन्होंने पश्चिम की बहुत-सी शैलियों को अपनाया। निबंध, उपन्यास, पत्रकारिता, जीवनी, लघुकथा आदि इसी सामंजस्य-बुद्धि का परिणाम था। पुनरुत्थान-युग में इस प्रवृत्ति को विशेष बल प्राप्त हुआ क्योंकि जिन परिस्थितियों के बीच पाश्चात्य साहित्य का विकास हो रहा था, वे भारत में अभी वर्तमान नहीं थीं क्योंकि औद्योगिक क्रांति का प्रारंभ बहुत ही मंद गति से हो रहा था फिर भी औद्योगिक विकास हो रहा था और विकेंद्रीकरण के नाते गाँवों का महत्त्व घटता जा रहा था तथा शहरों की आबादी उत्तरोत्तर बढ़ती जा रही थी। परिणामस्वरूप एक ओर मध्यवर्गीय व्यक्तिवाद जोर पकड़ रहा था और दूसरी ओर गाँवों में सामूहिक जीवन की क्रियाशीलता केवल शादी-ब्याह, जन्म-मरण, उत्सव-त्यौहार आदि तक ही सीमित होती जा रही थी। पूँजीवाद अपने अंतर्विरोध के साथ भारतीय जन-जीवन में अपनी जड़ें जमा चुका था जिसका परिणाम यह हुआ कि व्यक्तिवाद के समस्त गुण-दोषों के साथ योरोपीय साहित्य ने भारतीय साहित्य-चिंतन को पूरी तरह प्रभावित किया। भारत के जिन हिस्सों में अंग्रेज पहले आये, उन हिस्सों का साहित्य स्वाभाविक रूप से पहले प्रभावित हुआ। हिंदी पर यह प्रभाव कुछ तो सीधे अंग्रेजी से और अधिकतर बंगला और मराठी के माध्यम से पड़ा।

हिंदी कविता पर प्रभाव

पूँजीवाद प्रारंभ में क्रांतिधर्मी होता है और 'सामंतवाद' के प्रति विद्रोह करता हुआ समाज को प्रगतिशीलता प्रदान करता है। हिंदी की रीतिकालीन कविता के विरुद्ध उन्नीसवीं सदी के उत्तरार्ध में जो सीमित विद्रोह दिखलाई पड़ा, उसका कारण भी यही था कि वह एक सीमा तक औद्योगिक विकास के कारण उत्पन्न नये मध्यमवर्ग का साहित्य था। बीसवीं सदी के प्रारंभ में औद्योगिक विकास कुछ अधिक हुआ। इसलिए इस काल में सामंतवादी साहित्य के विरुद्ध होनेवाला विद्रोह भी कुछ अधिक दिखलाई पड़ता है। पुनरुत्थान काल में यह विद्रोह प्रारंभिक रूप में था फिर भी इसके कारण कविता में निम्नलिखित शैलीमूलक तथा विषयमूलक तत्त्व समाविष्ट हुए :

1. काव्य-भाषा में परिवर्तन
2. अभिनव छंद-विधान
3. गीत और प्रगीत मुक्तक
4. प्रकृतिचित्रण और व्यक्तिवादी स्वच्छन्दता
5. राष्ट्रीयता और देश-भक्ति
6. दार्शनिकता (मानवतावाद-रहस्यवाद आदि) नीतिमत्ता और बौद्धिकता।
7. अंग्रेजी और बंगला की कविता का प्रभाव

उपर्युक्त परिवर्तनों का प्रारंभ संक्रांतियुग में हो चुका था। इस युग में इनको विकसित होने का पूरा अवसर प्राप्त हुआ। सबसे पहला परिवर्तन जो क्रांतिकारी रूप में सामने आया, वह काव्य-भाषा का परिवर्तन था। संक्रांतियुग के अंतिम काल से लेकर पुनरुत्थान युग के अनेक वर्षों तक पारंपरिक रीतिबद्ध और रीतिमुक्त काव्य की रचना ब्रजभाषा में होती रही। यद्यपि बिहारी लाल भट्ट, रामनाथ ज्योतिषी, अर्जुनदास केडिया, जगन्नाथ प्रसाद भानु, राजा प्रताप नारायण सिंह, कन्हैयालाल पोद्दार, लाला भगवान दीन और अयोध्यासिंह उपाध्याय आदि ने ऐसी कविताएँ भी लिखीं जो ह्रासकालीन स्थूल शृंगारिकता और कला-विलासिता से भरी हुई पारंपरिक रचनाएँ थीं, फिर भी इस काल के समग्र साहित्य का अध्ययन करने से पता चलता है कि यह तत्कालीन कविता का मूल स्वर या माध्यम नहीं था। मूल स्वर राष्ट्रीयता, सामाजिक यथार्थ और आदर्शवादी चिंतन का था और उसकी अभिव्यक्ति का माध्यम खड़ी बोली हिंदी बनी जिसका घोषणा-पत्र 1901 में ही सरस्वती के 'कवि-कर्त्तव्य' शीर्षक निबंध के रूप में महावीर प्रसाद द्विवेदी द्वारा प्रचारित किया जा चुका था। द्विवेदी जी को हिंदी की पुरानी काव्य-धारा में उन बातों की कमी दिखाई पड़ती थी जिनके बिना समाज का उत्थान संभव नहीं था। इसीलिए खड़ी बोली हिंदी को काव्य की भाषा का गौरवपूर्ण पद दिलाने के लिए वह सैन्यबल के साथ प्रयत्नशील थे और उन्हें इस कार्य में चमत्कारपूर्ण सफलता भी प्राप्त हुई।

ब्रजभाषा की काव्य रचना समाप्तप्राय हो गई और उसका स्थान खड़ी बोली हिंदी ने ग्रहण कर लिया। फलतः महावीर प्रसाद द्विवेदी, अयोध्यासिंह उपाध्याय, नाथूराम शर्मा शंकर, लाला भगवानदीन, राय देवी प्रसाद पूर्ण, कामताप्रसाद गुरु, गया प्रसाद शुक्ल सनेही, सत्यनारायण कविरत्न, लोचन प्रसाद पांडेय, रामचरित उपाध्याय, मैथिलीशरण गुप्त, गिरिधर शर्मा नवरत्न, गोपालशरण सिंह, रूपनारायण पांडेय, सियारामशरण गुप्त, रामचंद्र शुक्ल, मन्नन द्विवेदी गजपुरी, केशव प्रसाद मिश्र, सत्यशरण रतूड़ी, माधव शुक्ल, गोकुलचंद्र शर्मा आदि नये-पुराने सभी कवि देखते-देखते पुनरुत्थानवादी हो गये और उन्होंने खड़ी बोली हिंदी में ही कविताएँ लिखनी प्रारंभ कर दीं।

पुनरुत्थानयुगीन कविताओं में दूसरा परिवर्तन अभिनवछंद विधान के रूप में घटित हुआ। पहले बताया जा चुका है कि संक्रांतिकाल में ही छंद संबंधी क्रांति प्रारंभ हो गई थी। भारतेंदु हरिश्चंद्र एक महान् क्रांतिकारी कवि थे। उन्होंने प्रयोग के नाम पर अनेक प्रकार के नये छंद तथा नवीन गीति-शैलियाँ अपनाई थीं। पुनरुत्थान युग में इन छंदों का विकास हुआ और कुछ नये प्रकार के छंद भी अपनाये गये। इस युग के मुक्तक काव्य की रचना बहुत कम हुई, अधिकांशतः प्रबंध-काव्य, गीतिकाव्य तथा निबंध-काव्य ही लिखे गये। गीतिकालीन काव्य-परंपरा के प्रमुख छंदों—सवैया, कवित्त, घनाक्षरी आदि का बहिष्कार हो गया था। महावीर प्रसाद द्विवेदी ने प्रारंभ में यह प्रयास किया कि संस्कृत के वर्णवृत्तों को अपनाकर हिंदी में कविताएँ लिखी जाएँ लेकिन यह प्रवृत्ति विकसित नहीं हो सकी क्योंकि वर्णिक छंदों का प्रयोग हिंदी की प्रकृति के अनुकूल नहीं पड़ रहा था। इसलिए नाथूराम शर्मा शंकर, राय देवीप्रसाद पूर्ण, लोचन प्रसाद पांडेय, रामचरित उपाध्याय, रूपनारायण पांडेय, मैथिलीशरण गुप्त, श्रीधर पाठक, मुकुटधर पांडेय और बद्रीनाथ भट्ट आदि ने संस्कृत के मात्रिक छंदों को तोड़कर, उर्दू की बहरों से प्रभावित होकर, पाश्चात्य गीतिकाव्य के पैटर्न को स्वीकार करते हुए लोकगीतों के विपुल भांडार से गीतिकाव्य की अनेक शैलियों को ग्रहण किया। कुछ नये छंदों की तलाश की, और संक्रांतिकालीन नये छंदों को पुनर्जीवित करने का प्रयास किया।

इसी तरह पुनरुत्थान युग के साहित्य में गीतों और प्रगीतों की रचना विशेष रूप से हुई। तत्कालीन सामाजिक परिस्थितियों के दबाव तथा पुनरुत्थानवादी प्रवृत्तियों की ओर स्वाभाविक झुकाव होने के कारण इस युग के कुछ विशिष्ट कवियों ने नये काव्य पथ का अन्वेषण अथवा स्वच्छन्द मार्ग का दिशा-दर्शन प्रारंभ किया। फलस्वरूप नये-नये छंदों की तलाश शुरू हुई और गीतिकाव्य की रचना की जाने लगी। रहस्यवादी भावना, प्रेम, प्राकृतिक सौंदर्य तथा सामाजिक यथार्थ से संबंधित भावपरक या विषय संबंधी प्रगीत प्रभूत संख्या में लिखे गये जिसका विवेचन बाद में किया जायेगा।

पुनरुत्थानयुगीन कवियों की चौथी विशेषता प्रकृति चित्रण की थी। पूर्ववर्ती युगों में, विशेषरूप से रीतिकाल में प्रकृति वर्णन उद्दीपन के रूप में ही किया जाता था। पुनरुत्थान युग के प्रगतिशील कवियों ने प्रकृति को आलंबन के रूप में ग्रहण किया। अलंकारों के लिए प्रकृति को घसीटने की रूढ़िबद्ध पद्धति को छोड़कर इन कवियों ने मन पर पड़े हुए प्रकृति के प्रभाव को ज्यों का त्यों व्यक्त किया। पारंपरिक रीतिबद्ध तथा रीतिमुक्त काव्यधारा से हटकर एक नयी काव्यधारा को जन्म देने के कारण पुनरुत्थान युग के ये स्वच्छन्दतावादी कवि (श्रीधर पाठक, मुकुटधर पांडेय, बद्रीनाथ भट्ट आदि) विद्रोह युग के काव्य की वास्तविक पृष्ठभूमि तैयार करते हुए दिखाई पड़ते हैं। ऐसी स्थिति में यह स्वाभाविक था कि उनके काव्य में 'व्यक्तिवाद' की प्रमुखता हो। ये कवि चूँकि एक 'नयी राह' का अन्वेषण कर रहे थे और 'सरस्वती' द्वारा तथा अन्य काव्य प्रेमियों द्वारा प्रचार एवं प्रशंसा प्राप्त कर रहे थे, इसलिए इनके भीतर 'मैं' की भावना का सूत्रपात हुआ। इस प्रकार अपनी दुःख-सुख की व्यक्तिगत अनुभूतियों को स्वच्छन्द ढंग से व्यक्त करना इन कवियों ने पुनरुत्थान युग में ही प्रारंभ कर दिया था।

देशभक्ति से संबंधित काव्य की रचना पुनरुत्थान युग के साहित्य की प्रमुख प्रवृत्ति है जिसका प्रारंभ भारतेंदु हरिश्चंद्र द्वारा संक्रांति युग में ही हो चुका था। फिर भी संक्रांति युग की कविताओं को राष्ट्रीय कविताओं का प्रारंभिक स्वरूप ही मानना चाहिए। उनमें मातृभूमि की एक देवी के रूप में कल्पना भले ही मिल जाए, देश की वनस्पति, पशु-पक्षी, नदी, पर्वत आदि के प्रति वह रागात्मक संबंध नहीं दिखाई पड़ता जो वास्तविक भक्ति-भावना या प्रेम का लक्षण है। देश की वस्तुओं के प्रति रागात्मक संबंध की अभिव्यक्ति कई कवियों ने की है फिर भी भारत के पर्वतीय और मैदानी प्रकृति का सर्वाधिक मनोरम और संश्लिष्ट चित्रण श्रीधर पाठक ने ही किया। उन्होंने अपने 'गुनवंत-हेमंत' वनाष्टक देहरादून, स्वर्गीय वीणा, कश्मीर सुषमा, भारतगीत और मनोविनोद आदि काव्य-संकलनों में इस प्रकार के प्रकृति चित्रण द्वारा नैसर्गिक सौंदर्य के प्रति स्वाभाविक आसक्ति का परिचय दिया है। साथ ही सूक्ष्म निरीक्षण और आंतरिक-बाह्य सौंदर्य के सफल चित्रण का मार्ग प्रशस्त किया है।

पुनरुत्थान युग के पूर्व काव्य-चिंतन में धार्मिक भावना की प्रधानता थी। मन की भावनाओं को व्यक्त करने के लिए अवतारों का सहारा लिया जाता था। पुनरुत्थान युग के काव्य में ऐसा नहीं हुआ। इस युग में धर्म और पुराण की जगह नीतिमत्ता और दर्शन ने ले ली। पुनरावर्तन या सामंतवाद तथा राष्ट्रीय पूँजीवाद के समझौते के रूप में जिस आदर्श नैतिकता और मर्यादित बौद्धिकता ने जन्म लिया, उसने एक ओर तो मानवतावाद को बल प्रदान किया, स्वच्छन्द आख्यानक काव्यों पर आदर्शवादी प्रेम (प्लेटानिक लव) की खोल चढ़ाई तो दूसरी ओर काव्य-चिंतन

को रहस्यवादी दर्शन प्रदान किया। आधुनिकता के दबाव के कारण भी काव्य-चिंतन में बौद्धिकता, तर्कबुद्धि और मुक्ति की कामना जोर पकड़ने लगी।

पुनरुत्थानयुगीन कविता की एक विशेषता यह भी थी कि उसने अंग्रेजी और बंगला साहित्य से पर्याप्त प्रभाव ग्रहण किया था। पहले यह चर्चा की जा चुकी है कि उन्नीसवीं सदी तक आते-आते अंग्रेजों की नीति काफी उदार एवं समझौतावादी हो चुकी थी। उन लोगों ने यूनिवर्सिटी-कालेज की स्थापना करा दी थी जिससे उच्च शिक्षा का विकास हुआ और पढ़े-लिखे लोगों पर सीधे अंग्रेजी कविता का प्रभाव पड़ा। दूसरे जिन प्रदेशों में अंग्रेज पहले आये, उन प्रदेशों की भाषा ने पहले ही प्रभाव ग्रहण किया और फिर भी हिंदी पर कुछ इन भाषाओं का मौलिक तथा कुछ अंग्रेजी का प्रभाव परोक्ष रूप से बराबर पड़ता रहा। विशेषरूप से बंगला और मराठी काव्य का प्रभाव महत्त्वपूर्ण एवं उल्लेखनीय है। सन् 1913 में रवीन्द्रनाथ ठाकुर की 'गीतांजलि' को नोबेल पुरस्कार प्राप्त हुआ और बंगला साहित्य में व्यक्तिवादी, स्वच्छन्दतावादी, सांकेतिक अभिव्यक्ति और सूक्ष्म भाव प्रकाशन की परंपरा विकसित होने लगी। पुनरुत्थानयुगीन हिंदी कविता को रवीन्द्रनाथ ठाकुर की सांकेतिकता ने तथा अरविंद-दर्शन की रहस्यात्मकता ने प्रभावित किया। इस युग में बंगला और अंग्रेजी के प्रबंध-काव्यों और प्रगीत मुक्तकों का अनुवाद तो हुआ ही, भावानुवाद भी हुए और उन्हीं की शैली में मौलिक रचनाएँ भी की गईं। इस प्रकार पुनरुत्थान युग के काव्य पर पाश्चात्य स्वच्छन्दतावाद तथा कविता के रूप-विधान पर अंग्रेजी और बंगला साहित्य का प्रभाव स्पष्ट रूप से प्राप्त होता है।

पुनरुत्थान युग के गीतिकाव्य का शिल्पगत विकास

पिछले अध्याय में बताया जा चुका है कि संक्रांतियुग के प्रारंभ के साथ ही ह्रासकालीन रीतिबद्ध एवं रीतिसिद्ध काव्य की परंपरा लुप्त होने लगी थी और गीतिकाव्य की नयी-नयी शैलियों को अपनाकर गीतों, प्रगीतों एवं विषयपरक निबंध काव्यों की रचना प्रारंभ हो गई थी। भारतेंदु हरिश्चंद्र से लेकर श्रीधर पाठक और मुकुटधर पांडेय के समय तक इस प्रयोगशील गीतात्मकता ने एक लंबी यात्रा पूरी की। पुनरुत्थान युग में संक्रांतियुग की नवीन गीति शैलियों को सम्बर्धन एवं विकास प्राप्त हुआ। एक ओर संस्कृत के मात्रिक छंदों को तोड़कर गीतिकाव्य-रचना को आगे बढ़ाया गया तो दूसरी ओर लोकगीतों तथा उर्दू की बहरों एवं नज्मों की शैलियों को अपनाया गया। इसके अतिरिक्त अंग्रेजी के प्रभाव के कारण सानेट, शोकगीत एवं सम्बोध-गीति की शैलियों को अपनाकर जिन मुक्तक प्रगीतों की रचना का सूत्रपात संक्रांतिकाल में प्रारंभ किया गया था, उसे पुनरुत्थान युग में नया रक्त एवं नवीन स्फूर्ति प्रदान की गई। आचार-विचार संक्रामक होते हैं और विजेता जाति की

संस्कृति का विजित जाति अनुकरण करती है। दूसरे यदि विजेता जाति की संस्कृति में स्वास्थ्य और विकसनशीलता हो तो विजित जाति की संस्कृति एक लंबे अरसे में ही सही संक्रमणशीलता का पूरा लाभ उठा लेती है। यही कारण है कि पुनरुत्थानवादी साहित्य ने भी अंग्रेजी के समृद्ध आधुनिक साहित्य से बहुत कुछ प्राप्त किया। इस प्रकार स्पष्ट हो जाता है कि पुनरुत्थान युग में गीतिकाव्य की जिन नवीन शैलियों का स्वाभाविक विकास हुआ, उनके वही चार मूल स्रोत थे जो संक्रांति युग में भी वर्तमान थे :

1. पूर्ववर्ती भारतीय परंपरा।
2. लोकगीत परंपरा।
3. उर्दू गीतिकाव्य की परंपरा।
4. पाश्चात्य गीति परंपरा।

उपर्युक्त स्रोतों से शक्ति एवं प्रभाव ग्रहण कर पुनरुत्थानयुगीन गीतिकाव्य ने अपने परिवर्तित एवं परिवर्धित स्वरूप के साथ जिन नवीन शैलियों को विकसित किया, उनका अध्ययन इस अध्याय में किया जायेगा। भारतीय साहित्य में उपलब्ध गीतिकाव्य के जिन शिल्पगत भेदों का उल्लेख पहले किया जा चुका है, उनमें से निम्न 9 भेद पुनरुत्थान युगीन गीतिकाव्य में भी उपलब्ध होते हैं—1. सांगीतिक गीत 2. पदगीत 3. मुक्तक गीत 4. गाथा गीत 5. समवेत गीत 6. प्रश्नोत्तर गीत 7. आवृत्ति गीत 8. नाट्यगीत और 9. प्रगीत।

इनके अतिरिक्त पाश्चात्य एवं उर्दू साहित्य से कुछ नवीन गीति शैलियाँ गृहीत की गईं जैसे—चतुर्दशपदी (सानेट), गजल आदि किंतु इन्हें प्रगीत और पदगीत के भीतर ही अंतर्भुक्त किया जा सकता है। यहाँ अलग-अलग उपर्युक्त नवीन गीतिशैलियों तथा भारतीय साहित्य की परंपरागत गीति शैलियों का विवेचन किया जायेगा।

1. सांगीतिक गीत : शास्त्रीय (मार्गी) संगीत पर आधारित गीतिकाव्य : इस अध्याय के प्रारंभ में ही यह उल्लेख किया जा चुका है कि संक्रांतिकाल में जो अनेक प्रकार की प्रवृत्तियाँ समकालीन जीवन के दबाव के कारण उभर कर सामने आई थीं, उनका पुनरुत्थान युग में पर्याप्त विकास हुआ। इस युग के अग्रचेता महापुरुषों ने जीवन के सभी क्षेत्रों में नये आदर्शों की स्थापना की थी और प्राचीन भारतीय कलाओं के पुनरुत्थान का प्रयत्न किया था। ललित कलाओं में सर्वश्रेष्ठ कला होने के कारण 'भारतीय संगीत शास्त्र' ने भी इन लोगों का ध्यान अपनी ओर आकृष्ट किया। विष्णु दिगंबर ने इसी युग में भारतीय संगीत शास्त्र को वैज्ञानिक ढंग से व्यवस्थित किया और उसे लिखित रूप में सुरक्षित करने का प्रयत्न किया। मुगलकाल में 'संगीत शास्त्र' में जो विकास हुआ था, उसे विकसित करने का काम उन्होंने ही किया। आज के भारतीय जन-समाज में जो थोड़ा-बहुत शास्त्रीय संगीत के प्रति प्रेम

बचा रह गया है, उसका श्रेय विष्णु दिगंबर तथा भातखंडे जैसे संगीत शास्त्र के आचार्यों को ही है। इन आचार्यों की परंपरा को हिन्दू-मुसलमान कलाकारों ने उस युग में आगे बढ़ाया था। आज भी यथाशक्ति बढ़ा रहे हैं लेकिन उसका जो व्यापक प्रभाव साहित्य पर पड़ना चाहिए था, वह नहीं पड़ा। परिणाम यह हुआ कि शास्त्रीय राग-रागिनियों पर आधारित गीतों की रचना इस युग में नहीं हुई। संक्रांतिकालीन गीतिकाव्य के विवेचन क्रम में ही कहा जा चुका है कि शास्त्रीय राग-रागिनियों के आधार पर गीतों की रचना उसी काल में कम हो गई थी। उसके स्थान पर देशी संगीत का तथा सुगम संगीत का प्रचार बढ़ गया था। पुनरुत्थान युग में भी इस स्थिति में कोई परिवर्तन नहीं आया। यहाँ मार्गी और देशी संगीत से प्रभावित गीतों तथा सुगम संगीत से प्रभावित गीतिकाव्य का अध्ययन प्रस्तुत किया जा रहा है।

मध्यकालीन भक्त और संत कवियों ने शास्त्रीय राग-रागिनियों में बद्ध गीति-रचना की जो परंपरा चलाई थी, वह संक्रांति युग में भी एक सीमा तक प्रचलित रही किंतु आलोच्य युग में वह परंपरा बहुत क्षीण हो गई। इसके दो कारण थे, एक तो यह कि इस युग में संतमार्गी और भक्तिमार्गी विचारधाराएँ सुधारवादी आंदोलनों के कारण अत्यंत क्षीण हो गईं और काव्य-रचना का दायित्व सामान्य मध्यवर्गीय बुद्धिजीवियों के हाथ में आ गया जो काव्य को यथार्थ जीवन के साथ जोड़ने के पक्षधर थे। दूसरा यह कि इस काल में काव्य और संगीत का पूर्णतः विच्छेद हो गया। अब केवल वे ही कवि संगीतबद्ध काव्य की रचना कर सकते थे जो संगीत शास्त्र के ज्ञाता थे। इस काल में ऐसे कवियों की संख्या अधिक नहीं थी। ऐसे कवियों में श्री माधव शुक्ल, बद्रीनाथ भट्ट, कुँवर महेंद्रपाल सिंह और राय देवी प्रसाद पूर्ण का नाम उल्लेखनीय है।

शास्त्रीय संगीतबद्ध गीतों की रचना माधव शुक्ल ने सबसे अधिक की है। इनके गीत अधिकतर 'हिंदी प्रदीप' में प्रकाशित होते थे जैसे—'राग जोगिया तिताला' में बद्ध गीत 'हाय कैसे जियेंगे प्यारे' हि. प्र. (जनवरी 1908) 'राग पीलू' में बद्ध 'नागरी विनय' शीर्षक गीत 'नाथ यह दुखिया कहत पुकार' हि. प्र. (दिस. 1907) इसी प्रकार बद्रीनाथ भट्ट का 'जोगिया आसावरी' राग में बद्ध 'नया फूल' और 'फूल की कहानी' शीर्षक गीत[1] नवीन पद्य संग्रह में पृष्ठ 98, 99 पर संकलित किये गये हैं। राय देवी प्रसाद पूर्ण के काव्य संग्रह, पूर्ण संग्रह में राग टोड़ी अनेक ताल में बँधा हुआ 'मुमुक्षु गान' शीर्षक गीत[2] मिलता है जिसमें टेकवाली पंक्ति 'तू अब भजु मन प्रभु सुखदाई' के पहले तिताला, तीसरी पंक्ति के आगे रूपक ताल, पाँचवीं पंक्ति

1. देखिए नवीन पद्य संग्रह (नवीन संस्करण) संग्रहकर्त्ता—पंडित भगवती प्रसाद वाजपेयी, हिंदी सा. स. प्रयाग, सम्वत 1989 विक्रम।
2. पूर्ण संग्रह : राय देवी प्रसाद पूर्ण, संकलनकर्त्ता—लक्ष्मीकांत त्रिपाठी, पृ. 183

के आगे 'झपताल' तथा नवीं पंक्ति के आगे 'तिताला' लिखा हुआ है। इसी प्रकार 'मन तू चंचल छली अजात' शीर्षक गीत[1] 'राग कलिंगड़ा' में निबद्ध है और वासना पर पद[2] शीर्षक गीत 'विहाग' में बँधा हुआ है।

अंग संघाती संग घात तैं कीन्हीं वरू न बहाना,
आप प्रियै मिलि तन पीड़ित की सगरी सुरति भुलाना।
चपला पवन कोकिला सावक उपमा सोउ न समाना,
चपल कृतघ्न चोर सुखदाई को मन सरिस जहाना।

मर्यादा 1912 के जून अंक में कुँवर महेंद्र पाल सिंह की 'भैरवी राग' में बद्ध 'जातीय गीत' शीर्षक खड़ी बोली की रचना प्रकाशित हुई है। जो निम्नलिखित है। राय देवी प्रसाद पूर्ण के पूर्ण संग्रह के पृष्ठ 113 पर वर्षा की शोभा शीर्षक गीत संकलित है जिसमें राग का नाम पूर्वी ताल धम्माल दिया हुआ है।

वर्षा की शोभा (पूर्वी ताल धम्माल)
टेक—आई सखी बरखा सुखदाई छवि छाई चहुं ओर रे।
अंतरा—सघन घटा कारी घिरि आई लाग रही झरि जोर रे,
निस अंधियारी चमकत चपला होता महाधुनि घोर रे।
करत सोर दादुर बन कूदैं, मेघ गरज सुनि मोर रे,
मधुर माला अलापैं कामिनी 'पूरन' बैठि हिंडोर रे।

जातीय गीत (राग भैरवी)
कुँवर महेंद्र पाल सिंह
जयति भुवन मनहरणी।
निर्मल सूर्य करोज्ज्वल धरणी।
जनक जननि जननी।।
नील सिंधु जल धौत चरण तल
वायु विकम्पित श्यामल अंचल
अंबर चुंबित भाल हिमालय
हिम किरीट धरनी।। जयति
प्रथम प्रभात भयो तुअ आँगन
वेद ध्वनि से यह पावन वन

1. पूर्ण संग्रह : राय देवी प्रसाद पूर्ण, संकलनकर्त्ता—लक्ष्मीकात त्रिपाठी, पृ. 183-84
2. वही, पृ. 184

और तुम्हारे भवन ज्ञान घन
पुण्य प्रभा करणी।। जयति....
चिर कल्याणमयी तुअ धन्य
पालहि देशनि देबहु अन्न
सुरसरि यमुनास्तन जन्य
धर्मामृत भरणी।। जयति....

देशी संगीत पर आधरित गीतिकाव्य : संक्रांतिकाल की तरह आलोच्य युग में न केवल ग्रामीण अशिक्षित समाज में बल्कि शिष्ट समाज के साहित्यिक एवं सांस्कृतिक जीवन में देशी संगीत को पर्याप्त लोकप्रियता प्राप्त थी। पुनरुत्थान युग के अनेक कवियों ने देशी संगीत पर आधारित गीतिशैलियों में कविताएँ लिखीं और उन कवियों पर विभिन्न राग-रागिनियों के नाम भी दिए। इस युग के देशी संगीत पर आधारित गीतिकाव्य को दो भागों में विभाजित किया जा सकता है : 1. लोकसंगीत (लोकगीत) और 2. सुगम संगीत। नीचे इन दोनों का अलग-अलग विवेचन किया जा रहा है :

लोकसंगीत (लोकगीत) : पुनरुत्थान युग के कवियों ने लोकसंगीत (लोकगीत) के विविध रूपों जैसे—मलार, कजरी, होरी, ठुमरी, बरवा आदि रागों का नाम देकर तथा बिना नाम दिये गीतिकाव्य की रचना की थी। वैसे सुगम संगीत पर आधारित गीतों की रचना लोकगीतों की अपेक्षा इस युग में अधिक मिलती है। मदन मोहन कूल और श्रीधर पाठक ने लोकगीतों पर आधारित गीतों की रचना की है। मदन मोहन कूल की रचनायें 'मर्यादा' में प्रकाशित होती थीं। उनका होली राग में निबद्ध 'केशर की क्यारी' शीर्षक गीत मर्यादा सन् 1911—मार्च में प्रकाशित हुआ था जिसका एक चरण निम्नलिखित है :

केशर की क्यारी (राग होली)
धनि हो भारत माई नुमाइश खूब दिखाई।
हवै उदार बहुतिक दिए चंदा संपति खूब लुटाई।
जो जो बात सुनी नहिं कबहूँ सो आँखिन दिखलाई।
सुफल भई जनम कमाई।। धनि हो भारत माई

इसके अतिरिक्त उनका 'बलि बलि जाउँ'[1] शीर्षक गीत पुष्करिणी में संकलित है जिस पर राग का नाम तो नहीं दिया गया है लेकिन उक्त गीत 'कजरी' राग में लिखा हुआ है। इसका उदाहरण निम्नलिखित है :

---

1. पुष्करिणी : संपादक अज्ञेय, साहित्य सदन, चिरगाँव झाँसी, पृ. 75

बलि बलि जाऊँ

भारत पै सैयाँ मैं बलि बलि जाऊँ।
बलि बलि जाउँ हियरा लगाऊँ,
हरवा बनाऊँ घरवा सजाऊँ,
मेरे जियरवा का, तन का, जिगरवा का,
मन का, मदिरवा का प्यारा बसैया,
मैं बलि बलि जाऊँ।
भारत पै सैयाँ मैं बलि बलि जाऊँ।

राय देवी प्रसाद पूर्ण की 'सुंदर फुलवारी' तथा 'गंगा जी की महिमा' शीर्षक कविताएँ पूर्णतः लोकगीतात्मक हैं। 'सुंदर फुलवारी' में 'हाँ हाँ देखो' जैसी आवृत्तिमूलक ध्वनि का प्रयोग पंक्ति के साथ में जहाँ समतुकांत शब्दावली में किया गया है, वहीं 'गीत' के माध्यम से 'फुलवारी' के अधिकतम फूलों को गिनाकर चमत्कार भी पैदा किया गया है। इस कविता में अंतिम पंक्तियों के पूर्व एक सवैया भी दे दिया गया है। दूसरे खंड में एक चैता भी दिया गया है। 'गंगा जी की महिमा' में टेक के बाद दो-दो पंक्तियों का चरण देकर 'टेक' की समतुकांत पंक्ति दी गई है। दोनों का उदाहरण यहाँ दिया जा रहा है :

सुंदर फुलवारी

हाँ हाँ देखो कैसी बनी फुलवारी। सोभा अपार छा रही । हाँ हाँ देखो।
हरित मनोहर तुंग अति तरुवर अलबेली नवबेली मन लन सघन छविवारी।
हाँ हाँ देखो।
सुमन सुहावन रंग मन-भावन हिय-हुलसावन सोभा पावन,
कुंजन कुंजन छावत गुंजन भँवर भीर मतवारी। हाँ हाँ देखो।
चातक केकी कीर कपोती, लाल चकोरी सावक मैना, चाव से डोलें,
भाव किनोलैं, भाव से बोलैं, सुंदर बैना, सुबीना ऐसी बाजै,
सारंगी ऐसी छाजै, सो मधुरी अवाजैं लागैं प्यारी। हाँ हाँ देखो।
शीतल सुंगध वारी, डोलती समीर न्यारी, मंद मंद मोदकारी
श्रमहारी, सो द्रुमन लचाय रही, सुमन विछाय रही, बेलिन झुलाय रही।
अहा हा ! वाह वा ! देखो सोभा आह ! कैसी प्यारी प्यारी। हाँ हाँ देखो।
मंजु सर देखिए कुंजबन की छटा हंसगन कूज कल्लोल अभिराम है।
नीर निरमल महाचंद्र मनि जाल सों रत्न को जगमगो घाट प्रति ठाम है।
ताहि में बाग को पूर्ण प्रतिबिंब वर, वरुण को मनहु छबि सिंधु आराम है।
सोम के रंग सम मेरु के शृंग सम हीर नग नंदिनी को धवल धाम है
सो पूरन सराहिए कहो तो यही चाहिए सुनंदन विपिन गयो बलिहारी।

अहा हा ! वाह वा ! देखते सोभा अहा ! कैसी प्यारी प्यारी। हाँ हाँ देखो।

2

आहा ! विपिन में देखो कैसी बहार छाई।
कचनार टेसू फूले, अलिहैंरसालन भूले, चंपाबकुल सुघराई,
बरछाँह सीतल माई।
कोयल, पपीहा, मैना, बहु मोर बोलैं, बैना 'पूरन' पवन सुखदाई।
मन जाल है हर्षाई।

गंगा जी की महिमा

हाँ देखो कैसी धवल जल-धारा,
गंगा सुमन मंदाकिनी आई धूम धाम से,
सुधा सी देवधाम से सिधाई धरालत-धारा,
ब्रह्म कमंडल अमल हिमांचल।
आर्य धरा, कांतिकरा, जाय राजी समुद्र अपारा,
सत्य सतोगुन सुखमा वारी,
अमित चंद्र की-सी उजियारी,
देवसरी क्षेमकरी, तारि देवी कलुष परिवारा।
'पूरन' संत तपस्वी सज्जन,
करि-करि दरस परस अरु मज्जन,
पातक खोवैं, प्रमुदित होवैं,
पावैं शांति सुख-सारा।
याही के किनारे धारे,
ईश्वर को ध्यान प्यारे,
योग के करनहारी, सेवें वन को।
शंकर के रंग ऐसी, सत्य के उमंग ऐसी,
गंगा की तरंग पै, झुलावै मन को।

सुगम संगीत पर आधरित गीतिकाव्य : ऊपर बताया जा चुका है कि पुनरुत्थान युग में लोकगीतों पर आधारित गीतों की अपेक्षा 'सुगम संगीत' पर आधारित गीतों की रचना अधिक मात्रा में हुई। चूँकि 'सुगम संगीत' या हल्के गानों का प्रचार जन-समाज में अधिक था और संक्रांति युग से ही इस प्रकार के गीतों की एक अविच्छिन्न परंपरा चली आ रही थी, पुनरुत्थान युग के प्रगतिशील कवियों ने भी इनको पर्याप्त महत्त्व प्रदान किया। इन लोगों ने भजनों, गजलों, लावनियों और रेख्तों के रूप में गीतिकाव्य की रचना की। इस प्रकार के गीतों को श्रोताओं के बीच पर्याप्त लोकप्रियता प्राप्त थी और इनमें शास्त्रीय गीतों की भाँति नाद ध्वनि

तो होती ही थी, किसी न किसी हल्के वाद्य का सहारा भी लिया जाता था तथा गायन के साथ-साथ गीत के अर्थबोध को भी पर्याप्त महत्त्व प्रदान किया जाता था। इसी आकर्षण से बँधकर पुनरुत्थान युग के कवियों ने सुगम संगीत के आधार पर इन गीति शैलियों में भजन, गज़ल, लावनी और रेख्ता आदि की रचना की। विशेषरूप से माधव शुक्ल, रूपकिशोर शर्मा, छेदा लाल, राय देवी प्रसाद पूर्ण, किशोरी लाल गोस्वामी तथा अयोध्या सिंह उपाध्याय हरिऔध ने कभी शीर्षक देकर तथा कभी बिना शीर्षक दिये इस प्रकार के गीत लिखे। ध्यान देने की बात है कि सुगम संगीत के आधार पर लिखे गये नये गीतिकाव्य में लावनियों की संख्या अधिक है। इस युग में संक्रातियुगीन कवियों की भाँति ढेर की ढेर गज़लों की रचना नहीं हुई। गज़लें लिखी गईं और काफी संख्या में मिलती भी हैं लेकिन लंबी बह्र की, जिन्हें विषयपरक बनाकर 'लावनी' के रूप में ढाल दिया गया है। इसी प्रकार भगवद्विषयक, जन-समाज में गाये जानेवाले पदों के रूप में भी गीत इस युग में बहुत अधिक नहीं लिखे गये फिर भी राय देवी प्रसाद पूर्ण द्वारा लिखित पूर्णसंग्रह में 179 पृष्ठ पर 'अधम तेरो जीवन बीतो जाय' तथा 'करत लरिकैयां बैस सब गई, करत न अजहूँ चेत हाय लरिकैया' शीर्षक दोनों गीत वस्तुतः भजन ही हैं। एक उदाहरण यहाँ दिया जा रहा है :

करत लरिकैया बैस सब गई,
करत न अजहूँ चेत हाय लरिकैया. ।
बालापन सब खेलि गँवायो, तरुन भयो तिय-मोह बढ़ायो,
अब निर्बल गतिभई, लची करिहैयां बसै सब गई। हाय लरिकैया. ।
धर्मपंथ गहु सुहित विचारौं, विषय कुपंथ निपट भयवारी,
तजि पूरन चटकई-यह भूल भुलैयाँ बैस सब गई हाय लरिकैया.

इसी प्रकार गज़लों के विषय में ध्यान देने की बात है कि संक्रांतिकाल के कवियों की भाँति तखल्लुस के साथ उर्दू या हिंदी में गज़ल कहने की परंपरा का विकास इस युग में नहीं हुआ। यद्यपि गीतिकाव्य के अंतर्गत एक ओर मुकुटधर पांडेय की उद्‌गार और गोपालशरण सिंह की शृंगारिका जैसी विशुद्ध चरणबद्ध गीति रचनायें लिखी गयीं, दूसरी ओर उर्दू शैलियों से प्रभावित कविताएँ भी प्रभूत मात्रा में लिखी गयीं। सनेही ने 'कौमी गज़ल', 'गरीबों की गुहार' तथा 'मूजी का मर्सिया' इत्यादि और अन्य कई कवियों ने भी गज़ल की बह्रों में कविताएँ लिखीं लेकिन गज़ल के ढंग से कही गयीं या गाई गयीं रचनाएँ प्रकाशित रूप में अपेक्षाकृत कम ही मिलती हैं। फिर भी मेरी ऐसी धारणा है कि 'सुगम संगीत' के आधार पर जन-समाज में घूम-घूमकर गानेवालों के पास इस युग में भी काफ़ी गज़लें थीं। संभवतः उनमें से दो-चार आवश्यकतानुसार गज़लों की रचना भी करते रहे होंगे।

पुनरुत्थान युग के कवियों ने उर्दू में गज़लें तो कम ही लिखीं लेकिन ऐसी उर्दू शैली से प्रभावित कुछ गीति-रचनायें अवश्य थीं जिन्हें हिंदी गज़ल की विकसित परंपरा का प्रारंभिक स्वरूप माना जा सकता है। उदाहरण के लिए 'पूर्ण संग्रह'[1] में संकलित राय देवी प्रसाद पूर्ण की निम्नलिखित 31 शेरों की गज़ल के कुछ शेर उल्लेखनीय हैं :

गज़ल—देश-भक्ति

कभी हिंद में भी कमाल था, तुम्हें याद हो कि न याद हो।
यही आप अपने मिसाल था, तुम्हें याद हो कि न याद हो।
कला विद्या नीति के पेशों में ये समस्त भूमि के देशों में,
मानों चक्रवर्ती के भुवाल था। तुम्हें...
भरा पूर्ण कर्म में धर्म था, खुला सब पै धर्म का मर्म था,
सदा आत्मा का खयाल था। तुम्हें...
X X X
नहीं शूद्र सेवा से हटता था, समय उनका चैन से कटता था
वो सोसाइटी पै निहाल था। तुम्हें...
ये थे एक तन में ही सब बरन, मानो सीस बाहु उरु चरन
कोई फूट का न मलाल था। तुम्हें...

इसी प्रकार की नवीन पद्य संग्रह ईश्वर-प्रार्थना आदि प्रथम खंड के पृष्ठ 8 पर अन्वेषण शीर्षक से संकलित पं. रामनरेश त्रिपाठी की 21 द्विपदियों की एक लम्बी रचना के दो-चार शेर यहाँ उद्धृत हैं :

मैं ढूँढ़ता तुझे था जब कुंज और बन में।
तूं खोजता मुझे था तब दीन के वतन में।।

....

मेरे लिए खड़ा था दुखियों के द्वार पर तू।
मैं बाट जोहता था तेरा किसी चमन में।।
बनकर किसी के आँसू मेरे लिए बहा तू।
मैं देखता तुझे था माशूक के बदन में।।
दुख को रुला रुला कर तूने मुझे चिताया
मैं मस्त हो रहा था तब हाय अंजुमन में।।
तू बीच में खड़ा था बेबस गिरे हुओं के
मैं स्वर्ग देखता था झुकता कहाँ चरन में।।

---

1. पुष्करिणी : संपादक अज्ञेय, पृ. 159

X X X

क्रीसस की हाय में था करता विनोद तू ही।
तू ही विहँस रहा था महमूद के रुदन में।

...

तू रूप है किरण में, सौंदर्य है सुमन में।
तू प्राण है पवन में, विस्तार है गगन में।।

X X X

दुख में न हार मानूँ, सुख में तुझे न भूलूँ।
ऐसा प्रभाव कर दे, मेरे अधीर मन ।।

लावनी : पिछले अध्याय में विस्तार के साथ यह चर्चा की जा चुकी है कि संक्रांतिकालीन मध्यवर्गीय चेतना के विकास के साथ सामान्य जनता में सुगम-संगीत की शैलियों में लावनी, रेख्ता आदि की लोकप्रियता बढ़ गई थी। लावनी का विकास संक्रांतिकाल में क्रमिक रूप से 'संगीत' और लोकगीत दोनों ही क्षेत्रों में समानान्तर ढंग से हुआ था। एक ओर लावनी भूपाली, लावनी देशी, लावनी जंगला आदि नाम देकर रचनाएँ प्रस्तुत की जाती थीं और दूसरी ओर स्वतंत्र रूप से ऐसी लावनियाँ भी लिखी जाती थीं जिसकी भाषा उर्दू-हिंदी शब्दों से युक्त मिश्र भाषा थी और जिसका प्रयोग आशुकविता के रूप में तथा जन-सभाओं में गाने के लिये लावनीबाजों द्वारा किया जाता था। इन लावनीबाजों का उद्देश्य अपने सामाजिक कथ्य को जन-समाज में लोकप्रिय बनाना था। पुनरुत्थान युग में दूसरे प्रकार की लावनियाँ ही प्रमुख रूप से मिलती हैं। सांगीतिक रचनाओं द्वारा शास्त्रीय पद्धति की लावनियों का प्रचार इस युग में बहुत कुछ कम हो गया था। 1908 की हिंदी प्रदीप के अप्रैल अंक में माधवप्रसाद शुक्ल की 'बम क्या है' शीर्षक निम्नलिखित रचना प्रकाशित हुई है जिसपर शीर्षक रूप में लावनी छंद लिखा हुआ है :

कुछ डरो न इससे केवल बुद्धि भरम है,
सोचो यह क्या है, जो कहलाता बम है।
यह नहीं स्वदेशी आंदोलन का फल है,
नहीं बायकाट अथवा स्वराज्य की कल है।
नहिं भारतवासी नाम भी इस्का जाने,
नहिं क्रिया चलाने की इस्की पहचानें।
नहिं कभी स्वप्न में देखो पक्ष गरम है।। सोचो...

लावनी छंद को माध्यम बनाकर इस युग में ऐसी कविताएँ भी लिखी गई थीं जिसमें किसी विशिष्ट व्यक्ति को नायक बनाया जाता था। अगस्त 1907 के 'हिंदी प्रदीप' में प्रकाशित माधवप्रसाद शुक्ल की 'सच्चा साधु' शीर्षक कविता इसी

प्रकार की है :

तन मन से जो परकारज में अपना जन्म बिताता है।
पुनि स्वदेश, बंधुन प्रसन्न लखि जिस्का दिल हरषाता है।।

. . . .

गर्व रहित हो इस प्रकार से निज कर्त्तव्य दिखाता है।
वही धन्य अरु पृथ्वी तल पर 'सच्चा साधु' कहाता है।

इसी प्रकार 'हिंदी प्रदीप' के उसी अंक में माधव शुक्ल की निम्नलिखित रचना भी उल्लेखनीय है :

वीर बंधु (लावनी छंद)
वीर बंधु है कौन देश में कौन वीर बलशाली है।
यदि बिचार देखो भाई तो आर्य पुरुष बंगाली है।

हिंदी प्रदीप 1907 के नवंबर अंक में भी माधव शुक्ल की 'वृद्ध भारत और दीवाली' शीर्षक रचना इसी प्रकार की है। इसका विषय भी 'स्वदेशी' से संबंधित है। विषयपरक दृष्टि से इन रचनाओं को निबंध काव्य कहा जा सकता है। इसी अंक में श्री लक्ष्मीधर वाजपेयी की 'नयी सृष्टि' शीर्षक निम्नलिखित रचना जिसका छंद लावनी है, प्रकाशित हुई है।

नयी सृष्टि
आशा में सब नाश हुई और नूतन भय में भरमाया।
अंत काल पाया आयुष का मृत्युरूप सन्मुख आया।

1912 फरवरी की 'मर्यादा' में अर्धरात्रि शीर्षक रचना विषयपरक होते हुए भी छंद और शैली की दृष्टि से लावनी है। यद्यपि लावनी छंद का कहीं नाम नहीं दिया गया है :

अर्धरात्रि हो गई शांति का अटल राज चहुँ छाया।
शीत सुधा बहु बरसाने निशिनाथ गगन सर सरसाया।।
X X X
हर्षाया कवि जन चकोर प्रोषित पति का मन हरसाया।
स्वर्ग सुलभ सुख सुठि माणिक का दीपक मानो दरसाया।

इसी प्रकार इन्हीं के नाम से प्रकाशित एक कविता का 8 वाँ छंद उल्लेखनीय है :

रजत खंडवत श्वेत बालुका पूर्ण नदी तट छाया है।
क्षीर सिंधु से क्षीर किसी ने लाकर यहाँ गिराया है।।

1908 फरवरी के 'हिंदी प्रदीप' में 'पुजारी और व्यापारी का झगड़ा' शीर्षक कविता प्रकाशित हुई है। उसमें दो-दो पंक्तियों की टेक दी गई है और छंद-संरचना की दृष्टि से 'लावनी' का प्रयोग किया गया है—उदाहरण द्रष्टव्य है :

पुजारी और व्यापारी का झगड़ा
एक समय गुणवान विप्र से व्यापारी का हुआ मिलन
उभय परस्पर दोष बताकर युगल महाशय लगे लड़न।।
X X X
सुन लो भाई छोड़ लड़ाई चीनी भ्रष्ट मिठाई है।
धन और धर्मबुद्धि को नाशे रोग शोक दुखदाई है।।
खाना और मँगाना छोड़ो छल की बुरी कमाई है।
प्रेम परस्पर करो तुम्हारा ईश्वर सदा सहाई है।।
छेदी लाल का खयाल मानकर जगदीश्वर की गहो सरन।
एक समय गुणवान विप्र से व्यापारी का हुआ लड़न।।

इसी अंक में 'ईश्वर से विनय' शीर्षक इनकी एक और रचना प्रकाशित हुई है जिसका विषय राष्ट्रीय है लेकिन प्रयोग में लाई गई टेक पद्धति और रूपात्मक संगठन उसे 'लावनी' सिद्ध करता है :

ईश्वर से विनय
सह रहा बज्र आघात हुआ आरत है।
जगदीश तुम्हारी शरण दीन भारत है। टेक।।
हे विश्वम्भर तुमने ही विश्व उपजाया।
फिर क्यों भारत से तुमने नेह घटाया।।
अति मोहजाल में फँसा खूब भटकाया।
दुख नहीं किसी ने इसका तनक बँटाया।
यह प्लेग दुष्ट नित लाखन लोग मारत है।
जगदीश तुम्हारी शरण दीन भारत है।।

वस्तुतः पुनरुत्थान काल तक आते-आते 'लावनी' एक छंद नहीं बल्कि एक शैली के रूप में प्रतिष्ठित हो चुकी थी। जिस प्रकार संक्रांतिकाल में प्रतापनारायण मिश्र ने 'बुढ़ापे के वर्णन' जैसी कविताओं में 'लावनी छंद' को ही तोड़कर गज़लनुमा बनाया था और कई तरह के प्रयोग किये थे, उसी प्रकार पुनरुत्थान युग में भी

नाथूराम शर्मा शंकर ने 'शंकर कीर्तन'[1] शीर्षक कविता में चार-चार पंक्तियों का चरण रखकर 'लावनी' को ही 'रुचिरा छंद' का नाम देकर प्रकाशित कराया है। सरस्वती—नवंबर 1911 के अंक में 'काल कौतुक' नाम से उनकी एक और रचना छपी है जिसके शीर्ष पर 'रुचिए छंद' लिखा हुआ है। वस्तुतः उसकी शैली भी 'लावनी' की शैली है :

> **काल कौतुक** (सुभद्रा छंद)
> *सविता के सब ओर महीमाता चकराती है*
> *घूम घूम दिन रात महीना वर्ष बनाती है*
> *कल्प लौ अंत न आता है*
> *हा ! इस अस्थिर काल चक्र में जीवन जाता है।*

रूपकिशोर शर्मा ने तो 'विरहिणी बाला' शीर्षक कविता में विलक्षण प्रयोग किया है। उन्होंने उर्दू बह्रों में इसे लावनी की शैली में निबद्ध किया है जिसमें दो लंबी पंक्तियाँ 'टेक' की हैं, फिर छः समतुकांत पंक्तियाँ हैं और उसके बाद एक 'टेक' का समतुकांत दे दिया गया है। विचित्रता तो यह है कि आगे चलकर 'लावनी' का यह गीत, कविता में परिवर्तित हो जाता है। कुल चार बंदों की कविता का एक बंद निम्नलिखित है।

> *फिरूँ हूँ बनबन में बिलबिलाती, न संग छोड़े वियोग अपना।*
> *वियोग वैरी को जगमगा के, जगा है काया में जोग अपना।।*
> *लटें जो काली कि लोग जिनको कहैं ये जहरीली, ये नागिनी हैं।*
> *वियोग में हाय प्राण पति के लटों से जटा जूट सी बनी हैं।*
> *रहे न सोलह सिंगार तन पर विरह की पूरण तपन तनी है।*
> *न मुझको भूषण बसन सोहावै, न सीस बैना न बंदिनी है।*
> *शिखा की सेली गले में मैली, कमर में बलकल की करधनी है।*
> *स्नेह सिंगी बजा रही हूँ, बगल में मृगछाल आसनी है।*
> *सिमट के प्रीतम के संग सिधारा हर एक संजोग भोग अपना।।*
> *फिरूँ हूँ बनबन में बिलबिलाती...*

पं. अयोध्या सिंह उपाध्याय 'हरिऔध' ने भी 'घर देखो भालो', 'अपने को न भूलें', 'पूर्व गौरव' तथा 'दमदार दावें' शीर्षक कविताएँ लिखी हैं जिनके शीर्ष भाग में 'लावनी' लिखा हुआ है। इनमें चार-चार पंक्तियों के चरण के साथ टेक की दूसरी पंक्ति को हर बंद में दुहराने की प्रवृत्ति दिखलाई पड़ती है। सभी रचनाओं में छः बंद हैं जिन्हें 'पद्य-प्रसून' नामक संग्रह में संकलित किया गया है। 'घर देखो भालो'

1. शंकर कीर्तन : नाथूराम शर्मा शंकर, मर्यादा, जनवरी 1911

का एक बंद नीचे दिया जा रहा है :

आँखें खोलो भारत में रहने वालो।
घर देखो भालो, सँभलो और सँभालो।।
यह फूट डालती फूट रहेगी कब तक।
यह छेड़छाड़ और छूट रहेगी कब तक।।
यह धन की जन की लूट रहेगी कब तक।
यह सूट बूट की टूट रहेगी कब तक।।
बल करो बली बन बुरी बला को टालो।
घर देखो भालो सँभलो और सँभालो।।

बद्री नारायण चौधरी प्रेमघन की एक परवर्ती रचना नवीन पद्य-संग्रह[1] में प्रकृति छटा (मयंक महिमा) शीर्षक से संकलित है। वह भी लावनी है। उसमें दो-दो लंबी पंक्तियाँ ऐसी रखी गई हैं जो आपस में समतुकांत हैं। पूरी रचना में इस प्रकार की 17 द्विपदियाँ हैं जिनमें से छः पंक्तियाँ उदाहरणस्वरूप नीचे दी जा रही हैं :

मयंक महिमा

चतुर चकोर चारु लोचन कर अचल देखता चाह भरे।
उसे उच्चतर प्रेम दिखाता माता धीरज धीर धरे।।
निज प्रिय-मुख-मंडल-सुमाधुरी मंजु अमृत-रस पीता है।
औरों पर आँखें न उठाता देख उसी को जीता है।
अतिशय अनुपम प्रेम-पात्र भी पाया है उसने ऐसा।
इस विरंचि रचना-विशाल में और नहीं कोई जैसा।।

ठीक इसी प्रकार की 'चमेली' शीर्षक लावनी मन्नन द्विवेदी गजपुरी ने भी लिखी है जिसे नवीन पद्य संग्रह[2] में ही संकलित किया गया है। उसकी कुछ पंक्तियाँ निम्न हैं :

चमेली

सुंदरता की रूप राशि तुम दयालुता की खान चमेली।
तुमसी कन्याएँ भारत को कब देगा भगवान चमेली।।
चहक रहे खग वृंद वनों में अब न रही है रात चमेली।
अमल कमल कुसुमित होते हैं देखो हुआ प्रभात चमेली।।

---

1. नवीन पद्य संग्रह (नवीन संस्करण) संग्रहकर्त्ता पं. भगवती प्रसाद वाजपेयी, हिंदी साहित्य संसार, प्रयाग, संवत् 1989 वि.
2. वही

प्रेम मग्न प्रेमीजन देखो करें प्रभाती-गान चमेली।
जिसने तुमसा वृक्ष लगाया कर माली का ध्यान चमेली।।
जग-यात्रा में सहने होंगे कभी कभी दुख भार चमेली।
काट छाँट से मत घबराना यह भी उसका प्यार चमेली।।
छिन्न भिन्न डालों का होना अपने ही हित जान चमेली।
हरे हरे पत्ते निकलेंगे सुमनों के सामान चमेली।।

2. पदगीत : पिछले अध्याय में यह चर्चा हो चुकी है कि संक्रांतिकाल में दो प्रकार के पदगीतों की रचना की गई। पहले प्रकार के पदगीत पारंपरिक थे और उन पर मध्यकालीन भक्तों के भाव-शिल्प का अवशिष्ट प्रभाव वर्तमान था। स्मरणीय है कि इन पदगीतों की भाषा ब्रजभाषा होती थी। दूसरे प्रकार के पदगीतों की शैली अपेक्षाकृत नवीन थी यद्यपि इसका प्रारंभ भी संक्रांतिकाल में हो चुका था। पूर्ववर्ती पद-परंपरा में पहली पंक्ति ध्रुवक की होती थी और बाद की पंक्तियाँ ध्रुवक की समतुकांत होती थीं। कभी-कभी ध्रुवक में दो पंक्तियाँ होती थीं। दूसरी शैली में कुछ ऐसी पंक्तियाँ होती थीं जो आपस में समतुकांत होती थीं। ध्रुवक के बाद स्टैंजा की पंक्तियाँ होती थीं और अंतरा की पंक्ति देकर एक ध्रुवक की समतुकांत पंक्ति रखी जाती थी। संक्रांतिकाल में ऐसे पदगीतों की रचना प्रारंभ हो चुकी थी। पुनरुत्थान में इस परंपरा का पर्याप्त विकास हुआ। नीचे इन दोनों शैलियों का विवरण दिया जा रहा है।

पूर्ववर्ती परंपरा के पदगीत : मध्यकालीन संतों एवं भक्त कवियों तथा संक्रांतिकालीन कवियों की भाँति पुनरुत्थानकाल के कवियों ने भी समाज सुधार संबंधी विषयों पर अनेक ऐसे पद लिखे जो परंपरागत पद शैली में लिखे गये थे। इस अध्याय के प्रारंभ में 'भजन' के रूप में जिन दो पदों 'अधम तेरो जीवन बीतो जाये' तथा 'करत लरिकैयाँ बैस सब गई' की चर्चा की गई है, वे वस्तुतः शैली की दृष्टि से पुरानी पद-परंपरा के गीत ही हैं। इनमें से 'अधम तेरो जीवन बीतो जाय' पद की पंक्तियाँ नीचे दी जा रही हैं :

अधम तेरो जीवन बिता जाय
आया था करि भजन प्रतिज्ञा भूलि गया सो हाय।
अभयदान को हाथ मिले ये तीर्थ-गमन को पाय,
हिंसा करै कहै पर नारी चलै सुपंथ विहाय।
शुभ दर्शन अरु चरित श्रवण को, नयन श्रवण ये पाय,
देखै सुनै पाप की बातें विषयों में चित लाय।
यह रसना हरिनाम जपन को, मुरदा ताते खाय,
छल निंदा चोरी की बातें करते निशि दिन जाय।

पूरन अभी बना है अवसर कर ले बेगि उपाय,
कर दे प्रभु के हेतु समर्पण, मन वाणी अरु काय।

इसके अतिरिक्त 'पूर्ण संग्रह' में ही पृष्ठ 203 पर 'राजदंपति को आशीर्वाद' शीर्षक राजनीतिक संदर्भ की एक कविता संकलित है। शैली की दृष्टि से यह भी इसी परंपरा का पदगीत है :

जय-जय भरतखंड भुवाल,
राजरानी राजकुलयुत दयाकर जनपाल।
स्वर्गिनी हितकारिणी विक्टोरिया मति धीर,
तासु सुत एडवर्ड सप्तम भये शासक-वीर।
यश-सहित करि राज सोऊ लह्यो स्वर्ग-विहार,
छाँड़ि प्यारी प्रजा अपनी रावरे आधार।
जानि निज रक्षा समुन्नति रावरे आधीन,
विनय भारत करत विनती भक्त-भावन-लीन।
सहित 'पूरन' सुख जियहु चिर सुजस पाय विशाल,
हरहु दुख सब भरहु संपति करहु देश निहाल।

हरिऔध जी के पद्य-प्रसून में पृष्ठ 69 से 73 तक 'प्रबोध पंचक' तथा 'भोर का उठना' शीर्षक के अंतर्गत इस शैली के कई पद वर्तमान हैं। यहाँ 'भोर का उठना' शीर्षक से प्राप्त पदों में से एक पद दिया जा रहा है :

प्रात की किरणें कोमल प्यारी।
जहाँ तहाँ फलती तरु तरु पर दिखलाती छवि न्यारी।।
जब आलोकित करती हैं अवनी कर प्रकृति सँवारी।
तब युग नयन देख पाते हैं देव कुसुम कल क्यारी।।
जीवन लहर जगमगा जाती है पा दुति रुचिकारी।
उर नव विभावान बनता है जैसे रजनि दिवारी।।

सरस्वती 1917 के मार्च अंक में हेमनाथ चतुर्वंशी का गीत 'पुनः हो भारत का उत्थान' इसी शैली में लिखा गया है। 'मर्यादा' 1910 के नवंबर अंक में प्रकाशित मिश्रबंधु की 'संसार' शीर्षक कविता ब्रजभाषा में लिखी गई है और पुरानी शैली का पदगीत है। यही स्थिति सरस्वती 1917 के मार्च अंक में प्रकाशित गया प्रसाद शुक्ल 'सनेही' की कविता 'मित्र-स्मृति' की भी है। सनेही जी तो 'मर्यादा' में 1918 से 1919 तक इसी प्रकार के पदगीतों के साथ लगातार छपते रहे।

सरस्वती 1917 के मार्च अंक में बद्रीनाथ भट्ट की 'अवतार' शीर्षक से रचना भी छपी है जिसमें पहले चरण की अंतिम पंक्ति टेक है। प्रत्येक बंद में दो समतुकांत

पंक्तियाँ हैं। तीसरी टेक से समतुकांत है। रोला छंद को तोड़कर नये पद-गीत के रूप में ढाल दिया गया है।

अवतार

हे देवि धन्य है तू, है स्वर्गधाम तेरा।
स्वर्गीय सुख चखाना है देवि काम तेरा।
X X X
हे दिव्यरूप अति ही नयनाभिराम तेरा,
आनंददान करता है शांति नाम तेरा।
शुभ दृश्य स्वर्ग का है तुमने हमें दिखाया,
हे देव सुखमयी है तेरी अपार माया।

नवीन पद-शैली : पदगीतों की नवीन शैली का प्रारंभ संक्रांति काल में हो चुका था। भारतेंदु बाबू ने अपने नाटकों में ऐसे गीत लिखे थे। उनके समकालीन लेखकों—प्रतापनारायण मिश्र, बालमुकुंद गुप्त, प्रेमघन आदि ने चरणबद्ध पदगीतों की रचना की थी और पुंराने छंदों को तोड़-तोड़कर गीत का रूप दिया था। पुनरुत्थान काल में इस शैली का पूर्ण विकास हुआ। इस नवीन गीतिशैली ने प्रयोग के स्तर पर सीमातीत विकास किया। यहाँ तक कि 'विद्रोह युग' के समुन्नत गीतिकाव्य की पृष्ठभूमि तैयार करने का गौरव इसे प्राप्त हो गया। नाथूराम शर्मा शंकर, गिरिधर शर्मा, मोती लाल, पदुमलाल पुन्नालाल बख्शी, देवी प्रसाद गुप्त, बद्रीनाथ भट्ट, भगवानदीन, देवी प्रसाद पूर्ण, किशोरी लाल गोस्वामी, मुकुटधर पांडेय, पांडेय बेचनप्रसाद, श्रीधर पाठक, मैथिलीशरण गुप्त आदि अनेक कवि ऐसे हैं जिन्होंने इस प्रकार की गीति रचना में सफल प्रयोग किये। इन कवियों में मुकुटधर पांडेय का रचना-शिल्प सर्वाधिक नवीन था। उनके काव्य पर गुरुदेव रवींद्रनाथ ठाकुर की गीति शैली का प्रभाव स्पष्टतः परिलक्षित होता है। सरस्वती 1918 के सितंबर अंक में उनका 'रूप का जादू' शीर्षक गीत प्रकाशित हुआ था जिसमें विद्रोह युग की गीति शैली के अंकुर स्पष्ट नजर आते हैं। इसमें चरणबद्ध टेक दिये गये हैं और अंतरा का विधान किया गया है।

सन् 1920 की माधुरी के अप्रैल अंक में उनका 'लज्जात्रस्त' शीर्षक गीत रवींद्रनाथ ठाकुर की शैली से पूर्णतया प्रभावित है। इस नये पद-गीत के उदाहरण के रूप में देखा जा सकता है :

लज्जात्रस्त

होने में तव सम्मुख आया
नाथ सताती मुझको लाज। टेक और दूसरे छंद की अंतरा
प्रांगण में है हुई जनों की भीड़ अपार

भरा शंख रव से नभ का है हृदयागार
सजता है पूजा का साज
नाथ सताती मुझको लाज।।

अज्ञेय की 'पुष्करिणी' के पृष्ठ 82 पर श्रीधर पाठक का 'भ्रमरगीत' और पृष्ठ 181 पर गोपालशरण सिंह की 'खोज' संकलित है। ये दोनों पदगीत नवीन पद शैली के सुंदर उदाहरण हैं। 'भ्रमरगीत' में पहली पंक्ति 'भ्रमर तुम बन बन भ्रमण करो' गीत के ध्रुवक की तरह दो-दो लंबी पंक्तियों के प्रत्येक चरण के बाद दुहराई गई है। विषयपरक संगठन के कारण इसे नयी शैली का चरणबद्ध प्रगीत कहा जायेगा। इसी प्रकार गोपालशरण सिंह की कविता 'खोज' में भी पहली पंक्ति को ध्रुवक की तरह तीन-तीन समतुकांत पंक्तियों के चरण के बाद एक लंबी पंक्ति देकर पाँचवीं पंक्ति में दुहराया गया है। उदाहरणार्थ उक्त कविता का एक चरण देखा जा सकता है :

खोज
मैं न तुमको खोज पाया
झुक रहे पादप तुम्हारी ओर थे,
पुष्प तुमको देख हर्ष-विभोर थे,
नाचते उन्मत्त मंजुल मोर थे,
तुम छिपी थीं कुंज में यह ध्यान में मेरे न आया,
मैं न तुमको खोज पाया।

1920 की माधुरी के फरवरी अंक में बद्रीनाथ भट्ट की 'सद्गुरु प्रार्थना' प्रकाशित है जिसे पढ़कर लगता है कि सन् 1920 तक आते-आते गीति की नवीन शैली पूर्ण विकास को प्राप्त हो चुकी थी। उदाहरण प्रस्तुत है :

सद्गुरु प्रार्थना
जीवन नौका बहती है
तव कृपा सुरसरी धार में। जीवन...
नहीं डाँड़ पतवार यहाँ है
बेसुध खेवनहार यहाँ है
तुझ पर दारमदार यहाँ है
यों हँसती रहती है।
जीवन नौका बहती है।

मैथिलीशरण गुप्त ने 1916-17 से ही नवीन गीति शैली को अपनाकर इस प्रकार की रचनाओं का मार्ग प्रशस्त कर दिया था। इन वर्षों में उन्होंने गीतिकाव्य

के क्षेत्र में भी पर्याप्त प्रयोग किये। संभवतः इसी काल की रचनाओं का संकलन उनकी काव्य-पुस्तक 'झंकार' में किया गया है। सन् 1917 की सरस्वती में उनका 'पुष्पांजलि' शीर्षक गीत प्रकाशित हुआ था। इसमें तीन पंक्तियाँ अंतरा की हैं जो आपस में समतुकांत हैं और चौथी पंक्ति 'टेक' की समतुकांत है :

पुष्पांजलि
मेरे आँगन का एक फूल।
सौभाग्य भाव से मिला हुआ
श्वासोच्छ्वासों से हिला हुआ
संसार-विटप में खिला हुआ
झर पड़ा अचानक झूल झूल।
मेरे आँगन का एक फूल।

इसी क्रम में सरस्वती 1918 के सितंबर अंक में प्रकाशित उनके निम्नलिखित गीत के तीन चरण भी दर्शनीय हैं :

निकल रही है उर से आह,
ताक रहे सब तेरी राह।
चातक खड़े चोंच खोले हैं, सम्पुट खोले सीप खड़ी,
मैं अपना घट लिए खड़ा हूँ, अपनी अपनी हमें पड़ी।
सबको है जीवन की चाह,
ताक रहे सब तेरी राह।
मैं कहता हूँ, मैं प्यासा हूँ, चातक पी पी रटता है,
व्यंग्य मानता हूँ मैं उसको, हृदय क्षोभ से फटता है।
पर क्या वह रखता है डाह,
ताक रहे सब तेरी राह।
मैं अपनी इच्छा कहता हूँ, पर वह तुझे बुलाता है,
मुझसे अधिक उदार वही है, पर भ्रम यहाँ भुलाता है।
किसको है किसकी परवाह,
ताक रहे सब तेरी राह।

उनके काव्य-संग्रह 'झंकार' में इस प्रकार के अनेक गीत हैं। उदाहरण के लिए 'पुनरुज्जीवित', 'दानी', 'यथेष्ट दान', 'परिचय' शीर्षक गीतों के कुछ बंद यहाँ दिए जा रहे हैं :

पुनरुज्जीवित
जी गया मैं, जी गया।

जीवन तेरी थाती थी
यों ही खोई जाती थी
मैं डरता था,
पर मरता था,
किसने मुझे जिलाया,
तूने अमृत पिलाया
पी गया मैं, पी गया।

दानी

तूही बुद्धि विजेता है।
दाताओं का नायक है तू,
याचकगण का नेता है।
इतने सुफल तूने प्रभो, इस
तुच्छ पौधे को दिए,
यह दब गया है, हो गये हैं
भार वे इसके लिए।
कोई कितना ले सकता है
दानी जब तू देता है
तूही बुद्धि विजेता है।

यथेष्ट दान

दूँगा सब मैं न्यारे न्यारे।
कुछ भी पास न रखूँगा मैं,
तभी त्याग-रस चखूँगा मैं।
घर घर को, बाहर बाहर को
आज आज को, कल कल को।
जलथल जलथल को, नभ नभ को।
अनिलानल अनिलानल को।
और तुम्हें क्या दूँगा प्यारे।
दूँगा सब मैं न्यारे न्यारे।

परिचय

बार बार तू आया
पर मैंने पहचान न पाया।

हिम कंपित कृश-पाणि पसारे
पहुँच बुभुक्षित मेरे द्वारे
तूने मेरा धक्का खाया
बार बार तू आया।

3. मुक्तक गीत : पहले अध्याय में गीतिकाव्य के शैलीगत वर्गीकरण के अंतर्गत 'मुक्तक गीत' की चर्चा हो चुकी है। वस्तुतः 'मुक्तक गीत' एक प्रकार का 'लोकगीत' होता है। आभीरों का बिरहा और धोबियों का श्रमगीत मुक्तक गीत कहा जा सकता है। इन गीतों में कभी 'छियो राम छियो' जैसे निरर्थक ध्रुवक लगते हैं और कभी ध्रुवक नहीं लगते। सभी रचनाएँ 'मुक्तक' शैली की होती हैं। छंद अलग-अलग स्वतंत्र मुक्तक जैसे होते हैं और अंतरा की पंक्तियाँ भी परस्पर असंबद्ध होती हैं लेकिन कई मुक्तक मिलकर एक गीत का निर्माण करते हैं। संक्रांतिकाल में ऐसी रचनाएँ बहुत कम मिलती हैं। पुनरुत्थान काल में भी इस प्रकार की रचनाएँ अधिक नहीं मिलतीं। ढूँढ़ने पर कुछ रचनाएँ मुश्किल से मिलती हैं। अयोध्या सिंह उपाध्याय 'हरिऔध' तथा राय देवी प्रसाद 'पूर्ण' ने मुक्तक शैली की कुछ कविताएँ लिखी हैं। इसमें से राय देवी प्रसाद 'पूर्ण' की कविता को मुक्तक गीत तथा हरिऔध जी की कविता को मुक्तक प्रगीत कहा जा सकता है। उदाहरण के लिए राय देवी प्रसाद पूर्ण का एक 'आल्हा' यहाँ दिया जा रहा है :

लै लै फौज लड़े का धाये उमहे बड़े बड़े सरदार,
गरज गरज के डंका बाजे आये धरती धमक सिपाह,
कौन वीर अब आगे आवै पियो दूध जिन माता क्यार,
बानन पाटि काटि दल डारौं और देहुँ भालन के मार।
धँस धँस धमक बजावत धौंसा झंडा गाड़ देउँ मैदान,
बड़े बड़े घमंडी राजा मारौ अंड-बंड सब देउँ भुलाय,
कड़बड़-कड़बड़ घोड़े दौड़े तड़-तड़ भड़-भड़ बजे निशान।
लप-लप लप-लप तेगा लपकै सरसर-सरसर बरसैं बान,
धावैं लै-लै पटा बनेठी धर-धर धमक पछारे ज्वान,
सूरन के मन उमगन लागे कूरन के मुरझाने प्रान,
नदी बह गई तहँ लोहू की तिनमाँ भूत-प्रेत कुल्हायँ,
ताल ठोंक के विक्रम गरजैं कायर भागैं पीठि दिखाय,
जिनकी पीठि हाथ धर सीतल कीन्हों पच्छ सारदा माय,
तेई जीत लौटके आये तिन घर बाजत अनंद-बधाव।
नागड़-धिन्ना नागड़-धिन्ना नागड़-धिन्ना नागड़-धिन्ना।

हरिऔध जी ने विविध विषयों से संबंधित मुक्तक शैली की कविताएँ लिखी

हैं। इन कविताओं को 'लोकगीत' नहीं कहा जा सकता। ये रचनाएँ एक ही विषय से संबंधित हैं। आपस में समतुकांत भी नहीं हैं और अलग-अलग स्वतंत्र मुक्तक जैसी लगती हैं। चूँकि इनमें 'ध्रुवक' का विधान नहीं है और इन्हें लोकगीत के ढंग से गाया भी नहीं जाता, इसलिए इन्हें मुक्तक-प्रगीत ही कहना उपयुक्त होगा। नीचे उनकी इस ढंग की कविताओं में से 'जुगनू' शीर्षक कविता के दो बंद दिये जा रहे हैं जो अलग-अलग चौपदों में होने के कारण मुक्तक प्रगीत हैं :

जुगनू

पेड़ पर रात की अँधेरी में,
जुगनुओं ने पड़ाव हैं डाले।।
या दिवाली मना चुड़ैलों ने।
आज हैं सैकड़ों दिये बाले।।

तो उजाला न रात में होता।
बादलों से भरे अँधेरे में।।
जो न होती जमात जुगनू की।
तो न बलते दिये बसेरे में।।

लेकिन 'पद्य प्रसून' के पृष्ठ 66 पर 'सेवा' शीर्षक विभिन्न चौपदोंवाली कविता को इसलिए मुक्तक गीत कहा जायेगा कि उसमें विषय की आभ्यंतरिकता वर्तमान है :

सेवा

जो मिठाई में सुधा से है अधिक।
खा सके वह रस भरा मेवा नहीं।
तो भला जग में जिये तो क्या जिये।
की गई जो जाति की सेवा नहीं।।

हो न जिसमें जातिहित का रंग कुछ
बात वह जी में ठनी तो क्या ठनी।
हो सकी जब देश की सेवा नहीं।
तब भला हमसे बनी तो क्या बनी।

बेकसों की बेकसी को देखकर,
जब नहीं अपने सुखों को खो सके।
तब चले क्या लोग सेवा के लिए।
जब न सेवा पर निछावर हो सके।।

तो न पाया दूसरों का दुख समझ।
दीन दुखियों का सके जो दुख न हर।

भाव सेवा का बसा जी में कहाँ।
बेबसों का जो बसा पाया न घर।।
उस कलेजे को कलेजा क्यों कहें।
हों नहीं जिसमें कि हित धारें बही।
भाव सेवा का सके तब जान क्या।
कर सके जो लोक की सेवा नहीं।

इसके विपरीत 'नवीन पद्य संग्रह' में पृष्ठ 59 पर जगन्नाथ प्रसाद चतुर्वेदी की 'वर्षा वर्णन' शीर्षक एक ऐसी कविता संकलित है जो विभिन्न द्विपदियों से भरी हुई है लेकिन स्वतंत्र मुक्तक होते हुए भी 'गीत' नहीं है। उसे 'मुक्तक प्रगीत' ही कहा जा सकता है। उदाहरण के लिए कुछ पंक्तियाँ नीचे दी जा रही हैं :

वर्षा वर्णन
धूरि दबी, गरमी मिटी, चल्यौ सुसीतल पौन।
रुकी चढ़ाई नृपन की, फिरै विदेसी मौन।।
चकवा सों चकई मिली, मानस चले मराल।
चल्यो जात नहिं पंथ में, बूँद परै सब काल।।
बिखरे बादर गगन महँ, कहुँ तम, कहुँ परकास।
सोहै थिर सागर-सरिस, कहुँ गिरि-ओट अकास।।
बहत वेग सों कदम लै, नदियन गँदलो नीर।
बोलत हरखित मोरगन, बैठे दोऊ तीर।।
लोग रसीले खात हैं, जामुन अलि-सम स्याम।
टपकत भू पर वायु सो, पावे बहुविध आम।।

4. गाथा-गीति : गाथा-गीति के संबंध में पहले ही कहा जा चुका है कि गेय प्रबंधकाव्यों को गाथा-गीति कहा जाता है। होमर के इलियट और ओडेसी इस दृष्टि से गाथा-गीति हैं फिर भी लघु प्रबंध गाथा-गीति की प्रकृति के अधिक अनुकूल जान पड़ते हैं। 'मेघदूत' की विशेषता यही है कि उच्चकोटि की गीतात्मकता के साथ-साथ उसमें कथानक की क्षीणता वर्तमान है। इसी प्रकार 'संदेश रासक' तथा 'ढोला मारुरा दूहा' भी लोककंठ में विकसित गेय गाथा होने के कारण इसी श्रेणी में आते हैं। संक्रांतिकाल के साहित्य में गाथा गीत कम लिखे गये लेकिन पुनरुत्थान काल में गीतिकाव्य की अन्य शैलियों की भाँति गाथा-गीतों की भी पर्याप्त संख्या में रचना हुई। मैथिलीशरण गुप्त तथा द्वारिका प्रसाद गुप्त के दो गाथा-गीत सन् 1906 तथा सन् 1917 की सरस्वती के जुलाई अंकों में प्रकाशित हुए थे। इनमें से गुप्त जी की रचना का नाम 'बाल विनोद सुकुमारी' तथा द्वारिका प्रसाद गुप्त की रचना का नाम 'राणा राजसिंह का पत्र' था। जुलाई 1911 की सरस्वती में गिरिधर शर्मा की

'च्यवन पुत्री सुकन्या' शीर्षक कविता प्रकाशित हुई थी। यह भी एक गाथा-गीत ही था जिसमें चार-चार पंक्तियों के चरण हैं और दो-दो पंक्तियाँ परस्पर समतुकांत हैं। इसी प्रकार 'राणा राजसिंह का पत्र' शीर्षक कविता में कुल 42 पंक्तियाँ हैं और दो-दो पंक्तियाँ आपस में समतुकांत हैं। सन् 1920 की 'माधुरी' के फरवरी अंक में गुप्त जी का 'वन वैभव' गाथा-गीत प्रकाशित हुआ था जिसकी कथा द्रौपदी से संबंधित है और जिसमें गीत की नयी शैली ग्रहण की गई है। प्रत्येक चरण में चार-चार समतुकांत पंक्तियाँ हैं और उसके बाद फिर दो समतुकांत पंक्तियाँ हैं। इस प्रकार संगठन एवं बंधन की दृष्टि से गाथा-गीति की शैली में भी इस रचना के साथ गुप्त जी ने एक प्रयोग किया है। 'नवीन पद्य संग्रह'[1] में पृष्ठ 100 पर पंडित रूप नारायण पांडेय का 'वन विहंगम' संगृहीत हुआ है। इसमें चार-चार पंक्तियों के कुल 17 चरण हैं और चारों पंक्तियाँ परस्पर समतुकांत हैं। शिल्प की दृष्टि से इसे गाथा गीति ही कहा जाएगा। कविता के तीन चरण नीचे दिये जा रहे हैं :

वन विहंगम

बन बीच बसे थे, फँसे थे ममत्व में, एक कपोत-कपोती कहीं।
दिन रात न एक को दूसरा छोड़ता, ऐसे हिले मिले दोनों वहीं।
बढ़ने लगा नित्य नया नया नेह नयी नयी कामना होती रही।
कहने का प्रयोजन है इतना, उनके सुख की रही सीमा नहीं।।

रहता था कबूतर मुग्ध सदा, अनुराग के राग में मस्त हुआ।
करती थी कपोती कभी यदि मान, मनाता था पास जा व्यस्त हुआ।
जब जो कुछ चाहा कबूतरी ने, उतना वह वैसे समस्त हुआ।
इस भाँति परस्पर पक्षियों में भी, प्रतीति से प्रेम प्रशस्त हुआ।।

सुविशाल बनों में उड़े फिरते, अवलोकते प्राकृत चित्र-छटा।
कहीं शस्य से श्यामल खेत खड़े, जिन्हें देख घटा का भी मान घटा।
कहीं कोसों उजाड़ में झाड़ पड़े, कहीं आड़ में कोई पहाड़ सटा।
कहीं कुंजलता के वितान तने, सब फूलों का सौरभ था सिमटा।।

नवीन पद्य-संग्रह में ही पृष्ठ 131 पर माधवप्रसाद मिश्र का 'युवा सन्यासी' शीर्षक 22 चरणों का गाथा-गीत संगृहीत हुआ है। इसमें चरण दो-दो पंक्तियों के हैं और परस्पर समतुकांत हैं। 'पूर्ण संग्रह' में पृष्ठ 307 पर 'शकुंतला जन्म' शीर्षक गाथा-गीत है जिसे सर्वप्रथम पं. महावीर प्रसाद द्विवेदी ने कविता-कलाप में संगृहीत किया था। इसमें कुल 19 चरण हैं। दो-दो पंक्तियाँ समतुकांत हैं और रोला के दो छंदों को मिलाकर एक चरण बनाया गया है।

---

1. नवीन पद्यसंग्रह : संग्रहकर्ता पं. भगवतीप्रसाद वाजपेयी, हिंदी सा.स. प्रयाग, सं. 1989 वि.।

5. समवेत गीत : पुनरुत्थान काल में गीतिकाव्य का एक रूप समवेत गीतों का भी था। ये गीत किसी काव्य या नाटक में सामूहिक रूप से गाये जाते थे। स्वतंत्र रूप से इस प्रकार के गीतों की रचना कम होती थी। लोकगीतों में समवेत गायन की परंपरा थी। धोबियों के गीत या कटनी-रोपनी आदि के गीतों में सामूहिक गायन की विधि आज भी प्रचलित है। शुद्ध रूप से इस प्रकार के गीतों को लोक-कंठ की उपज मानना चाहिए। पत्रिकाओं या काव्य-संग्रहों में इस प्रकार के गीत नहीं मिलते। फिर भी पुनरुत्थानयुगीन नाटकों में इस प्रकार के समवेत गीतों का विधान दृष्टिगत होता है।

6. प्रश्नोत्तर गीत : मुक्तक काव्य-परंपरा में कुछ ऐसे गीत भी मिलते हैं जिन्हें 'प्रश्नोत्तर गीत' की संज्ञा दी जा सकती है। किसी छोटी या बड़ी काव्य-रचना में कभी-कभी एक ही व्यक्ति भावात्मक अभिव्यंजना के स्तर पर प्रश्न करता है और स्वयं उनका उत्तर भी देता है। आज भी कुछ लोकगीतों में यह परंपरा देखने को मिलती है। छायावादोत्तर काल में जब लोकगीतात्मक संघर्ष प्रमुख प्रेरणा बनकर गीतों को जीवनी शक्ति प्रदान कर रहा था, उस समय तो इस प्रकार के कई साहित्यिक गीत लिखे गये। डॉ. शंभुनाथ सिंह का प्रसिद्ध गीत 'टेर रही प्रिया तुम कहाँ' इसी प्रकार का लोकगीतात्मक प्रश्नोत्तर गीत है। वस्तुतः इस प्रकार के गीतों का स्रोत लोकगीत ही है। पुनरुत्थान काल में भी ढूँढ़ने पर इस प्रकार के कुछ गीतों के उदाहरण नाटकों में तथा स्वतंत्र रूप में काव्य संग्रहों में भी उपलब्ध हो जाते हैं। नवीन पद-संग्रह में पृष्ठ 195 पर इसी प्रकार का 'रंभा-शुक संवाद' शीर्षक एक प्रश्नोत्तर गीत संकलित है। इस गीत के प्रारंभ में एक गाथापरक दोहा कहा गया है और उसके बाद समतुकांत दो-दो द्विपदियों के क्रम से रंभा और शुक का प्रश्नोत्तर चलता रहता है। उदाहरण के कुछ बंद नीचे दिये जा रहे हैं :

रंभा : *बीथी बीथी आम की कुंज भावै,*
कुंजे-कुंजे कोकिला मत्त गावै।
गाये-गाये मानिनी मान जावै।
जातै-जातै काम को रंग आवै।
शुक : *बीथी बीथी साधु को संग पाये।*
संगे-संगे कृष्ण की कीर्ति गाये।
गाये-गाये एकताई प्रकासै।
एकै एकै सच्चिदानंद भासे।
X X X
रंभा : *सुवर्ण वर्णी तरुणी छबीली।*
प्रिया रंगीली सुमुखी रसीली।

जो प्रेम ऐसा नहिं बाम को है,
तारुण्य तो ये केहि काम को है ?
शुक : *हौवे जरा में बल-बुद्धि हानी,*
मिली तपस्या हित ही जवानी।
उद्योग नाहीं शुभ काम को है,
निकाम तो ये तनु चाम को है।

इसी प्रकार 1913 की सरस्वती में रूप नारायण पांडेय की 'वर्णव्यवस्था की आलोचना' शीर्षक 37 छंदों की एक कविता प्रकाशित हुई है। विषय की दृष्टि से इसका विषय गीतिकाव्य की प्रकृति के अनुकूल है लेकिन इस कविता के ऊपर लिखा हुआ है—'एक भावात्मक प्रश्न और उसका उत्तर' और गीत में प्रश्नोत्तर शैली से इस समस्या का समाधान भावात्मक ढंग से प्रस्तुत किया गया है। इसलिए इसे प्रश्नोत्तर गीत ही कहा जायेगा। इसके अतिरिक्त स्व. मैथिलीशरण गुप्त की पुस्तक यशोधरा का गीत 'माँ कह एक कहानी—बेटा समझ लिया क्या तूने अपनी नानी' काफी प्रसिद्धि पा चुका है और प्रश्नोत्तर शैली का ही गीत है। वस्तुतः प्रश्नोत्तर गीत भावनात्मक कौतूहल का शमन अन्य गीति-भेदों की अपेक्षा अधिक करता है। इसीलिए अधिक मार्मिक एवं प्रभावशाली हुआ करता है। यशोधरा का ही गीत 'सखि वे मुझसे कहकर जाते' भी इसी प्रकार का गीत है।

7. आवृत्ति गीत : आवृत्तिमूलक चरणबद्ध गीतिकाव्य को आवृति गीत की संज्ञा के भीतर अंतर्भुक्त माना जाता है। वैदिक गीतिकाव्य में आवृत्तिमूलक पदगीतों की लंबी शृंखला है जो प्राकृतापभ्रंश से लेकर गीति-साहित्य से होती हुई पुनरुत्थान युग के गीतिकाव्य तक अविच्छिन्न रूप से स्वस्थ विकास पाती रही है। सत्यपुरीय महावीर-उत्साह, मनिसयत्त कहा से लेकर पुनरुत्थान युग के कवियों तक यह गीति धारा अकुंठ रूप से प्रवाहित होती रही है। मन्नन द्विवेदी गजपुरी, रामचंद्र शुक्ल, राय देवी प्रसाद पूर्ण और हरिऔध जी ने इस प्रकार के कई आवृत्ति गीत लिखे हैं। इन गीतों में निश्चित पंक्ति के कुछ टुकड़े कभी गीत के प्रारंभ में और कुछ पदांत में बराबर दुहराये जाते हैं। उदाहरण के लिए मन्नन द्विवेदी का नवीन पद-संग्रह के 66 वें पृष्ठ पर 'चमेली' शीर्षक गीत संकलित है। इसमें चमेली शब्द की प्रत्येक पंक्ति में आवृत्ति की जाती है। 'लावनी' के उदाहरण में यह पिछले पृष्ठों पर उद्धृत की जा चुकी है। इसी पुस्तक के 69 वें पृष्ठ पर पं. रामचंद्र शुक्ल की 'आमंत्रण' शीर्षक कविता छपी है जिसमें पदांत पद 'जहाँ' की प्रत्येक पंक्ति में आवृत्ति हुई है। उदाहरण के लिए कुछ पंक्तियाँ नीचे दी जा रही हैं :

आमंत्रण
दृग के प्रतिरूप सरोज हमारे, उन्हें जग-ज्योति जगाती जहाँ,

जल-बीच कलंव-करंवित कूल से, दूर छटा छहराती जहाँ।
घन अंजनवर्ण खड़े, तृण जालकी, झाईं पड़ी दरसाती जहाँ,
बिखरे बक के निखरे सितपंख, विलोक बकी बिक जाती जहाँ।।
द्रुम अंकित, दूब भरी, जल खंड, जड़ी धरती छवि छाती जहाँ,
हर हीरक-हेम-मरक्त प्रभा ढल, चंद्रकला है चढ़ाती जहाँ।
हँसती मृदु मूर्ति कलाधर की, कुमुदों के कलाप खिलाती जहाँ,
घन-चित्रित अंबर अंक धरे, सुषमा सरसी सरसाती जहाँ।।

पदांत आवृत्ति का एक और उदाहरण इसी पुस्तक के पृष्ठ 6 पर मिल जाता है। रामचरित उपाध्याय की 'कन्हैया' शीर्षक गीत की कुछ पंक्तियाँ निम्नलिखित हैं :

जब होता था, ह्रासधर्म का, तब तुम आते रहे कन्हैया।
आओ अपने प्रण को पालो कब तक हम दुख सहें कन्हैया।
जो भारत तेरा लीला-स्थल सबका था सिरताज कन्हैया।
वही अधोमुख हो रोता है गड़ा लाज से आज कन्हैया।
तरस रहे हैं तनिक सुना जा फिर वंशी की तान कन्हैया।
नग्न नारियाँ यहाँ पड़ी हैं कहाँ हरोगे चीर कन्हैया।
दुख दायक कलिकाल हुआ है अंध कंस के सदृश कन्हैया।
सत्वर आकर हमें उबारो आत्मवेश के हंस कन्हैया।

दिसंबर 1920 की सरस्वती में गिरिधर शर्मा का 'राष्ट्रीय गीत' शीर्षक एक गीत प्रकाशित हुआ है। इसमें 'देश' शब्द की चरण की प्रत्येक पंक्ति में आवृत्ति हुई है। नवीन पद शैली का यह विकसित स्वरूप का गीत पदांत आवृत्ति का एक उत्कृष्ट उदाहरण है :

राष्ट्रीय गान
जय जय प्यारे देश।
रम्य हमारे देश।
दृग के तारे, जग उँजियारे, हिय के प्यारे देश।
वेदोद्‌गाता, भाग्यविधाता, सब सुखदाता देश।
जय जय प्यारे देश।
जय देश, जय देश।

इसी प्रकार 'पुष्करिणी' में गया प्रसाद शुक्ल सनेही का एक आवृत्ति गीत संकलित है। इसमें प्रत्येक पंक्ति के प्रारंभ में ही एक निश्चित पदांश (तू है) ऐसा है जो टुकड़े की तरह बराबर दुहराया जाता है :

भक्त की अभिलाषा

तू है गगन विस्तीर्ण तो मैं एक तारा क्षुद्र हूँ।
तू है महासागर अगम मैं एक धारा क्षुद्र हूँ,
तू है महानद तुल्य तो मैं एक बूँद समान हूँ,
तू है मनोहर गीत तो मैं एक उसकी तान हूँ।
तू है सुखद ऋतुराज तो मैं एक छोटा फूल हूँ,
तू है अगर दक्षिण पवन तो मैं कुसुम की धूल हूँ।
तू है सरोवर अमल तो मैं एक उसका मीन हूँ।
तू है पिता तो पुत्र मैं तब अंक में आसीन हूँ।

8. **नाट्यगीति** : तीसरे अध्याय में नाट्यगीति की विस्तार से चर्चा हो चुकी है। वस्तुतः नाट्यगीति लघुगीतिकाव्य है। उसके गायन में नृत्य या नाट्याभिनय की अनिवार्यता है। प्रश्नोत्तर गीत की भाँति नाट्यगीति में संवाद की स्थिति होती है। अंतर केवल इतना है कि प्रश्नोत्तर गीत में एक ही व्यक्ति प्रश्न भी कर सकता है और उत्तर भी दे सकता है जबकि नाट्यगीति की संवादात्मक स्थिति में पात्र एक से अधिक होंगे। दूसरे पात्रों को गायन के समय नृत्य या नाट्याभिनय भी अनिवार्य होगा। 'गीतिनाट्य' नामक नाट्य काव्य के गीत भी नाट्यगीति ही कहे जाएँगे। संस्कृत, प्राकृत या प्राकृतापभ्रंश में इस प्रकार के गीतों का अभाव है लेकिन पुरानी हिंदी के अज्ञात कवि की काव्यकृति 'मृगम्युतकम' को नाट्यगीति माना जा सकता है। इसमें मृगावती और मृगायुत का संवाद ऐसा है जो पर्याप्त गेय है और बिना नाट्याभिनय के उसको प्रस्तुत नहीं किया जाता रहा होगा। संक्रांतिकाल में चूँकि साहित्य का बहुमुखी विकास हुआ था, भारतेंदु जी ने अपने नाटकों में संवादात्मक नाट्यगीतों की रचना की थी। पुनरुत्थान युग में भी नाटक पर्याप्त संख्या में लिखे गये और छुटपुट रूप से नाट्यगीतों की रचना भी हुई। लाला भगवानदीन ने 'वीर पंचरत्न' में नीलदेवी से संबंधित गीति-कथा, नाट्यगीति की शैली पर लिखी गई है। मैथिलीशरण गुप्त के 'दिवोदास' में जिन तीन लघु नाट्यकाव्यों का संकलन किया गया है, वे भी नाट्यगीति ही हैं। इसी प्रकार रूपनारायण पांडेय की 'तारा' शीर्षक कृति गीतिनाट्य होने के कारण नाट्यगीति की परंपरा में ही आती है। सियाराम शरण गुप्त का 'उन्मुक्त' जिसमें द्वितीय महायुद्ध को ध्यान में रखकर मनोविज्ञान तथा उसको रोकने के अहिंसात्मक उपाय को कल्पित कथा के माध्यम से भावात्मक ढंग पर व्यक्त किया गया है, एक नये विषय वाला नाट्यगीति है।

9. **प्रगीत** : पिछले अध्याय में बताया जा चुका है कि प्रगीत एक विषयपरक लघुकाव्य के रूप में लिखी हुई ऐसी रचना है जिसमें क्रमबद्धता वर्तमान रहती है। पदगीत के समान ध्रुवक या टेक की पद्धति 'प्रगीत' में नहीं अपनाई जाती, न तो

सांगीतिक गीत के समान स्वर-ताल का अधिक नियंत्रण स्वीकार किया जाता है फिर भी विषय-वस्तु की सघनता और भावनात्मक केंद्रीयता प्रगीत का नित्य लक्षण है। इस दृष्टि से 'प्रगीत' और गीतिकाव्य में कोई अंतर नहीं है। गीतिकाव्य के अन्य लक्षण—गेयता, संक्षिप्तता और आत्माभिव्यंजना आदि भी प्रगीत में उसी मात्रा में वर्तमान रहते हैं। इसलिए विषयबद्ध और ध्रुवकहीन होने पर भी प्रगीत को गीतिकाव्य से अलग नहीं माना जा सकता। संक्रांतिकालीन गीतिकाव्य की विभिन्न शैलियों के विवेचन-क्रम में प्रगीत के संबंध में लिखा जा चुका है कि 19 वीं शताब्दी में विषय का नाम देकर चरणबद्ध प्रगीतों की रचना जोर-शोर से शुरू हुई। निश्चितरूप से अंग्रेजी एवं उर्दू के प्रभाव तथा समकालीन राजनीतिक, सामाजिक परिस्थितियों के दबाव के कारण ही इस प्रकार की रचनाएँ अधिक संख्या में लिखी गईं, पुनरुत्थान युग तक आते-आते यह दबाव और तीव्र हो गया जिसके परिणामस्वरूप प्रगीत काव्य के विकास में आशातीत वृद्धि हुई, यद्यपि पुनरुत्थान युग के कुछ प्रमुख कवियों की प्रकृति प्रबंधमूलक थी फिर भी गीतिकाव्य के क्षेत्र में प्रयोग करनेवाले स्वच्छन्द विचारधारा के कवियों की भी इस युग में कमी नहीं थी। गीतिकाव्य की सभी शैलियों में कविताएँ लिखी गईं और प्रगीतों की रचना अपेक्षाकृत अधिक मात्रा में की गई। प्रगीत में 'गीत' के समान ही चरण होते हैं और उसमें दो, चार या छः समतुकांत पंक्तियाँ होती हैं। पुनरुत्थानयुग के कवियों में रामचरित उपाध्याय, रामनरेश त्रिपाठी, रूपनारायण पांडेय, मणिराम गुप्त, सत्यशरण रतूड़ी, हरिवंश मिश्र, कृष्ण जी सहाय, मन्नन द्विवेदी, माधवप्रसाद शुक्ल, भगवानदीन, रूपकिशोर शर्मा और किशोरी लाल गोस्वामी आदि अनेक कवियों ने प्रगीत लिखे हैं। उन्होंने उर्दू नज्मों के आधार पर प्रगीत लिखने के साथ-साथ मात्रिक छंदों को तोड़कर नये-नये प्रगीत-रूपों को जन्म भी दिया है। सरस्वती 1903 के फरवरी अंक में बाबू काशी प्रसाद की 'जन्मभूमि' और 'कवि कीर्ति' शीर्षक कविताएँ प्रकाशित हुई हैं। 'जन्मभूमि' में पहली बार विराम चिह्नों के प्रयोग में सावधानी महत्त्वपूर्ण रूप से दिखलाई पड़ती है। 'कवि कीर्ति' में रोला छंद में दो-दो पंक्तियों का चरण बनाया गया है। सरस्वती के मई अंक में उमाशंकर द्विवेदी का एक और प्रगीत प्रकाशित हुआ है जिसका शीर्षक है 'पूर्वपुरुषों के प्रति'। कुल 7 चरणों के इस प्रगीत की कुछ पंक्तियाँ निम्नलिखित हैं :

पूर्व पुरुषों के प्रति

कहाँ गये वे वीर शिरोमणि, मनुजवंश अभिराम,
यशोराशि के साथ छोड़कर अपना सुंदर नाम।
वह वीरता रही अब कहीं ?
कठिन काल कहता है, नहीं।।

नहिं वे जन अब इस पृथ्वी पर जिनके गुण कवि गाते हैं।
गाते गाते थक जाते हैं किंतु पार नहिं पाते हैं।।

इसी प्रकार की एक रचना 'तंबाकू और मदिरा' पांडेय लोचन प्रसाद के नाम से सरस्वती 1907 के मार्च अंक में प्रकाशित हुई है जिसमें दो-दो समतुकांत पंक्तियों के चरण बनाये गये हैं :

तंबाकू और मदिरा
मैं हूँ श्री बल का चपरासी, नाम तमाखू मेरा है।
फोकट सबको मजा चखाती, घर घर मेरा डेरा है।
वह है सत्यानाशी भाई, जो माहुर नहिं पीता है।
बीड़ी चोंगी हुक्का चीलम, सिग्रेट बिन जो जीता है।
गांजा चरस मदक और चंडू, फस्ट ग्रेड है जानो आप।
पर अब बढ़ती चली भगवती, मदिरा धोती मानस पाप।।

सरस्वती 1903 के जुलाई अंक में वागीश्वर मिश्र की 'स्वदेशी वस्त्र का बहिष्कार' शीर्षक कविता छपी है लेकिन विवेचन-प्रधान होने के कारण उसे प्रगीत न कहकर चरणबद्ध लघु निबन्ध काव्य ही कहा जा सकता है। नवंबर अंक की जनार्दन झा की कविता 'शिक्षा शतक' को उपदेशात्मक होने के बावजूद प्रगीत माना जा सकता है क्योंकि उसमें दो-दो समतुकांत चरणबद्ध पंक्तियाँ गेयता, आभ्यंतरिकता आदि गुणों से युक्त हैं :

जो पाकर दुर्लभ नर देह
हरि पद में न लगाते नेह।
गेह गेह ममता में लीन
उनसे बड़ न और मतिहीन।।

इस युग में विशेष व्यक्ति को नायक बनाकर प्रगीत लिखने की एक परंपरा भी विकसित हुई जो अधिक दिनों तक चल नहीं सकी। लाला लाजपत राय पर माधव प्रसाद शुक्ल ने एक कविता ब्रजभाषा में लिखी थी जो 1917 के 'हिंदी प्रदीप' के जुलाई अंक में प्रकाशित हुई थी। ब्रजभाषा में ही लोकमणि ने 'शरदागमन' शीर्षक कविता सरस्वती 1903 के नवंबर अंक के लिए लिखी थी जो रोला छंद में चार-चार पंक्तियों के चरण के साथ प्रगीत की शैली में लिखी गई थी। यद्यपि प्रकृतिवर्णन की प्रधानता के कारण इसमें वर्णनात्मकता का स्वर प्रमुख हो गया है। लावनी छंद में दो-दो समतुकांत पंक्तियों के चरण के साथ प्रगीतों की रचना तो अनेक कवियों ने की थी। 1907 के हिंदी प्रदीप के अगस्त अंक में माधवप्रसाद शुक्ल की 'सच्चा साधु', 'वीर बंधु' तथा 'दासता' नवंबर अंक में 'वृद्ध भारत' और 'दीवाली' तथा

लक्ष्मीधर वाजपेयी की 'नयी सृष्टि' शीर्षक कविताएँ इसी छंद में लिखी गई हैं।

1905 की सरस्वती में प्रकाशित सत्यशरण रतूड़ी की 'सभ्यता' शीर्षक रचना एक उत्कृष्ट कोटि का विषयपरक प्रगीत है। इसमें एक-एक चरण में चार-चार पंक्तियाँ हैं। दो-दो पंक्तियाँ आपस में समतुकांत हैं और अंतिम दो पंक्तियों का 'टेक' के रूप में व्यवहार किया गया है।

बाल साहित्य की रचना इस युग की नवीन उपलब्धि है। हरिऔध जी ने पद्य-प्रसून के एक पूरे खंड में बाल-साहित्य से संबद्ध प्रगीतों की रचना की है। साथ ही रवि वर्मा के चित्रों पर इस युग में प्रगीत लिखे गये। हफीजुल्लाह खाँ के हजारा भाग दो में भी हिंदी की इस ढंग की अनेक कविताएँ प्राप्त होती हैं। गिरिधर शर्मा, श्री मुरारी वाजपेयी और सत्यशरण रतूड़ी ने चौपाई छंद में अनेक प्रगीतों की रचना की है। जुलाई 1906 की सरस्वती में रामचरित उपाध्याय का 'पंचदूत' प्रकाशित हुआ जो 22 चरणों का चार-चार पंक्तियोंवाला भावात्मक प्रगीत है। जनवरी 1911 की सरस्वती में उनकी 'प्रह्लाद' शीर्षक गाथा-गीत की शैली में लिखी हुई रचना छपी थी जो विषय प्रधान होने के साथ ही साथ रोला छंद का प्रगीत होकर रह गई। उसी अंक में मैथिलीशरण गुप्त जी की प्रसिद्ध कविता 'प्रयाग की प्रदर्शनी' भी छपी है जो शिल्प की दृष्टि से विचारणीय है। इसमें कुल मिलाकर 30 चरण हैं। चरणों का संघटन चार-चार पंक्तियों का है। जनार्दन झा का 'अनुताप' भी 11 चरणों का एक लंबा प्रगीत है जो मार्च 1911 की सरस्वती में छपा है। उसी अंक की लोचन प्रसाद पांडेय की 'शांति संगीत' तथा गुप्त जी की 'स्वर्गीय संगीत' शीर्षक कविताएँ भी इसी शैली की हैं। जुलाई 1911 की सरस्वती में प्रकाशित लोचन प्रसाद पांडेय की 'गर्मी' शीर्षक कविता उस युग में बड़ी प्रसिद्ध हुई थी। गुप्त जी का 'पंजरबद्ध वीर' भी उसी अंक में प्रकाशित हुआ था। मई 1911 की मर्यादा में प्रकाशित बद्रीनाथ भट्ट के 'निदाघ काल' में भी संस्कृत छंद का व्यवहार हुआ है और कुल 16 चरणों में विषयपरक विवरणात्मक प्रगीत की रचना की गई है। फिर इसी पत्र के सितंबर अंक में मन्नन द्विवेदी गजपुरी का 'मातृभूमि' शीर्षक प्रगीत भी प्रकाशित हुआ था। ऐसा लगता है कि रोला छंद इन कवियों को बहुत ही प्रिय था क्योंकि इस छंद में प्राप्त प्रगीतों की संख्या आशातीत है। जुलाई 1911 की सरस्वती में एक साथ कई कवियों के प्रगीत प्रकाशित हुए थे। इस अंक का गुप्त जी का 'ग्राम्य जीवन' चौपाई छंद का प्रगीत है, 'न्यायादर्श' 23 बंदों का रोला छंद का प्रगीत है, 'प्रेम' रूपनारायण पांडेय का लंबा प्रगीत है, सत्कविदास का 'साहित्य सम्मेलन' और गुप्त जी का 'हिंदू विश्वविद्यालय' 40 छंदों का प्रगीत है और लोचन प्रसाद पांडेय का 'आदर्श जीवन' एक लंबा विवरणात्मक प्रगीत है। 1913 की सरस्वती में गुप्त जी की 'भारत भारती' के अंश प्रकाशित होने लगे थे। मन्नन द्विवेदी का 'दासत्व',

रूपनारायण पांडेय की 'तिलांजलि', गोपालशरण सिंह की 'मातृभूमि', रामचरित उपाध्याय की 'परोपकार' और 'संसार की असारता' आदि कविताएँ 1913 की सरस्वती में प्रकाशित हुई थीं। इनमें से रूपनारायण पांडेय की 'तिलांजलि' प्रगीत होते हुए भी नयी शैली की थी क्योंकि उसमें अंत्यानुप्रासहीन पंक्तियों के चरण बनाये गये थे और रामचरित उपाध्याय की 'परोपकार' शीर्षक कविता हरिगीतिका छंद में लिखी गई थी। वस्तुतः मैथिलीशरण गुप्त, लोचन प्रसाद पांडेय, गोपालशरण सिंह, रूपनारायण पांडेय, रामचरित उपाध्याय और मोतीलाल लगभग एक ही कैटेग्री के कवि थे। 1913 की सरस्वती में उमाशंकर द्विवेदी का 'स्वार्थ का साम्राज्य' तथा हरिवंश मिश्र काव्यतीर्थ का 'ज्ञान दशा' शीर्षक प्रगीत प्रकाशित हुआ। मार्च 1917 में मुकुटधर पांडेय का 'हृदय' शीर्षक प्रगीत छपा जो शिल्प की दृष्टि से महत्त्वपूर्ण और कुछ नवीन था क्योंकि उसमें चार-चार पंक्तियों के चरण तो पूर्ववर्ती कवियों की कविताओं जैसे ही थे लेकिन दूसरी और चौथी पंक्ति को समतुकांत करके गेयता और अभिव्यंजना का सौंदर्य उत्पन्न किया गया था। प्रयोग की दृष्टि से उनका इसी वर्ष सरस्वती में प्रकाशित 'महत्ता और क्षुद्रता' शीर्षक प्रगीत भी महत्त्वपूर्ण है जिसमें दो-दो पंक्तियाँ समतुकांत हैं और आभ्यंतरिकता इतनी अधिक है कि रचना पुनरुत्थान युग की न मालूम होकर छायावाद युग की मालूम होती है।

पूर्ण संग्रह के पृष्ठ 227 पर राय देवी प्रसाद पूर्ण का एक लबा प्रगीत 'नवीन संवत्सर' (संवत् 1967) का 'स्वागत', 'देश भक्ति', 'स्वदेशी' और 'राजभक्ति' नामक खंड की एक लघुकविता के रूप में संकलित है जो सरस्वती से साभार ली गई है और कुल मिलाकर चार-चार पंक्तियोंवाले चरणों के 28 बंदों में संगृहीत है। छंद पर ध्यान देने पर पता लगता है कि कवि ने रोला छंद में चार मात्रायें बढ़ाकर 'प्रगीत' के इस नये ढंग के छंद का आविष्कार कर लिया है। उदाहरण के लिए एक छंद यहाँ दिया जा रहा है :

स्वागत काल-विशाल-कोश के रत्नजाल चमकीले।
भूप विक्रमादित्य-सुयश के नित्य-रूप दरसीले।
प्रकृति-विकृति के अचिर-चित्रगत अविदित रंग रंगीले।
लुप्त सार संसार काव्य के गुप्त प्रसंग रसीले।

जनवरी 1911 में मैथिलीशरण गुप्त की एक अत्यधिक प्रसिद्ध रचना 'मातृभूमि' सरस्वती में प्रकाशित हुई थी। इसे छप्पय शैली का प्रगीत मानना चाहिए। कुल 15 चरणों की इस कविता में राष्ट्रीय भावनाओं से समन्वित गीतिकाव्य के अधिकांश लक्षण वर्तमान हैं। इस कविता का एक चरण यहाँ उद्धृत किया जा रहा है :

नीलांबर परिधान हरित पट पर सुंदर है,
सूर्य-चंद्र युग-मुकुट मेखला रत्नाकर है।
नदियाँ प्रेम-प्रवाह, फूल तारे मंडल हैं,
बंदीजन खगवृंद, शेष फन सिंहासन है।
करते अभिषेक पयोद हैं, बलिहारी इस वेष की,
हे मातृभूमि ! तू सत्य ही सगुण मूर्ति सर्वेश की।

पिछले पृष्ठों पर चर्चा की जा चुकी है कि पुनरुत्थान युग के कवियों पर अंग्रेजी और बंगला साहित्य का पर्याप्त प्रभाव पड़ा था। जहाँ एक ओर इन कवियों ने रोला, छप्पय, चौपाई, हरिगीतिका आदि छंदों को तोड़कर विषयपरक प्रगीतों की रचना की और रवींद्रनाथ ठाकुर से प्रभावित भावात्मक गीत लिखे, वहीं उन्होंने ऐसे प्रग्रीतों की संरचना की जिनके छंद पर अंग्रेजी साहित्य का प्रभाव पड़ा। अंग्रेजी के सानेट जैसे ही चतुर्दशपदी प्रगीत भी होते हैं। पुनरुत्थान युग के कवियों ने विशेषरूप से ऐसे चतुर्दशपदी पर्याप्त संख्या में लिखे हैं। उदाहरण के लिए हरिऔध जी के काव्य संग्रह पद्य-प्रसून में पृष्ठ 78 पर 'कुसुम चयन' नामक निम्नलिखित चतुर्दशपदी प्रगीत संकलित है।

कुसुम चयन
जो न बने वे विमल लसे बिधु-मौलि मौलि पर।
जो न बने रमणीय सज, रमा-रमण कलेवर।।
वर वृंदारक वृंद पूज जो बने न वंदित।
जो न सके अभिनंदनीय को कर अभिनंदित।।
जो विमुग्ध कर हुए वे न बने मंजुल-माला।
जो उनसे सौरभित प्रेम का बना न प्याला।।
करके नृप-कुल-तिलक क्रीट-रत्नों को रंजित।
कर न सके जो कलित-कुसुम-कुल महिमा व्यंजित।।
जो न सुवासित हुआ तेल उनसे वह आला।
जिसने सुखमय व्यथित-जीव-जीवन कर डाला।।
जो न गौरवित हुए वे परस गुरु-पद-पंकज।
जो न लोक हित करी बनी उनकी सुंदर रज।।
तो किसी काल में क्यों करे विकच-कुसुम-चय का चयन।
कर भावुकता अवमानना भाव भरा भावुक सृजन।।

इसी प्रकार श्रीधर पाठक की प्रसिद्ध रचना सुसंदेश[1] भी एक चतुर्दशपदी

1. सुसंदेश : श्रीधर पाठक, पुष्करिणी, संपादक अज्ञेय, पृ. 86

प्रगीत ही है।

नज़्म के ढंग के प्रगीत : पिछले अध्याय में यह विचार किया जा चुका है कि अंग्रेजी और बंगला के प्रभाव के साथ ही साथ उर्दू के छंद विधान का भी संक्रांतियुग की कविता पर प्रभाव पड़ा था। पुनरुत्थान युग में इस प्रवृत्ति में और भी विकास हुआ। उर्दू गज़लों की विविध बह्रों ने तो पुनरुत्थानयुगीन गीतिकाव्य को प्रभावित किया ही, नज़्मों की विभिन्न शैलियों ने भी हिंदी के गीतिकाव्य को कम प्रभावित नहीं किया। मुसल्लस, खमसा, मुसद्दस आदि नज़्म की शैलियों में अनेक प्रगीत इस युग में लिखे गये। इन प्रगीतों में बंद या चरण तो होते हैं किंतु टेक की योजना नहीं होती। वागीश्वर मिश्र, बद्रीनाथ भट्ट और कृष्ण जी सहाय आदि ने इस ढंग के अनेक प्रगीतों की रचना की थी। इन लोगों की कविताओं में उर्दू नज़्मों की जिन-जिन शैलियों का प्रयोग हुआ है, उनका उदाहरण नीचे दिया जा रहा है :

मुसल्लस : उर्दू गीतिकाव्य में गज़लों के अतिरिक्त जिन गेय पदों की रचना हुई है, उन्हें नज़्म कहा जाता है। नज़्मों में पद या बंदिश हुआ करती है। किसी एक विषय या भाव को लेकर ये रचनाएँ प्रस्तुत की जाती हैं। पंक्तियों की संख्या के आधार पर इन नज़्मों के कई भेद किये गये हैं। तीन पदों या बंदिशोंवाले चरणबद्ध प्रगीत को मुसल्लस कहते हैं। संक्रांतिकाल में उर्दू की इस शैली से प्रभावित हिंदी के प्रगीतों की रचना प्रभूत मात्रा में हुई थी लेकिन पुनरुत्थान काल में इनका प्रचलन नहीं रहा। हरिऔध जी के 'पद्य-प्रसून' में एक रचना ऐसी मिलती है जो सही अर्थों में मुसल्लस तो नहीं है लेकिन मुसल्लस की तीन पंक्तियों के साथ एक पदशैली की ध्रुवक जैसी छोटी पंक्ति देकर नये छंद के रूप में ढाली गई है। पृष्ठ 84 पर संकलित इस 'नादान' शीर्षक कविता में कुल पाँच बंद हैं जिसमें ध्रुवक जैसी छोटी पंक्ति की समतुकांत तीनों पंक्तियाँ दी गई हैं। एक बंद प्रस्तुत है :

कर सकेंगे क्या वे नादान।
बिन सयानपन होते जो हैं बनते बड़े सयान।।
कौआ कान ले गया सुन जो नहिं टटोलते कान।
वे क्यों सोचें तोड़ तरैया लाना है आसान।।

रुबाई या क़िता (चतुष्पदी) : रुबाई में समान वजन की चार पंक्तियाँ होती हैं और एक ही बात या कथ्य को स्वतंत्र रूप से इन पंक्तियों में व्यक्त किया जाता है। वैसे तो रुबाइयाँ मुक्तक होती हैं; कभी-कभी गज़ल में भी भावात्मक स्तर पर दो शेरों के जुड़ जाने पर रूपाकार ग्रहण कर लेती हैं लेकिन जब कई रुबाइयाँ मिलकर एक निश्चित कथ्य या विषय को रूपायित करती हैं तब उनका स्वरूप नज़्म या प्रगीत का हो जाता है। पुनरुत्थान युग में ऐसी रुबाइयोंवाले प्रगीत काफी लिखे

गये। हरिऔध जी के चौपदे वस्तुतः रुबाइयों की शैली में ही लिखे गये हैं। पद्य-प्रसून में उनका 'सेवा' शीर्षक प्रगीत संकलित है जो पाँच स्वतंत्र रुबाइयों के मिलने से बना है।

नाथूराम शर्मा 'शंकर' ने भी रुबाइयों की रचना की है। 'पुष्करिणी'[1] में अज्ञेय ने 'रुबाई' शीर्षक देकर तथा 'आनंदोद्गार' प्रगीत के अंतर्गत व्याप्त उनकी चतुष्पदियों का संकलन किया है :

रुबाई

बुढ़ापा नातवानी ला रहा है,
जमाना जिंदगी का जा रहा है।
किया क्या खाक ! आगे क्या करेगा !
आखिरी वक्त दौड़ा आ रहा है।।

आनदोद्गार

सिजदे में नटराज ला चुका है,
उसे नाटक में नचा चुका है।
जिसके अनुसार खेल खेले,
वह शैशव दूर जा चुका है।
उस यौवन को न खोज पाता,
अपना रस जो चखा चुका है।
तन-पंजर हो गया पुराना,
मन मौज नवीन पा चुका है।।
अब सीकर सिंधु में मिलेगा,
शुभ काल समीप आ चुका है।
शिवशंकर का मिलाप होगा,
दिन अंतर के बिता चुका है।।

इसी प्रकार उनकी 'प्रार्थना-पंचक', 'रंक-रोदन', 'निदाघ-निदर्शन' और 'सूर्य-ग्रहण' आदि रचनाएँ चतुष्पदी-प्रगीत के अंतर्गत ही आती हैं। इसी प्रकार श्रीधर पाठक की 'हेमंत' और 'मैना' सनेही की 'भक्त की अभिलाषा' तथा राय देवी प्रसाद पूर्ण की 'अमलतास' और 'नवीन संवत्सर' कविताओं की शैली भी चतुष्पदी प्रगीतों जैसी ही है।

खमसा या मुखम्मस (पंचपदी) : खमसा के एक बद में समान वजनवाली पाँच पंक्तियाँ होती हैं। साथ ही पहले बंद की पाँचों पंक्तियाँ समतुकांत होती

1. पुष्करिणी : संपादक अज्ञेय, साहित्य सदन, चिरगाँव, झाँसी, प्रथम आवृत्ति, 2016 विक्रमी

हैं लेकिन बाद के बंदों में तुकांतता का आग्रह नहीं होता। बाद में यह देखा जाता है कि पहली चार पंक्तियाँ तो एक ही वजन की तथा समतुकांत होती हैं लेकिन पाँचवीं पंक्ति पहले बंद की ही पाँचवीं पंक्ति हुआ करती है। संक्रांतियुग में इस शैली का प्रचार था और नजीर अकबराबादी इस प्रकार के हिंदी प्रगीत लिखने में सिद्धहस्त थे लेकिन पुनरुत्थान युग में इस शैली का विकास नहीं हो सका। ढूँढ़ने पर भी इस शैली के प्रगीत हिंदी-गीतिकाव्य में दिखलाई नहीं पड़ते। वैसे सरस्वती 1913 में नजीर अकबराबादी की मुखम्मस की शैली का प्रगीत 'बाबा' प्रकाशित हुआ है।

मुसद्दस (षट्पदी) : यह भी एक विषयपरक प्रगीत होता है जिसके एक-एक बंद में कुल मिलाकर छः पंक्तियाँ होती हैं। प्रत्येक बंद की चार पंक्तियाँ एक वजन की और समतुकांत होती हैं। बाद की दो पंक्तियों का वजन तो ऊपर की पंक्तियों का ही होता है लेकिन तुकांत का आग्रह नहीं होता। संक्रांतिकाल में यह शैली बहुत अधिक प्रचलित थी। पुनरुत्थान युग में तो इस शैली को अभूतपूर्व विकास प्राप्त हुआ। जितनी शैलियों में प्रगीत लिखे गये, उनमें षट्पदी प्रगीतों की संख्या सर्वाधिक है। हरिऔध जी ने तो अपनी अनेक कविताओं के ऊपर छःपदे तथा छप्पे शीर्षक भी दे दिये हैं। उनके अतिरिक्त बद्रीनाथ भट्ट, सनेही और मैथिलीशरण गुप्त आदि ने भी पर्याप्त संख्या में 'मुसद्दस' की शैली के प्रगीत लिखे हैं।

सितंबर 1911 की मर्यादा में बद्रीनाथ भट्ट का 'जातीय सेवक' शीर्षक प्रगीत प्रकाशित हुआ है जिसमें 'सुन के चालाकों की चैं चैं जो हैं चकराते नहीं। देखके दुनिया की घैं घैं जो हैं घबराते नहीं'। जैसी दो-दो पंक्तियाँ समतुकांत हैं और दूसरी चार पंक्तियाँ समान वजन की लेकिन भिन्न तुक की हैं। यह कविता मुसद्दस की शैली का प्रगीत है। मैथिलीशरण गुप्त जी की अति प्रसिद्ध कविता 'मातृभूमि' भी एक प्रकार का षट्पदी प्रगीत है यद्यपि उनमें दो-दो पंक्तियों का तुक देकर छप्पय की शैली अपनाई गई है। इसी प्रकार उनकी 'भारत भारती' तो पूरी की पूरी इसी शैली में लिखी गई है। हरिऔध जी की 'वेदों की उदारता'[1] पर भी इसी शैली का प्रभाव स्पष्टतः देखा जा सकता है। इसी संग्रह की 'जीवन स्रोत' कविता में भी कुल दस षट्पदी छंदों की योजना की गई है। 'परिवर्तन', 'दिल के फफोले', 'जातीय भाषा', 'हिंदी भाषा', 'अभिनय कला', 'उलहाना', 'एक विनय', 'पुण्यसलिला', 'गौरव गान', आदि संग्रह की ऐसी अनेक कविताएँ हैं जिनमें या तो मुसद्दस की शैली की छः पंक्तियाँ डालकर या संस्कृत छंद छप्पय (जिसमें दो-दो पंक्तियाँ समतुकांत हों) के आधार पर चरण बनाकर विषयबद्ध प्रगीत लिखे गये हैं। 'पुष्करिणी'[2] में सनेही जी की 'सत्य की उपासना' शीर्षक कविता संकलित

---

1. वेदों की उदारता : पद्यप्रसून, पृ. 17, हिंदी पु. मं. लहेरियासराय, 1982
2. पुष्करिणी : सं. अज्ञेय, साहित्य सदन, चिरगाँव, झाँसी

हुई है। शैली की दृष्टि से इसे 'मुसद्दस' ही कहा जाएगा। उदाहरणस्वरूप एक बंद प्रस्तुत है :

सत्य की उपासना

सत्य सृष्टि का सार, सत्य निर्बल का बल है,
सत्य सत्य है, सत्य नित्य है, सत्य अटल है,
जीवन सर में सरस मित्रवर यही कमल है,
मोद मधुर मकरंद सुयश-सौरभ निर्मल है।
मन-मलिंद मुनि-वृंद के मचल-मचल इस पर गये,
प्राण गये तो इसी पर न्यौछावर होकर गये।

इसी संग्रह की दो कविताओं 'शैदाए-वतन' का एक बंद तथा 'कृषक क्रंदन' की कुछ पंक्तियाँ भी दर्शनीय हैं :

शैदाए-वतन

हम भी दिल रखते हैं, सीने में जिगर रखते हैं,
इश्को सौदाए वतन रखते हैं, सर रखते हैं।
माना यह, जोर ही रखते हैं न जर रखते हैं,
बलबला जोशे मुहब्बत का मगर रखते हैं।
कंगूरा अर्श का आहों से हिला सकते हैं,
खाक में गुंबदे गरदूं को मिला सकते हैं।

कृषक-क्रंदन

सुनो कृपानिधि दीन कृषक की राम कहानी,
किस प्रकार मन मार हार मरने की ठानी।
कैसा बीता बालपना किस भाँति जवानी,
क्यों कुसमय में हाय ! मृत्यु सर पर मँडरानी ?
किस प्रकार इस दुखी हृदय में छेद हुआ है,
कितना लहू सफेद प्रेम-विच्छेद हुआ है।

इस प्रकार गीतिकाव्य की इन शैलियों के विवेचन से स्पष्ट हो जाता है कि पुनरुत्थान युग ने सही अर्थों में विद्रोहयुग की संपन्न एवं विकसित गीति-साहित्य की पृष्ठभूमि का निर्माण किया। उसने गीतिकाव्य के वेगवान प्रवाह को अनेक प्रकार की शैलीगत दिशाएँ और भंगिमाएँ प्रदान कीं जिसका एक कारण यह भी था कि इस साहित्य में विषयगत विविधता भी वर्तमान थी। विषयपरक प्रगीतों के अतिरिक्त स्तुति-गीतों, ऋतुगीतों, प्रेमगीतों और शोक-गीतों की अधिकाधिक रचना इस बात का प्रमाण है। 1920 की सरस्वती के सितंबर अंक में प्रकाशित पदुमलाल पुन्नालाल

बख्शी का 'अनुरोध' पुष्करिणी[1] में संकलित श्रीधर पाठक का 'शांति' तथा 'झंकार' में संकलित मैथिलीशरण गुप्त का 'प्रणाम', 'प्रभु की प्राप्ति' तथा 'नटनागर आज कहाँ अटके' शीर्षक गीत उत्कृष्ट कोटि के स्तुति गीत हैं।

उदाहरण के लिए उनके गीत 'नटनागर आज कहाँ अटके' का एक बंद यहाँ दिया जा रहा है :

नटनागर आज कहाँ अटके
रथ-सूत हुए अपने भट के,
कि फँसे युग-छोर कहीं पट के,
कल हंस हुए यमुना-तट के,
कि बने पिक वीर किसी वट के
नटनागर आज कहाँ अटके।

इन कवियों में राष्ट्रीय चेतना और देश-प्रेम की भावना कूट-कूट कर भरी हुई थी। इन लोगों ने अपने गीतों एवं प्रगीतों के माध्यम से राष्ट्रीय चेतना को स्वर प्रदान किया है। दिसंबर 1920 की सरस्वती में प्रकाशित गिरिधर शर्मा की 'राष्ट्रीय गान' शीर्षक लंबी रचना 'जय जय प्यारे देश' तथा पुष्करिणी में संकलित श्रीधर पाठक का 'देश-गीत' इन कवियों की समुन्नत राष्ट्रीय चेतना का मुखर साक्षी है। उदाहरण द्रष्टव्य है :

देश-गीत (श्रीधर पाठक)
जय जय प्यारा, जग से न्यारा,
शोभित सारा देश हमारा,
जगत-मुकुट, जगदीश-दुलारा,
जय-सौभाग्य, सुदेश !
जय जय प्यारा देश !...

इसी प्रकार देवी प्रसाद पूर्ण का 'वर्षा की शोभा'[2] तथा 1911 मई की मर्यादा का बद्रीनाथ भट्ट रचित 'निदाघ काल' ऋतु वर्णन संबंधी वर्णनपरक प्रगीत है। सरस्वती 1913 के सितंबर अंक में प्रकाशित 'तिलांजलि' रूपनारायण पांडेय की अंत्यानुप्रासहीन ऐसी कविता है जिसे शोकगीति का अच्छा उदाहरण माना जा सकता है। राय देवी प्रसाद पूर्ण की 'हा गोखले'[3] भी एक लंबा शोकगीति ही है।

---

1. पुष्पकरिणी : संपादक अज्ञेय, साहित्य सदन, चिरगांव, 2016 वि., प्रथम आवृत्ति, पृ. 74
2. वर्षा की शोभा : पूर्ण संग्रह, पृ. 113
3. गोखले : पूर्ण संग्रह, पृ. 313

षष्ठ अध्याय

विद्रोहयुग के गीतिकाव्य का शिल्प तत्त्व

विद्रोहयुगीन गीतिकाव्य

तत्कालीन परिस्थितियाँ : गीतिकाव्य के शैलीगत वैशिष्ट्य की दृष्टि से पुनरुत्थानयुग के बाद का कालखंड सर्वाधिक समृद्ध एवं विद्रोहमूलक है। विद्रोहमूलक इस अर्थ में कि बीसवीं शताब्दी के दूसरे दशक के बीतते-बीतते देश की आर्थिक स्थितियों से उत्पन्न राजनीति, समाजनीति, धर्म, दर्शन एवं साहित्यकला का वैविध्य जोर-शोर के साथ सामने आ गया। प्रथम महायुद्ध के बाद ही परिवर्तन का एक दौर पूरा हो चुका था और हिंदी कविता संक्रांति और पुनरुत्थान की मंजिलों को पार करती हुई विद्रोह की ऐतिहासिक भूमि में प्रवेश कर चुकी थी। पिछले अध्याय में कहा जा चुका है कि यह विद्रोह सामंतवाद और साम्राज्यवाद के विरुद्ध पूँजीवादी चेतना का विद्रोह था जिसने राष्ट्रीयता एवं धर्म निरपेक्षता के मानवीय संदर्भों में विद्रोहयुग की कविता को प्रेरणा और शक्ति प्रदान की थी। साथ ही विद्रोहयुग की गीतिधारा को एक ऐसी गत्यात्मक संगति प्रदान की थी जिसके कारण 1920 से लेकर 1940 तक की कविता इतनी समृद्ध और शिल्पगत वैशिष्ट्य से युक्त हो सकी थी। इसलिए विद्रोहयुग के शैलीगत वैविध्य को समझने के लिए तत्कालीन आर्थिक, राजनैतिक, दार्शनिक, धार्मिक एवं सांस्कृतिक परिस्थितियों पर संक्षेप में विचार कर लेना आवश्यक है :

आर्थिक परिस्थिति : पिछले अध्याय में बतलाया जा चुका है कि 1857 के बाद अंग्रेजों ने हिंदुस्तान में शोषण की जो नयी नीति निकाली उसमें बैंक-पूँजी का विशेष हाथ था। 1920 के आस-पास इस नीति के अनुसार शोषण की गति में पर्याप्त तीव्रता आई फिर भी भारतीय उद्योग धंधों के विकास में कोई विशेष बाधा नहीं आ पाई। उद्योग धंधों का चौमुखी विकास भले ही नहीं हुआ, अंग्रेजों के विरोध के बावजूद उसमें निरंतरता बनी रही और 1800 से 1940 तक की दीर्घावधि में एक धीमी औद्योगिक क्रांति का स्वरूप इस देश में बराबर बना रहा। यही कारण

था कि बाहर के देशों में भी हिंदुस्तान को इस समय तक एक व्यापारिक देश माना जाने लगा था। प्रथम महायुद्ध के बाद औद्योगिक विकास में एक हद तक तीव्रता भी आई लेकिन देश अब भी कृषि-प्रधान ही बना रहा। मर्दुमशुमारी के अनुसार तो उद्योग धंधों में काम करनेवाले श्रमिकों की संख्या इस समय तक काफी हो गई थी। नयी-नयी मशीनों के कारण मंदी बढ़ती गई। 1911 के बाद मजदूरों की संख्या धीरे-धीरे घटने लगी और इस तरह जिस बेकारी ने जन्म लिया उसके कारण खेती पर भार और भी बढ़ गया। फल यह हुआ कि दूसरे महायुद्ध के पहले तक की आर्थिक-यात्रा औद्योगीकरण की कम अनुद्यौगीकरण की अधिक रही।[1] स्मरणीय है कि खेतिहर जनता की गरीबी का एकमात्र कारण था ब्रिटिश बैंक पूँजी का आधिपत्य। यद्यपि 1926 के बाद हिंदुस्तान में ब्रिटिश पूँजी की कमी हुई फिर भी बैंक, व्यापार, बीमा, एक्सचेंज, जहाज, रेल, चाय, काफी, रबर, जूट आदि पैसा देनेवाले उद्योगों में तो ब्रिटिश पूँजी का ही एकाधिकार बना रहा। अगर कहीं देशी पूँजी लगती भी थी तो ब्रिटिश पूँजी मैनेजिंग एजेंसी के रूप में उस पर अपना नियंत्रण बनाये रखती थी। इस संपूर्ण जद्दोजहद का परिणाम यह हुआ कि साम्राज्यवादी पूँजीवाद के विरुद्ध भारतीयों का संघर्ष तीव्रतर हो गया और संघर्ष में देश के पूँजीपति वर्ग, मध्यवर्ग तथा निम्नमध्यवर्ग के लोगों ने एक साथ हिस्सा लिया। भारतीय पूँजीपतियों को अंग्रेजों की कूटनीति ने मिलाने का प्रयत्न भी किया जिसका प्रत्यक्ष प्रभाव यह पड़ा कि 1921 में गांधी के राजनैतिक आंदोलन को भी एक बार असफलता का सामना करना पड़ा किंतु पूँजीपति वर्ग को जब होश आया तो वह ब्रिटिश साम्राज्यवाद का कट्टर विरोधी हो गया और स्वराज्य पार्टी का जन्म इसी विरोध की बुनियाद पर हुआ। लेकिन उल्लेखनीय स्थिति द्विमुखी प्रतिक्रिया की थी। एक ओर जहाँ साम्राज्यवाद के विरुद्ध विद्रोह की भावना बलवती हो रही थी, दूसरी ओर आर्थिक क्षेत्र की असफलताओं ने मध्यवर्ग में एक अजीब बेबसी और नैराश्य भर दिया था। साहित्यिक विकास पर भी समानान्तर प्रतिक्रिया हुई जिसके अनुसार विद्रोहमूलक विकासवृत्ति के साथ निराशा की भावना एक साथ जन-मानस में देखी गई।

---

1. थोड़े से बड़े-बड़े औद्योगिक केंद्र जरूर हैं लेकिन दस्तकारी से जितने लोगों की रोजी चलती थी, कारखानों से इतने अधिक लोगों की रोजी नहीं चलती। देश में प्रति वर्ष के आयात से निर्यात कम है। अनुपात में जरूर फर्क पड़ रहा है, फिर भी हिंदुस्तान के आर्थिक जीवन की विशेषता अभी यही है कि वह कच्चा माल बाहर भेजता और तैयार माल विदेश से मँगाता है। हिंदुस्तान के लोगों का रहन-सहन बहुत नीचा है फिर भी उसके कारखानों में अपने देश की खपत के लायक तो पूरा उतना ही माल नहीं तैयार होता जितना सौ साल पहले तैयार होता था।

—डी. एच. बकनन, हिंदुस्तान में पूँजावादी कारबार की उन्नति, प्रकाशन 1934, पृ. 451

राजनीतिक परिस्थिति : विद्रोहयुग की राजनीति का स्वरूप भी आर्थिक परिस्थितियों की तुलना में कम क्रांतिकारी नहीं था। 1918 से 20 तक की जिन राजनीतिक गतिविधियों ने इन वर्षों को युगांतकारी महत्त्व प्रदान किया, उनमें महायुद्ध की समाप्ति, वार्सेलीज की संधि, मांटेग्यू-चेम्सफोर्ड सुधार, पंजाब हत्याकांड, सत्याग्रह, खिलाफत आंदोलन और असहयोग आदि का विशिष्ट स्थान है।

इन सब घटनाओं ने मध्यवर्ग की चेतना को विद्रोहपूर्ण परिवर्तनों से जोड़ दिया। लोगों को यह विश्वास हो गया कि अंग्रेजों की अबाध शक्ति का सामना केवल महात्मा गांधी द्वारा निर्दिष्ट सत्याग्रह, खिलाफत और असहयोग आंदोलनों के माध्यम से ही किया जा सकता है। लोकमान्य तिलक ने राजनीति में जिस धार्मिकता का समावेश किया था, उसका स्थान आध्यात्मिकता ने ग्रहण कर लिया लेकिन विद्रोह की यह वेगवती धारा मूलतः सामंतवाद और साम्राज्यवाद के विरुद्ध पूँजीवाद की उठती विद्रोह चेतना धारा थी। सर्वाधिक आश्चर्य की बात तो यह थी कि गांधी जी की आध्यात्मिकता ने एक ओर जहाँ पूँजीपतियों को प्रभावित किया, दूसरी ओर मध्यवर्ग के नौकरीपेशा लोगों, किरानियों, शिक्षकों, दूकानदारों और निम्नमध्यवर्ग के किसानों को भी आंदोलित किया। उनकी जाग्रत आध्यात्मिक चेतना ने निर्भयता का पाठ पढ़ाकर मध्यवर्ग की सामान्य जनता के आंदोलन को एक राष्ट्रीय विद्रोह का स्वरूप प्रदान किया। 1918 से लेकर 1938 तक राष्ट्रीय विद्रोह बार-बार दबाये जाने के बावजूद उत्तरोत्तर अग्रसर होता रहा। असफलताएँ थोड़े दिनों के लिए जन-समाज को निराश करती थीं लेकिन कुछ ही दिनों में पुनः शक्ति का ऐसा संचार होता था कि वही आंदोलन नये सिरे से फिर उठ खड़ा होता था। लेकिन ध्यान देने की बात यह है कि पूँजीवाद का विकास इस देश में स्वाभाविक ढंग से नहीं हुआ। चूँकि पूरी तरह से पाँव जमाये हुए एक विदेशी शासन का उसे मुकाबला करना था और साम्राज्यवादी पंजे की जकड़ से उसे मुक्ति नहीं मिल पा रही थी, इसलिए तत्कालीन राजनीति और साहित्य को निरंतर अंतर्विरोधों का सामना करना पड़ा। राजनीतिक उथल-पुथल से भरे हुए इस संपूर्णकाल को दो भागों में बाँटा जा सकता है :

1. पहला दशक (1918 से 1928 तक)
2. दूसरा दशक (1928 से 1938 तक)

पहले दशक में राष्ट्रीय पूँजीवाद साम्राज्यवाद-विरोधी शक्तियों के साथ पूर्ण सहयोग करता हुआ दिखलाई पड़ता है लेकिन दूसरे युग में राष्ट्रीय पूँजीवाद का अंतर्विरोध सामने आ जाता है और इसीलिए राष्ट्रीय शक्तियों के सहयोग में थोड़ी शिथिलता-सी दिखलाई पड़ने लगती है। ट्रेड यूनियन, कांग्रेस, यूथलीग, कम्युनिस्ट आंदोलन आदि पूँजीवाद विरोधी शक्तियों के जोर पकड़ लेने पर तो वह कुछ दिनों के लिए बिल्कुल तटस्थ-सा हो जाता है। संभवतः यही कारण है कि 1937 में पूँजीवाद-प्रभावित संस्था कांग्रेस के पदारूढ़ होने पर भी मजदूर और किसान

आंदोलनों में कोई कमी नहीं हुई। यहाँ तक कि गांधीजी के रचनात्मक कार्यक्रमों—खादी, अछूतोद्धार आदि को भी असफलताजनित निराशा प्राप्त हुई। यद्यपि यह पूँजीवादी तटस्थता से ही उत्पन्न स्थिति थी, फिर भी इसने मध्यवर्गीय चेतना में बौद्धिकता और व्यक्तिवाद की प्रवृत्तियों को बढ़ावा दिया। पहले युग में राजनैतिक आध्यात्मिकता और भावुकता के प्रबल होने के कारण उद्योगीकरण की प्रधानता थी जबकि दूसरे युग में किसानों और मजदूरों की क्रांति के लक्षण अधिक स्पष्ट थे। इस प्रकार दूसरे युग में समाजवादी क्रांति का प्रारंभ भले ही हुआ हो, पूँजीवाद में ह्रासोन्मुख प्रवृत्तियों का भी समावेश होने लगा। 1928 के बाद से ही पूँजीवाद विरोधी आंदोलन जोर पकड़ने लगा। कांग्रेस ने जमींदारी का विरोध तो किया ही, मजदूरों के पक्ष में प्रस्ताव भी पारित किया। करांची-कांग्रेस में तो यहाँ तक निर्णय लिया गया कि किसी भी सरकारी कर्मचारी को पाँच सौ रुपये से अधिक मासिक वेतन न दिया जाये। 1934 में एक नयी पार्टी का गठन हुआ जिसका नाम था 'कांग्रेस सोशलिस्ट पार्टी'। इसमें कम्युनिस्टों को भी शामिल किया गया और धीरे-धीरे स्थिति यह हो गई कि कांग्रेस में वामपंथी कम्युनिस्टों, सोशलिस्टों का प्रभाव अधिक हो गया। इस प्रकार इस काल के दूसरे दशक की राजनीतिक चेतना द्विमुखी विकास की हिमायती हो गई। एक ओर तो समझौतापरक तटस्थतावादी नीति अपनाई गई और दूसरी ओर समाजवादी विचारों को यथासंभव ग्रहण करने का प्रयास किया गया। लेकिन साम्राज्यवाद इनके मार्ग का जबरदस्त रोड़ा था। इसलिए 1939 तक पूँजीवाद और समाजवादी क्रांति का सम्मिलित प्रतिरोध ही एकमात्र साधन था जिसके द्वारा साम्राज्यवाद के दानव को चुनौती देने का कार्य किया जा सकता था।

दार्शनिक एवं सांस्कृतिक परिस्थिति : बीसवीं शताब्दी के प्रथम दो दशकों का यह काल सांस्कृतिक पुनरुत्थान का काल है। आर्य समाज, ब्रह्म समाज ने तथा वैयक्तिक रूप से स्वामी विवेकानंद, स्वामी रामतीर्थ, गुरुदेव रवींद्रनाथ टैगोर तथा महात्मा गांधी ने इस युग की सांस्कृतिक चेतना को एक नयी जागृति और आध्यात्मिक उत्कर्ष प्रदान किया। आर्य समाज वैदिकी को बढ़ावा दे रहा था। स्वामी विवेकानंद वेदांती भावभूमि पर भक्ति, योग और कर्म का संबंध सूत्र समझा रहे थे, स्वामी रामतीर्थ शंकर के अद्वैतवाद के आधार पर भक्ति और प्रेम का समन्वित मार्ग सुझा रहे थे। लोकमान्य तिलक 'गीतारहस्य' के माध्यम से शिक्षित जनता को उपनिषदों के ज्ञान और षड्दर्शनों के अध्ययन की आवश्यकता का अनुभव करा रहे थे और महात्मा गांधी अहिंसा का मार्ग अपनाकर तथा गीता के निष्काम कर्मयोग से प्रेरणा ग्रहण कर संपूर्ण राष्ट्रजीवन को नया जीवन-दर्शन प्रदान कर रहे थे। इस प्रकार राष्ट्रीय चेतना रामकृष्ण परमहंस और विवेकानंद के समानान्तर शैवागमदर्शन बौद्धदर्शन, रवींद्रनाथ ठाकुर के मानवतावाद तथा निर्गुणपंथी कबीर और मीरा के

उन्मुक्त प्रेमदर्शन से व्यक्ताव्यक्त रूप में प्रभावित हो रही थी। वस्तुतः विद्रोहयुग का संपूर्ण कालखंड सांस्कृतिक विकास की दृष्टि से सर्वाधिक महत्त्वपूर्ण है। यह युग सही अर्थ में पुनरुत्थानवादी था। आर्य समाज का प्रभाव इस युग में भी काफी था लेकिन पुनरुत्थानकाल जैसी स्थिति इस युग में नहीं थी। विद्रोहयुग में पुनरावर्तनवादी प्रवृत्ति दब-सी गई थी। उसका स्थान ले लिया था महात्मा गांधी के मानवतावादी दर्शन ने क्योंकि उसमें भारतीय और पाश्चात्य संस्कृतियों के सारतत्त्व का समन्वय था। गांधी जी ने राजनीतिक समानता, अछूतोद्धार, हिंदू-मुस्लिम एकता, धार्मिक समन्वय, अहिंसा, सत्याग्रह आदि का आदर्श अपनाया। दूसरी ओर रवींद्रनाथ टैगोर ने विश्व संस्कृति, आध्यात्मिकता, अंतर्राष्ट्रीयता, प्राचीन और नवीन शिक्षा-पद्धतियों के समन्वय आदि के रूप में सर्वथा नवीन जीवन-बोध को स्वर प्रदान किया। दोनों महापुरुषों का व्यापक प्रभाव भारतीय जीवन दृष्टि पर दिखलाई पड़ता है। गांधी जी ने स्वराज्य के लिए अछूतोद्धार की अनिवार्यता महसूस की। 1932 में तो अछूतों को हिंदुओं से अलग मतदान के प्रस्ताव के विरुद्ध उन्होंने आमरण अनशन प्रारंभ कर दिया। परिणामतः पूना का समझौता हुआ और उनके विवेक के कारण हिंदू एक बार और खंडित होने से बचा लिए गये। गांधी जी ने हरिजन आंदोलनों द्वारा उनको समाज में उचित स्थान दिलाने का हर संभव प्रयत्न किया तथा मंदिर प्रवेश के प्रश्न पर पूरे देश का भ्रमण किया। निश्चित रूप से उन्होंने एक संत के जीवन दर्शन को अपने आदर्शों द्वारा प्रतिफलित किया, जैनी होते हुए भी अपने को वैष्णवजन माना। ईसामसीह, टालस्टाय, कबीर आदि के समुन्नत चिंतन का संपुट उनके साहित्य और जीवन से प्राप्त हुआ जिसने एक लंबे अरसे तक भारतीय सामाजिकता को प्रभावित किया।

विद्रोहयुग की कविता पर प्रभाव

उपर्युक्त परिस्थितियों और दार्शनिक विचारधाराओं ने सामाजिक जीवन और काव्य शिल्प को विविध रूपों में प्रभावित किया। पुनरुत्थानयुगीन काव्य के विकास क्रम में कहा जा चुका है कि पूँजीवाद व्यक्तिवाद के सिद्धांत के द्वारा अपनी स्वतंत्रता प्राप्त करता है। भारत में पूँजीवाद के विकास के साथ ही व्यक्तिवाद का विकास हुआ हिंदी कविता में छायावाद के नाम से जो विशिष्ट परिवर्तनों वाली कविता विकसित हुई, उसमें व्यक्तिवादी भावनाओं का ही प्राधान्य दिखलाई पड़ता है। चाहे लौकिक प्रेम से संबद्ध कविता हो या पारलौकिक प्रेम की, चाहे राष्ट्रीय हो या मानवतावादी, सभी में इस युग का कवि एक योद्धा के रूप में निरंतर जूझता रहता है। संक्रांतियुग तथा पुनरुत्थानयुग में सामाजिकता की भावना अधिक थी किंतु विद्रोहयुग में पूँजीवाद के विकास, युद्धकालीन प्रभाव तथा मध्यवर्गीय राजनीतिक

असफलता ने व्यक्तिवाद को पूर्णरूप से विकसित किया। पाश्चात्य साहित्य और प्राचीन भारतीय दर्शन ने भी इस युग के काव्य-शिल्प को प्रभावित किया। परिणाम यह हुआ कि विद्रोहयुग के सभी कवि एक ओर तो उग्र एवं विद्रोही हो गये, दूसरी ओर अध्यात्म, अतीत अथवा प्रकृति के एकांत भावना-क्षेत्र में स्वाभाविक रूप से पलायन करना उनका युग-धर्म हो गया। उन्होंने दो प्रमुख रूपों में इस विद्रोह को अभिव्यक्ति प्रदान की—राष्ट्रीय कविताओं के रूप में और प्राचीन रूढ़ियों को तोड़नेवाले स्वतंत्र मुक्तक काव्य प्रवाह के रूप में। महात्मा गांधी के नवीन राजनीतिक प्रयोगों का प्रभाव साहित्य पर पड़ा। अनेक नये प्रयोगों और स्वतंत्र मार्गों की तलाश शुरू हो गई। एक साथ राजनीतिक जीवन की असफलताजनित निराशा, असंतोष, घृणा और भविष्य की आशा, उमंग, प्रेम सद्भावना और सुख-संतोष की मनोवृत्तियाँ काव्य में प्रत्यक्ष-अप्रत्यक्ष रूप से अभिव्यक्ति पाने लगीं। तत्कालीन मुक्तिकामी चेतना का यह सुखद परिणाम था कि स्वातंत्र्य प्रेम की भावना इस युग का मूल स्वर बन गई। पुनरुत्थान युग और विद्रोहयुग के काव्य का मौलिक अंतर यही है कि पुनरुत्थानयुगीन कवि ने केवल सामाजिक बुराइयों का विरोध किया था जबकि छायावादी काव्य के मूल में ही विद्रोह की भावना सन्निहित थी। इस युग की नयी पीढ़ी का युवक आंतरिक क्रांति चाहता था। वह पश्चिमी शिक्षा और संस्कृति से प्रभावित होने के कारण पाश्चात्य आदर्शों एवं विचारों में अपने को ढालना चाहता था लेकिन स्वच्छन्द-प्रेम और विवाह का अवरोध, पारिवारिक संबंधों का यांत्रिक निर्वाह, मानसिक विकास के साधनों का अभाव तथा बेकारी की समस्यायें उसे बुरी तरह उलझाये हुई थीं। शिक्षित नवयुवकों—विशेषकर कवियों-कलाकारों में इन अवरोधों के नाते घोर निराशा, असंतोष एवं विद्रोह की भावना भरी हुई थी। इसलिए भाग्यवाद, दुःखवाद, करुणा और देश-प्रेम की ही अभिव्यक्ति काव्य में विशेष रूप से हुई।

पहले बताया जा चुका है कि प्रथम-महायुद्ध ने भारतीय चिंतन को व्यक्त एवं अव्यक्त रूप से प्रभावित किया था। महायुद्ध के पूर्व भारत के समक्ष केवल निजी प्रश्न था लेकिन इसके बाद उसे संपूर्ण विश्व की उथल-पुथल को देखने की एक दृष्टि प्राप्त हुई। 1904 के युद्ध में जापान की विजय ने भारतीय मानस से एशिया की हीनता का भाव मिटा दिया था। लोग यह अनुभव करने लगे थे कि वैज्ञानिक युग में परिवहन के साधनों के विकास के कारण भौगोलिक दूरी समाप्त हो गई है और संसार की प्रत्येक हलचल का भारत के लिए भी समान महत्त्व है। दूसरे देशों के प्रबुद्ध चिंतकों की भाँति भारतीयों ने भी महायुद्ध के बाद की विभीषिका और पूँजीवादी तथा साम्राज्यवादी तत्त्वों की प्रतिस्पर्धा और टकराहट का अनुभव समान तीव्रता के साथ किया। वार्सेलीज की संधि, रूस की श्रमजीवी क्रांति, मजदूरों के तृतीय अंतर्राष्ट्रीय संघ के संगठन तथा चीन की क्रांति ने भारतीय युवकों में नवीन

साहस और आत्मविश्वास का संचार किया।

इस प्रकार प्रथम महायुद्ध के बाद संघर्षशील मध्यवर्ग की भारतीय चेतना पूर्णतः परिवर्तित हो गई। पाश्चात्य साहित्य तथा बंगला भाषा के अध्ययन ने इस परिवर्तन को ऐसी तीव्र दृष्टि प्रदान की जिसके कारण विद्रोहयुग की कविता में निम्नलिखित प्रवृत्तियाँ[1] स्पष्ट रूप से दिखलाई पड़ने लगीं :

1. सामंती और पुनरावर्तनवादी प्रवृत्तियों का बोध
2. व्यक्तिवाद और व्यक्ति-स्वातंत्र्य के आदर्श की स्थापना
3. बुद्धि के विरुद्ध हृदय का और स्थूल के विरुद्ध सूक्ष्म का विद्रोह
4. यथार्थ के बंधनों से ऊबकर प्रकृति, रहस्य, कल्पना और क्रांति के स्वप्नलोकों में पलायन।
5. ह्रासोन्मुख पूँजीवादी प्रवृत्तियों—कलावाद, निराशावाद, अहंवाद आदि का विकास।
6. सामाजिक यथार्थवाद या प्रगतिवाद का प्रारंभ।

स्मरणीय है कि सामंतवादी प्रवृत्तियों के विरुद्ध पूँजीवाद के विद्रोह का प्रारंभ संक्रांति-युग में ही हो गया था किंतु संक्रांति-युग तथा पुनरुत्थान युग के विद्रोह में सामाजिक और साहित्यिक रूढ़ियों का भले ही विरोध किया गया हो, धार्मिकता का त्याग नहीं हुआ था। विद्रोहयुग में यह स्थिति नहीं रही। धर्म का प्रभुत्व बहुत कुछ कम होता गया और उसका स्थान अध्यात्म एवं दर्शन ने ले लिया। विद्रोहयुग के कवि ने प्राचीन भारतीय दर्शन और भक्तिकालीन काव्य से प्रभावित होने के साथ रीतिकालीन परंपरा का खुलकर विरोध किया और सामंती एवं दरबारी संस्कृति से मुक्त होकर चैन की साँस ली।[2]

इस प्रकार विद्रोहयुग की कविता में पहली बार 'मैं' की भावना ने अप्रतिहत रूप से काव्य का मूल स्वर होकर जन्म लिया। संक्रांति-युग या पुनरुत्थान-युग में व्यक्तिवाद की भावना इतनी प्रबल नहीं थी। विद्रोहयुग की राजनीति तो इस व्यक्तिवादी आदर्शवाद से पूर्णतः संपृक्त हो गई थी। रूसी क्रांति, आयरलैंड के स्वातंत्र्यांदोलन की हिंसात्मक पद्धतियों तथा यूरोपीय अराजकतावादी विचारधाराओं की स्पष्ट प्रतिक्रिया भारतीय राजनीति में भी प्रत्यक्ष हो उठी। बंगला साहित्य की तरह विद्रोहयुग की कविता में इन भावनाओं की अभिव्यक्ति हुई और प्रतिक्रियास्वरूप गांधीवादी उद्‌बोधन प्रधान तथा अराजकतावादी आदर्शोन्मुख राष्ट्रीय कविताओं का

---

1. छायावाद युग : डॉ. शंभुनाथ सिंह, द्वितीय संस्करण, 1962, पृ. 23
2. "एक दीर्घकाल से कवि के लिए, संप्रदाय अक्षयबट और दरबार कल्पवृक्ष बनता आ रहा था और इस स्थिति का बदलना एक व्यापक उलटफेर के बिना संभव ही नहीं था जो समय से सहज हो गया।" —महादेवी का विवेचनात्मक गद्य, पृ. 52

दौर चल पड़ा। फिर भी इन कविताओं में विद्रोह का स्वर भले ही रहा हो, वर्ग संघर्ष और नवीन समाज व्यवस्था की कोई रूपरेखा नहीं थी। इनकी अभिव्यक्ति अधिकांशतः प्रतीक पद्धति में हुई। बंगाल का मध्यवर्ग जमींदारों से बना था। परिस्थितियों के कारण ये लोग भी पूँजीवादी विचारधारा के समर्थक हो गये थे। इसलिए उनमें वर्ग-भावना की अपेक्षा भावुकता कहीं अधिक थी। क्रांति के साथ आध्यात्मिकता का समन्वय इस बात का साक्षी है। समाज में जब वर्ग-भावना का दबाव बहुत बढ़ गया तब इनमें से बहुतों ने मध्यवर्ग का साथ छोड़ दिया और भावुकता के अतिवादी स्वरूप के साथ विक्षिप्त हो गये। अरविंद घोष से लेकर निराला और नजरुल इस्लाम तक को एक ही नियति का शिकार होना पड़ा। इस स्थिति को डॉ. शंभुनाथ सिंह ने अपनी पुस्तक छायावादयुग में 'छायावादी आदर्श के भ्रम' की संज्ञा प्रदान की है। उल्लेखनीय बात यह है कि महायुद्ध के बाद की विश्वव्यापी मंदी ने भारतीय उद्योगों को व्यापक रूप से प्रभावित किया था जिसका परिणाम यह हुआ कि भारतीय पूँजीवाद ने स्वतंत्रता का जो भ्रम खड़ा किया था, वह टूट गया। छायावाद की दूसरी मंजिल पर पहुँचने के पूर्व ही देश भर में औद्योगिक हड़तालें शुरू हो गईं। बेकारी के बढ़ने के कारण पूँजीवाद का नग्न स्वार्थ लोगों के सामने आ गया। महायुद्ध के बाद ही राष्ट्रसंघ की असफलता ने भारतीयों को हिलाकर रख दिया और फल यह हुआ कि विद्रोहयुग का मध्यवर्गीय कवि अहंवादी, भाग्यवादी और निराशावादी हो गया। 1930 के बाद तो इस कविता में निराशा, भ्रम, मृत्युपूजा, क्षयी रोमांस, काल्पनिक ऐंद्रिकता और अनुत्तरदायित्वपूर्ण प्रतिक्रियावादी भावनायें जैसे जड़ जमाकर बैठ गईं। समाज ने भी इन कवियों के अनियंत्रित जीवन एवं काव्य को मान्यता प्रदान नहीं की। इसलिए स्वाभाविक रूप से कविता पीड़ा, आँसू, अतृप्ति, श्मशान, स्वप्न आदि को उपादान मान बैठी। यथार्थ जीवन की असंगतियों की ओर से उनका ध्यान हट गया और अपने वैयक्तिक दुखों से मुक्ति पाने के लिए फारसी कविता के हाला, प्याला, मधुशाला, मधुबाला आदि प्रतीकों को अपनाने में उन्हें कोई संकोच नहीं हुआ। 'आँसू' से लेकर 'निशा-निमंत्रण' और 'पलाश-वन' तक असफल प्रेम-गाथा की एक लंबी शृंखला है जिसमें काव्य का एक काल्पनिक साथी आकर व्यक्तिवादी पीड़ा का शमन कर देता है। किंतु विद्रोहयुग के परवर्ती चरण में यह स्थिति बहुत कुछ बदल गई। 1930 के बाद की कविताओं में जीवन के दुखों के निदान और उपचार के संबंध में चिंतन किया गया। निश्चित रूप से यही वह बिंदु है जहाँ 'दर्शन' की भूमिका अनिवार्य हो जाती है क्योंकि 'दर्शन' की जड़ें दुख और निराशा की भावनाओं से ही जुड़ी हुई हैं। अपराजित कवि अब भावना के क्षेत्र से दर्शन और चिंतन की ओर मुड़ गये और जीवन के प्रति विश्लेषणात्मक और बौद्धिक रवैया अपना लिया। उन्होंने अंतर्मुखी चिंतन और सामंजस्य को भाषा प्रदान की। किसी ने वेदना को जगत् का कल्याणकारी तत्त्व

माना और किसी ने उसे व्यक्ति को पवित्र बनाने का साधन। इस प्रकार दुख को आदर्शवादी आवरण[1] प्राप्त हो गया। इसी दुख के माध्यम से विद्रोह काल के कवियों ने जीवन और काव्य का उन्नयन किया। इन्होंने इस युग में आकर जिस काव्य को अभिव्यक्ति प्रदान की, उसमें भावना के हल्के रंग, दुख की गंभीर रेखायें, करुणा के विविध रूप, अनुभूतियों की तीव्रता और संवेगों का सीधापन एक साथ वर्तमान है। विषय की गंभीरता के नाते उसमें थोड़ी दुरूहता और संश्लिष्टता भले ही आ गई हो, जीवन की सात्विक वृत्तियों—त्याग, साधना, बलिदान आदि के महत्त्व को स्वीकार करने के कारण उन्होंने एक सीमा तक सामाजिक आदर्शों की विचारोत्तेजना अवश्य उत्पन्न की। प्रसाद, निराला, पंत और महादेवी की 1930 के बाद की रचनाओं में इस अंतर्मुखी चिंतन और मानवतावादी आदर्शपरक प्रवृत्तियों की झलक पूर्णतः दिखलाई पड़ती है। आदर्शलोक को छोड़कर सामाजिक यथार्थ की भूमि की ओर बढ़ना उनकी युगांतरकारी प्रगति का मानदंड है।

इस प्रकार 1919 से लेकर 1939 तक की हिंदी कविता में विद्रोहयुगीन प्रवृत्तियों का प्रारंभ और विकास हुआ जिसमें पूँजीवादी प्रभाव और राष्ट्रीयतावादी विचारधारा को स्पष्ट रूप से रेखांकित किया जा सकता है। साथ ही पूँजीवादी अंतर्विरोध की पृष्ठभूमि में सर्वाधिक महत्त्व की दृष्टि से यह भी देखा जा सकता है कि विद्रोहयुग की कविता के रूप-विधान में निरंतर प्रयोग और परिवर्तन होता रहा है। छायावादी कविता की विषय-वस्तु और शिल्पमूलक रूप-विधान का इतिहास इसी निरंतर परिवर्तन का इतिहास है। अहंवाद और अंतर्मुखी चिंतन को इस युग की उपलब्धि कहा जायेगा क्योंकि आशा-निराशा, सुख-दुख के उत्थान-पतन के बावजूद दर्शन के अध्ययन, मनन और चिंतन से कवियों में कटु सत्य के साक्षात्कार की प्रवृत्ति का विकास हुआ और कविताओं का स्वरूप बौद्धिक हुआ। एक ओर विज्ञान-विरोधी अलंकारों का त्याग हुआ तो दूसरी ओर कल्पना के शीशमहल से बाहर निकलकर सर्वहारावर्ग का समर्थन तथा साम्राज्यवादी शोषण का विरोध किया गया। बीस वर्ष की अवधि में काव्य की विषय-वस्तु एवं शिल्प का इस सीमा तक

---

1. 'पल्लव' और 'गुंजन' के बाद मेरा किशोर भावना का सौंदर्य-स्वप्न टूट गया। 'पल्लव' की 'परिवर्तन' कविता दूसरी दृष्टि से मेरे इस मानसिक परिवर्तन की द्योतक है। इसलिए वह 'पल्लव' में अपना विशेष व्यक्तित्व रखती है। दर्शन शास्त्र और उपनिषदों के अध्ययन ने मेरे रागतत्त्व में मंथन पैदा कर दिया और उसके प्रवाह की दिशा बदल दी। मेरे निजी इच्छाओं के संसार में कुछ समय तक नैराश्य और उदासीनता छा गई। मनुष्य के जीवन के अनुभवों का इतिहास बड़ा ही करुण प्रमाणित हुआ। जन्म के मधुर रूप में मृत्यु दिखलाई देने लगी, बसंत के कुसुमित आवरण के भीतर पतझर के पंजर। पंत—आधुनिक कवि, पृ. 4

परिवर्तन आश्चर्यजनक है। काव्यभूमि का इतना अधिक विस्तार और शिल्पगत नवीनता का इतना तीव्र आग्रह इसके पूर्व के काव्येतिहास में कहीं भी प्राप्त नहीं होता। व्यक्तिवादी चेतना का विकास इसका मूलाधार है क्योंकि 'मैं' की भावना के तीव्र होने की स्थिति में ही गीतिकाव्य का स्रोत फूटता है। यही कारण है कि विद्रोहयुग की कविता गीतिकाव्य के विकास की दृष्टि से सर्वाधिक महत्त्व की अधिकारिणी बन जाती है। प्रसाद, निराला, और पंत ने गीतिकाव्य के रूप में प्रगीत मुक्तकों और गीतों की रचना अपनी विशिष्ट शैली में की। महादेवी ने गीतिकाव्य को शीर्ष तक पहुँचाया और सूर और मीरा की परंपरा को आगे बढ़ाया। बच्चन ने हृदय की सच्ची अनुभूति को सीधी-सादी अभिव्यंजना प्रदान की। सुभद्रा कुमारी चौहान, माखनलाल चतुर्वेदी और दिनकर ने ओजपूर्ण शब्दावली में राष्ट्रीयता की भावना को मूर्त किया। इस प्रकार विद्रोहयुग की प्रधान धारा गीतिकाव्य की धारा थी जिसके स्रोत बहुमुखी थे।

गीतिकाव्य की विद्रोहात्मक प्रवृत्ति

विद्रोहयुग की हिंदी कविता की मुख्यधारा स्वच्छन्दतावादी या छायावादी काव्य-प्रवृत्ति से संबधित थी जो व्यक्तिवादी चेतना से अनुप्राणित थी। 'व्यक्तिवाद' की अभिव्यंजकता मुख्यतः 'गीतिकाव्य' के रूप में ही होती है। अतः इस काल की हिंदी कविता काव्यरूप की दृष्टि से गीतिकाव्य प्रधान है। जिसमें व्यक्तिवादजन्य विद्रोह की भावना विविध रूपों में अभिव्यक्त हुई है। यह विद्रोह धार्मिक, सामाजिक, राजनीतिक, सांस्कृतिक और साहित्यिक सभी क्षेत्रों में दिखलाई पड़ता है। इस युग के सांस्कृतिक और राजनीतिक परिस्थितियों के विश्लेषण से यह निष्कर्ष निकलता है कि इस युग का काव्य मध्यकालीन हिंदी काव्य ही नहीं, आधुनिक युग के संक्राति युग और पुनरुत्थान युग के काव्य से भी गुणात्मक दृष्टि से पर्याप्त भिन्न है। जहाँ तक मध्यकालीन प्रवृत्तियों का संबंध है, उनकें प्रति इस युग के काव्य में विद्रोह की भावना बहुत अधिक है किंतु आधुनिक काल के संक्रांति युग और पुनरुत्थान युग की आधुनिकतावादी प्रवृत्तियाँ इस युग के काव्य में और भी तीव्ररूप में सामने आईं। उनमें तीव्रता और तीखेपन की भावना इतनी अधिक थी कि इस प्रवृत्ति को 'विद्रोह' की संज्ञा दी जा सकती है। वस्तुतः विकास का सिद्धांत ही यह है कि प्राचीन विचारधारायें और प्रवृत्तियों के रूढ़िवादी तत्त्व मृत होकर समाप्त हो जाते हैं, किंतु उनके शाश्वत तत्त्व नये युगों की काव्य-धारा में नया रूप धारण कर सामने आ जाते हैं। इसी को साहित्य का गुणात्मक परिवर्तन या रूपांतरण कहा जा सकता है।

साहित्य में सदैव नये परिवर्तन होते रहते हैं। परिवर्तन का स्वरूप प्रारंभ में मात्रात्मक होता है जो बाद में गुणात्मक रूप धारण कर लेता है। साहित्य का इतिहास

मुख्यतः दो ही प्रवृत्तियों के द्वंद्व का इतिहास है। वे प्रवृत्तियाँ हैं—रीतिवाद और स्वच्छंदतावाद। साहित्य बारी-बारी से इन्हीं दोनों पथों पर अग्रसर होकर विकसित होता आया है। ये दोनों परस्पर विरोधी प्रवृत्तियाँ हैं। कुछ लोगों में प्रथम प्रवृत्ति प्रबल होती है और कुछ में द्वितीय। यदि इन दोनों प्रवृत्तियों का द्वंद्व निरंतर न होता रहता तो साहित्यिक धाराओं का विकास न हो पाता और साहित्य अत्यंत एकरस वस्तु बनकर रह जाता। स्वच्छंदतावाद परंपरागत रीतियों के विरुद्ध विद्रोह करता है। इस विद्रोह के दो प्रकार होते हैं—ध्वंसात्मक और निर्माणात्मक। स्वच्छंदतावादी ध्वंसात्मक इसलिए होता है कि वह प्राचीन मृत रीतियों से ऊब गया होता है। साथ ही वह निर्माणात्मक भी होता है, क्योंकि उसमें नये रास्तों की खोजकर साहित्य को जीवंत और सफल बनाने की प्रबल कामना होती है। परंपरागत काव्य-रीतियों के विरुद्ध विद्रोह इसलिए किया जाता है कि उनके कारण स्वच्छंदता की प्रवृत्ति, जो नवीनता की खोज करती है, बंधनों में बँधी रहती है। अतः स्वच्छंदतावादी के लिए प्राचीन काव्य-रूढ़ियाँ, मृत छंद और तुक, मृत शब्द-योजना, बासी विचार-वस्तु आदि को छोड़ना आवश्यक हो जाता है।

अंग्रेजी के प्रसिद्ध आलोचक जान लिविंग्स्टन लोविस के अनुसार "जब काव्य रूढ़ियाँ निर्जीव हो जाती हैं, तो उस समय कवियों के सामने तीन रास्ते होते हैं— 1. या तो वे उन रूढ़ियों को अपनाकर ग्रामोफोन की तरह उन्हें दुहराते जाते हैं, 2. या अपनी रचनात्मक प्रतिभा द्वारा मृत और खोखले रूपाकार में नयी शक्ति और नया जीवन भरकर उसका स्वरूप ही परिवर्तित कर देते हैं, 3. अथवा वे विद्रोह करके 'पुराने सिक्कों' को बिल्कुल अस्वीकार कर देते हैं और 'नये सिक्कों' का निर्माण स्वयं करने लगते हैं। किंतु कला के क्षेत्र में क्रिया-प्रतिक्रिया का चक्र चलता रहता है। रूढ़ियों के विरुद्ध विद्रोह करके जो नयी पद्धतियाँ निर्मित होती हैं वे स्वयं कालांतर में रूढ़ि बनकर नयी पद्धतियों के मार्ग में बाधा देनेवाली हो जाती हैं, पहले की स्वतंत्रता अब संकीर्णता का रूप धारण कर लेती है और नये विद्रोही उसे 'परंपरा का अत्याचार' कहने लगते हैं। इस तरह क्रिया-प्रतिक्रिया के द्वारा साहित्य प्रत्येक युग में अपना अभिनवीकरण करता चलता है।"[1]

अभिनवीकरण के मूल में मनुष्य की पुरानी वस्तु से ऊबने और नवीन वस्तु की ओर आकृष्ट होने की प्रवृत्ति भी काम करती है। अंग्रेजी के एक नये आलोचक रूथ ने अंग्रेजी साहित्य में बीसवीं शताब्दी के दूसरे दशक के बाद होनेवाले परिवर्तनों को ध्यान में रखकर काव्य के मूल में निहित आश्चर्य तत्त्व को साहित्यिक परिवर्तन और अभिनवीकरण का कारण माना है। उनके अनुसार—"कला को सदैव नवीन स्वरूप देते रहना चाहिए। उसका रचनात्मक प्रभाव आश्चर्य तत्त्व पर निर्भर करता

---

1. जान लिविंग्स्टन लोविस : कन्वेन्शन्स ऐंड रिवोल्ट इन पोयट्री, तृतीय संस्करण, पृ. 92

है। एक बार जब कलात्मक अभिव्यक्ति की पद्धति की यह नवीनता समाप्त हो जाती है तो पाठक या सहृदय उससे विमुख होकर अपने दैनिक कार्यों में लग जाता है। कला और साहित्य में वह एक नयी दृष्टि खोजता है, बासी अभिव्यक्तियों में उसे स्थूल रूप का ही दर्शन होता है। इसलिए किसी महान् पुस्तक में नवीनता द्वारा चकित कर देने की शक्ति होनी चाहिए ताकि पाठक प्रारंभ से ही आगे पढ़ने के लिए उत्सुक हो जाये और उसे विश्वास हो जाये कि अनुभूतियाँ व्यापक और गंभीर छवियों के निर्माण तथा कारयित्री प्रतिभा की क्रीड़ा की सामग्री मात्र हैं।"[1] इस प्रकार किसी काव्यधारा अथवा साहित्यिक प्रवृत्ति के रूढ़िग्रस्त हो जाने पर सामान्य पाठक तथा नये आनेवाले कवि उससे ऊब जाते हैं और फिर नये कवियों में से कुछ प्रतिभाशाली कवि अपनी नवनवोन्मेषशालिनी प्रतिभा तथा नये युग की परिवर्तित परिस्थितियों के संदर्भ में उत्पन्न नवीन अनुभूतियों के सहारे ऐसी रचनाएँ प्रस्तुत करते हैं जिनमें पुरानी काव्यधारा की रूढ़ियाँ नहीं होतीं, साथ ही पूर्ववर्ती काव्यधारा की स्वस्थ परंपरा को ग्रहण करके नवीन कल्पना और अनुभूति के योग से नवीनता और ताजगी उत्पन्न की गई रहती है। ऐसी नवीन काव्यधारा बाहर से देखने पर पूर्ववर्ती काव्यधारा से पूर्णतः विच्छिन्न प्रतीत होती है पर यदि दोनों काव्यधाराओं का तात्विक विश्लेषण किया जाये तो ज्ञात होता है कि पूर्ववर्ती काव्यधारा इस नवीन काव्यधारा में सूक्ष्मरूप से किसी न किसी मात्रा में अवश्य वर्तमान है।

वस्तुतः प्रतिभाशाली कवि अपने पूर्व की समस्त ग्राह्य परंपरा को स्वीकार करता हुआ भी पूर्ववर्ती काव्यधारा से अपने को भिन्न रखता तथा इसी उद्देश्य से अपने काव्य में नवीनता का पुट देता है। कोई भी महान् कवि पूर्ववर्ती काव्य परंपरा से एकदम विच्छिन्न नहीं होता। परंपरा कोई स्थिर या शाश्वत वस्तु नहीं है, वह सतत गतिमान और विकासमान रहती है। द्वंद्वात्मक विकासवाद के सिद्धांत के अनुसार भी किसी युग की काव्यधारा में जो परस्पर विरोधी तत्त्व होते हैं, उनमें विकासमान तत्त्व नवीनता और ताजगी से युक्त और ह्रासशील तत्त्व पूर्व परंपरा के रूढ़िगत रूपों से युक्त होता है। जब ये दोनों तत्त्व समानता और सहयोग की स्थिति में होते हैं तो उस अवस्था को स्थिति (थीसिस) कहा जा सकता है। जब प्राचीनता और नवीनता का यह द्वंद्व इतना बढ़ जाता है कि ह्रासशील तत्त्व समाप्त होने लगता है और विकासशील तत्त्व की मात्रा बहुत अधिक हो जाती है तो उस स्थिति को प्रतिस्थिति (ऐंटी थीसिस) कहा जा सकता है। इस अवस्था का साहित्य संक्रांतिकालीन साहित्य होता है जिसमें विकास और ह्रास की प्रवृत्तियाँ समानान्तर चलती हुई दिखलाई पड़ती हैं। तीसरी अवस्था संस्थिति (सिंथेसिस) की होती है

1. डॉ. रूथ : इंगलिश लिटरेचर ऐंड आइडियाज इन द ट्वेंटियेथ सेंचुरी, पृ. 2

जिसमें विकासमान तत्त्व ह्रासशील तत्त्वों को समाप्त कर उनकी सत्प्रवृत्तियों को आत्मसात कर लेते हैं। यह संस्थिति सामंजस्य की स्थिति है जो मात्रात्मक परिवर्तन के गुणात्मक परिवर्तन बन जाने के कारण उत्पन्न होती है। परंपरा के ह्रासशील पक्ष का ही नाम रूढ़ि है। प्राचीनतावादी व्यक्ति इन मृत और ह्रासशील रूढ़ियों की रक्षा के लिए परंपरा की दुहाई देते और हर प्रकार की नवीनता का विरोध करते हैं। परंपरा का विकासमान पक्ष वह है जो परिवर्तित युग की आवश्यकताओं और परिस्थितियों के अनुरूप तथा विभिन्न संस्कृतियों के संपर्क और प्रभाव के कारण अपने रूप में परिवर्तन करता चलता है। इस तरह सामाजिक, राजनीतिक और आर्थिक परिस्थितियों के प्रभाव से संस्कृति के विभिन्न क्षेत्रों में जो परिवर्तन घटित होता है, वह साहित्य के दर्पण में भी प्रतिबिंबित होता है। इस प्रकार जीवन की भौतिक स्थितियों में गुणात्मक परिवर्तन होने पर साहित्यिक धाराओं में भी गुणात्मक परिवर्तन होता है जिसे हम विकास की एक विशेष अवस्था कहते हैं। इस सिद्धांत के अनुसार भी साहित्यिक धाराओं और प्रवृत्तियों में जो परिवर्तन होता है, उसे उस प्रवृत्ति की मृत्यु या पतन नहीं कह सकते।

बीसवीं शताब्दी के हिंदी काव्य के विकास की द्वंद्वात्मक प्रक्रिया

बीसवीं शताब्दी के प्रथम दो दशकों में उन्नीसवीं शताब्दी के अंतिम दशकवाली प्रतिस्थिति की अवस्था ही बनी रही यद्यपि इस काल में नवीन विचारधारा सामंती रूढ़िवादी विचारधारा से अधिक बलवती हो गई। इस काल की हिंदी कविता की मुख्य प्रवृत्ति पुनरुत्थानवाद की थी जिसमें स्वच्छंदतावादी प्रवृत्ति भी अंतर्निहित थी। पुनरुत्थान (रिवाइवलिज्म) और पुनर्जागरण (रेनेसां) में अंतर है। पुनरुत्थानवाद पूर्ववर्ती रूढ़ियों का विरोध करते हुए भी प्राचीन आदर्शों की ओर अधिक उन्मुख रहता है जबकि पुनर्जागरण नवीन विचारधाराओं से प्रेरित होकर पूर्वप्रचलित सामाजिक, धार्मिक और साहित्यिक रूढ़ियों से विद्रोह करता है। इस प्रकार ये दोनों प्रवृत्तियाँ रूढ़ियों का विरोध करती हैं, पर पुनरुत्थानवादी प्राचीन आदर्शों की ओर लौटना चाहता है, जबकि पुनर्जागरण प्राचीन और नवीन जीवन दृष्टियों का समन्वय करके नवीन जीवन मूल्यों की प्रतिष्ठा करने का प्रयास करता है। पुनरुत्थानवाद समझौतावादी और नैतिकतावादी होता है, किंतु पुनर्जागरण समन्वयवादी, विद्रोही और स्वच्छंदतावादी होता है।

इस दृष्टि से देखने पर स्पष्ट हो जायेगा कि संक्रांतिकाल में प्राचीनता और नवीनता अर्थात् रीतिवाद और स्वच्छंदतावाद का जो द्वंद्व नये सिरे से मध्यवर्ग के उदय के कारण प्रारंभ हुआ था, उसने बीसवीं शताब्दी के प्रारंभ के दो दशकों में समझौतावादी मार्ग अपनाकर पुनरुत्थानवादी स्वरूप ग्रहण कर लिया। पुनरुत्थानवाद

में रूढ़ियों के विरुद्ध इतनी अधिक प्रतिक्रिया होती है कि वह उनके विरोध के जोश में परंपरागत अच्छाइयों की भी उपेक्षा करने लगता है। इसी कारण पुनरुत्थान युग की हिंदी कविता में रीति काव्य की जो सौंदर्यबोधात्मक प्रवृत्तियाँ थीं, उनकी तो उपेक्षा की ही गई, ह्रासकाल (उत्तर मध्यकाल) की कविता में बीज रूप में वर्तमान रीतिमुक्त स्वच्छंदतावादी प्रवृत्ति को भी नहीं स्वीकार किया गया। इसका प्रमाण यह है कि महावीर प्रसाद द्विवेदी तथा उनके युग के अनेक कवियों ने छायावादी काव्य प्रवृत्ति का विरोध किया।

किंतु यह स्थिति अधिक दिनों तक नहीं रह सकी। भारत की तत्कालीन राजनीतिक-सामाजिक स्थिति में तीव्र गति से परिवर्तन हो रहे थे। मध्यवर्ग का तेजी से विकास हो रहा था और साथ ही पूँजीवाद द्वारा उत्पन्न व्यक्ति-स्वातंत्र्य की भावना भी मध्य वर्ग पर अपना प्रभाव जमाती जा रही थी। व्यक्ति-स्वातंत्र्य की भावना ने उस विद्रोह को जन्म दिया जो परंपरागत रूढ़िवादी विचारों और संस्कृति के निरर्थक तत्त्वों के विरुद्ध तीव्र गति से उठ खड़ा हुआ। पुनर्जागरण के इस दूसरे दौर का मूल स्वर मध्यकालीन पुनर्जागरण के मूल स्वर से भिन्न था। मध्यकालीन पुनर्जागरण का आध्यात्मिक और धार्मिक विद्रोह इस युग के आधुनिक परिवेश में ऐहिक रूप धारण करके सामने आया। बीसवीं शताब्दी के प्रथम दशक में पुनर्जागरण का यह विद्रोही स्वर पुनरुत्थानवाद के समझौतावादी और नैतिकतावादी स्वर से दबा हुआ था। पर दूसरे दशक में वह धीरे-धीरे विकसित होता हुआ सन् 1910 के बाद समझौतावाद और नैतिकतावाद से अधिक शक्तिशाली हो गया। इस प्रकार रीतिवाद और स्वच्छंदतावाद के संघर्ष की अंतिम परिणति यह हुई कि परंपरागत रीतिवाद की जगह पहले पुनरुत्थानवादी नैतिकतावाद की और अंत में पुनर्जागरणजन्य स्वच्छंदतावाद की पूर्ण प्रतिष्ठा हो गई। अंततः छायावाद-युग (विद्रोहयुग) में पहुँचकर पुनरुत्थान युग की प्रतिस्थिति की अवस्था संस्थिति की अवस्था में बदल गई। दूसरे शब्दों में बीसवीं शताब्दी के प्रारंभिक दो दशकों की कविता का मात्रात्मक परिवर्तन तीसरे दशक में गुणात्मक परिवर्तन बन गया अर्थात् हिंदी की उत्तर-मध्यकालीन ब्रजभाषा काव्य की समस्त रूढ़िवादी प्रवृत्तियाँ समाप्त हो गईं और उसमें बीज रूप में निहित स्वच्छंदतावादी प्रवृत्ति क्रमशः पुनरुत्थानवादी मार्ग पर आगे बढ़ती हुई अंत में पुनर्जागरण-युग की स्वच्छंदतावादी काव्यधारा के रूप में प्रतिष्ठित हुई। इसी को छायावाद नाम दिया गया।

छायावाद—द्विवेदीयुगीन काव्य का सहज विकास

रीतिवाद के विरुद्ध स्वच्छंदतावाद के विद्रोह का वास्तविक और तीव्र रूप सन् 1920 के बाद की छायावादी कविता में दिखाई पड़ता है। जैसे अंग्रेजी के रोमांटिक काव्य

का घोषणापत्र वर्ड्सवर्थ की 'लिरिकल बैलेड्स' की भूमिका है, उसी तरह हिंदी में सुमित्रानंदन पंत के 'पल्लव' की भूमिका को छायावादी आंदोलन का घोषणापत्र कहा जा सकता है। उसमें पंत ने रीतिकालीन छंदयोजना, अंत्यानुप्रास-पद्धति, घिसी-पिटी अप्रस्तुत-योजना, कृत्रिम भाषा और सीमित भाव क्षेत्र की विस्तृत आलोचना की है और पूर्ववर्ती काव्य-रूढ़ियों से मुक्ति का मार्ग-निर्देश किया है। किंतु उनका यह कार्य सर्वथा नवीन नहीं है। इसके पूर्व आचार्य महावीर प्रसाद द्विवेदी ने भी ब्रजभाषा और रीतिकालीन शृंगारिक काव्य की अनुपयोगिता सिद्ध करते हुए खड़ी बोली में युगानुरूप विषयों पर कवित्त, सवैया, दोहा, चौपाई आदि घिसे-पिटे छंदों को छोड़कर संस्कृत के वर्णवृत्तों या अन्य मात्रिक छंदों में काव्य-रचना करने का आंदोलन किया था। अयोध्या सिंह उपाध्याय 'हरिऔध', रामचरित उपाध्याय, मैथिलीशरण गुप्त आदि कवियों ने हिंदी काव्य की भाषा, शैली, छंद और विषयवस्तु में आमूल परिवर्तन करके स्वच्छंदतावादी विद्रोह की भूमिका तैयार की थी। यद्यपि इन कवियों के सुधारवादी नैतिकतापूर्ण दृष्टिकोण के कारण पुनरुत्थानवादी प्रवृत्ति को ही प्रश्रय मिला पर आगे आनेवाले स्वच्छंदतावादी काव्य की भूमिका इन्हीं कवियों ने तैयार की। अतः यह कहना भ्रमपूर्ण है कि छायावादी काव्य द्विवेदीयुगीन काव्य की प्रतिक्रिया की देन है। वास्तविकता यह है कि छायावाद द्विवेदीयुगीन काव्य का सहज विकास है। द्विवेदीयुगीन पुनरुत्थानवाद अवश्य रीतिवादी प्रवृत्तियों के विरुद्ध प्रतिक्रिया की देन था, किन्तु क्रमशः पुनरुत्थानवादी प्रवृत्तियों के मात्राधिक्य से उनका गुणात्मक परिवर्तन हुआ जिसे पुनर्जागरण की स्वच्छंदतावादी प्रवृत्ति के रूप में जाना जाता है।

छायावाद संस्थिति की अवस्था की काव्य-प्रवृत्ति था। इसके भीतर विद्रोह की भावना तो प्रमुख थी पर वह विद्रोह ध्वंसात्मक नहीं, समन्वयात्मक था। उसमें भारतीय संस्कृति के उन मूल्यों को, जो काल के प्रवाह में जीवित बचे हैं, स्वीकार करके आधुनिक जीवनमूल्यों के साथ उनका सामंजस्य किया गया। इसी कारण छायावाद-युग का काव्य उत्कर्ष का काव्य बन सका। आचार्य नंददुलारे वाजपेयी के शब्दों में—"छायावाद के इन सुंदरतम् काव्य-प्रयोगों के मूल में एक अभिनव रहस्य भावना, एक विश्वजनीन दार्शनिकता और परिष्कृत सौंदर्य चेतना काम कर रही थी। बिना उस मूलवर्ती आधार के रचनाओं में यह चमत्कार और ये कलात्मक विशेषताएँ नहीं आ सकतीं।" (आधुनिक साहित्य पृष्ठ 34)। छायावादी कवियों ने मृतकाव्य रूढ़ियों के विरुद्ध विद्रोह करके अतीत की ओर लौटने की जगह आधुनिक जीवन के परिवेश में अपना स्वतंत्र और सर्वथा नवीन मार्ग निर्मित किया और प्राचीन और नवीन जीवन मूल्यों के समन्वय द्वारा हिंदी कविता को पूर्व-मध्यकाल के महान् कवियों के समान उत्कर्ष के चरम बिंदु पर पहुँचाया।

विद्रोहयुगीन गीतिकाव्य का विषयगत वर्गीकरण

उपर्युक्त विवेचन से यह स्पष्ट हो जाता है कि विद्रोहयुग के गीतिकाव्य में जो परिवर्तन घटित हुआ, वह सामान्य नहीं था। उसने विषय और शिल्प दोनों ही दृष्टियों से गुणात्मक विकास की रूपरेखा तैयार की। विकास भी ऐसा नहीं कि जिसे किसी प्रतिक्रिया का परिणाम माना जाये। वस्तुतः वह सहज और स्वाभाविक विस्फोट के रूप में ही घटित हुआ था। विषय-वस्तु के वैविध्य का महत्त्व इस युग में पर्याप्त बढ़ गया था। इसलिए इस अध्याय में पहले ही गीतिकाव्य का विषयगत वर्गीकरण करना आवश्यक हो जाता है।

विषयगत परिवर्तनों का मूलाधार सामाजिक परिवर्तन है। प्राचीन काल में जिस गीतिकाव्य की रचना हुई, उसमें देवी-देवताओं की एवं महापुरुषों की प्रधानता थी। बहुत हुआ तो प्रकृतिवर्णन को काव्य का विषय बना लिया गया। अपभ्रंश के गीतिकाव्य में प्रेम की भावना को ही तीव्रता के साथ अभिव्यक्त किया गया। भक्तिकाल में भी स्थिति में कोई विशिष्ट परिवर्तन नहीं हुआ। गीतिकाव्य में धार्मिक विषयों की प्रधानता इस युग में भी रही। किंतु विद्रोहयुग में सभी विषय तीव्र घटना-चक्र और अंतर्मुखी चिंतन के विकास के कारण बिल्कुल छोड़ दिये गये। अनेक प्रकार के नये विषयों को ग्रहण कर इस युग के प्रबुद्ध कवियों ने गीतिकाव्य के भाव-क्षेत्र को पर्याप्त विस्तार दिया। विद्रोह की प्रवृत्ति के रूप में निम्नलिखित चेतनायें विद्रोहयुगीन गीतिकाव्य में प्राप्त होती हैं :

1. निजी वैयक्तिक सुख-दुख की अभिव्यंजना
2. राजनीतिक विद्रोह की भावना
3. सांस्कृतिक विद्रोह की भावना
4. सामाजिक विद्रोह की भावना
5. धार्मिक विद्रोह की भावना
6. साहित्यिक विद्रोह की भावना

उपर्युक्त भावनाओं के अलग-अलग विवेचन से विषयों के वैविध्य एवं विद्रोह का स्वरूप बहुत कुछ स्पष्ट हो जायेगा :

1. निजी वैयक्तिक सुख-दुख की अभिव्यंजना : ऊपर बताया जा चुका है कि 'व्यक्तिवाद' के विकास के कारण विद्रोहयुग में आत्मगत कविता (सब्जेक्टिव पोएट्री) का प्राधान्य हो गया। कवि का 'मैं' कविता का केंद्र बन गया। साहित्य में पहली बार कवि जीवन और जगत् के नानारूपों और सौंदर्य-सत्ताओं के साथ तादात्म्य कर सका। उसने आत्माभिव्यक्ति के माध्यम से खुलकर अपने मनोवेगों और वैयक्तिक सुख-दुःख को प्रकट करना शुरू कर दिया। स्पष्ट है कि गीतिकाव्य की विधा उनकी आत्माभिव्यंजना के लिए उपयुक्त माध्यम थी। विद्रोहयुग में इस प्रकार की

आत्माभिव्यंजना दो रूपों में हुई—1. बाह्यवस्तु को अपनी भावना और कल्पना का निजत्व देकर और 2. अपने ही सुख-दुःख, आशा-निराशा और संघर्ष को स्पष्ट रूप से व्यक्त करके।

विद्रोहयुग के प्रारंभिक चरण में पहला स्वरूप प्रधान था। कवि ने किसी वस्तु को देखकर उसका यथातथ्य वर्णन नहीं किया बल्कि अपने व्यक्तिगत संस्कारों और कल्पना के रंगों में रँगकर प्रस्तुत किया। फलस्वरूप कवि का व्यक्तित्त्व स्पष्ट दिखलाई पड़ने लगा क्योंकि उसने जीवन, प्रकृति, मानव, ईश्वर आदि की अभिव्यंजना अपनी भावनाओं के अनुसार की। उदाहरण के लिए निम्नलिखित काव्य-चरण में कवि ने अपनी प्रेयसी के रूप-सौंदर्य का वर्णन अपने मन पर पड़े हुए प्रभावों की अभिव्यक्ति के रूप में किया है :

तुम्हारी आँखों का आकाश,
सरल आँखों का नीलाकाश
खो गया मेरा खग अनजान,
मृगेक्षिणी ! इसमें खग अज्ञान !
देख इनका चिर करुण प्रकाश,
अरुण कोरों में उषा विलास,
खोजने निकला निभृत निवास,
पलक पल्लव प्रच्छाय निवास,
न जाने ले क्या क्या अभिलाष
खो गया बाल बिहग नादान !

—गुंजन

आत्माभिव्यजना की दूसरी प्रणाली में वैयक्तिक सुख-दुखों, आशा-निराशा को सीधे ढंग से व्यक्त किया गया है। इस प्रकार की अभिव्यक्ति में पहले तो कवियों को किसी न किसी आवरण की तलाश रहती थी किंतु बाद में यह संकोच समाप्त हो गया और 1930 के बाद तो यह प्रणाली आम हो गई। उदाहरण के लिए बच्चन की निम्नलिखित पंक्तियों को देखा जा सकता है :

भटका हुआ संसार में,
अकुशल जगत व्यवहार में,
असफल सभी व्यापार में,
कितना अकेला आज मैं !
कितना अकेला आज मैं !

—एकांत संगीत

2. राजनीतिक विद्रोह की भावना : पहले कहा जा चुका है कि राजनीतिक दृष्टि से विद्रोहयुग उथल-पुथल का युग था। एक ओर रूढ़िग्रस्त सामंती समाज ह्रासोन्मुख स्थिति में पड़ा हुआ था और दूसरी ओर विश्व की राजनीतिक क्रांतियों का मध्यवर्ग की चेतना पर प्रभाव पड़ रहा था। फलस्वरूप नयी पीढ़ी के कवियों में इस अनिश्चय की स्थिति के प्रति घोर असंतोष उत्पन्न हुआ। विद्रोहयुग के कुछ भाव-प्रवण कवियों ने भी विद्रोही बनकर समाज में प्रचलित मान्यताओं का विरोध किया। स्वतंत्र कविताओं तथा राष्ट्रीय कविताओं के रूप में भविष्य के सुख-स्वप्नों की अभिव्यक्ति हुई। पंत की 'युगवाणी' की अनेक कविताएँ इसकी साक्षी हैं किंतु राजनीतिक विद्रोह के तीव्रतर हो जाने पर वर्तमान के प्रति कटुता, रोष और क्षोभ का स्वर भी तीव्र हो गया। आर्थिक असमता के प्रति असंतोष और भावी सुख-शांति की कामना भी विविध रूपों में व्यक्त की गई। विद्रोहयुग के पूर्वार्द्ध में इस विद्रोह को प्रतीकों के माध्यम से व्यक्त किया जाता रहा किंतु उत्तरोत्तर राजनीतिक चेतना की जागृति के साथ कविता में भी स्पष्ट और खुले शब्दों में राजनीतिक विद्रोह की बात कही जाने लगी। माखनलाल चतुर्वेदी—एक भारतीय आत्मा—की कविता 'फूल की चाह' तथा निराला की कविता 'जागो फिर एक बार' को उदाहरण के रूप में लिया जा सकता है जिनमें सांकेतिक पद्धति से राष्ट्रीय और देश-भक्ति के भावों को व्यक्त किया गया है :

जागो फिर एक बार !
प्यारे, जगाते हुए हारे सब तारे तुम्हें
अरुण-पंख तरुण किरण
खड़ी खोल रही द्वार !

—निराला

चाह नहीं, मैं सुर-बाला के गहनों में गूँथा जाऊँ,
चाह नहीं, प्रेमी-माला में बिंध, प्यारी को ललचाऊँ,
चाह नहीं, सम्राटों के शव पर हे हरि ! डाला जाऊँ
चाह नहीं, देवों के सिर पर चढ़ूँ, भाग्य पर इठलाऊँ,
मुझे तोड़ लेना वनमाली।
उस पथ पर देना तुम फेंक।
मातृभूमि पर शीश चढ़ाने,
जिस पथ जावें वीर अनेक।।

—माखनलाल चतुर्वेदी

3. सांस्कृतिक विद्रोह की भावना : सांस्कृतिक चेतना में पुरातन के प्रति सम्मान और श्रद्धा की भावना प्रधान होती है। प्राचीनकाल के कवि इन प्रसंगों में

'कथा' का सहारा लेते थे जबकि पुनरुत्थानयुग के कवि वर्णनात्मक ढंग से ही सांस्कृतिक भावनाओं को अभिव्यक्त करते थे लेकिन विद्रोहयुग के कवियों ने प्राचीन-कला एवं संस्कृति को राष्ट्रीय भावना के साथ जोड़कर देखा। उन्होंने अतीत के सुरम्य चित्रों को श्रद्धा की दृष्टि से देखा और उनके प्रति एक प्रकार की रागात्मक आसक्ति का अनुभव किया और अपनी सौंदर्याकांक्षा को तृप्त करने का प्रयत्न किया। निराला की 'जागो फिर एक बार' की निम्न पंक्तियों में श्रद्धा-भाव और राष्ट्रीय सांस्कृतिक चेतना का उक्त स्वरूप प्राप्त होता है :

किंतु क्या
योग्य जन जीता है,
पश्चिम की उक्ति नहीं,
गीता है, गीता है,
स्मरण करो बार बार
जागो फिर एक बार।

इसी प्रकार पंत की 'परिवर्तन' शीर्षक कविता में भी राष्ट्रीय एवं सांस्कृतिक परिवर्तनमूलक विद्रोह को ओजपूर्ण शब्दावली में अभिव्यक्त किया गया है :

तुम नृशंस नृप से जगती पर बढ़ अनियंत्रित,
करते हो संसृति को उत्पीड़ित पद-मर्दित,
नग्न नगर कर, भग्न भवन, प्रतिमायें खंडित,
हर लेते हो विभव, कला, कौशल, चिर संचित !
आधि, व्याधि, बहु वृष्टि, वात, उत्पात, अमंगल,
वह्नि, बाढ़, भूकंप—तुम्हारे विपुल सैन्य-दल,
अहे निरंकुश ! पदाघात से जिनके विह्वल
हिल हिल उठता है टलमल
पद दलित धरातल !

—पंत

4. सामाजिक विद्रोह की भावना : विद्रोहयुग के कवियों ने सामाजिकता की भावना को भी एक नवीन स्फूर्ति और विद्रोहमूलक चेतना प्रदान की। भक्तिकाल में कबीर आदि ने इसकी अभिव्यक्ति की थी किंतु रीतिकाल के कवियों का ध्यान समाज की ओर गया ही नहीं। आधुनिक काल में भारतेंदु तथा अन्य संक्रांतिकालीन कवियों ने सामाजिक कुरीतियों का विरोध किया और पुनरुत्थानमूलक चेतना के रूप में उसका विकास किया। विद्रोहयुग में सामाजिकता का पुनरुत्थानयुगीन स्वरूप नहीं रहा बल्कि वह एक तीव्र विद्रोह की भावना के रूप में अभिव्यक्त होने लगा। इस

युग की सामाजिक प्रवृत्तियाँ हिंदू समाज की चिराचरित रूढ़ियों जैसे—ऊँच-नीच का भेद, जातीय श्रेष्ठता की भावना, नारी के प्रति उपेक्षामूलक दृष्टि आदि के विरुद्ध तीव्र विद्रोह से अनुप्राणित होकर अभिव्यक्त हुई। 'निराला' इस प्रकार के सामाजिक विद्रोह के अग्रणी कवि थे। यद्यपि यह प्रवृत्ति छायावाद के प्रायः सभी कवियों में वर्तमान थी, किंतु 'निराला' ने इस सामाजिक वैषम्य का विरोध सबसे अधिक किया। उनकी 'सरोज-स्मृति' कविता में कान्यकुब्ज ब्राह्मणों की जातीय श्रेष्ठतामूलक प्रवृत्ति पर कठोर आघात किया गया है। उनकी 'दीन', 'धारा', 'दान', 'विधवा', 'बादल राग', 'वनबेला', 'भिक्षुक' आदि कविताओं में कहीं प्रतीकात्मक और कहीं अभिधात्मक रूप में सामाजिक विद्रोह की यह भावना अभिव्यक्त की गई है। उदाहरण के लिए 'बादल-राग' की निम्न पंक्तियाँ देखी जा सकती हैं :

अट्टालिका नहीं है रे
आतंक-भवन,
सदा पंक पर ही होता जल विप्लव-प्लावन
क्षुद्र प्रफुल्ल जलज से सदा छलकता नीर,
रोग-शोक में भी हँसता है शैशव का सुकुमार शरीर।
रुद्ध कोश है क्षुब्ध तोष,
अंगना-अंग से लिपटे भी
आतंक-अंक पर काँप रहे हैं
धनी, वज्र गर्जन से, बादल,
त्रस्त नयन-मुख ढाँप रहे हैं।
जीर्ण-बाहु, हे शीर्ण शरीर,
तुझे बुलाता कृषक अधीर,
ऐ विप्लव के वीर !
चूस लिया है उसका सार,
हाड़ मात्र ही हैं आधार,
ऐ जीवन के पारावार !

—निराला

5. धार्मिक विद्रोह की भावना : प्राचीनकाल के काव्य में धार्मिकता की भावना स्तुतियों, कीर्तनों, देवी-देवताओं की पूजा और पौराणिकता आदि के रूप में अभिव्यक्त होती थी। संक्रांतिकाल में धार्मिकता की भावना समाप्त हो गई। उसका स्थान पौराणिकता ने ले लिया और विद्रोहकाल में 'पौराणिकता' भी छूट गई। सभी कवि अध्यात्म की ओर उन्मुख हो गये। यह आध्यात्मिक आदर्शवाद और रहस्यात्मकता अपने आप में विद्रोह की चेतना थी। सामंतवाद और साम्राज्यवाद के

विरोधियों को एक सूत्र में जोड़ने के लिए 'अध्यात्मवाद' को एक नारे का रूप दे दिया गया। यूरोप के रोमांटिक साहित्य में जिस तरह आध्यात्मिकता का रंग बहुत गहरा था, उसी तरह विद्रोहयुग की कविता में भी आध्यात्मिकता का रंग बहुत गहरा है। इस युग में विद्रोह इतना तीव्र हो गया कि लोग आध्यात्मिकता को विद्रोह का प्रतीक मानने लगे। स्वामी विवेकानंद, अरविंद, स्वामी रामतीर्थ, महात्मा गांधी आदि ने अपने जीवन में ही राष्ट्रीयता और आध्यात्मिकता का समन्वय किया था। विद्रोहयुग के कवियों ने आध्यात्मिकता के माध्यम से विद्रोह का स्वर ऊँचा किया। यह आध्यात्मिक विकास भी एक प्रकार का व्यक्तिवादी विकास ही था जिसके कारण उनके 'अहं' को तृप्ति प्राप्त हुई। निराला के 'जागो फिर एक बार', 'राम की शक्ति पूजा' तथा प्रसाद की 'कामायनी' में धार्मिक रूढ़ियों के स्थान पर आध्यात्मिक आदर्शवाद का यह स्वरूप स्पष्ट परिलक्षित होता है। उदाहरणार्थ महादेवी वर्मा के निम्न गीत में पूजा-अर्चा के प्रति विद्रोह की भावना व्यक्त की गई है और अपने शरीर को ही मंदिर मानकर आध्यात्मिक रहस्यवाद की स्थापना की गई है :

क्या पूजन ! क्या अर्चन रे ?
उस असीम का सुंदर मंदिर मेरा लधुतम जीवन रे !
मेरी श्वासें करती रहतीं नित प्रिय का अभिनंदन रे !
पदरज को धोने उमड़े आते लोचन में जलकण रे !
अक्षत पुलकित रोम, मधुर मेरी पीड़ा का चंदन रे !
स्नेह भरा जलता है झिलमिल मेरा यह दीपक-मन रे !
मेरे दृग के तारक में नव उत्पल का उन्मीलन रे !
धूप बने उड़ते जाते हैं प्रतिपल मेरे स्पंदन रे !
प्रिय प्रिय जपते अधर, ताल देता पलकों का नर्तन रे !

—महादेवी

6. साहित्यिक विद्रोह की भावना : विद्रोहयुगीन कविता की विद्रोही-भावना सबसे अधिक काव्य के रूप-शिल्प में ही दिखलाई पड़ती है। हिंदी साहित्य के इतिहास में पहली बार इसी युग में परंपरागत शास्त्रीय काव्य-रूढ़ियों का पूर्णतया त्याग कर नवीन रूप-शिल्प को ग्रहण किया गया। आधुनिक युग के पूर्व हिंदी साहित्य अधिकतर संस्कृत साहित्य एवं साहित्य-शास्त्र का आधार ग्रहण कर लिखा जाता था। अतः आदिकाल, पूर्वमध्यकाल और उत्तर-मध्यकाल की हिंदी कविता कुछ संत और भक्त कवियों के अपवाद के साथ अधिकतर काव्य-शिल्प की दृष्टि से रूढ़िवादी थी। पुनरुत्थान युग के कवियों ने यद्यपि ब्रजभाषा के शृंगारिक और रीतिबद्ध काव्य की प्रतिक्रिया में प्राचीन विषय-वस्तुओं का त्याग किया, किंतु छंद, अलंकार, भाषा और अभिव्यंजना पद्धति में उन्होंने कोई क्रांतिकारी परिवर्तन नहीं

उपस्थित किया किंतु विद्रोहयुग के कवियों ने कुछ तो अपनी स्वाभाविक विद्रोही प्रवृत्ति के कारण और कुछ अंग्रेजी तथा बंगला के नयी शैली के काव्य से प्रभाव ग्रहण करके ऐसे काव्य की रचना प्रारंभ की जिसके शिल्प और शैली में सर्वथा नवीनता थी। यह उन कवियों के साहित्यिक विद्रोह की प्रवृत्ति का परिणाम था।

काव्य के शिल्प तत्त्व में परिवर्तन का मुख्य कारण युगीन परिस्थितियों के प्रभाव से गृहीत नवीन विषय-वस्तु और कवियों का नया दृष्टिकोण ही होता है। इस युग की कविता को विषय-वस्तु के संबंध में विचार करते हुए कहा जा चुका है कि उसमें विद्रोह की प्रवृत्ति निहित थी। उस विद्रोह का प्रभाव काव्य की शैली और शिल्प पर भी पड़ा। अतः शिल्प की दृष्टि से इस युग की कविता में जो विशेषतायें दिखलाई पड़ती हैं, वे डॉ. शंभुनाथ सिंह के शब्दों में निम्नलिखित हैं :

1. छायावादी कवियों का ध्यान भावनाओं की पूर्णाभिव्यक्ति की तरफ था, रस-पद्धति, अलंकार-सिद्धांत आदि के पिष्टपेषण अथवा उदाहरण के लिए काव्य-रचना करने की ओर नहीं।

2. उन्होंने भारतीय साहित्य शास्त्र के ध्वनि और वक्रोक्ति संप्रदाय तथा पाश्चात्य अभिव्यंजनावाद के साहित्य-सिद्धांतों का सम्यक् अध्ययन करने के बाद कविताएँ नहीं लिखीं।

3. फिर भी उनकी कविताओं में ध्वनि, वक्रोक्ति, अभिव्यंजना और रस का सुंदर सामंजस्य दिखलाई पड़ता है यद्यपि प्राचीन काव्यरूढ़ियों की उनमें सर्वथा उपेक्षा की गई है।

4. छायावादी कविता में कला के प्रत्येक अंग के क्रांतिकारी परिवर्तन की आकांक्षा और प्रवृत्ति दिखलाई पड़ती है जो पूँजीवाद के निरंतर परिवर्तनशील सांस्कृतिक आधार के अनुरूप ही है।

5. छायावाद के विभिन्न कवियों की वृत्ति के भिन्न-भिन्न होने के कारण उनकी शैली में भी भिन्नता दिखलाई पड़ती है अर्थात् उन्होंने परंपरागत शैली से भिन्न अपनी-अपनी व्यक्तिगत शैली का प्रादुर्भाव किया है।[1]

पहले कहा जा चुका है कि विद्रोहयुग के काव्य में व्यक्तिवाद की प्रवृत्ति प्रमुख थी जिसके कारण इस युग के काव्य में गीति-विधा की प्रमुखता है। इस युग के काव्य की विद्रोही प्रवृत्तियों के उपर्युक्त विवेचन का उद्देश्य यही था कि गीतिकाव्य के भीतर भी विद्रोह की इन प्रवृत्तियों को देखा जा सके। यों तो गीतिकाव्य की रचना भारत में वैदिक काल से ही होती चली आ रही थी किंतु विद्रोहयुग के गीतिकाव्य में शिल्पगत प्रयोगों का जितना आधिक्य है, उतना इसके पूर्व के किसी भी युग के गीतिकाव्य में नहीं था। युगीन परिस्थितियों के दबाव के कारण भी विद्रोहयुगीन

---

1. छायावाद-युग : डॉ. शंभुनाथ सिंह, द्वितीय संस्करण, पृ. 201

गीतिकाव्य में इतनी अधिक शिल्पगत नवीनता दिखलाई पड़ती है। अतः इन प्रभावों के संबंध में भी कुछ विचार कर लेना समीचीन है।

शिल्पगत प्रयोगों के प्रेरणा-स्रोत

कहा जा चुका है कि विद्रोहयुग की कविता में व्यक्तिवादी चिंतन तथा स्वच्छंद दृष्टि के परिणामस्वरूप गीति-विधा के विविध काव्य रूप प्रचार में आये। वैसे गीति-शैली भारत के लिए नवीन नहीं थी। इस देश में वैदिक काल से लेकर अद्यतन काल तक यह धारा अक्षुण्ण रूप से प्रवाहित रही है। इसका मूल कारण भारतीय कवि की भावमय संगीतात्मकता है जिसकी अभिव्यक्तियों का दर्शन हमें विद्यापति, कबीर, सूर, तुलसी, मीरा, घनानंद, भारतेंदु, नाथूराम शर्मा शंकर, रामचरित उपाध्याय, श्रीधर पाठक, मुकुटधर पांडेय, मैथिलीशरण गुप्त आदि के काव्य में होता है। विद्रोहयुग के कवियों को परंपरागत गीतिकाव्य से अपने पथ-निर्धारण में सहायता मिली किंतु इस युग में जिस तरह की गीति और प्रगीत की शैली प्राप्त होती है, वह पाश्चात्य शैली से अधिक मिलती-जुलती है।

विद्रोहयुग के कवियों ने अट्ठारहवीं-उन्नीसवीं सदी के अंग्रेजी के रोमांटिक कवियों—शेली, कीट्स, टेनीसन और वायरन आदि की कविताओं को मनोयोगपूर्वक पढ़ा था। 'रोमांटीसिज्म' से प्रभावित होकर उन्होंने पूर्व-पश्चिम के समन्वय का प्रयास किया और पूँजीवादी युग के परिवर्तित सौंदर्य-बोध तथा आधुनिक विषय-वस्तु को गीतिकाव्य के माध्यम से अभिव्यक्त किया। पूर्ववर्ती रोमांटिक कवियों के अतिरिक्त स्विनबर्न, ब्राउनिंग, आरनोल्ड, टामस हार्डी, वाल्ट ह्विटमैन और ईट्स की कविताओं ने भी विद्रोहयुग के कवियों को प्रभावित किया।

दूसरी ओर बंगला काव्य का भी सीधा प्रभाव इस युग के गीतिकाव्य पर पड़ा। 1913 में 'गीतांजलि' को विश्व-सम्मान प्राप्त होने के बाद बंगाल में स्वच्छंदतावादी काव्यधारा का विकास हो चुका था। हिंदी पर रवींद्रनाथ ठाकुर के प्रभाव का परिणाम यह हुआ कि दर्शन, अध्यात्म और भक्ति की ओर लोगों का झुकाव बढ़ा। गुरुदेव ने उपनिषदों के ब्रह्मवाद, कबीर के योग और ज्ञानमार्ग तथा सूफियों के प्रेममार्ग के मूल तत्त्वों को ग्रहण किया था और उन्हें गीतिकाव्य के सहज-स्वाभाविक माध्यम से अभिव्यक्त किया था। स्वामी विवेकानंद और स्वामी रामतीर्थ ने भी वेदांत और तत्त्व चिंतन की ओर भारतीय जनता का ध्यान आकर्षित किया था। निस्संदेह विद्रोहयुगीन हिंदी कविता का रहस्यवादी स्वरूप बंगला काव्य के प्रभाव की देन है।

इसी युग में हिंदी के पाठकों पर उर्दू के कुछ प्रसिद्ध शायरों का प्रभाव भी बढ़ चला था। उनकी गज़लों के नये अंदाज, तीखे तेवर और विषय की ताजगी ने जनमानस को आंदोलित किया। गालिब, जौक, मीर आदि की गज़लों का काफी

प्रचार हो गया था। इन्हें पर्याप्त प्रकाशन और प्रशस्ति प्राप्त हो चुकी थी। विद्रोहयुग के गीतिकाव्य को प्रभावित करने में प्रेम-भावना, व्यक्तिवादी चिंतन तथा कुछ सीमा तक आध्यात्मिकता से भरी हुई उर्दू की विभिन्न बह्रोंवाली गज़ल-विधा का हाथ कम नहीं है।

ऊपर के इन तीन स्रोतों से विद्रोहयुग के गीतिकाव्य को विकासमूलक पोषक तत्त्व प्राप्त हुए थे जिन्होंने शिल्प-संगठन तथा विषय-वस्तु—दोनों ही दृष्टियों से एक क्रांतिकारी परिवर्तन उपस्थित किया। संक्रांतिकाल तथा पुनरुत्थानकाल के गीतिकाव्य को लोकगीतों ने बहुत प्रभावित किया था। इस युग में उनका प्रभाव बहुत कुछ क्षीण हो गया, उपर्युक्त स्रोतों का ही प्रभाव अधिक पड़ा। विषय-वस्तु की दृष्टि से तो अभिव्यक्ति का इतना विस्तार हुआ कि गीतिकाव्य की अनेक नयी शैलियाँ दिखलाई पड़ने लगीं। अंग्रेजी, बंगला तथा भारतीय परंपरा के प्रभाव के कारण विद्रोहयुग में गीतिकाव्य का पर्याप्त विस्तार हुआ। भारतीय परंपरा से जो विषय गीतिकाव्य को प्राप्त हुए थे, उनमें से अधिकांश का लोप हो गया और बहुत से नये विषय उपर्युक्त स्रोतों से ग्रहण किये गये। इस प्रकार समग्र रूप में विद्रोहयुग के गीतिकाव्य को निम्न भागों में बाँटा जा सकता है :

1. प्रेम गीति
2. प्रकृति गीति
3. वीर गीति
4. शोक गीति
5. रहस्यवादी गीति
6. राष्ट्रीय गीति या देश गीति
7. दार्शनिक गीति
8. भक्ति गीति
9. प्रयाण गीति
10. क्रांति गीति

1. प्रेम गीति : प्रेम गीति की परंपरा इस देश में प्राचीन काल से प्रचलित थी। संस्कृत के नाटकों में प्रेम गीति का धरातल लौकिक था किंतु भक्तिकाल में राधा-कृष्ण अथवा पौराणिक देवताओं के आख्यानों से संबंधित गीतों का धरातल धार्मिक था। कृष्ण के वियोग में विरहाकुल गोपिकाओं के प्रेम का वर्णन गीतिकाव्य के रूप में संक्रांतिकाल और पुनरुत्थानयुग के कई कवियों ने किया था। ये गीत अधिकतर पद शैली में लिखे गये थे, किंतु विद्रोहयुग में प्रेम-गीतों में वातावरण और आलंबन के स्वरूप में पूर्ण परिवर्तन हो गया। आधुनिक कवियों का प्रेम-वर्णन राधा-कृष्ण, राम-सीता आदि देवी-देवताओं से अलग होकर लौकिक धरातल पर प्रतिष्ठित हुआ। नाटकों में इस प्रकार के गीत नायक-नायिका के प्रेम से संबंधित

हैं, किंतु कविता के क्षेत्र में प्रेम की अभिव्यंजना प्रेयसी के रूप-सौंदर्य अथवा भाव-सौंदर्य का मार्मिक वर्णन करना अथवा उसके प्रति अपनी विरह और आसक्ति की भावनाओं को 'गीत' के रूप में अभिव्यक्त करना है। प्रसाद और पंत के 'आँसू' शीर्षक काव्य, पंत के 'मधुस्मृति', 'मन-विहग', 'प्रेम-नीड़', 'गृह काज' आदि गीत, निराला की 'गीतिका' के अनेक गीत तथा बच्चन के 'निशा-निमंत्रण' तथा 'एकांत संगीत' के गीत इसी प्रकार के व्यक्तिपरक प्रेमगीत हैं।

2. प्रकृति गीति : गीतिकाव्य में प्रकृति का उपयोग निम्नलिखित चार रूपों में किया जा सकता है :

1. प्रस्तुत या आलंबन के रूप में
2. उद्दीपन के रूप में
3. आलंबन या आश्रय के रूप-गुण क्रिया के स्पष्टीकरण के लिए अलंकार के रूप में।
4. प्रतिबिंब, प्रतीक, संकेत और परोक्ष की अभिव्यक्ति के रूप में।

आदिम युग के काव्य में 'देवत्व-भाव' की प्रधानता थी। इसलिए प्रकृति का उपयोग गीतिकाव्य में आलंबन के रूप में होता था लेकिन संस्कृत में ऐसा नहीं हुआ। वहाँ प्रकृति का वर्णन अधिकतर उद्दीपन के रूप में होता था लेकिन संस्कृत में ऐसा नहीं हुआ। वहाँ प्रकृति का वर्णन अधिकतर उद्दीपन के रूप में तथा अंलकार-निरूपण के प्रसंग में किया गया लेकिन आधुनिक काल में स्वच्छंदतावादी प्रवृत्तियों के कारण तथा सर्ववाद के सिद्धांत की प्रतिष्ठा के कारण एक बार पुनः प्रकृति को आलंबन का स्वरूप प्राप्त हुआ। यद्यपि विद्रोहयुग की कविता में उद्दीपन-रूप में तथा प्रतीकात्मक पद्धति से भी प्रकृति-वर्णन किया गया फिर भी प्रकृति के आलंबन-रूप की प्रधानता रही जिसके कारण छायावाद में प्रकृति मूलतः कवि से भिन्न नहीं रही। कवि ने यह अनुभव किया कि जो चेतना प्रकृति में है, वही मनुष्य में भी है। इसलिए कभी वह प्रकृति पर मुग्ध होता रहा, कभी उसके विराट्, रहस्यमय स्वरूप पर आश्चर्य करता रहा और कभी उसे चेतन साथी, सहयोगी और शिक्षक के रूप में स्वीकार कर उसके साथ भावनाओं का आदान-प्रदान करता रहा। पंत का 'एक तारा' और 'बादल' 'लहर' का 'बीती विभावरी जागरी'—'यह सागर संगम अरुण नील' शीर्षक गीत तथा निराला की 'संध्या-सुंदरी' का स्वरूप इस बात का प्रमाण है कि इन कविताओं में प्रकृति को आलंबन के रूप में चित्रित करते हुए कवि प्रकृति पर अपनी अंतर्भावनाओं को ही आरोपित करता रहा है।

विद्रोहयुगीन गीतिकाव्य में प्रकृति का उद्दीपन के रूप में भी कम प्रयोग नहीं हुआ है। पंत ने 'याद', 'उच्छ्वास', 'आँसू' आदि कविताओं में तथा बच्चन ने 'आज मुझसे बोल बादल' और 'आज पागल हो गई रात' शीर्षक गीतों में प्रकृति को उद्दीपन रूप में चित्रित किया है, फिर भी प्रकृति के साथ तादात्म्य स्थापित कर उससे

सहानुभूति प्राप्त करना इस युग की नयी उपलब्धि बन गई है।

3. वीर गीति : विषय की दृष्टि से गीतिकाव्य में वीर-गीतों का भी अपना अलग महत्त्व है। इसमें वीर पुरुषों के जीवन की कथा और गीत का समुचित योग रहता है। लोकगीतों में कुछ कथा-गीत ऐसे हैं जो अब भी वाद्य के साथ गाये जाते हैं। आल्हा, लोरिकायन आदि ऐसी ही वीर-गीतियाँ हैं। इनमें किसी वीर पुरुष को लेकर उसके वीरत्व और प्रेम का चित्रण किया जाता है। इनके समानान्तर साहित्यिक वीर-गीतों की रचना, विद्रोहयुग में भी हुई है जिनमें किसी छोटी कथा को लेकर उसे गेय रचना का स्वरूप दिया गया है। सुभद्राकुमारी चौहान की 'झाँसी की रानी' इसी प्रकार का वीर गीति है।

4. शोक गीति : शोक गीति की परपरा प्राचीन भारतीय साहित्य में नहीं है। पश्चिम में जब दुखांत साहित्य की अधिकता हुई, तब उसके प्रभाव के कारण आधुनिक युग में भी शोकगीतों की रचना की गई। किसी प्रिय व्यक्ति की मृत्यु के कारण अथवा किसी भी अन्य बड़ी विपत्ति के कारण उत्पन्न विषाद, निर्वेद और करुणा की भावनाओं को अभिव्यक्त करनेवाला लघु काव्य शोकगीति की संज्ञा प्राप्त करता है। विद्रोहयुग में इस प्रकार की जो कविताएँ लिखी गईं, उसमें निराला की 'सरोज-स्मृति' का स्थान प्रमुख है। इसमें उन्होंने अपनी पुत्री के निधन के बाद उसके जीवन की विशिष्ट घटनाओं का चित्रण करते हुए समाज के प्रति अपना आक्रोश व्यक्त किया है।

5. रहस्यवादी गीति : पहले कहा जा चुका है कि विद्रोहयुग की आध्यात्मिक रंग में रंगी कविता की प्रधान धारा रहस्यवाद है जिसमें विश्व की परमसत्ता का बोध और साक्षात्कार होता है। आध्यात्मिक अनुभूति की एक विशिष्ट अवस्था में साधक परमात्मा के मिलन का चरम प्रयास करता है और अहं तथा इदम् के समन्वय के लिए सूक्ष्म आध्यात्मिक दृष्टि को प्राप्त करने तथा अनुभूति को परिपक्व बनाने का सतत प्रयत्न करता है। भारतीय साहित्य प्राचीन काल से ही रहस्यवादी भावनाओं से भरा हुआ है। वैदिक काल के ऋषि सर्ववादी थे। उन्होंने प्रकृति की शक्तियों में देवी-देवताओं की कल्पना की थी और सर्वत्र ब्रह्म के रहस्यमय स्वरूप को देखा था तथा गीतिकाव्य के रूप में उसकी अभिव्यक्ति की थी। वेदों के अनेकानेक सूत्रों में यह रहस्यवादी भावना विविध रूपों में व्यक्त हुई है जिसे रहस्यवादी गीतिकाव्य का आदिम रूप कहा जा सकता है। परवर्तीकाल में बौद्धों, जैनों, नाथपंथियों, सहजयानियों तथा शैवों के यहाँ आते-आते रहस्यवाद साधना के विविध मार्गों को ग्रहण कर अनेक रूपोंवाला हो गया। कबीर, दादू, सुंदरदास, मीरा आदि के काव्य में भी रहस्यवादी भावनाओं की अधिकता दिखलाई पड़ती है। इन सभी युगों में रहस्यवाद का स्वरूप भिन्न-भिन्न था जो विभिन्न दार्शनिक सिद्धांतों से अनुप्राणित था। उत्तर मध्यकाल में परवर्ती संत कवियों को छोड़कर अन्य रीतिवादी और

शृंगारिक कवियों का ध्यान 'रहस्यवाद' की ओर नहीं गया। संक्रांतियुग में भी काव्य में रहस्यवाद का स्फुरण नहीं हुआ किंतु पुनरुत्थान युग में रवींद्रनाथ की 'गीतांजलि' की कविताओं के प्रभाव के कारण तथा रामकृष्ण परमहंस, विवेकानंद, स्वामी रामतीर्थ आदि महात्माओं की आध्यात्मिक उपलब्धियों से प्रभावित होकर पुनः रहस्यवादी गीतिकाव्य का नये रूप में प्रारंभ हुआ। अंग्रेजी के रोमांटिक कवियों की रहस्यात्मक काव्यचेतना ने भी नये कवियों को गहराई से प्रभावित किया। इस प्रकार पुनरुत्थान युग में सर्वप्रथम मैथिलीशरण गुप्त, मुकुटधर पांडेय, पदुमलाल पुन्नालाल बख्शी और जयशंकर प्रसाद की रचनाओं में निर्गुण ब्रह्म के प्रति जिज्ञासा, प्रेम और अन्वेषण की अनुभूतियों की अभिव्यक्ति हुई। उस युग के अंतिम वर्षों में निराला और पंत जैसे नवयुवक कवियों ने रहस्यवाद को 'गीतिकाव्य' का मुख्य विषय बनाकर हिंदी कविता को नयी दिशा में मोड़ा। यह नव रहस्यवाद परंपरागत भारतीय रहस्य-धारा से पर्याप्त भिन्न था। विद्रोहयुग में यह धारा उत्तरोत्तर बलवती होती गई। जिन कवियों ने इस युग में रहस्यवाद को नये रूप में प्रतिष्ठित किया, उनमें जयशंकर प्रसाद, निराला, पंत, महादेवी वर्मा, रामकुमार वर्मा, बच्चन और माखनलाल चतुर्वेदी प्रमुख हैं। निराला के परिमल के 'बादल राग' में, गीतिका की अनेक कविताओं में रहस्यवादी भावनाओं की प्रतीकात्मक ढंग पर अभिव्यक्ति हुई है। पंत की प्रथम रश्मि, उषा, आँसू, छाया, शिशु, चाँदनी, विश्ववेणु, जीव प्रसू और चींटी आदि अनेक कविताओं में परोक्ष सत्ता के आभास एवं बिंब-दर्शन द्वारा तादात्म्य की स्थिति उत्पन्न की गई है। महादेवी का तो पूरा साहित्य ही रहस्यवादी भावनाओं से अनुप्राणित है। उनके 'अलि मैं कण कण को जान चली, सो रहा है विश्व पर प्रिय तारकों में जागता है' तथा 'कीर का प्रिय आज पिंजर खोल दो' शीर्षक गीतों में रहस्यवादी भावनाओं का सुंदर निरूपण हुआ है। विद्रोहयुग के दूसरे कवियों में भी इसके उदाहरण प्रभूत मात्रा में वर्तमान हैं।

6. राष्ट्रीय गीति या देश गीति : वैदिक युग के गीतिकाव्य में राष्ट्रीयता की भावना वर्तमान थी लेकिन उसके बाद के साहित्य में इसका विकास नहीं हुआ। संक्रांति-युग में नये सिरे से राष्ट्रीय चेतना का विकास इस देश में तीव्रता के साथ हुआ जिसका मूल कारण अंग्रेजों के प्रति व्याप्त असंतोष की भावना थी। सत्याग्रह आंदोलन तथा कांग्रेस के देशव्यापी संगठन के कारण जो आत्मिक और नैतिक बल भारतीयों में आया था, उसको और अधिक तेज, दीप्ति, उत्साह, बौद्धिकता और क्रियाशीलता प्रदान करने के लिए राष्ट्रीयतावादी गीतों की रचना आधुनिक युग में हुई। इन रचनाओं ने देश की राजनीतिक चेतना एवं उत्साह को जाग्रत करने में बहुत अधिक योग दिया। संक्रांतियुग की राष्ट्रीयता, हिंदू राष्ट्रीयता थी जिसमें अंग्रेजों के प्रति विश्वास बना हुआ था। पुनरुत्थान-युग में बौद्धिक सहानुभूति की काव्यात्मक अभिव्यक्ति हुई लेकिन विद्रोहयुग में इन रचनाओं के साथ कवियों ने स्वतंत्रता-संग्राम

में भाग लिया, सैनिकों को उत्साह प्रदान किया और अपनी वाणी द्वारा स्वतंत्रता के युद्ध के लिए वातावरण बनाने की चेष्टा की। विद्रोहयुग के राष्ट्रीय गीतिकाव्य में देश-प्रेम, स्वतंत्रता-संग्राम का उत्साह तथा राजनीतिक क्रांति की भावना समन्वित रूप में वर्तमान थी। बंगला के कवि नजरुल इस्लाम की 'अग्निवीणा' की कविताओं ने भी इस युग के कवियों को प्रभावित किया जिसके परिणामस्वरूप राष्ट्रीय भावना के गीतों की रचना इस देश में प्रभूत मात्रा में हुई। इस युग में जिन रचनाओं ने गीतिकाव्य को इस नवीन विषय से समृद्ध किया, उनमें निराला की 'गीतिका' की रचना 'भारती विजय करे' प्रसाद का 'अरुण यह मधुमय देश हमारा', पंत का 'ग्राम्या' में संकलित 'जय भारत हे, भारत हे' शीर्षक गीत, दिनकर की 'हिमालय' एवं 'दिगंबरि' शीर्षक कविताएँ, माखनलाल चतुर्वेदी की 'चाह', सुभद्राकुमारी चौहान की 'झाँसी की रानी', नरेंद्र शर्मा की 'प्रभात फेरी', हरिकृष्ण प्रेमी की 'अग्नि गान', तथा बालकृष्ण शर्मा नवीन की कविताओं को विशेष महत्त्व प्राप्त है। ये सब कविताएँ गीतिकाव्य के अंतर्गत आती हैं।

7. दार्शनिक गीति : दर्शन की प्रवृत्ति मनुष्य जाति के बुद्धि-विकास के साथ जुड़ी हुई है। जबसे आदिम मनुष्य ने सोचना-समझना शुरू किया होगा, उसी समय से उसमें चिंतन शक्ति का प्रारम्भ हुआ होगा। इस आधार पर यह कहा जा सकता है कि एक ऐसी सीमा रेखा प्रत्येक व्यक्ति के चिंतन में आती है जिसके पास पहुँचने के बाद उसमें और दार्शनिक में कोई अंतर नहीं रह जाता। कवि और दार्शनिक में अंतर होता है। दार्शनिक चिंतन-लोक का निवासी होता है। वह स्पंदनशील जीवन से दार्शनिक आधारों को ग्रहण कर सत्य की खोज करता है। कवि यद्यपि भाव-लोक का प्राणी है किंतु जब वह बौद्धिक तत्त्व चिंतन के आधार पर जीवन की अनुभूतियों से रूप, कल्पना से रंग और भावनाओं से सौंदर्य ग्रहण कर गेय शब्दावली में सजीव रचनाएँ प्रस्तुत करता है, तब वह दार्शनिक-गीति का रचयिता हो जाता है। चूँकि कवि का दर्शन सापेक्ष्य होता है और जीवन के अस्तित्व के साथ कदम से कदम मिलाकर चलता है, उसकी दृष्टि ही दर्शन का रूप धारण कर लेती है। हिंदी गीतिकाव्य के इतिहास में दार्शनिक भावनाओं की धारा अद्वैत दर्शन, दुःखवाद, आनंदवाद, अध्यात्म और भौतिकता के समन्वय तथा विश्वमानवता के रूप में विद्रोहयुग में प्रखर प्रवाह के साथ वर्तमान है। हिंदी का मध्यकाल का गीतिकाव्य चिंतन प्रधान था किंतु उसमें साधनामूलक चेतना और आंतरिक संकल्पात्मक अनुभूति की मात्रा होने के कारण जीवंतता और लोकसंपृक्ति अधिक थी पुनरुत्थान युग का लक्ष्य हिंदू जाति का जागरण और भारतीय संस्कृति का पुनरुत्थान था किंतु विद्रोहयुग में चिंतन का स्वरूप बदल गया था। इस युग के गीतिकाव्य में आशा-निराशा, तात्विक प्रश्नों का समाधान, सत्य की खोज और अध्यात्म तथा विज्ञान के सामंजस्य की प्रवृत्ति प्रमुख हो गई। चिंतन की जिन

धाराओं की चर्चा की गई है, उनका पूर्ण निरूपण विद्रोहयुग के गीतिकाव्य में प्राप्त होता है। निराला की 'गीतिका' के गीत 'पास हीरे हीरे की खान', 'जागो फिर एक बार' तथा 'राम की शक्ति पूजा' में अद्वैत और योग-दर्शन का प्रभाव देखा जा सकता है। 'गीतिका' के 'कल्पना के कानन की रानी' में सरस्वती के रूप में 'शक्ति' की कल्पना की गई है। 'गीतिका' के 'चक्र के सूक्ष्म छिद्र के पार' में योग-दर्शन तथा 'तुम और मैं' शीर्षक कविता में विशिष्टाद्वैत की व्याख्या तो स्पष्ट ही है। इसी प्रकार महादेवी के गीत 'टूट गया वह दर्पण निर्मम' में माया के तिरोभाव का सत्य ग्रहण किया गया है। 'बीन भी हूँ मैं तुम्हारी रागिनी भी हूँ' में द्वैतवादी सत्य का ग्रहण किया गया है और 'पंथ होने दो अपरिचित प्राण रहने दो अकेला', 'सब आँखों के आँसू उजले सबके सपनों में सत्य पला' जैसे अनेक गीतों में अनंत वेदना और करुणा की व्याख्या की गई है। पंत के 'आज बचपन का कोमल गात, जरा का पीला पात' शीर्षक गीत में तथा 'परिवर्तन' में जगत् की अनित्यता का बोध प्राप्त किया गया है। ये सभी गीत दार्शनिक गीति के अंतर्गत आते हैं और अपने सूक्ष्म एवं व्यापक भाव-विस्तार के कारण विद्रोहयुग के गीतिकाव्य को रेखांकित करते हैं।

8. **भक्ति गीति :** दार्शनिक गीतों के समान भक्ति गीति की परंपरा भी अत्यंत प्राचीन है। वैदिक काल का मंत्रद्रष्टा ऋषि इंद्र, अग्नि, वरुण, नासत्य आदि देवताओं की महत्ता स्वीकार करते हुए उनके सम्मुख श्रद्धावनत होकर आत्म-निवेदन करता और उनकी कृपा की याचना करता है। परवर्ती युगों में बौद्ध, जैन और ब्राह्मण परंपरा के अंतर्गत विभिन्न अवतारों, शलाका-पुरुषों और पौराणिक देवी-देवताओं की कल्पना की गई, तथा उनकी मूर्तियाँ निर्मित करके उनकी पूजा का विधान किया गया। इन नेताओं के संबंध में प्रभूत मात्रा में स्तोत्र, कीर्तन, भजन, पद, नाट्य गीति, नृत्य गीति आदि की रचना की गई। भक्ति संबंधी गीतिकाव्य की यह परंपरा मध्यकालीन हिंदी के सगुण भक्त कवियों से होती हुई आधुनिक युग में भारतेंदु मंडल के कवियों तक आई। पुनरुत्थान युग में भक्ति-काव्य की धारा क्षीण हो गई क्योंकि इस युग में सामाजिकता और राष्ट्रीयता की प्रवृत्ति ही प्रमुख हो गई थी फिर भी मैथिलीशरण गुप्त ने अपनी वैष्णव भक्ति-भावना को नये रूप में प्रबंध काव्यों के माध्यम से उपस्थित किया। इन काव्यों के बीच-बीच में भक्तिपरक गीत भी सम्मिलित हैं। उनके 'झंकार' नामक काव्य-संग्रह में अनेक प्रार्थनापरक गीत हैं। विद्रोहयुग में भी गुप्त जी ने अनेक भक्तिपरक गीतों की रचना की। इस युग में निराला ने भी 'सरस्वती' और 'शक्ति' की भक्ति से संबंधित अनेक गीतों की रचना की जैसे—'भारति जय विजय करे', 'वर दे वीणावादिनि, वर दे', 'शरण मैं जननि, दे, मैं करूँ वरण', 'मातृवंदना', 'प्रात तब द्वार पर', 'बंदूँ पद सुंदर तब', 'नाचे उस पार श्यामा', 'दलित जन पर करो करुणा' आदि।

9. प्रयाण गीति : प्राचीन काल में राजाओं के दरबारों में चारण और भाँट आश्रित कवि के रूप में रहा करते थे जो युद्धकाल में आश्रयदाता एवं उसके सैनिकों को प्रोत्साहित करने के लिए वीर रसात्मक प्रयाण-गीतों की रचना करते थे। वैदिक काव्य में ऐसे सूक्त पर्याप्त हैं जिनमें राजा की प्रशस्ति के समान योद्धाओं, अस्त्रों एवं दुंदुभि की स्तुति की गई है। इन सूक्तों को प्रयाण गीत की संज्ञा दी जा सकती है। हिंदी साहित्य के उद्भव काल में ऐसे काव्यों की रचना बहुत की जाती थी। आधुनिक युग में राष्ट्रीयता की भावना जाग्रत होने पर और स्वतंत्रता संग्राम के काल में देशवासियों को जाग्रत करने के लिए राष्ट्रवादी कवियों ने ऐसे अनेक गीतों की रचना की जिन्हें प्रयाण गीत कहा जा सकता है। ऐसे गीतों में संग्राम के लिए सन्नद्ध होने और आगे बढ़ने के लिए स्वातंत्र्य-सैनिकों एवं देशवासियों को उद्बुद्ध किया गया है। भारतीय कांग्रेस का झंडा-गान 'झंडा ऊँचा रहे हमारा' श्यामलाल गुप्त पार्षद द्वारा लिखित इसी प्रकार का अभियान गीत था जो स्वातंत्र्य युद्ध के काल में गाँव-गाँव में गूँजता था। विद्रोहयुग में जयशंकर प्रसाद, माखनलाल चतुर्वेदी—एक भारतीय आत्मा, मैथिलीशरण गुप्त, सुभद्राकुमारी चौहान, सियारामशरण गुप्त, बालकृष्ण शर्मा 'नवीन', सोहनलाल द्विवेदी, दिनकर आदि कवियों ने इस तरह के उद्बोधनात्मक प्रयाण गीतों की रचना की थी। इनमें से सर्वाधिक लोकप्रिय जयशंकर प्रसाद के चंद्रगुप्त नाटक का 'हिमाद्रितुंग शृंग से प्रबुद्ध शुद्ध भारती' प्रयाणगीत है। महादेवी वर्मा का 'चिर सजग आँखें उनींदीं, जाग तुझको दूर जाना' शीर्षक गीत भी प्रयाण गीत ही है।

10. क्रांति गीति : क्रांति की भावना आधुनिक युग की देन है। इसमें विदेशी शासकों अथवा अन्यायी अत्याचारी राजा के शासन के विरुद्ध सामान्य जनता के सामूहिक विद्रोह का होना आवश्यक माना जाता है। भारत में राष्ट्रीयता के विचारों के साथ-साथ लोकतंत्र और समाजवाद के सिद्धांतों का भी प्रचार हुआ और परंपरागत सामाजिक रचना और आर्थिक व्यवस्था को ध्वस्त करके समतामूलक समाज की स्थापना के लिए विद्रोहयुग के अनेक कवियों ने क्रांतिवादी गीतों की रचना की। बंगाल में क्रांतिकारी कवि नजरुल इस्लाम के 'अग्निवीणा' शीर्षक काव्य-संग्रह की कविताओं ने हिंदी के युवा कवियों को इस मार्ग पर अग्रसर होने के लिए अनुप्रेरित किया। इस दिशा में विद्रोहयुग के अग्रणी कवि रामधारी सिंह 'दिनकर' थे जिन्होंने सामाजिक और आर्थिक वैषम्य पर कठोर प्रहार करनेवाली क्रांतिवादी कविताएँ लिखी थीं। उनके 'रेणुका' और 'हुंकार' नामक काव्य-संग्रहों में इस प्रकार के अनेक क्रांतिमूलक गीत हैं।

विद्रोहयुग के गीतिकाव्य का शिल्प तत्त्व

जैसा पहले कहा जा चुका है कि विद्रोहयुग का गीतिकाव्य विद्रोह भावना से अनुप्राणित होने के कारण विषय और शिल्प दोनों ही दृष्टियों से पूववर्ती युगों के गीतिकाव्य से पूर्णतया भिन्न है। वर्ण्य-विषय और कवि के दृष्टिकोण का प्रभाव रचना के शिल्प पर अनिवार्य रूप से पड़ता है। ऊपर इस युग के गीतिकाव्य की विषय-वस्तु का जो वर्गीकरण किया गया है, उसका उद्देश्य यही था कि इस नवीन विषय-वस्तु के दबाव के प्रकाश में इस युग के गीतिकाव्य के शिल्प तत्त्व को समझा जा सके। वस्तुतः विषय-वस्तु के वैविध्य और दृष्टिकोण की विद्रोहमूलकता के कारण ही इस युग के गीतिकाव्य में शिल्प का वैविध्य भी बहुत अधिक है। पूर्ववर्ती युगों के गीतिकाव्य के शिल्प का विभाजन करते हुए देखा जा चुका है कि वैदिक काल में गीतिकाव्य की 12 शैलियाँ तथा आधुनिक आर्य भाषाओं के मध्यकालीन साहित्य के गीतिकाव्य की शैलियाँ प्रचलित थीं। आधुनिक युग में पाश्चात्य, उर्दू एवं बंगला के गीतिकाव्य के प्रभाव के कारण कुछ नवीन गीति शैलियाँ अपनाई गईं और अनेक प्राचीन गीति शैलियों का त्याग कर दिया गया। इस प्रकार इस युग में गीतिकाव्य की जो शैलियाँ मिलती हैं, वे निम्नलिखित हैं :

1. सांगीतिक गीति
2. पद गीति
3. मुक्तक गीति
4. प्रगीत (संबोधन गीति, संघात, सानेट आदि)
5. मध्य गीति
6. गाथा गीति
7. आवृत्ति गीति
8. नाट्य गीति
9. पत्र गीति
10. मुक्त गीति
11. सानेट
12. व्यंग्य गीति
13. साध्यवसान रूपक गीति।

1. सांगीतिक गीति : मार्गी संगीत पर आधारित गीतिकाव्य : पिछले अध्याय में बताया जा चुका है कि पुनरुत्थानकाल में ललित कलाओं, विशेष रूप से संगीत शास्त्र की ओर उस युग के अग्रचेता महापुरुषों का ध्यान गया था। उस युग के संगीताचार्यों विष्णु दिगंबर भातखंडे आदि की शास्त्रीय व्यवस्था के कारण भी लोग प्रभावित हुए थे और शास्त्रीय राग-रागिनियों में निबद्ध गीतों की रचना की थी।

वैसे काव्य को संगीत से जोड़ने की प्रक्रिया इस देश के लिए नयी नहीं थी। वैदिक काव्य संगीतमय था। वैदिक युग से लेकर आधुनिक युग के प्रारंभिक काल तक साहित्य में काव्य और संगीत की यह अटूट मैत्री वर्तमान है। इसका मूल कारण यह है कि काव्य सभी ललित कलाओं–विशेषरूप से चित्रकला एवं संगीत, से परोक्षतः संबद्ध होता है। संगीत स्वर प्रधान होता है और मात्रा एवं ताल द्वारा नियंत्रित होता है। उसमें अर्थ को महत्त्व नहीं दिया जाता और नाद द्वारा केवल प्रभाव उत्पन्न किया जाता है जबकि काव्य में अर्थ तत्त्व की प्रधानता होती है और शब्द तथा अर्थ का सामंजस्य प्रकट किया जाता है। भारतीय काव्य तो संगीत का सहारा लेकर ही विकसित हुआ है। लोकगीतों में काव्य और संगीत की एकता आज तक बनी हुई है। गीतिकाव्य में संगीत और काव्य का संबंध सर्वाधिक घनिष्ठ होता है। इसलिए भक्तिकाल के गीतिकाव्य में संगीत तत्त्व की प्रधानता है। कबीर, सूर, तुलसी, मीरा आदि ने संगीत के आधार पर ही पदों की रचना की थी। उन लोगों ने अपने गीतों के लिए रागों का नामकरण भी किया लेकिन भक्त कवियों ने अपने गेय पदों में जिस संगीत को अपनाया, वह शास्त्रीय बंधनग्रस्त संगीत नहीं था, बल्कि सुगम संगीत था और साधारण जन के लिए भी व्यवहार्य था। रीतिकाल की कविता सूक्ति-प्रधान थी। चमत्कार की प्रधानता के कारण कविता संगीत तत्त्व से विरहित हो गई थी। संक्रांतियुग और पुनरुत्थानयुग में काव्य पुनः संगीत प्रधान हो गया लेकिन विद्रोहयुग में जो संगीत, काव्य में दिखलाई पड़ा, वह शास्त्रीय संगीत नहीं था। कवियों द्वारा निर्मित उनका निजी संगीत था जो शब्द और भाव का संगीत था और जिसे पकड़कर निजी संस्कारों के अनुरूप ढालने का प्रयत्न किया गया था। वैदिक ऋषियों की तरह विद्रोहयुग का कवि भी सर्वात्मवादी हो गया था। उसे प्रत्येक वस्तु में एक प्रकार का संगीत सुनाई पड़ता था जिसे स्वच्छंद बट गायकों का संगीत ही कहा जा सकता है, शास्त्रीय संगीत नहीं। विद्रोहयुग के कवियों में केवल प्रसाद और निराला ही ऐसे कवि थे जिन्होंने शास्त्रीय राग-रागनियों में निबद्ध गीतों की रचना की। इसका कारण यह था कि विद्रोहयुग की कविता पर पाश्चात्य प्रभाव अधिक था। पश्चिमी साहित्य में संगीत तत्त्व से युक्त कविताओं को गान (सांग) कहा जाता है जिनकी गाने के लिए स्वर-लिपि के साथ रचना (कम्पोजीशन) की जाती थी। उनका स्वरूप गीतिकाव्य (लिरिक) से सर्वथा भिन्न होता था। कविताओं को गाने की जगह सस्वर पढ़ा जाता था। इस पद्धति का स्पष्ट प्रभाव विद्रोहयुग के गीतिकाव्य पर पड़ा जिसके कारण काव्य से संगीत तत्त्व समाप्त होने लगा। पुनरुत्थान युग में ही शास्त्रीय संगीत से प्रभावित मार्गी या देशी राग पर आधारित गीतिकाव्य की परंपरा क्षीण हो गई थी लेकिन सुगम संगीत तथा लोकगीतों के प्रभाव के कारण संगीतात्मकता शेष रह गई थी। विद्रोहयुग में न तो लोकगीतों से संबंधित रागों में ही गीतिकाव्य की रचना की गई और न सुगम संगीत का ही प्रभाव

गीतिकाव्य के रचनाकारों पर पड़ा। केवल ग़ज़लों का प्रभाव अब भी बना हुआ था जिसके कारण छायावाद के प्रारंभिक काल में प्रसाद जी ने भी हिंदी में ग़ज़लों की रचना की। विद्रोहयुग में केवल निराला एक ऐसे कवि थे जिन्होंने शास्त्रीय संगीत की परंपरा को जीवित रखते हुए काव्य को नवीन संगीत से संपन्न करने का प्रयत्न किया। उन्होंने 'गीतिका' की रचना शास्त्रीय संगीत में व्याप्त कमजोरियों को दूर करने के लिए और काव्य को संगीत की गरिमा से जोड़ने के लिए की। बंगाल में रवींद्रनाथ टैगोर ने भी इसी प्रकार का प्रयत्न किया था और उन्हें आशातीत सफलता भी प्राप्त हुई थी। उन्होंने पाश्चात्य और भारतीय संगीत के मिश्रण से एक नवीन गीति शैली का प्रचलन किया जो रवींद्र-संगीत के नाम से आज भी पर्याप्त लोकप्रिय है। बंगाल में ही डी. एल. राय ने संगीत को एक नवीन स्वर प्रदान किया जिसे 'डी. एल. राय का स्वर' कहा जाता है।[1]

ऊपर कहा जा चुका है कि मध्यकाल से लेकर पुनरुत्थानयुग तक कवियों की सामान्य प्रवृत्ति पदों या गीतों के ऊपर रागों के नाम देने की थी। विद्रोहयुग में इस प्रकार की रचनाओं के ऊपर रागों के नाम नहीं दिये गये। 'निराला' ने गीतिका की भूमिका में अपने गीतों में प्रयुक्त रागों का विस्तार से निरूपण किया तथा लय एवं मात्रा की गणना करके उन्हें समझाने का प्रयत्न किया है। समान गति और चौदह मात्राओं वाले धम्मार राग की विवेचना करते हुए उन्होंने अपने निम्नलिखित गीत की दो पंक्तियों का उदाहरण दिया है :

प्राण-धन को स्मरण करते,
नयन झरते नयन झरते।

और फिर स्वर-विस्तार के लिए पहली और तीसरी पंक्ति में चौदह से कम मात्रायें रखी हैं :

---

1. भारतीय संगीत की स्वर-मैत्री में जो स्वर प्रतिकूल समझे जाते हैं, वे अंग्रेजी संगीत में लगते हैं। उनसे अंग्रेजी (मेरा 'अंग्रेजी' शब्द से मतलब पश्चिमी से है) हृदय में ही भाव पैदा होता है। अस्तु, अंग्रेजी संगीत के नाम से जो कुछ लिया गया, उसे हम अंग्रेजी संगीत का ढंग कह सकते हैं। स्वर-मैत्री हिंदुस्तानी ही रही। डी. एल. राय और रवींद्रनाथ इस ढंग के अपनाने के प्रधान साहित्यिक कहे जायेंगे। एक स्वर 'डी. एल. राय का स्वर' के नाम से बंगाल में प्रसिद्ध है। इसकी लोकप्रियता आज तक है। यह स्वर अंग्रेजी स्वर ढंग से निर्मित है, पर इसे शास्त्रीयता का रूप दिया गया है। स्वर-मैत्री के विचार से रवींद्रनाथ के संगीत का ढंग और साफ अंग्रेजीपन लिए हुए है।—निराला (गीतिका की भूमिका, पृ. 10-11)

स्नेह ओतप्रोत,
सिंधु दूर, शशि प्रभा-दृग
अश्रु ज्योत्स्ना-स्रोत।[1]

इसी प्रकार सात मात्राओं की ताल वाले 'रूपक' के लिए 'जग का एक देखा तार', दस मात्राओं की झपताल के लिए 'अनगिनत आ गये शरण में जन जननि', बारह मात्राओं वाले 'चौताल' के लिए 'अमरण भर वरण गान', सोलह मात्राओं वाले 'तीन ताल' के लिए 'मुझे स्नेह क्या मिल न सकेगा' तथा छः मात्राओं की ताल 'दादरा' के लिए 'सखि वसंत आया' और 'अपने सुख स्वप्न से खिली' शीर्षक गीतों की नाप-तोल की है। इस प्रकार विद्रोहयुग में निराला ने ही मार्गी संगीत की परंपरा को जीवित रखा है और सांगीतिक गीतिकाव्य की रचना की है। इस प्रकार गीतिका के सभी गीत 'सांगीतिक गीत' के अंतर्गत आते हैं।

देशी संगीत पर आधारित गीतिकाव्य : पिछले अध्याय में यह बतलाया जा चुका है कि पुनरुत्थान युग में देशी संगीत को ग्रामीण एवं शिष्ट समाज—दोनों में ही पर्याप्त लोकप्रियता प्राप्त थी जिसके कारण अनेक कवियों ने देशी संगीत की गीति शैलियों में कविताएँ लिखी थीं। लोकसंगीत तथा सुगम संगीत में देशी संगीत को विभाजित कर उस युग के गीतिकाव्य की विवेचना भी की गई थी। विद्रोहयुग में पाश्चात्य साहित्य की प्रवृत्तियों के अतिरिक्त दबाव के कारण और धार्मिक भावना के लुप्त हो जाने के कारण इस परंपरा का विकास नहीं हुआ। न तो लोक संगीत के विविध रूपों—मलार, कजरी, होरी, ठुमरी, बरवा आदि का नाम देकर कविताएँ लिखी गईं और न सुगम संगीत पर आधारित भजन-कीर्तन आदि से संबंधित गीतों की ही रचना की गई। सुगम संगीत में केवल 'ग़ज़ल' नामक विधा को ही स्वीकार किया गया। यह कहा जा चुका है कि संक्रांतिकाल में ही भारतेंदु जी ने एक ओर तो 'रसा' तखल्लुस से उर्दू में ग़ज़लें लिखी थीं और दूसरी ओर हिंदी में भी ग़ज़लों की रचना की थी। यही स्थिति प्रतापनारायण मिश्र और बालमुकुंद गुप्त की भी थी। पुनरुत्थान काल में जोर-शोर से ग़ज़लें लिखी गईं और विद्रोहयुग में भी शृंगारिक भावना की अभिव्यक्ति के लिए पर्याप्त संख्या में ग़ज़लों की रचना की गई क्योंकि ग़ज़लों का प्रभाव अब भी कम नहीं हुआ था। 'गीतिका' की भूमिका में निराला ने गजलों की लोकप्रियता पर विचार करते हुए लिखा है :

"मुसलमानों के शासनकाल में ग़ज़लों की एक नये ढंग की अदायगी देश में प्रचलित हुई और लोकप्रिय भी हुई—आज युक्त प्रांत, पंजाब, बिहार आदि प्रदेशों में ग़ज़लों का जनता पर अधिक प्रभाव पड़ा है।"

बंगला-साहित्य ने ग़ज़लों को भी अपनाया पर यह रंग मुसलमान काल में नहीं

1. देखिए गीतिका की भूमिका, पृ. 13

अंग्रेजी शासन के बाद उस पर चढ़ा, और उर्दू की गज़लें नहीं गायी गईं, बंगला में ही तैयार की गईं।[1]

विद्रोहयुग में सबसे अधिक गज़लें प्रसाद ने लिखीं। 1924 की माधुरी के सितंबर अंक में प्रसाद जी की 'समस्या' शीर्षक गज़ल छपी है जिसमें गज़ल के मतले की तरह दो पंक्तियाँ 'भावनिधि में लहरियाँ उठतीं तभी, भूलकर भी जब स्मरण होता कभी' देकर एक पंक्ति की अंतरा दी गई है और फिर अगली पंक्ति 'टेक' की समतुकांत रखी गई है। वस्तुतः प्रसाद जी ने हिंदी में गज़लों के साथ प्रयोग किया है। उनकी यात्रा गज़लों से गीत की यात्रा थी। उनके 'झरना' नामक काव्य-संग्रह में इस प्रकार की अनेक हिंदी गज़लें संकलित हैं। इस संग्रह की 'बालू की वेला' शीर्षक गज़ल में कुल पाँच शेर हैं जिनमें काफियाबंदी पर पर्याप्त ध्यान दिया गया है। इसी प्रकार 'कब' पाँच शेर की तथा 'सुधासिंचन' पाँच लंबी बह्रोंवाले शेर की गज़ल है। 'हृदय का सौंदर्य', 'आदेश' तथा 'कसौटी' गीतात्मक गज़लें हैं जिनमें चरणों की तरह पहली दो पंक्तियाँ तो समतुकांत हैं लेकिन दो पंक्तियों के बाद तीसरी-चौथी, पाँचवीं-छठी पंक्तियों में केवल वजन की समानता है, तुक की नहीं। ये क़ताबंद स्वरूप के साथ गीतों के चरण जैसी जान पड़ती हैं। उदाहरण के लिए उनकी 'कसौटी' शीर्षक 'ग़ज़ल' के दो बंद नीचे दिए जा रहे हैं :

तिरस्कार कालिमा कलित है,
अविश्वास सी पिच्छल है।
कौन कसौटी पर ठहरेगा ?
किसमें प्रचुर मनोबल है ?
तपा चुके हो विरह-वह्नि में,
काम जँचाने का न इसे।
शुद्ध सुवर्ण हृदय है प्रियतम।
तुमको शंका केवल है।।

'लहर' का 'शशि सी वर सुंदर रूप विभा, चाहे न मुझे दिखलाना', 'अरे आ गई है भूली सी, यह मधु-ऋतु दो दिन को' तथा 'निधरक तूने ठुकराया तब मेरी टूटी मृदु प्याली को' गज़लनुमा गीत है जिनमें प्रत्येक मिसरे की पंक्ति को दो पंक्तियों में तोड़कर रखा गया है। यदि उन्हें गज़ल के रूप में लिखा जाये तो उनका स्वरूप यों होगा :

अरे आ गई है भूली सी, यह मधुऋतु दो दिन को,
छोटी सी कुटिया मैं रच दूँ, नयी व्यथा साथिन को।

1. गीतिका की भूमिका : निराला, पृ. 10

बसुधा नीचे ऊपर नभ हो नीड़ अलग सबसे हो,
झाड़खंड के चिर पतझड़ में, भागो सूखे तिनको।

2. पद गीति : पिछले अध्याय में कहा जा चुका है कि पुनरुत्थान युग में पद गीति की दो शैलियाँ प्रचलित थीं—पारंपारिक पद-शैली और नवीन पद-शैली।

पारंपरिक पद-शैली : पारंपरिक पद-शैली जिसे विद्यापति, कबीर, तुलसी, सूर, मीरा, भारतेंदु आदि ने अपनाया था, इस युग में त्याग दी गई। यत्र-तत्र प्रसाद और महादेवी ने इस शैली का प्रयोग किया है। उदाहरण के लिए प्रसाद के 'झरना' काव्य के अंतिम चार गीत लिए जा सकते हैं जिनमें पहली पंक्ति 'टेक' या ध्रुवक है और दूसरी पंक्ति उसी की समतुकांत है। शेष पद में दो-दो पंक्तियों के समतुकांत युग्मक हैं। इसके विपरीत महादेवी की 'संधिनी' का 'क्या पूजन क्या अर्चन रे' शीर्षक गीत ऐसा पद है जिसमें प्रथम पंक्ति 'टेक' की है और शेष सभी पंक्तियाँ 'टेक' के साथ समतुकांत रखी गई हैं :

क्या पूजन क्या अर्चन रे ?
उस असीम का सुंदर मंदिर मेरा लघुतम जीवन रे !
मेरी श्वासें करती रहतीं नित प्रिय का अभिनंदन रे !
पदरज को धोने उमड़े आते लोचन में जलकण रे !
अक्षत पुलकित रोम, मधुर मेरी पीड़ा का चंदन रे !
स्नेह भरा जलता है झिलमिल मेरा यह दीपक-मन रे !
मेरे दृग के तारक में नव उत्पल का उन्मीलन रे !
धूप बने उड़ते जाते हैं प्रतिपल मेरे स्पंदन रे !
प्रिय प्रिय जपते अधर, ताल देता पलकों का नर्तन रे !

नवीन पद-शैली : पिछले अध्याय में इस शैली के विषय में बतलाया जा चुका है कि अंग्रेजी के रोमांटिक कवियों के गीतिकाव्य का प्रभाव ग्रहण करके तथा उर्दू की गज़लों और मुसद्दस तथा खमसा की शैली में कुछ परिवर्तन करके पद-गीति की नवीन शैली निर्मित की गई। यह नवीन पद-शैली विद्रोहयुग में और अधिक प्रचलित हुई। इस शैली के गीतों में और अंग्रेजी की गीति-शैली में सबसे बड़ा अंतर यह है कि अंग्रेजी की गीति-शैली में 'टेक' नहीं होती जबकि नवीन पद-शैली में प्रारंभ की एक या दो पंक्तियाँ 'टेक' के रूप में रखी जाती हैं। उसके बाद अंतरा के तीन या चार चरण उसी छंद के समतुकांत रूप में रखे जाते हैं। फिर भी एक या दो पंक्तियाँ टेक की पंक्ति की समान मात्रा वाली रखी जाती है जिनमें दूसरी पंक्ति टेक के साथ समतुकांत रखी जाती है। इस तरह की तीन, चार, पाँच या और भी अधिक पदों से एक गीत निर्मित होता है। उदाहरण के लिए निराला का नवीन पद-शैली का एक गीत यहाँ दिया जा रहा है :

भावना रंग दी तुमने, प्राण,
छंद बंदों में निज आह्वान।
दिशाओं के सहस्र-दश दल
खुल गये नये नये कोमल,
मध्य तुम बैठी चिर-अचपल।
बह राह प्रतिपल सौरभ ज्ञान।

ओस आँसुओं-धुला नव गात
स्पष्ट नयनों में नूतन प्रात,
भर रहा वात चपल तब बात,
कर रहा पलक-पात का दान।

बैठ जीवन-उपवन में मंद
मंद सिखलाती नव-नव छंद,
चतुर्दिक प्रभा, प्रभा, आनंद
हर रहा जड़-निशि-कृश अज्ञान।

3. मुक्तक गीति : पिछले अध्याय में 'मुक्तक गीति' की शैली के विषय में विचार किया जा चुका है। इस शैली के गीतों में प्रत्येक पद स्वतंत्र होता है जो एक ही 'टेक' की आवृत्ति द्वारा अथवा एक ही लयात्मक बंधन में बँधे होने के कारण एक समग्र गीत माना जाता है। इस दृष्टि से जयशंकर प्रसाद के 'आँसू' काव्य को 'प्रलम्ब मुक्तक गीत' कहा जा सकता है क्योंकि उसमें एक ही छंद और लय के अंतर्गत एक ही भाव धारावाले परस्पर विच्छिन्न या स्वतंत्र मुक्तकों को एक साथ रखा गया है। विद्रोहयुग में इस प्रकार के बहुत से लघु मुक्तक गीत भी लिखे गये थे जो बाह्यतः एक समग्र गीत प्रतीत होते हैं किंतु ध्यान से देखने पर जिनका प्रत्येक पद स्वतंत्र दिखलाई पड़ता है। उदाहरण के लिए निराला की 'तुम और मैं' (परिमल पृष्ठ 80-82), माया (परिमल पृष्ठ 91-92) शीर्षक कविताएँ ली जा सकती हैं। महादेवी का 'तुम और मैं' शीर्षक गीत भी इसी प्रकार का है जिसके दो पद नीचे दिये जा रहे हैं :

तुम हो विधु के बिम्ब और मैं मुग्धा रश्मि अजान,
जिसे खींच लाते अस्थिर कर कौतूहल के वाण।

कलियों के मृदु प्यालों से जो करती मधुमद पान,
झाँक, जला देती नीड़ों में दीपक सी मुस्कान।

इसमें से प्रत्येक चरण स्वतंत्र मुक्तक प्रतीत होता है।

4. प्रगीत : प्रगीत के संबंध में पिछले अध्याय में पर्याप्त विचार किया जा चुका है। विद्रोहयुग में गीतिकाव्य की यह शैली अंग्रेजी के गीतिकाव्य के प्रभाव से अत्यधिक लोकप्रिय हो गई। इस शैली के अंतर्गत टेक पद्धति और उसकी समतुकांत पदावली की आवृत्ति का विधान नहीं होता किंतु इसमें अलग-अलग चरणों या पदों का विधान अवश्य होता है और प्रत्येक पद की दो या चार पंक्तियाँ परस्पर समतुकांत होती हैं। अंग्रेजी में सम्बोध-गीति, सानेट, गोचारण गीति, शोक गीति, व्यंग्य गीति आदि—सबकी गणना प्रगीत के अंतर्गत ही होती है क्योंकि वहाँ प्रगीत का अर्थ 'गीतिकाव्य' ही माना जाता है। इन प्रगीत शैलियों में से कुछ तो विषय-वस्तु से संबंधित हैं जिनके संबंध में पहले विचार किया जा चुका है। इनमें से शैली की दृष्टि से हिंदी में सम्बोध-गीति को स्वतंत्र पद नहीं प्राप्त हुआ किंतु सानेट, व्यंग्य गीति, साध्यवसान रूपक गीति अवश्य मान्य हुए हैं। अतः इनके संबंध में अलग से विचार किया जायेगा। यहाँ प्रगीत के अंतर्गत हिंदी में लिखे गये सम्बोध-गीति और गोचारण-गीत के विषय में ही विचार किया जायेगा। इस युग में गोचारण-गीत नहीं लिखे गये। इसलिए सम्बोध-गीति के विषय में ही विचार किया जा रहा है।

किसी वस्तु विशेष को संबोधित करके लिखे हुए प्रगीत मुक्तक को सम्बोध-गीति कहा जाता है। चूँकि विद्रोहयुग का कवि प्रत्येक वस्तु में चेतना का आरोप करता है, वह किसी भी वस्तु को चेतन मानकर उसे संबोधित करता हुआ अपनी भावनाओं को अभिव्यक्त करता है। विद्रोहयुगीन प्रगीत काव्य का अधिकांश इसी शैली में लिखा गया है। यह एक ऐसी विधा है जिसमें कवि को अभिव्यक्ति के लिए बहुत अधिक अवकाश रहता है। वह वैयक्तिक अनुभूतियों की कलात्मक अभिव्यक्ति भी इस माध्यम से सरलतापूर्वक कर लेता है। काल्पनिकता के अतिरिक्त गीतिकाव्य के अन्य अनेक गुण इस शैली में दिखलाई पड़ते हैं। निराला की 'तरंगों के प्रति', 'हिंदी के सुमनों के प्रति', 'खंडहरों के प्रति', पंत की 'बादल', 'छाया', 'प्रकृति के प्रति', 'पलाश के प्रति' महादेवी की 'पपीहे के प्रति', 'उनसे', 'अलि से' तथा निराला की 'हिमालय के प्रति', 'मिथिला' आदि कविताएँ इसी प्रकार की हैं। उदाहरण के लिए निराला की 'यमुना के प्रति' कविता की ये पंक्तियाँ द्रष्टव्य हैं :

स्वप्नों सी उन किन आँखों की
पल्लव-छाया में अम्लान
यौवन की माया-सा आया
मोहन का सम्मोहन ध्यान !
गंध लुब्ध किन अलि बालों के
मुग्ध हृदय का मृदु गुंजार

तेरे दृग कुसुमों की सुषमा
जाँच रहा है बारम्बार !
यमुने, तेरी इन लहरों में
किन अधरों की आकुल तान
पथिक प्रिया सी जगा रही है
उस अतीत के नीरव गान !

5. मध्य गीति : मध्य गीति के संबंध में बतलाया जा चुका है कि यह प्रबंध काव्यों, नाटकों के कथा-प्रसंगों के मध्य में स्तुति या संगीत के रूप में नियोजित किया जाता था। यह परंपरा विद्रोहयुग में भी चलती रही। इस युग के अनेक प्रबंध काव्यों में तथा प्रसाद के पूर्ववर्ती सभी नाटकों में गीतों का प्रयोग किया गया है। गेयता की दृष्टि से इन्हें सांगीतिक गीति के अंतर्गत रखा जा सकता है किंतु प्रबंधात्मक रचनाओं के मध्य में रहने से मध्य गीति का स्वतंत्र अस्तित्व भी है। इस युग में मैथिलीशरण गुप्त ने 'साकेत' के नवम सर्ग में तथा जयशंकर प्रसाद ने 'कामायनी' के 'इड़ा' सर्ग एवं दर्शन सर्ग में पद-गीतों का नियोजन किया है। इनके अतिरिक्त प्रसाद के नाटकों में अत्यंत सरस एवं संगीतात्मक पदगीत वर्तमान हैं। 'चन्द्रगुप्त' नाटक का 'प्यारा भारत वर्ष' एवं 'स्वतंत्रता पुकार रही' शीर्षक गीत मध्य गीति ही हैं। 'कामायनी' के 'इड़ा' सर्ग में पारंपरिक पद शैली प्रयुक्त हुई है। उसमें कुल 31 पद हैं जो सभी समान शैली और पंक्तियोंवाले हैं। प्रत्येक पद में प्रारंभ में अर्ध चरण 'टेक' के रूप में है और उसके बाद एक पूरा चरण टेक का समतुकांत है और उसके बाद दो पंक्तियों के एक युग्मक और अंत में एक पूरा चरण तथा एक अर्ध चरण 'टेक' के साथ समतुकांत रूप में नियोजित है। इसी तरह 'दर्शन' सर्ग में आठ पंक्तियों वाले 40 गीत हैं। प्रत्येक गीत एक ही पद का है अर्थात् उसकी प्रारंभिक दो पंक्तियाँ 'टेक' की हैं जिनके बाद चार समतुकांत पंक्तियों की अंतरा है और अंत में फिर 'टेक' की समतुकांत दो पंक्तियाँ हैं। 'कामायनी' के 'निर्वेद' सर्ग में प्रसाद ने एक अत्यंत सुंदर गीत रखा है जिसे श्रद्धा गाती है। इस गीत में कुल पाँच पद हैं जिनमें से दो पद उद्धृत किये जा रहे हैं :

तुम कोलाहल कलह में
मैं हृदय की बात रे मन।
विकल होकर नित्य चंचल,
खोजती जब नींद के पल,
चेतना थक सी रही तब,
मैं मलय की वात रे मन।
चिर विषाद विलीन मन की,

इस व्यथा से तिमिर की,
मैं उषा सी ज्योति रेखा,
कुसुम विकसित प्रात रे मन।

6. गाथा-गीति प्रबंध-गीति : गाथा-गीति वह लघुगीतिकाव्य है जिसमें किसी कथात्मक संदर्भ का वर्णन होता है। इस शैली की रचनाएँ लोकगाथाओं के क्षेत्र से शिष्ट साहित्य में आई हैं। इनमें अधिकतर किसी युद्ध-प्रसंग या प्रेम-कथा को लेकर गीतात्मकता की सृष्टि की जाती है। गीतात्मकता ही इस शैली की आत्मा है। कथा-वस्तु या वर्णन तो उपजीव्य मात्र होता है। उदाहरण के लिए सुभद्रा कुमारी चौहान की 'झाँसी की रानी' प्रसाद के 'शेर सिंह का आत्मसमर्पण' और 'प्रलय की छाया' दिनकर का 'बल या विवेक'[1] इसी प्रकार के गाथा-गीति हैं।

7. आवृत्ति गीति : आवृत्ति गीति वस्तुतः गीतिकाव्य की शब्द-संरचना का बोधक है। गीतिकाव्य में नाद-योजना और लालित्य उत्पन्न करने के लिए अंत्यानुप्रास ही नहीं, पंक्तियों के आदि और मध्य में भी पदों, पदसमूहों या वाक्यों की आवृत्ति की पद्धति वैदिक काल से ही रही है। आधुनिक युग के प्रबंध काव्यों अथवा गीतों में भी यह पद्धति अनेक कवियों ने अपनाई है। उदाहरण के लिए दिनकर और भगवतीचरण वर्मा की कुछ कविताओं को लिया जा सकता है। दिनकर की 'व्याल-विजय' भगवतीचरण वर्मा की 'मानव', 'न माँगो' और बच्चन की 'नागिन' शीर्षक कविताओं में आदि पदों की आवृत्ति उल्लेखनीय है। यहाँ भगवतीचरण वर्मा के 'मानव' शीर्षक कविता का एक पद दिया जा रहा है :

केवल मुट्ठी भर अन्न—कहाँ है नारी में सम्मान यहाँ ?
केवल मुट्ठी भर अन्न—कहाँ है पुरुषों में अभिमान यहाँ ?
केवल मुट्ठी भर अन्न—कहाँ है भले-बुरे का ज्ञान यहाँ ?
केवल मुट्ठी भर अन्न—यही है बस अपना ईमान यहाँ।

8. नाट्यगीति : नाट्यगीति के संबंध में पिछले अध्यायों में विचार किया जा चुका है। विद्रोहयुग में ऐसे गीत नहीं लिखे गये जो नृत्य या अभिनय के साथ गाये जा सकें किंतु ऐसे गीति-काव्यों की रचना अवश्य हुई है जिसमें नाट्य शैली अपनाई गई है। निराला के पंचवटी प्रसंग 1, 2, 3, 4 (परिमल) तथा पंत का 'हिलोर और झकोर' (पल्लविनी) नाट्य शैली में लिखे हुए गीतिकाव्य हैं।[2] गीतिनाट्य और नाट्य-गीतों में अंतर यह है कि गीतिनाट्य में नाटक का तत्त्व अधिक होता है जबकि नाट्यगीति में गीति-तत्त्व प्रमुख होता है। उदाहरण के लिए पंत की 'हिलोर और

---

1. धूप छाँह : दिनकर, पृ. 7
2. पुष्करिणी : संपादक अज्ञेय, पृ. 536

झकोर' शीर्षक कविता देखी जा सकती है :

लहर—हम कोमल सलिल हिलोर नवल,
झकोर—हम अस्थिर मरुत झकोर चपल।
लहर—हम मुग्धा नव यौवन चंचल,
झकोर—हम तरुण, मिलन इच्छा विह्वल।
लहर—हम लाज भीरु, खुल पड़ता तन,
झकोर—सुंदर तन का सौंदर्य वसन।
लहर—श्लथ अंग सब सिहर सिहर,
झकोर—आकुल उर काँप रहा थर थर।[1]

9. पत्र गीति : पत्र गीति हिंदी के लिए नयी विधा है। विद्रोहयुग के पूर्व हिंदी में पत्र-गीत लिखने की परंपरा नहीं थी। यह विधा हिंदी में बंगला से ग्रहण की गई है। बंगला के 19 वीं सदी के सुप्रसिद्ध कवि माइकेल मधुसूदन दत्त ने प्राचीन रोमन कवि ओविड रचित 'वीर पत्रावली' (हिरोइक एपिसिल) के अनुकरण पर 'वीरांगना' नामक काव्य की रचना की थी जिसमें 11 पत्रात्मक कविताएँ थीं। इस काव्य का अनुवाद हिंदी में मैथिलीशरण गुप्त ने किया था जिसका प्रभाव अनेक कवियों पर पड़ा। स्वयं मैथिलीशरण गुप्त ने इस शैली में अनेक कथात्मक लघुकाव्यों की रचना की जिनमें गीति तत्त्व की प्रमुखता है। निराला ने भी इस शैली को अपनाकर मुक्त छंद में 'महाराज शिवाजी का पत्र' शीर्षक एक लंबी कविता लिखी थी। यह पत्र महाराज शिवाजी द्वारा जयपुर के राजा जयसिंह को लिखा गया था। यह शैली हिंदी में अधिक विकसित नहीं हुई। इस कविता का एक अंश यहाँ उद्धृत किया जा रहा है :

वीर ! सरदारों के सरदार ! महाराज !
बहु जाति क्यारियों के पुष्प-पत्र-दल-भरे
आन-बान-शान वाला भारत उद्यान के
नायक हो, रक्षक हो,
वासंती सुरभि को हृदय से हरकर
दिगंत भरनेवाला पवन ज्यों।
वंशज हो—चेतन अमल अंश,
हृदयाधिकारी रवि-कुल-मणि रघुनाथ के।

10. मुक्त गीति : काव्य के रूप-शिल्प के विकास में संगीत तत्त्व का बहुत

---

1. पल्लविनी : पंत, पृ. 566

अधिक महत्त्व है क्योंकि काव्य और संगीत—दोनों में लय (रिद्म) एक प्रधान तत्त्व का काम करती है। संगीत में जो लय की एक विराट् सत्ता है, उसी के कारण बात-बात में यह कहा जाता है कि सृष्टि की प्रत्येक वस्तु में एक संगीत है। कहने का अर्थ यह है कि लय, संगीत की आभ्यंतरिक संघटना है और चूँकि संगीत पद्यमय जीवन के अतिरिक्त गद्यमय जीवन से भी जुड़ा हुआ है, अभिव्यक्ति के स्तर पर वह विविध रूपों में फैलता है। इसी प्रकार काव्य और जीवन का भी संबंध अविच्छिन्न है। युग सापेक्ष्य जीवन काव्य को अत्यधिक प्रभावित करता है। आधुनिक युग-जीवन की भावुकता, काल्पनिकता और रोमान की कमी के कारण आज के काव्य में भी बौद्धिकता एवं जटिलता आ गई है। जीवन की गद्यात्मकता ही वह बिंदु है, जहाँ से रचनाकार के जीवन में गद्य की लय को महत्त्व दिया जाने लगा है जिसे आलोचकों ने 'अर्थ की लय' की संज्ञा प्रदान की है। इस छंद में सममात्रिकता या अंत्यानुप्रास को न मानकर केवल गति या लय को ही पकड़ने का प्रयत्न किया जाता है। कुछ कविताएँ तो ऐसी भी होती हैं जिनमें छंदाश्रित लय भी नहीं होती केवल एक आंतरिक संगीत रहता है।

विद्रोहयुग की कविता में भी केवल लय द्वारा गीति-रचना का प्रयत्न किया गया और कमी-बेशी की पूर्ति संगीत की तरह स्वरों की लयात्मक खींच-तान द्वारा की गई। ब्रजभाषा, अवधी और उर्दू की कविताओं में भी लय में प्रयुक्त शब्दों के ह्रस्व-दीर्घ रूप के संबंध में यही बात दिखलाई पड़ती है। खड़ी बोली की प्रवृत्ति बोलियों से थोड़ी भिन्न है। उसमें जो लिखा जाता है, वही पढ़ा जाता है और वैसा ही उच्चारण भी होता है। मात्रिक छंदों के कारण विद्रोहयुग के कवियों के सामने यह एक बहुत बड़ा बंधन था। इस बंधन को तोड़ने में इस युग की कविता वहीं सफल हुई जहाँ उसने उर्दू के छंद रुबाई, ग़ज़ल आदि को अपनाया। लाला भगवान दीन और गया प्रसाद शुक्ल 'सनेही' ने इस प्रकार के काफी प्रयोग किये। निराला ने बंगला से प्रभाव ग्रहण कर 'लय' के अनुसार शब्दों की खींच-तान की और लय में मात्राओं की पूर्ति की। उदाहरण के लिए 'तोड़ती पत्थर' का यह पद देखा जा सकता है :

वह तोड़ती पत्थर,
देखा उसे मैंने इलाहाबाद के पथपर,
कोई न छायादार,
पेड़ वह जिसके तले बैठी हुई स्वीकार।

इसमें पहली पंक्ति में जो लय उठती है, वह 'पत्थर' शब्द के बाद कुछ देर तक इसी स्वरूप में ही गूँजती है। डॉ. शंभुनाथ सिंह ने छायावादयुग में पृष्ठ 357 पर इस गीत की छंद-योजना पर विचार करते हुए लिखा है कि यदि इसे छंदोबद्ध

किया जाये तो इसका रूप इस प्रकार होगा

वह तोड़ती पत्थर, (वहीं)
देखा उसे मैंने इलाहाबाद के पथ पर (कहीं)
कोई न छायादार (है)
(बस) पेड़ वह जिसके तले बैठी हुई स्वीकार (है)

यदि इस प्रकार यह कविता लिखी जाती तो लय के कारण स्वर की खींच-तान नहीं करनी पड़ती। इस प्रकार विद्रोहयुग में मुक्त छंद की गीति-रचना का प्रारंभ हो गया था। अंग्रेजी में वाल्ट ह्विट मैन, एजरा पाउन्ड और कमिंग्स आदि आधुनिक युग के कवियों ने इसी पद्धति की गीतिकाव्य-धारा प्रवाहित की थी। रवीन्द्रनाथ पर भी इसका प्रभाव पड़ा था और उन्होंने मुक्त छंद में कई प्रगीत लिखे थे। इस प्रकार सममात्रिक छंद वाले गीतिकाव्य से मुक्त छंदोंवाले गीतों का विकास क्रमिक रूप से हुआ। प्रारंभ में उन्नीसवीं शताब्दी में माइकेल मधुसूदन दत्त ने पाश्चात्य काव्य के अनुकरण पर मात्रिक छंदों में अतुकांत काव्य (अमृताक्षर छंद काव्य) की रचना की। हिंदी में पुनरुत्थान युग में संस्कृत के वर्ण-वृत्तों के अनुसार अतुकांत काव्य लिखे गये किंतु मात्रिक छंदों में अतुकांत काव्य लिखने की प्रवृत्ति विद्रोहयुग में ही प्रारंभ हुई। यही प्रवृत्ति विकसित होती हुई मुक्त गीति अथवा मुक्त छंदवाले प्रगीतों तक पहुँची। मुक्त गीति के इस विकास-क्रम को तीन चरणों में विभाजित किया जा सकता है :

1. सममात्रिक छंद की अतुकांत कविता
2. मात्रिक छंद की विषमताओं वाली छोटी-बड़ी पंक्तियों की कविता जिसे मुक्त छंद कहा जाता है।
3. छंद-मुक्त कविता जिसमें छंद या पद्य की लय भी नहीं होती।

इसमें गद्य के वाक्यों को ही छोटी-बड़ी पंक्तियों में तोड़कर कविता के रूप में लिख दिया जाता है।

विद्रोहयुग में प्रथम दो प्रकार के मुक्त-गीत लिखे गये। छंद-मुक्त कविता का प्रारंभ सममात्रिक छंद के अतुकांत गीत से छायावादोत्तर काल में हुआ।

1. सममात्रिक छंद के अतुकांत गीत : पुनरुत्थान युग में प्रसाद ने ऐसी बहुत-सी कविताएँ लिखीं जो 'कानन-कुसुम' में संगृहीत हैं। जैसे—शिल्प-सौंदर्य, भरत और वीर बालक आदि।

इनमें गीतिकाव्य के अन्य गुण तो होते हैं, केवल वर्ण-मैत्री या अंत्यानुप्रास नहीं होता। विद्रोहयुग में भी प्रसाद और निराला ने इस तरह के 'प्रगीत' लिखे। उदाहरण के लिए 'झरना' के 'प्रत्याशा' शीर्षक कविता का कुछ अंश दिया जा रहा है :

मंद पवन बह रहा अँधेरी रात है।
आज अकेले निर्जन गृह में क्लांत हो
स्थित हूँ, प्रत्याशा में मैं तो प्राण धन।
शिथिल विपञ्ची मिली बिरह-संगीत से
बजने लगी उदास पहाड़ी रागिनी।

2. मुक्तक छंदवाले गीत : इस प्रकार के गीतिकाव्य में छंद की समस्त पूर्ववर्ती मान्यताओं को तोड़कर नवीन शिल्प अपनाया गया है। इनमें अंत्यानुप्रास की पद्धति नहीं अपनाई जाती है और न पंक्तियों की मात्राएँ ही समसंख्या वाली होती हैं। यही नहीं इनमें स्पष्ट रूप से चरण का भी विधान नहीं होता। भावों के अनुकूल चरणों का प्रसार हो सकता है। विद्रोहयुग में निराला, प्रसाद और पंत ने इस तरह के मुक्त छंद की गीति-कवितायें पर्याप्त संख्या में लिखी हैं। उदाहरण के लिए निराला की 'वृत्ति' शीर्षक परिमल की कविता का एक अंश यहाँ दिया जा रहा है :

देख चुका, जो जो आये थे,
चले गये,
मेरे प्रिय सब बुरे गये, सब
भले गये।
क्षण भर की भाषा में,
नव नव अभिलाषा में,
आते पल्लव-से कोमल शाखा में
भले गये
मेरे प्रिय सब बुरे गये, सब
भले गये।

11. सानेट : जैसा पहले कहा जा चुका है कि विद्रोहयुग में अंग्रेजी की काव्य शैलियों को अपनाया गया जिनमें से गीतिकाव्य की 'सानेट' नामक गीति-रूप भी है। अंग्रेजी में शेक्सपीयर ने 'रोमन सानेट' के अनुकरण पर इस गीति-शैली का विशेष रूप से प्रचलन किया। 'सानेट' या चतुर्दशपदी में 'आयम्बिक' छंद की चौदह पंक्तियाँ होती हैं जिनमें वाक्य-विन्यास परस्पर गुम्फित होता है अर्थात् एक वाक्य एक ही पंक्ति में समाप्त न होकर दूसरी पंक्ति में या कई पंक्तियों में बीच में ही समाप्त हो जाता है और दूसरा वाक्य बीच से ही शुरू हो जाता है। इन पंक्तियों में तुकांत की एक विशेष पद्धति अपनाई जाती है। चार-चार पंक्तियों का एक पद मानकर उसमें कुल साढ़े तीन पद होते हैं। प्रत्येक पद में तुकांत की पद्धति भिन्न-भिन्न प्रकार की होती है। यदि तुकों या अंत्यानुप्रास को वर्णों द्वारा संकेतित किया जाये तो भिन्न पद्धतियों वाले सानेटों के अंत्यानुप्रास क्रम को निम्नलिखित

ढंग से रखा जा सकता है :

पंक्ति संख्या	अंत्यानुप्रास क्रम				
क्रम	प्रथम पद्धति	द्वितीय पद्धति	तृतीय पद्धति	चतुर्थ पद्धति	पंचम पद्धति
1.	क	क	क	क	क
2.	ख	क	ख	ख	क
3.	क	ख	ख	ग	क
4.	ख	ख	क	क	ख
5.	ग	ग	ख	ख	ख
6.	घ	ग	ग	ग	ख
7.	ग	घ	ग	घ	ग
8.	घ	घ	ख	च	ग
9.	च	च	ग	छ	ग
10.	छ	च	घ	घ	घ
11.	च	छ	घ	च	घ
12.	छ	छ	ग	छ	घ
13.	ज	ज	च	ज	च
14.	ज	ज	च	ज	च

चतुर्दशपदी की रचना का प्रारंभ पुनरुत्थान-युग में ही हो गया था। विद्रोहयुग में जयशंकर प्रसाद ने इस परंपरा को और भी आगे बढ़ाया। उन्होंने सानेट के क्षेत्र में नये प्रयोग भी किये। एक तो कुछ सानेटों में 14 पंक्तियों के स्थान पर 16 पंक्तियाँ रखीं और कहीं उपर्युक्त पद्धतियों से अलग हटकर समतुकांत पंक्तियों का प्रयोग मनमाने ढंग से किया। उदाहरण के लिए झरना (पृष्ठ 19) की 'खोलो द्वार' शीर्षक कविता 14 पंक्तियों का 'सानेट' है लेकिन प्रारंभ की आठ समतुकांत पंक्तियों और अंतिम चार समतुकांत पंक्तियों में एक ही अंत्यानुप्रास रखा गया है, केवल बीच की दो पंक्तियों में भिन्न अंत्यानुप्रास है। प्रसाद ने इसे 'सानेट' रचना का सामान्य नियम नहीं बनाया क्योंकि अन्य किसी 'सानेट' में उन्होंने इस पद्धति का प्रयोग नहीं किया। 'झरना' में पृष्ठ 23 पर एक 'दीप' शीर्षक सानेट भी है जिसमें उपर्युक्त पद्धतियों में से दूसरी पद्धति का उपयोग किया गया है। उदाहरणार्थ उसे नीचे दिया जा रहा है :

धूसर संध्या चली आ रही थी अधिकार जमाने को,
अन्धकार अवसाद कालिमा लिए रहा बरसाने को,
गिरि-संकट जीवन-सोता मन मारे चुप बहता था,

कल-कल नाद नहीं था उसमें मन की बात न कहता था
इसे जाह्नवी-सा आदर दे किसने भेंट चढ़ाया है,
अंचल से सस्नेह बचाकर छोटा दीप जलाया है।
जला करेगा वक्षस्थल पर बहा करेगी लहरी में,
नाचेंगी अनुरक्त बीचियाँ रंजित प्रभा सुनहरी में,
तटतरु की छाया फिर उसका पैर चूमने जावेगी,
सुप्त खगों की नीरव-स्मृति क्या उसको गान सुनावेगी।
देख नग्न सौंदर्य प्रकृति का निर्जन में अनुरागी हो,
निज प्रकाश डालेगा जिसमें अखिल विश्व समभागी हो।
किसी माधुरी स्मित-सा होकर यह संकेत बताने को,
जला करेगा दीप, चलेगा यह सोता बह जाने को।

12. व्यंग्य गीति : विश्व के इतिहास में व्यंग्य गीति की परंपरा बहुत प्राचीन है। यूनान में 'प्लेटो' और 'अरस्तू' के काल में व्यंग्य गीति की परंपरा प्रचलित थी। भारत में तो रसों के अंतर्गत 'हास्य रस' का स्वतंत्र स्थान ही माना गया है किंतु गीतिकाव्य के अंतर्गत हास्य और व्यंग्य का विधान आधुनिक युग की देन है। उर्दू में अकबर इलाहाबादी ने सर्वप्रथम नज्मों और ग़ज़लों के माध्यम से व्यंग्य गीति की रचना की। हिंदी में उसके भी पूर्व रीतिकाल के काव्य में 'खटमल बाईसी' जैसी व्यंग्यात्मक रचना लिखी जा चुकी थी। विद्रोहयुग की कविता में बेढब बनारसी, चोंच, बेधड़क आदि हास्य रस के कवि के रूप में मान्य थे किंतु इन्होंने हास्य प्रधान प्रगीतों की रचना की, व्यंग्य गीतों की नहीं।

विद्रोहयुग की कविता में व्यंग्य गीति की अधिकता नहीं है जिसका कारण यह है कि छायावाद के अधिकांश कवियों ने परिवेश के साथ संघर्ष करके पलायन किया, विद्रोह नहीं। व्यंग्य गीति के लिए परिवेश से संघर्ष आवश्यक है। बिना संघर्ष के व्यंग्य के गंभीर उद्देश्य की प्राप्ति नहीं हो सकती क्योंकि व्यंग्य की प्रवृत्ति निराशावादी और निषेधात्मक होती है। सामाजिक और सांस्कृतिक परिवेश से असंतुष्ट होने की स्थिति में ही व्यंग्यकार असमानताओं, कुरूपताओं और असंगतियों का भंडाफोड़ कर पाता है। व्यंग्य अपने बाह्य रूप में ध्वंसात्मक भले ही हो, भीतर से महान् और निर्माणात्मक होता है। यही कारण है कि उसमें मानवीय बुराइयों और अज्ञान आदि की निंदा कलात्मक ढंग से की जाती है। वह कभी तो सीधा, पैना या तीखा होता है और कभी उसकी व्यंजना प्रतीक या संकेत के माध्यम से की जाती है।

विद्रोहयुग गीतिकाव्य का युग है और गीतिकाव्य में व्यंग्य के लिए अधिक अवकाश नहीं होता। व्यंग्य गीति में गीतिकाव्य के सभी गुण नहीं होते। विद्रोहयुग

में केवल निराला एक गीतिकाव्य के ऐसे रचनाकार हैं जिन्होंने प्रभूत संख्या में व्यंग्य गीतों की रचना की है। उनके 'कुकुरमुत्ता' संग्रह की अधिकांश रचनाएँ व्यंग्य गीत की श्रेणी में आती हैं। 'बनबेला', 'कुकुरमुत्ता', 'गर्म पकौड़ी', 'दान', 'मास्को डायलाग्स' आदि उच्च कोटि के व्यंग्य गीत हैं। अन्य कवियों में पंत और दिनकर ने भी कुछ व्यंग्य गीत लिखे हैं। पंत की 'ग्राम्या', 'ग्राम्य वधू', 'ग्राम्य देवता आधुनिका' आदि कविताएँ व्यंग्य-गीत ही हैं। उदाहरण के लिए निराला की 'गर्म पकौड़ी' शीर्षक कविता यहाँ दी जा रही है :

गर्म पकौड़ी
ऐ गर्म पकौड़ी
तेल की भुनीं
नमक-मिर्च की मिली,
ऐ गर्म पकौड़ी।
मेरी जीभ जल गई
सिसकियाँ निकल रहीं,
लार की बूँदें कितनी टपकीं,
पर दाढ़ तले तुझे दबा ही रखा मैंने
कंजूस ने ज्यों कौड़ी।
पहले तूने मुझको खींचा,
दिल लेकर फिर कपड़े सा फींचा,
अरी, तेरे लिए छोड़ी
बम्हन की पकाई
मैंने घी की कचौड़ी।

13. साध्यवसान रूपक-गीति (प्रतीकात्मक गीति पद्धति) : विद्रोहयुग के गीतिकाव्य की विषय-वस्तु का विश्लेषण करते हुए बतलाया जा चुका है कि इसकी एक धारा रहस्यवाद की भी थी। रहस्यवादी विषय-वस्तु की अभिव्यंजना अनिवार्यतः ध्वन्यात्मक या अन्यापदेशिक होती है जिसमें प्रतीक पद्धति और अन्योक्ति योजना द्वारा निगूढ़ और गुह्य अनुभूतियों को व्यक्त किया जाता है। इस पद्धति का उपयोग भारतीय साहित्य में वैदिक काल से ही होता आ रहा है। अधिकांश वैदिक सूक्तों में द्रष्टा ऋषियों ने अपनी पश्यन्ती वाणी के स्तर पर अनुभूत सत्यों को ऐसी रहस्यात्मक भाषा में व्यक्त किया है जो सामान्य पाठकों के लिए अटपटी प्रतीत होती है। वैदिक रहस्यवादी काव्य की यह प्रतीकात्मक अभिव्यंजना-पद्धति उत्तर वैदिक काल के ब्राह्मण और उपनिषद् ग्रंथों से होती हुई बौद्ध और जैन साधकों के काव्यों में गृहीत हुई और पुनः हिंदी के निर्गुण मतवादी संत कवियों ने इसी पद्धति में अपनी

रहस्यात्मक अनुभूतियों को दोहों और पदों के रूप में व्यक्त किया जिसे उलटबांसी कहा जाता है। कबीर, दादू, सुंदर, दरिया, रज्जब, शिवनारायण आदि कवियों की उलटबाँसियाँ सामान्य जनता तक पहुँचीं। फलतः लोकगीतों में भी अनेक गीत ऐसे मिल जाते हैं जिनमें रहस्यमय कथ्यों को गोपनीय बनाये रखने के लिए साध्यवसाना लक्षणा अथवा अन्योक्ति पद्धति द्वारा ध्वन्यात्मक भाषा में व्यक्त किया जाता है।

विद्रोहयुग की कविता में छायावादी एवं रहस्यवादी अनुभूतियों की अभिव्यक्ति के लिए लक्षणा और व्यंजना का प्रयोग अधिक किया गया जिससे उनका काव्य ध्वन्यात्मक बन गया और उसमें प्रतीकों और रूपक-कथाओं की योजना अधिक हुई। ध्वनि-सिद्धांत के अनुसार काव्य की आत्मा ध्वनि ही है जो वाच्यार्थ और लक्ष्यार्थ से भिन्न व्यंग्यार्थ की अभिव्यंजना करती है। ध्वनि तीन प्रकार की होती है—वस्तु ध्वनि, अलंकार ध्वनि और रस ध्वनि। इनमें से प्रतीक योजना वस्तु ध्वनि के अंतर्गत आती है। प्रतीकात्मक या अन्योक्तिपरक कविता में वर्ण्य वस्तु का अभिधार्थ निरर्थक होता है। उसका व्यंग्यार्थ या प्रतीयमान अर्थ ही मुख्य होता है। अतः प्रतीकवादी एवं रहस्यवादी गीतिकाव्य में जिन वस्तुओं का वर्णन किया जाता है, उनका मुख्यार्थ या अभिधेयार्थ बाधित होकर अर्थहीन हो जाता है।

विद्रोहयुगीन कवियों में प्रसाद, निराला, महादेवी वर्मा, पंत, रामकुमार वर्मा आदि कवियों ने प्रतीकात्मक पद्धतिवाले रहस्यवादी गीतों की रचना प्रभूत मात्रा में की है। इन सबमें प्रतीक-योजना और अन्यापदेशिकता का प्रयोग समान रूप से वर्तमान है। प्रसाद के 'लहर' शीर्षक काव्य संग्रह की 'ओरी मानस की गहराई' तथा पंत की वीणा की 'प्रथम रश्मि' कविताएँ प्रतीक पद्धति में लिखी हुई कविताएँ हैं। प्रसाद जी के 'लहर' की पहली कविता 'सागर संगम' तथा महादेवी की 'सन्धिनी' के 'बिरह के जल जात जीवन, बिरह के जल जात', 'बीन भी हूँ मैं तुम्हारी रागिनी भी हूँ', 'टूट गया वह दर्पण निर्मम', 'शून्य मंदिर में बनूँगी आज मैं प्रतिमा तुम्हारी', 'शलभ मैं शापमय वर हूँ', 'मैं नीर भरी दुख की बदली', 'कीर का प्रिय आज पिंजर खोल दो', 'दीप मेरे जल अकम्पित' और 'तू धूल भरा ही आया' शीर्षक अनेक गीत प्रतीकात्मक गीत हैं। इसी संग्रह का प्रसिद्ध गीत 'यह मंदिर का दीप इसे नीरव जलने दो' इस शैली का अत्युत्तम उदाहरण है जिसके दो चरण यहाँ दिये जा रहे हैं :

यह मंदिर का दीप इसे नीरव जलने दो।
रजत शंख-घड़ियाल, स्वर्ण वंशी-वीणा-स्वर,
गये आरती वेला को शत-शत लय से भर,
जब था कल कंठों का मेला,
विहंसे उपल तिमिर था खेला,
अब मंदिर में इष्ट अकेला,

इसे अजिर का शून्य गलाने को गलने दो।
चरणों से चिन्हित अलिंद की भूमि सुनहली,
प्रणत शिरों के अंक लिए चंदन की दहली,
झरे सुमन बिखरे अक्षत सित,
धूप-अर्घ्य-नैवेद्य अपरिमित
तम में सब होंगे अंतर्हित
सबकी अर्चित कथा इसी शैली में पलने दो।

सप्तम अध्याय

छायावादोत्तर गीतिकाव्य का शिल्पगत विकास-1

व्यक्तिवादी-स्वच्छन्दतावादी गीतिकाव्य

छायावादी कवि दृश्य के जगत् को भावात्मक और आदर्शवादी दृष्टि से देखता था और इसी दर्शन के अनुरूप जगत् के साथ अपना रागात्मक संबंध स्थापित करता था। इस तरह वह एक ही चेतना को सृष्टि में सर्वत्र व्याप्त पाता था। परिणामस्वरूप उसे वस्तु के भीतर जो नहीं था, वही अधिक दिखाई पड़ता था और भीतर निहित वास्तविकता उसकी दृष्टि से ओझल रह जाती थी। छायावाद इसी अर्थ में स्थूल के विरुद्ध सूक्ष्म का विद्रोह था कि उसकी दृष्टि वस्तून्मुखी और बाह्यगत नहीं, अन्तर्मुखी और आत्मगत थी, उसका दृष्टिकोण यथार्थवादी नहीं था। छायावादी कवि अपनी स्वच्छन्द और निरंकुश कल्पना के सहारे क्षर में अक्षर, सान्त में अनन्त तथा अभाव में आविर्भाव के दर्शन करता था। छायावादी आदर्शवाद दो रूपों में दिखाई पड़ता था—1. रहस्यात्मक अनुभूतियों और जिज्ञासा तथा आश्चर्य की भावना की अभिव्यक्ति के रूप में, 2. यथार्थ जीवन की स्थूल समस्याओं से अलग हट कर अतीत या भविष्य के सुख-स्वप्नों की कल्पित सृष्टि के रूप में।

छायावाद का अन्तर्विरोध

किन्तु छायावादी कही या समझी जाने वाली सभी कविताएँ छायावाद की उपर्युक्त परिभाषा की सीमा में नहीं आ पाती हैं। सन् 1930 से पहले की लिखी निराला की भिक्षुक, बादल राग, जागो फिर एक बार, आदि कविताओं तथा माखन लाल चतुर्वेदी, बालकृष्ण शर्मा 'नवीन', सुभद्राकुमारी चौहान आदि की राष्ट्रीय कविताओं में छायावादी प्रवृत्ति उतनी अधिक नहीं दिखाई पड़ती जितनी सामाजिक यथार्थ और राष्ट्रीयता की प्रवृत्ति। स्वयं छायावादी कवियों को बाद में अपना काल्पनिक आदर्शवाद भ्रमपूर्ण लगने लगा और वे धीरे-धीरे प्राकृतिक रहस्यवाद और

आध्यात्मिक आदर्शवाद से हटकर मानववाद या यथार्थोन्मुख आदर्शवाद की ओर अग्रसर होते गये। छायावाद-युग को दो कालों में विभक्त किया जा सकता है—पूर्वार्द्ध युग (1920-1930 ई.) और उत्तरार्द्ध युग (1930-1940 ई.) पूर्वार्द्ध युग की छायावादी कविता में विद्रोह का स्वरूप कल्पनाश्रित अधिक था पर उस काल में भी यथार्थवादी प्रवृत्ति बीज रूप में वर्तमान थी। यही यथार्थवादी प्रवृत्ति उत्तरार्द्ध युग में सामाजिक और वैयक्तिक यथार्थ के रूप में बदलने लगी। इस प्रकार छायावाद युग में ही दो परस्पर विरोधी काव्य-प्रवृत्तियाँ एक दूसरे के समानान्तर चल रही थीं। उत्तरार्द्ध काल में यथार्थवादी प्रवृत्ति कुछ अधिक शक्तिशाली हुई और दोनों प्रवृत्तियों का द्वंद्व प्रारम्भ हो गया। इस प्रकार छायावाद युग का उत्तरार्द्ध काल 'संस्थिति' के बाद 'स्थिति' की अवस्था का काल था। इस काल की कविता में एक ओर तो छायावादी काव्य का पूर्ण वैभव प्रसाद की 'कामायनी', निराला के 'तुलसीदास' (1935 ई.) और राम की शक्तिपूजा (1936 ई.) तथा महादेवी वर्मा के काव्य-संकलनों के रूप में प्रकट हुआ तो दूसरी ओर यथार्थवादी प्रवृत्ति का उदय निराला के दान (1935 ई.), सरोज स्मृति (1935 ई.), बनबेला (1937) आदि कविताओं, दिनकर, सुभद्राकुमारी चौहान और बालकृष्ण शर्मा नवीन की राष्ट्रीय एवं मानवतावादी कविताओं और पन्त के 'युगान्त' और 'युगवाणी' की प्रगतिवादी कविताओं के रूप में दिखाई पड़ा। बच्चन, भगवतीचरण वर्मा, अंचल और नरेन्द्र शर्मा की व्यक्तिवादी-यथार्थवादी कविता-धारा का प्रारंभ भी इसी युग में हुआ। अज्ञेय, प्रभाकर माचवे, भारतभूषण अग्रवाल आदि प्रयोगवादी कवियों ने भी इसी काल में प्रयोगात्मक काव्य-रचना का प्रारम्भ कर दिया था। इस तरह छायावाद युग के उत्तरार्द्ध में छायावाद-विरोधी काव्य-प्रवृत्तियों की शक्ति बढ़ गई जो 1940 के बाद प्रतिक्रियात्मक जोश के साथ और भी तीव्र गति से प्रगतिवाद, प्रयोगवाद और व्यक्तिवादी स्वच्छन्दतावाद के काव्य आन्दोलनों के रूप में विकसित हुई।

छायावाद के इस प्रवृत्तिगत अंतर्विरोध के मूल में तत्कालीन आर्थिक परिस्थितियों का अंतर्विरोध प्रेरक तत्त्व था। छायावाद मध्य वर्ग की व्यक्तिवादी स्वातंत्र्य-भावना और विद्रोह का काव्यात्मक प्रतिफलन था। भारतीय मध्यवर्ग, जिसका 19 वीं शताब्दी के अंत तक पर्याप्त विकास हो चुका था, एक ओर तो सामंतवाद के राजनीतिक, आर्थिक और सामाजिक बंधनों से व्यक्ति को मुक्त करना और विदेशी शासन से भारत को स्वतंत्र करना चाहता था, दूसरी ओर वह धीरे-धीरे पूँजीवाद के अभिशापों, विश्वव्यापी युद्ध, बेरोजगारी, यांत्रिक और भौतिकवादी सभ्यता की बुराइयों आदि से ग्रस्त होकर असहाय भी होता जा रहा था। पूँजीवाद स्वयं दो प्रकार के परस्पर विरोधी तत्त्वों से युक्त होता है। उसमें व्यक्ति-स्वातंत्र्य की भावना के साथ बहुजन समाज के हित की विचारधारा, पूँजी पर एकाधिकार के साथ निम्न वर्ग की बढ़ती हुई गरीबी, आध्यात्मिक चेतना के साथ भौतिकवादी

विचारधारा, राष्ट्रवाद के साथ साम्राज्यवादी विस्तारवाद की लिप्सा आदि बातें युगपत् वर्तमान रहती हैं। प्रारंभ में जबतक पूँजीवाद विकासशील रहता है तबतक उसके भीतर का यह अंतर्विरोध स्पष्ट नहीं दिखाई पड़ता और उसमें केवल अच्छाइयाँ ही दिखाई पड़ती हैं। किन्तु जब पूँजीवाद का वास्तविक रूप प्रकट होता है तो उसके भीतर का यह आंतरिक विरोध भी सामने आ जाता है। छायावाद युग की कविता पूँजीवाद की विकासशील अवस्था की कविता थी। पर भारतीय पूँजीवाद जब अधिक विकसित हो गया तो उसका वास्तविक स्वरूप उद्घाटित हो गया और इस शताब्दी के पाँचवें दशक में उसमें निहित अंतर्द्वंद्व का प्रभाव यहाँ के साहित्य पर भी दिखाई पड़ने लगा। छायावाद युग के उत्तरार्द्ध की कविता में इसी कारण उपर्युक्त अंतर्विरोध का प्रारंभ हुआ जो छायावादोत्तर युग में 'प्रतिस्थिति' की अवस्था में पहुँच गया।

छायावादोत्तर प्रवृत्तियों की विकास-प्रक्रिया

इस प्रकार छायावाद-युग के उत्तरार्द्ध में जो छायावाद-विरोधी तत्त्व उभरकर सामने आये थे, वे छायावादोत्तर युग में अधिक उग्र रूप में दिखाई पड़ने लगे। उनकी भावात्मक शक्ति छायावादी तत्त्वों के समान हो गई जिसके फलस्वरूप छायावादी काव्य-प्रवृत्ति उत्तरोत्तर क्षीण होती गई। छायावाद की अपनी रूढ़ियाँ बन गई थीं जिनके विरुद्ध इस युग में तीव्र प्रतिक्रिया दिखाई पड़ी। प्रगतिवाद, प्रयोगवाद और व्यक्तिवादी स्वच्छन्दतावाद, ये तीनों काव्य-प्रवृत्तियाँ उसी प्रतिक्रिया की देन थीं। इन काव्य प्रवृत्तियों का उद्भव, विकास और विलय संक्रांति युग से लेकर आजतक किस क्रम से हुआ है इसका अध्ययन बहुत ही आवश्यक है ताकि साहित्यिक प्रवृत्तियों के मात्रात्मक विकास के गुणात्मक विकास की प्रक्रिया को पूरी तरह समझा जा सके। आधुनिक युग के भावबोध के एक प्रमुख तत्त्व 'स्वतंत्रता की भावना' को ही लें। सामंती समाज-व्यवस्था में व्यक्ति सामाजिक, धार्मिक, आर्थिक और आचार संबंधी रीति-नीतियों के बंधन में जकड़ा रहता है। भारतीय समाज प्रायः स्वतंत्रता प्राप्ति के पूर्व तक सामंती बंधनों में जकड़ा हुआ था। उन्नीसवीं शताब्दी के मध्य में जब उद्योगीकरण के प्रारंभ के साथ भारतीय पूँजीवाद का उदय हुआ तो साथ ही नये ढंग का एक मध्यवर्ग भी उदित हुआ जिसमें स्वभावतः सामंती तत्त्वों के विरुद्ध विद्रोह करने की प्रवृत्ति थी। अतः उन्नीसवीं शताब्दी के मध्यवर्ग ने नवीन विचारों से अनुप्राणित होकर, ब्रिटिश राज की प्रशंसा, विदेश-शोषण की निन्दा, स्वदेशी वस्तुओं के व्यवहार, देश में कला-कौशल (उद्योग-धन्धे) के विकास, भारत को माता मानकर उसके प्रति भक्ति भावना का प्रदर्शन, सभा-समाजों के संगठन एवं पत्र-पत्रिकाओं और पुस्तक-पुस्तिकाओं के माध्यम से व्यक्ति के विवेक को सामंती बंधनों से मुक्ति की चेतना के प्रचार-प्रसार का मार्ग अपनाया। ब्रिटिश राज की

प्रशंसा उस युग के नेताओं—राजा राममोहन राय, भारतेन्दु हरिश्चन्द्र आदि—ने इसलिए की कि वह सामंत-तंत्र के निरंकुश अत्याचारों से व्यक्ति को मुक्ति देने की घोषणा करता था। इस प्रकार इस युग में स[र्व]तोमुखी मुक्ति की जिस भावना का उदय हुआ, उसकी अभिव्यक्ति हिन्दी के तत्कालीन नाटकों, निबन्धों और कुछ कविताओं में हुई। आधुनिकता के उन्मेष का यह प्रथम चरण था।

पुनरुत्थान युग में इस मुक्ति-चेतना की नींव और भी गहरी हुई। उसमें सामंती प्रवृत्तियों के विरुद्ध प्रतिक्रिया भी जाग्रत हुई। किन्तु उस युग की सामाजिक परिस्थितियों के दबाव से इस मुक्ति-चेतना ने समझौतावादी मार्ग अपना लिया जिसके कारण पुनरुत्थान युग की कविता में स्वदेश-प्रेम और राष्ट्रीयता की भावना अतीतोन्मुखी बन गई और उसमें नैतिकतावादी आदर्शवाद की दृष्टि प्रमुख हो गई। किन्तु शीघ्र ही मध्यवर्ग की व्यक्तिवादी चेतना के दबाव से वह मुक्ति-चेतना विद्रोही रूप धारण करने लगी। छायावाद-युग की कविता में उसका विद्रोह और भी स्पष्ट होकर अभिव्यक्त हुआ।

यहाँ विद्रोह के मनोवैज्ञानिक पक्ष को भी समझ लेना आवश्यक है। पूँजीवाद जब सामंतवाद के विरुद्ध विद्रोह करता है तो मध्यवर्गीय व्यक्ति समस्त सामंती रूढ़ियों-रीतियों को अस्वीकार करके स्वतंत्र हो जाना चाहता है। किन्तु आर्थिक और राजनीतिक परिस्थितियों के परिवर्तित हो जाने के बाद भी धार्मिक और सामाजिक रूढ़ियाँ काफी समय तक समाज के साथ लगी-लिपटी चलती रहती हैं। ऐसी स्थिति में विद्रोही व्यक्ति की स्वतंत्रता की वृत्ति तुष्ट नहीं हो पाती, उसकी अभिलाषाओं की पूर्ति के मार्ग में तरह-तरह के अवरोध उपस्थित होते रहते हैं। फलतः उसकी वासनायें दमित और कुंठित होने लगती हैं और वह समाज में अपने को अकेला पाने लगता है। ऐसा व्यक्ति यदि कवि-कलाकार हुआ तो उसके सामने चार रास्ते खुले रहते हैं—1. या तो वह वर्तमान समाज-व्यवस्था और जीवन की असंगतियों से घबराकर कल्पना-लोक में पलायन करता, अथवा अतीत के कल्पित स्वर्णिम लोक की ओर लौटने की इच्छा करता या प्रकृति के भीतर अपने इच्छित सौंदर्य की खोज करता है, 2. या वह साहस के साथ सामाजिक असंगतियों से संघर्ष करता, परम्परागत रूढ़ियों से विद्रोह करता और लोकहिंत की भावना से समाज का उद्‌बोधन करता है, 3. अथवा अपने को समाज में असहाय और अकेला पाकर रुदन करता और नियतिवादी और निराशावादी बन जाता है, 4. या वह अन्तर्मुखी और अहंकारी बनकर मानसिक ग्रंथियों और कुण्ठाओं का शिकार बन जाता और उपचेतन की काव्यात्मक अभिव्यक्ति द्वारा दमित वासनाओं को तृप्त करने का मार्ग अपनाता है।

छायावाद-युग विकासमान पूँजीवाद का युग था। अतः उसमें व्यक्ति-स्वातत्र्य की भावना से उद्‌भूत प्रथम दो प्रकार की प्रवृत्तियों का प्राधान्य था, शेष दो प्रवृत्तियाँ

गौण थीं। छायावादी कवि मुख्यतः कल्पना-लोक की सृष्टि करता और यथार्थ जगत् के स्थूल बंधनों और असंगतियों का तिरस्कार करके सूक्ष्म सौंदर्यबोधात्मक अनुभूतियों की दुनिया में रमता था। ऐसी आदर्श और काल्पनिक मनःसृष्टि में उसे शाश्वत सौंदर्य और अमर आनन्द की उपलब्धि दिखाई पड़ती थी। किन्तु जब वह जीवन की यथार्थभूमि पर दृष्टि डालता था तो पौरुष युक्त वाणी में सामाजिक रूढ़ियों और राजनीतिक पराधीनता की बेड़ी काटने के लिए समाज को ललकारता, अपने देश के गौरवमय अतीत का ध्यान दिलाता और एक नवीन एवं आदर्श समाज की स्थापना की परिकल्पना करता था। उदाहरण के लिए निराला की 1924 ई. की लिखी कविता उद्बोधन की कुछ पंक्तियाँ दी जा रही हैं :

गरज गरज घन अंधकार में गा अपने संगीत,
बन्धु, वे बाधा-बन्ध-विहीन।
आँखों में नवजीवन का तू अंजन लगा पुनीत
बिखर झर जाने दे प्राचीन।
ताल ताल से रे सदियों के जकड़े हृदय-कपाट
खोल दे कर कर कठिन प्रहार।
आये अभ्यन्तर संयत चरणों में नव्य विराट
करे दर्शन, पाये आभार।
भर उद्दाम वेग से बाधा हर तू कर्कश प्राण
दूर कर दे दुर्बल-निःश्वास।
किरणों की गति से आ आ तू, गा तू गौरव-गान
एक कर दे पृथिवी आकाश।

—अनामिका, पृ. 68

यह सामाजिक विद्रोह की कविता है जिसमें कवि ने समस्त रूढ़ियों, शंकाओं और आत्महीनता की भावना को छोड़कर सांस्कृतिक पुनर्निर्माण के लिए देशवासियों को उद्बोधित किया है। समाज के पुनस्संघटन का कार्य उस समय अनिवार्य रूप से देश की राजनीतिक स्वतंत्रता के प्रश्न से जुड़ा हुआ था। निराला ने सन् 1930 के पूर्व इस प्रकार की कई कविताएँ लिखी थीं। इसी प्रकार जयशंकर प्रसाद और मैथिलीशरण गुप्त आदि कवियों की उस काल की अनेक लघु कविताओं और प्रबन्धकाव्यों में राष्ट्रीयता की भावना सांस्कृतिक पुनर्निर्माण की चेतना से मिली-जुली दिखाई पड़ती है। सांस्कृतिक राष्ट्रीयता की यह प्रवृत्ति तत्कालीन राजनीतिक आन्दोलन का एक अंग थी। राष्ट्रीयता का यह स्वरूप निश्चय ही आज की धर्म-निरपेक्ष, राजनीतिक और आर्थिक राष्ट्रीयता की तुलना में पिछड़ा हुआ और संकीर्ण राष्ट्रवाद (शावैनिज्म) से मिलता-जुलता था क्योंकि उसकी दृष्टि भविष्य की

ओर कम, अतीत की ओर अधिक थी। फिर भी वह पूँजीवादी युग के मध्यवर्गीय व्यक्ति के विद्रोह की खुली अभिव्यक्ति थी। परन्तु छायावाद युग के कवियों का एक वर्ग ऐसा भी था जिसका दृष्टिकोण राजनीतिक और आधुनिक राष्ट्रीयता की विद्रोही भावना से अनुप्रेरित था। माखनलाल चतुर्वेदी, बालकृष्ण शर्मा 'नवीन', सियारामशरण गुप्त, रामनरेश त्रिपाठी, सुभद्रा कुमारी चौहान, गया प्रसाद शुक्ल 'त्रिशूल', रामधारी सिंह दिनकर, आदि ने इस प्रकार की बहुत सी कविताएँ लिखी थीं। इस प्रकार राष्ट्रीयता की जो परम्परा भारतेन्दु युग में प्रारम्भ हुई थी, वह पुनरुत्थान युग की नैतिकतावादी सांस्कृतिक राष्ट्रीयता के रूप में और छायावाद युग में स्वच्छन्दतावादी सांस्कृतिक राष्ट्रीयता तथा धर्म निरपेक्ष राजनीतिक विद्रोह के रूप में अभिव्यक्त हुई। निस्सन्देह देश की राजनीतिक प्रगति और स्वतंत्रता-संग्राम के बदलते स्वरूप के अनुसार काव्यगत विद्रोह का स्वरूप भी बदलता गया।

छायावादी तत्त्वों का छायावादोत्तर विकसित स्वरूप

इस छायावादी कविता के भीतर राष्ट्रीयता और सामाजिक रूढ़ियों के विरुद्ध विद्रोह का जो तत्त्व था, वही सन् 1935 के बाद की हिन्दी कविता में प्रगतिवाद के रूप में विकसित हुआ। इसी प्रकार छायावादी काव्य का साहित्यिक विद्रोह जो काव्यात्मक प्रयोगों के रूप में व्यक्त होता था, सन् 1939 के बाद अज्ञेय, प्रभाकर माचवे, मुक्तिबोध, आदि अनेक नये कवियों की प्रयोगवादी काव्यधारा के रूप में विकसित हुआ। छायावादी कविता के भीतर की व्यक्तिवादी प्रवृत्ति सन् 1930 ई. के बाद की भगवतीचरण वर्मा, बच्चन, नरेन्द्र शर्मा आदि की व्यक्तिवादी स्वच्छन्दतावादी काव्य-प्रवृत्ति के रूप में विकसित हुई। किन्तु दूसरी ओर छायावादी काव्यधारा भी 1930 से 1940 तक पूरे वेग के साथ प्रवाहित होती रही। सन् 1940 के बाद उपर्युक्त तीनों प्रवृत्तियों के अधिक विकसित हो जाने के कारण छायावादी काव्यधारा की शक्ति क्षीण होने लगी। सन् 1940 से 1950 ई. के बीच वाले दशक में छायावादी काव्यधारा एवं उसके भीतर से ही विकसित प्रगतिवादी, प्रयोगवादी तथा व्यक्तिवादी स्वच्छन्दतावादी काव्यधाराओं के बीच द्वन्द्व चलता रहा। छायावाद के विरुद्ध उपर्युक्त तीनों काव्य-प्रवृत्तियों में प्रतिक्रिया का भाव अधिक था जिसके कारण उनमें काव्यात्मक गरिमा और सौंदर्य-भावना का प्रायः अभाव था। किन्तु सन् 1950 के बाद की हिन्दी कविता की मुख्यधारा में छायावादी काव्य की सर्वोत्तम उपलब्धियों के मूल रूप को ग्रहण कर उपर्युक्त तीनों काव्य-प्रवृत्तियों का उसके साथ समन्वय किया गया जिसके परिणामस्वरूप नयी कविता सामने आई।

इस पूरे विवेचन का निष्कर्ष यह है कि छायावादोत्तर युग में छायावाद मरा नहीं बल्कि उसमें अन्तर्निहित परस्पर विरोधी तत्त्वों के संघर्ष में यथार्थमूलक विद्रोही

तत्त्वों या प्रवृत्तियों की विजय हुई और पलायनशीलता, काल्पनिक आदर्शवाद, अतिशय कल्पनाशीलता और गलदश्रु भावुकता वाली छायावादी प्रवृत्ति पराजित हो गई। इस प्रकार छायावादी काव्य ही अपने रूप में क्रान्तिकारी परिवर्तन करके प्रयोगवाद, प्रगतिवाद, व्यक्तिवादी स्वच्छन्दतावाद और बाद में नयी कविता के रूप में विकसित हुआ। द्वन्द्वात्मक भौतिकवाद की पारिभाषिक शब्दावली में कहा जाये तो छायावाद के उत्तरार्द्ध युग की कविता 'स्थिति' की अवस्था में थी। छायावादोत्तर युग के पूर्वार्द्ध की कविता प्रतिस्थिति की अवस्था में और उत्तरार्द्ध की कविता संस्थिति की अवस्था में पहुँच गई। यहाँ पहुँचकर छायावादी कविता ने एक भिन्न स्वरूप ग्रहण कर लिया। जिसके कारण उसे नयी कविता कहा जाने लगा। प्रतिस्थिति की अवस्था में संघर्ष चरम सीमा पर रहता है और परस्पर विरोधी तत्त्वों में किसी प्रकार का सहयोग और समन्वय नहीं दिखलाई पड़ता। छायावाद के भीतर से विकसित होने पर भी प्रगतिवाद और प्रयोगवाद का दृष्टिकोण छायावाद के प्रति प्रतिक्रिया प्रधान था। प्रगतिवादी और प्रयोगवादी दोनों ही प्रतिक्रिया के जोश में छायावाद को हेय और निकृष्ट मानने लगे, फलतः उसकी स्वस्थ परम्पराओं की भी उन्होंने पूर्ण अवहेलना की।

छायावादोत्तर काल की प्रमुख काव्य-प्रवृत्तियाँ

छायावाद युग की समाप्ति के बाद वाले दशक में अर्थात् सन् 1940 से 1950 तक हिंदी कविता की चार प्रमुख प्रवृत्तियाँ थीं—(1) प्रगतिवाद, (2) प्रयोगवाद, (3) व्यक्तिवादी स्वच्छन्दतावाद, (4) नव रहस्यवाद। किंतु उसके बाद वाले दशक (1950-1960) में इनकी शक्ति उत्तरोत्तर क्षीण होती गई और इन सबके समन्वय से तथा छायावाद की स्वस्थ परम्पराओं की स्वीकृति के कारण एक नवीन काव्यधारा सामने आई, यही नयी कविता थी। कुछ ही वर्षों में इस काव्य प्रवृत्ति ने एक आन्दोलन का रूप धारण कर लिया। इस आन्दोलन के मूल में वे सामाजिक परिस्थितियाँ तथा वह स्वातंत्र्य चेतना थी जो स्वतंत्रता प्राप्ति के फलस्वरूप उत्पन्न हुई थी। स्वतंत्र होते ही इस देश को विभाजन से उत्पन्न एक बहुत बड़े संकट की स्थिति से गुजरना पड़ा। लाखों निर्दोष व्यक्तियों की मृत्यु और करोड़ों व्यक्तियों के स्थानान्तरण के फलस्वरूप धर्मों और सम्प्रदायों के प्रति बुद्धिजीवी वर्ग की आस्था बहुत कम हो गई। फलतः छायावादयुगीन मानवतावादी दृष्टि का विकास नये सन्दर्भों के अनुरूप नवीन रूप में हुआ। इस महान् संकट के बावजूद देश की जनता में स्वतंत्रता का उल्लास था। देशवासियों के मन पर दासता का जो पर्वत जैसा बोझ पड़ा हुआ था उसके हटते ही जीवन के प्रत्येक क्षेत्र में मुक्ति का स्वच्छन्द वातावरण दिखाई पडने लगा और जनता स्वतंत्र वातावरण में साँस लेने लगी। नया संविधान

लागू हो जाने के बाद प्रत्येक देशवासी के ऊपर अपने देश के नव-निर्माण का दायित्व आ गया और सारे देश में लोकतांत्रिक स्वातंत्र्य-चेतना व्याप्त हो गई। इस चेतना के भीतर समाजवादी समाज के निर्माण की प्रबल कामना भी निहित थी। इस तरह मुक्ति की चेतना ही स्वातंत्र्योत्तर युग की प्रमुख चेतना थी जो इस शताब्दी के छठे दशक (1950-60) के भारतीय साहित्य, कला, राजनीति आदि विविध बौद्धिक प्रयासों के मूल में वर्तमान थी।

मुक्ति की चेतना सदैव प्राचीन के त्याग और नवीन की खोज तथा उसकी स्वीकृति के रूप में अभिव्यक्त होती है। यद्यपि हिंदी कविता में नवीनता और आधुनिकता का आग्रह स्वतंत्रता-प्राप्ति के पूर्व से ही अनेक कवियों में था, किंतु नवीनता या आधुनिकता को एक आन्दोलन का रूप इसके पूर्व कभी नहीं दिया गया था। इस नये आन्दोलन के फलस्वरूप कविता की भाषा छंद और अभिव्यंजना पद्धति में ही नहीं, विषयवस्तु और अनुभूति के क्षेत्र में भी परम्परागत रूढ़ियों को छोड़ने और युगबोध के अनुरूप नवीन शिल्प और वस्तु को स्वीकार करने की प्रवृत्ति बहुत बढ़ गई। इसी से इस काल की कविता चाहे वह किसी भी विचारधारा या दृष्टिकोण से अनुप्रेरित क्यों न हो, नयी कविता कहलाने लगी। कविता की देखा-देखी अन्य साहित्य विधाओं के नामों के साथ भी नया विशेषण लगाया जाने लगा, जैसे—नयी कहानी, नयी समीक्षा, नवगीत, नवनाटक, नवएकांकी, आदि। इन सबके सामूहिक रूप को नवलेखन नाम दिया गया। यह विशेषण केवल साहित्यिक क्षेत्र तक ही सीमित नहीं रहा। स्वतंत्रता-प्राप्ति के बाद भारत, नया भारत हो गया जिसमें नये समाज का नव-निर्माण हो रहा था। नयेपन का यह आग्रह सिद्ध करता है कि स्वतंत्र भारत में राजनीतिक मुक्ति के बाद सभी क्षेत्रों में बाह्य और आन्तरिक मुक्ति की भावना तीव्र वेग से जाग उठी थी।

स्वतंत्रता-प्राप्ति के पूर्व प्रगतिवादी और प्रयोगवादी काव्य प्रवृत्तियाँ मुख्यतः प्रतिक्रिया की भावना से अनुप्राणित थीं। प्रतिक्रिया एक निषेधात्मक शक्ति है। इसी कारण प्रगतिवाद और प्रयोगवाद में ध्वंस और अस्वीकृति का स्वर ही प्रमुख था, राष्ट्रीयता, सांस्कृतिक परम्परा, सौंदर्यबोध, दार्शनिक चिन्तन आदि के संबंध में उनकी दृष्टि अत्यन्त अनुदार और संकीर्ण थी। स्वतंत्रता-प्राप्ति के बाद राष्ट्रीय चेतना और उत्तरदायित्व की भावना जाग्रत होने पर उक्त संकीर्ण मनोवृत्तियों का समाप्त हो जाना स्वाभाविक था। प्रयोगवाद और प्रगतिवाद में से प्रगतिवाद एक विशेष राजनीतिक दल के साथ सम्बद्ध हो जाने के कारण तथा नवीन राष्ट्रीय चेतना और सामाजिक परिस्थितियों के अनुकूल न होने से स्वतः समाप्त हो गया। उसमें जो थोड़े बहुत ग्राह्य तत्त्व थे, नयी कविता ने उसे अपने भीतर समाहित कर लिया। इसी प्रकार प्रयोगवाद के ग्राहृय तत्त्वों को भी नयी कविता ने स्वीकार करके अपना बना लिया। फिर भी जिन कवियों में प्रयोग के लिए प्रयोग का आग्रह अधिक था

और ऊटपटाँग प्रयोगों से पाठकों को चौंकाना ही अपना लक्ष्य मानते थे, उन्होंने प्रयोगवाद को जीवित रखा। फलतः हिंदी में प्रयोगवाद की एक संकीर्णधारा क्षीण रूप में आज भी प्रवाहित हो रही है।

छायावादोत्तर-युग का काव्य

छायावाद नवोदित भारतीय मध्यवर्ग की—व्यक्तिवादी स्वातंत्र्य-भावना का काव्यात्मक प्रतिफलन था। पूँजीवादी युग के मध्यवर्ग के भीतर दो प्रकार की परस्पर विरोधी प्रवृत्तियाँ साथ-साथ रहती हैं, जैसे व्यक्ति-स्वातंत्र्य की भावना के साथ लोकतांत्रिक साम्य भावना, विद्रोह की भावना के साथ बहुजन-समाज की आर्थिक पराधीनता और विवशता, रूढ़ियों की अस्वीकृति के साथ सामाजिक असंगतियों की निर्मम दासता, आध्यात्मिक चेतना के साथ भौतिकतावादी वैज्ञानिक विचारधारा, राष्ट्रीय स्वातंत्र्य-भावना के साथ विभिन्न राजनीतिक दलों की स्वार्थ भावना तथा पारस्परिक संघर्ष आदि। मध्यवर्गीय स्वातंत्र्य-भावना का अन्तर्विरोध जब स्पष्ट होने लगता है तो मध्यवर्ग के अनेक आदर्शवादी भ्रम एक-एक कर टूटने लगते हैं। छायावाद जिस ऐतिहासिक-सामाजिक स्थिति की देन था, उसके अन्तर्विरोध की अभिव्यक्ति छायावादी कविता में भी हुई है। सन् 1940 तक छायावाद के उन अन्तर्विरोधी तत्त्वों का पारस्परिक द्वन्द्व इतना स्पष्ट हो गया कि छायावादी काव्य-प्रवृत्ति में विघटन के लक्षण स्पष्ट दिखाई पड़ने लगे। छायावाद के कुछ लब्धप्रतिष्ठ कवियों को स्वयं अपनी पूर्ववर्ती कविता अतिशय कल्पनाशील और अतीन्द्रिय प्रतीत होने लगी और उन्होंने अपनी भौतिकतावादी और आध्यात्मिक जीवन-दृष्टियों को समन्वित करने का मार्ग खोजना प्रारम्भ किया। प्रगतिवाद का प्रारम्भ इन्हीं परिस्थितियों में हुआ। इससे स्पष्ट है कि प्रगतिवाद के बीज छायावादी कविता के उस रूप में उपस्थित थे जिसे राष्ट्रीय और सामाजिक धारावाली छायावादी कविता कहा जाता है। एक बात और ध्यान देने की यह है कि प्रगतिवाद केवल सामाजिक यथार्थ की विचारधारा के रूप में ही नहीं आया, उसमें स्वच्छन्दतावादी और आध्यात्मिक छायावादी कविता की भाषा, छंद-विधान और अभिव्यंजना-पद्धति के विरुद्ध एक स्वाभाविक प्रतिक्रिया का भाव भी वर्तमान था जिसके कारण प्रगतिवादी कवियों ने 'रूपाभ' नामक मासिक पत्र (सन् 1939, संपादक-सुमित्रानंदन पन्त) में ऐसी कविताओं को प्रकाशित करना शुरू किया जिसमें भाषा, छंद और अभिव्यंजना संबंधी नये प्रयोग किये गये थे। किन्तु इस प्रकार के प्रयोगों का यह प्रथम अवसर नहीं था। इसके पूर्व भी निराला ने अपनी कविताओं में स्वाभाविक रूप से ऐसे प्रयोग किये थे। इस तरह प्रगतिवाद और प्रयोगवाद की प्रवृत्तियाँ छायावादी कविता के भीतर ही वर्तमान थीं। सन् 1935 से सन् 1940 के बीच राष्ट्रीय और अन्तर्राष्ट्रीय परिस्थितियों में इस तीव्र गति से

परिवर्तन हुआ कि साहित्य पर भी उनका प्रभाव पड़ना अवश्यम्भावी था। इन परिवर्तित सामाजिक, राजनैतिक और आर्थिक परिस्थितियों के दबाव के फलस्वरूप छायावादी कविता की मुख्य धारा महत्त्वहीन हो गई और सामाजिक तथा वैयक्तिक विद्रोह वाली प्रवृत्तियाँ बलवती होती गयीं।

छायावाद युग में इस तरह के सामाजिक विद्रोह की कविताएँ सांस्कृतिक पुनरुत्थान की भावना और राष्ट्रीय चेतना से अनुप्राणित होती थीं। इस युग के उत्तरार्द्ध में राजनीतिक राष्ट्रीयता और आर्थिक वैषम्य से उत्पन्न साम्य भावना को व्यक्त करनेवाली कविताएँ भी लिखी जाने लगीं। इस तरह छायावादी कविता के भीतर राष्ट्रीयता और सामाजिक वैषम्य के प्रति विद्रोह की जो प्रवृत्ति थी, वही आगे चलकर सन् 1935 के बाद प्रगतिवादी काव्य-प्रवृत्ति के रूप में विकसित हुई। सामाजिक विद्रोह का ही एक अन्य रूप काव्यगत नवीन प्रयोग भी है। छंद के बंधन तोड़कर मुक्त-छंदों का प्रयोग कवियों की विद्रोही प्रवृत्ति का ही द्योतक है। छायावादी कविता में यह प्रयोगात्मक प्रवृत्ति पहले से ही वर्तमान थी। निराला ने अपने 'अणिमा' नामक काव्य-ग्रंथ में जो व्यंग्यात्मक कविताएँ लिखी हैं, उनमें प्रयोगवाद का प्रारम्भिक रूप स्पष्ट दिखाई पड़ता है। किन्तु सन् 1940 के बाद जिस तरह की प्रयोगशील कविताएँ लिखी जाने लगीं, उनमें केवल भाषा और छंद संबंधी प्रयोगों का ही आग्रह नहीं था, बल्कि वह व्यक्तिवादी मनोवृत्ति भी वर्तमान थी जो अन्तर्मुखी और अहंवादी व्यक्ति की मानसिक ग्रंथियों की देन होती है। इस मार्ग पर चलने वाले कवियों में, जो 'तारसप्तक' नामक काव्य-संकलन के साथ प्रकाश में आये, छायावादी कविता की कल्पना-प्रवणता और आध्यात्मिकता के विरुद्ध प्रतिक्रिया की भावना इतनी अधिक थी कि उन्हें एक कोटि में रखकर उनकी सामान्य काव्य-प्रवृत्ति का कोई न कोई नाम दिया जाना स्वाभाविक था। आलोचकों ने इन कविताओं के आन्तरिक पक्ष पर ध्यान न देकर केवल उनके बाह्य प्रयोगों की अधिकता को ही लक्ष्य किया। फलतः इस काव्य-प्रवृत्ति का नाम ही प्रयोगवाद पड़ गया। इस प्रकार प्रयोगवाद का विकास भी छायावाद की वैयक्तिक विद्रोहमूलक प्रवृत्ति से ही हुआ था।

छायावाद की एक अन्य प्रवृत्ति वैयक्तिक जीवन के सुख-दुःखों के अभिव्यक्ति की भी थी। प्रारम्भ में इस प्रकार की भावनाओं को बहुत छिपाकर लाक्षणिक शैली में अभिव्यक्त किया जाता था। प्रसाद के 'आँसू' और पंत के 'उच्छ्वास' तथा 'आँसू' शीर्षक कविताओं में यह बात देखी जा सकती है। किन्तु पंत की 'ग्रंथि', 'आज रहने दो यह गृह काज' शीर्षक कविताओं, प्रसाद की 'वे कुछ दिन कितने सुन्दर थे' और निराला की 'सरोज-स्मृति' आदि कविताओं में वैयक्तिक जीवन की अनुभूतियों की सीधी अभिव्यक्ति भी हुई है। छायावाद-युग के उत्तरार्ध में भगवती चरण वर्मा, नरेन्द्र शर्मा, बच्चन, अंचल, नेपाली आदि कवियों ने छायावाद की इसी प्रवृत्ति को ग्रहण किया। इन कवियों में भी छायावाद की आध्यात्मिकता,

आदर्शवादिता और अतिशय कल्पनाशीलता के विरुद्ध प्रतिक्रिया की भावना थी। वे जीवनानुभवों की सीधी सच्ची अभिव्यक्ति में विश्वास करते थे, उन्हें छिपाकर या आध्यात्मिक रूप देकर उपस्थित करने में नहीं। इस तरह यह प्रवृत्ति वैयक्तिक यथार्थवाद की थी। ये अपने व्यक्तिगत जीवन की बातों, विशेषकर प्रेम, विरह, मिलन, आशा, निराशा आदि का वर्णन सीधे ढंग से करते थे। इन कवियों की सबसे बड़ी कमजोरी नारी थी। नारी के प्रति अपनी अतृप्त कामनाओं का वर्णन उन्होंने खुले शब्दों में किया है। यह प्रवृत्ति भी एक प्रकार से छायावादी आदर्शवाद और आध्यात्मिकता के विरुद्ध प्रतिक्रिया की ही देन है। इन कवियों में निराशावाद और नियतिवाद की भावना प्रमुख थी। अतः ये ऊपर बताये गये चार रास्तों में से तीसरे रास्ते पर चलने वाले कवि थे, जिन्हें सामाजिक यथार्थ के व्यापक संदर्भों का ज्ञान नहीं था अथवा जो अपने भीतर के छोटे संसार को ही सब कुछ मानते थे। सन् 1940 के बाद यह काव्य-प्रवृत्ति उत्तरोत्तर अपना विषय क्षेत्र सीमित करती गई और काव्य की अन्य विधाओं को छोड़कर मुख्यतः गीत-विधा में ही सिमट कर रह गई। वर्तमान समय में इसका रूप सामान्य जनता के बीच आयोजित कवि-सम्मेलनों के लिए ही उपयोगी रह गया है। छायावाद का ह्रासशील रूप वस्तुतः इसी प्रकार की कविताओं में दिखाई पड़ता है।

स्वतंत्रता-प्राप्ति के साथ ही देश के भविष्य-निर्माण का सारा उत्तरदायित्व इस देश के नागरिकों पर आ गया। इस उत्तरदायित्व की चेतना बुद्धिजीवी-वर्ग में सबसे अधिक होती है और सबसे पहले उसी में उत्पन्न भी होती है। कुछ स्वार्थान्ध व्यक्तियों और दलों को छोड़कर स्वतंत्र भारत के अन्य सभी बुद्धिजीवी लोगों ने अपने-अपने क्षेत्र में नवनिर्माण और देश के महत्तर हितों के प्रति अपने उत्तरदायित्व को पहचाना था। यह उत्तरदायित्व-भावना स्वातंत्र्योत्तर हिंदी-कविता में भी प्रतिबिम्बित हुई है। स्वतंत्रता-प्राप्ति के पूर्व प्रगतिवादी और प्रयोगवादी काव्य प्रवृत्तियाँ मुख्यतः प्रतिक्रिया की भावना से अनुप्रेरित थीं। प्रतिक्रियावाद एक निषेधात्मक प्रवृत्ति है। अतः प्रगतिवाद और प्रयोगवाद में ध्वंस और अस्वीकार का स्वर ही प्रमुख था तथा राष्ट्रीयता, सांस्कृतिक परम्परा, सौंदर्य-बोध आदि के संबंध में उनकी दृष्टि अत्यन्त अनुदार और संकीर्ण थी। स्वतंत्रता-प्राप्ति के बाद राष्ट्रीय चेतना और उत्तरदायित्व की भावना जाग्रत होने पर उक्त संकीर्ण विचारधाराओं और प्रवृत्तियों का समाप्त हो जाना अवश्यम्भावी था। प्रयोगवाद और प्रगतिवाद में से प्रगतिवाद एक विशेष राजनीतिक मतवाद से ग्रस्त होने के कारण तथा स्वातंत्र्योत्तर राष्ट्रीय चेतना और सामाजिक परिस्थितियों के अनुकूल न होने से अपनी मौत आप मर गया। उसमें से जो थोड़े बहुत ग्राह्य तत्त्व थे, नयी कविता ने उसे अपने भीतर समाहित कर लिया। इस तरह स्वातंत्र्योत्तर काल में प्रगतिवाद की प्रवृत्ति हिंदी कविता के भीतर से समाप्तप्राय हो गई। प्रयोगवाद के ग्राह्य तत्त्वों को भी 'नयी

कविता' ने स्वीकार करके अपना बना लिया। फिर भी जिन कवियों में नवीनता के लिए ही नवीनता का आग्रह अधिक था और जो नये ऊटपटाँग प्रयोगों द्वारा पाठकों को चौंकाना ही अपना लक्ष्य मानते थे, उन्होंने प्रयोगवाद को जीवित रखा। फलतः प्रयोगवाद की एक संकीर्ण धारा क्षीण रूप में आज भी प्रवाहित हो रही है।

इस प्रकार छायावादोत्तर काल की कविता को दो स्पष्ट युगों में विभाजित किया जा सकता है। (1) प्रतिक्रिया युग (2) सामंजस्य युग। प्रतिक्रिया युग में तीन काव्य-प्रवृत्तियाँ समानान्तर रूप से विकसित हुईं—(1) व्यक्तिवादी स्वच्छन्दतावादी काव्य (2) प्रगतिवादी काव्य और (3) प्रयोगवादी काव्य। सामंजस्य युग में ये सभी मिलजुल कर एक नये रूप में ढल गईं और इनका सम्मिलित नाम 'नयी कविता' हुआ। 'नयी कविता' के भीतर भी दो प्रवृत्तियाँ प्रमुख थीं (क) गद्यात्मक और मुक्तक छंदवाली नयी कविता (ख) गीतात्मक 'नयी कविता' जिसे बाद में 'नवगीत' की संज्ञा प्राप्त हुई। गीतिकाव्य की दृष्टि से इन दोनों युगों की काव्य प्रवृत्तियों का अलग-अलग विवेचन आवश्यक है क्योंकि इन दोनों में गीतिकाव्य के शिल्प का रूप भिन्न-भिन्न दिखलाई पड़ता है। इस अध्याय में छायावादोत्तर काल के पूर्वार्द्ध (1940-1950) की गीतिकाव्य प्रवृत्तियों—व्यक्तिवादी स्वच्छन्दतावादी काव्य, प्रगतिवादी काव्य और प्रयोगवादी काव्य के विविध गीतात्मक रूपों के विकास का विवेचन किया जायेगा।

व्यक्तिवादी स्वच्छन्दतावाद

छायावाद-युग के दूसरे चरण (1930-1940 ई.) में छायावादी व्यक्तिवाद ने अहंवाद का रूप धारण करना शुरू कर दिया। पूर्ववर्ती छायावादी कवि अपने व्यक्तित्व के उपासक थे, अहं के नहीं। वे अपने प्रति सजग रहते हुए भी संसार से द्रोह नहीं करते थे। वे व्यक्तिवादी थे किन्तु परवर्ती छायावादी कवि व्यक्तिवाद से आगे बढ़कर अहंकारी हो गये। अहंकार पूँजीवादी समाज की विसंगतियों का परिणाम है। मध्यवर्ग का व्यक्ति सर्वहारा वर्ग में जाना नहीं चाहता, वह स्वच्छन्द रूप से व्यक्तिगत हित-साधन करता हुआ आत्मोन्नति करना चाहता है पर पूँजीवादी होड़ और संघर्ष में टिक नहीं पाता। उद्योगों के उत्तरोत्तर विकास के कारण समाज में बेकारी बढ़ती है। पूँजीवादी लोकतंत्र व्यक्ति की सुरक्षा का उत्तरदायित्व नहीं लेता, न उसे मरने की ही स्वतंत्रता देता है। इस तरह पूँजीवाद के चरम विकास की अवस्था में मध्यवर्गीय बुद्धिजीवी वर्ग का 'स्वतंत्रता का भ्रम' टूटता है और वह अपने को नियति का बन्दी समझने लगता है। निराशा और मृत्युपूजा की भावना उसे बुरी तरह जकड़ लेती है। व्यक्तिवादी अहंवाद का दूसरा रूप असामाजिक उच्छृंखलता और समाज के प्रति द्रोह की भावना है। छायावाद-युग के उत्तरार्द्ध में भारत की राजनीतिक और

आर्थिक अवस्था ऐसी हो गई कि छायावादी कवि का स्वप्नलोक और स्वतंत्रता का कल्पनानीड़ नष्ट हो गया। परिणामस्वरूप एक ओर तो साहित्य में प्रगतिवादी आन्दोलन का जन्म हुआ, दूसरी ओर स्वच्छन्द और अहंवादी व्यक्तिवाद की भावनाएँ व्यक्त की जाने लगीं। छायावादी कविता में प्रारम्भ में 'मैं' शैली अवश्य अपनाई गई थी पर कवि अपने निजी सुख-दुःख की कथा या घरेलू घटनाओं का वर्णन काव्य में नहीं करता था। इस दूसरे दौर की छायावादी कविता व्यक्तिवादी न रहकर व्यक्तिगत हो गई। इसके मूल में नये कवियों की अहंवादिता ही थी। अब कवि अपने को सबसे अलग, सबसे प्रताड़ित और निरवलंब और कभी-कभी सच्चे अहंवादी की तरह सबसे बुद्धिमान समझने लगा। इसका प्रमाण भगवतीचरण वर्मा के काव्यग्रन्थ 'मानव' की भूमिका है जिसमें उन्होंने लिखा है—'आज जब मैं सोचता हूँ कि किस प्रकार अपना मस्तक ऊँचा कर मैं भूल और बेकारी से लड़ा हूँ, किस प्रकार मैंने आत्मसम्मान, 'अपनेपन' की रक्षा की है, तब मुझे कुछ शान्ति मिलती है। दुनिया में मैंने अभी तक दुनिया वालों की नजर में खोया ही है, पाया कुछ नहीं। पर अपनी नजरों में मैंने एक महान् अनुभव पाया है और मैं समझता हूँ कि मैं सत्य के बहुत निकट पहुँच गया हूँ।—मैं अहम् का उपासक रहा हूँ। अहम् नाम की चीज गुलामों में नहीं मिल सकती।' अहम् का इस प्रकार प्रशस्ति-गान करने वाले कवियों ने अपने व्यक्तिगत जीवन की कथा कहकर तथा अपनी चारित्रिक कमजोरियों को स्वच्छन्दता का नाम देकर काव्य-रचना करना शुरू किया।

इस प्रवृत्ति का परिणाम यह हुआ कि जीवन-संघर्ष में पराजित कवि अपने अहम् के घेरे में बन्द होकर अपने को विजयी समझने लगे, अथवा अपने निजी सुख-दुःख, आशा-निराशा का दैन्य-भाव से निवेदन करने लगे। इस प्रकार वे काव्य में प्रेम की सफलता, असफलता, प्रेमिका का रूप-सौंदर्य, आलिंगन, चुम्बन, अभिसार, विरह की नाना दशाओं, जीवन की अन्य असफलताओं, निराशा और वेदना, मृत्यु की कामना, शराब और साकी से दिलबहलाव आदि का चित्रण करने लगे। यह निजी कविता ह्रासशील पूँजीवाद की परिस्थितियों की देन थी। उसे तत्कालीन 'पराजित पीढ़ी' की कविता कह सकते हैं। उसमें अहंवाद के तीन रूप व्यक्त हुए हैं :

1. आत्मरति, आत्मप्रशंसा और झूठा आत्मविश्वास।
2. व्यक्तिगत जीवन की निराशा, वेदना, प्रेम की असफलता, मृत्यु की उपासना।
3. मधुचर्या, शारीरिक सौंदर्य का खुला चित्रण, मानसिक व्यभिचार और क्षयी रोमांस।

भगवतीचरण वर्मा के 'प्रेम संगीत' और 'मानव' नामक काव्य-संग्रहों में अहंवाद की अभिव्यक्ति सबसे अधिक हुई है। बच्चन, नरेन्द्र शर्मा और अंचल का काव्य आत्मरति, मधुचर्या और खुले रोमांस से भरा है। बच्चन के 'निशा-निमन्त्रण'

'एकान्त संगीत' और 'आकुल अन्तर' नामक काव्य-संग्रहों तथा नरेन्द्र शर्मा की कई कविताओं में निराशा, वेदना और मृत्युपूजा की अतिरंजित अभिव्यक्ति हुई है। इस प्रकार परवर्ती छायावादी कवियों ने जीवन को गम्भीरता की दृष्टि से नहीं देखा। उनमें तत्त्व-चिन्तन का अभाव और जीवन की स्थूल और ऊपरी समस्याओं में उलझे रहने की प्रवृत्ति थी। अत्यधिक भावुकता और कैशोर रूमानी भावनाओं के कारण उनके काव्य में अनुभूतिगत गहराई भी नहीं है।

किंतु इन कवियों की एक महत्त्वपूर्ण देन यह है कि उन्होंने छायावादी कविता को अतिशय कल्पनाशीलता और आरोपित आध्यात्मिकता के मार्ग से हटाकर जीवन की यथार्थ भूमि पर अग्रसर किया, उसे स्वप्न के शीशमहल से निकाल कर मांसल अनुभूतियों का क्षेत्र प्रदान किया, काव्य-भाषा को जनभाषा के निकट पहुँचाया और अनुभूतियों की सीधी अभिव्यक्ति का मार्ग अपना कर कविता को जनसाधारण के लिए बोधगम्य बनाया। छायावाद नाम के पीछे एक धारणा यह भी थी कि वह छाया या कुहरे के समान अस्पष्ट है, समझ में नहीं आती। बच्चन, नरेन्द्र शर्मा, दिनकर, नेपाली आदि परवर्ती व्यक्तिवादी स्वच्छन्दतावादी कवियों की कविता में न तो दूरारूढ़ कल्पनाएँ थीं, न गूढ़ संवेदनाएँ, न लाक्षणिक और व्यंग्यात्मक उक्ति-वैचित्र्य और न सूक्ष्म प्रतीकात्मकता और सांकेतिकता। इस कारण इनकी कविताएँ अधिक लोकप्रिय हुईं। ये कवि प्रायः कवि सम्मेलनों में कविताएँ सुना कर लोकप्रिय हुए। इस तरह इस युग में कवियों और जनता के बीच सीधा सम्पर्क स्थापित हुआ। इसका कारण यह था कि इनकी काव्यशैली पूर्ववर्ती छायावादी कविता की उदात्त और गरिमामयी शैली से भिन्न, साधारण और सहज थी। इस शैली में सामान्य मानव की सहज अनुभूतियों की अभिव्यक्ति आसानी से हो सकती है। इसीलिए इन कवियों की कविता में अनुभूति की ईमानदारी और तीखापन अधिक है, गहराई और बांकपन उतना नहीं है। पर पाठक के साथ सीधा सम्पर्क स्थापित करने की यह प्रवृत्ति कहीं-कहीं शिष्टता की सीमा का उल्लंघन कर गई है। जहाँ जुगुप्साजनक और दैनिक-जीवन के अतिसाधारण तथ्यों का कथन है, वहाँ इस शैली की कविताओं से आकर्षण की जगह विकर्षण उत्पन्न हो जाता है। इन कवियों ने बहुत ही सहज और सुबोध भाषा का प्रयोग किया है जो बोलचाल की भाषा के अधिक निकट है। भाषा को अलंकृत बनाने या सजाने-सँवारने की अथवा उसे अधिक अर्थवती और शक्तिमती बनाने की ओर उनकी रुचि नहीं थी। इसलिए उन्होंने प्रायः अभिधा प्रधान कविताएँ लिखी हैं जिससे बहुधा उनकी भाषा गद्य की भाषा जैसी लगती है। इस तरह सहज संवेदना, सच्ची अनुभूति, सरल शैली, सुबोध भाषा और सामान्य भावबोध ही इन कविताओं की निजी विशेषता है।

किन्तु निराशावाद, नियतिवाद, अहंवाद और नयी रोमांस की ये प्रवृत्तियाँ वस्तुतः छायावाद के विरुद्ध प्रतिक्रिया की देन थीं। प्रतिक्रिया का काव्य न तो स्थायी

होता है और न मूल्यवान। यह बात व्यक्तिवादी स्वच्छन्दतावादी कवियों को स्वर स्पष्ट हो गई थी। इसलिए शीघ्र ही इन कवियों ने अपना रास्ता बदलकर या तं शुद्ध स्वच्छन्दतावादी मार्ग अपनाया या प्रगतिवाद और प्रयोगवाद के खेमे में चले गये। इन कवियों के बादवाली पीढ़ी के स्वच्छन्दतावादी कवियों ने वैयक्तिकता और सामाजिकता का समन्वित और स्वस्थ दृष्टिकोण लेकर काव्य-रचना शुरू की। अतः उनकी कविता में रूमानियत होते हुए भी अधिक काव्यत्व और सौंदर्य है। ऐसे कवियों में जानकी बल्लभ शास्त्री, हंस कुमार तिवारी, सुमित्रा कुमारी सिन्हा, शिवमंगल सिंह 'सुमन', भवानी प्रसाद मिश्र, गोपाल सिंह 'नेपाली', डॉ. शम्भुनाथ सिंह, श्याम नन्दन किशोर, राम दयाल पाण्डेय, गुलाब खण्डेलवाल आदि के नाम विशेष उल्लेखनीय हैं। इनकी कविताओं में प्रतिक्रियाजन्य उच्छृंखलता अथवा निराशावाद नहीं है किन्तु 'छायावाद' से उत्तराधिकार में प्राप्त कल्पना प्रवणता, अतिशय भावुकता और प्रेम की मादकता उनमें अवश्य अधिक है। साथ ही प्रकृति के प्रति रागात्मक सम्बन्धों एवं राष्ट्रीय तथा सामाजिक भावनाओं से भी वे असम्पृक्त नहीं थे। इनका काव्य अधिकांशतः छन्दाश्रित एवं लयात्मक है जिससे वह जन-मानस से अधिक निकट है। इन लोगों ने यौवन और जीवन के काम वेग और अप्रतिहत शक्ति का स्वच्छन्द चित्रण किया है फिर भी उनकी मूल दृष्टि व्यक्तिवादी स्वच्छन्दतावाद की ही है। अतः विषय-वस्तु एवं शिल्प-शैली की दृष्टि से उनमें अधिक भेद नहीं है।

व्यक्तिवादी स्वच्छन्दतावादी काव्य का विषयगत वर्गीकरण

गीतिकाव्य की दृष्टि से यह निस्सन्देह कहा जा सकता है कि यह काव्य-प्रवृत्ति मूलतः गीतात्मक ही है। अतः विषय-वस्तु एवं शिल्प की दृष्टि से इस धारा के गीतिकाव्य का वर्गीकरण करना अत्यन्त आवश्यक है।

विषय-वस्तु की दृष्टि से व्यक्तिवादी स्वच्छन्दतावादी काव्यधारा को निम्नलिखित वर्गों में विभाजित किया जा सकता है :

1. निराशावाद-नियतिवाद
2. अहंवाद और आत्मरति
3. मधुचर्या और ऐन्द्रियता
4. प्रकृति-प्रेम
5. आंचलिकता
6. प्रेम-भावना और सौंदर्य-चेतना
7. जीवनास्था और सामाजिकता
8. राष्ट्रीयता और मानवतावाद

1. निराशावाद-नियतिवाद : पहले कहा जा चुका है कि विद्रोहयुग की आर्थिक और सामाजिक परिस्थितियों के कारण युवावर्ग में तीव्र असन्तोष का भाव उत्पन्न हुआ जिसकी अभिव्यक्ति विद्रोह के रूप में न हो पाने के कारण निराशा और नियतिवाद की विविध भावनाओं के रूप में हुई। इसीलिए छायावाद के अतिशय कल्पनाप्रवण एवं आदर्शवादी दृष्टिकोण से पिंड छुड़ाकर इस काल के युवा कवियों ने ईमानदारी के साथ अपने जीवन की स्थिति एवं मन की भावनाओं को सीधे ढंग से अभिव्यक्त किया। यह प्रवृत्ति पहले एकाकीपन के रूप में दिखलाई पड़ी। कवि अपने को जगत् से दूर अकेला और मकड़ी के जाले में फँसी हुई मक्खी की तरह छटपटाता हुआ अनुभव करने लगा। बच्चन, नरेन्द्र शर्मा, भगवतीचरण वर्मा और अंचल के काव्य में एकाकीपन, निराशा और वेदना का भाव बहुत अधिक मिलता है। उन्हें समाज शत्रु के रूप में दिखलाई पड़ता है, जो दूर खड़ा होकर उनके ऊपर प्रहार करता सा जान पड़ता है। इन बातों को बच्चन ने 'आकुल अन्तर' में इस प्रकार व्यक्त किया है। जैसे :

कितना अकेला आज मैं।
संघर्ष से टूटा हुआ,
दुर्भाग्य से लूटा हुआ।
परिवार से छूटा हुआ, कितना अकेला आज मैं।
कितना अकेला आज मैं।

भटकता हुआ संसार में,
अकुशल जगत् व्यवहार में,
असफल सभी व्यापार में, कितना अकेला आज मैं।[1]

भगवती चरण वर्मा को चारों ओर सूनापन ही दिखलाई पड़ता है जिससे जीवन असह्य बोझ प्रतीत होता है :

धुंधली बनकर इन आँखों ने केवल सूनापन पहचाना,
है इस जीवन का बोझ असह, मैं निर्बलता से चूर प्रिये।
उर शंकित है, पग डगमग है तू मुझसे कितनी दूर प्रिये।
एकाकीपन ही अपनापन, मैं अपने से मजबूर प्रिये।

—प्रेम-संगीत

पराजय की यह भावना नियतिवाद को जन्म देती है। इसीलिए बच्चन नियति की दुहाई देते हुए कहते हैं :

हो नियति, इच्छा तुम्हारी पूर्ण, मैं चलता चलूँगा,

---

1. पुष्करिणी : सम्पादक अज्ञेय, पृ. 565

पथ सभी मिल एक होंगे, तम घिरे यम के नगर में।
हैं कुपथ पर पाँव मेरे आज दुनिया की नजर में

—मधुकलश

बच्चन के 'निशा-निमंत्रण', 'आकुल-अन्तर' और 'एकान्त संगीत' नामक काव्य ग्रन्थों में एकाकीपन के बोध और निराशावादी-नियतिवादी भावनाओं की अधिकता का कारण उनका वैयक्तिक एवं पारिवारिक सुख-दुःख था। ऐसी परिस्थितियों में नियति से संघर्ष करना सच्चे मानव का गुण है जो इन निराशावादी कवियों में नहीं था।

2. अहंवाद और आत्मरति : असन्तुष्ट और दमित इच्छाओं के कारण ही निराशावाद और नियतिवाद का जन्म होता है किंतु कभी-कभी ये दमित वासनाएँ मिथ्या अभिमान, अहंवाद और आत्मरति के रूप में अभिव्यक्त होने लगती हैं। जीवन-संघर्ष में पराजित कवि अपने को अकेला पाकर अपने 'स्व' को ही सब कुछ मानने लगे। अतः उनका अहं झूठे आत्म-विश्वास, 'स्व' के काल्पनिक विस्तार और प्रेमिका में होकर अभिव्यक्त होने लगा। वे अपने को महत्तम शक्ति से युक्त अथवा पूर्ण स्वच्छन्द मानने लगे। इन भावों की अभिव्यक्ति बच्चन, भगवती चरण वर्मा, नरेन्द्र शर्मा और अंचल में विविध रूपों में दिखलाई पड़ती है। उदाहरण के लिए नरेन्द्र शर्मा की निम्नलिखित पंक्तियाँ देखी जा सकती हैं :

विघ्न-बाधाएँ कहाँ संसार में मेरी तरी को,
व्योम से निस्सीम सागर बीच निर्भय छोड़ दी है।

X X X

भूख से भूली प्रलय की भंवर भी आये हजारों,
उमड़ सातों सिन्धु गरजें, आज नौका बढ़ रही है।

—चाँदी की तरी (प्रभात फेरी)

इस प्रकार बच्चन अपने को सृष्टि का आदि कर्त्ता समझने लगते हैं :

सृष्टि के प्रारम्भ में मैंने उषा के गाल चूमे,
बाल रवि के भाग्य वाले दिव्य भाल विशाल चूमे।
प्रथम सन्ध्या के अरुण दृग चूमकर मैंने सुलाये,
तारिका कलि से सुसज्जित नव उषा के बाल चूमे,
वायु के रसमय अधर पहले सके छू होंठ मेरे,
मृत्तिका की पुतलियों से आज क्या अभिसार मेरा,
कह रहा जग वासनामय हो रहा उद्‌गार मेरा।

—कवि की वासना (मधुकलश)

3. मधुचर्या और ऐन्द्रियता : जीवन के अभाव और कठिनाइयों से भागने का दूसरा तरीका इस काल के कवियों को मधुचर्या में लिप्त हो जाने में दिखलाई पड़ा। भगवतीचरण वर्मा और बच्चन ने इस रास्ते को अपनाया। इन लोगों ने मधु और मधुशाला को आलम्बन बनाकर कविताएँ लिखीं। काल की दृष्टि से पद्मकान्त मालवीय ने मधुशाला का वर्णन पहले किया किंतु काव्य सौष्ठव और प्रचार के नाते बच्चन ही अधिक लोकप्रिय हुए। उन्होंने मधु को संसार के क्लेशों से छुटकारा पाने का साधन माना और 'मधुशाला' 'मधुकलश' आदि में मधुचर्या की विभिन्न दृष्टियों से अभिव्यक्ति भी की। यद्यपि उनकी कविताओं में सूफीमत का आनन्द गृहीत है और आध्यात्मिक प्रेम के प्रतीक शराब, प्याला, साकी आदि को भी यथावत अपनाया गया है किन्तु आध्यात्मिक रंग उनकी कविताओं में कहीं भी नहीं आ पाया है।

बच्चन जी ने जीवन को बार-बार क्षणिक कहते हुए उसे मस्ती के साथ भोगने की अभिलाषा की है क्योंकि 'उस पार' के जीवन का पता मनुष्य को कुछ भी नहीं होता :

इस पार प्रिये मधु है तुम हो, उस पार न जाने क्या होगा।
X X X
तुम देकर मदिरा के प्याले मेरा मन बहला देती हो,
उस पार मुझे बहलाने का उपचार न जाने क्या होगा

—(मधुकलश)

इन कवियों का जीवन-दर्शन भोगवादी है, सूफियों के समान आध्यात्मिक नहीं। अतः उपर्युक्त प्रतीकों के माध्यम से वे जीवन की क्षणिकता और पाप-पुण्य की भावना की व्यर्थता का उद्घोष करते हैं। बच्चन के समान भगवतीचरण वर्मा भी कहते हैं :

यौवन की इस मधुशाला में है प्यासों का ही स्थान प्रिये,
फिर किसका भय, उन्मत्त बनो, है प्यास यहाँ वरदान प्रिये।

—प्रेम-संगीत

इस मधुचर्या का परिणाम यह हुआ कि इन कवियों ने प्रेम को उच्छृंखलता की सीमा तक पहुँचा दिया। छायावादी आदर्शवाद की प्रतिक्रिया में उन्होंने अपनी प्रेयसी के प्रेमालाप, आलिंगन, चुम्बन, अभिसार आदि का सीधा वर्णन करना शुरू किया। नरेन्द्र शर्मा अपनी प्रेयसी की ओर से कहते हैं :

आज न सोने दूँगी बालम।
मेरे अधिक निंदारे बालम।
आज विश्व से छीन तुम्हें प्रिय।
निज वक्षस्थल में भर लूँगी।

मृदुल, गोल, गोरी बाँहों में
कम्पित अंगों में कस लूँगी।
फूलों के तन में भर लूँगी,
अलि से रैन-निंदारे बालम।

—प्रभात फेरी, पृ. 107

इस प्रकार बच्चन भी अपनी प्रेयसी को रातभर जगाना चाहते हैं :

सखि यह रागों की रात नहीं सोने की।
अम्बर अम्बर गल धरती का अंचल आज भिगोता,
प्यार-पपीहे का पुलकित स्वर दिशि दिशि मुखरित होता,
और प्रकृति-पल्लव-अवगुंठन रह रह पवन उठाता,
यह मदमातों की रात नहीं सोने की।

—रागों की रात (पुष्करिणी, पृ. 577)

4. प्रकृति-प्रेम : व्यक्तिवादी स्वच्छन्दतावादी कवियों ने प्रकृति को प्रायः उद्दीपन के रूप में ही देखा है। प्रकृति उन्हें ऐसा वातावरण देती है जिनमें उनकी शृंगारिक भावनाएँ और भी उद्दीप्त हो जाती हैं। नरेन्द्र शर्मा 'पूनो की रात' का वर्णन करते हुए अपने पिछले अभिसार की याद करते हैं :

सरित् तट है पूनो की रात
प्रिये, मायाविनि आधी रात।
क्षितिज तक सिकता का संसार,
उसी पर गंगा बन, सुकुमार,
धवल, निर्मल, निज अंग पसार
सो रही है पूनो की रात।
X X X
दूर हो तुम मुझसे छविमान
सजग पर क्या तुम भी अम्लान,
कहो क्या तुम भी चंचल प्राण,
विकल क्या विह्वल विह्वल गात।

—पूनो की रात (प्रभात फेरी, पृ. 84

बच्चन को रात दूसरे ढंग से उद्दीप्त करती है :

कुछ अँधेरा, कुछ उजेला क्या समां है,
कुछ करो इस चाँदनी में, सब क्षमा है।

—बच्चन (सतरंगिणी)

किन्तु प्रकृति के प्रति यह दृष्टिकोण स्वच्छन्दतावादी कवियों में अधिक दिनों तक नहीं रह सका। अपने निजी आनन्द को बच्चन प्रकृति में चारों ओर फैला हुआ पाते हैं। इस मनःस्थिति में प्रकृति उन्हें और भी रमणीय प्रतीत होती है। वर्षा-ऋतु में मयूर के नर्तन का वर्णन करते हुए वे कहते हैं :

मयूरी नाच, मगन मन नाच।
गगन में सावन-घन छाये,
न क्यों सुधि साजन की आये,
मयूरी आँगन-आँगन नाच।
धरणि पर छाई हरियाली,
सजी कल कुसुमों से डाली,
मयूरी मधुबन मधुबन नाच।

—बच्चन (सतरंगिणी)

नरेन्द्र शर्मा अपनी परवर्ती कविताओं में प्रकृति के प्रति विशेष रूप से आकृष्ट दिखलाई पड़ते हैं। रानीखेत में हिमालय का विराट् सौंदर्य देखकर उनका मोह-बंधन खुल जाता है :

शान्त है पर्वत-समीरण मौन है यह चीड़ का वन भी।
बालकों की बात सी आई-गई सी हो गई है बात,
नखत ज्यों आँसू पुँछे दृग, चुप हुई चुपचाप रो-रो रात।
रुकेंगे निश्वास मेरे, शान्त होगा चिरविकल मन भी।
रुकी झंझा, फिर खड़ी दृढ़ सामने गिरि पर असित तरु-पात,
नील नभ ऊपर, हृदय ज्यों सह चुका आघात पर आघात।
खुलेगा निस्सीम नभ-सा एक दिन यह शून्य जीवन भी।

—नरेन्द्र शर्मा, पुष्करिणी, पृ. 598

5. आंचलिकता : जीवन के प्रति अनुराग की अभिव्यक्ति, देश की धरती, उसके इतिहास और संस्कृति के वर्णन के माध्यम से होती है। भारतीय जीवन ग्राम्य-समाज से अविच्छिन्न रूप से जुड़ा है। अतः लोकतांत्रिक एवं राष्ट्रीय भावनाओं के प्रसार के साथ-साथ काव्य में आंचलिक चित्रण की प्रवृत्ति भी बढ़ती गई। यह प्रवृत्ति स्वच्छन्दतावादी कवियों में ही नहीं प्रगतिवादी और प्रयोगवादी कवियों में भी समान रूप से दिखलाई पड़ती है। आंचलिकता का अर्थ केवल ग्राम्य-प्रकृत्ति का चित्रण करना नहीं है, बल्कि किसी विशेष भौगोलिक अंचल के प्राकृतिक, सामाजिक और ऐतिहासिक परिवेश को लोकभाषा के शब्दों के संस्पर्श से जीवन्त बनाकर व्यक्त करना है। इसी कारण ऐसी कविताओं में अधिक ताजगी और नवीनता होती है।

छायावाद के उत्तरार्द्ध में निराला, पंत, नरेन्द्र शर्मा, रामविलास शर्मा, कुँवर चन्द्र, प्रकाश सिंह, चन्द्र कुंवर बर्तवाल आदि कवियों ने ग्राम्य जीवन के स्वाभाविक और यथार्थ रूप को चित्रित करने की जो परम्परा प्रारम्भ की, वह व्यक्तिवादी स्वच्छन्दतावादी कवियों को भी उसी रूप में प्राप्त हुई।

छायावादोत्तर युग में भी नरेन्द्र शर्मा ने ही आंचलिक गीत अधिक लिखे। उनकी 'गाँव की धरती' कविता में अवध के ग्रामों और किसानों का पूरा परिवेश चित्रित हुआ है। उसी तरह से 'चौमुख दिवला बार' शीर्षक कविता में कवि ने ग्राम्य संस्कृति का भी सही चित्र प्रस्तुत किया है :

चौमुख दिवला बार—
धरूँगी चौवारे पर आज
सखी री चौमुख दिवला बार !
जाने कौन दिशा से आवें मेरे राजकुमार !
सखी री, चौमुख दिवला बार !

जब जब पवन संदेसा लावे
दीये की लौ सो बल खावे,
झाला दे-दे पास बुलावे,
उझक देख मैं जानूँ मेरे आये राजकुमार !
सखी री। चौमुख दिवला बार !

—नरेन्द्र शर्मा, पुष्करिणी, पृ. 609

इसी प्रकार हंस कुमार तिवारी ने 'चैत की दोपहरी' का मोहक वर्णन प्रस्तुत किया है :

पीले पत्तों के मर्मर में चैती दोपहरी रोती है।
सब सूना-सूना लगता है, हर ओर उदासी है छाई,
आलस का मादक सम्मोहन यह हवा कहाँ से ढो लाई,
पहलू में कभी खटकती कुछ, कुछ व्यथा सजग सी होती है।
दूबों का दामन तार-तार निर्धन तरु को डाली-डाली
जगती की श्री शोभा सब कुछ लगती जैसे खाली-खाली
दुर्दिन में नंगे पेड़ों की अपनी छाया भी खोती है।

—चैती दोपहरी (हंस कुमार तिवारी) पुष्करिणी, पृ. 665

6. प्रेम-भावना और सौंदर्य-चेतना : आदिम काल से ही कवि प्रेम को अपना काव्य-विषय बनाते आये हैं। प्रेम का स्वरूप विभिन्न युगों में भिन्न-भिन्न प्रकार

का था। विद्रोहयुग में कवियों ने प्रेम के लौकिक और आध्यात्मिक—दोनों रूपों का चित्रण किया। उनका लौकिक प्रेम यद्यपि व्यक्तिवादी था, किन्तु वह आदर्शवाद से महिमामण्डित भी था। इस आदर्शवादी दृष्टि की प्रतिक्रिया के रूप में विद्रोहयुग के उत्तरार्द्ध में ही विद्रोह की भावना उत्पन्न हुई और वह यथार्थ की ओर उन्मुख हुआ।

विद्रोहयुग के कवियों ने प्रेम को सर्वव्याप्त और जीवन के लिए सबसे आवश्यक वस्तु माना था किन्तु छायावादोत्तर युग के कवियों ने प्रेम को .काम से संयुक्त करके देखा। उनका मिलन और विरह काल्पनिक नहीं, वास्तविक है। उनकी विरह-वेदना समाज के प्रति आक्रोश उत्पन्न करती है अथवा उन्हें निराशावादी और नियतिवादी बना देती है। वे मिलन की दशा में भी संयम और मर्यादा का त्याग करके उद्दाम रति का वर्णन करने लगते हैं। किन्तु 1940 के बाद नरेन्द्र शर्मा अंचल, बच्चन प्रभृति स्वच्छन्दतावादी कवियों के प्रेम संबंधी दृष्टिकोण में एक स्वस्थ परिवर्तन दिखलाई पड़ता है। नरेन्द्र शर्मा विरह-दशा में अपनी प्रिया को सन्देश भेजते हुए कठोर यथार्थ को स्वीकार करने की सलाह देते हैं :

याद जब आये तुम्हें मेरी, सुनयने ! व्यर्थ भर लाना न लोचन !
गृहिणियों के हेतु ले धन-धान्य आती
है नगर की ओर जब गोधूलि-वेला,
देख पाओ यदि कदाचित् क्षितिज-तट पर
कहाँ मिटता धूलि का बादल अकेला,
सुधि न लाना इस प्रवासी चिर पथिक की, व्यर्थ भर लाना न लोचन !
याद जब आये तुम्हें

—नरेन्द्र शर्मा, पुष्करिणी, पृ. 595

प्रेम का यह मर्यादित रूप मिलन और विरह की विभिन्न मनःस्थितियों के चित्रण में दिखलाई पड़ता है। प्रेम की गहराई और एकनिष्ठता अधिकतर कवि की स्मृति-दशा में ही दिखलाई देती है। डॉ. शम्भुनाथ सिंह इस स्मृति-दशा का प्रभावपूर्ण वर्णन करते हुए कहते हैं :

भर गया सजल घन से नभ का सूना आँगन
सूने नयनों में उमड़ पड़े दो भरे नयन।
काली, काली बरखा की रात उमड़ आई,
सन्देश वहन करती सी आई पुरवाई,
भूले प्राणों में बरस पड़ा सुधि का सावन,
खोए नयनों में झलक पड़े दो भरे नयन।

बिजली बन चमके चपल चरण दो रागारुण
रिमझिम बूँदों में बरस पड़ी पायल रुनझुन
मृत मन को खिला गया सुधि का विषमय दंशन,
रीते नयनों में ढुलक पड़े मद भरे नयन।

—दो बड़े नयन (डॉ. शम्भुनाथ सिंह), प्रतिनिधि रचनाएँ, पृ. 10

7. राष्ट्रीयता और मानवतावाद : पहले कहा जा चुका है कि राष्ट्रीयता और मानवतावाद की प्रवृत्ति विद्रोहयुग में बहुत तीव्र गति से विकसित हुई थी और राष्ट्रीय तथा मानवतावादी कविताएँ इस युग में अनेक कवियों ने लिखीं, यह प्रवृत्ति छायावादोत्तर युग में भी वर्तमान रही। विद्रोहयुग में रामधारी सिंह दिनकर, माखनलाल चतुर्वेदी, सोहनलाल द्विवेदी और बालकृष्ण शर्मा नवीन इस धारा के प्रमुख कवि थे। छायावादोत्तर युग में भी इन कवियों ने स्वातंत्र्य-संग्राम के सन्दर्भ में अनेक विद्रोहमूलक तथा क्रान्तिकारी कविताएँ लिखीं। इनके अतिरिक्त निराला, पंत, नरेन्द्र शर्मा, शिवमंगल सिंह 'सुमन', रामदयाल पाण्डेय आदि पुराने और नये कवियों ने भारत-देश और भारतीय जनता की प्रशस्ति और उद्‌बोधन के रूप में पर्याप्त रचनाएँ लिखीं। छायावादोत्तर युग के व्यक्तिवादी स्वच्छन्दतावादी कवि भी इस दिशा में अपना योगदान देते रहे। दिनकर ने सन् 40 से सन् 60 के बीच राष्ट्रीयता और मानवतावाद से संबंधित बहुत सी कविताएँ लिखीं जो उनके 'हुंकार', 'गीत-अगीत', 'नील-कुसुम' आदि संग्रहों में संकलित हैं। सन् 1948 के स्वातंत्र्य-संग्राम से संबंधित उनकी 'ब्याल-विजय' शीर्षक कविता उल्लेख्य है जिसमें अत्याचारी विदेशी शासक से लड़ने की चुनौती दी गई है :

झूमे जहर चरण के नीचे मैं उमंग से गाऊँ,
तान, तान फन ब्याल! कि तुझ पर मैं बाँसुरी बजाऊँ।
X X X
विषधारी ! मत डोल, कि मेरा आसन बहुत कड़ा है,
कृष्ण आज लघुता में भी साँपों से बहुत बड़ा है।
आया हूँ बाँसुरी-बीच उद्धार लिए जन-गण का,
फण पर तेरे खड़ा हुआ हूँ भार लिए त्रिभुवन का।
बढ़ा, बढ़ा नासिका, रंध्र में मुक्ति-सूत्र ए नाऊँ
तान, तान फन ब्याल ! कि तुझपर मैं बाँसुरी बजाऊँ।

—ब्याल विजय, दिनकर, पुष्करिणी, पृ. 494

राष्ट्रीयता के साथ मानवतावाद की धारा भी जुड़ी हुई है क्योंकि राष्ट्र-भावना और मानवीय भावना का अविच्छेद्य संबंध है। स्वच्छन्दतावादी कवियों ने अपनी व्यक्तिवादी भूमिका के भीतर ही मानव मात्र के दुःखों का अनुभव किया था और

उनकी अभिव्यक्ति करके अपनी मानवतावादी दृष्टि का प्रसार किया था। भगवतीचरण वर्मा, नरेन्द्र, अंचल और शिवमंगल सिंह 'सुमन' में यह प्रवृत्ति सबसे अधिक थी। भगवतीचरण वर्मा ने समाज की वैषम्यजन्य पीड़ा का वर्णन करते हुए लिखा है :

मानापमान हो इष्ट तुम्हें, मैं तो जीवन को देख रहा।
मैं देख रहा दानवता के दुस्साहस के विकराल कृत्य,
मैं देख रहा बर्बरता का भू की छाती पर नग्न नृत्य।
मैं देख रहा उठने वाली अम्बर पर संस्कृति की उसाँस,
मैं देख रहा यह मानवता कितनी निर्बल, कितनी अनित्य।
जमघट है रोने वालों का, जमघट है गाने वालों का,
सब देने को लाये थे पर जमघट है पाने वालों का,
कुछ बने लुटेरे लूट रहे, कुछ बने भिखारी माँग रहे,
है जमा मिटाने को ही यह जमघट मिट जाने वालों का।
मैं जग को सुख देने वाले जग के कुन्दन को देख रहा।
मानापमान हो इष्ट तुम्हें मैं तो जीवन को देख रहा।

—जीवन दर्शन, पुष्करिणी, पृ. 528-29

8. जीवनास्था और सामाजिकता : छायावादोत्तर युग के पूर्वार्द्ध में जो कवि अत्यधिक व्यक्तिवादी और उच्छृंखल भावों की अभिव्यक्ति किया करते थे, वे ही देश की बदली हुई परिस्थितियों—विशेषकर द्वितीय महायुद्ध के भयावह परिणामों और सन् 42 के भारतीय स्वातंत्र्य संग्राम की विस्फोटक स्थिति के कारण अपने व्यक्तिवादी केंचुल से बाहर निकल आये। वे या तो प्रगतिवादी हो गये या उस खेमे से अलग रहकर मानवतावादी आक्रोश और विद्रोही भावनाओं से युक्त-काव्य रचना करने लगे। सन् 40 के बाद के कवियों ने परिस्थितियों की इस चुनौती को सहज रूप में स्वीकार किया और वे व्यक्ति तथा समाज के अन्योन्याश्रित संबंधों के अनुरूप प्रेम, सौंदर्य, राष्ट्रीयता, विद्रोह, मानवतावाद, आदि से संबंधित काव्य-रचना करने लगे। ऐसे कवियों में हंस कुमार तिवारी, शम्भुनाथ सिंह, श्यामनन्दन किशोर, महेन्द्र भटनागर, सूर्य प्रताप, भवानी प्रसाद मिश्र और वीरेन्द्र मिश्र के नाम विशेष उल्लेखनीय हैं। इन कवियों में जीवन के प्रति गहरी आस्था और सामाजिक जीवन के प्रति अटूट अनुराग दिखलाई देता है। इसी आस्था के कारण महेन्द्र भटनागर घोर अन्धकार में भी दीपक जलाने की बात करते हैं :

माना अमावस की अंधेरी रात है,
पर भीत होने की अरे क्या बात है

एक पल में लो अभी—
जगमग नये आलोक के दीपक जलाता हूँ
—अभिषेक (महेन्द्र भटनागर) बूंद नेह की, दीप हृदय का, पृ. 16

मानव की अक्षय शक्ति और अप्रतिहत गति में आस्था व्यक्त करते हुए शम्भुनाथ सिंह कहते हैं :

दो हाथों वाले मानव हम, दो पाँवों वाले मानव हम।
बढ़ते आये हम तोड़-मोड़ युग-युग की सीमा के बंधन,
यह गति न हमारी बन्द हुई, आये कितने उत्थान-पतन,
जलते आये अंगारों से हम चलने वालों के लोचन,
कर सकीं न पथ की बाधाएँ जलने वालों का तेज सहन।
निज भाग्य विधाता मानव हम, जग के निर्माता मानव हम।
—गतिशील मानव, पुष्करिणी, पृ. 709

मानवता की रक्षा का उत्तरदायित्व युवकों पर ही हैं। इसलिए देश की युवा-शक्ति का आह्वान करते हुए श्यामनन्दन 'किशोर' कहते हैं :

जवानी जिसके जिसके पास,
जमाना उसके उसके साथ।

—जवानी और जमाना

व्यक्तिवादी स्वच्छन्दतावादी काव्यधारा के गीति-शिल्प का वैशिष्ट्य

सामान्यतया हिंदी के कतिपय पूर्वाग्रही आलोचकों द्वारा फैलाई यह भ्रान्त धारणा बहुमान्य हो गई है कि व्यक्तिवादी स्वच्छन्दतावादी कवियों का काव्य-शिल्प विद्रोहयुगीन काव्य का उच्छिष्ट है। किंतु सूक्ष्म विश्लेषण करने पर यह धारणा निर्मूल सिद्ध होती है। वस्तुतः इस धारा के कवियों ने छायावाद से विद्रोह करके विषय-वस्तु के समान शिल्प और शैली के क्षेत्र में भी ऐसे मार्ग का अवलम्बन किया है जिसमें पर्याप्त नवीनता और ताजगी है। छायावादी कवियों में निराला और महादेवी ही सच्चे अर्थों में गीति-कवि हैं। प्रसाद और पंत में गीतात्मकता के साथ-साथ प्रबन्धात्मकता और वर्णनात्मकता भी बहुत अधिक है। महादेवी और निराला ने पद-गीति की जिस शैली का विकास किया, वह छायावादी वस्तु-तत्त्व के लिए भी उपयुक्त थी। व्यक्तिवादी स्वच्छन्दतावादी कवियों ने उस वस्तु-तत्त्व को अधिकांशतः छोड़ दिया क्योंकि उनका दृष्टिकोण भिन्न था। फलतः उनका गीतिकाव्य भी शैली की दृष्टि से छायावादी गीतिकाव्य से पर्याप्त भिन्न दिखलाई पड़ता है। छायावादोत्तर काल के कवियों ने गीतिकाव्य के लिए जिन छंदों को चुना, वे अधिकतर स्वनिर्मित उर्दू की

बहरों से प्रभावित हैं। विगत सौ वर्षों में उर्दू की गज़लों और नज्मों ने छंद या बहर ही नहीं, भाषिक संरचना और मुहावरेदानी की दिशा में भी हिंदी-काव्य को धीरे-धीरे बहुत अधिक प्रभावित किया जिसकी चरम परिणति छायावादोत्तर गीतिकाव्य—विशेषतः व्यक्तिवादी गीति-धारा की लयात्मकता और पद-बन्धान में दिखलाई पड़ता है। छायावादी गीति-काव्य की भाषा और छंद-रचना संस्कृत और परम्परागत मात्रिक छंदों से प्रभावित होने के कारण जन-जीवन के अधिक निकट नहीं पहुँच सकती थी। स्वच्छन्दतावादी कवियों ने गीतिकाव्य को उपर्युक्त माध्यमों से जन-जीवन के अधिक निकट पहुँचाया। इन सब विशेषताओं पर सूक्ष्म विचार करने के लिए व्यक्तिवादी स्वच्छन्दतावादी गीतिकाव्य के शिल्पगत विवेचन की आवश्यकता है। शिल्प की दृष्टि से इस गीति-धारा को निम्नलिखित वर्गों में विभाजित किया जा सकता है :

1. पद गीति
2. सांगीतिक गीति
3. प्रगीत
4. मुक्तक गीति
5. आवृत्ति गीति
6. मुक्त गीति
7. प्रतीकात्मक गीति

1. पद गीति : यद्यपि पद गीति की रचना वैदिक काल से ही होती आ रही है, किन्तु प्रत्येक युग के पद-गीतों में शिल्पगत अन्तर दिखलाई पड़ता है जिस तरह मध्यकालीन पदों से आधुनिक प -गीत बहुत भिन्न हैं क्योंकि उनपर अंग्रेजी के गीतिकाव्य की पद (स्टैंजा) पद्धति का प्रभाव पड़ा है, उसी तरह छायावादी गीतिकाव्य की पद-पद्धति से स्वच्छन्दतावादी गीतिकाव्य की पद-पद्धति भी पर्याप्त भिन्न है क्योंकि उस पर लोकगीतों और उर्दू की बहरों का प्रभाव है। छायावादोत्तर काल के इन गीति-कवियों ने अधिकतर जनता के बीच गाकर सुनाने की दृष्टि से काव्य-रचना की। अतः उनके पदों का बन्धान भी गेयता के अनुरूप ही हुआ है। गीति की गेयता मुख्यतः 'ध्रुवक' या 'टेक' पर निर्भर करती है। इस काल के कवियों ने महादेवी और निराला के पद-बन्धान को एक सीमा तक स्वीकार करते हुए भी नये ढंग से पदों का निर्माण किया है जिसमें 'टेक' की पंक्ति का रखना अनिवार्य माना गया है। उदाहरण के लिए बच्चन और भगवतीचरण वर्मा की किसी लम्बी पंक्ति वाले छंद को ले सकते हैं। जैसे :

(क) इस पार प्रिये तुम हो, मधु है, उस पार न जाने क्या होगा।
(ख) कूल पर कैसे रुकूँ मैं, आज लहरों में निमंत्रण।
(ग) हम दीवानों की क्या हस्ती, हैं आज यहाँ, कल वहाँ चले।
(घ) आज के बिछड़े न जाने कब मिलेंगे।

(ङ) समय की शिला पर मधुर चित्र कितने, किसी ने बनाये किसी ने मिटाये।

ये सभी पंक्तियाँ उर्दू की बह्रों में ही जोड़-तोड़ कर बनाई गई हैं। यद्यपि इन्हें मात्रिक छंदों में भी खोजा जा सकता है किंतु कवियों ने 'पिंगल' पढ़कर इन छंदों की रचना नहीं की। उन्होंने वातावरण में तैरते हुए लयात्मक छंदों को ग्रहण करके ही काव्य-रचना की है। अतः उनके गीतों में लावनी, गज़ल, कव्वाली आदि गीति-शैलियों के प्रभाव देखे जा सकते हैं। ऐसे ही छंदों को तोड़कर या बढ़ाकर उन्होंने छंद बनाये हैं। जैसे—बच्चन की 'नागिन' की छंद-योजना को ले सकते हैं :

नर्तन कर, नर्तन कर, नागिन, मेरे जीवन के आँगन में।
तू प्रलय-काल के मेघों का कज्जल सा कालापन लेकर,
तू नवल सृष्टि की ऊषा की नव-द्युति अपने अंगों में भर,
बड़वाग्नि-विलोड़ित अम्बुधि की उत्तुंग तरंगों से गति ले,
रथ-युत रवि-शशि को बन्दी कर दृग कोयों का रचबन्दीघर,
कौंधती तड़ित की जिह्वा सी विष मधुमय दाँतों में दाबे,
तू प्रकट हुई सहसा कैसे मेरी जगती में, जीवन में
नर्तन कर, नर्तन कर, नागिन, मेरे जीवन के आँगन में।

इसमें लावनी के लय पर आधृत 'टेक' की पंक्ति रखी गई है। उसके बाद छः पंक्तियों का एक पद है जिसमें प्रारम्भ की चार पंक्तियाँ अन्तरा हैं और बाद की दो पंक्तियाँ, टेक की पंक्ति की अन्त्यानुप्रासित हैं। इसी प्रकार इस गीति में कुल 17 पद हैं। संक्षिप्तता के अभाव में यह व्याख्यात्मक गीतिकाव्य बन गया है। इस प्रकार के लम्बे गीतों की रचना दिनकर, नरेन्द्र शर्मा, शम्भुनाथ सिंह, और शिवमंगल सिंह 'सुमन' ने की है।

इन कवियों ने लघु गीतों में अन्तरा का विधान दूसरे ढंग से किया है। इनमें 'टेक' की पंक्ति या तो पूर्ण मात्राओं वाली होती है या आधी होती है और अन्तरा में भी पंक्तियों को तोड़कर या तो दो पंक्तियों में लिखा जाता है या दो समतुकान्त पंक्ति बना दिया जाता है। जैसे :

मुक्ति धारा की अचल प्राचीर, मैंने क्या किया था
अर्चना मैंने सदा की
साधना मैंने सदा की
प्राण के मृदु-बंधनों की
कामना मैंने सदा की।
पर मिली यह शून्य की जंजीर मैंने क्या किया था।

—शम्भुनाथ सिंह (छायालोक)

इसमें टेक की पंक्ति पूरी है किन्तु अन्तरा में दो पंक्तियों को दो-दो बराबर भागों में तोड़कर रखा गया है। इनमें से प्रथम, द्वितीय और चतुर्थ पंक्तियाँ समतुकान्त हैं। अन्तरा की पाँचवीं पंक्ति पूर्ण मात्राओं की पंक्ति है और 'टेक' के साथ समतुकान्त है। अधिकांश गीतों में अन्तरा की यही पद्धति अपनाई जाती है। दूसरी पद्धति में 'टेक' और अन्तरा की पंक्तियाँ बराबर मात्राओं वाली होती हैं।

स्वप्न में तुम हो, तुम्हीं हो जागरण में।
कब उजाले में मुझे कुछ और भाया,
कब अंधेरे ने तुम्हें मुझसे छिपाया,
तुम निशा में औ तुम्हीं प्रातः किरण में,
स्वप्न में तुम हो, तुम्हीं हो जागरण में।

—बच्चन, पुष्करिणी, पृ. 574

कुछ गीतों में 'टेक' की पंक्ति के छंद से अन्तरा की पंक्तियों का छंद भिन्न होता है। जैसे :

तुम गा दो मेरे गान अमर हो जायें।
मेरे वर्ण-वर्ण विशृंखल, चरण-चरण भरमाये,
गूँज-गूँज कर मिटने वाले, मैंने गीत बनाये
कूक हो गई हूक गगन की, कोकिल के कंठों पर,
तुम गा दो मेरे गान, अमर हो जायें।
जब जब जग ने कर फैलाये, मैंने कोष लुटाया,
रंक हुआ मैं निज निधि खोकर, पर जग ने क्या पाया
भेंट न जिसमें मैं कुछ खोऊँ पर तुम सब कुछ पाओ,
तुम ले लो मेरा दान, अमर हो जायें।

—बच्चन, मिलनयामिनी

इस गीत में प्रयुक्त दोनों पदों में टेक और उसकी समतुकान्त पंक्तियों का छंद अन्तरा की पंक्तियों के छंद से भिन्न है। प्रत्येक पद में अन्तरा की दो समतुकान्त और एक विषमतुकान्त पंक्ति की योजना है और चौथी पंक्ति 'टेक' के साथ समतुकान्त रखी गई है। इसी प्रकार गीतिकाव्य की पद-रचना में इन कवियों ने गेयता की दृष्टि से विविध प्रकार के प्रयोग किये हैं जिससे उनमें नवीनता और ताजगी आई है।

2. सांगीतिक गीति : विद्रोहयुगीन गीतिकाव्य के संबंध में विचार करते समय देखा जा चुका है कि उस युग में निराला के अतिरिक्त अन्य किसी कवि ने सांगीतिक गीति लिखने का विशेष प्रयास नहीं किया। छायावादोत्तर युग में विशेष बात यह

हुई कि शास्त्रीय संगीत से काव्य का संबंध छूटता गया और सुगम-संगीत तथा लोक-संगीत से वह अधिकाधिक सम्पृक्त होता गया।

सुगम-संगीत की कोई निश्चित परम्परा नहीं होती। वह निरन्तर परिवर्तनशील रहता है किन्तु शास्त्रीय संगीत स्थिर होता है। लोकसंगीत पर भी सुगम-संगीत का कुछ प्रभाव पड़ता रहता है किंतु उसकी मुख्य धारा अपरिवर्तनीय ही रहती है। व्यक्तिवादी स्वच्छन्दतावादी कवियों ने सुगम-संगीत की कीर्तन-भजन शैली से प्रभाव नहीं ग्रहण किया किंतु लावनी, ख्याल और कव्वाली की सुगम-सांगीतिक शैलियों को अनजाने ही पूर्णतया आयत्त कर लिया। आयत्त करने का तात्पर्य है कि उन्होंने इन लोक प्रचलित रागों के लयात्मक प्रसार का संकोच करके गेयता के अनुसार नये-नये छंदों और पद-शैलियों का निर्माण किया। इस तरह इनकी कविता अधिक लोकप्रिय हो सकी।

वस्तुतः इस धारा के कवियों ने पाठकों के लिए नहीं, श्रोताओं के लिए गीति-रचना की। दिनकर, बच्चन, नरेन्द्र शर्मा, नेपाली, शम्भुनाथ सिंह, श्यामनन्दन किशोर, वीरेन्द्र मिश्र, जानकी बल्लभ शास्त्री, सुमित्रा कुमारी सिन्हा, प्रदीप आदि नये कवि, कवि-सम्मेलनों में अपनी कविताएँ नये-नये रागों में गाकर सुनाया करते थे। इसलिए इनकी कविताएँ—केवल काव्यत्व ही नहीं, सांगीतिक सौंदर्य के कारण लोकप्रियता प्राप्त करती थीं। बच्चन की 'मधुशाला' मुख्यतः अपने सांगीतिक गुण के कारण ही इतनी लोकप्रिय हुई। जानकी बल्लभ शास्त्री और प्रदीप शास्त्रीय रागों को सुगम और लोक ग्राह्य बनाकर अपनी कथ्य-माधुरी के कारण लोकप्रियता प्राप्त कर सके। नरेन्द्र शर्मा ने सुमित्रानन्दन पंत, जानकी बल्लभ शास्त्री ने निराला और शम्भुनाथ सिंह ने महादेवी के गीतात्मक सौष्ठव को ग्रहण करते हुए अपनी सांगीतिक प्रतिभा द्वारा छायावादी गीति-परम्परा को लोक-जीवन तक पहुँचाया। किंतु साथ ही नवीन रागों में बद्ध गीतों की भी रचना की। रागों की यह विविधता इन कवियों के गीतों के छंद वैविध्य और पद-बन्धान में देखी जा सकती है। नरेन्द्र शर्मा के कुछ गीतों की एक-एक पंक्ति लेकर इस तथ्य की परीक्षा की जा सकती है :

(क) आज के बिछड़े न जाने कब मिलेंगे।
(ख) मधुमास स्वयं ही चला गया, आया जैसे वह अनायास।
(ग) याद जब आये तुम्हें मेरी सुनयने, व्यर्थ भर लाना न लोचन।
(घ) शान्त है पर्वत सभी समीरण, शान्त है यह चीड़ का बन भी।
(ङ) पकी जामुन के रंग की पाग, बाँधता आया लो आषाढ़।
(च) है रँभा रही बछड़े से बिछुड़ी एक गाय।
(छ) चमकीले पीले रंगों में अब डूब रही होगी धरती।
(ज) उजड़ रही अनगिनत बस्तियाँ, मेरे मन की बस्ती क्या
(झ) चौमुख दिवला बार धरूँगी चौबारे पर आज।

(ञ) हंसमाला, चल बुलाता है तुझे फिर मानसर।

(ट) बनो पुनः चैतन्य लपट ओ भस्मावृत चिनगारी।

(ठ) किसी अनजान नगरी के किसी अनजान कोने में कहीं अनजान कोई सुन्दरी मुझको बुलाती है।

(ड) किनारे के कगारे पर खड़ा है ताड़ का जोड़ा।

(ढ) बार-बार आकाश-पुरुष आये कुटिया के द्वारे।

(ण) फेंक ठंडी राख की जूनी पुरानी ओढ़नी,
लपट बनकर उठीं बीते युगों की चिनगारियाँ

उपर्युक्त सभी पक्तियों में मात्रागत भिन्नता है, यद्यपि इनमें से अधिकांश लय की दृष्टि से मिलती-जुलती हैं। गाने की शैली में थोड़ा-बहुत परिवर्तन कर देने के कारण ही एक ही प्रकार के छंदों से प्रस्तार और संकोच द्वारा भिन्न मात्रा वाले छंद बना दिये गये हैं। ये छंद अधिकतर लोकप्रचलित लावनी की गीति शैली से लिए गये हैं। 'लावनी' में भी एक ही छंद नहीं होता। विभिन्न छंद प्रयुक्त होते हैं। उन्हीं के अव्यक्त प्रभावों को नरेन्द्र शर्मा ने ग्रहण किया है। यही बात बच्चन और भगवतीचरण वर्मा की कविताओं में भी देखी जा सकती है।

भगवतीचरण वर्मा ने लावनी के ढंग के अनेक गीत लिखे हैं जिनमें से एक की कुछ पंक्तियाँ उद्धृत की जा रही हैं :

हम दीवानों की क्या हस्ती, है आज यहाँ कल वहाँ चले।
मस्ती का आलम एक चला, हम धूल उड़ाते जहाँ चले।
आए बनकर उल्लास अभी, आँसू बनकर बह चले अभी,
सब कहते ही रह गये, अरे तुम कैसे आए, कहाँ चले।

—हम दीवानों की क्या हस्ती, भगवतीचरण वर्मा, पुष्करिणी, पृ. 524

गोपाल सिंह नेपाली ने भी 'लावनी' के छंदों का प्रयोग बहुत अधिक किया है। उनकी 'दो मेघ मिले, बोले-डोले बरसा कर दो दो फूल चले' तथा इसी तरह की अन्य पंक्तियाँ 'लावनी' शैली में हैं।

इस तरह संक्रान्ति और पुनरुत्थान-युग के कवियों द्वारा प्रवर्तित देशी रागों में बद्ध छंदों का ही विकास इस युग के कवियों ने विशेष रूप से किया।

ग़ज़ल : देशी संगीत के अन्तर्गत ग़ज़ल शैली का एक विशिष्ट स्थान है। इसमें विविध छंदों को एक विशेष शैली में दो-दो पंक्तियों के युग्मक द्वारा प्रस्तुत किया जाता है। विद्रोहयुग के अनेक कवियों ने इस सांगीतिक शैली का प्रयोग किया था किंतु स्वच्छन्दतावादी धारा के बहुत कम कवियों ने ग़ज़ल की शैली में गीति-रचना की है। यहाँ बालकृष्ण राव और शम्भुनाथ सिंह की ग़ज़लों की कुछ पंक्तियाँ दी जा रही हैं :

दिन भर जो मिल न सका वह पथ, यदि सन्ध्या समय मिले तो क्या
जो उपवन में विकसित न हुआ, वह वन में सुमन खिले तो क्या
की भूल नियति ने जो याचक निष्काम उपासक को समझा
दे चुकी जिसे अभिशाप कभी, वरदान उसे फिर दे तो क्या

—बालकृष्ण राव, पुष्करिणी, पृ. 632

इस ग़ज़ल में लम्बी बहर ली गई है। इन लोगों ने छोटी बहरों मे भी ग़ज़लें लिखी हैं। जैसे :

प्यार किस देवता से कम मेरा,
प्यार की आरती है गम मेरा।
ओ मेरे देवता छिपे रहना
खुल न जाये कहीं भरम मेरा
चाँद सूरज हैं आईने जिसके
लोग कहते उसे वहम मेरा।

—शम्भुनाथ सिंह, प्रतिनिधि रचनाएँ, पृ. 46

3. प्रगीत : छायावादी काव्य में सांगीतिक गीत और पदगीत से अधिक प्रगीतों की रचना हुई थी किंतु छायावादोत्तर युग में व्यक्तिवादी स्वच्छन्दतावादी काव्यधारा के अन्तर्गत पदगीत ही अधिक लिखे गये, प्रगीत का प्रचलन कम हो गया। कुछ कवियों ने पदगीत की टेक पद्धति को अपनाते हुए भी लम्बी पदबद्ध कविताएँ लिखीं जिनमें प्रगीत के ही लक्षण अधिक हैं, पदगीत के नहीं। इस तरह इस काल के कवियों ने जो प्रगीत लिखे वे निम्नलिखित प्रकार के हैं :

1. टेक युक्त प्रगीत
2. टेक रहित पदबद्ध प्रगीत
3. मुक्त प्रगीत और
4. चतुर्दशपदी।

1. टेकयुक्त प्रगीत : ऐसे प्रगीतों में 'टेक' की पंक्ति प्रत्येक पद (स्टैंजा) के अंत में दुहराई जाती है। पद की रचना चार से लेकर बारह पंक्तियों से की जाती है जिनमें दो-दो या चार-चार पंक्तियाँ समतुकान्त होती हैं। पदान्त की पंक्ति 'टेक' की पंक्ति के साथ समतुकान्त होती है। इस तरह के लम्बे गीतात्मक प्रगीतों में मुख्यतः दिनकर की 'अगरु धूम', बच्चन की 'नागिन' भगवतीचरण वर्मा की 'मानव' तथा 'भैंसा गाड़ी' और शम्भुनाथ सिंह की 'जन-धारा' आदि कविताएँ विशेषरूप से उल्लेखनीय हैं। उदाहरण के लिए दिनकर की 'अगरु धूम' का एक पद नीचे दिया जा रहा है :

श्रुति को इतना भर याद, भिक्षु
कल मुझे पूजकर चढ़ा गया
अलि, कौन अपरिचित हृदय-हार।
मैं समझ न पाई गूढ़ भेद,
भर गया अगरु का अन्धकार
गुनगुना रहा था मर्म्मगान–
आ रहा दूर से मैं निराश
तुम दे पाओगी तृप्ति-दान
यह प्रेम-बुद्ध के लिए भीख
चाहिए नहीं धन, रूप, देह,
मैं याच रहा बलिदान पूर्ण,
है यहाँ किसी में सत्य-स्नेह
पुरनारि ! तुम्हारे ग्राम्य-बीच
भगवान् पड़े हैं निराहार।
मैं समझ न पाई गूढ़ भेद
भर गया अगरु का अन्धकार

—अगरु धूम, पुष्करिणी, पृ. 486

उक्त प्रगीत में कुल नौ पद हैं। प्रारम्भ की दूसरी पंक्ति को टेक मानकर प्रत्येक पद की दस पंक्तियों के बाद दुहराया गया है। दसवीं पंक्ति 'टेक' की पंक्ति के साथ समतुकान्त है तथा दो-दो पंक्तिंयों में अन्त्यानुप्रास का विधान किया गया है।

2. टेकरहित पद बद्ध प्रगीत : पिछले अध्याय में 'प्रगीत' की परिभाषा बतलाते हुए कहा जा चुका है कि इसमें न तो पदगीत के समान टेक-पद्धति अपनाई जाती है और न अन्तरा का विधान होता है। उनमें किसी विषय का भावात्मक वर्णन या विवेचन रहता है। इस तरह के प्रगीत भी दो प्रकार के होते हैं। एक वे जिनमें दो, चार, छः या अधिक समतुकान्त पंक्तियों वाले पद होते हैं। दूसरे वे जिनमें तुकान्त रहित पद होते हैं तथा पंक्तियों की संख्या निश्चित नहीं रहती। पहले प्रकार के प्रगीत का उदाहरण शिवमंगल सिंह 'सुमन' का 'गुनिया का यौवन' बच्चन की 'उषा निषा', 'अमर है मरने का सन्देश' और 'असमर्थ' शीर्षक कविताएँ हैं जिनमें दो-दो पंक्तियों के समतुकान्त पद हैं। 'सुमन' जी के प्रगीत में कुल पद संख्या 42 है। उनकी चार पंक्तियाँ नीचे दी जा रही हैं :

मैं एक ग्रामवासी परिचित खलिहान खेत, टीले, ऊसर
अमराई और जीर्ण पनघट।

वह जगत कुवें की आज तलक परिचित मुझसे रत्ती रत्ती,
परिचित अमराई का कण कण, शाखा शाखा, पत्ती-पत्ती।

—गुनिया का यौवन, पुष्करिणी, पृ. 685

तुकान्त रहित पदों वाले प्रगीतों में बालकृष्ण राव की 'चित्र बेचने वाले से', 'मुग्धा का स्वप्न भंग' 'कवि' और 'छवि' और 'मजबूत ईंटें' शीर्षक कविताएँ हैं। कवि और छवि में तीन पंक्तियों से लेकर बाईस पंक्तियों तक के पद हैं किंतु उनमें पंक्तियाँ समतुकान्त नहीं हैं। उदाहरण के लिए उसके दो पद उल्लेखनीय हैं :

विजन विपिन था, नीरव खग-मृग, निश्चल तरु थे,
तैर रहे थे मेघ व्योम में मन्थर गति से।
कलिका के कम्पित, सस्मित, सुरभित अधरों को
मन्द पवन पल्लव-शय्या पर चूम रहा था।

X X X

वहीं सरोवर तट पर ही, वट वृक्ष एक था
झुकी एक शाखा थी जिसकी जल के ऊपर,
मानो अपना रूप गर्व से देख रही थी।

—कवि और छवि, पुष्करिणी, पृ. 636

अनवरुद्ध वाक्यीय प्रगीत : एक प्रकार का 'प्रगीत' ऐसा भी होता है जिसमें दो दो समतुकान्त पंक्तियों के पद तो होते हैं किंतु उसमें वाक्य दो ही पंक्तियों तक सीमित नहीं रहते। अगले पदों में भी जाकर समाप्त होते हैं। ऐसी छंद रचना को अनवरुद्ध वाक्यीय छंद कह सकते हैं। निराला की 'राम की शक्ति पूजा' का छंद विधान इसी प्रकार का है। इस शैली का उदाहरण शम्भुनाथ सिंह की 'निज जन्म दिवस पर कवि मित्रों के नाम पत्र' शीर्षक कविता है जिसमें बारह-बारह पंक्तियों के सानेट जैसे खण्ड हैं और प्रत्येक खण्ड में चार-चार पंक्तियों के तीन-तीन पद हैं। प्रत्येक पद में पहली और तीसरी तथा दूसरी और चौथी पंक्तियाँ समतुकान्त हैं। उदाहरण देखा जा सकता है :

ऐ साही वह दिनयाद। समय के शिला-चित्र
का अनदेखा अलबम मन में खुल गया, सहज
यह जीवन अपने ऊपर उठ गया। मित्र,
तुमने मुझको पहिचाना पथ पर, कह पंकज
पंक से उठाकर लिया कण्ठ का हार बना
उर के सर में जो उगा कमल था क्या उसका
ही चित्र गीत मेरे थे जो तुमने अपना

सब स्नेह अयाचित ढाल दिया मुझ पर, जिसका
आभार बहन कर सकते मेरे शब्द नहीं।
मानव-आत्मा के शिल्पी से तुम आज चतुर
बन गये खिलाड़ी राजनीति के किंतु कहीं
तुम जला न देना निज सपनों के चित्र मधुर।

—निज जन्म दिवस पर कवि मित्रों के नामपत्र, प्रतिनिधि रचनाएँ, पृ. 24

3. मुक्त प्रगीत : इसमें कविता प्रायः ऐसे मुक्त छंदों में बद्ध होती है, जिसमें 'टेक' की पंक्ति तथा उसकी समतुकान्त पंक्तियाँ नहीं होतीं। कवि अपनी इच्छा के अनुसार लयात्मक पंक्तियों या छंद विशेष की पंक्तियों को तोड़कर छोटी-बड़ी कर लेता और ऐसी ही कुछ पंक्तियों के पद भी निर्मित करके 'प्रगीत' की रचना करता है। गेयता और टेक-पद्धति के अभाव एवं बौद्धिक विवेचना के कारण ऐसी रचनाओं को सांगीतिक पदगीत नहीं कहा जा सकता। अतः उनकी मुक्त छंद की पद्धति के कारण उन्हें मुक्त प्रगीत ही कहना उचित है।

बालकृष्ण राव का 'गीत और स्वर',[1] शिवमंगल सिंह 'सुमन' का 'युग सारथि गांधी'[2] तथा शम्भुनाथ सिंह का 'डूबा नगर'[3] तथा बच्चन का 'पपीहा और चील कौवे'[4] तथा जितेन्द्रनाथ पाठक की 'रुँधी घड़ियाँ'[5] ऐसे ही मुक्त प्रगीत हैं। यहाँ 'डूबा नगर' तथा 'रुँधी घड़ियाँ' शीर्षक कविताओं की कुछ पंक्तियाँ दी जा रही हैं :

एक अजगर सी लहर आई
बहाकर ले गई मुझको
उस द्वीप के तट पर
जहाँ सागर
पर्वतों के चरण पर रख शीश
बेसुध सो गया था।
कौन,
यह था कौन
जिसने अंक में ले
चुम्बनों से भाल, अधर, कपोल भर
नव जन्म मुझको दिया।

—डूबा नगर, माध्यम मैं

1. पुष्करिणी, पृ. 652
2. वही, पृ. 691
3. वही, पृ. 582
4. माध्यम मैं, पृ. 7
5. भाषाहीनता के बावजूद, पृ. 5

ओ प्रिये
इस देश मन की तंरगायित छाँव में
सुधियाँ
किसी अनजान भीगी गंध सी
वनफूल की
हैं घुमड़ती बेरोक
पहाड़ों के सुनहले चूड़ पर
हैं काँप उठते
उषः ज्योतित अर्थगुरु मुसकान वलयित होंठ

—रुँधी घड़ियाँ, भाषाहीनता के बावजूद

4. चतुर्दशपदी प्रगीत (सानेट) : पिछले अध्याय में 'सानेट' के विषय में पर्याप्त विचार किया जा चुका है। छायावादोत्तर युग में व्यक्तिवादी स्वच्छन्दतावादी तथा प्रगतिवादी दोनों ही धारा के कवियों ने चतुर्दशपदियों की रचना की। व्यक्तिवादी स्वच्छन्दतावादी कवियों में बालकृष्ण राव तथा शम्भुनाथ सिंह ने कई चतुर्दशपदी लिखे हैं। बालकृष्ण राव का 'प्रश्न चिन्ह'[1] और 'सर्प के प्रति'[2] शीर्षक कविताएँ तथा शम्भुनाथ सिंह की 'हिमालय'[3] और 'दिवालोक'[4] शीर्षक रचनाएँ चुतर्दशपदी के रूप में लिखी गई हैं। यहाँ बालकृष्ण राव की एक चतुर्दशपदी उद्धृत की जा रही है :

रजत रश्मियों से अपनी जब सजनि, सुधाकर
कर देता है मग्न भव्य तम से वितान को,
तब कवि के निर्मल नयनों में आश्रय पाकर
छिप जाते हैं स्वप्न शान्त कर मूक गान को।

पर प्रशान्त सौंदर्य-सिन्धु की लहरों का दल,
पाकर शशि के मृदु अधरों का मादक चुम्बन,
जब सुख की स्वर्गीय व्यथा से होता चंचल
बिछ जाते नीरवता-वेला पर ध्वनि के कण।

---

1. पुष्करिणी, पृ. 627
2. वही, पृ. 640
3. हिमालय : दिवालोक
4. दिवालोक

शीतल, मन्द, सुगन्ध पवन के सुखद स्पर्श जब
झंकृत करते उन के उर की विकल व्यथा में,
व्याप्त विश्व की सजग शान्ति में हो कविता तब
सजनि, सुनाती हैं स्वप्नों की करुण कथायें।
नीरव, निराकार कविता की ध्वनि को, छवि को
अंकित करना कौन सिखाता है सखि, कवि को।

—शीर्षक—बालकृष्ण राव

उपर्युक्त चतुर्दशपदी में चार-चार पंक्तियों के तीन पद और दो पंक्तियों का अन्तिम पद है। प्रत्येक पद की पहली और तीसरी तथा दूसरी और चौथी पंक्तियाँ समतुकान्त हैं। अन्तिम दोनों पंक्तियाँ भी आपस में समतुकान्त हैं। इस प्रकार यह 'शेक्सपीरियन सानेट' के ढंग का चतुर्दशपदी प्रगीत है। शम्भुनाथ सिंह ने भी अपने चतुर्दशपदियों में अन्त्यानुप्रास का यही क्रम (क ख, क ख-ग घ, ग घ-च छ, च छ और ज, झ) रखा है।

4. मुक्तक गीति : छायावादी कवियों—प्रसाद और पंत के समान बच्चन ने भी छायावाद-युग में ही 'मधुशाला' नामक काव्य की रचना की थी जिसके चार-चार पंक्तियों के प्रत्येक पद फारसी के रुबाई छन्द की तरह स्वतंत्र मुक्तक हैं। उनमें गेयता के साथ ही मधुशाला शब्द की प्रत्येक पद में आवृत्ति पूरे काव्य को गीतिकाव्य का गुण प्रदान करती है। छायावादोत्तर युग में व्यक्तिवादी स्वच्छन्दतावादी कवियों ने लघु मुक्तक गीतों की भी रचना की है। इनमें एक ही विषय-वस्तु का प्रसंग के अन्तर्गत अनेक मुक्तक एक साथ सन्निविष्ट कर दिये जाते हैं जो स्वयं में स्वतंत्र होते हुए भी समग्र रूप से एक ही कथ्य की अभिव्यक्ति करते हैं। उदाहरण के लिए शम्भुनाथ सिंह के एक मुक्तक गीति के कुछ अंश यहाँ दिए जा रहे हैं :

मेरे अतल अन्तर में तपती जो प्यास
अनाहूत अनचाही और अनायास,
यदि वह हो तुम मेरी प्राण।
तो मैं धन्य, धन्य मेरे गान।

प्रश्न. अरी कौन तू
दबोच रही मेरी दृष्टि
उत्तर. (मौन तीक्ष्ण धारवाला)
मैं तुम्हारी तृप्ति।

5. आवृत्ति गीति : व्यक्तिवादी स्वच्छन्दतावादी कवियों ने प्रबन्ध काव्यों की रचना बहुत कम की है लेकिन लम्बे प्रगीत उन्होंने बहुत से लिखे हैं। ऐसे ही प्रगीतों

में उन्होंने आवृत्ति की पद्धति अपनाई है। अतः ऐसे अंशों को आवृत्ति गीति कहा जा सकता है। उनमें प्रायः आदि पदावृत्ति की पद्धति मिलती है। भगवतीचरण वर्मा, दिनकर और बच्चन में यह प्रवृत्ति विशेष रूप से पाई जाती है। अंचल की 'अभी तक'[1], सोहनलाल द्विवेदी की 'किसान'[2] तथा भगवतीचरण वर्मा की 'मानव'[3] शीर्षक कविताएँ ऐसे ही आवृत्ति गीति के अन्तर्गत आती हैं। भगवतीचरण वर्मा की 'मानव' कविता का एक अंश यहाँ दिया जा रहा है :

देखो वैभव से लदी हुई विस्तृत विशाल बाजार यहाँ,
देखो मरघट पर पड़े हुए भिखमंगों के अम्बार यहाँ।
देखो मन्दिर के दौरों में नव यौवन का संचार यहाँ,
देखो तृष्णा की ज्वाला में जीवन को होते क्षार यहाँ।

केवल मुट्ठी भर अन्न—कहाँ है नारी में सम्मान यहाँ
केवल मुट्ठी भर अन्न—कहाँ है पुरुषों में अभिमान यहाँ
केवल मुट्ठी भर अन्न—कहाँ है भले बुरे का ज्ञान यहाँ
केवल मुट्ठी भर अन्न—कहाँ है बस अपना ईमान यहाँ

—मानव, पुष्करिणी, पृ. 536

6. मुक्त गीति : मुक्त छंद में लिखे गये गुणों एवं टेक पद्धति से युक्त लयात्मक मुक्त छंद की कविता को 'मुक्त गीति' कहा जा सकता है। छायावाद-युग में 'निराला' ने ऐसे अनेक मुक्त गीतों की रचना की थी जिन्हें परम्परावादी आलोचक 'रबड़ छंद' कहा करते थे। छायावादोत्तर स्वच्छन्दतावादी काव्य-धारा के कवियों ने भी इस शैली के मुक्त-गीतों की पर्याप्त संख्या में रचना की है। ऐसी कविताओं में 'टेक' की पंक्ति एवं पदों का विधान होता है। पद की अन्तिम पंक्ति 'टेक' की पंक्ति के साथ समतुकान्त होती है किंतु अन्तरा की पंक्तियाँ छोटी-बड़ी और प्रायः अतुकान्त होती हैं। बच्चन, नरेन्द्र शर्मा, बालकृष्ण राव, शिवमंगल सिंह 'सुमन', शम्भुनाथ सिंह आदि कवियों ने इस प्रकार के पर्याप्त मुक्त गीतों की रचना की है। नरेन्द्र शर्मा की 'अनुनय',[4] रश्मि शरीरा,[5] कवि किसान,[6] बालकृष्ण राव की अंधेरी

---

1. अभी तक, कविताएँ-64, पृ. 1
2. किसान-भैरवी, पृ. 19
3. मानव, पुष्करिणी, पृ. 536
4. पुष्करिणी, पृ. 615
5. वही, पृ. 615
6. वही, पृ. 617

रात,[1] हंस कुमार तिवारी की 'ज्योत्स्ना'[2] तथा शम्भुनाथ सिंह की 'मन बेचारा'[3] वर्जित पथ,[4] अनस्तित्व की खोज,[5] शीर्षक कविताएँ सुन्दर मुक्त गीतों की श्रेणी में आ सकती हैं। उदाहरण के लिए नरेन्द्र शर्मा की 'रश्मि शरीरा' शीर्षक कविता का एक पद यहाँ प्रस्तुत किया जा रहा है :

रश्मि शरीरा सहचरि मेरी,
प्रेयसि सुमन मना।
तुहिन विन्दु अन्तःकरणा,
तन्वी सतरंग वसना।

शत अज्ञात कल्पनाएँ थीं,
बनी एक प्रतिमा वह तुम हो।
मनोभूमि थी, अश्रुधार थी,
उज्ज्वल तुम मुसकान-कुसुम हो।
दी तुमने मेरे अवाक्
उपचेतन को रसना।

—रश्मि शरीरा, पुष्करिणी

7. प्रतीकात्मक गीति : पिछले अध्याय में साध्यवसान रूपक परक गीतों के संबंध में विचार करते हुए कहा जा चुका है कि उनमें गुह्य रहस्यात्मक अनुभूतियों की अभिव्यक्ति प्रतीकात्मक शैली में की जाती है। छायावादोत्तर युग में भी प्रतीकों का प्रयोग बहुत अधिक हुआ किंतु इस युग की प्रतीकात्मक कविताओं में आध्यात्मिक और रहस्यवादी भावनाओं की अभिव्यक्ति नहीं हुई है, बल्कि लौकिक कथ्य को ही आकर्षक बनाने के लिए लक्षणा और व्यंजना शक्तियों के सहारे प्रतीकात्मक गीतों की सर्जना की गई है। छायावाद-युग में ही बच्चन ने मधुशाला, मधुबाला, मधुकलश आदि के प्रतीकों के माध्यम से अपने कथ्य को सामान्य जन तक पहुँचाने का प्रयास किया। छायावादोत्तर काल में भी बच्चन, नरेन्द्र शर्मा, दिनकर, नेपाली, अंचल, शम्भुनाथ सिंह आदि कवियों ने इस प्रकार की प्रत्येक पद्धति अपनाकर पूर्णबिम्बों अथवा खण्डित बिम्बों के माध्यम से गीतों की रचना की।

---

1. पुष्करिणी, पृ. 648
2. वही, पृ. 663
3. दिवालोक
4. माध्यम मैं, पृ. 46
5. वही, पृ. 13

बच्चन की 'मयूरी', नागिन और लहरों का निमंत्रण शीर्षक कविताओं में मयूरी, नागिन और लहर वस्तुतः माया, नारी और जीवन के प्रतीक हैं। इसी तरह दिनकर की 'ब्याल-विजय' तथा 'निर्झरिणी' कविताओं में भी क्रमशः अत्याचारी विदेशी शासन तथा क्रांति को प्रतीक मानकर देश की जनता को पौरुष का संदेश दिया गया है। नेपाली की 'दो मेघ मिले, बोले डोले' शीर्षक कविता में भी मेघ को प्रेमी जन के प्रतीक के रूप में प्रस्तुत किया गया है। बालकृष्ण राव की 'सर्प के प्रति' और शम्भुनाथ सिंह की 'वर्जित पथ' तथा 'रजनी गंधा' शीर्षक कविताएँ प्रतीकात्मक ही हैं। यहाँ शम्भुनाथ सिंह की 'अपराजेय' शीर्षक रचना के दो पद दिए जा रहे हैं :

तुम्हें लहर पुकारती।
न पास स्वर्ण की तरी
न पास पर्ण की तरी
न आस पास दीखती
कहीं समुद्र की परी,
अपार सिंधु सामने
मगर न हार मानना
असीम शक्ति बाहु में
अनन्त स्वप्न के व्रती !
तुम्हें लहर पुकारती।
न पास ज्योति की किरण
न दूर मृत्यु के चरण
मिटा विभाग काल का
मुँदे कि काल के नयन !
तिमिर अभेद्य सामने
मगर न हार मानना,
सहस्र कण समुद्र ले
रहा उतार आरती !
तुम्हें लहर पुकारती !

—अपराजेय (शम्भुनाथ सिंह) माध्यम मैं, पृ. 8

अष्टम अध्याय

छायावादोत्तर गीतिकाव्य का शिल्पगत विकास-2

प्रगतिवादी प्रयोगवादी गीतिकाव्य

इस शताब्दी के चौथे दशक के उत्तरार्द्ध में छायावाद का आदर्शवादी भ्रम बहुत कुछ टूट गया। आर्थिक, सामाजिक, राजनीतिक और अन्तर्राष्ट्रीय परिस्थितियों ने समूचे भारतीय समाज को बुरी तरह झकझोर दिया। अपने देश में गरीबी, बढ़ती हुई बेकारी, राष्ट्रीय आन्दोलन की असफलता, यूरोप में हिटलर और मुसोलिनी का उदय, रूस की पंचवर्षीय योजनाओं की सफलताओं और बढ़ती हुई सैनिक शक्ति, स्पेन का गृहयुद्ध और उसके लिए निर्मित लोकतांत्रिक मोर्चा, ब्रिटेन में कम्युनिस्टों का बढ़ता हुआ प्रभाव और अंग्रेजी साहित्य में प्रगतिशील आन्दोलन का सूत्रपात, इन सब बातों की ओर से आँख बन्द करके अपने कल्पनालोक में पड़ा रहना छायावादी कवियों के लिए भी सम्भव नहीं रह गया। छायावादी स्वप्न बिखरने लगे, कल्पना के पंख यथार्थ की कड़ी आँच में झुलसने लगे। जब कवियों का ध्यान यथार्थ जीवन की ओर गया तो उन्होंने पाया कि वास्तविकता की दुनिया उनके सपनों की दुनिया से बहुत भिन्न है, दोनों में कोई संबंध नहीं है। इस तरह उनके आदर्शवादी जीवनमूल्य स्वयं उन्हीं को झूठे प्रतीत होने लगे। वास्तविक जीवन में उन्हें सब कुछ असुन्दर, वैषम्यपूर्ण और आदर्शहीन दिखाई पड़ा। सामन्ती जीवनढाँचा ध्वस्त हो गया था और साथ ही पुराने धार्मिक, सामाजिक, पारिवारिक जीवनमूल्य भी बिखर गये थे। राजनीतिक परतंत्रता अलग से गला दबाये हुए थी। दुनिया लोकतंत्र, समाजवाद और औद्योगिक विकास के मार्ग पर तेजी से आगे बढ़ती जा रही थी और अपना देश गुलामी की जंजीरों में जकड़ा हुआ जहाँ का तहाँ पड़ा था। आधुनिक शिक्षा ने हमारी आँखें खोल दी थीं किंतु उस शिक्षा की व्यावहारिक अभिव्यक्ति का कोई मार्ग नहीं था। विज्ञान ने दुनिया के देशों को कहाँ से कहाँ पहुँचा दिया था किंतु यहाँ उसका कोई उपयोग नहीं हो पा रहा था। वैज्ञानिक आविष्कारों ने मध्यवर्ग के

बुद्धिवादी लोगों की चेतना का विस्तार तो कर दिया किंतु बहुजन समाज का दृष्टिकोण अभी भी अवैज्ञानिक और रूढ़िवादी ही था। इस तरह भारतेन्दु-युग के समान छायावादोत्तर काल भी नवीन संक्रान्ति का काल था जिसमें पुराने मूल्य तो ध्वस्त हो गये थे पर नये जीवनमूल्यों की प्रतिष्ठा नहीं हो सकी थी।

नये मूल्यों की खोज तब की जाती है जब पूर्वप्रचलित जीवनमूल्य या तो ध्वस्त हो जाते हैं या इतने निर्जीव और रूढ़िग्रस्त हो जाते हैं कि नये युग के सन्दर्भ में उनकी कोई उपयोगिता नहीं दिखाई पड़ती जिससे बुद्धिजीवी वर्ग की उनमें कोई आस्था नहीं रह जाती है। हमारे देश में सन् 1933 से 1947 तक का अर्थात् द्वितीय सत्याग्रह आन्दोलन की समाप्ति और स्वतंत्रता प्राप्ति के बीच के 15 वर्षों का समय ऐसी ही अनिश्चितता, अरक्षा और अनास्था का काल था। राजनीतिक दृष्टि से यह अनिश्चयता सबसे अधिक स्पष्ट दिखाई पड़ती थी। गोलमेज सम्मेलन की विफलता, 1932 में पुनः सत्याग्रह आन्दोलन करके गांधी जी का रचनात्मक कार्यों में लग जाना, 1935 के चुनाव में विजयी होकर भी कांग्रेस का शासन सत्ता न ग्रहण करना, 1937 में सत्ता ग्रहण करके 1939 में उसे त्याग देना, द्वितीय महायुद्ध का प्रारम्भ और देश की इच्छा के विरुद्ध भारतीय साधनों का उसमें उपयोग, गांधी और सुभाषचन्द्र बोस का मतभेद तथा अग्रगामी दल की स्थापना, सामूहिक सत्याग्रह या व्यापक आन्दोलन न करके व्यक्तिगत सत्याग्रह चलाने की गांधी जी की नीति आदि बातों से सारा देश निराशा और भविष्य के प्रति शंकाग्रस्त हो गया। इस निराशा, शंका और अनिश्चय की परिणति सन् 1942 की क्रान्ति में हुई जो बिल्कुल अनियोजित, कार्यक्रमविहीन और नेतृत्वहीन क्रान्ति थी। निराशा और कुण्ठा का दूसरा रूप इस बात में दिखलाई पड़ा कि देश की जनता आगे बढ़ते हुए जापानियों की प्रशंसा करती थी और सुभाषचन्द्र बोस स्वतंत्रता प्राप्ति के लिए भारतीय सीमा पर फासिस्ट जापानियों से सहायता ले रहे थे। सन् 42 की क्रान्ति की विफलता युद्ध की विभीषिका, भयंकर महँगाई, हिरोशिमा पर ऐटम बम का प्रयोग, द्वितीय महायुद्ध में अंग्रेजों की विजय आदि बातों से वह निराशा और भी दृढ़ होती गई और इस बात की कोई आशा नहीं रह गई कि विजयी अंग्रेज अब किसी भी मूल्य पर भारत को स्वतंत्र कर सकेंगे। इस बीच एम. एन. राय की पार्टी युद्ध में अंग्रेजों की सहायता करने के लिए प्रचार करती रही और कम्युनिस्ट पार्टी सन् 42 के आन्दोलन को देशद्रोह कहकर युद्ध में अंग्रेजों की सहायता करने के लिए देशवासियों को सलाह दे रही थी। इन सब बातों से भी सामान्य जनता में मतिभ्रम उत्पन्न हुआ। निष्कर्ष यह कि राजनीतिक अस्थिरता और अनिश्चयता के कारण देश का मानसिक क्षितिज कुहासे से घिरा हुआ था।

सांस्कृतिक दृष्टि से भी समाज की यही स्थिति थी। उन्नीसवीं शताब्दी के उत्तरार्द्ध और बीसवीं शताब्दी के प्रथम तीन दशकों तक देश के लोगों में सांस्कृतिक

पुनरुज्जीवन (रेनेसां) की तीव्र आकांक्षा थी जो छायावादी काव्य में आध्यात्मिक आदर्शवाद के रूप में प्रतिफलित हुई। यथार्थ जीवन की कठोरताओं ने उस आदर्श का स्वप्न भंग कर दिया। रामकृष्ण परमहंस, विवेकानन्द, रामतीर्थ आदि आधुनिक संतों की वाणी का प्रभाव धीरे-धीरे कम होता गया क्योंकि उनके उपदेशों से देश की भौतिक समस्याएँ हल नहीं हो पा रही थीं। गांधी जी का अहिंसा-सिद्धान्त और आध्यात्मिक जीवनदर्शन भी व्यावहारिकता की कसौटी पर खरा नहीं उतरा। सन् 42 की हिंसात्मक क्रान्ति भूमिगत होकर आन्दोलन चलाने की प्रवृत्ति, कांग्रेस समाजवादी दल की स्थापना और उसका बढ़ता हुआ प्रभाव आदि बातें यह सिद्ध करती हैं कि गांधीवादी आदर्श भी देश की समस्याओं को हल करने में सफल नहीं हो सका। बुद्धिजीवी वर्ग बड़ी तेजी से मार्क्सवाद की ओर झुकने लगा। मार्क्सवाद को भी लोगों ने विभिन्न रूपों में स्वीकार किया। भारतीय कम्युनिस्ट पार्टी रूस की कम्युनिस्ट पार्टी की नीति के अनुसार मार्क्सवाद की व्याख्या करती थी। कांग्रेस सोशलिस्ट पार्टी गांधीवाद और मार्क्सवाद क़े सिद्धान्तों का समन्वय करने पर जोर देती थी और सर्वहारावर्ग के अधिनायकतंत्र की जगह लोकतांत्रिक समाजवाद को अपना लक्ष्य मानती थी। ट्राटस्कीवादी मार्क्सवाद की व्याख्या अपने ढंग से करते थे। कांग्रेस के भीतर जवाहरलाल नेहरू जैसे लोग अपने को समाजवादी कहते हुए भी मार्क्सवाद को पूरी तरह स्वीकार नहीं करते थे। इस तरह पुनरुज्जीवन-काल के आध्यात्मिक आदर्शवाद का स्वप्न तो टूट गया किंतु उसकी जगह कोई नवीन और सारे देश के लिए सर्वमान्य आदर्श स्थापित नहीं हो सका जिसे जीवनमूल्य के रूप में स्वीकार करके लोग उसमें अपनी आस्था स्थिर करते। धर्म अपना आदर्श रूप खोकर संकीर्ण साम्प्रदायिकता में बदल गया था जो रह-रहकर साम्प्रदायिक दंगों के रूप में फूट पड़ता था और उसकी चरम परिणति देश के बँटवारे के रूप में हुई। इस तरह धर्म की संस्था खोखली हो गई थी और बुद्धिजीवी वर्ग का धर्म और उसपर आधारित नैतिकता में विश्वास नहीं रह गया था। रूस में धर्म को हटाकर उसकी जगह साम्यतंत्र को स्थापित किया गया था और इच्छा या अनिच्छा से समाज को इस नवीन संस्था में उसी प्रकार दृढ़ आस्था रखनी पड़ रही थी जैसे पहले धर्म में रखनी पड़ती थी। हमारे देश में बुद्धिजीवी वर्ग की आस्था धर्म से तो हट गई किंतु धर्म की जगह ऐसी कोई संस्था नहीं निर्मित हो सकी जिस पर लोगों की आस्था जमती। ईश्वर का होना न होना बुद्धिजीवी वर्ग के लिए बराबर था क्योंकि उससे उसे किसी प्रकार की प्रेरणा, शक्ति या साहस नहीं मिल पा रहा था। रूस में ईश्वर की जगह अधिनायक था जिसमें लोगों की आस्था थी या विवशतापूर्वक आस्था रखनी पड़ती थी। हमारे यहाँ ईश्वर में भी आस्था नहीं रही और डिक्टेटर भी नहीं था जिसमें आस्था रखकर लोग संतोष और निश्चिन्तता की साँस लेते। इस तरह यह सांस्कृतिक जड़ता और शंका का काल था।

सामाजिक क्षेत्र में भी इस काल में पूर्ववर्ती मूल्यों का विघटन बढ़ता गया। समाज की प्रमुख संस्था परिवार है। सामंती युग में परिवार समाज की सुदृढ़ इकाई था। बीसवीं शताब्दी में पूँजीवाद के विकास के साथ औद्योगिक नगरों का विकास हुआ, ग्रामीण लोग नौकरी करने के लिए नगरों में जाकर रहने लगे। इस तरह नागरिक सभ्यता का उदय हुआ और जातीय तथा पारिवारिक इकाइयाँ टूटने लगीं। दूसरे महायुद्ध के काल में उद्योगों का विकास बहुत तेजी से हुआ, युद्धसामग्री का उत्पादन करने वाले कारखानों तथा सेना में लाखों व्यक्ति भरती हुए जहाँ जातीय कुलीनता की मान्यता समाप्त होने लगी और परिवार यूरोपीय ढंग की 'फेमिली' जैसी लघुतम इकाई के रूप में बदलने लगा। इस तरह पूंजीवाद के प्रारम्भ के साथ जो व्यक्तिवाद प्रारम्भ हुआ था, उसने इस काल में स्पष्ट और व्यापक रूप ग्रहण कर लिया। नागरिक सभ्यता ने व्यक्ति को समाज की इकाई बना दिया। व्यक्ति के दायित्व तो बढ़ गये किंतु उसकी जातीय और पारिवारिक सुरक्षा समाप्त हो गई। व्यक्ति समाज से विच्छिन्न होकर मरने या जीने के लिए पूर्ण स्वतंत्र हो गया। पूर्ववर्ती सामाजिक संघटन का ढाँचा ढह गया किंतु उसकी जगह संगठित नागरिकता और आधुनिक ढंग की नवीन सामाजिकता का विकास नहीं हुआ। परिणामस्वरूप व्यक्ति, विशेष रूप से मध्यवर्गीय व्यक्ति अपने को समाज में बिल्कुल अकेला पाने लगा। इस अकेलेपन की अनुभूति से उसमें घोर अनिश्चय, सुरक्षाहीनता और आशा की भावनाएँ उदित होने लगीं। राजनीतिक और सांस्कृतिक मूल्यों के विघटन तथा सामाजिक सुरक्षा के अभाव के फलस्वरूप वह शंका, कुण्ठा और आत्मपीड़न की असामाजिक प्रवृत्तियों का शिकार हो गया।

इस शताब्दी के चौथे और पाँचवें दशक की हिंदी कविता पर उपर्युक्त परिस्थितियों का प्रत्यक्ष प्रभाव स्पष्ट रूप में देखा जा सकता है। इस काल की तीनों प्रमुख काव्यधाराओं—उत्तरकालीन छायावादी व्यक्तिवादी स्वच्छन्दतावाद, प्रगतिवाद और प्रयोगवाद—में तत्कालीन परिस्थितियों से उत्पन्न व्यक्तिवादी प्रवृत्तियों की अभिव्यक्ति भिन्न-भिन्न रूपों में हुई है। तीनों ही धाराओं के कवियों ने यह अनुभव किया कि पुराने मूल्य विघटित हो चुके हैं। इसका प्रभाव उत्तरकालीन छायावाद के व्यक्तिवादी कवियों पर यह पड़ा कि वे अपने अकेलेपन की छटपटाहट को ही कविता में अभिव्यक्त करने लगे। उनकी दुनिया अपने छोटे परिवार अथवा अपनी प्रेयसी और स्वयं अपने में सिमटकर बहुत छोटी हो गई। उन्होंने या तो अकेलेपन के दर्द को दीवानेपन की मस्ती कहकर और मधुशाला को आनन्द का प्रतीक मानकर यथार्थ की ओर से आँख मूँद लेना चाहा या फिर उस दर्द और घुटन की अभिव्यक्ति अपनी निराशावादी और रुदनपूर्ण कविताओं में करने लगे। उस दर्द को भुलाने का दूसरा रास्ता उन्होंने क्षयिष्णु और उच्छृंखल प्रेमव्यापारों की अभिव्यक्ति में पाया। इस तरह पुराने मूल्यों के टूटने के कारण एकाकीपन और नैतिक ह्रास की स्थिति को ही उन्होंने

आदर्श स्थिति मान लिया, नये मूल्यों के खोज की जिज्ञासा उनमें नहीं उत्पन्न हुई। जो नये-पुराने कवि अधिक जागरूक थे, उनमें यह जिज्ञासा अवश्य उत्पन्न हुई किंतु मार्क्सवाद के सतही अध्ययन और कम्युनिस्ट पार्टी के प्रचार और सोवियत रूस के संबंध में अधूरे ज्ञान के फलस्वरूप बहुत शीघ्र उन्हें एक बना बनाया अथवा पेटेण्ट नुस्खा मिल गया जिसे उन्होंने नया मूल्य समझ लिया। किंतु यह शीघ्रता में उठाया गया कदम था। मूल्य ऊपर से आरोपित नहीं किये जाते, वे या तो परम्परागत संस्कारों के भीतर से उपलब्ध होकर मनुष्य के अस्तित्व के अंग बन जाते हैं या फिर नयी परिस्थितियों और पूर्वप्रचलित परम्परा के संघर्ष से मनुष्य के मन में नये रूप में जन्म लेते हैं। मूल्यों की कलम नहीं लगाई जाती, वे राष्ट्रीय परम्परा की जमीन में स्वतः उगते और विकसित होते हैं। प्रगतिवादी 'मूल्य' बाहर से मँगाए हुए थे, इस देश के बुद्धिजीवियों के मानस की उपज नहीं थे। इसी अर्थ में वे बाह्यारोपित, सतही और प्रतिक्रियाजन्य थे। प्रभाकर माचवे ने 'तारसप्तक' के अपने वक्तव्य में प्रगतिवाद के संबंध में ठीक ही लिखा है :

'पेण्डुलम प्रतिक्रिया से जिस प्रकार दूसरा छोर पकड़ लेता है, ऐतिहासिक जड़वाद के अध्ययन से और भारतीय राजनैतिक क्षितिज के धूम-संकुल हो जाने से नये कवियों ने छायावाद तजकर प्रगतिवाद को अपनाया। अपनी प्रारम्भिक अवस्था में अभी यह अपरिपक्व और नाम का ही प्रगतिवाद है। उसकी जड़ें जीवन में धँसी हुई न होने से जो स्फूर्ति वह पाता है, वह एक बुद्धिजीवी उर्ध्वमूल सीमित वर्ग से ही सम्बद्ध है जो कि अधुना चौतरफा फ्रस्ट्रेशन का शिकार है। फलतः प्रगतिवाद में एक अनावश्यक प्रदर्शन-प्रियता (स्कास्ट), दमित इच्छाओं से निर्मित होनेवाला, औद्धत्य की सीमा तक पहुँचनेवाला पीड़न-प्रेम (सैडिज़्म) और प्रहार के विद्रूप कुनैन पर कला का शर्करावरण पहनाने की या राजनीतिक पक्ष विशेष का माइक कविता को बनाने की प्रवृत्ति आदि दोष रह गये हैं।'

तीसरी काव्यधारा प्रयोगशील कवियों की थी। ये कवि भी यथार्थवादी थे। जीवन की वास्तविकता ने इन्हें भी ललकारा किंतु इन्होंने न तो उत्तरकालीन छायावाद के व्यक्तिवादी कवियों की तरह उसकी ओर से आँख मूँदकर अपनी मस्ती और वेदना का अलग संसार बसाया और न घबराकर बिना सोचे समझे प्रगतिवादी आलोचकों द्वारा बताये गये तथाकथित जनवादी रास्ते को ही अपनाया। इनकी सर्वप्रमुख विशेषता इनकी प्रयोगशीलता थी। मार्क्सवादी विचारधारा के कवि इनमें भी थे किंतु अपने विचारों को उन्होंने नवीन प्रयोगों के माध्यम से व्यक्त किया जबकि पंत, नरेन्द्र शर्मा, केदारनाथ अग्रवाल, शिवमंगल सिंह 'सुमन' आदि प्रगतिशील कवियों में अभिव्यक्ति संबंधी नये प्रयोगों की प्रवृत्ति नहीं थी। वे या तो छायावादी शैली में ही निम्नवर्ग के प्रति अपनी बौद्धिक सहानुभूति तथा तर्क और आक्रोश युक्त वक्तव्यों का प्रकाशन करते रहे या फिर जनता की भाषा का अनुकरण

करके सीधे-सादे छंदों में नारेबाजीवाली तुकबंदी करते रहे। प्रगतिशील-प्रयोगवादी कवि कुछ बातों में प्रगतिशीलता के साथ थे और कुछ बातों में प्रयोगशीलों के। इसी कारण उनकी गणना इन दोनों ही दलों में की जाती रही है। प्रयोगशील धारा के साथ वे मुख्यतः अपनी प्रयोग की प्रवृत्ति के कारण थे। इस तरह सभी प्रयोगशील कवि चाहे वे मार्क्सवादी विचारधारा के हों या अन्य किसी विचार के, नवीन प्रयोगों के माध्यम से नवीन जीवनमूल्यों की खोज करने के आकांक्षी थे अथवा अज्ञेय के शब्दों में 'जो कविता को प्रयोग का विषय मानते थे और जो यह दावा नहीं करते थे कि काव्य का सत्य उन्होंने पा लिया है, केवल अन्वेषी ही अपने को मानते थे।' सत्य अथवा नवीन मूल्यों की उपलब्धि तो उन्हें नहीं हो सकी और न इसका उन्होंने दावा ही किया किंतु अन्वेषण और प्रयोग का परिणाम यह अवश्य हुआ कि वे यथार्थ से आँख न चुरा सके। यथार्थ के भीतर वे गहराई तक प्रवेश तो नहीं कर सके किंतु उसके विविध पक्षों और स्वरूपों को निकट से देखकर उनका उद्‍घाटन उन्होंने अवश्य किया। तत्कालीन परिस्थितियों में मध्यवर्गीय व्यक्ति के मन में तथा बाह्य जीवन में भी जो संघर्ष, द्वन्द्व, शंका, घुटन, अनास्था आदि वृत्तियों का क्रम चल रहा था, प्रयोगवादी कवियों ने उसका यथार्थ आकलन करने का प्रयास किया। जीवन की कटु वास्तविकता उनके सामने गम्भीर समस्या अथवा उलझी हुई गुत्थी के रूप में उपस्थित हुई। इलाचन्द्र जोशी ने तत्कालीन कथा और काव्य-साहित्य के संबंध में लिखते हुए बहुत पते की बात कही है :

'हमारे कलाकार जीवन और जगत् से संबंधित जटिल प्रश्नों की उलझी हुई गुत्थियों को सुलझाने के प्रयत्न में अत्यन्त गम्भीरता से जुट गये और न सुलझा सकने के कारण अपनी व्याकुलता को भी उसी गम्भीर और मार्मिक रूप में प्रकट करने लगे। 'तार सप्तक' नाम से विभिन्न कवियों की नये ढंग की कविताओं का जो संग्रह कुछ वर्ष पूर्व छपा था उसके अध्ययन से यह बात स्पष्ट हो जाती है। जीवन और जगत् के बाह्य और अन्तरंग रहस्यों को समझने की यह मार्मिक व्याकुलता, यह तीव्र उत्कण्ठा और न समझ पाने की निराशा के आघात से उत्पन्न प्रचंड अनुभूत्यात्मक गतिशीलता—यह है आज के हिन्दी जगत् के कलाकारों की विशेषता। उनकी रचनाओं में अभी जो बहुत सी त्रुटियाँ वर्तमान हैं, उनके संबंध में कुछ कहना व्यर्थ है।'[1]

वस्तुतः उलझन, द्वन्द्व, शंका, अनास्था, निराशा आदि वृत्तियाँ उस युग की परिस्थितियों की देन थीं और यथार्थवादी होने के नाते प्रयोगवादी कवि उनकी ओर से आँख बन्द कर अपने को तथा औरों को धोखा नहीं देना चाहते थे। उनकी यह

---

1. आधुनिक कथा साहित्य : क्रम-विकास और नयी दिशा : लेखक इलाचन्द्र जोशी प्रतीक-2-पावस, सन् 1947

ईमानदारी प्रशंसनीय है कि उन्होंने यथार्थ पर आधारित अपनी अनुभूतियों को अपनी कविताओं में सच्चाई से व्यक्त किया है और यथार्थ जीवन के संबंध में अपनी बुद्धि के अनुसार तर्क-वितर्क किया है। इन्होंने अपनी भावात्मक और बौद्धिक प्रतिक्रियाओं को ईमानदारी से दूसरों से खोलकर कह दिया है, उन्हें छिपाकर राजनीतिक और नैतिक आदर्शों के सिद्धान्त बघारने का दम्भ नहीं किया है। भारतभूषण अग्रवाल ने एक कविता में अपने बारे में जो बात कही है। वह प्रायः सभी प्रयोगवादी कवियों पर लागू होती है। कविता को वे साधना की वस्तु और उपलब्ध सत्य को व्यक्त करने का साधन नहीं मानते, इसलिए नहीं कि वे मानना नहीं चाहते, बल्कि इसलिए कि न तो उनमें साधना के योग्य शक्ति है और न उन्होंने सत्य को उपलब्ध ही किया है जिसे वे कविता में व्यक्त करते। इसलिए वे विलायती स्पंज की तरह यथार्थ जीवन के तथ्यों को जैसा का तैसा 'उगल' देते हैं :

अपनी अशेष आत्म-शक्ति से
कण कण संयोजित रस से
कल्प कल्प के अभंग योग के उपरान्त
फोड़कर शैल के हृदय को
उमग उठे जो स्वप्रकाश की उछाह में,
ऐसी भीमगति के प्रयोगी उस निर्झर से कवि को
मेरा नमस्कार है
जीवन को जिसने बनाया एक साधना
और उस साधन के योग से बनाया गान,
नहीं, कभी भूल के भी मैंने नहीं सोचा है
कि मैं भी बन सकता हूँ उस कवि के समान।
मैं निरा विलायती स्पंज हूँ
मेरे प्राण रिक्त और छिद्रमय, उनमें कहाँ है रस,
उनमें कहाँ है स्रोत।
मैं तो मात्र बाहर के जीवन को सोखकर फिर उगल देता हूँ
सो भी तब जब कोई आकर निचोड़े मुझे।
शक्तिहीन, व्यक्तिहीन, गतिहीन व्यापार
इसमें नहीं है कोई आत्मदान,
इसमें नहीं है मेरे अहं का अवसान—
तप और साधना से कोसों दूर
अपनी बनावट से मजबूर
मैं मशीन युग का हूँ मात्र एक छोटा यंत्र,

योग नहीं, हो तो उपयोग भले मेरा हो।

अप्रस्तुत मन, पृ. 59-60

इस कविता का लेखक उस युग में कम्युनिस्ट था, (आज क्या है, मैं नहीं जानता) जैसा तारसप्तक में उसके आत्मपरिचय से पता चलता है, 'मार्क्सवाद को आज के समाज के लिए रामवाण मानता हूँ। कम्युनिस्ट हूँ।' कम्युनिस्ट होने के नाते वह साहित्य को वर्गयुद्ध का अथवा अपनी पार्टी का एक मूल्यवान अस्त्र मानता था। इसी कारण उसने अपने को विलायती स्पंज मानते हुए दूसरों द्वारा 'निचोड़े जाने' और अपना उपयोग किये जाने को एक सत्य मान लिया है। किंतु जो मूल बात है वह उसमें तथा गैर कम्युनिस्ट प्रयोगवादियों में एक जैसी है—कवि का विलायती स्पंज जैसा होना, यथार्थ जीवन के संवेदनों को साधना की आँच में तपाकर गहरी अनुभूति न बनने देना, बल्कि उन्हें ज्यों का त्यों उगल देना। इसी प्रवृत्ति के कारण प्रयोगवादी कवियों को नये मूल्यों की उपलब्धि नहीं हो सकी, हो भी नहीं सकती थी क्योंकि साध्य के अनुरूप साधन हो, तभी साध्य की प्राप्ति हो सकती है। उन्होंने तो अन्वेषण या प्रयोग को ही साध्य मान लिया था। इसलिए युग के यथार्थ को अथवा अपनी मानसिक दुश्चिन्ताओं को यथातथ्य रूप में व्यक्त करने के लिए ही उन्होंने भाषा, छंद और अभिव्यंजना संबंधी प्रयोग किए और इसी को अज्ञेय ने 'राहों का अन्वेषण' कहा।

परिणाम यह हुआ कि कवियों में यह धारणा बद्धमूल हो गई कि पथ खोजने की बेचैनी यानि अकेलेपन के दर्द की अभिव्यक्ति ही कविता है और उसी में काव्य का सत्य और मूल्य निहित है। गजानन माधव मुक्तिबोध ने 'तारसप्तक' के अपने वक्तव्य में यह बात स्पष्ट कर दी है, 'मेरी ये कविताएँ अपना पथ ढूँढ़नेवाले बेचैन मन की ही अभिव्यक्ति है। उनका सत्य और मूल्य उसी जीवन-स्थिति में छिपा है।' 'तारसप्तक' में चार कवि घोषित कम्युनिस्ट थे, मुक्तिबोध, नेमिचन्द्र जैन, भारतभूषण अग्रवाल और रामविलास शर्मा। शेष तीन कवियों में दो—प्रभाकर माचवे और गिरिजाकुमार माथुर—मार्क्सवाद के समर्थक रहे हैं। अज्ञेय मार्क्सवाद से एक सीमा तक सहमत होते हुए भी प्रारम्भ से ही व्यक्तिवादी प्रवृत्ति के रहे हैं। रामविलास शर्मा शुद्ध रूप से प्रगतिवादी शिविर के हैं। वे अपने को कवि भी नहीं मानते क्योंकि वे कहते हैं कि 'जो व्यक्ति एक विकासोन्मुख साहित्य की आवश्यकताओं को चीन्हकर उनके अनुरूप गद्य लिखे, वह कवि हो भी कैसे सकता है। कविता लिखने में मुझे बड़ी मेहनत करनी पड़ती है।' बहुत बाद में प्रकाशित उनके 'रूप तरंग' नामक काव्यसंग्रह की कविताओं से उनका यह कथन सिद्ध भी हो जाता है। इसलिए रामविलास शर्मा को प्रयोगवादी कवियों का अपवाद मानकर यदि देखा जाये तो शेष सबकी कविताओं में व्यक्तिगत मानसिक उलझनों तथा युगजीवन की अनिश्चितता

और दुश्चिन्ताओं की स्पष्ट छाया दिखाई पड़ती है। युगीन परिस्थितियों ने मध्यवर्गीय बुद्धिवादी व्यक्ति के मन में जो अकेलेपन की बेचैनी और घुटन, प्रत्येक स्थिति के प्रति शंका और भय, रूढ़ियों के प्रति अनास्था और आक्रोश, जीवन के प्रति कड़ुवाहट, निराशा तथा अनेक प्रकार की व्यक्तिवादी-अहंवादी प्रवृत्तियाँ उत्पन्न कर दी थीं, उन सबकी अभिव्यक्ति प्रयोगवादी कवियों ने की है। 'तारसप्तक' के अधिकतर कवियों ने अपने वक्तव्यों में इस स्थिति पर प्रकाश डाला है। इससे उनकी मानसिक स्थिति और काव्य संबंधी धारणा का पता चलता है :

'मानसिक द्वन्द्व मेरे व्यक्तित्व में बद्धमूल है। यह मैं निकट से अनुभव करता आ रहा हूँ कि जिस भी क्षेत्र में मैं हूँ, वह स्वयं अपूर्ण है और उसका ठीक-ठीक प्रकटीकरण भी नहीं हो रहा है। फलतः गुप्त अशांति मन के अन्दर घर किये रहती है।'—गजानन माधव मुक्तिबोध, तारसप्तक, पृष्ठ 11

'प्रस्तुत कविताओं में से अधिकांश की मानसिक पृष्ठभूमि में संक्रान्ति के रंगों की ही प्रधानता है। संस्कार और विवेक के कशमकश की चेतना ही इन कविताओं का विषय है। मन को बाहरी जगत् की अनेक बातों से संतोष नहीं है, उसके संस्कार पग-पग पर किसी दीवार से टकरा जाते हैं। किंतु जब इस टकराहट से बचने का मार्ग वह खोजने चलता है तो अपने आपको और भी अकेला बना लेता है। आज के कवि का मन प्रत्येक समस्या को अपने सामने पाकर जैसे किसी की गोद में मुँह दुबका लेना चाहता है, अपने भीतर ही आत्मस्थ हो लेना चाहता है। प्रस्तुत कविताओं के पीछे विवेक द्वारा इस आत्मस्थ होने की चाह को परखने की प्रवृत्ति ही कवि की है। अपने संस्कारों और भावनाओं के जगत् को वह समस्याओं को सुलझाने के सही मार्ग पर—अर्थात् एक सामूहिक प्रयत्न के द्वारा उनका समाधान पाने के मार्ग पर—लाने में अपनी असमर्थता को वह बार-बार अपने विवेक के द्वारा चीर-चीर डालना चाहता है। उनके मन का संघर्ष इसी बिंदु पर केन्द्रित है। व्यक्तित्व आज खंड-खंड हो चुका है।'—नेमिचन्द्र जैन, तारसप्तक, पृ. 22-26

'अपने अनुभव से मैं, इसलिए, इस बात पर जोर देकर कहना चाहता हूँ कि कम-से-कम मुझे मेरी कविता ने भावों का उत्थान (सब्लिमेशन) नहीं दिया, न उसने मेरे हृदय का परिष्कार किया। दूषित समाज ने मुझे जो असामाजिक कमजोरियाँ और गलित स्वार्थ दान में दिये, मेरी कविताओं ने उन्हीं की पीठ ठोंकी। संसार को सच्चा मानकर उसमें काम करना क्योंकि वास्तविक क्षमता और सामर्थ्य की अपेक्षा रखता है, इसीलिए मैंने कविताएँ लिखकर मानों स्वप्न में अपनी अभिलाषाएँ पूरी कीं और संसार को मिथ्या सिद्ध किया। कर्म से पलायन ही मेरी कविताओं का स्पन्दन रहा। व्यक्तित्व के वे सारे डंक जो दूसरों को काटने दौड़ते हैं, समाज में रहने-सहने से टूट जाते हैं, लेकिन इस पलायन का फल यह हुआ कि मैंने उन्हीं के विष को अमृत समझा। आज का हिंदी कवि इतना दंभी, अकर्मण्य और असामाजिक क्यों होता है,

यह मुझे अच्छी तरह मालूम हो गया है।'—भारतभूषण अग्रवाल, तारसप्तक, पृ. 33

'कवितागत मौलिकता का अर्थ वही अंशांकन है। वह अंशांकन है सामाजिक परिपार्श्व में व्यक्ति की मानसिक प्रभाव-प्रक्रिया, वेदना-संवेदना, प्रगति-अगति आदि का प्रामाणिक बिम्बचित्रण। इन्हीं नाना भाव-विचार संवेदना-मिश्रित 'विशेषों' को ज्यों का त्यों व्यक्त करने के कारण एक बार अपनी कविताओं को चित्रकला से एक शब्द उधार लेकर 'इम्प्रेशनिस्ट' अथवा 'बिम्बवादी' शब्द से मैंने विश्लेषित किया था।'—प्रभाकर माचवे, तारसप्तक, पृ. 50

'जीवन की बढ़ती हुई जटिलता के परिणामस्वरूप व्यापकता का घेरा क्रमशः अधिकाधिक सीमित होना चाहता है। सभी प्रकार के इतर साधनों से कवि उद्योग करने लगा कि अपनी उलझी हुई संवेदना की सृष्टि को पाठकों तक अक्षुण्ण पहुँचा सके। जो व्यक्ति का अनुभूत है उसे समष्टि तक कैसे उसकी सम्पूर्णता में पहुँचाया जाये—यही पहली समस्या है, जो प्रयोगशीलता को ललकारती है—इसके बाद इतर समस्याएँ हैं कि वह अनुभूत ही कितना बड़ा या छोटा, घटिया या बढ़िया, सामाजिक या असामाजिक, ऊर्ध्व या अधः या अन्तः या बहिर्मुखी है, इत्यादि आज के जीवन के दबाव की अभिव्यंजना का मार्ग उसे नहीं दीखता क्योंकि आज उसकी अनुभूतियाँ तीव्रतर हैं तो वर्जनाएँ (इनहाइविसन्स) भी कठोरतर हैं। निराशा और कुण्ठा से धैर्यपूर्वक लड़ता हुआ किंतु विश्वास की निष्काम अवस्था से कुछ नीचे, आज के प्रेम का सर्वोत्तम सम्भव रूप यही है।'—अज्ञेय, तारसप्तक, पृ. 74-76

इस तरह मार्क्सवाद को स्वीकार करते हुए भी इन कवियों ने अधिकतर अपनी ही मानसिक प्रतिक्रियाओं की यथातथ्य अभिव्यक्ति की है।

इस तरह इस काल के नये परम्पराभंजक कवियों ने अधिकतर मार्क्सवाद को स्वीकार करते हुए अपनी मानसिक प्रतिक्रियाओं की यथातथ्य अभिव्यक्ति करने का प्रयास किया। यह सम्मिलित काव्यधारा प्रारम्भ में प्रगतिवाद के नाम से ही सम्बोधित होती रही, किंतु तारसप्तक के प्रकाशन के कुछ ही दिनों बाद जब सन् 1942 के स्वातंत्र्य आन्दोलन तथा द्वितीय महायुद्ध की समाप्ति के बाद अन्तर्राष्ट्रीय स्तर पर कम्युनिस्टों के संयुक्त मोर्चे के भंग हो जाने पर भारतीय कम्युनिस्ट लेखकों को भी अपना अलग और स्वतंत्र संगठन बनाना पड़ा, उन्होंने अज्ञेय को प्रगतिवादी शिविर से बहिष्कृत कर दिया। जो कवि केवल सहयात्री कम्युनिस्ट थे, उन्हें भी विवश होकर उक्त ख़ेमे से अलग हो जाना पड़ा। परिणामस्वरूप उक्त संयुक्त साहित्यिक काव्यान्दोलन के दो स्वतंत्र रूप हो गये। एक का नाम 'प्रगतिवाद' और दूसरे का नाम 'प्रयोगवाद' चल पड़ा। कुछ ही दिनों बाद इन दोनों प्रतिक्रियावादी काव्य-प्रवृत्तियों के स्वतंत्र कवियों के भिन्न और स्पष्ट लक्षण भी दिखलाई पड़ने लगे। यद्यपि दोनों में समान तत्त्व भी कम नहीं है, किंतु विषय-वस्तु और शिल्प की दृष्टि से दोनों में इतनी अधिक भिन्नता है कि उन पर अलग-अलग विचार करना

आवश्यक है। यहाँ कालक्रमानुसार क्रमशः प्रगतिवाद और प्रयोगवाद के गीतिकाव्य के संबंध में अलग-अलग विचार किया जायेगा।

पहले कहा जा चुका है कि इस युग में कांग्रेस के अन्दर समाजवादी विचारधारा बलवती होती जा रही थी। उसे जवाहरलाल नेहरू जैसा प्रबल समर्थक मिल गया था। फलतः मार्क्सवादी दर्शन और साहित्य का प्रचार तेजी से होने लगा। साहित्य पर भी इसका प्रभाव पड़ना अनिवार्य था। प्रारम्भ में यह प्रभाव छायावादी काव्य में मानवतावादी दृष्टिकोण के प्रादुर्भाव के रूप में व्यक्त हुआ। सन् 1930 के बाद छायावादी कवियों के भीतर यह अन्तर्द्वन्द्व उत्पन्न हो गया कि कविता को जीवन की ठोस धरती पर कैसे उतारा जाये। राष्ट्रीय और क्रान्तिवादी रचनाओं में गलदश्रु भावुकता से युक्त उग्रता तो थी पर जीवन के भावी रूप की कोई कल्पना उन कवियों के सामने न थी। इसी बीच विदेश से कम्युनिस्ट बनकर लौटे नवयुवक साहित्यकार मुल्कराज आनन्द और सज्जाद जहीर ने सन् 1936 में प्रगतिशील लेखक संघ की स्थापना की। यह संस्था अन्तर्राष्ट्रीय लेखक संघ की, जिसका प्रथम अधिवेशन 1935 में पेरिस में ई. एम. फार्स्टर की अध्यक्षता में हुआ था, एक शाखा थी। इसका प्रथम अधिवेशन सन् 1936 ई. में प्रेमचन्द के सभापतित्व में लखनऊ में हुआ था। इसके बाद से ही प्रगतिशील साहित्य के संबंध में लेखकों के मन में एक स्पष्ट धारणा बनने लगी। 'वाद' की दृष्टि से हर वस्तु को देखने वाले लोगों ने इस साहित्यिक विचारधारा को 'प्रगतिवाद' नाम दे दिया।

'प्रगतिवाद' की विडम्बना यह थी कि यह एक आन्दोलन के रूप में उत्पन्न हुआ जिसके पीछे राजनीतिक उद्देश्य थे। 'छायावाद' का ह्रास होना अनिवार्य था और उसकी जगह सामाजिकता की एक मानवतावादी दृष्टि भी उभर रही थी। पर इसी बीच यह आन्दोलन उठ खड़ा हुआ जिसके कारण कविता का सहज और स्वाभाविक विकास अवरुद्ध हो गया। 'प्रगतिवाद' मुख्यतः एक नारा या शोर बन गया और वह भी उस समय जबकि प्रगतिवादी साहित्य का अच्छी तरह उदय भी नहीं हो सका था। इस तरह हिंदी काव्य में 'प्रगतिवाद' मुख्यतः 'छायावाद' के विरुद्ध एक प्रतिक्रिया के रूप में आया। प्रगतिवादी आलोचना ही पहले शुरू हुई, काव्य बाद में लिखा गया। प्रगतिवादी आलोचकों का कहना था कि छायावादी आदर्शवाद की जगह काव्य में समाजवादी यथार्थवाद की प्रतिष्ठा होनी चाहिए, साहित्य वर्ग संघर्ष का एक अस्त्र है, अतः उसका उपयोग वर्गसंघर्ष को तीव्र करके समाजवादी समाज की स्थापना के लिए होना चाहिए। दूसरी ओर 'छायावाद' की अतिशय कल्पनाशीलता से ऊबे नये कवि सामान्य सामाजिक भूमि पर कविता को उतारना चाहते थे। उनका कोई स्पष्ट राजनीतिक उद्देश्य नहीं था। 1935 ई. के बाद इस प्रकार की सामाजिक यथार्थ की कविताएँ लिखी जाने लगीं, क्योंकि छायावादी कवियों का दृष्टिकोण बदलने लगा था। सामाजिक वैषम्य और निम्नवर्गीय समाज

की हीनदशा का संवेदनशील कवियों पर इतना प्रभाव पड़ा कि उनकी कल्पना के रंगीन पंख जल गये। 'रूपाभ' में सन् 1938 में प्रकाशित प्रगतिशील साहित्य का घोषणा-पत्र इसकी ओर संकेत करता है, इस युग की कविता स्वप्नों में नहीं पल सकती। उसकी जड़ों को अपनी पोषण-सामग्री ग्रहण करने के लिए कठोर धरती का आश्रय लेना पड़ रहा है और युगजीवन ने उसके चिरसंचितसुख-स्वप्नों को जो चुनौती दी, उसको उसे स्वीकार करना पड़ रहा है।

इस प्रकार 'प्रगतिवाद' के दो रूप दिखाई पड़े—(1) स्वाभाविक रूप से विकसित होनेवाला मानवतावादी यथार्थवाद का काव्य, (2) राजनीतिक प्रेरणा और साहित्यिक आन्दोलन से प्रभावित होकर लिखा जानेवाला समाजवादी यथार्थवाद का काव्य। प्रारम्भ में इन दोनों को एक साथ मानकर 'प्रगतिवाद' का नाम दिया जाता था। सन् 1942 ई. तक के सामान्य सामाजिक प्रवृत्तिवाले सभी लेखकों और कवियों को प्रगतिवादी माना जाता था जिनमें प्रेमचन्द, राहुल सांकृत्यायन, सुमित्रानन्दन पंत, निराला, नरेन्द्र शर्मा, रामविलास शर्मा, केदारनाथ अग्रवाल, अमृतलाल नागर, नरोत्तम नागर, शिवदान सिंह चौहान, नागार्जुन सभी सम्मिलित थे। द्वितीय महायुद्ध के बाद जब यूरोप में कम्युनिस्टों का अन्य दलों के साथ मिलकर बनाया गया संयुक्त मोर्चा टूटा तो प्रगतिवादी लेखकों के खेमे में भी दरार पड़ गई। अब कम्युनिस्ट आलोचकों द्वारा केवल वे ही लेखक सच्चे प्रगतिवादी माने गये जो पार्टी के सदस्य या सहयात्री (फैलो ट्रैवेलर) थे। सामाजिक भावना के अन्य लेखक प्रतिक्रियावादी और अवसरवादी करार दिये गये थे। इस प्रकार प्रगतिवादी आन्दोलन 1945 ई. के बाद उत्तरोत्तर कमजोर होता गया। 1942 ई. के आन्दोलन के समय कम्युनिस्ट दल ने ब्रिटिश सरकार का पक्ष लिया था और राष्ट्रीय आन्दोलन को गलत बताया। इस कारण भी कम्युनिस्ट लेखक बहुत बदनाम हुए और 'प्रगतिवाद' की प्रतिष्ठा उत्तरोत्तर कम होती गई। सन् 1950 के बाद तो कुछ लोगों को छोड़कर प्रगतिवाद का कोई नाम लेवा भी नहीं रह गया।

छायावाद-युग में प्रगतिवाद का संकीर्ण रूप सामने नहीं आया था। छायावादी कवि पंत और निराला की सामाजिक वस्तुतत्त्ववाली कविताएँ भी, जो अभिव्यंजना और भाषा की दृष्टि से 'छायावाद' से भिन्न नहीं थी, प्रगतिवादी मानी जाती थीं। ऐसी कविताओं को 'छायावादी प्रगतिवाद' कहा जा सकता है। सन् 1940 ई. तक लिखी गई प्रायः सभी प्रगतिवादी कविताएँ छायावादी भी हैं। पंत के 'युगान्त' में परिवर्तन का जो क्रम प्रारम्भ हुआ, उसने 'युगवाणी' और 'ग्राम्या' में पहुँचकर एक निश्चित रूप धारण कर लिया। ये कविताएँ बौद्धिक विवेचन और आरोपित सहानुभूति से भरी थीं। उनमें कवि की आत्मीयता का कहीं पता नहीं चलता। पंत ने मार्क्सवाद और अध्यात्मवाद का समन्वय करके एक नवीन सामाजिक दृष्टि को अपने काव्य में अभिव्यक्त किया। उनकी दृष्टि समाज के शोषित, पीड़ित और

उपेक्षित वर्गों की ओर गई और उन्होंने उन्हें अपने काव्य का वर्ण्य-विषय बनाया। आगे चलकर पंत ग्रामीण नरनारियों और रीति-रिवाजों का चित्रण करते हुए सामान्य जनता के प्रति अपनी तर्कपूर्ण सहानुभूति और बौद्धिक आसक्ति की अभिव्यंजना करने लगे। इसी प्रकार भगवतीचरण वर्मा, नरेन्द्र शर्मा, दिनकर, केदारनाथ अग्रवाल और नागार्जुन ने भी कविता को प्रगतिवादी विचार व्यक्त करने का माध्यम बनाया। जीवन के गहरे अनुभवों से प्राप्त सामाजिक यथार्थ का सत्य उनके पास नहीं था। जिसके कारण उनका प्रगतिवादी काव्य युग-युग का काव्य बन गया।

प्रगतिवादी गीतिकाव्य का विषयगत विभाजन

प्रगतिवादी काव्य-धारा के अन्तर्गत प्रबन्ध-काव्य और मुक्तक काव्य की रचना नहीं हुई किंतु गीतिकाव्य और निबन्ध काव्य अवश्य पर्याप्त मात्रा में लिखे गये। निबन्ध काव्य के अन्तर्गत भी गीति-शैलियाँ ही अपनाई गईं किंतु काव्यत्वहीन होने के कारण ऐसी रचनाओं पर विचार करना आवश्यक नहीं है। जिन प्रगतिवादी गीति-रचनाओं में किंचिन्मात्रा में भी गीति-तत्त्व है, उन्हें विषय की दृष्टि से निम्नलिखित वर्गों में विभाजित किया जा सकता है :

1. मानवतावादी गीति
2. वर्ग-संघर्ष मूलक गीति
3. क्रान्तिमूलक गीति
4. प्रशस्तिमूलक गीति
5. राष्ट्रीय गीति
6. दलगत राजनीतिमूलक गीति
7. प्रकृति-गीति
8. सामाजिक गीति

1. **मानवतावादी गीतिकाव्य :** साम्यवादी आन्दोलन का स्वरूप विश्वव्यापी था। उससे प्रभावित प्रगतिशील लेखकों ने भी विश्व-मानव को दृष्टि में रखकर ही मार्क्सवादी विचार-धारा से अनुप्राणित साहित्य की रचना की। मानव के सुख-दुःख, संघर्ष और उस पर होनेवाले अत्याचारों का यथार्थ चित्रण करनेवाला काव्य अथवा भावी-मानव जाति के आदर्शस्वरूप की कल्पना करनेवाले काव्य को मानवतावादी काव्य कहा जा सकता है। 'मानवतावादी' की धारणा भारत के लिए कोई नयी वस्तु नहीं थी। प्राचीन भारत में मानवता का आदर्श वाक्य था—'सर्वे भवन्तु सुखिनः, सर्वे सन्तु निरामया, सर्वे भद्राणि पश्यन्तु मा कश्चिद् दुःखभागू भवेत्'। महाभारत में वेदव्यास ने भी उर्ध्वबाहु होकर कहा था—'न मानुषात् श्रेष्ठतरं ही किंचित्' किंतु यह सब आदर्श पोथियों में ही बन्द रह गया। भारतीय सभ्यता में भी दीन-दुखियों,

नारियों और निम्नवर्गवालों का शोषण उच्चवर्णवालों और सांमतों द्वारा वैसा ही होता रहा, जैसा दुनिया के अन्य भौतिकवादी देशों में हुआ। अतः पाश्चात्य देशों में 18 वीं, 19 वीं शताब्दी में लोकतांत्रिक विचारों के साथ मानवतावादी विचार-धारा का भी प्रसार हुआ। हिंदी में छायावादी काव्य के अन्तर्गत इसी मानवतावादी आदर्शवाद का अवलम्बन किया गया है। किंतु छायावादोत्तर युग में प्रगतिवादी कवियों ने जिस मानवतावाद को अपनाया, वह छायावादी मानवतावाद से भिन्न मार्क्सवादी या समाजवादी मानवतावाद था। गांधी जी के 'अछूतोद्धार आन्दोलन', भारतीय श्रमिक वर्ग के संघटन और हड़ताल आदि के कारण छायावाद-युग के अन्तिम दिनों में ही आर्थिक और सामाजिक वैषम्य के प्रति विद्रोह की भावना तीव्र होती जा रही थी। कम्युनिस्ट पार्टी के प्रचार के कारण यह प्रवृत्ति और भी विकसित हुई। फलतः 'प्रगतिवाद' का काव्य ही मानवतावादी विचारों की अभिव्यंजना के साथ हुआ। इस काल के अनेक छायावादी एवं स्वच्छन्दतावादी कवियों ने भी मानवतावाद की सभी रचनाएँ अपनी आन्तरिक प्रेरणा से लिखीं किंतु कम्युनिस्ट विचारों से प्रभावित कवियों का मानवतावाद दलीय राजनीति से अनुप्रेरित था। सन् 40 के बाद मानवतावादी विचारों को व्यक्त करनेवाले गीतिकाव्य की रचना अधिक हुई। पंत, निराला, नरेन्द्र शर्मा, दिनकर, शम्भुनाथ सिंह आदि स्वच्छन्दतावादी कवियों के अतिरिक्त रामविलास शर्मा, केदारनाथ अग्रवाल, शिवमंगल सिंह 'सुमन', त्रिलोचन शास्त्री, नागार्जुन, भारतभूषण अग्रवाल, मुक्तिबोध, गिरिजाकुमार माथुर आदि कवियों ने इस प्रकार की कविताएँ बहुत अधिक मात्रा में लिखीं। यहाँ भगवतीचरण वर्मा की 'जीवन-दर्शन' शीर्षक कविता में उनकी मानवतावादी दृष्टि देखी जा सकती है :

मानापमान हो इष्ट तुम्हें, मैं तो जीवन को देख रहा।
मैं देख रहा दानवता के दुस्साहस के विकराल कृत्य,
मैं देख रहा था बर्बरता का भू की छाती पर नग्न नृत्य।
मैं देख रहा था उठनेवाली अम्बर पर संस्कृति की उसाँस
मैं देख रहा था यह मानवता कितनी निर्बल, कितनी अनित्य।
जमघट है रोनेवालों का, जमघट है गानेवालों का,
सब देने को लाये थे पर जमघट है पाने वालों का,
कुछ बने लुटेरे लूट रहे, कुछ बने भिखारी माँग रहे,
है जमा मिटाने को ही यह जमघट मिट जानेवालों का।
मैं जग को सुख देनेवाले जग के क्रन्दन को देख रहा।
मानापमान हो इष्ट तुम्हें, मैं तो जीवन को देख रहा।

—जीवन दर्शन, पुष्करिणी, पृ. 528-29

2. वर्ग-संघर्ष मूलक गीति : वर्ग-संघर्ष मार्क्सवादी दर्शन की रीढ़ है। मार्क्स

के अनुसार सामाजिक और राजनीतिक क्रान्ति के लिए वर्ग संघर्ष का तीव्र होना आवश्यक है। संघर्ष द्वारा ही सर्वहारा और शोषित वर्ग सामंती और पूँजीवादी वर्ग को ध्वस्त कर साम्यवाद की स्थापना कर सकता है। ऐसे साम्यवादी समाज में वर्ग-भेद नहीं होगा और सभी मानव समान होंगे। इस विचार-धारा से प्रेरित होकर सन् 1935 के बाद ही कुछ छायावादी कवियों ने अपने आदर्शवादी और आध्यात्मिक दृष्टि को बदल दिया। सामाजिक वैषम्य और बहुजन समाज की हीन दशा का संवेदनशील कवियों पर इतना अधिक प्रभाव पड़ा कि उनकी कल्पना के रंगीन पंख जल गये और उन्हें विवश होकर ठोस धरती पर उतरना पड़ा। पंत ने इस संबंध में अपना घोषणा-पत्र इस प्रकार लिखा था :

'कविता के स्वप्न-भवन को छोड़कर हम इस खुरदुरे पथ पर क्यों उतर आये, इस संबंध में दो शब्द लिखना आवश्यक हो जाता है। इस युग में जीवन की वास्तविकता ने जैसा उग्र आकार धारण कर लिया है, उससे प्राचीन विश्वासों में प्रतिष्ठित हमारे भाव और कल्पना के चूल हिल गये हैं। श्रद्धा-अवकाश में पलनेवाली संस्कृति का वातावरण आन्दोलित हो उठा है और काव्य की स्वप्न जड़ित आत्माजीवन की कठोर आवश्यकता के उस नाम से सहम गई है। अतः इस युग की कविता स्वप्नों में नहीं पल सकती। उसकी जड़ों को अपनी पोषण-सामग्री ग्रहण करने के लिए कठोर धरती का आश्रय लेना पड़ रहा है और युग-जीवन के उसके चिर-संचित सुख-स्वप्नों को जो चुनौती दी है, उसको उसे स्वीकार करना पड़ रहा है।'[1]

इस प्रकार छायावादी कवि आदर्शवाद से हटकर यथार्थ जीवन की ओर बढ़े जिसमें सामाजिक और आर्थिक वैषम्य और असंतोष का नग्न नर्तन हो रहा था। अतः कवियों ने समाज के शोषित-पीड़ित बहुजन वर्ग का पक्ष लेकर काव्य लिखना प्रारम्भ किया। सुमित्रानन्दन पंत ने इस समाज का चित्रण करते हुए लिखा :

जग जीवन के तम में
दैन्य अभाव शयन में
परवश मानव।
बुन स्वप्नों के जाल
ढँक दो विश्व-पराभव
कुत्सित गर्हित घोर।

—मानव-युगवाणी

शोषित मानव का चित्र खींचते हुए शम्भुनाथ सिंह ने लिखा है :

---

1. रूपाभ : जुलाई, 1938

उनका भी है मानव का तन।
निर्मित करते जो भाव-नगर,
भू पर भवनों के लिख अक्षर,
झोंपड़ियों में वे जाते मर,
जो पीते रहते जीवन भर,
निज रक्त-स्वेद आँसू के कण।
उनका भी है मानव का तन।
चित्रित करते जो भू-आँगन,
तल की तूली से कर अंकन,
भूखों को दे देते जीवन
जो जीते रहते जीवन भर
दुनिया को देने को भोजन।
उनका भी है मानव का मन।

—मानव का तन—उदयाचल

3. क्रान्तिमूलक गीति : वर्ग-संघर्ष का ही चरम रूप क्रान्ति है। क्रान्ति द्वारा बलपूर्वक हिंसात्मक या अहिंसात्मक किसी भी तरीके से शोषित जनता, शासन और प्रभुता सम्पन्न वर्ग को ध्वस्त करके समाज पर अपना अधिनायकतंत्र स्थापित करती है। प्रगतिवादी कवियों ने इस दिशा में उद्‌बोधन करते हुए बहुत सी कविताएँ लिखी हैं। सर्वहारा वर्ग को उद्‌बुद्ध करते हुए भगवतीचरण वर्मा कहते हैं :

बीवी बच्चों से छीन, बीन दाना दाना अपने में भर,
भूखे तड़पे या मरें, मरों का तो भरना है उसको घर,
धन की दानवता से पीड़ित कुछ फटा हुआ, कुछ कर्कश स्वर
चरमर चरमर चूँ चररमरर जा रही चली भैंसागाड़ी।

—भैंसागाड़ी, पुष्करिणी, पृ. 531

दिनकर ने और भी ओजस्वी भाषा में क्रान्ति का आह्वान किया है :

श्वानों को मिलता दूध-वस्त्र भूखे बालक अकुलाते हैं।
माँ की हड्डी से चिपक ठिठुर, जाड़े की रात बिताते हैं।
X X X
हटो व्योम के मेघ पंथ से, स्वर्ग लूटने हम आते हैं,
'दूध-दूध' ओ वत्स ! तुम्हारा दूध खोजने हम जाते हैं।

—हुंकार

इस प्रकार इस युग के कवियों ने सामाजिक और राजनीतिक विषयों को लेकर

बहुत ही प्रभावपूर्ण कविताएँ लिखीं जिनमें उद्‌बोधन उत्साह, करुणा, क्रोध, सहानुभूति, सहृदयता आदि कोमल-परुष भावनाओं को व्यापक अभिव्यक्ति मिली। इसका परिणाम यह हुआ कि कविता जीवन के अधिक निकट आई और सामाजिक परिवर्तन में वह उपयोगी अस्त्र के रूप में इस्तेमाल होने लगी।

4. प्रशस्तिमूलक गीति : प्रगतिवादी कवियों ने मजदूरों, किसानों, मार्क्स-लेनिन यहाँ तक कि क्रान्ति और विद्रोह के संबंध में प्रशस्तिमूलक रचनाएँ अधिक मात्रा में लिखी हैं। नरेन्द्र शर्मा की 'यकुं मयी' और 'लाल सलाम', सुमित्रानन्दन पंत की 'युगवाणी' और ग्राम्या की 'बापू', 'महात्मा जी के प्रति', 'श्रम जीवी', 'घननाद', अनामिका के 'कवि के प्रति', और 'क्रान्ति' शीर्षक कविताएँ इसी प्रकार की हैं। 'मार्क्स के प्रति' शीर्षक कविता में उन्होंने साम्यवाद के प्रवर्तक मार्क्स का प्रशस्ति-गान करते हुए लिखा है :

दन्त कथा, वीरों की गाथा, सत्य नहीं इतिहास,
सम्राटों की विजय लालसा, ललना भृकुटि-विलास,
दैव नियति का निर्मम क्रीड़ाचक्र न वह उच्छृंखल,
धर्मान्धता, नीति, संस्कृति का ही न मात्र समर स्थल।
साक्षी है इतिहास, किया तुमने दुन्दुभि से घोषित,
प्रकृति विजित कर, मानव ने की विश्व सभ्यता स्थापित।

—मार्क्स के प्रति, युगवाणी, पृ. 44

5. राष्ट्रीय गीति : प्रगतिवादी कवियों ने देश-भक्ति एवं राष्ट्रीयता से संबंधित कविताएँ भी लिखीं, यद्यपि उनकी संख्या अधिक नहीं है। दिनकर, सोहनलाल द्विवेदी तथा अन्य स्वच्छन्दतावादी कवियों द्वारा लिखित राष्ट्रीय गीतिकाव्य को प्रगतिवाद के अन्तर्गत सम्मिलित करना उचित नहीं है क्योंकि उनकी दृष्टि पूर्णतया स्वातंत्र्यमूलक है जबकि प्रगतिवादी कवियों की दृष्टि समाजवादी है। वस्तुतः प्रगतिवादी कवियों ने राष्ट्रीयता से अधिक महत्त्व 'समाजवाद' को ही दिया था। केवल सुमित्रानन्दन पंत ही ऐसे प्रगतिवादी कवि हैं जिन्होंने राष्ट्रीयता, देश-भक्ति और समाजवाद को समान महत्त्व दिया। प्रगतिवादी कवियों में से पंत के अतिरिक्त नरेन्द्र शर्मा, शिवमंगल सिंह 'सुमन', नागार्जुन आदि ने भी भारत-देश और स्वतंत्रता के सेनानियों के संबंध में अपने भावों को कुछ कविताओं में व्यक्त किया है। यहाँ पंत की 'भारतमाता' शीर्षक कविता का एक अंश दिया जा रहा है :

भारतमाता
ग्रामवासिनी।
खेतों में फैला है श्यामल
धूल भरा मैला सा आँचल,

गंगा यमुना में आँसू जल
मिट्टी की प्रतिमा
उदासिनी।
दैन्य जड़ित, अपलक, नत चितवन,
अधरों में चिर नीरव रोदन,
युग युग के तम से विषण्ण मन,
वह अपने घर में प्रवासिनी।

—भारतमाता, ग्राम्या, पृ. 48

पंत ने कविताएँ विदेशी शासन में कराहती हुई भारतमाता के प्रति अपने अनुराग को व्यक्त करने के लिए लिखी थीं। सन् '42 के आन्दोलन के समय कम्युनिस्ट पार्टी से सम्बद्ध लेखकों ने आन्दोलन का विरोध किया किंतु सहयात्री लेखक देश के साथ गद्दारी न कर सके। उन्होंने बहुत-सी राष्ट्रीय कविताएँ लिखीं। जैसे—नरेन्द्र शर्मा की 'देवली कैम्प जेल' शम्भुनाथ सिंह की 'आया है फिर होली का दिन', शिवमंगल सिंह 'सुमन' का 'पथ पर भूल न जाना पथिक कहीं' आदि कविताएँ इसी प्रकार की हैं। उसी काल में 'मुक्तिबोध' द्वारा लिखित देश संबंधी निम्नलिखित कविता उल्लेखनीय है :

जिस देश-प्राणों की जलन में एक नूतन स्वप्न का संचार हो
ओ हृदय मेरे।
उस ज्वलन की भूमि में बिछ जा स्वयं ही
ओ तड़प कर उस निराले देश में तू खोल आँखें।
X X X
आत्मा मेरी।
उस ज्वलन की भूमि में तू स्वयं बिछले
देख,
जलसे स्पन्दनों में क्या उलझता ही गया है

—तारसप्तक, 1951, द्वितीय सं. पृ. 50

6. दलगत राजनीतिमूलक गीति : प्रगतिवादी काव्यधारा बाद में कम्युनिस्ट पार्टी से प्रतिबद्ध होने के कारण मानवतावादी न रहकर राजनीति से बोझिल हो गई। अतः इस युग में अधिकतर विरोधी दलों—विशेषकर शासक-दल कांग्रेस के विरुद्ध राजनीतिक कविताएँ ही लिखी जाती रहीं। ऐसे कवियों में नागार्जुन अग्रणी थे जिन्होंने स्वराज्य-प्राप्ति के बाद देश की दुर्दशा का मुख्य कारण 'कांग्रेस और नेहरू को माना।' देश की अफसरशाही का चित्रण करते हुए उन्होंने 'तो फिर क्या हुआ ?' शीर्षक कविता में लिखा है :

नदी के पेट में चला गया है समूचा गाँव
बेघर हो गये हैं हजारों लोग
पगला गई है बूढ़ी गंडक
छोड़कर सिगार का ढेर ढेर धुआँ
प्रज्ञाकर गुण निधान प्राचार्य बोले—
यह सब तो चलता ही रहेगा
कहाँ तक रोयेंगे आप।
प्रलय नहीं होगा तो सृष्टि कैसे होगी,
क्यों भला बन्द हों नाश और निर्माण के चक्र

—नागार्जुन, सतरंगे पंखोंवाली, पृ. 37

इसी तरह नेहरू की मृत्यु के बाद 'नागार्जुन' ने उस पर एक तीखा व्यंग्य करते हुए लिखा था :

तुम रह जाते दस साल और।
झुकती स्वराज्य की डाल और।
सबका हो जाता तेज-हरण,
जुगनू कर लेता आत्म-घात।
जमती अशोक के सिंहों पर
बेशर्म उल्लुओं की जमात।
छिपते क्या नटवर लाल और।
तुम रह जाते दस साल और।

—नागार्जुन (योगी, पटना) में प्रकाशित

7. प्रकृति गीति : प्रगतिवादी कवियों की दृष्टि यद्यपि मानवों में अधिक केन्द्रित थी, किंतु वह प्रकृति की ओर से निरपेक्ष नहीं थी। सन् 1935 के बाद जो छायावादी और उनसे प्रभावित कवि 'प्रगतिवाद' की ओर मुड़े, उन्होंने भारतीय ग्रामों की भौगोलिक दशा का लोक-जीवन के परिप्रेक्ष्य में यथार्थ चित्रण किया है। पंत और निराला के अतिरिक्त नरेन्द्र शर्मा, कुँवर चन्द्रप्रकाश सिंह, रामविलास शर्मा, केदारनाथ अग्रवाल और नागार्जुन ने ग्राम्य प्रकृति से संबंधित बहुत सी कविताएँ लिखीं। 'ग्राम्या' में पंत की 'ग्राम्य चित्र', 'ग्राम', 'स्वप्न-पट', 'ग्राम श्री', 'गंगा', 'सन्ध्या के बाद', 'रेखाचित्र' आदि कविताएँ इसी प्रकार की हैं। तारसप्तक में रामविलास शर्मा की जो कविताएँ संकलित हैं, उनमें 'चाँदनी', 'प्रत्यूष के पूर्व', 'कतकी', 'शारदीया', 'सिलहार' आदि कविताएँ ग्राम्य प्रकृति का यथार्थ चित्र प्रस्तुत करती हैं।

इसी तरह नागार्जुन के 'सतरंगे पंखों वाली' काव्य-संकलन में भी 'बहुत दिनों के बाद', 'बसंत की अगवानी', 'नीम की दो टहनियाँ' आदि प्रकृति संबंधी प्रगतिवादी पृष्ठभूमि पर निर्मित हैं। यहाँ उदाहरणस्वरूप रामविलास शर्मा की कविता उद्धृत की जा रही है :

सोना ही सोना छाया आकाश में,
पश्चिम में सोने का सूरज डूबता,
पका रंग कंचन जैसा ताया हुआ,
भरे ज्वार के भुट्टे पककर झुक गये
'गला गला' कर हाँक रही गुफना लिए,
दाने चुगती हुई गलरियों को खड़ी,
सोने से भी निखरा जिसका रंग है,
भरी जवानी जिसकी पककर झुक गई।

—शारदीया, रामविलास शर्मा, तारसप्तक, द्वितीय संस्करण, पृ. 239

8. सामाजिक गीति : सामाजिक वैषम्य का चित्रण भी प्रगतिवादी कविता में बहुत अधिक हुआ है। किसानों और मजदूरों की गरीबी, ग्रामीण स्त्रियों की दुर्दशा, समाज में फैली हुई बुराइयाँ--आदि इस तरह की कविताओं का विषय हुआ करती थीं। सामाजिक जीवन के संबंध में दो प्रकार की कविताएँ मिलती हैं—एक तो वे कविताएँ जिनमें समाज को बदलने के लिए उद्बोधन दिया गया है और दूसरी वे जिनमें बार-बार समाज को बदलने के लिए अपनी कविताओं द्वारा पाठकों को उद्बुद्ध किया है। उसी तरह शम्भुनाथ सिंह ने भी सामाजिक बंधनों को तोड़ने के लिए ललकारते हुए लिखा है :

तोड़ो, कारा तोड़ो।
टूटे लो जग-बंधन,
जाग्रत अब जड़-चेतन,
तुम भी जड़-बंधन की ममता-माया छोड़ो।
तोड़ो, कारा तोड़ो।
कण-कण में नव जीवन
करता युग अभिनन्दन
तुम भी बिछुड़े-टूटे मानव-मन को जोड़ो।
तोड़ो, कारा तोड़ो।

—तोड़ो कारा, पुष्करिणी, पृ. 711

ग्रामीण समाज की आर्थिक दुर्व्यवस्था का चित्रण करते हुए नागार्जुन ने

लिखा है :

कई दिनों तक चूल्हा रोया, चक्की रही उदास,
कई दिनों तक कानी कुतिया सोई उनके पास।
कई दिनों तक लगी भीत पर छिपकलियों की गश्त
कई दिनों तक चूहों की भी हालत रही शिकस्त।
दाने आये घर के अन्दर कई दिनों के बाद,
धुआँ उठा आँगन से ऊपर कई दिनों के बाद।
चमक उठीं घर भर की आँखें कई दिनों के बाद,
कौए ने खुजलाई पांखें कई दिनों के बाद।

—अकाल और उसके बाद, सतरंगे पंखोंवाली, पृ. 30

प्रगतिवादी गीतिकाव्य का शिल्पगत विवेचन

प्रगतिवाद, छायावाद की प्रतिक्रिया के रूप में उसी के गर्भ से उत्पन्न हुआ था। इस कारण उसकी विषय-वस्तु छायावादी काव्य की विषय-वस्तु से बहुत भिन्न है। किंतु शिल्प तत्त्व की दृष्टि से उसमें विशेष नवीनता नहीं है। पंत और निराला ने छायावादी आदर्शवाद को छोड़कर यथार्थ जीवन को अपने काव्य का उपजीव्य बनाया और नवीन विषयों के ग्रहण के साथ अपनी गीति-रचना के शिल्प को भी कुछ बदला था। परवर्ती प्रगतिवादी कवियों ने भी प्रगति की इस सीमा का अतिक्रमण नहीं किया। निराला ने 'नये पत्ते', 'वेला' और 'कुकुरमुत्ता' में निम्नवर्गीय शोषित जनता का पक्ष लेकर बोलचाल की भाषा और लोक छंदों में कविताएँ लिखी थीं उस सीमा तक भी नये प्रगतिवादी कवि न जा सके। यह बात अवश्य हुई कि इन नये कवियों की दृष्टि अधिक राजनीतिक और मानवतावादी थी जिससे इन्होंने वर्ग-संघर्ष तथा शोषण-उत्पीड़न का चित्रण अधिक किया। शिल्प की दृष्टि से उनकी देन महत्त्वपूर्ण नहीं है।

प्रगतिवादी काव्य मुख्यतः गीतिकाव्य ही है किंतु उसमें छायावादी एवं व्यक्तिवादी स्वच्छन्दतावादी गीतिकाव्य के सभी शिल्पतत्त्व नहीं प्राप्त होते। उसमें प्राप्त होने वाले शिल्पतत्त्वों को निम्नलिखित वर्गों में विभाजित किया जा सकता है :

1. पद गीति
2. प्रगीत
3. मुक्तक गीति
4. आवृत्ति गीति
5. व्यंग्य गीति

1. पद गीति : व्यक्तिवादी स्वच्छन्दतावादी कवियों के समान प्रगतिवादी

कवियों ने भी मुख्यतया सुगम-संगीत वाले छंदों और उर्दू की बहूरों को लेकर पदगीतों की रचना की है। अतः उनके संबंध में विशेष विचार करने की आवश्यकता नहीं है। शिवमंगल सिंह 'सुमन' की कविता का एक अंश यहाँ उदाहरणार्थ दिया जा रहा है :

पथ भूल न जाना पथिक कहीं
जीवन के कुसुमित उपवन में गुंजित मधुमय कण कण होगा।
शैशव के कुछ सपने होंगे, मदमाता सा यौवन होगा।
यौवन की उच्छृंखलता में,
पथ भूल न जाना पथिक कहीं।
पथ में काँटे तो होंगे ही, दूर्वादल, सरिता, सर, होंगे
सुन्दर गिरि-वन वापी होगी, सुन्दर सुन्दर निर्झर होंगे।
सुन्दरता की मृगतृष्णा में पथ भूल न जाना पथिक कहीं।
मधुवेला की मादकता से कितने ही मन उन्मन होंगे
पलकों के अंचल में लिपटे, अलसाते से लोचन होंगे,
नयनों की सुघड़ सरलता में पथ भूल न जाना पथिक कहीं।

—पुष्करिणी, पृ. 681

इस गीत में 'टेक' की पंक्ति की प्रत्येक पद में आवृत्ति की गई है। अन्तरा में दो-दो बड़ी पंक्तियाँ परस्पर समतुकान्त हैं और तीसरी पंक्ति में पूर्वार्द्ध के साथ 'टेक' की पंक्ति की आवृत्ति करके पूरी पंक्ति मान ली गई है।

इसी प्रकार नागार्जुन की एक कविता दर्शनीय है :

पुलकित तन हो
पुलकित मन हो
सरस और सक्षम जीवन हो।
फिर न युद्ध हो
गति न रुद्ध हो
निर्भय, निरातंक यौवन हो
अन्न वस्त्रदा
सुखदा, शुभदा
प्राणों से भी बढ़कर प्यारी।
हिमकिरीटिनी
जलधि पैजनी
बने स्वर्ग यह भूमि हमारी।

—हरे दनुज दल मिटे अमंगल, सतरंगे पंखोंवाली

इस गीत में कुल आठ पद हैं जिनमें से दो-दो पदों को युग्मक के रूप में रखा गया है और उनकी अंतिम पंक्तियों को समतुकान्त रूप दिया गया है। प्रत्येक पद की अंतरा की दो पंक्तियाँ, एक ही बड़ी पंक्ति को दो बराबर अंशों में तोड़कर बनाई गई हैं। इस प्रकार पद-रचना की दृष्टि से इसमें कुछ नवीनता है।

पदगीति का ही एक भेद पदगीति भी है। प्रगतिवादी कवियों में नागार्जुन तथा रामविलास शर्मा ने इस ढंग के 'प्रगीत' लिखे हैं। नागार्जुन की 'होती बस आँखें ही आँखें' तथा 'यह कैसे होगा'[1] मुक्त पदगीत के सुन्दर उदाहरण हैं। उनकी 'कलियुग' कविता का एक अंश यहाँ दिया जा रहा है :

सतयुग, त्रेता, फिर द्वापर औ कलियुग,
अंतिम हमारा युग,
निन्दित पुराणों में, शास्त्रों में, काव्यों में,
अवांछित आदि युग से यह अधम युग,
सतयुग, त्रेता और द्वापर के कृमि-कीट
विकसित हुए जब विषैले युग में,
महामान्य पूर्वजों, महर्षियों, सम्राटों की,
वासना की बूँदें वे,
बढ़कर बनीं आज गम्भीर जल-राशि,
विषाक्त कर्दभ-मय जल राशि।
युग-युग निन्दित अधम यह कलियुग,
यही है हमारा युग।

—कलियुग, नागार्जुन, संतरंगे पखोंवाली

2. प्रगीत : प्रगतिवादी गीतिकाव्य में प्रगीत ही अधिक लिखे गये जो पूर्ववर्ती काव्यधाराओं के प्रगीतों से शिल्प की दृष्टि से अधिक भिन्न नहीं है। इस प्रगतिवाद में दो प्रकार के प्रगीत लिखे गये :

1. छंदोबद्ध प्रगीत और
2. मुक्त प्रगीत।

इनके अतिरिक्त कुछ कवियों ने चतुर्दशपदियों की रचना भी की। नेमिचन्द्र जैन की 'उन्मुक्त' शीर्षक कविता छंदोबद्ध प्रगीत का उदाहरण है जिसमें दो-दो समतुकान्त पंक्तियों के 19 पद हैं। उसकी कुछ पंक्तियाँ यहाँ दी जा रही हैं :

हो गया आज उन्मुक्त विहग पल में अबन्ध
छुट गये वासना के नाते सब मोह अन्ध

---

1. सतरंगे पंखोंवाली, पृ. 29

खुल गये पलक में ममता के सब नाग-पाश,
कारा-तम के वासी ने देखा उषा-हास
उड़ चला गगन में अपने आतुर पंख खोल
भर गई मुक्ति मन में कुछ वह मस्ती अमोल।

—नेमिचन्द्र जैन, तारसप्तक, द्वितीय संस्करण, पृ. 29

मुक्त प्रगीत का उदाहरण नागार्जुन की 'खुरदुरे पैर' शीर्षक कविता है जिसमें अनियमित संख्या वाली छोटी-बड़ी अतुकान्त पंक्तियों से पद निर्मित किये गये हैं। जैसे :

खुब गये
दूधिया निगाहों में
फटी बिवाइयों वाले खुरदुरे पैर।
धँस गये
कुसुम कोमल मन में
गुट्ठल घट्ठों वाले कुलिश-कठोर पैर।
दे रहे थे गति
खड़ विहीन ठूंठ पैदलों को
चला रहे थे
एक नहीं, दो नहीं, तीन-तीन चक्र
कर रहे थे मात
त्रिविक्रम वामन के पुराने पैरों को।

—खुरदुरे पैर, सतरंगे पंखोंवाली, पृ. 21

सानेट : प्रगतिवादी कवियों में यद्यपि प्रारम्भ में प्रभाकर माचवे ने चतुर्दशपदियों की रचना की थी, किंतु बाद में त्रिलोचन शास्त्री ने इस विधा में विशिष्टता प्राप्त की। उनका 'दिगन्त' नामक काव्य-संकलन उनकी चतुर्दशपदियों का ही संकलन है। उनकी चतुर्दशपदियों में क, ख, ख, क-ग, घ, घ, ग-च, छ, छ, च-ज, ज का क्रम रखा गया है। इनमें कवि ने सामाजिक जीवन के अछूते पक्षों को प्रकाशित किया है और कविता को जन-जीवन के निकट पहुँचाने का प्रयास किया है। इनमें कहीं-कहीं बिल्कुल गद्यात्मक बन्धान भी दिखाई देता है किंतु प्रगतिवादी दृष्टि से इसे जन-काव्य कहा जा सकता है। एक चतुर्दशपदी में उन्होंने अपने दृष्टिकोण को प्रस्तुत करते हुए लिखा है :

ध्वनि ग्राहक हूँ मैं, समाज में उठनेवाली
ध्वनियाँ पकड़ लिया करता हूँ, इस पर कोई

अगर चिढ़े तो उसकी बुद्धि कहीं है खोई
करना यही पड़ेगा, अगर न हो हरियाली
कहाँ दिखा सकता हूँ। फिर आँखों पर मेरी
चश्मा हरा नहीं है। यह नवीन ऐय्यारी
मुझे पंसद नहीं है। जो इसकी तैयारी
करते हों वे करें। अगर कोठरी अंधेरी
है तो उसे अंधेरी समझाने-कहने का
मुझको है अधिकार। सिफारिश से, सेवा से
गला सत्य का कभी न घोंटूँगा। मेवा से
वरंब्रूहि न कहूँगा और न चुप रहने का।
लड़ता हुआ समाज, नयी आशा-अभिलाषा,
नये चित्र के साथ नयी देता हूँ भाषा।

3. मुक्तक गीति : प्रगतिवादी कवियों ने मुक्तक गीति बहुत कम लिखे हैं। कुछ गीत ऐसे अवश्य लिखे गये जो मुक्तक और गीत दोनों प्रतीत होते हैं। जैसे प्रभाकर माचवे का 'रेखाचित्र', भारतभूषण अग्रवाल का 'जागते रहो'। 'रेखा-चित्र' शीर्षक कविता में सान्ध्य वातावरण में भीख माँगनेवाली एक सुंदरी और उसे भीख देनेवालों के कुछ चित्र दोहा छंद में प्रस्तुत किये गये हैं। ये चित्र अलग-अलग स्वतंत्र प्रतीत होते हुए भी समग्र रूप में एक गीत के रूप का आभास देते हैं।[1] इसी तरह भारतभूषण अग्रवाल की 'जागते रहो' कविता अलग-अलग अन्त्यानुप्रासयुक्त मुक्त छंद वाले पदों में विभक्त है और प्रत्येक पद एक स्वतंत्र मुक्तक प्रतीत होता है जैसे :

डूबता दिन, भीगती सी शाम
बंद कर दो काम,
लो विश्राम।

यह तिमिर की शाल
ओढ़ लो वसुधे। न सिकुड़े शीत से यह लाल
जग का बाल।
वलय की खनकार,
दीप वालो री सुहागिनि। जग उठे गृह-द्वार
बन्दनवार।

—तारसप्तक, पृ. 108

1. रेखाचित्र : तारसप्तक, पृ. 200

किंतु इन कवियों ने कहीं-कहीं परम्परागत ढंग के रुबाई या मुक्तक जैसे स्वतंत्र छंदों से भी गीतिकाव्य का रूपसंघटन किया है। प्रभाकर माचवे की 'राही से' शीर्षक कविता ऐसी ही है जिसका एक छंद यहाँ दिया जा रहा है :

छुट चले राह में नये-पुराने साथी
मिट गई मार्गदर्शक यह कम्पित बाती
नंगी प्रकृति वीरान भयावन आगे
मैं जानता हूँ, आओ हो जिसकी छाती।

—राही से, तारसप्तक, पृ. 194

4. आवृत्ति गीति : प्रगतिवादी काव्यधारा के अन्तर्गत आवृत्ति की शैली बहुत अधिक अपनाई गई है क्योंकि प्रगतिवादी कवि अपनी बात को भाषण की शैली में सामान्य जनता तक पहुँचाना चाहता है। इसलिए छंद युक्त और मुक्त छंद—दोनों प्रकार की प्रगतिवादी कविताओं में आवृत्ति प्रधान कविताएँ पर्याप्त संख्या में मिलती हैं। ऐसी कविताओं को आवृत्ति गीति कहा जा सकता है। नागार्जुन की 'अकाल और उसके बाद'[1] 'ऐसा क्या अब फिर फिर होगा'[2] तथा शम्भुनाथ सिंह की 'जन-देवता'[3] शीर्षक कविताओं में आवृत्ति की पद्धति अपनाई गई है। इन तीनों कविताओं में प्रारम्भिक पद की आवृत्ति कई बार हुई है। यहाँ नागार्जुन की 'अकाल और उसके बाद' शीर्षक आवृत्ति-गीत उद्धृत किया जा रहा है :

कई दिनों तक चूल्हा रोया, चक्की रही उदास,
कई दिनों तक कानी कुतिया सोई उनके पास।
कई दिनों तक लगी भीत पर छिपकलियों की गश्त,
कई दिनों तक चूहों की भी हालत रही शिकस्त।
दाने आये घर के अंदर कई दिनों के बाद,
धुआँ उठा आँगन से ऊपर कई दिनों के बाद।
चमक उठीं घर भर की आँखें कई दिनों के बाद,
कौए ने खुजलाई पाँखें कई दिनों के बाद।

—अकाल और उसके बाद, सतरंगे पंखोंवाली

5. व्यंग्य गीति : प्रगतिवादी काव्य में वर्तमान सामाजिक और आर्थिक जीवन की विसंगतियों एवं वैषम्य पर व्यंग्य के रूप में कठोर आघात किया गया है। ऐसे

---

1. अकाल और उसके बाद, सतरंगे पंखोंवाली, पृ. 30
2. ऐसा क्या अब फिर फिर होगा, सतरंगे पंखोंवाली, पृ. 52
3. जन देवता, प्रतिनिधि रचनाएँ

व्यंग्यात्मक गीतिकाव्य की रचना रामविलास शर्मा, प्रभाकर माचवे, भारतभूषण अग्रवाल और नागार्जुन ने सर्वाधिक की है। भारतभूषण अग्रवाल की 'अहिंसा'[1] 'मैं और मेरा पिट्ठू'[2], रामविलास शर्मा की 'सत्य शिवं सुन्दरम्'[3], नागार्जुन की 'सौंदर्य प्रतियोगिता'[4], प्रभाकर माचवे की 'देशोद्धारकों से'[5] 'कविता क्या है'[6] 'पालतू'[7] 'उरु संस्कृति'[8], 'जयति नखरंजिनी'[9] 'तो फिर क्या हुआ' आदि कविताएँ इसी प्रकार की हैं। उदाहरण के लिए रामविलास शर्मा की कविता 'सत्यं शिवं सुन्दरम्' की कुछ पंक्तियाँ दी जा रही हैं :

हिन्दुस्तान हमारा है,
प्राणों से भी प्यारा है।
इसकी रक्षा कौन करे,
सेंत मेंत में कौन मरे
पाकिस्तान हमारा है,
प्राणों से भी प्यारा है।
इसकी रक्षा कौन करे ?
बैठो हाथों में हाथ धरे
गिरने दो जापानी बम।
सत्यं शिवं सुन्दरम्।

—सत्यं शिवं सुन्दरम्, पृ. 252

प्रयोगवाद : प्रयोगवाद प्रतिक्रियावादी प्रवृत्ति की देन है और उसमें वास्तविकता या शुद्ध काव्य के तत्त्व बहुत कम हैं। इस कारण प्रयोगवादी कविता में गद्यात्मक व्याख्या, विश्लेषण, विवेचन और व्यंग्य की प्रमुखता है। उसमें प्रतीकात्मक बिम्ब-योजना, सांकेतिकता, संक्षिप्तिं और चेतना-प्रवाह-पद्धति का भी अभाव है। साथ ही प्रयोगवाद का मुख्य लक्ष्य विलक्षण प्रयोगों, उक्तियों, और बिम्बों द्वारा अथवा अद्भुत तथा अस्वाभाविक उपमानों के प्रयोग द्वारा पाठकों को चौंकाना

1. तारसप्तक, पृ. 99
2. वही, पृ. 116
3. वही, पृ. 252
4. सतरंगे पंखोंवाली, पृ. 39
5. तारसप्तक, पृ. 201
6. वही, पृ. 207
7. वही, पृ. 221
8. वही, पृ. 225
9. सतरंगे पंखोंवाली, पृ. 34

और मानसिक आघात पहुँचाना है। प्रयोगवादी कवि केवल वस्तु-योजना और अभिव्यंजना संबंधी चमत्कारों तक ही अपने को सीमित नहीं रखता, वह छंद-विधान, शब्द-निर्माण, वाक्य-संघटन, वर्ण-विन्यास, शब्द-विन्यास, पंक्ति-रचना आदि में भी नवीनता लाकर परम्परागत नियमों को तोड़ता और इस तरह अपने साहस के प्रदर्शन का सुख प्राप्त करता है। इन सब बातों से स्पष्ट है कि प्रयोगवाद बाह्य वस्तु-व्यंजना पर ही बल देता है, जिससे उसमें अनुभूति की गहराई और विस्तार नहीं होता। इस प्रकार प्रयोगवादी कविता में मुख्यतः ये चार प्रवृत्तियाँ दिखाई पड़ती हैं :

1. नवीन और विचित्र प्रयोगों द्वारा पाठकों को चौंकाने की प्रवृत्ति,
2. बौद्धिक विवेचन, विश्लेषण और खण्डन-मण्डन की प्रवृत्ति,
3. कविता को अकविता बनाने अर्थात् काव्य और गद्य के मौलिक अन्तर को मिटाने की प्रवृत्ति,
4. समस्त मान्य धारणाओं और परम्पराओं को अस्वीकार करने की प्रतिक्रियावादी प्रवृत्ति।

यद्यपि 'नयी कविता' के प्रचलन के बाद प्रयोगवादी प्रवृत्तियों का जोर कम हो गया, और प्रयोगवाद के कई प्रवर्तक कवि 'नयी कविता' के कवि बन गये किंतु कुछ कवियों में यह परिवर्तन घटित नहीं हो सका। संभवतः 'प्रयोगवाद' एक विशेष प्रकार के मानसिक संघटन वाले व्यक्तियों के वर्ग का प्रतिनिधित्व करता है। इस वर्ग के लोग 'नयी कविता' के युग में भी समाज में वर्तमान रहे हैं, अतः 'प्रयोगवाद' उसी वर्ग की मानसिक प्रतिक्रियाओं को व्यक्त करता हुआ आज भी किसी न किसी रूप में जीवित है। प्रगति-प्रयोग-काल के प्रयोगवादी कवियों में केवल प्रभाकर माचवे ही ऐसे कवि हैं जिन्होंने प्रयोगवाद का पल्ला कभी नहीं छोड़ा और वे आज भी उसी पथ पर चल रहे हैं। अज्ञेय ने 'नयी कविता' के युग में जिन दो सप्तकों का सम्पादन किया, उनमें भी कई प्रयोगवादी कवि सम्मिलित हैं। वैसे तो दूसरे सप्तक में हरिनारायण व्यास, शकुन्तला माथुर, नरेश मेहता, शमशेर बहादुर सिंह और तीसरे सप्तक में मदन वात्स्यायन की कविताएँ अधिकतर प्रयोगवादी ही हैं, किंतु इनमें पूर्णतः प्रयोगवादी कवि केवल मदन वात्स्यायन ही हैं। जिन प्रयोगवादी कवियों को सप्तकों में स्थान नहीं मिल सका था उसमें से कुछ ने 'प्रपद्यवाद' नाम से एक अलग शिविर बनाया। उनमें से तीन प्रमुख कवियों—नलिन विलोचन शर्मा, केसरी कुमार और नरेश—की कविताओं का संकलन 'नकेन' (सन् 1956) नाम से प्रकाशित हुआ। इस पुस्तक के प्रारम्भ में 'प्रपद्यवाद' के 12 सूत्र तथा अंत में 'पसूपशा' के अन्तर्गत प्रपद्यवाद या प्रयोगवाद की व्याख्या दी गई है। इन कवियों का दावा है कि वास्तविक प्रयोगवादी तो वे ही हैं, अज्ञेय द्वारा संपादित सप्तकों के कवि प्रयोगवादी नहीं, केवल प्रयोगशील हैं, क्योंकि वे प्रयोग को साध्य नहीं, साधन मानते हैं। इसी शिविर के एक अन्य कवि श्री शिवचन्द्र शर्मा ने अपनी कविताओं का संकलन—'कविताएँ—

शिवचन्द्र शर्मा की' (सन् 1965) प्रकाशित कराया है जिसमें उन्होंने एक नये मत 'लिंग्वादलमोतवाद' का प्रवर्तन किया है और यह दावा किया है कि उनकी कविताओं में 'अतीतभूण ब्रणालेप', 'अपणिताथनेति' 'काव्यकर्मीर पर गोमपापलिप्ति' आदि नवीन विशेताएँ और उपलब्धियाँ हैं। सप्तकेतर तथा प्रपद्यवादेतर प्रयोगवादी कवियों में लक्ष्मीकान्त वर्मा, राजेन्द्र किशोर, श्रीराम वर्मा और राजकमल चौधरी के नाम विशेष उल्लेखनीय हैं। इनमें से लक्ष्मीकान्त वर्मा की कविताएँ विपिनकुमार अग्रवाल की कविताओं के साथ 'धुएँ की लकीरें' (सन् 1956) नामक काव्य-संकलन में और राजेन्द्रकिशोर की कविताएँ 'उनकी स्थितियाँ अनुभव तथा अन्य कविताएँ' नामक पुस्तक में प्रकाशित हो चुकी हैं।

सप्तकीय प्रयोगवादी कवियों में प्रभाकर माचवे सर्वप्रमुख हैं। माचवे की कविताओं का संकलन, 'अनुक्षण' (सन् 1959) प्रकाशित हो चुका है। माचवे कविता को सामान्य गद्य से भिन्न नहीं मानते, इसलिए कविता लिखने में इन्हें कोई कठिनाई नहीं होती, क्योंकि इन्हें अनुभूतियों को अभिव्यक्ति का संकट नहीं झेलना पड़ता है। कविता लिखना और पत्र लिखना इनके लिए बराबर है। प्रत्येक स्थिति, मनःस्थिति और प्रत्येक विचार या सूझ को कागज पर लिखकर कविता के नाम पर चला देते हैं। पर ऐसी कविताओं में व्यंग्य और वैचित्र्य का चमत्कार अवश्य होता है। ये रिपोर्ताज और दृश्य-वर्णन में भी विदेशी या देशज शब्दों के प्रयोग इस रूप में करते हैं कि कविता में कुछ न कुछ नयापन आ ही जाता है। फिर भी इनकी अधिकांश कविताएँ सहज गद्य की शैली में होने से इतिवृत्तात्मक या वर्णनात्मक हैं। व्यंग्य-कविताओं में इनकी प्रयोगात्मक-प्रवृत्ति विशेष उभरी है।

दूसरे सप्तक के कवियों में हरिनारायण व्यास में प्रयोगवाद का विवेचनात्मक पक्ष बहुत प्रबल है। इन्होंने अपने मार्क्सवादी विचारों को भाषण और वक्तव्य की शैली में व्यक्त किया है अथवा अलंकारों की सहायता से उन्हें स्थापित करने का प्रयत्न किया है। जहाँ विवेचना और उद्‌बोधन नहीं है, वहाँ प्रकृति और मानवीय स्थितियों को रिपोर्ताज की शैली में उपस्थित किया गया है। इस तरह इनकी कविताएँ वैचारिक और योजनाबद्ध हैं। नरेश मेहता में प्रयोग की प्रवृत्ति हरिनारायण व्यास से अधिक है। वे चमत्कारपूर्ण उपमानों का प्रयोग करते हैं, जैसे, किरण-धेनु, क्षितिज-जंगल, आलोक-दूध, मेघ-चील, आसमान का गट्ठर आदि। इस तरह उनके प्रयोग मुख्यतः आलंकारिक हैं। सांग-रूपक और उपमा-उत्प्रेक्षा का काव्य नये उपमानों के ऐसे प्रयोग के कारण चौंकाने में भले ही सफल हो जायँ पर उसे वास्तविक काव्य नहीं कहा जा सकता। तीसरे सप्तक के कवि मदन वात्स्यायन की दृष्टि यद्यपि वैज्ञानिक है पर आधुनिक कला का शिल्प उनके पास नहीं है। इस कारण वैचित्र्य-प्रदर्शन की रुचि में ही इनकी कविता की नवीनता दिखाई पड़ती है। इन्होंने परम्परागत काव्य-शैली का निर्ममतापूर्वक बहिष्कार किया है और अनगढ़,

अटपटी और दैनन्दिन जीवन की चालू भाषा में अपने विचारों तथा अनुभूतियों को व्यक्त किया है। इनके उपमान भी चौंकानेवाले ही हैं। यांत्रिक उपमानों का प्रयोग तथा कारखानों, दफ्तरों की रूखी जिन्दगी का यथातथ्य चित्रण इनकी कविताओं की विशेषता है।

प्रपद्यवादी शिविर के कवियों में प्रयोग की प्रवृत्ति बहुत प्रबल है। नलिन विलोचन शर्मा ने अलंकारों का प्रयोग छायावादी ढंग का ही किया है पर शब्दों के प्रयोग में अत्यधिक विचित्रता दिखाई है। ये सभी प्रवृत्तियाँ केसरी कुमार, नरेश और शिवचन्द्र शर्मा की कविताओं में भी दिखाई पड़ती हैं। इन लोगों ने अर्थ संबंधी प्रयोग उतने नहीं किये जितने शब्द संबंधी प्रयोग किये हैं। अर्थ-प्रयोग में उन्होंने ऐसी अनुभूतियों की अभिव्यक्ति की जो गोपनीय या अश्लील मानी जाती हैं, अथवा जो परम्परागत सौंदर्य-चेतना पर आघात करती हैं, जैसे—'गजमूत्र धार की आकार सी धारें' (शिवचन्द्र शर्मा) 'कालिंग बेल', 'यह छोटी सी बटन, इसे टीप दो' (नरेश) उनके शब्दगत प्रयोगों के अनेक भेद किये जा सकते हैं, जैसे—शब्द-प्रयोग, पद-प्रयोग, पदार्थ-प्रयोग, वाक्य-प्रयोग, वर्ण-प्रयोग आदि। इस तरह के प्रयोगों द्वारा ये कवि जो नवीन अर्थ-बोध उत्पन्न करते हैं, वह अत्यन्त स्थूल और हास्यास्पद होता है। इस कारण ऐसे प्रयोगों की उपयोगिता केवल इतनी ही है कि ये पाठकों के परम्परागत संस्कार पर आघात करते हैं।

अन्य प्रयोगवादी कवियों में लक्ष्मीकान्त वर्मा और राजेन्द्र किशोर विशेष उल्लेखनीय हैं। लक्ष्मीकान्त वर्मा की कविताएँ यह प्रमाणित करती हैं कि कोई भी व्यक्ति चाहे तो भिड़कर कविता लिख सकता है। इनकी कविताओं में युग-बोध और विद्रोह की प्रवृत्ति बहुत अधिक है, किंतु उनमें काव्यत्व का सर्वथा अभाव है। इन्होंने वैज्ञानिक युग के उपकरणों एवं तथ्यों को उपमान बनाकर रूपक और उपमाएँ खड़ी की हैं। किंतु ये अलंकार अत्यन्त कृत्रिम प्रतीत होते हैं। इनके बिम्ब अलंकृत और प्रतीक रूपकात्मक हैं। इससे स्पष्ट है कि वे सोच-सोचकर परिश्रम के साथ कविता लिखते हैं। विचित्र उपमानों और बिम्बों द्वारा वे जो अर्थ संकेतित करना चाहते हैं, उनकी ओर पाठकों का ध्यान जाने ही नहीं पाता, वह उन नये उपमानों में ही उलझ कर रह जाता है। इनकी कविताओं की एक और विशेषता है कि उनमें बौद्धिक सूक्तियों, वक्तव्य, विवेचना और नारेबाजी की प्रमुखता है। वे धुआँ, कडुवाहट और धुँधलापन ही अधिक पसन्द करते हैं। तारसप्तकीय प्रयोगवादी कवियों के समान इनमें शंका, दुविधा और अहं का बोध बहुत तीव्र है। इनकी कविताओं में अनगढ़पन, शिल्पहीनता और गद्यात्मकता इतनी अधिक है कि कोई भी पाठक अत्यन्त परिश्रम से ही पढ़ सकता है। राजेन्द्र किशोर की कविताओं में यद्यपि नयी कविता के बीज वर्तमान हैं, किंतु प्रयोगवादी संस्कार उनमें अधिक हैं। इन्होंने अधिकतर छंद और वर्ण-विन्यास संबंधी प्रयोग किये हैं तथा एक विशेष प्रकार की वक्तृत्व-रीति विकसित

कर ली है। इनकी जो कविताएँ गद्यात्मक ढंग की हैं, उनमें पंक्तियों को बहुत अधिक तोड़ा है और प्रायः एक-दो पंक्ति में एक शब्द या एक वर्ण ही रखा है। इस तरह इन्होंने विचित्र पंक्ति-विन्यास द्वारा चमत्कार उत्पन्न करने का प्रयास किया है जो काव्य के लिए अनावश्यक वस्तु है। प्रसन्नता की बात है कि प्रयोग को साध्य माननेवाले कवियों की संख्या उत्तरोत्तर कम होती जा रही है और प्रयोगवादी चमत्कार भी अब अपना प्रभाव खो चुके हैं।

प्रयोगवादी गीतिकाव्य का विषयगत विवेचन

प्रयोगवादी कविता में व्यक्तिवादी प्रवृत्तियों का आधिक्य दिखलाई पड़ता है क्योंकि प्रयोगवादी कवियों की वृत्ति अधिकतर अन्तर्मुखी है। इसी कारण इसमें प्रबन्ध काव्य नहीं लिखे गये। केवल गीतिकाव्य की ही रचना हुई। उसमें भी विषयों का वैविध्य अधिक नहीं दिखलाई पड़ता। प्रयोगवादी गीतिकाव्य को विषय की दृष्टि से निम्नलिखित वर्गों में विभाजित किया जा सकता है :

1. अस्वीकृति गीति
2. प्रेम गीति
3. मनोविश्लेषणात्मक गीति
4. प्रकृति गीति
5. सामाजिक-राजनीतिक गीति
6. काम मूलक गीति

1. अस्वीकृति गीति : छायावादोत्तर युग के प्रयोगवादी कवियों में जीवन के पुराने मूल्यों तथा अतीत की परम्पराओं के प्रति किसी प्रकार की आस्था नहीं रह गई थी। यही कारण है कि उनके लिए कविता का अर्थ तात्कालिक संवेदनाओं और उलझी हुई भावनाओं का सम्प्रेषण मात्र रह गया था। किंतु विचारों के यथातथ्य सम्प्रेषण का नाम 'कविता' नहीं है। कविता में तो कवि की उस गहरी अन्तर्दृष्टि का सम्प्रेषण होना चाहिए जो यथार्थ अनुभूतियों से स्फुरित हो। प्रयोगवादी काव्य-धारा में ऐसा कुछ नहीं हुआ। वहाँ तो प्रयोग और सम्प्रेषणीयता के नाम पर जैसा जी में आया, लिखा जाने लगा। इसी असंयमित एवं ध्वन्यात्मकता विहीन सम्प्रेषणीयता को इस युग के पुरस्कर्ताओं ने 'राहों का अन्वेषण' कहा। सुनियोजित दृष्टि के न होने के कारण ही प्रयोगवादी कवियों का यह अन्वेषण अँधेरे में रास्ता टटोलने के समान था क्योंकि उनके पास न मूल्यों का ज्ञान था और न अन्तर्दृष्टि थी। भीतर-बाहर सब ओर अन्धकार ही अन्धकार था। यही कारण था कि उनकी कविताओं में भय, शंका, अन्तर्द्वन्द्व और अनास्था का स्वर प्रमुख हो गया। मुक्तिबोध की कविता 'मुझे पुकारती हुई पुकार'[1] इसी प्रकार की कविता है। उसमें भय,

---

1. प्रतीक-2, 1946

शंका, द्वंद्व की अन्तर्व्याप्ति तो है ही, प्रगतिवादी स्रोतों के सहारे उक्त भावनाओं को भगाने का प्रयास भी किया गया है।

इस प्रकार स्पष्ट रूप से यह ज्ञात होता है कि प्रयोगवादी विभिन्न राजनीतिक, सामाजिक एवं पारिवारिक अन्तर्द्वन्द्वों के कारण परम्परागत मान-मूल्यों को ध्वस्त करना चाहते थे लेकिन इस ध्वंस की प्रक्रिया में या तो वे स्वयं ध्वस्त होने लगे थे या ऐसी कोई अन्तर्दृष्टि उनके पास नहीं थी जिससे नये मूल्यों की उद्भावना करके वे उनमें अपनी आस्था स्थिर करते। फल यह हुआ कि वे घोर अनास्था में डूब गये। यह अनास्था में आस्था उन्हें अस्वीकृति के उस बिन्दु तक ले गई जहाँ पहुँचकर राहों का अन्वेषण, मूल्यों का अन्वेषण बन गया।

इस प्रकार प्रयोगवाद में अनास्था का स्वर ही प्रधान मालूम होता है। अंग्रेजी के प्रसिद्ध कवि 'आडेन' ने भी तत्कालीन सांस्कृतिक संकट से आक्रान्त योरोपीय समाज के व्यक्ति के लिए लिखा था कि 'आज का मानव निराश और दुनिया में ईश्वरहीन हो गया है।'[1] किंतु इस कथन के बावजूद वहाँ का प्रयोगवादी कवि इतना निराश नहीं था कि इस देश के प्रयोगवादियों की तरह कुंठित और अनास्था के भीतर आस्था ढूँढ़नेवाला बुद्धिजीवी स्रष्टा बन जाये। भारतभूषण अग्रवाल की कविता, 'कौन सा पथ है' में प्रारम्भ से अंत तक अनास्थाजन्य किंकर्तव्यविमूढ़ता का ही दर्शन होता है। वास्तविकता तो यह है कि इस तरह राह का अन्वेषण नहीं होता, न ऐसे अन्वेषी का कोई मार्गदर्शन होता है और न कोई मसीहा जीवन प्रदान करता है। ऐसी स्थिति में केवल एकाकीपन और कुंठा ही प्राप्त होती है। फिर भी प्रयोगवादी कवियों की प्रशंसा इस दृष्टि से तो करनी ही होगी कि उन्होंने 'राहों के अन्वेषण' के साथ-साथ सत्य की खोज करना चाहा यद्यपि 'राहों' में भटकने की भ्रान्त स्थिति में उन्हें न सत्य की प्राप्ति होती है और न ओढ़ी हुई बौद्धिकता से कोई क्रान्ति सम्भव है। प्रयोगवादी कवियों की कोरी बौद्धिकता एक स्थूल तार्किकता को जन्म देती है और वैयक्तिक स्तर पर मानसिक द्वंद्वों, उलझी संवेदनाओं, सहजात प्रवृत्ति तथा सामाजिक वर्जनाओं का रूप धारण कर लेती है। साथ ही सामाजिक स्तर पर व्यक्ति और समाज, वर्ग और वर्ग तथा मतान्तरों के संघर्ष की व्याख्या करने लगती है। उसमें अस्वीकृति का स्वर प्रधान हो उठता है। भारतभूषण अग्रवाल, प्रभाकर माचवे और रामविलास शर्मा ने इस प्रकार की अस्वीकृतिमूलक गीति-रचनाएँ बहुत सी लिखी हैं।

तारसप्तक में संगृहीत गिरिजाकुमार माथुर की 'नया कवि' तथा अज्ञेय की 'शिशिर में राका शशि' शीर्षक कविताएँ अस्वीकृतिमूलक गीति-रचनाएँ हैं। नीचे दोनों कविताओं के कुछ अंश उद्धृत किये जा रहे हैं :

---

1. जे. आइज़ाक द्वारा ऐन असेसमेण्ट आफ ट्वेन्टियथ सेन्चुरी लिटरेचर से उद्धृत, पृ. 111

वंचना है चाँदनी सित
झूठ है वह आकाश का निरवधि गहन विस्तार—
शिशिर की राका-निशा की शान्ति है निस्सार।
दूर वह सब शान्ति, वह सित भव्यता, वह
शून्य के अवलेप का प्रस्तार—
इधर-केवल झलमलाते
चेत-हर, दुर्धर कुहासे की हलाहल-स्निग्ध मुट्ठी में
सिहरते से, पंगु, टुंडे
नग्न, बुच्चे दई मारे पेड़।
पास फिर दो भग्न गुम्बद—
निविड़ता को भेदती चीत्कार-सी मीनार—
बाँस की टूटी हुई टट्टी, लटकती
एक खम्भे से फटी-सी ओढ़नी की चिन्दियाँ दो-चार।
निकटतर—धँसती हुई छत, आड़ में निर्वेद
मूत्र-सिंचित मृत्तिका के वृत्त में
तीन टाँगों पर खड़ा नत-ग्रीव
धैर्य धन गदहा।

—तारसप्तक, पृ. 286

इस कविता में साहित्य के प्राचीन मान-मूल्यों को नकारना ही कवि का इष्ट हो गया है। गिरिजाकुमार माथुर की निम्न कविता को भी इसी दृष्टि से देखा जा सकता है :

सब छिपाते थे सचाई
जब तुरत की सिद्धियों से
असलियत को स्थगित करते
भाग जाते उत्तरों से
कला थी सुविधा-परस्ती
मूल्य केवल मस्लहत थे
मूर्ख थी निष्ठा
प्रतिष्ठा सुलभ थी आडम्बरों से
क्या करूँ
उपलब्धि की जो सहज लेखी आँच मुझमें
क्या करूँ
जो शम्भु-धनु टूटा तुम्हारा

तोड़ने को मैं विवश हूँ।

—तारसप्तक, दो पाटों की दुनिया, पृ. 157

2. प्रेम गीति : पहले कहा जा चुका है कि प्रयोगवादी काव्य का जन्म विद्रोह-जन्य स्वच्छन्दता, यथार्थ विरहित काल्पनिकता और उत्तरकालीन छायावाद की आसक्तिव्यंजक रूमानियत के विरुद्ध प्रतिक्रिया के रूप में हुआ। प्रयोगवादी काव्य-चेतना में भी ये सारी प्रवृत्तियाँ वर्तमान थीं लेकिन उनका स्वरूप थोड़ा बदला हुआ था। रूमानी आवेग तथा सहजात प्रवृत्तिमूलक उच्छृंखलता जिस मात्रा में व्यक्तिवादी स्वच्छन्दतावादी कवियों—बच्चन, अंचल, नरेन्द्र शर्मा आदि में मिलती थी, उसी मात्रा में इन प्रयोगवादी कवियों के काव्य में भी दिखलाई पड़ी। 'तार-सप्तक' के सभी कवियों में प्रेमानुभूति अधिक है किंतु उसमें कुछ गहराई या तीव्रता का दर्शन नहीं होता। इसीलिए उनकी प्रेम-कविताएँ न तो किन्हीं अज्ञात दिशाओं का द्वार खोल पाती हैं, न ही किसी उपलब्धि का रूप धारण कर पाती हैं। कहीं-कहीं तो उनके आगे रीतिकालीन कवि भी मात खा गये हैं। मतिराम ने 'केलि की रात अघानी नहीं दिनहू में लला पुनि घात लगाई' लिखकर शृंगार की एक परिधि खींची थी। माथुर जी 'चूड़ी का टुकड़ा', 'रेडियम की छाया', 'असोसियेशन्स' आदि कविताओं के साथ उसी परिधि में चक्कर लगाते रहे। मुक्त-छंद की योजना तथा विद्रोहयुगीन अभिव्यंजना-पद्धति के अतिरिक्त इन कविताओं और रीतिकालीन कविताओं के बीच दूसरी कोई भिन्नता नहीं दिखलाई पड़ती। यद्यपि इनमें नये उपमान प्रयुक्त हुए हैं और शब्दों से रंगों, ध्वनियों, गंध आदि का प्रभाव उत्पन्न करने का प्रयत्न शिल्प के नाम पर किया गया है, किंतु छायावादी या व्रिदोहयुगीन काव्य का इन पर इतना गहरा रंग है कि किसी भी दशा में इन्हें उन रचनाओं की विषयगत या शिल्पगत पद्धति से अलगाया नहीं जा सकता। समकालीन जीवन-सन्दर्भों का भी उनमें नितान्त अभाव है। इसलिए न तो इनमें अनुभूति की गहराई या कथ्यगत महानता की कल्पना की जा सकती है और न आधुनिकतावादी ही कहा जा सकता है। 'दूसरा सप्तक' में संकलित भारती और शकुन्तला माथुर की कविताएँ भी इनसे कुछ भिन्न नहीं हैं। भारती के प्रेम में किशोर भावना की उत्तेजनापूर्ण आसक्ति दिखलाई पड़ती है और प्रभाव भी क्षणिक एवं सतही जान पड़ता है। शमशेर बहादुर सिंह और रघुबीर सहाय की कविताओं में अनुभूति की गहराई और प्रेम भावना के उभरते हुए क्षितिजों की थोड़ी झलक अवश्य मिल जाती है।

'तारसप्तक' और 'दूसरा सप्तक' के कवियों में अज्ञेय ही एक ऐसे कवि हैं जिनकी प्रेम कविताएँ संवेदना की सूक्ष्मता और अभिव्यक्ति की नवीनता के कारण सफल मानी जा सकती हैं। उनमें उत्तेजनाजनित आसक्ति एवं भावुकता का अभाव

है, फिर भी जो तल्लीनता, मानसिक सन्तुलन और प्रभावगत तीक्ष्णता किसी उच्चकोटि की काव्य-कृति के लिए अपेक्षित है, उसका अभाव अज्ञेय में भी खटकता है। उनमें नयी वास्तविकता के संघर्ष से उत्पन्न नवीन राग-बोध का नामोल्लेख तथा बौद्धिक विवेचन ही अधिक मिलता है। 'मुझे सब कुछ याद है', 'कलंगी बाजरे की', 'हरी घास पर क्षण भर' और 'बन्धु हैं नदियाँ' आदि रचनाएँ इस बात का साक्ष्य प्रस्तुत करती हैं। इस प्रकार स्पष्ट है कि ऐसी प्रेमानुभूति जो कवि एवं पाठक के जड़ बन्धन को समाप्त करती है और चेतना की उच्चभाव-भूमि को प्रतिष्ठित करती है, अज्ञेय के अतिरिक्त प्रयोगवादी खेमे के अन्य किसी भी कवि में नहीं मिलती।

जैसा कि पहले कहा जा चुका है, प्रेम-भावना की सूक्ष्माभिव्यक्ति गीतिकाव्य के कुशल रचनाकार का अनिवार्य लक्षण है और इसकी अभिव्यक्ति प्रत्येक युग के गीतिकाव्य में होती आई है, प्रयोगवादी और काव्यधारा में भी यह किसी न किसी रूप में वर्तमान है। मुक्तिबोध, गिरिजाकुमार माथुर, नरेश मेहता, धर्मवीर भारती, शकुन्तला माथुर, अज्ञेय आदि सभी कवियों ने प्रेम-गीति की रचना छंदबद्ध तथा छंदमुक्त दोनों ही शैलियों में की है। अज्ञेय का 'चेहरा उदास' 'चरण पर धर चरण', 'कृत बोध', 'नन्ही शिखा' शीर्षक कविताएँ इस दृष्टि से सर्वाधिक महत्त्व की हैं। यहाँ नेमिचन्द्र जैन की 'अनजाने चुपचाप' शीर्षक कविता के कुछ अंश उद्धृत किए जा रहे हैं :

अनजाने चुपचाप अधखुले वातायन से
आती हुई जुन्हाई सा ही
तेंरी छवि का सुधि-सम्मोहन
आज बिखर कर सिमट चला है मेरे मन में।
छलक उठा है उर का सागर
किसी एक अज्ञात ज्वार से,
किन सपनों के मदिर भार से
किन किरणों के परस प्यार से,
पल भर में यों आज अचानक।
यह किस रूप-परी विरहिन के उर की पीड़ा
मेरे जी में भी चुपके से तिर आई है
यों अनजाने।

—तारसप्तक, नेमिचन्द्र जैन, पृ. 15

3. **मनोविश्लेषणात्मक गीति** : प्रयोगवादी कवियों ने मन की उलझी संवेदनाओं को यथावत अंकित करके जो कविताएँ लिखी हैं, उन्हें मनोविश्लेषणात्मक गीतिकाव्य के अन्तर्गत रखा जा सकता है। वस्तुतः मनोविश्लेषण-शास्त्र द्वारा काव्य

की रचना प्रक्रिया और उसकी बिम्ब योजना को समझा जा सकता है किंतु इस शास्त्र का अध्ययन करके उसके अनुसार कविता नहीं लिखी जा सकती। यदि फ्रायड की मान्यता के आधार पर देखा जाये तो प्रयोगवादी कविता पर मनोविश्लेषण-शास्त्र का प्रभाव भी बहुत कम दिखलाई पड़ता है। सभी प्रयोगवादी 'अहं' में निष्ठा रखते और उसकी अभिव्यक्ति करते हैं। 'अहंवाद' अन्तर्मुखी भावना का चरमरूप है। कवि बहिर्मुख बनाकर उसे यथार्थ की ओर ले जाता है। दूसरी बात यह है कि यदि कवि 'अहंवादी' है भी तो वह बराबर यह घोषणा नहीं करना चाहता कि मैं 'अहंवादी' हूँ। प्रयोगवादी कवि का अहं तो उसकी घोषणाओं, कविताओं आदि में सर्वत्र दिखाई पड़ता है :

'विश्व के इस रेत-वन पर
मैं अहं का मेघ हूँ
X X X
क्या नहीं तुम देखते
आज मेरे अहं-कन्धों पर गगन बैठा हुआ
अहं पर ये अश्रु किसके
हुंकार से मैं घाटियों की गोद को भरता रहूँगा
जब तलक इस प्रश्न का उत्तर न होगा।
क्या ?
मेरी अहं की मीनार की ही नींव में
इस (एक) पत्थर हिचकियाँ है तो (ले) रहा'

—दूसरा सप्तक, नरेश मेहता

इस प्रकार प्रयोगवादी काव्यधारा के प्रत्येक कवि में अहंवादी प्रवृत्ति बहुत अधिक है और विभिन्न शक्लों में दिखलाई पड़ती है। उदाहरण के लिए मुक्तिबोध की 'रतन अहं' शीर्षक कविता का एक अंश दिया जा रहा है :

है सूख चुकी वह ग्लानि
जो आत्मा को बेचैन किये रखती थी अहोरात्र
कि जिससे देह सदा अस्थिर थी, आँखें लाल, भाल पर
तीन उग्र रेखाएँ, अरि के उर में तीन शलाकाएँ सुतीक्ष्ण,
किंतु आज लघु स्वार्थों में घुल, क्रन्दन-विह्वल,
अन्तर्मन यह टार रोड के अन्दर नीचे बहनेवाली गटरों से भी
है स्वच्छ अधिक,
यह तेरी लघु विजय और लघुहार
तेरी इस दयनीय दशा का लघुतामय संसार

अहंभाव उत्तुंग हुआ है तेरे मन में
जैसे घूरे पर उड्डा है
धृष्ट कुकुरमुत्ता उन्मत्त।

—तारसप्तक, गजानन माधव मुक्तिबोध, पृ. 57

4. प्रकृति गीति : पहले कहा जा चुका है कि प्रयोगवादी कवि ने विद्रोहयुग की कविता को कल्पना-लोक से उतारकर यथार्थ की ठोस भूमि पर प्रतिष्ठित किया किंतु कवि के लिए यथार्थ के साथ एकात्म होना आवश्यक है जिसे प्रयोगवादी कवि किसी प्रकार भी सिद्ध नहीं कर सका। उसके पास एक तो कोई चिन्तन-धारा नहीं थी, दूसरे वह अपने परिवेश तथा जीवन के अन्तर्विरोधों से बहुत ऊबा हुआ था। फलस्वरूप प्रकृति को देखकर उसमें दो विरोधी किस्म की प्रतिक्रियायें हुईं—उसने अपनी वैयक्तिक झुँझलाहट, ऊब और कटुता का या सामाजिक संघर्ष और विद्रोह का प्रतिबिम्ब प्रकृति में देखा या फिर इसके विपरीत प्रकृति पर अपनी निरुद्देश्य और आसक्तिपूर्ण कल्पना उँडेल दी। इन दोनों स्थितियों में प्रकृति के साथ उसका संबंध स्वाभाविक नहीं हो सका। इस प्रकार स्पष्ट है कि प्रयोगवादी कवियों तक आते-आते प्रकृति अपनी स्वतंत्र सत्ता और नैसर्गिक सौंदर्य खो चुकी थी। वह मानसिक विकृतियों और सामाजिक असंगतियों का प्रतीक तथा अतिशय कल्पना की क्रीड़ा का साधन बन गया। तारसप्तक की मुक्तिबोध और अज्ञेय की अनेक कविताएँ इस रोग से ग्रस्त हैं। उनमें प्रकृति की प्रतिक्रियापूर्ण विकृति की गई है। दो उदाहरण यहाँ दिए जा रहे हैं :

रवि का प्रकाश
शशि का विकास
पुंसत्वहीन नर का विकास।
ये सूर्य चन्द्र
नव वक्ष लुब्ध
वे अमित वासना के शिकार,

—मुक्तिबोध

× × ×

वंचना है चाँदनी सित
झूठ है आकाश का निरवधिगहन विस्तार
शिशिर की राका-निशा की शान्ति है निस्सार।

—अज्ञेय

5. सामाजिक-राजनीतिक गीति : छायावादोत्तर काव्य में यथार्थ जीवन के चित्रण की प्रवृत्ति उत्तरोत्तर बढ़ती गई। इसी कारण व्यक्तिवादी स्वच्छन्दतावादी

काव्य की अपेक्षा 'प्रयोगवाद' में और 'प्रयोगवाद' की अपेक्षा 'प्रगतिवाद' में सामाजिक और राजनीतिक विषयों का समावेश अधिक हुआ है। कविता को यथार्थ जीवन से जोड़ने के लिए कवियों ने यह आवश्यक माना कि समाज के सच्चे चित्र को काव्य के माध्यम से उद्घाटित किया जाये और उसके खोखलेपन को स्पष्ट करके सामाजिक क्रान्ति की भावना उत्पन्न की जाये। प्रयोगवादी-प्रगतिवादी कवियों ने अपनी कविताओं में सामाजिक जीवन के विविध पक्षों का आक्रोशपूर्ण वर्णन किया है। इसी प्रकार राजनीतिक विषयों पर उन्होंने अपनी विद्रोह-भावना का आरोप करते हुए प्रयोगमूलक रचनाएँ लिखी हैं किंतु जो सच्चे प्रयोगवादी कवि हैं, उनमें सामाजिक और राजनीतिक विषयों के प्रति अधिक लगाव नहीं दिखलाई पड़ता। वे अपनी व्यक्तिवादी सीमा के अन्तर्गत ही चक्कर काटते हैं। वस्तुतः तारसप्तक के कवियों की यह विडम्बना है कि उनमें व्यक्तिवाद और सामाजिकता की अंतर्विरोधी प्रवृत्तियाँ एक साथ वर्तमान हैं। एक तरफ तो वे प्यार, निराशा, कुंठा, अहं और मानसिक ऊहापोह की रचनाएँ लिखते हैं, दूसरी ओर सामाजिक वर्जनाओं, विसंगतियों और मृत रूढ़ियों पर गहरी चोट भी करते हैं। मार्क्सवादी होने के कारण वे प्रायः राजनीतिक समस्याओं और परिस्थितियों को भी अपने काव्य का विषय बनाते हैं। मुक्तिबोध की 'विहार'[1] 'पूंजीवादी समाज के प्रति'[2], 'नाशदेवता'[3] भारतभूषण अग्रवाल की 'जीवन-धारा'[4] 'दो पाटों की दुनिया'[5] प्रभाकर माचवे की 'निम्न मध्य वर्ग'[6] तथा रामविलास शर्मा की 'कार्यक्षेत्र'[7] शीर्षक कविताएँ सामाजिक तथा भारतभूषण की 'जागते रहो'[8] प्रभाकर माचवे की 'वृष्टि'[9] 'द्रा ज़्यास्तव्युते सोवित्स्की सोयूज़'[10] तथा 'बीसवीं सदी'[11] शीर्षक कविताएँ राजनीतिक विषयों से सम्बन्धित हैं। यहाँ दोनों प्रकार की कविताओं का एक-एक उदाहरण दिया जा रहा है :

(1) फिर एक बार,
हिम की कारा को तोड़-फोड़।

---

1. तारसप्तक, पृ. 59
2. वही, पृ. 60
3. वही, पृ. 61
4. वही, पृ. 92
5. वही, पृ. 161
6. वही, पृ. 204
7. वही, पृ. 232
8. वही, पृ. 108
9. वही, पृ. 198
10. वही, पृ. 206
11. वही।

अक्षय, प्रशस्त, जीवन-धारा
वसुधा की चौड़ी छाती पर
सत्वर,
अमन्द,
बह पायेगी मग सरसाती
कल-कल गाती।
फिर भय क्या है ! अब देर नहीं
हम लाते हैं वह वह्नि तेज
जिसके स्फुलिंग की ज्योति-बिन्दु से
मिट जायेगा हेमन्त शीत
मिट जायेगी इस कड़वी जड़ता की सड़ाँध
हम देख रहे खटकती बाँध—
आ रहा पूर्व में नवा लोक, अभिनव बसंत।

—तारसप्तक, जीवन धारा, भारतभूषण अग्रवाल

(2) *लो क्षितिज के पास—*
वह उठा तारा, अरे ! वह लाल तारा, नयन का तारा हमारा
सर्वहारा का सहारा
विजय का विश्वास।

—तारसप्तक, जागते रहो, भारतभूषण अग्रवाल

6. काममूलक गीति : प्रयोगवादी काव्यधारा के अनेक कवियों ने मनोविश्लेषण शास्त्र से प्रभाव ग्रहण कर कविता में यौन प्रतीकों का प्रयोग प्रारम्भ किया। वस्तुतः यह प्रवृत्ति विद्रोहयुगीन आदर्शवाद और पुनरुत्थान युगीन स्थूल नैतिकता के विरुद्ध प्रतिक्रिया स्वरूप विकसित हुई थी और जान बूझकर इन कवियों ने प्रकृतिवादी यौन-चित्रण के रूप में इसकी अभिव्यक्ति की। यद्यपि प्रयोगवादी कवियों ने फ्रायड से प्रभाव ग्रहण किया था किंतु सच्चाई यह है कि इस अभिव्यक्ति में फ्रायड के सिद्धान्तों की स्वीकृति नहीं, अपने उद्देश्य के अनुरूप विकृति है। पहली बात तो यह है कि फ्रायड के अनुसार आज के ही नहीं, प्रत्येक युग के साथ समाज के व्यक्ति का मन सहजातवृत्ति और वर्जना के संघर्ष से पीड़ित रहता आया है। दूसरी बात यह है कि उपचेतन मन में केवल कामेषणाएँ ही नहीं, अन्य प्रकार की इच्छाएँ भी दमित होकर संचित रहती हैं। आज के मानव-मन में केवल यौन-परिकल्पनाएँ ही नहीं, अन्य प्रकार की दमित इच्छाओं की परिकल्पनाएँ भी उठती रहती हैं। इसलिए आधुनिक युग के व्यक्ति की सौंदर्य चेतना के यौन परिकल्पना से आक्रान्त होने की बात भ्रामक है। चूंकि फ्रायड के अनुसार कवि के

प्रतीक यौन-संबंधों या क्रियाओं की ओर संकेत करते हैं, उनका वर्णन प्रतीकात्मक ही होना चाहिए, यौन क्रियाओं या गोप्यांगों का वर्णन करने पर प्रतीकात्मकता समाप्त हो जाती है और कविता शुद्ध अलंकारवादी हो जाती है। अज्ञेय की 'सावन-मेघ' कविता के साथ यही दुर्घटना घटित हुई है।

'घिर गया घन, उमड़ आये मेघ काले,
भूमि के कम्पित उरोजों पर झुका सा
विशद् श्वासाहत चिरातुर
छा गया इन्द्र का नील वक्ष।
वाध्य देखा,
स्नेह से आलिप्त
बीज के भवितव्य से उत्फुल्ल
वह
वासना के पंक सी फैली हुई थी
धारयित्री सत्य की निर्लज्ज नंगी औ समर्पित।'

—तारसप्तक, सावन-मेघ

उपर्युक्त कविता प्रतीकात्मक नहीं है। इसमें स्पष्टतः रूपक अलंकार है जिसमें पर्वत पर होनेवाली वर्षा और रतिक्रिया का एकरूप भाव निरूपित किया गया है। अन्य प्रयोगवादी कवियों के साथ भी यही बात है।

इस प्रकार प्रयोगवादी काव्यधारा में यौन-चित्रण की अधिकता है। अज्ञेय की 'बाहु मेरे'[1] तथा गिरिजाकुमार माथुर की 'एसोसिएसंस'[2] 'चूड़ी का टुकड़ा'[3] और 'रेडियम की छाया'[4] शीर्षक कविताएँ यौन-चित्रण प्रधान हैं और उनमें काममूलक भावना की अभिव्यक्ति की गई है। उदाहरण के लिए 'रेडियम की छाया' शीर्षक कविता की निम्न पंक्तियाँ देखी जा सकती हैं :

आलस भरे अंधेरे में
दो काली आँखों सी चमकीली
एक रेडियम घड़ी सुप्त कोनों में चलती
सूनेपन के हल्के स्वर सी।
उन्हीं रेडियम के अंकों की लघु छाया पर

---

1. तारसप्तक, पृ. 303
2. वही, पृ. 138
3. वही, पृ. 129
4. वही, पृ. 130

दो छाहों का वह चुपचाप मिलन था
उसी रेडियम की हल्की छाया में
चुपके का वह रुका हुआ चुम्बन अंकित था
कमरे की सारी छाहों के हल्के स्वर-सा
पड़ती थीं जो एक-दूसरे में मिल-गुँथ कर
सूनी मी उस आधी रात।

—तारसप्तक

प्रयोगवादी गीतिकाव्य का शिल्पगत विवेचन

पहले कहा जा चुका है कि 'प्रयोगवाद' का जन्म विद्रोहयुगीन आदर्शवाद तथा पुराने मान-मूल्यों के विरुद्ध एक प्रतिक्रिया के रूप में हुआ था और विद्रोहयुग की समाप्ति के बाद प्रगतिवादी काव्य प्रवृत्ति के समानान्तर या उसके साथ मिलकर नवीन और साहसपूर्ण प्रयोग करना इन कवियों का लक्ष्य बन गया। सभी नवीन प्रयोगों—नयी भाषा, नये छंद और नये विचार के पक्षधर थे। इसीलिए शिल्प की दृष्टि से भी इन लोगों ने पर्याप्त नवीनता दिखलाई और अपने अतिवादी स्वर तथा अटपटे परिवर्तनों से सबको चौंकाते रहे। इस युग के काव्य के विवेचन से यह पता चलता है कि उसमें गीतिकाव्य की दृष्टि से निम्नलिखित शैलियाँ वर्तमान थीं :

1. पद गीत
2. प्रगीत
3. मुक्तक गीत
4. आवृत्ति गीति
5. व्यंग्य गीति
6. निबन्ध गीति
7. प्रतीकात्मक गीति
8. नाट्य गीति
9. गाथा गीति
10. प्रायोगिक गीति

पहले अध्याय में गीतिकाव्य की इन शैलियों का सैद्धान्तिक विवेचन किया जा चुका है। इसलिए इनकी परिभाषा या रूपगत विश्लेषण की आवश्यकता नहीं है। यहाँ केवल प्रयोगवादी काव्य में अन्तर्व्याप्त इन शैलियों की खोज की जायेगी।

1. पद गीत : प्रयोगवादी काव्य में अस्वीकार की वृत्ति प्रधान थी। इसलिए पुराने शिल्प को, विशेषरूप से छंदबद्धता को छोड़ना इन कवियों का आग्रह हो गया था। यही कारण है कि इस युग में न तो भक्तिकालीन पद-परम्परा को स्वीकार किया

गया और न सुगम संगीत या लोकगीतों से प्रभावित होकर सांगीतिक लक्षणों से युक्त विद्रोहयुगीन नवीन पद-शैली के गीतों की ही विशेष रचना हुई। अधिक मात्रा में मुक्त पदगीतों की ही रचना हुई। फिर भी अज्ञेय, गिरिजाकुमार माथुर और प्रभाकर माचवे ने कुछ गीत ऐसे अवश्य लिखे जिनमें विद्रोहयुगीन नवीन पद-शैली की पद्धति अपनाई गई थी। इन पदगीतों में ध्रुवक की पंक्ति को दुहराने की प्रवृत्ति, चरणबद्धता तथा अन्त्यानुप्रास के आग्रह को स्वीकार किया गया था। यहाँ गिरिजाकुमार माथुर की एक कविता का कुछ अंश दिया जा रहा है :

छाया मत छूना
मन, होगा दुख दूना
जीवन में हैं सुरंग सुधियाँ सुहावनी,
छवियों की चित्र-गन्ध फैली मनभावनी।
तन-सुगन्ध शेष रही, बीत गई यामिनी,
कुन्तल के फूलों की याद बनी चाँदनी।
भूली सी एक छुअन बनता हर जीवित क्षण—
छाया मत छूना मन
मन, होगा दुख दूना

—छाया मत छूना, गिरिजाकुमार माथुर[1]

इस नवीन पद-शैली का एक और भेद है जिसे हम मुक्त पद-गीति कहते हैं। इनमें पंक्तियाँ छोटी-बड़ी होती हैं और अन्त्यानुप्रास के आग्रह की कोई बाध्यता नहीं होती। कहीं अन्त्यानुप्रास होता है, कहीं नहीं होता। इस दृष्टि से इसके भी दो भेद हो जाते हैं--एक वह मुक्त पद-गीति जिसके पदान्त में अनुप्रास होता है और दूसरा वह जिसमें अन्त्यानुप्रास का कोई विधान नहीं होता। दोनों ही प्रकार की शैलियों का उदाहरण नीचे दिया जा रहा है :

(क) *जय, सदा जय हो।*
प्रबल झंझा के थपेड़ों से पिटे हैं फूल—
भूमि पर, नभ पर, पवन के चक्षुओं में भी भरी है धूल,
काव्य के झंखाड़ में बाकी बचे बस
निविड़ छायावाद के निष्प्राण रूखे शूल—
जयतु, हे कंटक चिरन्तन, जय सदा जय हो।

—जयतु हे कंटक चिरन्तन, अज्ञेय[2]

---

1. तारसप्तक, पृ. 177
2. वही, पृ. 291

इस युग में कुछ पदगीत ऐसे भी लिखे गये जिनमें एक ही गीत के अन्तर्गत तीन गीत रखे गये हैं अर्थात् एक गीत के भीतर तीन टेकों का निर्वाह किया गया है। विषय-वस्तु के नाते उसे एक ही पदगीत माना जायेगा। उदाहरण के लिए अज्ञेय की कविता का एक अंश यहाँ दिया जा रहा है :

बाहु मेरे घेर कर तुमको रुके रहे।
रात की गुंजरित स्पन्दन हीनता में
निभृत की उत्कट प्रतीक्षा में
नहीं माँगा भी तुम्हारे प्यार का संकेत
किसी सूनी वाटिका की दूब से आवृत
विस्मृता-सी, स्मरण की नीरव उसासों के सिरिस-से
परस से भी सिहर-सकुचाती
वीथिका के उभय-तट मालंच से अवलम्बिता,
दो लताओं के प्रलम्बित अंकुरों से
प्राण दोनों के
व्यर्थ कर के शब्द को, शब्दार्थ को, स्वर को,
भूल करके प्रस्फुटन, विकसन, फलागम—
अहेतुक आश्वासनों से
बस, झुके रहे।
बाहु मेरे घेर कर तुम को रुके रहे।

—बाहु मेरे रुके रहे, अज्ञेय, तारसप्तक, पृ. 303

इस कविता के तीन टुकड़ों में तीन टेकों का निर्वाह एक ही गीत में हुआ है। केवल एक चरण उदाहरण के रूप में दिया गया है। इस दृष्टि से इसे हम एक नया प्रयोग कह सकते हैं।

(ख) नदियाँ, दो दो अपार
बहतीं विपरीत छोर
कब तक मैं दोनों धाराओं में साथ बहूँ
ओ मेरे सूत्रधार !
नौकायें दो भारी
अलग दिशाओं जातीं
कब तक मैं दोनों को एक साथ खेता रहूँ—
एक देह की पतवार।

—'असिद्ध की व्यथा', गिरिजाकुमार माथुर, तारसप्तक, पृ. 156

उपर्युक्त उदाहरण में पंक्तियाँ मनमाने ढंग से रखी गई हैं लेकिन प्रत्येक चरण के बाद 'टेक' की पंक्ति दुहराई गई है।

2. प्रगीत : प्रयोगवादी काव्यधारा के अन्तर्गत प्रगीतों की रचना सबसे अधिक हुई है। ये भी मुख्यतः तीन प्रकार के हैं : (क) परम्परागत सममात्रिक समतुकान्त प्रगीत (ख) अन्त्यानुप्रासहीन प्रगीत (ग) मुक्त प्रगीत (घ) चतुर्दशपदी। प्रयोगवादी कवियों ने अधिकतर मुक्त प्रगीत ही लिखे हैं जिनमें न तो अन्त्यानुप्रास का और न पंक्तियों में समान मात्राओं का विधान है।

(क) पारम्परिक प्रगीत : पारम्परिक प्रगीतों की रचना रामविलास शर्मा और गिरिजाकुमार माथुर ने अधिक की है। इन्होंने दो या चार पंक्तियों के पद बनाकर प्रगीत लिखे हैं। गजानन मुक्तिबोध का 'नाश देवता' चार-चार पंक्तियों के पदवाला पारम्परिक प्रगीत है। उदाहरणस्वरूप रामविलास शर्मा की 'कवि' शीर्षक कविता देखी जा सकती है :

वह सहज विलम्बित मन्थर गति जिसको निहार
गजराज लाज से राह छोड़ दे एक बार,
काले लहराते बाल देव-सा तन विशाल,
आर्यों का गर्वोन्नत, प्रशस्त, अविनीत भाल,
झंकृत करती थी जिसकी वाणी में अमोल,
शारदा सरस वीणा के सार्थक सधे बोल,
कुछ काम न आया वह कवित्व आर्यत्व आज
सन्ध्या की वेला शिथिल हो गये सभी साज।
पथ में अब वन्य जन्तुओं का रोदन कराल।
एकाकीपन के साथी हैं केवल शृगाल।

(ख) अन्त्यानुप्रासहीन प्रगीत : इस प्रकार के अन्त्यानुप्रासहीन सममात्रिक प्रगीतों की रचना रामविलास शर्मा ने सबसे अधिक की है। उनकी 'प्रत्यूष के पूर्व,'[1] 'शारदीया,'[2] 'कतकी',[3] और 'दिवा-स्वप्न'[4] आदि कविताएँ अन्त्यानुप्रासहीन प्रगीत हैं। उदाहरण के लिए रामविलास शर्मा का शारदीया शीर्षक प्रगीत द्रष्टव्य है :

---

1. तारसप्तक, पृ.237
2. वही, पृ.239
3. वही, पृ. 228
4. वही, पृ. 241

सोना ही सोना छाया आकाश में,
पश्चिम में सोने का सूरज डूबता,
पका रंग कंचन जैसे ताया हुआ,
भरे ज्वार के भुट्टे पक कर झुक गये।
'गला गला' कर हाँक रही गुफना लिए
दाने चुगती हुई गिलरियों को खड़ी,
सोने से भी निखरा जिसका रंग है,
भरी जवानी जिसकी पक कर झुक गई।

(ग) मुक्त प्रगीत : प्रायः सभी प्रयोगवादियों ने मुक्त छंदवाले ऐसे प्रगीतों की रचना की है जिनमें अन्त्यानुप्रास नहीं है और पंक्तियों को सुविधानुसार छोटा-बड़ा बनाकर रखा गया है। उदाहरण के लिए अज्ञेय की 'चेहरा उदास', 'चरण पर धर चरण', 'आज मैं पहचानता हूँ', 'बदली के बाद', गिरिजाकुमार माथुर का 'वर्कुल', 'दो पाटों की दुनिया', 'क्वार की दोपहरी', मुक्तिबोध की 'एक आत्म वक्तव्य', 'जीवनधारा'[1] आदि कविताएँ मुक्त प्रगीत हैं। यहाँ अज्ञेय की 'चार की गजर' शीर्षक कविता का एक अंश दिया जा रहा है :

चार का गजर कहीं खड़का,
रात में उचट गई नींद मेरी सहसा—
छोटे-छोटे, बिखरे-से, शुभ्र अभ्र-खण्डों बीच द्रुत पद
भागा जा रहा है चाँद
जगा हूँ मैं एक स्वप्न देखता

—चार का गजर, तारसप्तक, पृ. 293

(घ) चतुर्दशपदी : प्रयोगवादी कवियों ने चतुर्दशपदियाँ भी लिखी हैं। यद्यपि उन्होंने दृढ़तापूर्वक पाश्चात्य चतुर्दशपदी के नियमों का पालन नहीं किया है। उन्होंने विद्रोह की मुद्रा में पूर्णतः अतुकान्त या दो-दो पंक्तियों की समतुकान्त चतुर्दशपदियाँ भी लिखी हैं। उनके द्वारा लिखी चतुर्दशपदियों को दो वर्गों में बाँटा जा सकता है—पारम्परिक चतुर्दशपदी और प्रायोगिक चतुर्दशपदी। भारतभूषण अग्रवाल की कविता 'अपने कवि से' के अन्तर्गत तीन सानेट संकलित हैं जिनमें से प्रथम अतुकान्त है और दो पारम्परिक हैं। नीचे अन्य कवियों की चतुर्दशपदियों का विवरण दिया जा रहा है :

(क) पारम्परिक चतुर्दशपदी : प्रभाकर माचवे द्वारा लिखित 'सानेट', 'द्राज्द्रास्तव्यूते सोवित्सकी सोयूज' शीर्षक कविताएँ पारम्परिक सानेट हैं। इनमें से

1. देखिए तारसप्तक

प्रथम में अन्त्यानुप्रास का क ख, क ख, ग ग, घ ग, च, च, छ च, ज, ज के अनुसार तथा दूसरे क ख, ख क, ग ग, घ ग, च च, छ च, ज ज के अनुसार रखा गया है। इनमें से एक चतुर्दशपदी के दो पद दिये जा रहे हैं :

(क) *मैंने जितना नारी, तुमको याद किया है, प्यार दिया है,*
तुमने भी क्या कभी भूल से सोचा था कैसा है यह मनु ?
मैंने क्या अपराध किया जो तुमने यों इसरार किया है
जाने कैसे विद्युत्कर्षण से परिचित है तन-मन-अणु-अणु।
तुम मेरे मन की राका की एकमात्र नक्षत्र-विशाखा,
तुम हो मृगा या कि आर्द्रा हो ? नहीं, रोहिणी, तुम अनुराधा,
तुम छाया-पथ, ज्योति-शिखा तुम, तुम उल्का, आलोक-शलाका,
संशय के सघनान्धकार में विद्युन्माला अयि अचुम्बिते।

—तारसप्तक, पृ. 192

(ख) प्रायोगिक चतुर्दशपदी : प्रायोगिक चतुर्दशपदियाँ भी दो प्रकार की लिखी गई हैं—सममात्रिक अतुकान्त पंक्तियोंवाली चतुर्दशपदियाँ और अन्त्यानुप्रास युक्त दो-दो पंक्तियोंवाली चतुर्दशपदियाँ। नेमिचन्द्र जैन की 'अभी गहन अंधेरा है' और प्रभाकर माचवे की 'मैं और खाली चा की प्याली' शीर्षक के अन्तर्गत तीन चतुष्पदियाँ दो-दो पंक्तियों में अन्त्यानुप्रासयुक्त हैं और रामविलास शर्मा की 'सिलहार' शीर्षक कविता अतुकान्त चतुर्दशपदी है। दोनों प्रकार के सानेटों की कुछ पंक्तियाँ दी जा रही हैं :

(क) *आगे गहन अंधेरा है, मन रुक रुक जाता है एकाकी,*
अब भी है टूटे प्राणों में किस छवि का आकर्षण बाकी ?
चाह रहा है अब भी यह पापी दिल पीछे को मुड़ जाना,
एक बार फिर से दो नैनों के नीलम-नभ में उड़ जाना।

—आगे गहन अँधेरा, तारसप्तक, पृ. 22

(ख) *पूरी हुई कटाई, अब खलिहान में*
पीपल के नीचे हैं राशि सुची हुई,
दानों भरी पकी बालों वाले बड़े
पूलों पर पूलों के लगे आरम्भ हैं।

—सिलहार, तारसप्तक, पृ. 240

3. मुक्तक गीत : प्रयोगवादी काव्य के अन्तर्गत मुक्तक गीत बहुत कम लिखे गये। आधुनिक युग में पारम्परिक रूप से दो प्रकार के मुक्तक गीत लिखे गये हैं—साहित्यिक मुक्तक गीत तथा लोकाश्रित मुक्तक गीत। प्रसाद जी का 'आँसू'

तथा बच्चन की 'मधुशाला' इसी शैली में लिखी हुई काव्य-कृतियाँ हैं। प्रयोगवादी कविता में दोनों प्रकार के मुक्तक गीत यत्र-तत्र मिल जाते हैं। मुक्तिबोध की 'अशक्त' कविता 10 स्वतंत्र पदों का मुक्तक गीत है। प्रभाकर माचवे की 'राही से' प्रथम प्रकार का तथा मदन वात्स्यायन की लोक गीतात्मक रचना 'संयोग' दूसरे प्रकार का मुक्तक गीत है। यहाँ दोनों कविताओं के कुछ अंश दिए जा रहे हैं :

(1) इस मुसाफिरी का कुछ न ठिकाना, भइया।
यों हार बन गया अदना दाना, भइया।
है पता न कितनी और दूर है मंजिल
हमने तो जाना है केवल जाना, भइया।
तकरार न करना जाना है एकाकी
हमराह बचेगा कौन भला अब बाकी
जब सम्बल भी सब एक-एक कर छुटता
बस बची एक झाँकी उस नक्शेपा की।

—राही से, तारसप्तक, प्रभाकर माचवे, पृ. 194

(2) गोरी मोरी गेहुँअन साँप महुर-धर रे, गोरी मोरी गेहुँअन साँप।
फागुन चैत गुलाबी महीने, दोंगा पर आई जैसी चाँद,
लहरे बात, गात मद-लहरे, गोरी मोरी गेहुँअन साँप।
गोरे गात रश्मिवत पतरे, रेशमी केंचुल चमाचम,
कबरी (छत्र) कुसुम-चितकबरी, गोरी मोरी गेहुँअन साँप

—संयोग, मदन वात्स्यायन, तीसरासप्तक, पृ. 145

4. आवृत्ति गीति : प्रयोगवादी कविता में आवृत्ति गीतों की रचना हुई है किंतु उसका उद्देश्य पूर्ववर्ती आवृत्तिमूलक गीतिकाव्य से भिन्न है। व्यक्तिवादी स्वच्छन्दतावादी तथा प्रगतिवादी कवि कुछ पंक्तियों तथा पद समूहों की आवृत्ति कथ्य के उत्कर्ष अथवा काव्य के प्रवाह को गतिशील बनाने के लिए करते थे किंतु प्रयोगवादी कवियों का उद्देश्य आवृत्ति द्वारा चमत्कार उत्पन्न करना था। इसीलिए उन्होंने कहीं-कहीं शब्दों की आवृत्ति मात्र की है।

भारतभूषण अग्रवाल की 'चलते चलते'[1] शीर्षक कविता में 'मैं' शब्द की आवृत्ति चरण के प्रारम्भ में और अंतिम चरण की प्रत्येक पंक्ति में हुई है। अज्ञेय की 'शिशिर की राका निशा'[2] में कविता के अंतिम भाग में 'गा गया' शब्द को बार-बार दुहराया गया है। इसी प्रकार 'मैं वहाँ हूँ'[3] शीर्षक रचना का प्रथम पंक्ति

1. तारसप्तक, पृ. 106
2. वही, पृ. 286
3. तीसरा सप्तक, पृ. 149

के टुकड़े 'दूर दूर दूर' को तथा मध्य भाग में 'यह' शब्द को दुहराने का तरीका अपनाया गया है। साथ ही मदन वात्स्यायन की रचना 'मशीनों' में ध्वनियों के निरूपण के लिए हा हा हा हा, धा धा धा धा, वाह, वाह, वाह, शब्दों की व्यर्थ आवृत्ति की गई है। यहाँ भारतभूषण अग्रवाल की 'चलते चलते' शीर्षक कविता का एक अंश उद्धृत किया जा रहा है :

मैं सुखी हूँ कि इस विदा-समय भी नहीं नयन गीले तेरे,
मैं सुखी हूँ कि तुमने न बँटाए कभी अलभ्य स्वप्न मेरे,
मैं सुखी हूँ कि कर सकीं मुझे तुम निर्वासित यों अनायास,
मैं सुखी हूँ कि मेरा प्रमाद बन सका नहीं तेरा विलास।
मैं सुखी हूँ कि—पर रहने दो, तुम बस इतना ही जानो
मैं हूँ आज सुखी,
अंतिम विछोह, दो विदा आज आखिरी बार ओ इन्दुमुखी।

—तारसप्तक

5. **व्यंग्य गीति** : व्यंग्य गीति की रचना का प्रारम्भ विद्रोहयुग में निराला ने किया था। इस परम्परा का विकास छायावादोत्तर युग में प्रगतिवादी और प्रयोगवादी कवियों ने समान रूप से किया। प्रगतिवादी कवियों के व्यंग्य-काव्य के विषय में पहले विचार किया जा चुका है। उन्हीं के समानान्तर जिन कवियों ने प्रयोगमूलक व्यंग्य काव्य लिखे, उनमें से अज्ञेय और भारतभूषण अग्रवाल का नाम विशेष उल्लेखनीय है। अज्ञेय की 'वर्ग भावना-सटीक'[1] और 'जयतु हे कंटक चिरन्तन'[2] तथा भारतभूषण अग्रवाल की 'मैं और मेरा पिट्ठू'[3] शीर्षक कविताओं में सामाजिक विसंगतियों को व्यंग्य के माध्यम से प्रस्तुत किया गया है। 'नयी कविता' के भारतभूषण अग्रवाल 'तुक्तक' शीर्षक देकर व्यंग्य प्रधान रचनाएँ लिखते रहे और अज्ञेय ने भी अपने काव्य-संकलनों में कई व्यंग्यमूलक प्रगीत लिखे। यहाँ भारतभूषण अग्रवाल की 'मैं और मेरा पिट्ठू' शीर्षक कविता का अंतिम अंश दिया जा रहा है :

और जब मैं हिम्मत बाँध कर
आँखें मींचकर, मुट्ठियाँ भींच कर
तय करता हूँ कि अपनी देह उसी को दे दूँगा
तब मेरा पिट्ठू
मुझे झकझोर कर

---

1. देखिए तारसप्तक
2. उपरिवत्
3. उपरिवत्

'एफिशिएन्सी बार' की याद दिला देता है।
एक दीखनेवाली मेरी इस देह में
दो 'मैं' हैं
एक मैं
और एक मेरा पिट्ठू।
मैं तो, खैर, मामूली-सा क्लर्क हूँ
पर, मेरा पिट्ठू।
वह जीनियस।

—तारसप्तक, पृ. 117

6. निबन्ध गीति : निबन्ध गीति उस काव्य शैली का नाम है जिसमें बिम्बयोजना, कल्पना-सौंदर्य तथा काव्यात्मक सौष्ठव का पूर्ण अभाव रहता है। इसके विपरीत उसमें भाषण की व्यास शैली और निबन्ध की सूचनात्मक शैली का मिश्रण होता है। वस्तुतः निबन्ध काव्य गद्यात्मक निबन्ध का छंदोबद्ध या मुक्त छंद में लिखा गया रूपान्तर होता है। प्रगतिवादी कवियों के समान प्रयोगवादी कवियों में भी यह काव्य-प्रवृत्ति प्रमुख थी। गिरिजाकुमार माथुर की 'गीतिका'[1] रामविलास शर्मा की 'गुरुदेव की पुण्यभूमि', भारतभूषण अग्रवाल की 'आने वालों से एक सवाल'[2] तथा प्रभाकर माचवे की 'निम्न मध्यमवर्ग'[3] 'बीसवीं सदी'[4] और 'गेहूँ की सोच'[5] रचनाएँ इसी श्रेणी में आती हैं। यहाँ प्रभाकर माचवे की 'निम्न मध्यवर्ग' कविता का एक अंश द्रष्टव्य हैं :

नोन-तेल-लकड़ी की फिक्र में लगे घुन-से,
मकड़ी के जाले से, कोल्हू के बैल से।
मकाँ नहीं रहने को, फिर भी ये घुन से
गन्दे, अँधियारे और बदबू भरे, दड़बों में
जनते हैं बच्चे।

शहर की तमाम नालियों की जो सड़ांध है,
न घुस पाती इनके दिमाग में, न नथुनों में।
पुर्जों से बेजान, बीस बीस पच्चीस

1. देखें तारसप्तक
2. वही
3. वही
4. वही
5. वही

माहवार रुपयों पर भी जीते हैं।

—निम्न मध्यवर्ग, तारसप्तक

उपर्युक्त कविता में प्रारम्भ से अंत तक अभिधात्मक ढंग से वस्तु-वर्णन या सामाजिक परिस्थितियों का चित्रण किया गया है।

7. प्रतीकात्मक गीति : प्रतीकात्मक या साध्यवसान मूलक गीतिकाव्य छायादादोत्तर कालीन कविता में उतने अधिक नहीं मिलते, जितने विद्रोहयुग के काव्य में मिलते हैं। छायावादोत्तर युग की प्रारम्भ की तीनों काव्य धाराओं में प्रतीकात्मक गीतिकाव्य की रचना हुई किंतु तीनों में दृष्टिकोण भिन्न-भिन्न दिखलाई पड़ते हैं। प्रगतिवादी कविता में सामाजिक प्रतीकों की अधिकता थी तो प्रयोगवादी काव्य में वैयक्तिक प्रतीकों का बाहुल्य है। उनमें नियति, काल, अन्तर्मन, कामवृत्ति आदि को विभिन्न प्रतीकों द्वारा व्यक्त किया गया है। प्रभाकर माचवे की 'कापालिक'[1] महाकाल अथवा निथति का प्रतीक है जो जीवन के मोह पर अट्टहास करता है। इसी तरह गिरिजाकुमार माथुर की 'असिद्ध की व्यथा'[2] शीर्षक कविता में वैयक्तिक और सामाजिक प्रवृत्तियों को दो विपरीत धारावादी नदियों के प्रतीक से व्यक्त किया गया है। अज्ञेय की 'उषा-दर्शन'[3] कविता में उषा युग-परिवर्तन का प्रतीक है। गजानन माधव मुक्तिबोध के 'व्यक्तित्व और खंडहर'[4] तथा 'नाश-देवता'[5] शीर्षक कविताओं में भी प्रत्येक पद्धति का प्रयोग किया गया है। यहाँ 'असिद्ध की व्यथा' शीर्षक कविता का एक अंश दिया जा रहा है :

नदियाँ दो दो अपार
बहतीं विपरीत छोर
कब तक मैं दोनों धाराओं में साथ बहूँ
ओ मेरे सूत्रधार।
नौकायें दो भारी
अलग दिशाओं जातीं
कब तक मैं दोनों को एक साथ खेता रहूँ—
एक देह की पतवार—
दो दो दरवाजे हैं

---

1. देखिए तारसप्तक
2. वही
3. वही
4. वही
5. वही

अलग-अलग क्षितिजों में
कब तक मैं दोनों की देहरियाँ लाँघा करूँ
ओ, असिद्ध, एक साथ।—

—तारसप्तक

8. नाट्य गीति : नाट्य गीति की रचना संवाद-योजना के साथ किसी नाट्य-कथा के प्रदर्शन के लिए 'ओपेरा' के रूप में की जाती है। यह गीतिकाव्य की अत्यधिक सशक्त और आधुनिकता-बोध से समन्वित शैली है जिसमें गीतात्मकता और नाट्य तत्त्व का समुचित संयोग होता है। पिछले अध्याय में बताया जा चुका है कि प्रगतिवादी काव्यधारा में नाट्य-गीतों की रचना नहीं हुई। प्रयोगवादी युग में भी इनकी रचना अधिक संख्या में नहीं हुई। फिर भी गिरिजाकुमार माथुर तथा मदन वात्स्यायन ने क्रमशः 'पृथ्वी-कल्प'[1] और 'असुरपुरी में दस से छः' शीर्षक नाट्य-गीतों की रचना की है। 'पृथ्वी-कल्प' में पद्धतियों के विराट् संघर्ष को नाट्य प्रतीकों के माध्यम से गीतिकाव्य के रूप में अभिव्यक्त किया गया है। इसी प्रकार मदन वात्स्यायन की 'असुरपुरी में दस से छः'[2] शीर्षक नाट्य-गीतों में मशीनों को प्रतीक मानकर संवाद-तत्त्व की गीतात्मक योजना की गई है और ध्वन्यात्मक प्रयोगों के माध्यम से यांत्रिक परिवेश को भाषा यानी शब्द और अर्थ प्रदान किया गया है। उदाहरण के लिए इस कविता का एक अंश यहाँ दिया जा रहा है :

बातें बड़ी बड़ी करता है
ऐंठा-ऐंठा ही फिरता है
हम सब टूटी हुई ड्यूटी पर
पर उस कोने में पाइप पर
ऊँघ रहा था मानव छिः छिः
ऊँघ रहा था मानव तू तो
ऊँघ रहा था मानव
छिः छिः छिः छिः छिः छिः छिः छिः।

—मदन वात्स्यायन, तीसरा सप्तक

9. गाथा गीति : गाथा गीति और गीति गाथा एक ही वर्ग की रचनाएँ होती हैं। दोनों में अंतर इतना ही है कि गाथा गीति में कथा-तत्त्व प्रधान होता है और गीति गाथा में गीतात्मकता अधिक होती है। प्रयोगवादी काव्य में कथात्मक रचनाएँ यों ही बहुत कम लिखी गई हैं, गाथा गीतियों की रचना तो और भी कम हुई। बाद

---

1. तारसप्तक, पृ. 167
2. तीसरा. सप्तक, पृ. 149

में चलकर 'नयी-कविता' में इस शैली का विकास अधिक हुआ जिसके विषय में अगले अध्याय में विचार किया जायेगा। प्रयोगवाद में केवल रामविलास शर्मा ने 'दारा शिकोह'[1] नामक गाथा गीति की रचना की है जिसमें दारा शिकोह की दुर्भाग्यपूर्ण मृत्यु-कथा को एक मार्मिक गीति के रूप में उपस्थित किया गया है। यहाँ उसका एक अंश दिया जा रहा है :

बैठा रहा दारा वहाँ नीचे को झुकाये माथ,
ऊपर की ओर बिना देखे ही उठाया हाथ,
आखिरी निशानी एक चादर थी नादिरा की,
फेंक दी अनाथ ने, भिखारी को किया सनाथ।
व्यर्थ है पुकार और व्यर्थ है यह कुहराम,
खुदा को पुकारना है व्यर्थ लेना राम-नाम,
घूमती है लाश अभी नगर में चारों ओर,
किंतु इतिहास में है दारा का अमर नाम।

—तारसप्तक

10. प्रायोगिक गीति : प्रयोगवादी कविता का मुख्य तत्त्व प्रयोग ही है। यों तो प्रत्येक युग की कविता में कवि नये प्रयोग करते रहते हैं किंतु जब 'प्रयोग के लिए ही प्रयोग' किया जाने लगता है तो उस काव्य-धारा को प्रयोगवादी काव्य कहा जाता है। आलोच्य प्रयोगवादी काव्य में प्रयोग के लिए प्रयोग की यह प्रवृत्ति इतनी अधिक थी कि इसका नाम ही 'प्रयोगवाद' पड़ गया। यद्यपि इस काव्यधारा की समस्त कविताएँ प्रायोगिक नहीं हैं किंतु प्रयोग की प्रवृत्ति इस धारा के सभी कवियों में बलवती अवश्य है। इन कवियों ने 'प्रयोग के लिए प्रयोग' वाली जो कविताएँ लिखीं, उन्हें प्रायोगिक गीतिकाव्य कहा जा सकता है। क्योंकि उन सबमें नये प्रयोगों द्वारा पाठकों को चौंकाने की प्रवृत्ति वर्तमान है। साथ ही ये कवि परम्पराभंजन करके पाठकों के काव्यगत संस्कारों पर भी चोट करना चाहते हैं ताकि वे कविता पढ़कर तिलमिला उठे। ऐसी कविताओं को प्रयोग के स्वरूप की दृष्टि से निम्नलिखित वर्गों में विभाजित किया जा सकता है :

1. छंद संबंधी प्रयोग
2. लेखन संबंधी प्रयोग
3. भाषा संबंधी प्रयोग
4. उपमान और बिम्ब संबंधी प्रयोग

1. छंद संबंधी प्रयोग : छठे अध्याय में बतलाया जा चुका है कि विद्रोहयुग

---

1. तारसप्तक, पृ. 243

में ही मुक्त छंद का प्रारम्भ हो गया था। प्रयोग की बढ़ती हुई प्रवृत्ति के कारण छायावादोत्तर युग में कवि मुक्त छंद तक ही सन्तुष्ट नहीं रहे, उन्होंने छंद की लय को भी छोड़कर आन्तरिक लय अथवा 'अर्थ की लय' को ग्रहण किया। वे ऐसी कविताएँ लिखने लगे जिनमें लयात्मक गति नहीं, गद्यात्मक गति थी। इन कविताओं में गद्य की पंक्तियों को ही भावानुरूप छोटी-बड़ी पंक्तियों में तोड़कर रख दिया जाता है। गद्य की लय वाले छंदों के भी तीन रूप हैं :

1. जिनमें गद्य की पंक्तियों के वाक्य-संगठन का क्रम परिवर्तित कर दिया जाता है और पंक्तियों को तोड़कर रखा जाता है।

2. जिनमें वाक्य-संगठन का क्रम गद्य जैसा ही रखा जाता है, केवल वाक्य को छोटी-बड़ी पंक्तियों में तोड़कर लिख दिया जाता है।

3. जिनमें न केवल वाक्य का संगठन गद्यात्मक होता है, बल्कि वाक्यों को गद्य के समान अनुच्छेदों में लिखा भी जाता है।

प्रयोगवादी कवियों ने नियमित छंदयुक्त, छंद-मुक्त एवं मुक्त छंद तीनों प्रकार की कविताएँ लिखी हैं। इनमें से प्रथम दोनों पद्धतियाँ विद्रोहयुगीन कवियों ने भी अपनाई थीं। अतः प्रयोगवादी काव्य में इन दोनों का प्रायोगिक महत्त्व नहीं है। प्रयोगवादी कवियों का महत्त्व तीसरे प्रकार के अर्थात् छंद मुक्त गद्यात्मक पद्धति के प्रयोग में ही निहित है जिसकी तीन शैलियों का उल्लेख ऊपर किया गया है। उन तीनों के उदाहरण नीचे दिये जा रहे हैं :

(क) नये-नये मुहल्लों की ऊँची-ऊँची इमारतों के बीच से लाँघता हुआ
मैं क्षण भर ठिठक गया, मेरी बहकी हुई आँख
एक डाक्टरनी के नये बंगले के कंकरीट के बढ़े हुए
निराधार पोर्च पर टिक गई।

X X X

मेरा ध्यान
धुंधला सा पड़ता हुआ,
गया
मैदान के किनारेवाली पटरी के उस मोलसिरी के
गाछ की ओर।

—कंकरीट के पोर्च, इत्यलम्

(ख) दूर दूर दूर मैं वहाँ हूँ। ता
यह नहीं कि मैं भागता हूँ
मैं सेतु हूँ—
जो है और जो होगा दोनों को मिलाता हूँ—
मैं हूँ, मैं यहाँ हूँ,

पर सेतु हूँ इसलिए
दूर दूर दूर···मैं वहाँ हूँ।

—तारसप्तक, अज्ञेय

(ग) *रोज शाम को जो तू धूपबत्तियाँ जलाया करती थी*
उनकी राख धीरे धीरे उड़ गई है,
वहाँ खिड़की के सिल के चूने पर एक मटमैले धब्बे से,
पर आधी रात को मेरे इस कमरे में आज भी सुबास है।
जानती हो। हवादार झिल्ली के सिर पर जो तुमने
खड़ों के अटकने के लिए बाँधे थे तार,
वहाँ का गौरैया का बच्चा कल से
उड़ के तेरी तुलसी की डाल पर बैठता है।

—दूसरा सप्तक, मदन वात्स्यायन

2. लेखन एवं मुद्रण संबंधी प्रयोग : प्रयोगवादी धारा के कवियों ने केवल छंद गत प्रयोगों द्वारा ही चौंकाने का प्रयत्न नहीं किया, बल्कि लिखने की पद्धति में भी नवीनता पैदा की। उन्होंने कविताओं को लिखने के अनेक ढंग निकाले। कहीं एक शब्द की एक पंक्ति बनाई, कहीं कोष्ठकों का प्रयोग किया, कहीं बिन्दियों से कविता का प्रारम्भ किया, कहीं ज्यामितीय और गणितीय पद्धति का प्रयोग किया और कहीं पूर्वरूप के चिह्न का प्रयोग कविता के बीच में किया। प्रभाकर माचवे की 'कविता क्या है' ? तथा मुक्तिबोध की 'आत्मबोध' शीर्षक कविताओं में कोष्ठकों का बहुत अधिक प्रयोग है। उनकी 'एक आत्मवक्तव्य', 'बादल बरसे मूसलधार' कविताएँ बिन्दियों···के प्रयोग से शुरू होती हैं। नेमिचन्द्र जैन की 'व्यर्थ' शीर्षक कविता में एक-एक शब्द की पंक्ति बनाई गई है। इसी प्रकार प्रभाकर माचवे की 'पालतू' तथा भारतभूषण अग्रवाल की 'अहिंसा' में भी लेखनगत प्रयोगों की अधिकता है। रामनरेश पाठक की 'पद्मराग' शीर्षक तथाकथित सीमान्तक कविता में पतले, मोटे टाइप द्वारा मुद्रणगत प्रयोग किया गया है। नीचे 12 प्वांइट वाले अरेखांकित शब्द और 14 प्वाइंट वाले रेखांकित शब्द उदाहरण स्वरूप दिये जा रहे हैं :

प्रातः नमन
सविता संधि
अर्घ्य संकल्प
अंजलि में श्वेत पद्म
एकः बुद्ध।
आज आते सूर्य वेला, आ,
एक है सती पंखुरी दे मुझे

लाल लाल गुलाब की।

—पाँच सीमान्तक कविताएँ, अपरम्परा, पृ. 181

नीचे इस प्रकार के प्रयोगोंवाली कुछ कविताओं के उदाहरण दिए जा रहे हैं :

(क) भोर की
प्रथम किरण
फीकी :
अनजाने
जगी हो
याद
किसी की—
अपनी
मीठी
नीकी।

—प्रथम किरण, अज्ञेय

(ख) अवतंसों का वर्ग हमारा
खड्गधार भी न्यायकार भी।
हमने क्षुद्र तुच्छतम जन से
अनायास ही बाँट लिया
श्रम-भार भी, सुख-भार भी।
बल्कि बढ़ गये हैं आगे भी⋯
हम निश्चय ही हैं उदार भी।
टीका (यद्यपि भाष्यकार है दुर्मुख)
हम लोगों का एक मात्र श्रम है सुरति-श्रम,
उस अन्त्यज का एक मात्र सुख है—मैथुन-सुख।

—वर्गभावना-सटीक, अज्ञेय

(ग) स्वर्ण धूपों के कटोरे
लिए
सूर्यमुखी दिन⋯
हिमालयी कागों के शकुन कर रहे हैं।
चन्द्रमुखी द्वारों से
झाँक उठा मैं :
क्षीर सिन्धु के ज्वार-भाटे
दूर⋯

कल्पान्त लिख रहे हैं।
इन छोटी लिपियों से
लिखा नहीं जाता...
इन कोमल कंठों में
गूँज नहीं पाता...
हिमशंखों का रघुवंश।
ऋतुकान्ताओं का मेघदूत।।

—सौंदर्योदात्त हिमालय—रमेश कुन्तल मेघ[1]

(घ) टेबुल के चतुर्दिक बैठे हुए बुत-नुमा हमलोग

सावित्री	आन्नाकेरेनिना	इश्क
संतोष	थेल्मा	हुस्न
शिवदत्त	हेथक्लिफ	गुरूर
और	और	और
मैं	मैं	मैं

अ
के
ले
औ
र
उ
दा
स
मगर, छतनार, सघन
सबल, हरित, जीवित
आश्रयतनु
व
ट
वृ
क्ष-सा,

1-मसूरी हिल्स जुलाई 1, 1957
राजकमल चौधरी, अपरम्परा 1/2 जून, 1959, पृ. 215-16

1. कविताएँ-64, पृ. 107-108

गणितीय प्रयोग रामनरेश पाठक की अपवाद, स्थापना और 'मैं' शीर्षक कविता के निम्न उद्धरण में देखा जा सकता है :

और
फिर उसी तरह,
शत,
सहस्र,
अभिव्यक्तियों,
इंगितों,
आवरणों,
कर्मों
के माध्यम
इनके पूर्ण को
खण्डशः अवतरित किया।
: अरस्तू के दर्शन का प्रयोग
मेरा :+राः
अर्थात्
हमारा :+राः
लक्ष्य नहीं था :

—रामनरेश पाठक, क्वार की साँझ, पृ. 75

3. भाषा संबंधी प्रयोग : प्रयोगवादी कविता की चौंकाने की प्रवृत्ति भाषागत प्रयोगों में भी दिखलाई पड़ती है। पहले कहा जा चुका है कि प्रयोग के क्षेत्र में कुछ उग्रवादी कवियों ने भाषा की नैसर्गिक प्रकृति को भी विकृत करने की कोशिश की। तारसप्तक के कवियों ने तो परम्परागत भाषा-शैली को ही बदलने का प्रयास किया था, किंतु परवर्ती प्रयोगवादी कवियों—नलिन विलोचन शर्मा, नरेश, केशरी कुमार, नरेश मेहता, मदन वात्स्यायन और शिवचंद्र शर्मा—आदि ने व्याकरण के नियमों और शब्दों के स्वरूप को भी परिवर्तित करके पाठकों को चौंकाने का प्रयत्न किया। 'तारसप्तक' के कवियों ने भाषा में विदेशी शब्दों या वाक्यों तथा संस्कृत के उद्धरणों का प्रयोग धड़ल्ले से किया है। गिरिजाकुमार माथुर की 'दो पाटों की दुनिया' शीर्षक कविता में फारसी और अंग्रेजी के शब्दों का प्रयोग करते हुए लिखा गया है :

'राहें सभी अच्छी हैं,
ज़्यादातर लोग पागल हैं।
अपने ही नशे में चूर,
वहशी हैं या गाफ़िल हैं।

खलनायक, हीरो हैं।
विवेकशील कायर हैं,
थोड़े से ईमानदार,
लगते सिर्फ मुज़रिम हैं।'

—तारसप्तक, पृ. 161

दूसरी ओर प्रभाकर माचवे अपने 'माता की मृत्यु प' शीर्षक शोक-गीत में वेद का मंत्र ही उद्धृत कर देते हैं :

जात कर्म के मंत्र अकारण याद आ रहे— ऐ सरस्वती।
तेरा स्तन्य किसी ने पाया नहीं, सुप वह।' याज्ञवल्क्य स्मृतिः
'ऊँ इमं स्तनमुर्जस्वन्तं ध्यापां प्रपीनमग्ने सरिरस्य मध्ये।'
उत्सं जुषस्व मधुमन्तमर्वत् समुद्रियं सदन मा विशस्व।।
यस्ते स्तनः शशयो यो मयोभूर्यो रत्नधा वसुविद्यः सुदत्रः।
येन विश्वा पुष्यसि वार्याणि सरस्वति तमिह घातवे कः।।

—माता की मृत्यु पर, तारसप्तक, पृ. 223-24

इसी प्रकार भारतभूषण अग्रवाल ने 'गमले का पौधा' शीर्षक कविता में अंग्रेजी वाक्य का प्रयोग किया है :

जब अतिथि आते हैं
मेरे पास लगी हुई चिट से
वे मुझे जान जाते हैं,
एक तिर्यक् दृष्टि से मुझे देख
गद्‌गद मुग्ध भाव से कैसे मुसकराते हैं
और फरमाते हैं
हाउ लवली
ह्वाट ए स्वीट लिटिल थिंग।[1]

—गमले का पौधा

नलिन विलोचन शर्मा ने भी सन्धि और समास के नये प्रयोगों द्वारा जो चमत्कार उत्पन्न किया है, उसका लक्ष्य पाठकों को चौंकाने के अतिरिक्त और कुछ नहीं है, जैसे और + उसे—औरुसे, और + अंधकार—औरंधकार। उनके काव्य में कहीं-कहीं साथ के कई शब्दों के वर्णों का विच्छेद करके तथा अन्य शब्दों के साथ रखकर चमत्कार उत्पन्न किया गया है, जैसे—कलकत्ता पंजाब मेल के

1. भारतभूषण अग्रवाल, अनुपस्थित लोग, पृ. 18

कलकत्-ताप-अंजा-बमेल। वर्ण विपर्यय के द्वारा भी चमत्कार उत्पन्न किया गया है, जैसे—र देख ही (देख रही)। इस तोड़ फोड़ द्वारा कवि शायद कुछ नवीन अर्थ उत्पन्न करना चाहता है, पर उन नये अर्थों का कहीं संकेत नहीं मिलता है। नलिन जी की भाषा अत्यन्त कृत्रिम, पंडिताऊ और अव्यावहारिक है। इनके शब्दगत प्रयोगों के अनेक भेद किये जा सकते हैं—जैसे—शब्द-प्रयोग, पद-प्रयोग, पदार्थ-प्रयोग, वर्ण-प्रयोग आदि। इस तरह के प्रयोगों द्वारा ये कवि जो चमत्कार उत्पन्न करते हैं, वह प्रायः हास्यास्पद होता है। इसलिए ऐसे प्रयोगों द्वारा केवल पाठकों के परम्परागत संस्कार पर आघात ही पहुँचता है। कुछ ऐसे भी प्रयोगवादी कवि हैं जिन्होंने ध्वन्यात्मक वर्णों के अतिशय प्रयोग द्वारा चमत्कार उत्पन्न किया है। जगदीश गुप्त ने 'हँसी के पाश' शीर्षक कविता में 'अट्टहास' के सूचक 'हा हा हा हा' का कई बार प्रयोग किया है, जैसे :

हा हा हा हा हा हा ! ! ! ! ! !
खोखली हँसी हम सब हँसते हैं[1]

—जगदीश गुप्त

इसी प्रकार मदन वात्स्यायन ने 'असुरपुरी में दस से छः' शीर्षक कविता में मशीनों के सम्वाद के रूप में ध्वन्यात्मक शब्द धक-धक, खच खच का खुलकर प्रयोग किया है। उदाहरण नीचे दिया जा रहा है :

धक-धक खच-खच धक-धक खच-खच
धक-धक खच-खच धक-धक खच-खच
धक-धक खच-खच धक-धक खच-खच
धक-धक खच-खच धक-धक खच-खच
धक-धक खच-खच धक-धक धा धा
खच-खच खच-खच धक-धक खच-खच
धक-धक खच-खच धक-धक धा धा धा
धा धा धा धा धा

—मदन वात्स्यायन, तीसरा सप्तक

4. उपमान और बिम्ब संबंधी प्रयोग : प्रयोगवादी काव्य में सबसे अधिक चमत्कार बिम्बों और उपमानों के प्रयोग में उत्पन्न किया गया है। प्रयोगवादी धारा के कवियों ने परम्परागत काव्य-बिम्बों और उपमानों को छोड़कर उनकी जगह अधिकतर अप्रयुक्त और विचित्र बिम्बों और उपमानों का प्रयोग किया है। वे इस परिवर्तन के लिए यह कारण बतलाते हैं कि पुराने बिम्ब और उपमान अर्थहीन और

1. जगदीश गुप्त : शब्द-दंश, पृ. 14

खोखले हो गये हैं। अज्ञेय ने अपनी एक कविता में यही बात कही है :

अगर मैं तुमको
ललाती साँझ के नभ की अकेली तारिका
अब नहीं कहता,
....
....
नहीं कारण कि मेरा हृदय उथला या कि सूना है
या कि मेरा प्यार मेला है
बल्कि केवल यही, ये उपमान मैले हो गये हैं।
देवता इन प्रतीकों के कर गये हैं कूच।
कभी बासन अधिक घिसने से मुलम्मा छूट जाता है।

—अज्ञेय, कलंगी बाजरे की

इस तरह अपनी कविता को चमकदार बनाने के लिए इन लोगों ने नये और ताज़े उपमानों का प्रयोग किया है। उन्होंने पुराने उपमानों और बिम्बों का विरोध करते हुए नये उपमान दिये हैं :

(क) *रवि का प्रकाश,*
शशि का विकास।
पुंसत्वहीन नर का विलास।
ये सूर्य-चन्द्र
नभ-वक्ष लुब्ध
वे अमित वासना के शिकार।...
X X X
इनका प्रकाश
जग के विशाल
शव का सफेद परिधान साफ।[1]

—विहार मुक्तिबोध

यहाँ सूर्य और चन्द्रमा को आकाश का स्तन और उनके प्रकाश को जगत् रूपी शव का कफ़न बतलाया गया है। इसी तरह अज्ञेय ने काम संबंधी बिम्ब प्रस्तुत करते हुए 'सावन-मेघ' शीर्षक कविता में पर्वतों को भूमि के कम्पित उरोजों से उपमित किया है और आकाश एवं भूमि की रति-क्रिया का वर्णन किया है :

1. तारसप्तक, पृ. 59

घिर गया नभ उमड़ आये मेघ काले
भूमि को कम्पित उरोजों पर झुका सा
विशद श्वासाहत चिरातुर
छा गया इन्द्र का नील वक्ष–
वज्र सा यदि तड़ित से झुलसा हुआ सा।

X X X

स्नेह से आलिप्त
बीज के भवितव्य से उत्फुल्ल
बद्ध
वासना के पंक से फैली हुई थी
धारयित्री सत्य सी निर्लज्ज नंगी [1]

—सावन-मेघ, अज्ञेय

भयानक और अद्‌भुत उपमानों की सृष्टि करने में मुक्तिबोध सबसे आगे हैं। वे आधुनिक मानव जीवन को एक खण्डहर मानते हुए अपने गीतों की तुलना भूत से करते हैं :

खंडहरों के मूक औ निस्पन्द से
उमड़े अकेले गीत।
ये भूत से निर्देह भयंकर
बेचैन काले व्यथित आतुर
तिमिर नूपुर के अकेले स्वर
उमड़े अकेले गीत। [2]

—व्यक्तित्व और खंडहर, मुक्तिबोध

इसी प्रकार नरेश मेहता ने भी चमत्कारपूर्ण उपमानों का प्रयोग किया है। जैसे—किरण-धेनु, क्षितिज-जंगल, आलोक-दूध, मेघ-चील, आसमान का गड्डर आदि उनके उपमान अधिकतर वैदिक एवं बौद्ध साहित्य, संस्कृति तथा वातावरण से लिए गये हैं। जैसे :

(क) *गिरता जाता फेन मुखों से नभ में बादल बन तिरता*
किरन-धेनुओं का समूह यह आया अन्धकार चरता। [3]

---

1. तारसप्तक, पृ. 282
2. वही, पृ. 70
3. नरेश महेता—दूसरा सप्तक

(ख) *सोने की वह मेघ-चील*
अपने चमकीले पंखों में ले अन्धकार अब बैठ गई दिन के अंडे पर।
नदी-वधू के नथ का मोती चील ले गई।
गगन बीड़ से सूरज-ग्वाला हाँक रहा है दिन की गायें।
नभ का नीलापन चुप है दिशि के कंधों पर सिर धर।[1]

(ग) *ओ भिक्षुणिओं के मुखों सी*
सान्ध्य दीर्घाओ !
अपने एकान्त को
मुझ तक व्यक्त होने दो।[2]

तीसरे सप्तक के कवि मदन वात्स्यायन द्वारा प्रयुक्त उपमान भी पर्याप्त चौंकानेवाले हैं क्योंकि उन्होंने यांत्रिक और औद्योगिक वातावरण से बिम्बों को ग्रहण कर नवीनता उत्पन्न की है। उनकी 'असुरपुरी में दस से छः'[3] 'सरकारी कारखानों में कर्मचारियों की चिन्ता'[4] तथा 'अपथगा'[5] कविताओं में इस तरह के बिम्ब वातावरण और उपमानों के माध्यम के रूप में भरे पड़े हैं। उन्होंने मशीनों का मानवीकरण ही नहीं किया, उन्हें ब्रह्म और काल के रूप में भी चित्रित किया है :

हम ईश्वर हैं आटोमैटिक,
पोर पोर में घुस अदृश्य ही
स्थूल जगत् चालित करते हैं।
विह्वल भक्त विकार-रहित हम।
बिना कान सुनते हैं, हा-हा,
बिना पाँव चलते हैं, देखो,
बिना हाथ उत्पादन,
हा-हा-हा
हा-हा-हा-हा-हा !
कालोऽहम् भय-त्रस्त पार्थ नर
भीषण दाढ़-दाढ़ पिसते हैं,
प्रलय-विज्जु आँखों में मेरी।

---

1. नरेश मेहता—दूसरा सप्तक
2. वही, बोलने दो चीड़ को
3. मदन वात्स्यायन—तीसरा सप्तक
4. वही
5. वही

आग लहकती घोर मुखों में।
सौ-सौ पेट, हजार शीश हैं
मील-मील भर भुजा पसारे
इस दिगन्त में तन है
हा-हा-हा
हा-हा-हा-हा-हा
X X X
हम सरस्वती अन्तःसलिला,
तीर हमारे जलें वेदियाँ।
बड़े-बड़े ऋषि रुक्ष वसन, बुध,
विरल-वाक्, नीरस-मन, करने
ऋतुओं का आवाहन आ-आ,
त्वष्टा का आवाहन देखो
अश्विद्वयो ! जयकर्मा !
स्वाहा स्वा–
हा स्वाहा-स्वाहा !

—मदन वात्स्यायन, तीसरा सप्तक, पृ. 156-57

नवम अध्याय

छायावादोत्तर गीतिकाव्य का शिल्पगत विकास-3

नयी कविता और नवगीत

पिछले अध्याय में प्रगतिवादी और प्रयोगवादी काव्यधारा के अन्तर्गत मान्य गीतिकाव्य की विषय-वस्तु और शिल्प के सम्बन्ध में विचार करते हुए देखा जा चुका है कि ये काव्य-प्रवृत्तियाँ छायावाद के विरुद्ध प्रतिक्रिया की देन थीं। प्रतिक्रियाजन्य काव्य का मूल्य स्थायी नहीं होता और न ऐसी काव्यधारा बहुत दिनों तक चल ही सकती है। इसी कारण इन काव्यधाराओं के प्रवर्तक कवि स्वयं अपना मार्ग बदलने के लिए विवश हो गये। प्रतिक्रिया की अतिशयता एवं परिवर्तित सामाजिक परिस्थितियों के कारण एक दशक के भीतर ही ये काव्य-धारायें अपना चमत्कार खो बैठीं। नये आनेवाले युवा कवियों ने भी प्रगतिवाद और प्रयोगवाद के संकीर्ण दृष्टिकोण और अतिशय गद्यात्मकता को न अपनाकर छायावादी काव्य की कल्पनाशीलता का प्रगतिवाद और प्रयोगवाद की यथार्थवादी दृष्टि के साथ समन्वय करके एक नये मार्ग पर चलना शुरू कर दिया। इस तरह अनायास एक ऐसी काव्यधारा का प्रादुर्भाव हो गया जो प्रगतिवाद और प्रयोगवाद की तुलना में पर्याप्त नयी थी। अंग्रेजी में भी इस प्रकार के प्रयोगमूलक काव्य के स्थान पर नव-काव्य का आन्दोलन प्रारम्भ हो गया था। इस तरह अंग्रेजी के नवकाव्य (न्यू पोएट्री) के अनुकरण पर हिंदी की इस काव्यधारा का 'नयी कविता' नाम चल पड़ा। इस प्रकार सामान्यतया सन् 1950 ई. के बाद की हिंदी कविता की मुख्य धारा का नाम 'नयी कविता' पड़ गया और यह नाम अब स्वीकृत भी हो चुका है।

प्रगतिवाद और प्रयोगवाद के समान 'नयी कविता' में भी छंद-विधान और लय की दृष्टि से दो धारायें वर्तमान थीं। एक धारा अगेय काव्यवाली और दूसरी गेय काव्यवाली थी। इन दोनों काव्य-धाराओं में गीतिकाव्य की रचना प्रभूत मात्रा में हुई। किंतु प्रयोगवाद का मार्ग छोड़कर 'नयी कविता' में आनेवाले कवियों में काव्य का लय-बोध अधिक नहीं था जिसके कारण वे उत्तरोत्तर छंदोबद्ध अथवा लयात्मक

गीतिकाव्य के विरोधी होते गये। स्थिति यहाँ तक पहुँची कि 'नयी कविता' का अर्थ ही 'मुक्त छंद' की कविता हो गया। यही नहीं 'नयी कविता' के स्वयंभू नेता और प्रचारक यह भ्रम उत्पन्न करने लगे कि 'गीत', नयी कविता के अन्तर्गत आ ही नहीं सकता अथवा गीत की रूप-विधा 'नयी कविता' के लिए अनुपयुक्त है। लयात्मक गीतिकाव्य के प्रति उनकी इस धारणा के बावजूद 'नयी कविता' के अन्तर्गत ही छंदोबद्ध अथवा लयात्मक गीतिकाव्य का विकास तीव्रगति से होने लगा। 'नयी कविता' का आन्दोलन करनेवाली पत्रिकाओं में मुक्त छंद या छंद-मुक्त गीतिकाव्य के साथ-साथ उन लयात्मक गीतों का भी प्रकाशन होता रहा। इसी लयात्मक गीति-धारा को 'नयी कविता' नाम के समकक्ष नवगीत नाम दे दिया गया। इस प्रकार 'नयी कविता' और नवगीत दो भिन्न नाम होते हुए भी काव्य-प्रवृत्ति या काव्यधारा के रूप में दोनों अभिन्न या अविच्छेद्य हैं क्योंकि विषय-वस्तु, भाषा, बिम्ब-विधान, दृष्टिकोण सभी दृष्टियों से 'नयी कविता' और 'नव गीत' में कोई भेद नहीं है। दोनों की विशेषतायें और लक्षण एक ही हैं। अन्तर केवल इतना है कि नवगीत में लयात्मक और गेय छंदों तथा शैलियों का प्रयोग होता है जबकि 'नयी कविता' में गेयता का गुण, गीत-शैली जैसी पद-योजना, ध्रुवक पद्धति आदि नहीं होते।

किंतु यह भ्रम इतना बढ़ गया है कि बहुत से लोग नयी कविता ही नहीं, कविता और गीत को भी भिन्न समझते हैं। उनकी दृष्टि में 'गीत' कविता नहीं है और न 'नवगीत' 'नयी कविता' है। इस भ्रम के निवारण के लिए यह आवश्यक है कि 'नयी कविता' और 'नवगीत' की विशेषताओं और विषय-वस्तुओं का एक साथ ही विश्लेषण किया जाये। मध्यकालीन हिंदी कवियों में विद्यापति, सूरदास, मीराबाई ने केवल गीत ही लिखे हैं। क्या उन्हें कविता के क्षेत्र से बाहर कर दिया जायेगा ? वस्तुतः गीतिकाव्य, प्रबन्ध काव्य, मुक्तक काव्य, निबन्ध काव्य आदि काव्य-रूप हैं और एक ही कवि इन सभी काव्य-रूपों में काव्य-रचना कर सकता है। तुलसीदास ने इन सभी काव्य-रूपों का माध्यम ग्रहण किया था और सबमें सफलता प्राप्त की थी। आधुनिक युग का हिंदी गीतिकाव्य दो स्रोतों से प्रेरणा ग्रहण कर विकसित हुआ है—प्राचीन भारतीय गीति-परम्परा और पाश्चात्य गीति-परम्परा। इन दोनों के सामंजस्य से आधुनिक युग में गीतिकाव्य की दो पद्धतियाँ प्रचलित हो गईं—गीत पद्धति और प्रगीत पद्धति। गीत-पद्धति तो गेयता के आधार पर विकसित होती रही किंतु प्रगीत-पद्धति में छंद संबंधी नये-नये प्रयोग हुए और कालान्तर में सममात्रिक अन्त्यानुप्रासयुक्त नियमित छंदोंवाले प्रगीतों के अतिरिक्त अतुकांत छंद, मुक्त छंद एवं छंद-मुक्त शैली में भी प्रगीतों की रचना होने लगी किंतु ये सभी गीतिकाव्य के अन्तर्गत ही सम्मिलित किये जाते रहे। इसीलिए छायावादी, व्यक्तिवादी स्वच्छन्दतावादी, प्रगतिवादी और प्रयोगवादी कवियों के समान 'नयी कविता' के कवि भी मुक्त-छंद के प्रगीतों और गेय गीतों की रचना साथ-साथ करते

रहे। अतः यह कहना भ्रान्तिपूर्ण है कि कविता और गीत में अथवा 'नयी कविता' और 'नवगीत' में कोई तात्विक अन्तर है। इसी दृष्टि से इस अध्याय में 'नयी कविता' और 'नवगीत' के अन्तर्गत गीतिकाव्य के विकास का अध्ययन सम्मिलित रूप से किया जा रहा है

'नयी कविता' में 'नवगीत' की अपेक्षा व्यापकता अधिक है क्योंकि 'नयी कविता' अंगी और 'नवगीत' उसका अंग है। इसलिए 'नयी कविता' में 'नवगीत' को भी अंतर्भुक्त मानना चाहिए।

नयी क़विता के तीन चरण

नयी कविता के 22-23 वर्षों के इतिहास को हम तीन चरणों में विभाजित कर सकते हैं—(1) नवीनता के आग्रह का चरण, (2) वैयक्तिक विवेक और अनुभूति की प्रामाणिकता के साथ आधुनिक बोध के प्रारम्भ का चरण, (3) आधुनिकता-बोध की नयी दिशाओं का चरण। इन तीन चरणों का निश्चित काल निर्धारित करना तो संभव है न आवश्यक। इससे इतना ही समझा जा सकता है कि 'नयी कविता' का विकास बड़ी तीव्र गति से हो रहा है। प्रथम चरण की 'नयी कविता' में प्रयोगवाद और प्रगतिवाद की प्रतिक्रियात्मक तथा प्रयोगात्मक प्रवृत्तियाँ कम थीं और छायावाद की भावप्रवणता नये रूप में फिर आ गई थी। अतः इस चरण की कविता मुख्यतः नवीनता और ताजगी को ही प्रतिमान मानकर प्रतिष्ठित हुई थी। विकास के दूसरे चरण में कवि यह अनुभव करने लगे कि केवल नवीन प्रतीकों, नये उपमानों और चमत्कारपूर्ण अभिव्यक्ति को ही 'नयी कविता' का प्रतिमान नहीं माना जा सकता। इसके विपरीत कोई कविता तभी 'नयी कविता' मानी जा सकती है जबकि उसमें जीवन की गहराई और सम्पृक्ति हो और उस सम्पृक्ति की अनुभूति को ईमानदारी के साथ व्यक्त किया जाये। इस तरह इस चरण की कविता का मूल स्वर व्यक्तिवादी मानवतावाद का है जिसमें सड़ी-गली परम्पराओं के प्रति व्यक्ति के आक्रोश और घृणा का तीखा स्वर भी मिला हुआ है। तीसरे चरण की 'नयी कविता' में सही आधुनिकता का गहरा बोध दिखाई पड़ता है। पाश्चात्य देशों में आधुनिकता के जितने नये-नये आयाम इस युग के साहित्य और कला में अभिव्यक्त हुए हैं, उनमें से कई इस चरण की 'नयी कविता' में भी दिखाई पड़ने लगे। इस समय 'नयी कविता' फिर एक ऐसे चौराहे पर आ खड़ी हुई है जहाँ उसकी कई धारायें भिन्न-भिन्न दिशाओं में जाती दिखाई पड़ रही हैं और उनमें आधुनिकता के विश्वव्यापी रूपों का प्रतिबिम्ब दिखाई पड़ता है। इसको 'नयी कविता' के विकास के तीसरे चरण की कविता कहा जा सकता है।

प्रथम चरण 1950 से 1958

स्वतंत्रता-प्राप्ति के समय 'नयी कविता' का प्रारम्भ जिस रूप में हुआ था उसे एक सम्मिलित मंच की संज्ञा दी जा सकती है। इस मंच पर तारसप्तक के कवियों—अज्ञेय, गिरिजाकुमार माथुर, भारतभूषण अग्रवाल, मुक्तिबोध, प्रभाकर माचवे, रामविलास शर्मा, और नेमिचन्द्र जैन के अतिरिक्त अन्य प्रगतिवादी और व्यक्तिवादी स्वच्छन्दतावादी कवि जैसे नागार्जुन, रांगेय राघव, बालकृष्णराव, केदारनाथ अग्रवाल, शिवमंगल सिंह सुमन, शम्भुनाथ सिंह, शमशेर, त्रिलोचन आदि भी एक साथ उतरे थे। 'प्रतीक' तथा बाद में 'नयी कविता', 'निकष' आदि में छपी सभी कविताओं को 'नयी कविता' ही कहा जाने लगा। इस नये नाम की सार्थकता इतनी ही थी कि ये कवितायें पूर्ववर्ती काव्य प्रवृत्तियों—छायावाद, प्रगतिवाद, प्रयोगवाद और व्यक्तिवादी स्वच्छन्दवाद में से किसी के अन्तर्गत पूरी तरह नहीं आ पाती थीं, यद्यपि उन प्रवृत्तियों के कुछ लक्षण इनमें अवशिष्ट थे। नयी पीढ़ी के भी अनेक कवि जैसे धर्मवीर भारती, नरेश मेहता, सर्वेश्वर, दुष्यंत कुमार, विजयदेव नारायण साही, जगदीश गुप्त, कुंवर नारायण, लक्ष्मीकान्त वर्मा, राजेन्द्र प्रसाद सिंह, ठाकुर प्रसाद सिंह, रामदरश मिश्र आदि जिन्होंने रोमानी गीतिकाव्य से काव्याभ्यास प्रारम्भ किया था, इस 'नयी कविता' के सामूहिक अभियान में सम्मिलित हो गये। इस तरह प्रथम चरण की 'नयी कविता' की एक मात्र विशिष्टता नवीनता और ताजगी ही थी।

नये उपमानों और प्रतीकों की खोज की प्रवृत्ति इस काल की 'नयी कविता' के सभी कवियों में समान रूप से दिखाई पड़ती है। किंतु अनुभूति और मानसिक गठन की दृष्टि से इनमें कुछ कवि अब भी रोमांटिक थे, कुछ में रहस्यवाद के बीज वर्तमान थे, कुछ में प्रगतिवादी अथवा प्रयोगवादी प्रवृत्ति प्रमुख थी जो बाद में भी बनी रही। पर इन्हीं में कई ऐसे कवि भी थे जो द्वितीय और तृतीय चरण की 'नयी कविता' के प्रमुख कवि माने गये। इनमें से अधिकांश कवियों ने मुक्त छंद और छंद-मुक्त गीतिकाव्य के अतिरिक्त गेय गीतों की भी रचना की जिन्हें 'नयी कविता' का गीत कहा जाता था।

दूसरे चरण की नयी कविता (1958 से 1965 तक)

दूसरे चरण की 'नयी कविता' प्रथम चरण की कविता से भावबोध और शिल्प-तंत्र में काफी आगे बढ़ी हुई है। उसमें वैयक्तिक विवेक, आत्म-चेतना, मानवतावादी स्वतंत्रता, क्षण की अनुभूति की अद्वितीयता और व्यक्ति की लघुता या सामान्यता, की प्रवृत्तियाँ प्रधान हैं। इस प्रकार की कविताएँ 'तार सप्तक' के कवि गजानन माधव मुक्ति बोध और 'दूसरा सप्तक' के कवि शमशेर बहादुर सिंह, धर्मवीर भारती

और रघुवीर सहाय सन् 1958 के पूर्व ही लिखने लग गये थे। 'तीसरा सप्तक' के कवियों में से सर्वेश्वर दयाल, केदारनाथ सिंह, कुंवरनारायण और विजयदेव नारायण साही की कविताओं में ये प्रवृत्तियाँ विशेष रूप से उभर कर सामने आईं। सप्तकेतर कवियों में से बालकृष्ण राव, शम्भुनाथ सिंह और केदारनाथ अग्रवाल में भी ये प्रवृत्तियाँ पर्याप्त मात्रा में दिखाई पड़ीं। 'नयी कविता' और 'निकष' में प्रकाशित होनेवाली इस काल की कविताओं में आधुनिक भावबोध की प्रवृत्तियाँ अधिक स्पष्टता के साथ दिखाई पड़ने लगीं। उनमें आन्तरिक द्वन्द्व, रूढ़ियों के प्रति विद्रोह, वर्तगान यांत्रिक सभ्यता की विसंगतियों के प्रति आक्रोश, व्यक्ति-स्वातंत्र्य के आग्रह और नवीन जीवन-मूल्यों की उपलब्धि के लिए अकुलाहट की अभिव्यक्ति बहुत अधिक हुई है। उन पर पाश्चात्य मनोविश्लेषण-शास्त्र और अस्तित्ववादी दर्शन का प्रभाव भी पड़ा है। उनमें प्रतीकात्मकता, खण्डित-बिम्बों की योजना और चेतना-प्रवाह की पद्धति का भरपूर उपयोग हुआ है जो मनोविश्लेषण शास्त्र के प्रभाव का द्योतक है। उनमें दमित काम के उदात्तीकरण, छायाभासों (फैण्टेसी) के निर्माण, आदिम बिम्बों की योजना और पौराणिक प्रतीकों के प्रयोग की जो प्रवृत्ति है, वह भी फ्रायड के बादवाले मनोविश्लेषण शास्त्रियों के सिद्धान्तों के प्रभाव से पाश्चात्य साहित्य और कला में चलनेवाले कलात्मक आन्दोलनों की अनुगूंज ही है। अस्तित्ववादी दर्शन का प्रभाव इन कविताओं में व्यक्त अजनबीपन, एकाकीपन, आतंक और विश्रृंखलता की तीखी अनुभूतियों में दिखाई पड़ता है। इस तरह दूसरे चरण की 'नयी कविता' में आधुनिकता का बोध पूरी तरह समाविष्ट हो गया है। इसी काल में 'नयी कविता' के अन्तर्गत लिखे गये गेय गीतों की धारा को एक नया रूप प्राप्त हुआ जिसे 'नवगीत' संज्ञा दी गइ। इस विशिष्ट धारा के विकास-क्रम और विशेषताओं के संबंध में अलग विचार किया जायेगा।

तीसरे चरण की नयी कविता (1965 से 1972 तक)

इस तीसरे चरण में पहुँचकर 'नयी कविता' कई भिन्न-भिन्न दिशाओं में मुड़ गई। इस समय भी उसकी स्थिति यही है। बाह्यदृष्टि से ऐसा लगता है कि अब 'नयी कविता' विघटन की स्थिति में आ गई है। पर सच पूछा जाये तो यह विघटन की नहीं, विकास की स्थिति है। 'नयी कविता' सतत क्रान्ति की कविता है। इस दृष्टि से उसमें निरन्तर दिशा-परिवर्तन होते रहना अनिवार्य है। यही उसका स्वाभाविक धर्म है अन्यथा वह 'नयी कविता' न रहकर पुरानी कविता हो जायेगी। किंतु उसकी भी पिछले 22 वर्षों में कुछ भाषागत, कथ्यगत और शैलीगत रूढ़ियाँ निर्मित हो गई थीं और भय था कि 'नयी कविता' कहीं पुरानी न हो जाये। ऐसी स्थिति में कुछ कवियों ने जो नये काव्य-प्रयास प्रारम्भ किए हैं, उसे कम से कम इस अर्थ में तो

प्रशंसनीय माना ही जायेगा कि उन्होंने 'नयी कविता' की सतत नवीनता को कायम रखने की ओर कदम बढ़ाया है। यद्यपि 'नयी कविता' के अधिकतर पूर्ववर्ती कवि अपने पूर्व पथ पर ही चल रहे हैं पर उनमें से दो एक कवियों तथा कुछ नयी पीढ़ी के कवियों ने 'नयी कविता' की धारा को नयी दिशाओं में मोड़ने का प्रयास किया है।

इस चरण की नयी कविता की सामान्य स्थिति हीनता की है। इस प्रवृत्ति के उदय का कारण एक ओर आज की वैज्ञानिक और प्राविधिक उपलब्धियाँ हैं तथा दूसरी ओर निरन्तर बढ़ता हुआ मानव-अस्तित्व के संकट का बोध है। विज्ञान के निरन्तर बढ़ते चरण ने जहाँ मानव की मुक्ति की अनन्त सम्भावनाओं के द्वार खोल दिये हैं, वहीं सर्वनाश के एक से बढ़कर एक साधन भी प्रस्तुत कर दिए हैं। इससे आज की विश्वमानवता, जीवन की सार्थकता और सर्वनाश के दुराहे पर पहुँच गई है। मानव जाति के ऊपर मँडराते हुए भयंकर आयुधों की छाया में यदि बुद्धिजीवी और संवेदनशील व्यक्ति मृत्युकामी और नियतिवादी हो जायें तो इसमें आश्चर्य की कोई बात नहीं है क्योंकि वे अपने चारों ओर अनैतिक, पाखण्डपूर्ण और दहशत भरे वातावरण के बीच अपने को विवश बंदी के रूप में पाते हैं। सामूहिक नाश और अनिश्चित भविष्य के आतंक और भय ने उनमें अकेलापन, ऊब और आकांक्षाजन्य उदासी का गहरा और तीखा बोध उत्पन्न कर दिया है। किंतु दूसरी ओर विज्ञान की सहायता से अस्तित्व की वास्तविकता और सार्थकता का बोध भी उत्पन्न हो रहा है और उस बोध के आधार पर ऐसे जीवन-मूल्यों की खोज भी हो रही है जो आज भी विषम परिस्थितियों में जीवन को जीने योग्य बना सकें। वस्तुतः यही समस्या आज के मानव की सबसे कठिन समस्या है।

वर्तमान 'नयी कविता' उपर्युक्त दोनों प्रवृत्तियों में विभक्त हो गई है। मुक्तिबोध ने जिस अंधकार और आतंक का वातावरण प्रतीक रूप में उपस्थित किया था, 'नयी कविता' की एक धारा उसे प्रतीक न मानकर वास्तविक मानने लगी है। ऐसे कवियों ने भय, आतंक, ऊब और अकेलेपन के बोध को व्यक्ति के स्तर पर नहीं, समाज के स्तर पर घटित किया है। मुक्तिबोध, रघुबीर सहाय, सर्वेश्वर और कुंवर नारायण में भी ये प्रवृत्तियाँ थीं किंतु उनमें वैसा आक्रोश, युयुत्सु भाव और असंयम नहीं था जैसा आज की इस प्रकार की कविताओं में दिखाई पड़ता है। इन कविताओं में काल्पनिक या बौद्धिक स्थितिहीनता नहीं, वास्तविक स्थितिहीनता की अभिव्यंजना हो रही है। आज निम्नमध्यवर्ग की स्थिति पहले की अपेक्षा बहुत अधिक बिगड़ चुकी है। देश की आर्थिक स्थिति जैसी है और उद्योगीकरण की वृद्धि के कारण नगरों की आबादी जिस तेजी से बढ़ रही है और जनसंख्या का जिस प्रकार स्थानान्तरण हो रहा है, उसके कारण निम्न मध्यवर्गीय बुद्धिजीवी अपने को नगरों की अपार भीड़ में, जो अधिकतर उखड़े लोगों की भीड़ है, अपने को खोया हुआ

और डूबा हुआ पाता है। उसका घर, परिवार और व्यक्तित्व अस्तित्वहीन होता जा रहा है, अर्थात् मानव का अमानवीकरण हो रहा है। यही वह सामाजिक स्थितिहीनता है जिसके विविध रूप इन कविताओं में दिखाई पड़ते हैं। अस्तित्ववादी दर्शन के व्यापक प्रचार ने भी बुद्धिजीवियों, विशेष रूप से कवियों और कलाकारों को बहुत अधिक प्रभावित किया है। उन्हें व्यक्ति और समाज के बीच के सम्पर्क-सूत्र कटे प्रतीत हो रहे हैं। ऐसा कवि कहवा और चाय-घरों तथा छोटी-छोटी गोष्ठियों की निरर्थक और लम्बी बहसों के साथ परम्परा, सामाजिक मर्यादा, राष्ट्रीयता-बोध सब कुछ को नकारता हुआ, अपने जीवन को निरर्थक और शून्य सिद्ध करना चाहता है। इन कवियों पर अमेरिका की बीटनिक कविता और बंगाल की भूखी पीढ़ी की कविता का भी प्रत्यक्ष या अप्रत्यक्ष प्रभाव पड़ा है। ये लोग मृत्युकामना, अतृप्त काम और मूर्तिभंजकता की प्रवृत्तियों को खुलकर आक्रान्त ढंग से अभिव्यक्त करते हैं। इन कवियों में कैलाश वाजपेयी, श्रीकान्त वर्मा और राजकमल चौधरी के नाम विशेष उल्लेखनीय हैं। कैलाश वाजपेयी का काव्य-संकलन संक्रांत (1965) मृत्यु-कामना की कविताओं का संकलन जान पड़ता है। सामाजिक मर्यादाओं पर आक्रमण करके समाज को चौंकाना या उस पर चोट पहुँचाना इनका लक्ष्य है, ये कविताएँ किसी वृहत्तर लक्ष्य जैसे नवीन समाज की रचना, नवीन जीवन-मूल्यों की स्थापना मानव की मुक्ति, सत्य की उपलब्धि आदि...की ओर संकेत तक नहीं करतीं। इन कवियों का खयाल है कि दुनिया जहन्नुम की ओर जा रही है और उसे जाना चाहिए। इस प्रकार ऐसा समस्त काव्य मूलहीनता का काव्य है। इस धारा के कवि, जो अपने को और केवल अपने को ही आधुनिकतावादी मानते हैं, किसी प्रकार के नैतिक या काव्यगत मूल्य में विश्वास नहीं करते। कुछ आलोचक इसी प्रवृत्ति को लक्ष्य करके कहते हैं कि नयी कविता, कविता से अकविता की ओर जा रही है।

परन्तु 'नयी कविता' की एक और भी नयी धारा है जो स्थितिहीनता को स्वीकार करती हुई भी मूल्यहीनता को लक्ष्य नहीं मानती। इस धारा के कवि मानव की मुक्ति और सत्य की उपलब्धि में विश्वास करते हैं। उनका दृष्टिकोण वैज्ञानिक है। यद्यपि समकालीन जीवन में व्याप्त सांस्कृतिक संकट, आतंक और विघटन को वे भी स्वीकार करते हैं किंतु वे उनके कारण व्याप्त अंधकार से छनकर आते हुए वैज्ञानिक उपलब्धियों के धुँधले प्रकाश को भी देखते हैं।

सातवें दशक की हिंदी कविता

कोई भी काव्यधारा शाश्वत नहीं होती। उसमें ह्रासशील और विकासशील दोनों तत्त्व वर्तमान रहते हैं। कालान्तर में ह्रासशील तत्त्व समाप्त हो जाते और विकासशील तत्त्व नये रूप में सामने आ जाते हैं। नयी कविता के साथ भी यही हुआ। सन् 1950

से 1960 के बीच की नयी कविता को संस्थिति की अवस्था का काव्य कहा जा सकता है। इस काल में हिंदी कविता को उत्कर्ष की ओर ले जाने का महत्त्वपूर्ण प्रयास किया गया। निस्सन्देह 'नयी कविता' की उपलब्धियाँ छायावादी काव्य के समान ही अत्यन्त महत्त्वपूर्ण हैं, किंतु उपर्युक्त विकासवादी सिद्धान्त के अनुसार उसके भीतर भी कुछ ह्रासोन्मुख तत्त्व थे जिनके कारण सन् 1960 के बाद उसके भीतर भी अन्तर्विरोध प्रारम्भ हो गया। 'नयी कविता' का क्रान्तिकारी रूप अब पुराना और बासी होने लगा था और परिवर्तित सामाजिक परिस्थितियों के दबाव से क्रान्ति-भावना की जगह अराजकता की प्रवृत्ति बढ़ने लगी थी। फलतः 'नयी कविता' के भीतर ही एक पक्ष ऐसा उभरने लगा जिसने समाज के समस्त मूल्यों और अवदानों को अस्वीकार करके मूल्यहीनता और अराजकता की स्थिति को ही अपना लक्ष्य घोषित किया। नयी कविता के मूल विद्रोही स्वर में भी परिवर्तन हुआ। अब वह मानवीय संकट-बोध के विविध आवेगों की अभिव्यक्ति की ओर उन्मुख हुई। उसमें आधुनिक युग की यांत्रिक सभ्यता के शिकंजों में दबोचे गये मानव की आशंका, भय, आतंक, यंत्रणा, अकेलेपन, अजनबीपन, घुटन, असहायता, विवशता और मृत्यु कामना की अभिव्यक्ति होने लगी।

इस प्रकार इस शताब्दी के सातवें दशक में पहुँचकर हिंदी कविता में पुनः अन्तर्विरोध उत्पन्न हो गया है। यह 'नयी कविता' की रूढ़ियों और नवीन भावबोध का द्वन्द्व है। इस द्वन्द्व में 'नयी कविता' के ह्रासशील तत्त्व क्षीण होते जा रहे हैं और विकासमान तत्त्व नवीन आधुनिकताबोध के विविध विचारों और रूपाकारों के रूप में सामने आ रहे हैं। इस अवस्था को 'प्रतिस्थिति' की अवस्था कहा जा सकता है, क्योंकि इसमें नयी कविता का आन्तरिक द्वन्द्व अपनी चरम सीमा पर पहुँच गया है। नयी कविता की इस विघटन की दशा का कारण वे सामाजिक परिस्थितियाँ हैं जिनमें मानव का सारा जीवन विघटित होता जा रहा है।

आधुनिक युग के अत्यधिक वैज्ञानिक विकास ने ऐसी जटिल और निर्मम सभ्यता को जन्म दिया है जिसमें मनुष्य का मूल्य कम और यंत्रों का अधिक हो गया है। एक ओर तो वैज्ञानिक आविष्कारों ने लाखों व्यक्तियों को क्षण भर में समाप्त कर देने के सहज साधन प्रस्तुत कर दिये हैं, दूसरी ओर औद्योगिक सभ्यता ने मानव-जीवन को पूर्णतः यांत्रिक और यंत्र-निर्भर बना दिया है। इसका सीधा प्रभाव नैतिक मूल्यों और सामाजिक संघटन पर पड़ा है। फलतः व्यक्ति सामाजिक मूल्यों को अस्वीकार करने लगा है। परिवार विघटित होता जा रहा है, ग्राम्य और नागरिक संघटन निरर्थक हो गये हैं और मानवीय संबंधों में निहित रागात्मकता नष्ट होती जा रही है। राजनीतिक दृष्टि से भी व्यक्ति शासनतंत्र पर निर्भर उसका एक पुर्जा बन गया है और किसी का किसी पर आत्मीयतापूर्ण विश्वास नहीं रह गया है। सभ्यता की दौड़ में एक दूसरे को ढकेल कर आगे बढ़ने की होड़ में सभी देश

नैतिकता को भूलकर स्वार्थान्ध हो गये हैं। पूँजीवादी देशों में बेरोजगारी, आर्थिक वैषम्य, असुरक्षा, हत्या, अन्याय, भ्रष्टाचार का इतना बोलबाला है कि सत्य, न्याय, विश्वास, प्रेम जैसे मानवीय मूल्यों का लोप होता जा रहा है। ऐसी स्थिति में संवेदनशील व्यक्ति के मन में अज्ञात आतंक, विवशता और जड़ता का बोध उत्पन्न होना स्वाभाविक है। इस प्रकार की अनुभूतियों को अयथार्थ अथवा कृत्रिम नहीं कहा जा सकता।

आज की भारतीय परिस्थितियाँ भी ऐसी हैं जिनमें मानवीय संकट की अनेकानेक प्रवृत्तियाँ उत्पन्न हो गई हैं। स्वतंत्रता-प्राप्ति के बाद भारतीय जनता के मन में सुख और शान्ति के अनगिनत स्वप्न जाग्रत हो उठे थे। कुछ वर्षों तक तो आशा बँधी रही कि अब हमारी आकांक्षाएँ पूरी होंगी, पर अंग्रेजी राज्य की तुलना में स्वतंत्र भारत में महँगाई, बेरोजगारी, भ्रष्टाचार, आर्थिक वैषम्य, सब कुछ में वृद्धि ही होती गई तो जनता के संतोष का बाँध टूटने लगा। यह संतोष वामपक्षी राजनीतिक दलों के प्रयास से आन्दोलनों के रूप में बह निकला। श्रमिक-आन्दोलन प्रारम्भ हो गये। सातवें दशक में छात्रों का असंतोष उग्र आन्दोलन के रूप में बदल गया। स्वतंत्र भारत की नियोजित अर्थव्यवस्था में देश के औद्योगीकरण पर ही अधिक बल दिया गया था। सन् 1962 के चीनी आक्रमण और 1965 में भारत-पाकिस्तान-युद्ध के उपरान्त देश की सैन्य और सामरिक शक्ति सुदृढ़ करने पर ही अधिक ध्यान दिया गया जिससे महँगाई और भी बढ़ी। जनता की क्रय-शक्ति में वृद्धि नहीं हुई, वह पहले जैसी ही थी जिसके कारण सामान्य जनता विशेषकर मध्यवर्ग की रीढ़ टूटने लगी। पं. जवाहरलाल नेहरू के निधन के बाद देश की राजनीतिक स्थिति भी डाँवाडोल हो गई और राजनीतिक दलबदल के कारण जनता का नैतिक स्तर नीचे गिरता गया। औद्योगिक विकास के कारण नये औद्योगिक नगर बस गये, पहले के नगर महानगर बन गये और इस प्रकार देश नगर-सभ्यता के अभिशाप से ग्रस्त होने लगा। इन सब बातों का सामान्य प्रभाव यह हुआ कि मध्यवर्ग विशेषतः शिक्षित युवा वर्ग में भयंकर निराशा और असुरक्षा की भावना व्याप्त हो गई। इस प्रकार विश्वभर में व्याप्त मानवीय संकट के दबाव के साथ ही अपने देश की संकटापन्न स्थिति के प्रभाव के फलस्वरूप शिक्षित युवावर्ग में निराशा, भय, अज्ञात आतंक, आदि मनोभावों का उदय और विकास हुआ और उसी का परिणाम मूल्यहीनता, लक्ष्यहीनता, राजनीति-निरपेक्षता, आत्म-पीड़न, मृत्यु-कामना आदि की अराजकतावादी और अमानवीय प्रवृत्तियाँ जोर पकड़ने लगीं।

इन अनुभूतियों और विचारधाराओं की अभिव्यक्ति करनेवाले कवि परवर्ती कविता से अपने को अलग करने के लिए अपनी कविता को नये नाम देने लगे, जैसे—अकविता, भूखी पीढ़ी की कविता, अस्वीकृत कविता, श्मशानी कविता, सहज कविता आदि। ये सभी प्रवृत्तियाँ वस्तुतः 'नयी कविता' के भीतर निहित क्रांतिकारी

भावना को सही मार्ग न मिलने के ही कारण उत्पन्न हुई हैं। उनका स्वरूप अधिकतर प्रतिक्रियावादी है, क्योंकि उनमें सामाजिक परिवर्तन या नवीन जीवन-मूल्यों की स्थापना की ललक नहीं है। जिन प्रवृत्तियों से मानवतावादी और समाजवादी लक्ष्यों की प्राप्ति नहीं होती और जो देश के परिप्रेक्ष्य में अयथार्थ और अप्रामाणिक हैं उन्हें न तो आधुनिकतावादी माना जा सकता है, न मौलिक। पश्चिमी देशों में अपनी हाल में प्रचलित हिप्पी और बीटनिक विचारधारा को आधुनिक मानकर कुछ नये कवियों ने ऊपर से ओढ़ लिया है। वे आधुनिक होने के जोश में यौनाचार संबंधी विषयों के अतिरिक्त अन्य सभी विषयों को पुराना मानते हैं। कुछ नये कवि मूल्यहीनता और मृत्युकामना को ही आधुनिकता का लक्षण मान बैठे हैं। ये सभी प्रतिक्रियावादी प्रवृत्तियाँ हैं जो सातवें दशक के पूर्वार्द्ध में 'नयी कविता' के विरोध में उठ खड़ी हुईं। पर 'नयी कविता' का सहज विकास उन घोर यथार्थवादी प्रवृत्तियों के रूप में होता रहा जो कुण्ठित, उखड़ी और अकेली जिन्दगी की विवशता और भीड़ में व्यक्ति के अकेलेपन के बोध की अभिव्यक्ति के रूप में दिखाई पड़ती हैं।

'नयी कविता' का उदय सन् 1950 के बाद हुआ। सन् 1950 से 1960 तक वह उत्कर्ष की ओर अग्रसर होती रही। किंतु 1960 ई. के बाद उसके भीतर का अन्तर्विरोध सामने प्रकट होने लगा जिससे उसका ऊर्ध्वप्रसार अवरुद्ध हो गया। सन् 1965 के बाद देश की सामाजिक और राजनीतिक परिस्थिति के अनुरूप अराजकतावादी प्रवृत्तियों ने और भी जोर पकड़ा और इस तरह 'नयी कविता' का अन्तर्विरोध बहुत तीव्र हो गया। इस प्रकार 1960 से 1965 तक का काव्य विकास की 'स्थिति' का तथा 1965 से 1970 तक का काव्य 'प्रतिस्थिति' की अवस्था का काव्य था। 'प्रतिस्थिति' की अवस्था में 'नयी कविता' में तीन परस्पर विरोधी प्रवृत्तियाँ समानान्तर चलती दिखाई पड़ीं—(1) ह्रासशील नयी कविता, (2) नवयथार्थवादी नयी कविता (3) प्रतिक्रियावादी नयी कविता।

1. ह्रासशील नयी कविता : सन् 1950 के बाद हिंदी कविता में जो सामंजस्यमूलक क्रांति हुई, उसे 'नयी कविता' नाम दिया गया। पर यह 'नयी कविता' भी दस वर्षों के भीतर ही स्थिर गति होकर भंवर में चक्कर काटती प्रतीत होने लगी। उसमें भी अपने को ही दुहराने की प्रवृत्ति प्रमुख हो गई जो हर काव्यधारा में ह्रासशीलता की अवस्था में आ जाती है। अपने को दुहराने का अर्थ है उन तमाम बुराइयों को अपना लेना जिनके विरुद्ध कोई नयी काव्यधारा प्रारम्भ में विद्रोह करती है। 'नयी कविता' ने घिसे-पिटे उपमानों और भावुकतापूर्ण भाषा के विरुद्ध विद्रोह किया था। किंतु पुराने प्रयोगों को छोड़कर नये कवियों ने जो उपमान, नये शब्द, नयी भाषा, नया संगीत और नयी कथन-भंगिमा अपनाई, परवर्ती कवि तोते की तरह उन्हीं को दुहराने लगे और 'नयी कविता' के कुछ प्रवर्तक कवि भी चर्वितचर्वण करके ही सन्तुष्ट रहने लगे। इस तरह 'नयी कविता' की भी अभिव्यंजनागत और भावगत

रूढ़ियाँ बनने लगीं जिनके कारण वह निस्तेज और बासी प्रतीत होने लगी। दूसरी ओर पंत, अज्ञेय आदि कुछ कवियों ने रहस्यभावना की ओर उन्मुख होकर नवरहस्यवादी काव्य का पल्ला पकड़ लिया। इस प्रकार 'नयी कविता' का एक पक्ष ह्रासशील और रूढ़िग्रस्त हो गया।

2. **नव-यथार्थवादी नयी कविता :** 'नयी कविता' का विकासमान रूप उसकी नव यथार्थवादी प्रवृत्तियों में दिखाई पड़ता है। जीवन के कठोर यथार्थ को बिना किसी आवरण के अभिव्यक्त करने की प्रवृत्ति ही नव-यथार्थवादी काव्य-प्रवृत्ति है जिसमें चारों ओर के अनैतिक पाखण्डपूर्ण और दहशत भरे वातावरण के बीच संवेदनशील कवि के मानसिक तनावों, अकेलेपन, ऊब और घुटन की अनुभूतियों तथा सामूहिक नाश और असुरक्षा के संकट-बोध को नवीन काव्य-शिल्प के माध्यम से व्यक्त किया जा रहा है। इस नव-यथार्थवादी काव्यधारा के अन्तर्गत लम्बी कविताओं और नव-गीत का विकास सातवें दशक की कविता की नयी उपलब्धि है।

3. **प्रतिक्रियावादी नयी कविता :** जैसा पहले कहा जा चुका है, वर्तमान परिस्थितियों से ऊबे युवा वर्ग में निरुद्देश्य क्रांति की प्रवृत्ति प्रबल होती जा रही है। विवेक और आस्था को जिन युवा कवियों ने बिल्कुल खो दिया, उन्होंने झूठी आधुनिकता के नाम पर इसी निरुद्देश्य क्रांति का पल्ला पकड़ा। वे समस्त जीवन-मूल्यों, सभी प्रकार की व्यवस्थाओं, सामाजिक संबंधों में निहित रागात्मक तत्त्वों और सूक्ष्म सौंदर्यबोध का विरोध करते तथा कविता को 'कोकशास्त्र' और 'गाली-गलौज' की सीमा तक पहुँचा देते हैं। प्रतिक्रिया की चरम सीमा पर पहुँचकर वे कविता को अकविता, श्मशानी कविता, दिगम्बर कविता और भूखी पीढ़ी का नाम देते और इस तरह अपने को सर्वाधिक आधुनिक बताकर आत्मसंतोष के सुख का अनुभव करते हैं। मूल्यहीनता, परम्पराभंजन और मुक्त यौनाचार की इन स्थूल प्रवृत्तियों को अस्वस्थ मनोवृत्ति का सूचक ही माना जा सकता है।

'नयी कविता' का अन्तर्विरोध मुख्यतः नये कवियों द्वारा प्रकाशित लघु पत्रिकाओं के माध्यम से व्यक्त हुआ। सन् 1965 से 1970 तक ये लघु पत्रिकायें बहुत सक्रिय थीं किंतु शीघ्र ही इन पत्रिकाओं के लेखकों, प्रकाशकों का जोश ठण्डा पड़ता गया। बंगाल में गीन्सवर्ग के प्रभाव से भूखी पीढ़ी के मलय राय चौधरी आदि जिन युवा कवियों का उदय हुआ था, वे भी अचानक बिखर गये क्योंकि वहाँ नक्सलपन्थी विचारों के सामने इन कवियों का विद्रोह झूठा लगने लगा। यही स्थिति हिन्दी क्षेत्रों में हुई। कांग्रेस के विघटन और लोकसभा में इन्दिरा गांधी के शक्तिमती नेत्री के रूप में प्रतिष्ठित होने के बाद एक दल का शासन, केन्द्र में तथा अधिकतर राज्यों में स्थापित हुआ और समाजवाद की लहर तीव्र गति से फैली। इसका देश के जन-मानस पर भी प्रभाव पड़ा और प्रतिक्रियावादी शक्तियाँ बहुत दब गईं। कविता के क्षेत्र में भी प्रतिक्रियावादी प्रवृत्तियों की अभिव्यक्ति बहुत कम हो गई।

अतः ऐसा प्रतीत हो रहा है कि 'नयी कविता' जब नव यथार्थवादी काव्यधारा के रूप में परिवर्तित हो जायेगी और इस शताब्दी का आठवाँ दशक पुनः हिंदी कविता की नवीन 'संस्थिति' की अवस्था का काल सिद्ध होगा और हमारे साहित्य की आधुनिकता एक नये युग में प्रवेश करेगी जिसमें वैज्ञानिक बोध से युक्त विक्रांति या अतिक्रांति की प्रवृत्ति अपने उत्कर्ष के साथ प्रतिष्ठित होगी। निश्चय ही इस युग की हिंदी कविता में नवयथार्थवादी प्रवृत्तियाँ गीतिकाव्य की दोनों विधाओं—गीति विधा और अगीत विधा के माध्यम से अधिक सशक्त रूप में व्यक्त हो सकेंगी। इस गीत-विधा या नवगीत की विशेषताओं को ध्यान में रखते हुए उसके विकास-क्रम पर विचार कर तेना आवश्यक है।

नवगीत का उद्भव और विकास

जैसा पहले कहा जा चुका है, 'नयी कविता' और 'नवगीत' में कोई तात्त्विक अंतर नहीं है। 'नयी कविता' छायावादी, प्रयोगवादी और प्रगतिवादी भाव-बोध से भिन्न आधुनिक भाव-बोध की कविता है और नया गीत उसी का एक अंग है। इस दृष्टि से नये गीतों में 'नयी कविता' की सभी विशेषतायें देखी जा सकती हैं। संक्षेप में इतना ही कहा जा सकता है कि 'नयी कविता' की भाषा पूर्ववर्ती काव्य-भाषा से नितान्त भिन्न है, उसका स्वर और उसके मुहावरे ऐसे हैं जो उसे सहज ही पूर्ववर्ती कविता से भिन्न कर देते हैं। ठीक इसी तरह नया गीत भी अपनी भाषागत विशिष्टता, भावगत आधुनिकता तथा छंदगत नवीन रूप-योजना के कारण पूर्ववर्ती छायावादी, प्रगतिवादी, तथा छायावादोत्तर काल के रोमानी गीतों से सहज ही अलगाया जा सकता है।

नये ढंग के गीतों की रचना कुछ वर्षों से और भी अधिक होने लगी है और उनका सही मूल्यांकन भी होने लगा है। नयी कविता, नयी कहानी और नयी आलोचना की तरह 'नवगीत' या नया गीत नाम भी एक विशेष अर्थबोधवाला शब्द बन चुका है। अतः उस विशेष अर्थ की अभिव्यंजना करनेवाली गीत-धारा के ऐतिहासिक विकास-क्रम का आकलन कर लेना समीचीन है। इसी उद्देश्य को सामने रखकर यहाँ नवगीत के उद्भव और विकास पर काल-क्रम की दृष्टि से कुछ विचार किया जायेगा।

यहाँ प्रारम्भ में ही एक बात स्पष्ट कर देने की आवश्यकता है कि 'नवगीत' एक सापेक्ष शब्द है। नवगीत की नवीनता युग सापेक्ष्य होती है। किसी भी युग में नवगीत की रचना हो सकती है। गीति-रचना की परम्परागत पद्धति और भावबोध को छोड़कर नवीन पद्धति और विचारों के नवीन आयामों तथा नवीन भाव-सरणियों को अभिव्यक्त करनेवाले गीत जब भी और जिस युग में भी लिखे जायेंगे, 'नवगीत'

कहलायेंगे। किंतु एक तत्त्व ऐसा है जो सभी युगों के गीतों में अनिवार्यतः पाया जाता है, जो गीत का शाश्वत लक्षण है। वह तत्त्व है गेयता। कुछ अति आधुनिकतावादी लोग यह सिद्धान्त प्रस्तुत करते हैं कि कविता और गेयता का कोई मौलिक और अविच्छेद्य संबंध नहीं है। किंतु इस सिद्धांत में अतिव्याप्ति दोष है। यह तो सही है कि सभी कविता गेय नहीं होती पर यदि गीत को भी काव्य के अन्तर्गत सम्मिलित करें तो यह मानना पड़ेगा कि जो काव्य गीत के रूप में लिखा जाता है, वह अनिर्वायतः गेय होता है अथवा उसे ऐसा होना चाहिए. गीत गाना मनुष्य का अनिवार्य धर्म है और आदिम काल से अब तक मनुष्य काव्य का कुछ अंश गेय रूप में अपनाकर चलता आया है और भविष्य में भी वह चाहे कितना ही आधुनिक क्यों न हो जाये, गेय काव्य को सर्वथा त्याग सके, इस में पूर्ण संदेह है। वस्तुतः गेयता ही ऐसी कड़ी है जो आधुनिक मानव को गीत के सुदूरवर्ती आदिम मानव से तथा वर्तमान के सामान्य, असभ्य, अर्ध सभ्य एवं अशिक्षित मानव से जोड़ती है। लोक काव्य का अधिकांश गेय होता है। जब-जब काव्य आधुनिकता के दबाव के कारण सामान्य लोक-जीवन से दूर पड़ता जाता है, तब-तब क्रांति-दर्शी कवि लोक काव्य के अनेक तत्त्वों को अपनाकर शिष्ट काव्य को लोक जीवन से जोड़ते हैं। इस प्रक्रिया में उनके काव्य में गेयता तो आ ही जाती है, साथ ही परम्परागत गीत पद्धति का बहुत कुछ नवीनीकरण भी हो जाता है। ऐसे ही गीतों को, चाहे वे किसी युग के हों, हम 'नवगीत' की संज्ञा दे सकते हैं।

किंतु नवगीत की रचना का एक मात्र कारण लोक जीवन की ओर प्रत्यावर्तन ही नहीं है। यदि केवल यही बात हो तो इसे विकास का लक्षण नहीं माना जा सकता। यह तो सही है कि लोक काव्य के प्रभाव से शिष्ट काव्य में ताजगी और परिवर्तन आ जायेगा किंतु काव्य की ऊँचाई और गहराई की दृष्टि से इसका कोई विशेष प्रभाव नहीं पड़ेगा। जब गीतिकाव्य किसी परम्परागत रूप-शिल्प और भाव-बोध के दलदल में फँस जाता है तो उसे उबारने के लिए उसमें नवीन रक्त भरने की आवश्यकता होती है और यह नवीन रक्त पुरानी भाषा को बदलकर नवीन भाषागत प्रयोगों, नयी अप्रस्तुत योजनाओं, नये रूप शिल्प तथा आधुनिक जीवन की उपलब्धियों को अपनाने से ही आ सकता है। हर युग की आधुनिकता अलग-अलग होती है और जिस कवि के गीतों में उसकी समकालीन आधुनिकता पूरी तरह अभिव्यक्त होती है, उसी के गीत, नवगीत कहे जा सकते हैं। इस तरह गीतिकाव्य की यह नवीनता कभी तो प्रमुखतः लोक भाषा, लोक छंद और लोक तत्त्वों के अपनाने के कारण आती है, कभी नवीन अप्रस्तुत योजना और प्रतीक-विधान के कारण और कभी मुख्यतः समकालीन परिवर्तित जीवन-दृष्टि तथा सूक्ष्म और गहरी अनुभूतियों की सहज अभिव्यक्ति के कारण। संस्कृत में जयदेव का 'गीत गोविन्द', बंगला में चण्डीदास के गीत, हिंदी में विद्यापति, कबीर और तुलसीदास के कुछ गीत

इसी अर्थ में नवगीत कहे जायेंगे। आधुनिक युग में रवीन्द्रनाथ ने 'भानुसिंहेर पदावली' में 'ब्रज बोली' को अपनाकर तथा परवर्ती गीतों में लोकप्रचलित बाउल गीतों की शैली और साधना-दृष्टि को ग्रहण कर नवगीत का प्रारम्भ किया था। हिंदी में भारतेन्दु हरिश्चन्द्र और प्रेमघन ने लोक-गीतों के ढंग पर जिस काव्य की रचना की तथा आगे चलकर श्रीधर पाठक ने लोक प्रचलित गीतों की शैली में देश-प्रेम और प्रकृति चित्रण संबंधी जो गीत लिखे, उन्हें हिंदी का तत्कालीन 'नवगीत' कहा जा सकता है। छायावाद-युग के प्रारम्भ में मुकुटधर पाण्डेय और मैथिलीशरण गुप्त के गीतों में तथा पंत और निराला की छायावादी कविताओं में जो नवीनता और ताजगी थी, उसी के कारण छायावाद युग में गीतों की प्रबल धारा उमड़ पड़ी। किंतु 20, 25 वर्षों के भीतर ही छायावादी गीत-पद्धति इतनी अधिक मँज और निखर गई तथा पंत, प्रसाद, निराला और महादेवी ने उसे ऐसी ऊँचाई तक पहुँचा दिया कि परवर्ती कवियों के लिए उस शैली में लिखने के लिए अनुकरण के सिवा और कोई रास्ता न रह गया।

बीसवीं शताब्दी के तीसरे दशक के उपरान्त नये आनेवाले कवियों को यह पद्धति रूढ़ और घिसी-पिटी प्रतीत होने लगी। फलस्वरूप बच्चन, नरेन्द्र शर्मा, अंचल और नेपाली जैसे गीतकारों का उदय हुआ जिन्होंने अपने गीतों की भाषा को छायावादी भाषा से अलग करके बोलचाल की भाषा के निकट लाने का प्रयत्न किया। किंतु इस प्रयास में छायावादी गीतों की ऊँचाई और सूक्ष्मता उनके हाथ से छूट गई। वस्तुतः इस तरह के छायावादोत्तर कालीन गीत हद से अधिक रोमानी और कैशोर भावना से ग्रस्त थे और उन्हें छायावाद का उच्छिष्ट ही कहा जा सकता है। यह प्रवृत्ति इतनी प्रबल थी कि आज भी यह समकालीन काव्य का अंग बनी हुई है। छायावाद-युग की समाप्ति के पूर्व स्वयं कुछ छायावादी कवियों ने तथा कई नये आनेवाले युवक कवियों ने छायावादी गीतों की शैली और भाव-बोध में परिवर्तन करने का प्रयास किया।

इस प्रकार जिसे आज हम नवगीत कहते हैं, उसका प्रारम्भ आधुनिक युग के प्रारम्भ के साथ ही हो गया था। व्यक्ति-मानव की आत्मप्रतिष्ठा की चेतना का प्रारम्भ आधुनिक युग में ही पूरी स्पष्टता के साथ हुआ। नवगीत में वही चेतना बंधनों से मुक्ति पाने के लिए छटपटाहट, व्यक्ति की स्वच्छन्द सौंदर्य-दृष्टि, प्रकृति और मानव के संबंधों के पुनस्संयोजन, आधुनिक जीवन-दृष्टि आदि की अभिव्यंजना के रूप में शुरू से ही दिखाई पड़ने लगी थी। भारतेन्दु हरिश्चन्द्र ने काशी के संबंध में कई कविताएँ लिखीं जिनमें एक 'गंगा वर्णन' तो परम्परा विहित भावनाओं की अभिव्यक्ति करनेवाली है, जिससे उसकी शैली में भी विशेष नवीनता नहीं है, पर अन्य दो कविताएँ काशी के सामाजिक जीवन तथा वहाँ की गलियों के दृश्य से संबंधित है। 'देखी तुमरी कासी' कविता में काशी के सामाजिक जीवन का जैसा

यथार्थ और व्यंग्यपूर्ण चित्रण हुआ है, वैसा उस काल के लेखकों के लिए सोचना भी कठिन था। दूसरी कविता, जो गीत की टेक-पद्धति से रहित होकर भी विशुद्ध गीत ही है, यह है :

उड़त कपोत कहूँ, काग करें रोर।
चुहू-चुहू चिरियन कीनो अति सोर।
बुझी लालटेन लिए झुकि रहे माथ
पहरू लटकि रहे लम्बो किये हाथ।

यह आश्चर्य की ही बात है कि ऐसी स्थिति में भी छायावादी भावबोध और भाषा शिल्प से पर्याप्त भिन्न थे।

यदि हम अपने प्रति और इतिहास के प्रति ईमानदार हों तो हमें निस्संकोच रूप से यह स्वीकार करना होगा कि नवगीत ही नहीं समस्त नयी कविता के प्रथम उन्नायक महाकवि निराला हैं। यदि परम्परागत भाषा, छंद और भावों के प्रति विद्रोह तथा सहज भाषा में सांकेतिक और प्रतीकात्मक पद्धति से सूक्ष्मतम मानवीय अनुभूतियों की अभिव्यक्ति ही नवगीत है तो नवगीत का प्रारम्भ सन् 1920-21 से ही मानना पड़ेगा जब निराला ने 'मातृ वन्दना' (1920), 'मर देते हो' (1923) आदि गीत लिखे। निराला का व्यक्तित्व विभाजित व्यक्तित्व था, इसलिए प्रारम्भ से ही उनमें एक ओर तो प्रबल आध्यात्मिक और अमांसल जीवन दृष्टि वर्तमान थी जो उनके जीवन के अंतिम काल में 'आराधना' और 'गीत गुंज' में आकर शांत और निर्मल भक्ति-भावना के रूप में बदल गई, दूसरी ओर उनमें विद्रोह भावना यथार्थ जीवन दृष्टि और नवनवोन्मेषशालिनी प्रतिभा का वह प्रखर स्रोत वर्तमान था जो उत्तरोत्तर उग्रतर होता हुआ क्रमशः 'कुकुरमुत्ता', 'अणिमा', 'वेला', 'नये पत्ते', 'अर्चना', 'आराधना' और 'गीत-गुंज' में जन-जीवन की सामान्य अनुभूति तथा व्यक्ति-चेतना की अछूती और अद्वितीय अनुभूतियों के समन्वित रूप में एक महानद के रूप में बदल गया। इस दूसरी धारा का प्रवर्तक उनका वह दूसरा व्यक्तित्व ही नवगीत का प्रथम प्रस्तोता कवि है। प्रारम्भ में उनके नवगीतों की भाषा छायावादी गीतों से अधिक भिन्न नहीं थी किंतु बाद में ऐसे गीतों की भाषा बोलचाल की भाषा के बिल्कुल निकट आ गई। 'अनामिका' का यह गीत इसका प्रमाण है :

बहुत दिनों बाद खुला आसमान,
निकली है धूप हुआ खुश जहान।
लोग गाँव-गाँव को चले,
कोई बाजार कोई बरगद के पेड़ के तले
जाँघिया लंगोटा ले सँभले
तगड़े तगड़े सीधे नौजवान

ग्रामीण जन-जीवन का चित्र इसी भाषा में लिखा जा सकता है जो जनता की ठेठ भाषा है। 'गीतिका' में उनके कई गीत इसी भाषा में लिखे गये हैं जो उद्दाम पौरुष तथा मानवीय विश्वास की अभिव्यक्ति करनेवाले हैं। आधुनिक नवगीत में जो एक तरह की तटस्थ आसक्ति होती है, वह निराला के प्रारम्भिक नवगीतों में भी दिखलाई पड़ती है। 'गीतिका' का यह गीत कवि की तटस्थ जीवन-दृष्टि की पूर्ण अभिव्यक्ति करता है। सहज भाषा, वाक्य-गठन तथा संक्षिप्तता की दृष्टि से भी यह गीत, नवगीत का एक सुन्दर उदाहरण है :

रे कुछ न हुआ तो क्या ?
जंग जब धोका तो रो क्या।
सब छाया से छाया
नभ नीला दिखलाया
तू घटा और बढ़ा
और गया और आया
होता क्या, फिर हो क्या
X X X
जो धुला उसे धो क्या ?
रे कुछ न हुआ तो क्या ?

'गीतिका' और 'अनामिका' में इस तरह के कई गीत हैं पर उनमें एक आध्यात्मिक संस्पर्श है जो कवि की तटस्थ दृष्टि के साथ लगा लिपटा है। किंतु उनके बाद के संग्रहों में जो नये ढंग के गीत हैं उनमें शुद्ध भौतिक मानवीय अनुभूतियों की व्यंजना हुई है। इस तरह के सबसे अधिक गीत वेला (सन् 1943) में हैं जिनके गीतों के संबंध में कवि ने स्वयं भूमिका में लिखा है, 'प्रायः सभी तरह के गेय गीत इसमें हैं। भाषा सरल तथा मुहावरेदार है। गद्य करने की आवश्यकता नहीं।' उर्दू की बहरों में अधिकांश गीत लिखे गये हैं जिससे उनमें नयी गति और ताजगी आ गई है किंतु सरलता और सादगी के भीतर भी कवि ने जिन अनुभूतियों की अभिव्यक्ति की है, वे अछूती हैं। 'वेला' का एक गीत अजनबीपन की भावना की अभिव्यक्ति करने के कारण आधुनिक अस्तित्ववादी कविता के बहुत निकट है :

बाहर मैं कर दिया गया हूँ।
भीतर पर भर दिया गया हूँ
ऊपर वह बर्फ गली है,
नीचे यह नदी चली है।
सख्त तने के ऊपर नर्म कली है,
इसी तरह हर दिया गया हूँ।

किंतु 'वेला' के सभी गीत मायावादी या अस्तित्ववादी नहीं हैं, कुछ गीतों में सहज और मोहक दृश्यों का चित्रण किया गया है तो कुछ में सामाजिक अव्यवस्था और वैषम्य पर गहरा व्यंग्य है। 'आ रे गंगा के किनारे' शीर्षक गीत सुन्दर 'लैण्डस्केप' चित्रण है तो 'भीख माँगता है वह राह पर' शीर्षक गीत गहरा, मनोवैज्ञानिक चित्र उपस्थित करता है। स्वतंत्रता-प्राप्ति के बाद जन-मानस की उमंगों का अनुचित लाभ उठानेवाले स्वार्थी नेताओं पर उनका एक गहरा व्यंग्य उल्लेखनीय है :

जल्द जल्द पैर बढ़ाओ, आओ, आओ।
आज अमीरों की हवेली
किसानों की होगी पाठशाला
धोबी पासी चमार तेली
खोलेंगे अँधेरे का ताला
एक पाठ पढ़ेंगे, टाट बिछाओ।

किंतु इस तरह के व्यंग्य-गीतों में निराला का असली व्यक्तित्व नहीं खुलता, उनमें केवल उनका बाह्य, विद्रोही व्यक्तित्व ही उभरता है। छिपे हुए को उघारनेवाला व्यक्तित्व ही उनका वास्तविक व्यक्तित्व है। सहजता में उनके गीतों के बन्द-बन्द कमल की पंखुड़ियों की तरह खुलते हैं। इस रहस्य को उन्होंने 'वेला' के एक गीत में खोला भी है :

सहज चाल चलो उधर,
छिपा हुआ जाय उधर।
चाँदी की हँसी हँसे जो, अपने आप फँसे
बन्द बन्द खुले गंसे बन्धन से छंद सुघर।

छंदों के बंधन खुलने की बात पर निराला ने बार-बार बल दिया है। वस्तुतः नवीनता, चाहे वह काव्य की हो या जीवन की, तभी आ सकती है, जब परम्परा के रूढ़ बंधनों से मुक्ति मिले। 'गीतिका' का प्रथमगीत इसी आन्तरिक स्वतंत्रता का आवाहन करता है जो काव्य और जीवन दोनों में ही स्वच्छन्दता और नवीनता ला सकती है :

नव गति, नव लय, ताल, छन्द नव
नवल कण्ठ, नव जलद मंद्र रव
नव नभ के नव विहग वृन्द को
नव स्वर, नव पर दे।

'अनामिका' में निराला के कई गीत ऐसे हैं जिनको उन्होंने मुक्त छंद में लिखा है फिर भी उनमें गेयता है। साथ ही उसमें तथा बाद के संग्रहों में निराला के ऐसे गीत भी हैं जिनमें टेक और समतुकान्त पद्धति तो है पर बीच की पंक्तियाँ विषम मात्रावाली और कहीं-कहीं अतुकान्त भी हैं। एक गीत का एक पद यहाँ उदाहरण के रूप में रखा जा रहा है :

बादल छाये
थे मेरे अपने सपने
आँखों से निकले, मँडराए।
बूँदें जितनी
चुनी अधखिली कलियाँ उतनी,
बूँदों की लड़ियों के इतने
हार तुम्हें मैंने पहनाये।

इस तरह निराला ने गीतों में छंद संबंधी अनेक प्रकार के प्रयोग किये हैं। गीतों की परम्परागत सामान्य पद्धति यही रही है कि एक वाक्य एक पंक्ति में ही समाप्त हो जाता है पर निराला ने कुछ गीतों में अंग्रेजी के ढंग पर कई पंक्तियों में एक ही वाक्य को चलाया है और साथ ही सममात्रिकता और तुकों का भी निर्वाह किया है। उनका एक बहुत प्रसिद्ध गीत जो अनेक दृष्टियों से पूर्णतः नवगीत माना जायेगा, इस कथन का प्रमाण है :

स्नेह निर्झर बह गया है।
रेत ज्यों तन रह गया है
आम की यह डाल, जो सूखी दिखी,
कह रही है, 'अब यहाँ पिक या शिखी
नहीं आते, पंक्ति मैं वह हूँ लिखी
नहीं जिसका अर्थ
जीवन रह गया है।'

छंदों के अतिरिक्त धुनों की पकड़ में भी निराला ने अपने संगीत-विवेक का पूरा परिचय दिया है। 'गीतिका' की भूमिका में संगीत और काव्य के संबंध में उन्होंने सूक्ष्म विवेचन भी किया है। गीत-रचना में उनका संगीतज्ञ मन एक कलाकार के समान सदा सजग रहता था, यह उनके गीतों की संगीतात्मकता से स्पष्ट है। इसीलिए कहीं तो उन्होंने शास्त्रीय संगीत के ताल-स्वर के अनुसार गीत-रचना की है, कहीं लोकगीतों की धुनों के आधार पर, कहीं उर्दू की बहरों का सहारा लिया है तो कहीं भक्ति परक भजनों की धुनों का। किंतु इन सबमें उन्होंने

आवश्यकतानुसार परिवर्तन या नया मोड़ लाने का साहस भी दिखलाया है। उन्होंने 'गीतिका', 'वेला', 'अर्चना' और 'नये पत्ते' में होली, कजरी, ख्याल आदि रागों का अवलम्बन लेकर गीत लिखे हैं। पर केवल लोक-धुन पकड़कर छंद रचना करने से ही नवगीत नहीं बन सकता। लोकगीतों की ताजगी और सोंधापन आने से ही ऐसे गीत, नवगीत कहे जा सकते हैं। निराला के कई गीतों में यह बात मिलती है। उदाहरण के लिए 'वेला' में लोक-धुनों में लिखे उनके कई गीत हैं जिनमें से 'बात चली सारी रात तुम्हारी' और 'आये पलक पर प्राण कि वन्दनवार बने तुम' उल्लेखनीय हैं। प्रदेश में ढोलक मजीरे के साथ गाये जानेवाले लोकगीतों की धुनों के आधार पर जो गीत लिखे जा रहे हैं उनका पूर्व रूप 'वेला' के इस गीत में देखा जा सकता है :

आये पलक पर प्राण
कि वन्दनवार बने तुम।
उमड़े हो कण्ठ के गान
गले के हार बने तुम।
X X X
दुपहर की घनी छाँह
घनी इक मेरे बानिक
हाथ की पकड़ी बाँह
सुरों के तार बने तुम।
X X X
मेरे जिए के मान
हिये के हार बने तुम।

निराला को सबसे अधिक सफलता उन गीतों में मिली है जिनमें बहुत छोटे-छोटे छंदों का प्रयोग हुआ है। इन गीतों में छोटे छंद, सरल और मुहावरेदार भाषा, लोक जीवन के संदर्भ और गहरी तथा तीव्र अनुभूतियों के कारण ऐसे वातावरण की सृष्टि हुई जो पाठक को एक नये अनुभूत भाव-स्तर पर पहुँचा देता है। अर्चना (सन् 1950) में उनके दो गीत इसी प्रकार के हैं, 'बाँधो न नाव इस ठाँव बन्धु' और 'अंट नहीं रही है।' इनमें से पहला गीत तो बहुचर्चित है पर दूसरे गीत की ओर जो प्रकृति के टटके-सलोने रूप का मादक प्रभाव चित्रित करता है, लोगों ने अधिक ध्यान नहीं दिया है :

अंट नहीं रही है।
आभा फागुन की
तन सट नहीं रही है।

कहीं साँस लेते हो,
घर-घर भर देते हो,
उड़ने को नभ में तुम
पर-पर कर देते हो।
आँख हटाता हूँ तो
हट नहीं रही है।

निराला ने लगभग तीन सौ ऐसी कविताएँ लिखी हैं जो विशुद्ध गीत हैं। उनमें से कम से कम बीस गीत तो ऐसे अवश्य हैं जो छायावादी भाषा, शैली और भाव-बोध से भिन्न स्तर के हैं। ऐसे गीतों को हम सहज ही नवगीत की संज्ञा दे सकते हैं।

छायावाद-युग में निराला के अतिरिक्त माखनलाल चतुर्वेदी ही एक ऐसे कवि हैं जिनकी कविताओं में नवगीत के बीज दिखलाई पड़ते हैं। छायावाद-युग के उत्तरार्द्ध में व्यक्तिवादी स्वच्छन्दतावादी कवियों में से नरेन्द्र शर्मा, रामविलास शर्मा, कुंवर चन्द्र प्रकाश सिंह और केदार नाथ अग्रवाल ने आंचलिक वातावरण से संबंधित गीत लिखे थे। इन गीतों को भी नवगीत का प्रारम्भिक रूप माना जा सकता है। छायावादोत्तर युग में प्रयोगवादी कवियों में से रामविलास शर्मा और गिरिजाकुमार माथुर के कुछ गीत नवीन भंगिमाओं और जमीन की सोंधी गंध से युक्त होने के कारण नवगीत की भूमिका के रूप में स्वीकार किये जा सकते हैं। किंतु अधिकतर प्रयोगवादी कवियों में गीतात्मकता का पूर्ण अभाव दिखलाई पड़ता है। इस तरह नवगीत की धारा का सहज विकास निराला की काव्य-परम्परा से ही मानना उचित है क्योंकि रामविलास शर्मा, कुंवर चन्द्रप्रकाश सिंह और गिरिजाकुमार माथुर निराला से प्रभावित कवि थे।

नवगीत का वास्तविक प्रादुर्भाव नयी कविता के युग में अर्थात् सन् 1950 के बाद हुआ। तब से लेकर अब तक नवगीत अपने वस्तु तत्त्व एवं शिल्प में निरन्तर विकास करता हुआ एक सुनिश्चित काव्य-धारा के रूप में प्रतिष्ठित हो चुका है। उसकी इस विकास-यात्रा को तीन स्पष्ट चरणों में विभाजित किया जा सकता है :

1. प्रथम चरण का नवगीत (1945 से 1955 तक) : इस काल में गीतिकाव्य नवीन रूपाकार में ढलकर पूर्ववर्ती गीतों से भिन्न रूप में प्रतिष्ठित हुआ। इस युग के जिन कवियों ने गीत-विधा को अपनाया, उनमें से अज्ञेय, शम्भुनाथ सिंह एवं त्रिलोचन ने, जो छायावादी ढंग की कवितायें पर्याप्त लिख चुके थे, गीतीकाव्य को नयी दिशा में मोड़ने का प्रयत्न किया। इसी तरह शमशेर बहादुर सिंह, केदारनाथ अग्रवाल और भवानी प्रसाद मिश्र जैसे कुछ इने-गिने कवियों ने प्रयोगवादी काव्य के दौर में ही गीतिकाव्य के क्षेत्र में कुछ नवीनता और ताज़गी लाने का प्रयास किया

था। इस तरह नयी कविता के एक आन्दोलन के रूप में आने के पूर्व अर्थात् सन् 1945 से 1950 तक नवगीत का प्रारम्भिक रूप सामने आ गया था।

अज्ञेय ने सन् 1945 के बाद प्रयोगवादी रचनाओं के साथ गीतों में भी नये प्रयोग प्रारम्भ किये। ऐसे गीत उनके 'इत्यलम्' (1946) और 'हरी घास पर क्षण भर' (1949) नामक काव्य-संकलनों में संगृहीत हैं। इन गीतों में कुछ परम्परागत, सममात्रिक छंदोंवाले तथा टेक युक्त हैं, कुछ में विभिन्न चरणों की 'टेक' और छंद-योजना अलग-अलग है और कुछ मुक्त छंदवाले गीत हैं। उनके 'ओ मेरे दिल' और 'शाली' परम्परागत छंद-योजनावाले नवगीत हैं तथा 'जैसे तुझे स्वीकार हो।' 'हेमन्ती बयार, माघ फागुन-चैत।' 'आषाढ़स्य प्रथम दिवसे' और 'जागरण' आदि गीत मुक्त छंद से युक्त टेक पद्धतिवाले गीत हैं। उन्होंने लोक जीवन के प्रभावों को गीत-रूप में व्यक्त करने की पद्धति प्रारम्भ से ही अपना ली थी जो 'इत्यलम्' के 'पानी बरसा' शीर्षक गीत के रूप में दिखलाई पड़ता है। इसी तरह शंभुनाथ सिंह के काव्य-संकलन 'दिवालोक' (1953) में व्यक्तिवादी स्वच्छन्दतावादी गीति शैली के साथ-साथ ऐसे गीत भी संगृहीत हैं जो भाषा, बिम्ब-योजना तथा गेयता—सभी दृष्टियों से नवगीत के प्रारम्भिक रूप प्रतीत होते हैं। उनमें से 'प्रीति-धारा', 'आज', 'आकाश-बेल', 'एक क्षण', 'क्षणों के फूल' और 'चकाचौंध' शीर्षक गीत टेकयुक्त परम्परागत सममात्रिक छंदों में लिखे गये हैं और 'मन बेचारा' शीर्षक गीत टेकयुक्त मुक्त छंद का पद-गीत है। इसी काल में त्रिलोचन शास्त्री का 'धरती' नामक काव्य-संकलन प्रकाशित हुआ जिसमें गीतों में नये-नये प्रयोग किये हैं। फिर उनके तत्कालीन गीतों का समग्र प्रभाव यही पड़ता है कि कवि के कथ्य में सूक्ष्मता और गहराई कम है क्योंकि उनके कुछ गीतों में अति सामान्यता है जिसे सतहीपन भी कहा जा सकता है और कुछ में निराला का स्पष्ट अनुकरण दिखलाई पड़ता है फिर भी उपर्युक्त संग्रह के 'नीम में नव फूल आये', 'धूप सुंदर', 'हरा भरा संसार', 'आज मैं अकेला हूँ', 'स्वस्थ तन, स्वस्थ मन' आदि गीत 'नवगीत' के निकट दिखलाई पड़ते हैं।

इस तरह प्रथम चरण के नवगीतों की विशेषता यह है कि उनमें छायावादी भाव-भूमि, भाषा और छंद-योजना का परित्याग कर दिया गया। प्रेम-संबंधों की सीधी अभिव्यक्ति, संवेदनाओं की अछूती दिशा तथा सर्वथा नवीन शब्दावली के कारण ही ये गीत 'नवगीत' माने जा सकते हैं। अज्ञेय में लोक-जीवन के प्रभावों को गीत-रूप में व्यक्त करने की प्रवृत्ति प्रारम्भ से ही वर्तमान थी। यह प्रवृत्ति अन्य कवियों में विकास के दूसरे चरण में दिखलाई पड़ती है।

2. द्वितीय चरण का नवगीत (1955 से 1965 तक) : नवगीत को 'नयी कविता' के काल में ही वास्तविक प्रतिष्ठा प्राप्त हुई क्योंकि इस काल के सप्तकीय तथा सप्तकेतर कवियों में से कई कवियों ने 'गीत' को नया रूपाकार देने का प्रयास

किया। नवगीत के प्रथम चरण के कवियों में से अज्ञेय और शंभुनाथ सिंह ने इस काव्य-प्रवृत्ति को दृढ़तापूर्वक अपनाते हुए और भी अग्रसर किया और साथ ही 'गीत' के लिए एक ऐसा वातावरण प्रस्तुत किया जिसके परिणामस्वरूप 'नयी कविता' के उत्साही कवियों ने भी 'नवगीत' का पल्ला नहीं छोड़ा। इस काल के सप्तकीय कवियों में भवानी प्रसाद मिश्र, गिरिजाकुमार माथुर, धर्मवीर भारती, नरेश मेहता, केदारनाथ सिंह, सर्वेश्वर दयाल सक्सेना, मदन वात्स्यायन तथा सप्तकेतर कवियों में से ठाकुर प्रसाद सिंह, वीरेन्द्र मिश्र, रामदरश मिश्र, परमानन्द श्रीवास्तव आदि ने 'नवगीत' को नयी दिशा में मोड़ने का प्रयास किया। अज्ञेय के 'बावरा अहेरी' का 'जो कहा नहीं गया, अन्धड़ तथा यह दीप-अकेला गीतों' में आधुनिक भाव-बोध को प्रतीकात्मक ढंग से व्यक्त किया गया है। उन्होंने प्रकृति के लैण्डस्केप और नागरिक जीवन के क्लान्त-श्रान्त स्वरूप का चित्रण तटस्थ होकर नहीं, अनुभूत क्षणों के भोक्ता के रूप में किया है। इसी प्रकार शंभुनाथ सिंह के माध्यम मैं (1957) के कुछ गीत लोकगीतों के जीवंतसंस्पर्श और ग्राम्य जीवन की ताज़गी से भरे हुए हैं। सप्तकीय कवियों में से नरेश मेहता, हरिनारायण व्यास, धर्मवीर भारती, विजयदेव नारायण 'साही', केदारनाथ सिंह और कुँवर नारायण के गीतों में छायावादी कल्पनाशीलता और किशोर रोमानी भावना वर्तमान है फिर भी उनके गीतों में कुछ नवीनता और ताज़गी अवश्य है। भारती और केदारनाथ सिंह के कई गीत लोक गीतों की शैली से प्रभावित हैं और ग्राम्य जीवन की सोंधी गन्ध से युक्त होने के कारण 'नवगीत' की श्रेणी में आते हैं। भारती की 'फागुन की शाम', डोले का गीत, बेला महका, बोवाई का गीत और केदारनाथ सिंह की दुपहरिया, फागुन का गीत, पात नये आ गये, 'धानों का गीत' और 'रात' शीर्षक कविताएँ भी इसी प्रकार की हैं। द्वितीय और तृतीय सप्तक में संकलित भारती, केदारनाथ सिंह और सर्वेश्वर के गीत भी लोक धुनों पर ही आधारित हैं।

तीसरा सप्तक के प्रकाशन काल (सन् 1959) तक नवगीत पूर्णतः प्रतिष्ठित हो गया। इसका प्रमाण यह है जहाँ तारसप्तक में इने-गिने ही गीत हैं और दूसरे सप्तक में भी गीतों की संख्या अधिक नहीं है, वहाँ तीसरे सप्तक में गीतों की संख्या बहुत अधिक है। तीसरे सप्तक में प्रयाग नारायण त्रिपाठी को छोड़कर शेष सभी कवियों ने पर्याप्त संख्या में गीतों की रचना की है। इस काल में सप्तकेतर कवियों ने भी नये ढंग के गीतों की रचना की ओर विशेष उन्मुखता दिखाई जैसे ठाकुर प्रसाद सिंह, वीरेन्द्र मिश्र, श्रीकान्त वर्मा, रामदरश मिश्र, कुमारी रमा सिंह आदि। यह नयी कविता के प्रथम दशक (1950 से 1960) का काल था। नयी कविता के विरोधियों की आवाज इस दशक का अंत होते-होते दब गई और दोनों वर्गों में एक अलिखित समझौता हो गया, जिसके अनुसार मन ही मन यह मान लिया गया कि नयी कविता और नवगीत में कोई अंतर नहीं है। मुक्त छंद में नये ढंग की कविता

लिखनेवाले कवि भी 'गीतिकाव्य' की रचना कर सकते हैं बशर्ते कि उन गीतों में किसी न किसी प्रकार की नवीनता और ताज़गी हो, साथ ही परम्परागत गीत पद्धति की लीक पर चलनेवाले कवि भी मुक्त छंद की नयी कविता तथा नवगीतों की रचना कर सकते हैं। इस मनोवृत्ति-परिवर्तन के फलस्वरूप केदारनाथ सिंह, सर्वेश्वर दयाल सक्सेना, कीर्ति चौधरी और कुँवर नारायण जैसे नवगीतकारों का उद्भव हुआ और साथ ही वीरेन्द्र मिश्र, ठाकुर प्रसाद सिंह, रामदरश मिश्र, रवीन्द्र भ्रमर जैसे गीतकार कवियों को नयी कविता का संस्कार मिला जिससे वे सफल और सशक्त नवगीत की रचना कर सके।

तीसरे सप्तक के कवियों में सर्वेश्वर दयाल सक्सेना, कुँवर नारायण और केदारनाथ सिंह आदि ने सबसे अधिक गीत लिखे हैं। उनमें वह सूक्ष्म और गहरी अनुभूति तथा सहज अभिव्यंजना-शक्ति वर्तमान है जो नवगीत के लिए आवश्यक है। उन्होंने तीन प्रकार के गीत लिखे हैं—लोकगीत-भावित, परम्परागत सममात्रिक-समतुकान्त गीत और मुक्त छंद के गीत। लोकगीत-भावित कविता को इन दोनों कवियों ने चरम परिणति दी है। सर्वेश्वर के सुहागिन के गीत और बंजारे का गीत, सावन का गीत, झूले का गीत, चरवाहों का युगलगान, आँधीपानी आया, आदि गीतों में न केवल लोक जीवन के तत्त्वों और उपादानों को सही ढंग से पकड़ा गया है प्रत्युत उनमें नवीन अर्थ भी भरा गया है।

3. तीसरे चरण का नवगीत : सातवें दशक में प्रवेश करने के साथ ही परिवर्तित सामाजिक दबाव के कारण 'नयी कविता' में ह्रासोन्मुख तत्त्व जोर मारने लगे और काव्यगत अन्तर्विरोध के फलस्वरूप अराजकता तथा मूल्यहीनता की प्रवृत्ति बढ़ने लगी थी। इन दबावों का प्रभाव नवगीत पर भी पड़ा। इस दबाव की नयी कविता में तथा उसी के समानान्तर 'नवगीत' में अब लोक-व्यंजना के स्थान पर आधुनिकता जन्य मानवीय संकट, विविध आवेगों की आशंका, भय, आतंक, अकेलापन, कुंठा, संत्रास, अजनबीपन और विवशता की भावना का प्राबल्य दिखलाई पड़ने लगा। मध्यवर्ग में तथा बेरोजगार नयी पीढ़ी में मूल्यहीनता और असुरक्षा की भावना के कारण तनाव और उद्वेग जनित बेचैनी बढ़ गई। फलतः उसकी सहज स्वाभाविक प्रतिक्रिया में नवगीत के रचनाकारों का स्वर भी बदल गया।

सन् 1960 के बाद कथ्य के बदलाव को महसूस करके प्रतिबद्ध मुद्रा में गीत काव्य की रचना करनेवाले कवियों में ओम् प्रभाकर, शलभ श्रीराम सिंह, देवेन्द्र कुमार, नईम, उमाकान्त मालवीय, माहेश्वर 'शलभ', नरेश सक्सेना, बालकृष्ण उपाध्याय, रमेश रंजक, रामचन्द्र, चन्द्र भूषण, श्री कृष्ण तिवारी, गुलाब सिंह, उमाशंकर तिवारी, अनूप अशेष, कैलाश गौतम, सत्यनारायण आदि ऐसे कवि हैं जिन्होंने विषयवस्तु, लय और अनुभूति की दिशा में 'नयी कविता' की सम्पूर्ण अभिव्यक्ति को अपने में समेट लिया है। ये सभी कवि युवा-पीढ़ी के कवि हैं और

सन् 60 के बाद विभिन्न पत्र-पत्रिकाओं के माध्यम से उभरकर सामने आये हैं। उन्होंने मानव-मन के अंतर्द्वंद्व को सही शक्ल में पेश कर एक ओर तो पारिवारिक जीवन की सहजता को प्रस्तावित किया है, प्रकृति को नये उपमानों और ताज़े-टटके बिम्बों के साथ चित्रित किया है दूसरी ओर आज के लघु मानव के संशय, अनिश्चय, घुटन, घृणा और कातरता को नयी ज़ुबान दी है।

द्वितीय चरण के नवगीत लिखनेवाले कवियों में से केवल शंभुनाथ सिंह ने नवगीत को आधुनिकता-बोध से जोड़ने की दिशा में इस युग में भी क्रियाशीलता दिखलाई है। उन्होंने यथार्थ जीवन की विसंगतियों के साथ-साथ वैज्ञानिक बोध को भी अपना कथ्य बनाकर नवगीत के एक नये और अछूते आयाम को उद्घाटित किया है। इन कवियों की कवितायें पत्र-पत्रिकाओं—विशेषतः लघु पत्रिकाओं और उनके विशेषांकों में प्रकाशित होती रही हैं, इस प्रकार विगत 30 वर्षों में नवगीत, नयी कविता की एक सर्वाधिक सशक्त विधा के रूप में विकसित होकर प्रतिष्ठित हुआ है। उसकी उपलब्धियाँ भले ही अभी पूर्णतः विश्लेषित और रेखांकित न की जा सकी हों, किंतु साहित्य का भावी इतिहासकार इस शताब्दी के साहित्य के इतिहास के परिप्रेक्ष्य में 'नवगीत' का सही मूल्यांकन कर सकेगा। अभी उसकी सम्भावनायें 'नयी कविता' के समान चुकी नहीं हैं। अतः नया नवगीतकार 'नवगीत' को और भी उत्कर्ष तक ले जा सकेगा, यह सम्भावना व्यक्त की जा सकती है।

नयी कविता और नवगीत का विषयगत वर्गीकरण

नयी कविता और नवगीत में विषयवस्तु की दृष्टि से कोई अंतर नहीं है। वस्तुतः 'नयी कविता' में स्पष्टतः दो धारायें दिखलाई पड़ती हैं जिसमें से गेय धारा का नाम 'नवगीत' है। दूसरी धारा को हम नयी कविता की संज्ञा दे सकते हैं। विषय-वस्तु या कथ्य को दृष्टि में रखकर यदि नयी कविता और नवगीत का वर्गीकरण किया जाये तो निम्न प्रकार के विषय दृष्टिगत होंगे :

1. आस्था और जिजीविषा का बोध
2. युयुत्सा और आक्रोश का बोध
3. आत्मान्वेषण और आत्मोपलब्धि
4. प्रेमानुभूति
5. दार्शनिक दृष्टिकोण (अस्तित्ववादी दर्शन)
6. सामाजिक विसंगतियों और ऊब का भाव
7. भीड़ और एकाकीपन
8. अजनबीपन
9. भय, आशंका और संत्रास

10. लघुता और मामूलीपन का बोध
11. वैज्ञानिक-बोध
12. अस्वीकृति और घृणा
13. प्रकृति चित्रण
14. आंचलिकता बोध
15. नगर-बोध
16. शोक-गीत

1. आस्था और जिजीविषा का बोध : प्रगतिवाद और प्रयोगवाद अपने प्रतिक्रियावादी स्वरूप को खोकर जब नयी कविता और नवगीत में परिणत हुए तो इस नवीन कविता में आस्था, जिजीविषा और सत्य के प्रति गहरी निष्ठा का भाव सबसे अधिक दिखलाई पड़ा। इस भाव के मूल में नवीन मानवतावादी जीवन-मूल्यों की अवधारणा एवं मानव के उज्ज्वल भविष्य की कल्पना वर्तमान थी। अज्ञेय, धर्मवीर भारती, बालकृष्ण राव, शंभुनाथ सिंह, गिरिजाकुमार माथुर, कुँवर नारायण आदि कवियों ने इस आस्थावादी स्वर को स्पष्टता से व्यक्त किया है। केदारनाथ सिंह के निम्नलिखित उद्धरण से यह बात स्पष्ट हो जायेगी :

कल उगूँगा मैं।
आज तो कुछ भी नहीं हूँ
पेड़, पत्ती, फूल, चिड़िया, घास, फुनगी
आह कुछ भी तो नहीं हूँ,
कल उगूँगा मैं।
X X X
एक नन्हा बीज मैं अज्ञात नवयुग का,
आह, कितना कुछ,
सभी कुछ,
न जाने क्या क्या,
समूचा विश्व होना चाहता हूँ।
भोर से पहले तुम्हारे द्वार पर,
तुम मुझे देखो न देखो
कल उगूँगा मैं।

—अभी बिल्कुल अभी—निराकार की पुकार

नवगीतों में भी इस प्रकार के आस्थावादी स्वर गेय रूप में व्यक्त किए गये हैं। जैसे :

नये नये रंगों में घुले हैं,

हाथ जो हवाओं में खुले हैं।
गंध नहीं फूलों में छिपती है,
सूनी घाटी को महकाती है।
धुएँ की लकीरें जल जाती हैं,
ज्योति जब निगाहों में छिपती है।
आँधी कब मुट्ठी में बँध पाई
बादल कब बाँहों में तुले हैं।
अन देखी राहें मिल जाती हैं,
खुल जाते बन्द सभी दरवाजे,
धरती के भीतर की आवाजें,
नभ के कोनों में टकराती हैं।
टूटे सन्दर्भों जुड़े हैं जब-जब
सदियों के पाँव हिले-डुले हैं।

—खुले हाथ[1], शंभुनाथ सिंह

जिजीविषा के लिए माहेश्वर तिवारी की निम्न पंक्तियाँ द्रष्टव्य हैं :

आओ हम धूप वृक्ष काटें।
इधर उधर हल्कापन बाँटें।।
अमलतास गहरा कर फूले,
हवा नीम गाँछों पर झूले।
चुप हैं सब गाँव, नगर, आदमी,
हमको, तुमको, सबको भूले।
हर तरफ घिरी घिरी उदासी,
आवो हम मिलजुल कर छाँटें।

—धर्मयुग

2. युयुत्सा और आक्रोश का बोध : 'नयी कविता' के भाव-बोध का एक आयाम जीवन-युद्ध और जिजीविषा की अटूट शक्ति का बोध है। प्रायः सभी कवियों ने 'नयी कविता' के द्वितीय चरण में इस तरह की मुक्त छंद तथा गेय रचनाएँ लिखी थीं। गिरिजाकुमार माथुर का युयुत्सु स्वर निम्नलिखित कविता में मिलता है :

थमें नहीं छाती में
झंझायें तूफानी

---

1. खुले हाथ, ज्ञानोदय, मई 64, पृ. 31

आईना हो अंतर
विवेक दहकता सोना,
नजर न हो धुँधली
संक्रांति के अनिश्चय से
काई सा कटे
पक्षधरताओं का टोना।
भय के अहिरावणों से जूझे अचूक धैर्य
आस्था के हाथों अमोघ शर-चाप दो।
अग्नि दो, तपन दो, नया ताप दो।
ईंट लाल होती ज्यों
आँवें में तपने से
मूर्ति यह पकेगी
संघर्ष में झुलसने से।

—शिला पंख चमकीले, नयी आग की खोज

इसी प्रकार शम्भुनाथ सिंह के 'यों अँधेरा अभी पी रहा हूँ' शीर्षक गीत की निम्न पंक्तियाँ युयुत्सा का भाव प्रकट करती हैं :

यों अँधेरा अभी पी रहा हूँ,
रोशनी के लिए जी रहा हूँ।
हर तरफ है घुटन और मैं हूँ,
तेज बदबू, सड़न और मैं हूँ।
हड्डियों, पसलियों, चीथड़ों का,
सर्द वातावरण और मैं हूँ।
यों अकेला नरक भोगता भी
मैं सभी के लिए जी रहा हूँ

X X X

सर उठा धूल में झाड़ता हूँ,
और जाले तने फाड़ता हूँ।
फिर दरारों पर इस कुएँ में,
दर्द की खूँटियाँ गाड़ता हूँ।
चाँद के झूठ को जानता भी—
चाँदनी के लिए जी रहा हूँ।

—धर्मयुग, 1970

3. आत्मान्वेषण और आत्मोपलब्धि : आधुनिकतावाद का एक पक्ष वर्तमान

समाज की बढ़ती हुई निष्क्रिय या ध्वंसात्मक भीड़-भावना (माबोक्रेसी) के बीच व्यक्ति के निजत्व की मौलिकता, उत्कृष्टता, और विशिष्टता की खोज से संबंधित है। आधुनिकता की यह अनिवार्य शर्त है कि व्यक्ति के जीवन में गतिशीलता और सर्जनात्मकता हो। क्योंकि व्यक्ति, समाज से हटकर या अकेला होकर, अपनी मौलिकता या सार्थकता को रेखांकित नहीं कर सकता। सामाजिक सन्दर्भों में ही वह अपने को व्यक्त करता हुआ स्वयं अपनी ही आंतरिक शक्ति को उपलब्ध करता है। इसे व्यक्ति की आत्मोपलब्धि कह सकते हैं। सर्जनात्मकता साधन है और आत्मोपलब्धि साध्य। व्यक्ति विशेष की सर्जनात्मकता और आत्मोपलब्धि पूरे समाज की उपलब्धि हुआ करती है। नयी कविता में आत्मोपलब्धि का यह बोध केदारनाथ सिंह, कुँवर नारायण और शमशेर बहादुर की कविताओं में बहुत अधिक है। यहाँ शमशेर बहादुर सिंह की कविता का वह उदाहरण दिया जा रहा है जिसमें उन्होंने आत्मोपलब्धि के माध्यम से व्यक्तित्व की विराटता का साक्षात्कार किया है :

एक आदमी दो पहाड़ों को कुहनियों से ठेलता
पूरब और पश्चिम को एक कदम से नापता
बढ़ रहा है।
कितनी ऊँची घासें चाँद तारों को छूने छूने को हैं
जिनसे घुटनों को निकालता वह बढ़ रहा है
अपनी शाम को सुबह से मिलाता हुआ,
फिर क्यों
दो बादलों के तार उसे महज उलझा रहे हैं।

—कुछ और कविताएँ, पृ. 7

अज्ञेय की 'अंधकार में दीप' शीर्षक गीत-रचना में भी यह भावना देखी जा सकती है :

अंधकार में चली गई है
काली रेखा
दूर-दूर पार तक।
इसी लीक को थामे मैं
बढ़ता आया हूँ
बार बार द्वार तक
चलने की है यही प्रतिज्ञा
पहुँच सकूँगा मैं
प्रकाश के पारावार तक।
क्यों चलना यदि पथ है केवल

मेरे अंधकार से
सबके अंधकार तक
—या कि लाँघकर ही उस को
पहुँचा जावेगा
सब कुछ धारण करनेवाली पारमिता करुणा तक
निर्वैयक्तिक प्यार तक ?

—आँगन के पार द्वार, पृ. 59

4. प्रेमानुभूति : प्रेम काव्य का शाश्वत विषय है। प्रत्येक युग का कवि अपने समकालीन जीवन के सन्दर्भों के अनुरूप प्रेमानुभूति की व्यंजना अपने ढंग से करता है। आधुनिक युग में प्रेम का आदर्शवादी रूप खोखला और निरर्थक हो गया है किंतु प्रेम की अनुभूति के नये पहलू अधिक चमकदार होकर उभर आये हैं। 'नयी कविता' तथा उसके गीतों में यह नवीन प्रेमानुभूति विविध रूपों में विभक्त हुई है। प्रेम में असफलता और विरह की तड़पन ने आधुनिक युग में एक तार्किक बोध का रूप धारण कर लिया है जिसमें भावुकता और रुदन का चित्रण लेश मात्र भी नहीं है। कुँवर नारायण की 'विदा' शीर्षक कविता का एक अंश देखा जा सकता है :

जोड़े हाथ, घायल प्रार्थना में
टूट कर मैं—
फूल मालाओं सहित गति को समर्पित।
ताश के खेले हुए पत्तों सरीखे
याद में फिंटते हुए-से
कुछ विदित चेहरे।
उमड़ती भावनाओं में बहे जाते।
किनारे के हजारों दृश्य—

—विदा : कुँवर नारायण[1]

दूसरी ओर मिलन की अनुभूति नये सन्दर्भों से युक्त होकर गीत के रूप में नया स्वाद लेकर अभिव्यक्त होने लगी है। निम्नलिखित गीत में प्रेमानुभूति का यह नया स्वाद देखा जा सकता है :

चंपाफूल उँगलियोंवाले हाथ जुड़े।
देखा किये परत हिम का,
आदिम गलना।
सच, बिलकुल अनकहे,

---

1. कुँवर नारायण : परिवेश हम तुम, पृ. 35-36

हो गया सब कहना।
गीत मौन ने सौ-सौ अपने आप गढ़े।
बोध पारदर्शी निमिषों का,
हुआ नया।
परिचय गंधवती लहरों में
डूब गया।
काँप रहे ऋजुलय पर हम संपृक्त खड़े।
घिरा शती पर
बारूदी कुहरा टूटा।
उतर मुखौटा गया
घुटन वाला झूठा।
बने खाइयों पर पलभर में सेतु बड़े।
चंपा फूल उँगलियों वाले हाथ जुड़े।[1]

—बालकृष्ण उपाध्याय : जुड़े हाथ

5. दार्शनिक दृष्टिकोण (अस्तित्ववादी दर्शन) : 'नयी कविता' में छायावादी काव्य के समान ही विभिन्न दार्शनिक विचार-धाराओं के गहरे प्रभाव अंकित हुए हैं। कहीं तो उसमें दर्शन, विवेचना के स्तर पर व्यक्त हुआ है। जैसे—अज्ञेय की 'इशारे जिन्दगी के' शीर्षक कविता जिसमें जीवन को दर्शन से सदैव आगे बढ़ा हुआ बतलाया गया है :

बढ़े चाहे बोझ जितना
शास्त्र का, इतिहास का
रूढ़ि के विन्यास का या सूक्त का—
कम नहीं ललकार होती जिन्दगी की।
मोड़ आगे और है—कौन उसकी ओट देखो,
झाँकता है ?[2]

—अरी ओ करुणा प्रभामय

कहीं यह दार्शनिक मुद्रा आत्म-विश्लेषण और जगत् के अबूझ रहस्यों के उद्घाटन के रूप में अभिव्यक्त होती है। जैसे—अज्ञेय की 'ओ निस्संग ममेतर' शीर्षक कविता में, जिसमें कवि अपनी उपलब्धि का उद्घोष करते हुए कहता है :

---

1. शताब्दी : बालकृष्ण उपाध्याय, पृ. 9
2. अरी ओ करुणा प्रभामय, पृ. 34

ओ मेरी सहतितीर्षु
हमीं तो सागर हैं
जिसके हम किनारे हैं
क्योंकि जिसे हमने पार कर लिया है।[1]

—ओ निस्संग ममेतर

किंतु नयी कविता के कवि इतने ही तक सीमित नहीं हैं। वे एक ओर तो भारतीय रहस्यवादी कवियों की परम्परा में पहुँचकर आत्मा और ब्रह्म का एकत्व प्रतिपादित करते दिखाई देते हैं। जैसे—अज्ञेय के आँगन के पार द्वार की 'बना दे रे चितेरे', 'एक प्रश्न', 'अंधेरे अकेले घर में', 'अन्तःसलिला तथा चक्रान्त शिला' शीर्षक खण्ड की अनेक कविताएँ और 'अरी ओ करुणा प्रभामय' के 'एक प्रश्न', 'यह मुकुर', 'तू मैं तथा असाध्यवीणा' की लम्बी कविता सब इसी प्रकार की हैं।

दूसरी ओर पाश्चात्य सभ्यता से ऊबे हुए ज्याँ पाल सार्त्र आदि दार्शनिकों के अस्तित्ववादी दर्शन का प्रभाव भी कुछ नये कवियों पर पड़ा है जिसमें से कुँवर नारायण, शंभुनाथ सिंह और कैलाश वाजपेयी के नाम प्रमुख हैं। अस्तित्ववादी दर्शन में जीवन की निरर्थकता तथा जगत् की शून्यता का प्रतिपादन किया गया है। यह दार्शनिक-बोध कैलाश वाजपेयी की 'अस्तित्व बोध', 'वर्ष गाँठ', 'देहान्त', 'निःशब्द गूँज'[2] आदि कविताओं में स्पष्ट रूप से व्यक्त हुआ है। कवि इस जगत् में अपने को निर्वासित या बन्दी के रूप में देखता है। जैसे :

मैं इस व्यस्त अनिश्चित नंगी दुनिया में
कुछ यों हूँ
जैसे—निर्वासित हूँ।
भीतर जिन्दा हूँ लेकिन
भूकम्प धँसा
घर मेरा पृथ्वी में बन्द हो चुका है।
जिस सुरंग में दौड़ रहा हूँ उसका
द्वार बिच्छुओं भरे
कुएँ में खुलता है।[3]

—निःशब्द गूँज—संक्रान्त

इसी तरह 'अस्तित्व बोध' शीर्षक कविता में कवि लिखता है :

---

1. अज्ञेय : कितनी नावों में कितनी बार, पृ. 16
2. देखिए : संक्रान्त : कैलाश वाजपेयी
3. कैलाश वाजपेयी : संक्रान्त, पृ. 23

मैं इस खोखले अटूट और निश्चित क्रम से
छुटकारा पा जाऊँ
कहाँ चला जाऊँ ?
कहाँ चला जाऊँ
कि अस्तित्व बोध मर जाये।[1]

नवगीतों में भी अस्तित्ववादी जीवन दृष्टि अनेक कवियों में दिखलाई पड़ती है। शंभुनाथ सिंह के 'बन्द कमरों का सफर'[2] शीर्षक कविता में अस्तित्ववादी दर्शन का प्रभाव विशेष रूप से उभर आया है :

कब से सूना पड़ा महल है बरकरार अभी
ज्यों के त्यों हैं वे सभी साज औ सिंगार अभी
इस महल में ही जनम कैद मिली है मुझको
बन्द कमरों में सफर के हैं दिन हजार अभी।
तोड़ शीशे की ये दीवारें कहाँ जाऊँगा ?
मुझको बाहर का पता है, कहीं कुछ भी तो नहीं।

—बन्द कमरों का सफर, धर्मयुग, 1961

6. सामाजिक विसंगतियाँ : आधुनिक जीवन में व्याप्त दैन्य, दुःख, अन्याय, अत्याचार और असत्य की अनुभूति 'नयी कविता' के कवियों को जितनी अधिक है, उतनी पूर्ववर्ती कवियों को नहीं थी। इन सामाजिक परिस्थितियों में परिवार और व्यक्तित्व का इतना विघटन हो चुका है कि व्यक्ति अपने को विवश, असमर्थ और शव के समान जड़ महसूस करने लगता है। 'नयी कविता' के गेय और अगेय दोनों रूपों में इन विसंगतियों का चित्रण समान रूप से हुआ है। यहाँ दो नये कवियों—ऋतुराज और माहेश्वर तिवारी 'शलभ' की कविताएँ उदाहरण के रूप में दी जा रही हैं जिनमें सामाजिक विसंगतियों का सांकेतिक किंतु दारुण चित्र उपस्थित किया गया है :

(क) कुसमय मरा हुआ व्यक्ति
एक कटा हुआ सिर हिलता रहता है
और कटता ही जाता है
एक और सिर उठता है कल कौन होगा ?
रक्त नहीं केवल जीवन (नयी कार) नयी अधोगति
और अग्निशिखाओं के बीच कभी यह कभी वह

---

1. कैलाश वाजपेयी : संक्रान्त, पृ. 52
2. धर्मयुग : 16 जुलाई 1961

एक-एक फाँक के सहस्त्र-सहस्त्र अंशों में भी
हिलता हुआ
और कटता हुआ
मैं नहीं आखिर कोई तो होगा ही।

—ऋतुराज, कल्पना 179-49, अक्टूबर 1966

(ख) धुएँ में जिया पिछला साल।
चौखट से विदा ले रहा बाँहों में दाबे
कई पर्त नीली खाल।।
धूप पुती छतों से उड़ी ऊपर,
एक कटी कटी सी पतंग,
फैल गया भूरे आकाश पर,
कुछ नीला, कुछ पीला रंग।
झूल गई सारे संबंधों पर
नीम की हरी तीती डाल।

--वर्ष पैंसठ का गीत—माहेश्वर तिवारी

7. भीड़ और एकाकीपन : आधुनिक सभ्यता का अभिशाप यह है कि उसमें मानवीय संबंध विकृत और खोखले हो गये हैं तथा समाज एक भीड़ बनकर रह गया है। इस भीड़ में प्रत्येक संवेदनशील व्यक्ति अपने को सबसे कटा हुआ और अकेला अनुभव करता है। रघुवीर सहाय ने अपनी एक कविता में भीड़ की इस जिन्दगी का सजीव चित्र प्रस्तुत करते हुए लिखा है :

एक मैदान है जहाँ हम तुम और ये लोग सब लाचार हैं मैदान के
मैदान होने के आगे।
और खुला आसमान है जिसके नीचे हवा मुझे गढ़ देती है
इस तरह कि एक आलोक की धारा है जो बाँहों में लपेट कर
छोड़ देती है।
और गन्धाते, मुँह चुराते, टुच्ची-सी आकांक्षाएँ जबान पर लाते लोगों में
कहाँ से मेरे लिए दरवाजे खुल जाते हैं जहाँ ईश्वर और सादा भोजन है
और मेरे पिता की स्पष्ट युवावस्था—
सिर्फ मैं उनसे ज्यादा दूर-दूर तक हूँ
कई देशों के अधभूखे बच्चे और बाँझ औरतें
मेरे लिए संगीत की कई ऊँचाइयों नीचाइयों में गमक जाते हैं
और जिन्दगी के आखिरी दिनों में काम करते हुए बूढ़े बाप काँपती

साइकिल पर
भीड़ में से
रास्ता निकाल ले जाते हैं।[1]

—कल्पना, मई 1959

आधुनिक जीवन की भीड़ में खोए हुए व्यक्ति के अकेलेपन का बोध शंभुनाथ सिंह की निम्नलिखित पंक्तियों में देखा जा सकता है :

ढंग हैं, सलीके हैं
तौर हैं, तरीके हैं,
स्वाद जिन्दगी के सब
किंतु आज फीके हैं।
आस पास दुनिया की
भाग-दौड़ हलचल है,
काम हैं, झमेले हैं।
हम जहाँ अकेले हैं।
भीड़ और मेले हैं,
किंतु हम अकेले हैं।
हर जगह अकेले हैं।[2]

—शंभुनाथ सिंह : अकेले हैं

8. अजनबीपन : अजनबीपन का बोध भी अस्तित्ववादी दर्शन का ही एक अंग है। यह एक ऐसा दृष्टिकोण है जो व्यक्ति को समाज के लोगों से काटकर अलग कर देता है क्योंकि यह दुनिया उसे अजीबोगरीब, सड़ी-गली और बेतुकी दिखलाई पड़ने लगती है। ऐसे समाज के साथ वह अपना ताल-मेल नहीं बैठा पाता है। फलस्वरूप वह अपनी एक अलग ही दुनिया निर्मित कर लेता है जहाँ उसके सिवा और कोई नहीं होता। इस जगत् में वह एक बाहरी व्यक्ति या अजनबी के समान अपने को अर्थहीन या निरुद्देश्य पाता है मानो वह इस दुनिया में बलपूर्वक ढकेल दिया गया हो। उसे सारी दुनिया ऊलजलूल, उल्टी और उजाड़ सी प्रतीत होती है। नयी कविता में मुक्तिबोध, कैलाश वाजपेयी, अशोक वाजपेयी और केदारनाथ सिंह की कविताओं में अजनबीपन का बोध सबसे अधिक उभरा हुआ है। कुछ नवगीत भी इस प्रकार के लिखे गये हैं जिनमें कवियों को यह सारा भौतिक जगत् निरर्थक और शून्य दिखलाई पड़ता है। नीचे दोनों प्रकार के उदाहरण

---

1. रघुवीर सहाय : और उसे मैं दे दिया जाता हूँ, कल्पना, मई 1959
2. शंभुनाथ सिंह : धर्मयुग, 12 मार्च, 1972

दिये जा रहे हैं :

(क) *जहाँ कहीं होता हूँ*
अक्सर नहीं होता हूँ
दोपहर तक रात बनी रहती है
और कई देशों में
एक साथ जागकर अपनी अनुपस्थिति पर रोता हूँ।
पता नहीं लगता अब
इस सपाट भीड़ों से कौन घृणा करता है।[1]

—टूटे अक्षरों का विलाप

(ख) *कोई आसमाँ नहीं है,*
कहीं भी जमीं नहीं है।
कोई शोर गुल नहीं है,
कहीं आदमी नहीं है।
सभी कुछ धुआँ धुआँ है,
ये अँधेरे का कुआँ है।
नहीं चाँद है, न तारे
कहीं चाँदनी नहीं है।
कहीं बस्तियाँ नहीं हैं,
कोई रोशनी नहीं है।[2]

—शंभुनाथ सिंह : समय का खंडहर

9. भय, आशंका और संत्रास का बोध : नयी कविता की बहुत सी कविताएँ ऐसी हैं जिसमें आतंक का भाव भयावह और वीभत्स छायाभासों के रूप में व्यक्त हुआ है। व्यक्तिगत या सामाजिक जीवन में जब भीड़ अपने ही अंगों या व्यक्तियों को कुचलती हुई निकल जाती है, तब प्रबुद्ध कवि की प्रतिक्रिया या तो असंतोषपूर्ण विद्रोह का रूप ले लेती है या आत्मकेन्द्रित हो जाती है। कवि ऐसी स्थिति में मानसिक ग्रंथियों का शिकार हो जाता है और काल्पनिक भय, आशंकाओं, मृत्यु की अनुभूति से पीड़ित होकर अभिव्यक्ति का मार्ग ढूँढ़ने लगता है। पश्चिमी साहित्य में यह प्रवृत्ति प्रबल रही है। नयी कविता और नवगीत में भी इस भय और आतंक का वर्णन किया गया है। आगे इनके एक-एक उदाहरण दिये जा रहे हैं :

---

1. संक्रान्त, पृ. 10
2. धर्मयुग, 12 मार्च, 1972

(क) *जब भी मैं सोने का प्रयत्न करता हूँ*
मेरे कमरे की छत से
अनगिन कटे सिर लटक जाते हैं
उनमें एक सिर मेरा भी होता है
दहकते हुए सितारे आसमान से टूट कर
मेरी चारपाई के नीचे बिछ जाते हैं
और मेरे शेष अस्तित्व को
भाप बनाकर दिशाओं में खो देते हैं।[1]

—अवध नारायण मुद्गल

(ख) *उफ यह समय झरता हुआ।*
हम अकारण ही
अयाचित युद्ध में हो ग्रस्त
काल के बेडौल हाथों
हुए खुद से त्रस्त।
कहीं कोई है
इसमें कँपकँपी भरता हुआ।
उफ··
बनते हुए ही टूटते हैं हम
पठारी नदी के तट से।
हम विवश हैं
फोड़ने को माथ अपना
निजी चौखट से।
एक कोई है
हमें हर क्षण
गलत करता हुआ।[2]
उफ··
यह समय झरता हुआ

—ओम प्रभाकर

10. लघुता और मामूलीपन का बोध : आधुनिकता के इस अनिश्चित वातावरण में विराटता और महानता का आदर्श समाप्त हो गया क्योंकि सामान्यतया मध्यवित्त वर्गीय व्यक्ति के लिए महान् बनना इस युग में असम्भव ही था। अतः

1. माध्यम, नवम्बर 1964
2. यह समय, धर्मयुग

कवियों ने अपने यथार्थ और सीमित दायरे वाले व्यक्तित्व को ही प्रस्थापित करने की दृष्टि से लघुमानव अथवा लघुता के गौरव की अनुभूति की। उन्होंने अपनी लघुता का ही गुणगान प्रारम्भ किया। नीचे भारतभूषण अग्रवाल और सर्वेश्वर दयाल सक्सेना की कविताओं से 'नयी कविता' और नवगीत के उदाहरण दिये जा रहे हैं :

(क) खण्ड हूँ भी तो किसी दर्पण का खण्ड हूँ
अपने लघु अस्तित्व में भी
मैं सार्थक हूँ, पूर्ण हूँ
लाख रहूँ छोटा, पर मुकुर हूँ पूरा ही
और
मेरे अनगढ़, कुरूप चौखटे में बँधी
जीवन की झाँकी जो,
पूरी है, अखण्ड है।[1]

—खण्ड हूँ विराट का : भारतभूषण अग्रवाल

(ख) जब जब सिर उठाया,
अपनी चौखट से टकराया।
'शीश झुका आओ' बोला
बाहर का आसमान,
'शीश झुका आओ' बोलीं
भीतर की दीवारें,
दोनों ने ही मुझे,
छोटा करना चाहा,
बुरा किया मैंने जो
यह घर बनाया।[2]

—जब जब सिर उठाया : सर्वेश्वर दयाल सक्सेना

11. **वैज्ञानिकता-बोध** : नयी कविता के युग में आधुनिकता के नये मानों की प्रतिष्ठा हुई और व्यक्ति की भोगी हुई स्थितियों की प्रामाणिक अनुभूतियों को व्यक्तित्व की आन्तरिक शक्ति की उपलब्धि और अमूर्त सत्यों के साक्षात्कार और आधुनिकता बोध की अभिव्यक्ति माना जाने लगा। इस परिवर्तन का कारण नये कवियों का सतत विकासमान मानस-लोक है। आज दुनिया छोटी होती जा रही है, विभिन्न देशों के बीच सांस्कृतिक और वैचारिक अन्तरावलम्बन बढ़ गया है और

1. अनुपस्थित लोग, पृ. 13
2. बाँस का पुल, पृ. 21

वैज्ञानिक तथा प्राविधिक उपलब्धियों ने संसार के सभी मानवों को एक बना दिया है। फलतः मानव की मूर्ति लघु न होकर विराट् बनती जा रही है। विज्ञान वस्तुओं की बाह्य स्थूल सत्ता के भीतर निहित सूक्ष्म शक्तियों का स्वरूप उद्घाटित कर रहा है और भौतिकी तथा गणित-विज्ञान की उपलब्धियों के फलस्वरूप समस्त ब्रह्माण्ड से हमारा परिचय बढ़ता जा रहा है। नयी कविता में यह वैज्ञानिक-बोध अपनी समस्त काव्यात्मक संभावनाओं के साथ अंकुरित और पल्लवित होता दिखलाई पड़ रहा है। अन्तरिक्ष यात्रा, औद्योगिक संयंत्र, वैज्ञानिक उपलब्धियाँ और उनका मानव-जीवन पर व्यापक प्रभाव—इन सबको आज का कवि काव्य का विषय बना रहा है। तीसरे सप्तक के कवि मदन वात्स्यायन ने इस तरह की बहुत सी कविताएँ लिखी हैं। एक विशाल औद्योगिक प्रतिष्ठान में काम करते हुए अपने जीवन्त अनुभवों को व्यक्त करना मदन वात्स्यायन का कविधर्म ही नहीं, उनकी नियति भी है। अपनी 'असुरपुरी में दस से छः' शीर्षक कविता में उन्होंने मशीनों का आत्म-स्तवन इस प्रकार लिखा है :

हम राजे हैं, महराजे हैं
गुस्से में थरथर कँपते हैं
सात महल का किला हमारा
एक कोस में परकोटा है।
लाख लाख भोजन प्रति दिन
अरब अरब गैलन जल हा हा।
सहस सहस सेवक जन
हा ! हा ! हा !

....

हम ईश्वर हैं आटोमेटिक
पोर पोर में घुस अदृश्य ही
स्थूल जगत चालू करते हैं
विह्वल भक्त विकार रहित हम
बिना कान सुनते हैं हा, हा
बिना पाँव चलते हैं, देखो।
बिना हाथ उत्पादन
हा ! हा ! हा !

—तीसरा सप्तक, पृ. 156

इसी प्रकार शंभुनाथ सिंह ने 'अन्तरिक्ष-यात्रा' शीर्षक गीत में मानव की अब तक की सर्वश्रेष्ठ वैज्ञानिक अन्तरिक्ष यात्रा का भावात्मक चित्र प्रस्तुत किया है :

टूट गये बंधन और टूट गये घेरे।
और कहाँ ले जाओगे मन मेरे।
काल की तरंगों में बह गईं दिशाएँ
प्राण कहाँ पर ठहरें और किधर जायें।
भारहीनतिरता में आज शून्य में रे।

—शंभुनाथ सिंह : अन्तरिक्ष यात्रा

12. अस्वीकृति और घृणा : पाश्चात्य शैली की आधुनिकता का यह परिणाम हुआ है कि उसके भीतर व्यक्ति पिंजड़े में बन्द पक्षी के समान मुक्ति के लिए पंख फड़फड़ाता दिखलाई पड़ता है। वह या तो अपनी समस्त संवेदनशीलता को खोकर मूल्यहीन और जड़ बनता जा रहा है या फिर भीड़ रूपी शैतान का पंजा बनकर अपना ही गला दबोच रहा है। 'नयी कविता' की अंतिम परिणति 'अकविता' या 'मूल्यहीन कविता' के रूप में होती जा रही है जिसमें नियतिवादी, अनास्थावादी, अराजकतावादी और अस्वीकृतिवादी धारणाएँ पनपती दिखलाई पड़ रही हैं। इन धारणाओं से परिचालित कवि न तो किसी प्रकार के नैतिक और मानवीय मूल्यों का कायल है और न भविष्य और देश के प्रति आस्थावान। कैलाश वाजपेयी इस प्रवृत्ति के प्रतिनिधि कवि हैं। उदाहरण के लिए उनकी 'तरसी हुई देश में' शीर्षक कविता के कुछ अंश दिये जा रहे हैं :

अब जहाँ बच्चे उदास जन्म लेते हैं और जहाँ ऊबकर भविष्य से
कच्ची वय-वाले—
जलाकर किताबें और कापियाँ
राख के वस्त्र पहन लेते हैं।
जहाँ रीढ़ टूटे हताश नवयुवक नहीं
फ्रिज और कारें और ट्रांजिस्टर ही
शादियाँ रचाते हैं,
हल्दी से नहीं, जहाँ सिर्फ राज रोग से
गुनगुने हाथ पीले हो पाते हैं

X X X

उस निचुड़े देश के किसी गिरे घर से
एक धड़हीन कंठ आवाज देता है—
सुनो सुनो दूर देश के लोगो ! मुझे शर्म आती है कहते
'कि मैं भारतीय हूँ।'

इसी प्रकार उमाशंकर तिवारी के 'आवारेपन का गीत' शीर्षक कविता में अस्वीकृति का यह स्वर निरुद्देश्य क्रियाओं के रूप में व्यक्त किया गया है :

पूरा इतवार है हमारा,
गा लें हर गीत हम दुबारा।
तारीखें पाँवों से रौंदें,
घर मानें धूल के घरौंदे।
कैलेण्डर हवा में उछालें,
बेमानी ये सारे सौदे।
भूलें हम आसपास सारा—
पूरा इतवार है हमारा।
फाड़े दिन का कागज रद्दी,
फैलायें मन की चौहद्दी।
उल्टा करके हम लुढ़का दें,
अपनी कुर्सी, अपनी गद्दी।
होठों पर बातें आवारा,
पूरा इतवार है हमारा।[1]

—जलते शहर में

13. प्रकृति का नवीन बोध : प्रकृति के साथ मानव का संबंध युग-युग में परिवर्तित होता रहता है और तदनुरूप कवि की अभिव्यक्ति में भी परिवर्तन घटित होता है। आधुनिक जीवन में प्रकृति मानव के सुख-साधन का एक प्रमुख अंग बन गई है। अतः उसके प्रति आज के कवि का दृष्टिकोण छायावादी कवियों जैसा आध्यात्मिक और आदर्शवादी नहीं रह गया है,[2] न तो वह शृंगारिक उद्दीपन या आलंकारिक उपमान ही रह गई है। आज का कवि प्रकृति में अपने व्यक्तित्व को घुला-मिला देखता है। 'तीसरे सप्तक' के कवि प्रयाग शुक्ल प्रकृति का एक चित्र इस प्रकार अंकित करते हैं :

धूप तुम्हें ढूँढ़ रही है—
सघन वृक्षों के नीचे, कमरों में,
सीढ़ियों के घुमावों में—
फिर-फिर
तुम्हें अपनी ओर खींचती हुई।
फिर-फिर तुम में जागती हुई।
अपने लिए आकुलता।

---

1. उमाशंकर तिवारी : जलते शहर में, पृ. 8-9
2. प्रयाग शुक्ल : कल्पना, नवम्बर-दिसम्बर 1962

फिर-फिर
तुम्हें भेजती हुई स्मृतियाँ,
भरती हुई व्याकुलता।
धूप तुम्हें ढूँढ़ रही है—

—धूप : प्रयाग शुक्ल

इसी प्रकार नवगीत के गायक कवि बालकृष्ण उपाध्याय ने भी चाँदनी को युग्म साँप की गंध से विषाक्त होते हुए चित्रित किया है :

युग्म साँप की गंध पवन ले आया है।
तन पर काँटे उगे,
केवड़े दल वाले।
गोपन को कोई,
कैसे देखे भाले।
मन प्राणों पर सम्मोहन सा छाया है,
युग्म साँप की गंध पवन ले आया है।
तपन चाँदनी में,
चन्दन में भी ज्वाला।
ओस कणों में गुँथी,
चिनगियों की माला।
मुझको पहले पहल सत्य यह भाया है,
युग्म साँप की गंध पवन ले आया है।[1]

—साँप की गंध : बालकृष्ण उपाध्याय

14. आंचलिकता बोध : हिंदी उपन्यास और कथा-साहित्य में पिछले तीन दशकों में आंचलिकता की प्रवृत्ति तीव्रगति से विकसित हुई है। इसका प्रभाव हिंदी कविता पर भी पड़ा। प्रगतिवादी और प्रयोगवादी कवियों में रामविलास शर्मा, नरेन्द्र शर्मा और अज्ञेय ने ग्राम्य जीवन के यथार्थ चित्रों को गीति-बद्ध किया था किंतु काव्य का जो ग्राम्य-बोध था, 'नयी कविता' में आकर आंचलिक बोध बन गया। आंचलिकता का बोध वस्तुतः किसी क्षेत्र विशेष के लोक-जीवन का, उसके भौगालिक और सांस्कृतिक परिवेश में एक अध्येता के रूप में देखने की प्रवृत्ति का नाम है। इस दृष्टि से किसी भौगोलिक क्षेत्र विशेष के लोक जीवन के सुख-दुख, जीवन-विधि और लोकगीतों के प्रभाव को ग्रहण करके लिखी गई कविताओं को आंचलिक उपन्यास और कहानी के समान आंचलिक कविता कहा जा सकता है।

---

1. बालकृष्ण उपाध्याय : कल्पना, अगस्त 61, पृ. 26

'नयी कविता' में गेय और अगेय—दोनों रूपों में इस बोध की व्यंजना हुई है। नीचे दोनों के उदाहरण दिए जा रहे हैं। सर्वेश्वर दयाल सक्सेना ने बस्ती जिले के आंचलिक परिदृश्य का चित्रण अपनी अनेक कविताओं में किया है। उनके 'साँझ-एक चित्र' शीर्षक कविता को इस दृष्टि से देखा जा सकता है :

(क) गहरा नीला धुआँ
उस छोटे भूरे गाँव के सीमान्त पर
जम गया है,
खेतों के बरहों में
चलता हुआ मटियाला पानी
थम गया है,
मटर की भीगी उदास डाँठ बैंगनी बूटोंवाली हरी साड़ी पहने
दूर दूर तक पसरी हैं,
ढेंकुल बन्द है।
डूबते सूरज के किनारे
एक प्रश्न चिन्ह उलट कर
जड़वत सहम गया है।[1]

—साँझ एक चित्र : सर्वेश्वर दयाल सक्सेना

(ख) नीले जलझीलों के
बत्तखों सी तैर रही
पुरवइया क्वार की।
सपनों के मन्दिर गढ़,
खेतों मड़ैया चढ़,
रखवाली करती है
मकई और ज्वार की
आ जाती घर भीतर
कच्ची ताड़ी पीकर
लीपा पोती करती
देहरी और द्वार की।[2]

—पुरवइया क्वार की : नईम

15. नगर-बोध : वर्तमान जीवन की समस्त विसंगतियों का मूल कारण आज

1. सर्वेश्वर दयाल सक्सेना : बाँस का पुल, पृ. 31
2. नईम-कविताएँ-64, पृ. 71

का वैज्ञानिक उद्योगीकरण है, जिसका परिणाम बढ़ते हुए महानगर और उनमें बढ़ती हुई भीड़ तथा उसका यांत्रिक जीवन है। महानगरों की इस भीड़ में व्यक्ति की पहचान खो गई है। चीजों की शक्लें बदल गई हैं और सभी कुछ गड्डमड्ड हो गया है। इस नगर-बोध की अभिव्यंजना नयी कविता में व्यापक रूप से हुई है। केदारनाथ सिंह की, 'प्रतीक्षा के विरुद्ध कुछ पंक्तियाँ' शीर्षक कविता (धर्मयुग 1 मई, 1966) में व्यक्ति के व्यक्तित्व के खो जाने का सफल चित्रण किया गया है। उसी तरह परमानन्द श्रीवास्तव की कविता 'दुःस्वप्न के जागने पर' में बड़े नगरों की भाग-दौड़ का चित्रण उल्लेखनीय है :

जैसे किसी दुःस्वप्न से जगे हों लोग
एक निश्चित समय पर
घरों से निकलते हैं
और भीड़ में भागते रहते हैं
सड़कों की साजिश के बीच
मकसद उनसे कोई नहीं पूछता
न वे जानते ही हैं
हवाई हमलों से बचाव के नक्शे
बीच बीच में महत्त्वपूर्ण जगहों पर लगा दिये गये हैं
उन्हें कोई नहीं पढ़ता
क्योंकि इतना दयनीय दिखने को तो कोई भी तैयार नहीं।[1]

—दुःस्वप्न से जागने पर : परमानन्द श्रीवास्तव

इसी तरह वीरेन्द्र मिश्र ने भी नवगीत के रूप में अपने नगर-बोध को इस प्रकार व्यक्त किया है :

ओ प्यासे कण्ठ।
कारा है महानगर
तू है बन्दी,
उजले आदर्शों से टपका जो अन्धकार
उसको ही पी।
वहम है अहं
झूठ है मुस्कराहट का
कभी बता देगा सन्त्रास के नियम
धूप और जल

1. परमानन्द श्रीवास्तव : कल्पना, 26 जनवरी 66

दोनों के दो चेहरे
स्वेद को पता नहीं कि
कौन है विकल
सोने की बात
भागते मुलम्मों ने अभी अभी की।[1]

--नगर कारा : वीरेन्द्र मिश्र

16. शोक-गीत : शोक-गीत लिखने की प्रवृत्ति हिंदी में पाश्चात्य साहित्य से ग्रहण की गई है। वर्तमान समय में निजी संबंधियों के अतिरिक्त किसी भी महान् व्यक्ति या नेता की मृत्यु पर अपनी श्रद्धांजलि अर्पित करने के लिए प्रायः कवि कविताएँ लिखता है। महात्मा गांधी, जवाहर लाल नेहरू, लाल बहादुर शास्त्री, एडवर्ड केनेडी आदि के मृत्यु-प्रसंग पर ऐसी असंख्य कविताएँ लिखी गईं। सर्वेश्वर दयाल सक्सेना ने अपने पिता की मृत्यु पर एक मार्मिक कविता लिखी जो उनके बाँस का पुल नामक काव्य-संकलन में संगृहीत है। दूसरी ओर शंभुनाथ सिंह ने महात्मा गांधी, जवाहर लाल नहेरू, लाल बहादुर शास्त्री तथा अमरीकी राष्ट्रपति केनेडी की मृत्यु पर कविताएँ लिखीं जो उनके 'दिवालोक' और 'खंडित सेतु' नामक काव्य-संकलनों में संगृहीत हैं। यहाँ गीत और अगीत--दोनों प्रकार के शोक-गीतों के दो उदाहरण दिए जा रहे हैं :

(क) कैसी विचित्र है जिन्दगी
जिसे मैं जीता हूँ।
एक सड़ा कपड़ा जो फटता जाता है
ज्यूँ ज्यूँ सीता हूँ
जब भी काढ़ने चलता हूँ।
कोई सुन्दर फूल
एक पैबन्द लगाता हूँ
और इस तरह बनाता जाता हूँ
एक लबादा, जिसे हर बार ओढ़ने पर
थर्राता हूँ, फिर भी ओढ़ता जाता हूँ।
X X X
हर ओर एक जड़ता
नहीं-नहीं एक मृत्यु है
जिसके सामने मैं अपने को खड़ा पाता हूँ,

1. वीरेन्द्र मिश्र : धर्मयुग, 9 जुलाई 1967

और अंत में कहीं कोई राहत न मिलने पर
अपनी ही पराजय के सर्प-मुख के सम्मुख
आहार के लिए रखे गये मेढक-सा
निश्चेष्ट बैठ जाता हूँ[1]
—कैसी विचित्र है यह जिन्दगी : सर्वेश्वरदयाल सक्सेना

(ख) *बुझी न दीप की शिखा अनन्त में समा गई।*
अमन्द ज्योति प्राण-प्राण बीच जगमगा गई।
अथाह स्नेह के प्रवाह में पली,
अमर्त्य वर्तिका नहीं गई छली,
असंख्य दीप एक दीप बन गया
कि खिल उठी प्रकाश की कली कली,
घनान्धकार जल गया स्वयं नहीं हिली शिखा,
प्रकाश-धार में तमस् भरी धरा नहा गई।
X X X
अनेकता अखण्ड एक हो गई,
अभेद बीच भेद-भ्रान्ति खो गई,
अबंध गंध बंध सकी न फूल में
समष्टि बीच पूर्ण व्यष्टि खो गई,
जिसे न पाश तन बना, न छू सका मरण चरण,
विराट चेतना अरूप बन स्वरूप पा गई।
बुझी न दीप की शिखा, असीम में समा गई।
—गांधी निर्वाण : शंभुनाथ सिंह : दिवालोक

नयी कविता और नवगीत के शिल्प तत्त्व का विवेचन

प्रगतिवाद और प्रयोगवाद का रूप-परिवर्तन कथ्य और शिल्प दोनों ही दृष्टियों से जब इतना घनीभूत हो गया कि वह अपने पूर्ववर्ती रूप से भिन्न प्रतीत होने लगा, तभी उसे 'नयी कविता' नाम दिया गया। अतः यह निश्चित है कि 'नयी कविता' के गेय और अगेय दोनों प्रकार के रूपों का वस्तुगत एवं शिल्पगत स्वरूप पूर्ववर्ती स्वरूप से बहुत भिन्न है। यह भिन्नता संक्रान्ति-युग, पुनरुत्थान-युग, विद्रोहयुग, प्रगति-प्रयोग युग और वर्तमान युग के गीतों को एक साथ तुलनात्मक दृष्टि से देखने पर प्रत्यक्षतः दिखलाई पड़ने लगेगी। यहाँ उस भिन्नता पर विचार न कर

---

1. कैसी विचित्र है जिन्दगी : सर्वेश्वर दयाल सक्सेना, बाँस का पुल, पृ. 72

केवल यही देखना समीचीन होगा कि गीतिकाव्य की किन-किन शैलियों का उपयोग नयी कविता के काल में किया गया और उनमें पूर्ववर्ती कविता से क्या नवीनता थी।

शिल्प की दृष्टि से इस काल की कविता को निम्नलिखित वर्गों में विभाजित किया जा सकता है :

1. सांगीतिक गीत
2. पद गीत
3. लघुतम गीत
4. प्रगीत
5. मुक्तक गीत
6. आवृत्ति गीत
7. नाट्य गीत
8. व्यंग्य गीत
9. मुक्त आसंगमूलक गीतिकाव्य

1. सांगीतिक गीत : नयी कविता के काल में गेयता की दृष्टि से कविता दो वर्गों में विभाजित हो गई—गेय 'नयी कविता' जिसे 'नवगीत' कहा गया और अगेय नयी कविता जिसे मुक्त छंद या छंद मुक्त 'नवगीत' कहा गया। इनमें से दूसरे प्रकार की कविता के सांगीतिक होने का प्रश्न ही नहीं उठता क्योंकि उसकी रचना ही केवल पढ़ने के लिए हुई, गाने के लिए नहीं। पहले प्रकार की गेय रचनायें सांगीतिक नहीं हैं। आधुनिक युग का गीतिकाव्य गेय होते हुए भी अधिकांश सांगीतिक नहीं बल्कि पाठ्य गीतिकाव्य रहा है। पिछले अध्यायों में बताया जा चुका है कि आधुनिक युग में काव्य और संगीत के बीच की दूरी उत्तरोत्तर बढ़ती गई और गेय रूप में जिस काव्य की रचना हुई, वह भी सांगीतिक पद्धति पर नहीं लिखा गया था। विद्रोहयुग में निराला ने अवश्य शास्त्रीय संगीत एवं लोक धुनों के आधार पर गीतों की रचना की थी किंतु अन्य कवियों ने, सम्भवतः शास्त्रीय संगीत के ज्ञान के अभाव के कारण शास्त्रीय राग-रागिनियों में बद्ध गीतों की रचना नहीं की। छायावादोत्तर युग का गीतकाव्य शास्त्रीय संगीत से पूर्णतया विच्छिन्न हो गया किंतु उनसे गेयता का पल्ला नहीं छोड़ा और देशी संगीत के साथ उसका संबंध बना रहा। इस काल के सांगीतिक गीत काव्य के निम्नलिखित भेद दिखलाई पड़ते हैं :

(क) लोकाश्रित गेय गीत
(ख) गज़ल
(ग) सुगम गेय गीत

(क) लोकाश्रित गेय गीत : भारतेन्दु हरिश्चन्द्र ने लोकगीत लिखने का आन्दोलन चलाया था ताकि लोकगीतों के माध्यम से जन-जीवन तक नव-जागरण

का संदेश पहुँचाया जा सके। पुनरुत्थान-युग के राष्ट्रीयता के प्रचार की दृष्टि से लोकाश्रित गीतों की रचना हुई थी किंतु विद्रोहयुग में गीतिकाव्य इतना गुरु गम्भीर हो गया कि वह लोकोन्मुख हो ही नहीं सकता था किंतु छायावादोत्तर युग के प्रारम्भ में स्वयं निराला ने ही अपने 'वेला' और 'नये पत्ते' नामक काव्य-संग्रहों में सर्वप्रथम कजरी, लावनी, होली और ग़ज़ल की सुगम संगीत एवं लोकधुनों वाली पद्धतियों को अपनाकर बहुत से गीत लिखे थे। छायावादी काव्य की प्रतिक्रिया में गीतिकाव्य की नवीन पद्धतियों का अन्वेषण करते हुए लोकगीतों की धुनों की ओर आकृष्ट होना स्वाभाविक था। 'नयी कविता' के काल में गीतकाव्य में नवीनता और ताजगी लाने के लिए तथा कविता को जीवन के साथ सही ढंग से जोड़ने के लिए युवा कवियों ने ग्राम्य जीवन की आंचलिक अनुभूतियों से सम्पृक्त एवं लोक धुनों पर आधारित गीतों की रचना की। इस प्रकार की लोकसंस्पर्शयुक्त रचनाओं के कारण 'नयी कविता' में एक अभूतपूर्व ताजगी आई, जिसमें जीवन की सोंधी गंध और धरती की हरियाली का कसैला स्वाद वर्तमान था। इस प्रकार की कविताएँ छायावाद-युग में निराला ने लिखी थीं। अज्ञेय के 'हरी घास पर क्षण भर' में लोक संस्पर्शवाली कई कविताएँ हैं। सप्तक के कवियों में गिरिजाकुमार माथुर, भारती, नरेश मेहता, केदारनाथ सिंह तथा सप्तकेतर कवियों में से शंभुनाथ सिंह और ठाकुर प्रसाद सिंह ने ऐसे अनेक लोकाश्रित गीतों की रचना की है। अज्ञेय के 'इत्यलम्' का पिया पानी-बरसा, तथा बावरा अहेरी के प्रथम किरण, चाँदनी की लौ, काँगड़े की छोरिया शीर्षक गीत लोकाश्रित शैली के गीत हैं। गिरिजाकुमार माथुर के 'धूप के धान' में ऋतु चित्र और 'शिला पंख चमकीले' में 'जूड़े के फूल' तथा बंसत—एक प्रगीत स्थिति शीर्षक गीत लोक गीतों से प्रभावित हैं। इसी प्रकार भारती की फागुन की शाम, डोले का गीत, बोवाई का गीत, बेला महका,[1] शंभुनाथ सिंह की 'टेर रही, पूजा के बोल और विरहिणी के गीत'[2] शीर्षक कविताओं में लोकानुभूति की एक नयी लहर और ताजगी वर्तमान थी। इनके अतिरिक्त दूसरे सप्तक के कवि नरेश मेहता ने भी बंगाल के बाउल गीतों की धुनों का प्रभाव लेकर 'पीले फूल कनेर के' तथा इसी प्रकार के अन्य गीत लिखे हैं। इनके अतिरिक्त ठाकुर प्रसाद सिंह ने संथाली लोक-गीतों की भावभूमि को लघुगीतों के रूप में आबद्ध किया है जो उनके 'बंशी और मादल' नामक काव्य-संग्रह में संकलित हैं तीसरे सप्तक में मदन वात्स्यायन के 'दो विहाग' शीर्षक दो गीत तथा 'झउवा के फूल' पूर्णतया लोकधुनों में ही लिखे गये हैं। इस सप्तक में केदारनाथ सिंह ने सबसे अधिक लोकाश्रित गीत लिखे हैं। उनके 'दुपहरिया', फागुन का गीत, पात नये आ गये, धानों का गीत, रात

1. भारती : ठंढा लोहा
2. शंभुनाथ सिंह : माध्यम मैं

और दीपदान[1] शीर्षक गीत ऐसे ही हैं। इसी संकलन में सर्वेश्वर दयाल सक्सेना कृत 'चुपाई मारो दुलहिन' शीर्षक गीत लोकानुभूतियों और लोक जीवन की घटनाओं पर आधारित है। उनके 'सुहागिन का गीत' झूले का गीत, चरवाहों का युगल गान, आँधी पानी आया, आये बंसत महन्त[2] तथा मेघ आये शीर्षक गीतों में न केवल लोक जीवन के तत्त्वों और उपादानों को सही ढंग से पकड़ा गया है, नया अर्थ भी भरा गया है।

'नयी कविता' के दूसरे और तीसरे चरण के गीतकार कवियों ने लोकगीतों से प्रभावित गीतों की रचना अधिक संख्या में की है। इन कवियों में माहेश्वर तिवारी, उमाकान्त मालवीय, नईम, देवेन्द्र कुमार, रामनरेश पाठक और शान्ति सुमन के नाम विशेष उल्लेखनीय हैं। यहाँ विभिन्न शैलियों के कुछ लोकाश्रित गीत उद्धृत किये जा रहे हैं :

(1) **पूर्वी राग पर आधारित लोकगीत :**

रात पिया, पिछवारे पहरू ठनका किया।
आँखड़ियाँ पगली की।
नींद हुई चोर की।
पलकों तक आ-आकर
बाढ़ रुकी लोर की।
रह रहकर खिड़की का पल्ला उढ़का किया।[3]

—रात : केदारनाथ सिंह

(2) **कजली की धुन पर आधारित प्रश्नोत्तर शैली का लोकगीत :**

टेर रही प्रिया, तुम कहाँ।
किसकी यह छाँह
और किसके ये गीत रे
बरगद की छाँह
और चैता के गीत रे।
सिहर रहा जिया, तुम कहाँ ?
टेर रही प्रिया, तुम कहाँ ?[4]

—टेर : शंभुनाथ सिंह

---

1. केदारनाथ सिंह : तीसरा सप्तक
2. सर्वेश्वर : 'बाँस का पुल और काठ की घंटियाँ' नामक काव्य-संग्रहों में संकलित।
3. केदारनाथ सिंह : तीसरा सप्तक, पृ. 203
4. शम्भुनाथ सिंह : माध्यम मैं, पृ. 66

(3) **पूर्वी राग पर आधारित लोकगीत :**

रूठे दिन—
रूठ गये आँगन-चौबारे।
अगर कहीं मेरा मैं बच पाता,
रंगोली-सा उनको रच जाता।
मण्डप छाने को छाये होते,
देव उठे, घर तो आये होते।
टूटे तन—
टूट गये देहरी औ द्वारे[1]

—रूठे दिन : नईम

(ख) गज़ल : 'गज़ल' सुगम संगीत की एक बहु-प्रचलित विधा है। इसलिए हिंदी में लिखी गई गज़लों को भी सांगीतिक गीत में ही रखना उचित है। भारतेन्दु युग से लेकर नयी कविता के काल तक हिंदी कवियों ने गज़लों की रचना की है किंतु गज़ल का उर्दूवाला वैशिष्ट्य छोड़कर उसे नयी कविता के कवियों ने नया रूप दिया है। उर्दू की गज़लों में प्रत्येक शेर स्वतंत्र होता है। उसे मुक्तक गीत की संज्ञा दी जा सकती है किंतु हिंदी की गज़लों में विषय एवं भावान्विति की दृष्टि से सभी शेर या पद एक सूत्र में आबद्ध होते हैं। 'नयी कविता' के कुछ कवियों ने गज़ल के पद संबंधी नियमों में भी परिवर्तन किया है। उदाहरण के लिए शंभुनाथ सिंह ने अपनी एक गज़ल में गज़ल के युग्मक (शेर) के स्थान पर त्रिपदी का प्रयोग किया है जिसमें पहली और तीसरी पंक्ति में अन्त्यानुप्रास है। जैसे :

दूर आकाश के सितारे हैं।
धूल या फूल, मोम या पत्थर
पास जो हैं, वही हमारे हैं
तुम किनारे हो, वे किनारे हैं
जी रहे हम लहर की मरजी पर,
पास जो हैं, वही हमारे हैं।
दूर जाकर बसी बहारें हैं,
आँधियाँ, चीख, टूटती शाखें—
पास जो हैं, वही हमारे हैं।[2]

—शंभुनाथ सिंह

---

1. नईम : 'धर्मयुग'
2. शंभुनाथ सिंह : माध्यम मैं, पृ. 57

अन्य कवियों ने ग़ज़ल के परम्परागत रूप को कायम रखते हुए उसमें नयी अभिव्यंजना द्वारा नया रंग भरा है। शमशेर बहादुर सिंह की ग़ज़लों में सूक्ष्म अर्थाभिव्यक्ति द्वारा और त्रिलोचन शास्त्री की गज़लों में सपाट बयानी द्वारा नवीनता उत्पन्न की गई है। नवगीतकारों ने ग़ज़लों में आधुनिकता बोध को व्यक्त कर ग़ज़ल को सन्दर्भों से जोड़ दिया है। उदाहरण के लिए उमाशंकर तिवारी की ग़ज़ल के कुछ शेर उद्धृत किये जा रहे हैं :

बड़ी खामोश गहरी खाइयाँ हैं,
सभी टूटी हुई शहनाइयाँ हैं।
कहीं दहकी हुई खूँखार नजरें
कहीं दम तोड़ती अंगड़ाइयाँ हैं।
उधर हम्माम में नंगे सभी हैं,
इधर सहमी हुई परछाइयाँ हैं।

—उमाशंकर तिवारी

(ग) सुगम गेय गीत : मध्यकाल में हिंदी का गीतिकाव्य अधिकतर भजन के रूप में गाया जाता था। आधुनिक युग में शिक्षा के प्रसार के साथ सभा-सम्मेलनों में काव्य-पाठ का भी आयोजन होने लगा और काव्यास्वादन के लिए कवि सम्मेलन भी आयोजित किये जाने लगे। इन कवि सम्मेलनों में वही कवि प्रशंसित होता था जो अपनी कविताओं को गाकर सुनाता था। इस तरह गेय कविताओं का अधिकाधिक प्रसार होता गया। कविताओं के गाने की यह पद्धति शास्त्रीय संगीत से भिन्न हुआ करती थी। ये कवि विभिन्न शास्त्रीय एवं लोकधुनों एवं लयों में जोड़-तोड़ करके अपनी स्वतंत्र लय निर्मित कर लेते थे। इस तरह कविता पाठ के नये-नये स्वर और राग प्रचलित हो गये। उदाहरण के लिए 'बच्चन' ने 'मधुशाला' के सस्वर पाठ की जो पद्धति निकाली, वह व्यापक रूप से प्रचलित हुई और अन्य कवियों ने भी उसका अनुकरण किया। इसी तरह गिरिजाकुमार माथुर, वीरेन्द्र मिश्र, रमानाथ अवस्थी और सोम ठाकुर, आदि कवियों ने अपने कंठ एवं गायन-शैली द्वारा मंच से लोकप्रियता प्राप्त की। 'नवगीत' के कवियों पर भी इसका कुछ प्रभाव अवश्य था, किंतु उन्होंने लोकप्रियता प्राप्त करने की दृष्टि से नहीं, बल्कि कविता को लय के साथ सही अर्थों में जोड़ने की दृष्टि से नये रागों का निर्माण करके गीतों की रचना की। ऐसे कवियों में शंभुनाथ सिंह, सोम ठाकुर, माहेश्वर तिवारी, उमाकान्त मालवीय ने नवगीत को सुगम-संगीत की पद्धतियों से संयुक्त किया। ऐसे गीतों के कुछ उदाहरण नीचे दिये जा रहे हैं :

(क) समय की शिला पर मधुर चित्र कितने,
किसी ने बनाये किसी ने मिटाये।

किसी ने लिखी आँसुओं से कहानी,
किसी ने पढ़ा किंतु दो बूँद पानी।
इसी में गये बीत दिन जिन्दगी के,
गई धुल जवानी, गई मिट निशानी।
विकल सिन्धु से साध के मेघ कितने
धरा ने उठाये, गगन ने गिराये।

—शंभुनाथ सिंह : छायालोक

(ख) छाया मत छूना मन
होगा दुख दूना मन।
जीवन में हैं सुरंग सुधियाँ सुहावनी
छवियों की चित्र-गन्ध फैली मन भावनी
तन सुगंध शेष रही, बीत गई यामिनी,
कुन्तल के फूलों की यार बनी चाँदनी।
भूली सी एक छुअन बनता हर जीवित क्षण
छाया मत छूना मन
होगा दुख दूना मन।

—गिरिजाकुमार माथुर : तारसप्तक

(ग) तुम पर निछावर फूल केसरिया शीश फूल
ओ देवता, देश के देवता।
कल का बसन्ती मंत्र पढ़ती हैं पीढ़ियाँ,
सपने सयाने हुए, चढ़ते हैं सीढ़ियाँ।
ओ देवता, देश के देवता।

—सोम ठाकुर

(घ) याद तुम्हारी, जैसे कोई कंचन कलश भरे,
जैसे कोई किरन अकेली पर्वत पार करे।

—माहेश्वर तिवारी

(ङ) एक चाय की चुस्की, एक कहकहा,
अपना तो इतना सामान ही रहा।

—उमाकान्त मालवीय

2. पद गीत : पद गीत के संबंध में पिछले अध्याय में पर्याप्त विचार किया जा चुका है। 'नयी कविता' के युग में पदगीत की निम्नलिखित पद्धतियाँ प्रचलित रही हैं :

(क) पारम्परिक पदगीत
(ख) प्रासिक मुक्त पदगीत
(ग) मुक्त पदगीत

(क) पारम्परिक पदगीत : इस शैली का प्रत्येक गीत कई पदों या चरणों में विभक्त होता है। प्रारम्भ में एक या दो पंक्तियाँ 'टेक' की होती हैं और प्रत्येक पद के अंत में उसी 'टेक' की पंक्ति के साथ अन्त्यानुप्रासयुक्त एक या दो पंक्तियाँ होती हैं। 'नवगीत' में भी इस पद्धति का पालन प्रायः सभी कवियों ने किया है। उदाहरण के लिए विजयदेव नारायण साही के 'संग संग के गान' शीर्षक गीत की कुछ पंक्तियाँ दी जा रही हैं :

तुमने चूमे मेरे नयनों के स्वप्न कभी
अब तक इन बेबस आँखों में अरमान भरे।
झीनी रजनी की सुधियों के सुख से भरता,
इन रजत शून्य में कोई स्वर कम्पन करता,
मैं मौन, शिथिल, अपने उर की धड़कन सुनता
जा रहा चला खोया-खोया श्लथ पग धरता।
कब छूट गये पथ के साथी चलते चलते
अब तक अम्बर में वे संग-संग के गान भरे।[1]

—संग संग के गान : विजयदेव नारायण 'साही'

(ख) प्रासिक मुक्त पद गीत : इस शैली के पद-गीतों में प्रथम पंक्ति 'टेक' की होती है। अन्तरा की पंक्तियाँ विषम मात्रिक होती हैं लेकिन उनमें अन्त्यानुप्रास होता है। 'नयी कविता' के युग में इस प्रकार के अनेक गीत लिखे गये। नीचे एक उदाहरण दिया जा रहा है :

बाँधो न सपने
अँगुलियों में।
भटकूँगा रस्तों में
गलियों में।
लहरें सुनसान शाम की
मैं समाया हूँ।
कई बार यहाँ वहाँ
गया हूँ आया हूँ
कँपती हैं छायायें

---

1. विजयदेव नारायण 'साही' : तीसरा सप्तक, पृ. 286-87

लौटती लहरियों में।
बात उलझ जाती है
फूलों टहनियों में।

—परमानन्द श्रीवास्तव

(ग) मुक्त पदगीत : मुक्त पदगीत में पहली पंक्ति ध्रुवक की होती है। अन्तरा की पंक्तियाँ छोटी-बड़ी होती हैं किंतु उन पंक्तियों के पदान्त में अनुप्रास का विधान नहीं होता। प्रासिक मुक्त पदगीत से इनकी यही भिन्नता है। आधुनिक युग में—विशेष रूप से 'नयी कविता' के युग में इस प्रकार के गीतों की रचना प्रभूत मात्रा में हुई है। यहाँ इस शैली के पदगीत की कुछ पंक्तियाँ उद्धृत की जा रही हैं :

धुली धुली रात अभी शेष है
एक संस्पर्श अभी और।
स्वर का सम्पर्क यों न छीनो,
व्यञ्जन सी काया निरुपाय।
अर्थ वहन करने में बिल्कुल असमर्थ
किंतु अभी अन्तर में व्यग्र अर्थ शेष।
शब्दों का शब्दों से एक क्या
अनेक संस्पर्श अभी और।

—अरुण त्रिवेदी : एक संस्पर्श अभी और

3. लघुतम गीत : लघुतम गीत की शैली इस युग की एक नयी विधा है। संक्रांति काल से लेकर विद्रोहयुग तक हिंदी में तीन, चार या पाँच पंक्तियों के ध्रुवक युक्त गीत नहीं लिखे गये। यदि छोटे पद लिखे भी गये तो द्विपदी या त्रिपदी के रूप में मुक्तक शैली में लिखे गये। नयी कविता के युग में—विशेष रूप से नवगीतकारों के यहाँ यह पद्धति दिखलाई पड़ रही है। निश्चित रूप से यह प्रभाव पश्चिम की मिनी कविताओं या जापानी हाइकू कविताओं का है। कुँवर नारायण का 'भुतहा घर'[1] इसी प्रकार का लघुतम गीत है। नीचे सूर्यप्रताप सिंह और उमाशंकर तिवारी के दो गीतों का उदाहरण दिया जा रहा है :

(क) फिर बजे नूपुर
जगा विश्वास—
आओगी।
फिर बजे नूपुर

1. कुँवर नारायण : तीसरा सप्तक, पृ. 256

लगा
निशिवास छाओगी।
फिर बजे नूपुर
कि उतरा मन्द्र द्रुत के गोद
फिर बजे नूपुर
कहा—
तुम भूल जाओगी।

—फिर बजे नूपुर : आस्था : सूर्यप्रताप सिंह

(ख) *दोपहरी जाड़े की।*
दिन पर दिन छोटी होती जाती
घुटनों फैली कमीज
गाढ़े की।
गुस्सेवर,
भोर से लिए जाती घूँट
गर्म काढ़े की।

—दोपहरी : उमाशंकर तिवारी : धर्मयुग, दीपावली विशेषांक 1971

4. **प्रगीत** : 'नयी कविता' में प्रगीत की निम्नलिखित शैलियाँ दिखलाई पड़ती :

(क) सानुप्रासिक सममात्रिक पंक्तियोंवाले प्रगीत
(ख) अतुकान्त सममात्रिक पंक्तियोंवाले प्रगीत
(ग) सानुप्रासिक विषममात्रिक पंक्तियोंवाले प्रगीत
(घ) अतुकान्त विषममात्रिक पंक्तियोंवाले मुक्त प्रगीत
(ङ) गद्य की लय वाले प्रगीत
(च) मुक्तक प्रगीत
(छ) चतुर्दशपदी

(क) सानुप्रासिक सममात्रिक पंक्तियोंवाले प्रगीत : इस पद्धति के प्रगीत वस्तुतः पारम्परिक प्रगीत हैं जो दो, चार या छः पंक्तियों के पदों में विभक्त होते हैं। 'नयी कविता' के अन्तर्गत ऐसे प्रगीत नहीं लिखे गये। जो लिखे भी गये हैं, उनमें से कुछ न कुछ नया प्रयोग अवश्य किया गया है। उदाहरण के लिए शम्भुनाथ सिंह के 'शर-सन्धान' शीर्षक प्रगीत की कुछ पंक्तियाँ नीचे दी जा रही हैं :

खिड़की के द्वार खोल चूमो आकाश।
कमरे में भरो बन्धु किरणें, वातास।
दूरागत नीली गहराई की गूँज

प्राणों में भरो कि बहरे मन की प्यास
बुझे। आँख मल देखो नीचे का स्वर्ग।
धूप-सिन्धु में वह अभिशप्त मरी-घास—
तैर रही। छवि-लहरों के बीच अनाद्यन्त
डूब रही धरती। पर यह कैसा हास
लोलुप सा। यह कैसा कातर चीत्कार।
चीर-हरण का कोई करता अभ्यास।[1]

—शर-सन्धान : शंभुनाथ सिंह

इस प्रगीत की विशेषता यह है कि इसमें प्रथम दो पंक्तियाँ 'टेक' के रूप में रखी गई हैं और शेष पंक्तियाँ ग़ज़ल की तरह दो-दो पंक्तियों के युग्मक की तरह हैं। प्रत्येक युग्मक की दूसरी पंक्ति 'टेक' की पंक्ति के साथ समतुकान्त है किंतु प्रत्येक पद के वाक्य पूर्व और उत्तर पदों के भीतर घुसे हुए हैं। यह अंग्रेजी के 'सानेट' की पद्धति है। इस तरह इसमें प्रगीत, चतुर्दशपदी, ग़ज़ल और पदगीत सबका समन्वय किया गया है।

इसी प्रकार तीसरा सप्तक में संगृहीत कुँवर नारायण की 'लुढ़क पड़ी छाया' शीर्षक कविता भी पारम्परिक प्रगीत ही है जिसमें दो-दो पंक्तियाँ समतुकान्त रखी गई हैं। नीचे उसकी कुछ पंक्तियाँ दी जा रही हैं :

चाँद से लुढ़क पड़ी छाया घनी,
एक बूढ़ी रात ओढ़े चाँदनी,
एक फीकी किरण सूजी लाश पर,
स्वप्न कोई हँस रहा आकाश पर,
देह से कुल भूख गायब, कुलबुलाती आँत,
खोपड़ी से देह गायब, खिलखिलाते दाँत,
एक सूखा फूल ठंढी कब्र पर,
एक करुणादृष्टि लाखों सब्र पर...[2]

—लुढ़क पड़ी छाया : कुँवर नारायण

(ख) अतुकान्त सममात्रिक पंक्तियोंवाले प्रगीत : इस पद्धति के प्रगीत में भी 'टेक' की पंक्तियाँ नहीं होतीं किंतु प्रगीत पदों में विभक्त होता है और जिसकी पंक्तियाँ सममात्रिक होते हुए भी अतुकान्त होती हैं। यह पद्धति भी 'नयी कविता' में प्रयोग के रूप में अपनाई गई है। उदाहरण के लिए प्रयाग नारायण त्रिपाठी के

---

1. शर-सन्धान : शंभुनाथ सिंह, माध्यम मैं, पृ. 82
2. कुँवर नारायण : तीसरा सप्तक, पृ. 248

'विदा के क्षणों में' शीर्षक प्रगीत की कुछ पंक्तियाँ नीचे दी जा रही हैं

प्रथम क्षणों का चित्र शांत ताल-जाल में
फेंकी गई कंकरी से बूँदों का उछलना
लहरों पर लहरों का वृत्ताकार फैलना
रह रह कर वेला से टकराना, टूटना
और इन अंतिम क्षणों का यह सहज वृत्त
तन का यों बढ़ी हुई बाँहों में सिमटना
जैसे स्वयं मेरी ही ममतालु बालिका हो
मेरी कामना की सुता, मुझ पर समर्पिता।[1]

—विदा के क्षणों में : प्रयाग नारायण त्रिपाठी

(ग) **सानुप्रासिक विषममात्रिक पंक्तियोंवाले प्रगीत :** इस पद्धति के प्रगीत में मुक्त छंद का प्रयोग होता है अर्थात् पंक्तियाँ छोटी-बड़ी होती हैं किंतु किसी न किसी रूप में उसमें अन्त्यानुप्रास भी रहता है। इस पद्धति के प्रगीत 'नयी कविता' में बहुत अधिक लिखे गये हैं। वस्तुतः अन्त्यानुप्रास का विरल प्रयोग भी कविता में एक आकर्षण अवश्य उत्पन्न कर देता है। कीर्ति चौधरी का 'कई दिनों बाद'[2] शीर्षक प्रगीत इसी ढंग का है। उदाहरण के लिए अज्ञेय के 'शब्द'[3] शीर्षक प्रगीत के दो पद नीचे दिए जा रहे हैं :

किसी को
शब्द है कंकड़
कूट लो, पीस लो,
छान लो, डिबियों में डाल दो
थोड़ी-सी सुगन्ध दे के
कभी किसी मेले के रेले में
कुंकुम के नाम पर निकाल दो।
किसी को
शब्द हैं सीपियाँ
लाखों का उलट-फेर
कभी एक मोती मिल जायेगा
दूसरे सराहेंगे—

---

1. प्रयाग नारायण त्रिपाठी : तीसरा सप्तक, पृ. 41
2. कई दिनों बाद : कीर्ति चौधरी, तीसरा सप्तक, पृ. 115
3. शब्द : अज्ञेय, 'इन्द्र धनु रौंदे हुए ये', पृ. 84

डाह भी करेंगे कोई
पारखी स्वयं को मान पायेगा।

—शब्द : अज्ञेय

(घ) अतुकान्त विषममात्रिक पंक्तियोंवाले मुक्त प्रगीत : अन्य प्रगीतों की भाँति इस पद्धति के प्रगीतों में भी ध्रुवक का विधान नहीं होता। प्रत्येक पद की पंक्तियाँ छोटी-बड़ी और अन्त्यानुप्रास हीन होती हैं। 'नयी कविता' के युग में इस प्रकार के प्रगीत प्रभूत मात्रा में लिखे गये। अज्ञेय ने इस शैली में अनेक प्रगीतों की रचना की है। 'महानगर-कुहरा' शीर्षक कविता इसी ढंग का प्रगीत है। उदाहरण के लिए उसके दो पद नीचे दिये जा रहे हैं :

झंझरे मटमैले प्रकाश के कन्थे
जहाँ-तहाँ कुहरे में लटक रहे हैं
रंग बिरंगी हर थिगली
संसार एक।
सीली सड़कों पर कराहती ठिलती जातीं
ये अंगार-नैन गाड़ियाँ
बनाती जाती हैं आवर्त्त-विवर्त्त,
अनवरत बाँध रहीं
उन अधर-टँके सब संसारों को
एक कुण्डली में, जिस पर
होगा आसन
किस निराधार नारायण का ?[1]

—अज्ञेय : महानगर कुहरा

(ङ) गद्य की लयवाले प्रगीत : इस पद्धति के 'प्रगीत' में छंदोबद्ध रचना के समान किसी प्रकार की लय या गति नहीं होती। किसी एक विषय पर गद्य की भाँति वाक्यों को बिना किसी व्यतिक्रम के रख दिया जाता है और रचना को गद्य-खण्डों या टुकड़ों में बाँट दिया जाता है। उदाहरण के लिए शंभुनाथ सिंह के 'पलाश-वन' शीर्षक प्रगीत का एक पद नीचे दिया जा रहा है :

वह शिशु पलाश-वन धीरे-धीरे चलता हुआ मेरे पास
आ गया, जहाँ जमीन के कैद खाने में मेरे पाँव
जकड़ कर बाँध दिए गये थे।
उसने मुझे बंसत के आगमन की सूचना दी,

---

1. महानगर कुहरा : अज्ञेय, कितनी नावों में कितनी बार, पृ. 60

यद्यपि यह उड़ती खबर मुझे नये साल के
कैलेण्डर से पहले ही मिल चुकी थी।[1]

—पलाश वन : शंभुनाथ सिंह

(च) मुक्तक प्रगीत : मुक्तक प्रगीत में प्रत्येक पद अलग-अलग स्वतंत्र और सममात्रिक पंक्तियोंवाला होता है, किंतु विषय की एकसूत्रता सबमें होती है। 'नयी कविता' के युग में इस ढंग के प्रगीत अनेक कवियों ने लिखे हैं। यहाँ सूर्यप्रताप सिंह के 'परख' शीर्षक प्रगीत के तीन पद दिये जा रहे हैं जिसमें अलग-अलग चार त्रिपदियाँ हैं :

मन की बातें मन ही के भीतर रह लें,
क्या कहना, यदि दुर्वचन-सुवचन सभी के
कुछ गहरी करके पीठ आदमी सह ले।
सुन ले, समझे, देखे, परखे, या तोले
दुनिया को—वैसे कोई हर्ज नहीं है
पर एक शर्त—अपना मुँह कुछ कम खोले।
आखिर तुम क्यों इतना निराश हो जाते।
जितना कुछ हम सुनते हैं उनमें ज्यादा
कहते हो होतीं, करने की कम बातें।

—परख : आस्था, पृ. 52

(छ) चतुर्दशपदी (सानेट) : चतुर्दशपदी प्रगीत के विषय में छठे अध्याय में विस्तार के साथ विचार किया जा चुका है। प्रगतिवादी-प्रयोगवादी कवियों की भाँति 'नयी कविता' के कवियों ने भी पर्याप्त संख्या में चतुर्दशपदियों की रचना की है। इस युग में विशेष रूप से शंभुनाथ सिंह, केदारनाथ सिंह, सर्वेश्वर दयाल सक्सेना, कुँवर नारायण और सूर्यप्रताप सिंह ने अनेक चतुर्दशपदियाँ लिखी हैं। यहाँ केदारनाथ सिंह के दो चतुर्दशपदी प्रगीत उदाहरण के रूप में दिये जा रहे हैं :

(क) आँखें खुली, दिखा आगे पथ मुड़ता-मुड़ता—
पार क्षितिज के चला गया था, ज्यों गदराया
धुआँ हो चले घना, तले चुकती-सी छाया—
भर उसकी रह जाये, और सब उड़ता-उड़ता
लगे, बात जिन से दो करने को जी तरसे—
इकले पेड़ मिले, चिड़ियों ने ताना मारा,

1. पलाश वन : शंभुनाथ सिंह, खण्डित सेतु, पृ. 30

हरियाली के घर से, टूट गई जब कारा
क्या था फिर ऐसा जिसको भरता मैं स्वर से,
बस, नीला आकाश। धरा जो भिंची पगों में
वह अपनी थी, है, उसका ऋण चुका सकूँगा
ऐसा क्या है पास, बनूँगा क्या उस क्षण पर
जिसका मैं बन्दी हूँ, जिसका स्पर्श रगों में
दौड़ रहा है, जिसे तोड़कर स्वयं चुकूँगा–
इसे जानता हूँ फिर भी बढ़ रहा निरन्तर।

—पथ तीसरा सप्तक, पृ. 189

(ख) *धूप चिड़चिड़ी, हवा बेहया, दिल मट ला,*
मौसम पर रंग चढ़ा फागुनी, शिशि टते
पत्तों में टूटा, पलाश-वन पर ज्यों ला
एक उदासी का नभ, शोले चटक छूटते
जिसमें, अरमानों से गूँजा हिया-आयेगा
कल बंसत, मन के भावों के गीतकार-सा
गा जायेगा सबका कुछ-कुछ, मौन छायेगा
गन्ध-स्वरों से, गुड़ की गमक हवा को सरसा
जाती जैसे पूस माह में। नदियाँ होंगी
व्यक्त तटों की हरियाली में खिल, उघड़ा-सा
कहीं न दीखेगा जीवन, लगते जो योगी
वे अनुभूति-पके तरु फूटेंगे, जकड़ा सा
तब भी क्या चुप रह जायेगा प्यार हमारा ?
कुछ न कहेगा क्या बंसत का सन्ध्या तारा ?

—पूर्वाभास : तीसरा सप्तक, पृ. 195

उपर्युक्त दोनों चतुष्पदियों में प्रथम में प्रारम्भ में चार-चार पंक्तियों के दो पद और अंत में छः पंक्तियों का एक पद रखा गया है। प्रथम दो पदों में अन्त्यानुप्रास का क्रम क ख, ख क, ग घ, घ ग और अंतिम छः पंक्तियों में च छ ज, च छ ज के अनुसार रखा गया। दूसरी चतुर्दशपदी में चार-चार पंक्तियों के तीन पद और दो पंक्तियों का एक पद रखा गया है जिसमें अन्त्यानुप्रास का क्रम क ख क ख, ग घ ग घ, च छ च छ ज ज का रखा गया है। इन चतुर्दशपदियों में पाश्चात्य चतुर्दशपदी काव्य के नियमानुसार एक पंक्ति के वाक्य दूसरी पंक्ति में घुसे हुए हैं।

5. मुक्तक गीत : मुक्तक गीत में एक ही विषय-वस्तु के सम्बद्ध स्वतंत्र मुक्तक एक साथ सन्निविष्ट होते हैं और समग्रता के साथ एक ही कथ्य को प्रकट

करते हैं। यह शैली 'नयी कविता' के गीत के लिए कुछ नयी नहीं है। इस युग के पूर्व भी मुक्तक गीतों की रचना अनेक कवियों ने की थी। विद्रोहयुग तथा व्यक्तिवादी स्वच्छन्दतावादी कवियों की भाँति इस युग में भी कई कवियों ने इस ढंग के मुक्तक-गीतों की रचना की है। शंभुनाथ सिंह की 'तस्वीर' शीर्षक कविता ऐसा ही मुक्तक गीत है जिसमें सममात्रिक तीन स्वतंत्र चौपदों के माध्यम से एक ही कथ्य को अभिव्यक्त किया गया है। उदाहरण नीचे दिया जा रहा है :

माथे पर लटक रही नंगी तलवार,
झूलते हुए पुल के ऊपर है पाँव,
जिन पर हैं टूटी जंजीरों के घाव,
नंगे तन पर बीते कल का अखबार।
एक हाथ में टूटा सदियों का शंख,
एक में लिए लीला-कमल गन्ध हीन,
आँखों पर लेन्स रहित चश्मा रंगीन,
कन्धों पर भरे देवदूतों के पंख।

शंकित-सा मैंने पूछा हो गम्भीर,
'कल तुमने खींचा था जो मेरा चित्र,
उसको भी तो दिखला दो मेरे मित्र।'
बोला वह 'यही तो तुम्हारी तस्वीर।'[1]

—तस्वीर : शंभुनाथ सिंह

6. आवृत्ति गीत : यह शैली है। वैदिक युग से लेकर 'नयी कविता' के युग तक बराबर चली आई है। प्राचीन काल के साहित्य में नाटकों या प्रबन्ध काव्यों के बीच आवृत्ति गीतों की योजना की जाती थी। पुनरुत्थान काल के प्रबन्ध काव्यों में इस परम्परा का पालन भी किया गया लेकिन संक्रांति काल, विद्रोहयुग और छायावादोत्तर काल में चूँकि प्रबन्ध काव्यों की रचना बहुत कम हुई, आवृत्ति गीत, छंदोबद्ध या छंद मुक्त रचनाओं में शब्दों या वाक्यांशों की आवृत्ति के रूप में ही प्रयुक्त हुए। 'नयी कविता' के युग के अनेक कवियों की कविताओं में इस शैली का प्रयोग किया गया है। उदाहरण के लिए केदारनाथ सिंह की निम्न कविता में आवृत्ति का यह स्वरूप देखा जा सकता है।

टूटने दो,
टूटने दो,

---

1. शंभुनाथ सिंह : खण्डित सेतु, पृ. 65

टूटने दो।
ठाठें मारता है एक नया भाव
मेरी धमनियों में,
हाँ हड्डी, हड्डी को,
पसली-पसली को
नदी के अरार की तरह
टूटने दो,
टूटने दो,
टूटने दो।
अगर नहीं हैं मेरे स्वरों में तुम्हारे स्वर,
अगर नहीं हैं मेरे हाथों में तुम्हारे हाथ,
अगर नहीं है मेरे शब्दों में तुम्हारी आहट,
अगर नहीं है मेरे गीतों में तुम्हारी बात—
तो ओ रे भाई,
ओ रे भाई,
मुझे पछाड़ें खाये बादल की तरह
टूटने दो,
टूटने दो,
टूटने दो।

—टूटने दो[1] : तीसरा सप्तक

इसी प्रकार उमाकान्त मालवीय के 'आत्म गीत' शीर्षक नवगीत में प्रारम्भिक वर्णनों की आवृत्ति हुई है। इसीलिए इस गीत को 'आवृत्ति गीत' का उदाहरण माना जा सकता है। नीचे इसकी पंक्तियाँ दी जा रही हैं :

न तो सतर का हूँ,
ना हूँ कतारों का।
जो सर उठाये हैं,
उन देवदारों का
X X X
ना लीक का हामी,
ना हूँ शिविर स्वामी।
ना भीड़ का हूँ मैं,

1. टूटने दो : केदारनाथ सिंह, तीसरा सप्तक, पृ. 208-209

ना बोल नीलामी।
ना दर्प का दंश न थोथे विचारों का।
जो राह पर मिलतीं, उन जीत हारों का।
ना फूल अचकन का,
ना शूल अड़चन का।
ना फूल गमलों का,
ना फूल वन वन का।
अपने भरोसे हूँ, ना हूँ सहारों का,
आकाश जो छू लें, ऐसे चिनारों का।

—उमाकान्त मालवीय : धर्मयुग

7. नाट्य गीत : नयी कविता के कुछ कवियों ने नाट्यगीतों की भी रचना की है यद्यपि ये नाट्यगीत पूर्ववर्ती छायावादी नाट्यगीतों से कथ्य और शिल्प की दृष्टि से पर्याप्त भिन्न हैं। ये नाट्य गीत अधिकतर प्रतीकात्मक हैं जिसमें नाट्य तत्त्व की अपेक्षा गीत-तत्त्व की ही प्रधानता है। इनकी रचना गेय गीतों के रूप में नहीं, बल्कि मुक्त छंदों के रूप में हुई है। इस काल में लिखित गिरिजाकुमार माथुर का 'पृथ्वी कल्प'[1] मदन वात्स्यायन का, 'असुरपुरी में दस से छः'[2] तथा शम्भुनाथ 'एक गाय की वसीयत'[3] शीर्षक नाट्य गीत विशेष उल्लेखनीय हैं। मदन वात्स्यायन के नाट्य गीत का एक अंश यहाँ दिया जा रहा है :

कमकर—
बैल एक जोड़ी तगड़ी हो, तुम मेहनत से खटने वाला।
यह न भूलना मैं गृहस्थ हूँ, जिधर चलायें, उधर चलोगी।

कुछ मशीनें—
सब कुछ स्वयं संभाले रहतीं
अरे, चलाये तू क्या हमको।
एक जरा सा पानी लाने को तू है—
उसमें भी गड़बड़।

दूसरी मशीनें—
तू मालिक है। हा-हा वृष है।
हम अफसर हैं, अपने से ऊँची गद्दी का

---

1. तारसप्तक
2. तीसरा सप्तक, पृ. 149
3. खण्डित सेतु, पृ. 72

हुक्म बजाकर
तुझे पीसते हैं मनमाना।

—मदन वात्स्यायन : असुरपुरी में दस से छः

8. **व्यंग्य गीत :** नयी कविता में व्यंग्य गीतों की रचना बहुत अधिक हुई है। ये गीत अधिकतर सामाजिक विसंगतियों पर आघात करने के लिए लिखे गये हैं किंतु ये प्रगतिवादी-प्रयोगवादी व्यंग्य गीतों से शिल्प की दृष्टि से नितान्त भिन्न हैं। इनमें प्रतीकात्मक शैली अपनाई गई है। 'नयी कविता' के कवियों में सर्वेश्वर दयाल सक्सेना, अजित कुमार, भवानी प्रसाद मिश्र और रघुबीर सहाय के व्यंग्य गीत विशेष उल्लेखनीय हैं। स्वतंत्र भारत की आर्थिक और राजनीतिक प्रगति पर व्यंग्य करते हुए सर्वेश्वर दयाल सक्सेना ने 'प्रगीत का गीत' शीर्षक जो व्यंग्य-गीत लिखा है, उसका एक अंश यहाँ दिया जा रहा है :

चल भाई घोड़े
टिक टिक टिक।
बड़े भाग्य से
मिली हमें आजादी,
पीठ हो गई अपनी
चाहे ढोऊँ लादी।
चल भाई घोड़े।
अरे निगोड़े।
बिना खाये कोड़े
टिक टिक टिक
टिक टिक टिक
चल आराम हराम है,
राह कठिन है
और कमाना नाम है।
बना योजना
दिखा काम ही काम है।
चल भाई घोड़े,
बिना मुख मोड़े,
धूल सूँघता
खाता रोड़े,
टिक टिक टिक
टिक टिक टिक

9. **मुक्त आसंगमूलक गीतिकाव्य** : 'नयी कविता' में प्रयोगवाद से भिन्न जो सबसे बड़ी विशेषता दिखलाई पड़ती है, वह है मुक्त आसंग या चेतना प्रवाह की शैली। अभिव्यंजना की यह पद्धति भारतीय साहित्य में उसके पूर्व कभी प्रयुक्त नहीं हुई थी। इस पद्धति में स्वप्न के बिम्बों के समान असम्बद्ध और खण्डित बिम्बों का प्रयोग किया जाता है। ऐसी रचनाएँ कवि बौद्धिक प्रयास से नहीं, बल्कि अपनी अंतर्दृष्टिमूलक कल्पना के सहारे प्रायः अर्ध चेतनावस्था में लिखते हैं। यद्यपि इस पद्धति की कविताएँ अज्ञेय, रघुवीर सहाय, गजानन माधव मुक्तिबोध, शंभुनाथ सिंह और केदारनाथ सिंह ने ही अधिक लिखीं किंतु आठवें दशक के नये कवि अधिक संख्या में ऐसी कविताएँ लिख रहे हैं। अज्ञेय की 'आँगन के पार द्वार' की 'असाध्य वीणा', केदारनाथ सिंह की 'अभी बिल्कुल अभी' तथा 'शाम', विजयदेव नारायण साही की 'मछली घर' तथा शंभुनाथ सिंह की 'अवान्तर'[1] तथा 'नया जन्म'[2] तथा 'पार्क से गुफा तक'[3] शीर्षक कविताएँ खण्डित बिम्बों द्वारा ही निर्मित हुई हैं। इन कविताओं में कवि के मन पर विभिन्न अवसरों पर पड़नेवाले प्रभावों को खण्डित एवं असम्बद्ध बिम्बों के माध्यम से चित्रित किया गया है। ये बिम्ब प्रतीकात्मक नहीं, सांकेतिक और आवाहक हैं। ये अचेतन मन के बिम्ब-प्रवाह नहीं हैं, बल्कि स्वप्नों के बिम्ब-प्रवाह के अनुकरण पर अतीत की जीवनानुभूति में से कौशल के साथ चुने हुए बिम्ब हैं।

प्रथम प्रकार का मुक्त आसंगवाला गीतिकाव्य दो प्रकार का होता है, मुक्त छंद और छंद मुक्त शैली का गीतिकाव्य तथा छंद युक्त और पारम्परिक शैली का गीतिकाव्य। प्रथम प्रकार की चेतना प्रवाहमूलक कविता का उदाहरण केदारनाथ सिंह की कविता है जिसका एक अंश निम्नलिखित है :

एक लकीर
पृथ्वी के सारे आकांसों से होती हुई
जहाँ
सौर मण्डल के पास
खो जाती है
मैं खड़ा हूँ
मछुवे का
एक जाल
नदी से निकल कर

---

1. खण्डित सेतु, पृ. 7
2. वही, पृ. 9
3. वही, पृ. 11

धरा हुआ
मेरे इन चिर आदिम कंधों पर
यह मेरा नगर है।
हवा की एक झालर टँगी हुई तारों पर,
हवा के धक्के से जिधर झुक जाती है
उधर मेरा घर है।

—अभी बिल्कुल अभी, पृ. 18

इस कविता में बिम्ब ये हैं—सौरमंडल, पृथ्वी, मैं (कवि), मछुवे का जाल, आदिम कंधे, नगर, हवा में झूलती झालर, तारे, घर आदि। इन बिम्बों में परस्पर कोई भी तार्किक संगति का विचारानुबन्ध नहीं है। अतः बौद्धिक दृष्टि से देखने पर इनमें भाव और अर्थ की अन्विति नहीं दिखलाई पड़ती। यदि इन बिम्बों का प्रतीकार्थ खुल जाये तो सबमें परस्पर संबंध और अन्विति दिखलाई पड़ सकती है। यही पद्धति इस प्रकार की अन्य कविताओं में भी प्रयुक्त हुई है। मुक्त आसंगमूलक छंदयुक्त पद गीत का उदाहरण माहेश्वर तिवारी 'शलभ' की कविता 'शाम' है जिसका एक अंश यहाँ उद्धृत किया जा रहा है :

झीलों में डूब रही शाम।
टँगा रह गया खाली,
नीला आकाश।
गुमसुम दीखीं सारी,
पत्तियाँ उदास।
उभर रहा है माटी में गूँथा
ईंगुर से लिखा हुआ नाम।
मछुवारी किरनों ने
फिर बाँधी नाव।
डाल दिया थकी हुई
भीड़ ने पड़ाव।
दिन भर चलकर हारे घोड़ों की
सूरज ने खोल दी लगाम।

—माहेश्वर तिवारी 'शलभ'

दशम अध्याय

उपसंहार

पिछले अध्यायों में गीतिकाव्य—विशेषतः भारतीय गीतिकाव्य के उद्भव, विकास तथा शिल्प-तत्त्व के परिवर्तनशील स्वरूप का विशद विवेचन किया जा चुका है। इस विवेचन से हम इस निष्कर्ष पर पहुँचते हैं कि गीतिकाव्य साहित्य की एक जीवन्त विधा है जो मुनष्य जाति की कलात्मक अभिव्यक्ति के अनिवार्य माध्यम के रूप में आदिकाल से अब तक अक्षुण्ण रूप से प्रवहमान है। विभिन्न देशों और कालों के ऐतिहासिक, सांस्कृतिक एवं सामाजिक परिवेश के अनुरूप उसके स्वरूप और शिल्प में भले ही निरन्तर परिवर्तन होता रहा हो, किंतु उसकी धारा कभी भी विलुप्त अथवा पूर्णतया अवरुद्ध नहीं हुई।

इसका कारण यह है कि गीत मानव के अन्तर्मन की अनुगूँज है, वह हास और रुदन के समान मानव-प्रकृति का एक महत्त्वपूर्ण अंग है। अतः जब तक मानव का अस्तित्व बना रहेगा, तब तक वह गीत गाता रहेगा। प्रायः कहा जाता है कि आज के वैज्ञानिक और औद्योगिक युग में गीतिकाव्य की कोई उपयोगिता नहीं रह गई है, यह जटिल अनुभूतियों और घनीभूत बौद्धिकता का युग है जिसमें गीतिकाव्य की रागात्मकता, सहजता और लयात्मकता के लिए कोई अवकाश नहीं है किंतु यह एक भ्रान्त धारणा है। गहन बौद्धिकता के युग में रागात्मक अनुभूतियों की और भी आवश्यकता है। मनुष्य, तभी तक मनुष्य रह सकता है जब तक कि उसके भीतर बौद्धिकता और रागात्मकता का सन्तुलन बना रहेगा।

पूर्ण बौद्धिकता एक कल्पना मात्र है। अतः यह कहना भी सही नहीं कि आज का युग पूर्णतया बौद्धिक हो गया है। इस युग में बौद्धिकता का अतिशय विकास अवश्य हुआ किंतु रागात्मकता का पूर्ण ह्रास नहीं हुआ है। मानव-समाज में रागात्मकता की कमी अवश्य हुई है किंतु जिस सीमा तक रागात्मकता कम हुई है, उसी सीमा तक मनुष्य अपनी मनुष्यता से स्खलित भी हुआ है। आज का युग यदि औद्योगिक एवं बौद्धिक विकास की चरम सीमा पर पहुँच गया है तो इसका अर्थ

यह नहीं कि मनुष्यता भी उसके हाथ से छूट जाये। यदि आधुनिक युग में ऐसी आशंका उत्पन्न हो गई हो तो यह और भी आवश्यक है कि गीतिकाव्य का अधिकाधिक प्रणयन एवं प्रसार हो ताकि उसके माध्यम से मनुष्य अपनी खोई हुई रागात्मकता को पुनः उपलब्ध कर सके।

गीतिकाव्य की अनिवार्यता सिद्ध करने से हमारा तात्पर्य यह नहीं है कि ज्ञान-विज्ञान के विविध क्षेत्रों की बौद्धिक उपलब्धियों का कोई महत्त्व नहीं है या उनकी उपेक्षा की जाये। हमारा पक्ष यह है कि जिस सीमा तक बौद्धिकता का विकास हुआ है, उसी सीमा तक रागात्मकता का भी विकास होना चाहिए। रागात्मकता की सर्वोत्तम काव्याभिव्यक्ति गीत-विधा ही है। अतः काव्य की अन्य विधाओं की तुलना में आधुनिक युग में गीतिकाव्य को वरीयता मिलनी चाहिए। अपनी संक्षिप्तता, लयात्मकता और सहजता के कारण गीतिकाव्य सर्वबोधगम्य और सर्वग्राह्य भी है। अतः वैज्ञानिकों, प्रविधि-वेत्ताओं और गणितज्ञों तक के लिए भी गीतिकाव्य किसी न किसी सीमा तक मानसिक तृप्ति एवं आनन्द का साधन बन सकता है। वस्तुतः मनुष्यता और कोरी बौद्धिकता के बीच एक स्वाभाविक खाई होती है जिसे पाटने का काम कला करती है। गीतिकाव्य इन दोनों के बीच का सेतु है। वह ऐसा कलात्मक सीमेण्ट है जो दोनों को जोड़कर एक बना सकता है। इस तरह गीतिकाव्य मनुष्यता के विकास और रक्षण का सर्वोत्तम साधन है।

यहाँ यह स्पष्ट कर देना आवश्यक है कि आज के युग का गीतिकाव्य भी आज के युग के अनुरूप ही होगा। इस युग में बौद्धिकता का आधिक्य है तो गीतिकाव्य में भी बौद्धिकता का प्रवेश रोका नहीं जा सकता। आज वैदिक काल, पौराणिक काल और सामंती-काल के वस्तु-तत्त्व और भाव-बोध को लेकर गीतिकाव्य की रचना नहीं हो सकती। छायावाद, प्रगतिवाद और प्रयोगवाद का भाव-बोध भी आज बीते कल की वस्तु बन गया है। आज के गीतिकाव्य में आधुनिक वस्तु-तत्त्व और भाव-बोध का होना गीतिकाव्य को सार्थक बनाने के लिए आवश्यक है। जिन सहृदयों या पाठकों को आज का गीतिकाव्य संबोधित होता है, उनसे तादात्म्य स्थापित करना तभी संभव है जबकि गीतकार अपने संबोधित समाज के बौद्धिक स्तर को ध्यान में रखे। इस तरह आधुनिक गीतिकाव्य की बनावट बौद्धिक वस्तु-तत्त्व और अनुभूति के नवीन आयामों के ताने-बाने से ही हो सकती है। पिछले अध्याय में 'नवगीत' पर विचार करते हुए हम देख चुके हैं कि हिंदी के आधुनिक गीत-नवगीत में यह बुनावट अपना सिक्का जमा चुकी है।

किंतु क्या नवगीत आधुनिक गीतकाव्य का आदर्श रूप है ? यह मानने में आपत्ति नहीं होनी चाहिए कि नवगीत, नयी कविता की एक विधा है, नयी कविता का समानान्तर आन्दोलन नहीं है। सन् 1965 के बाद नयी कविता के वस्तु-तत्त्व और शिल्प में मौलिक परिवर्तन घटित हुआ है किंतु नवगीत अभी जहाँ का तहाँ

है। नवगीत के छंद में अभी तक कोई मौलिक परिवर्तन नहीं हुआ है, यद्यपि उसकी भाषा, मुक्तक छंदवाली नयी कविता की भाषा से अधिक काव्यात्मक है किंतु उसमें नियमित छंदों की विवशता के कारण भाषिक समृद्धि उतनी नहीं आ पाई है। नयी कविता की छंदमुक्त शैली के समान नवगीत की भी शब्द-प्रयोगमूलक रूढ़ियाँ बनती जा रही हैं। यदि यही स्थिति रही तो नवगीत भी अपना आकर्षण खो देगा। अतः नयी कविता की भाँति नवगीत में भी झकझोर देनेवाले प्रयोगों की आवश्यकता है। जीवन के यथार्थ का जैसा कटु-तिक्त चित्रण आज की कविता में होना चाहिए, वैसा नवगीत में अभी तक नहीं हुआ है। यह सम्भवतः नवगीत के कवियों की संस्कारगत अक्षमता का द्योतक है। अतः यह निश्चित है कि नवगीत का वर्तमान रूप भी बदलेगा। उसमें गेयता के नवीन प्रतिमान स्थापित होंगे, नवीन छंदों का प्रयोग होगा, मुक्त छंद जैसे लयात्मक विषम चरणों की व्यवस्था मान्य होगी, भाषा पूर्णतया बोल-चाल के निकट पहुँच जायेगी और उसमें कथ्य का घनत्व बहुत अधिक होगा। ऐसा हो जाने पर नवगीत भी पुराना पड़ जायेगा और नवगीत गीतिकाव्य का कुछ और नामकरण हो जायेगा।

किंतु यह सब मात्र सम्भावनाएँ हैं। इस शोध-प्रबन्ध में निरन्तर विकास की गति को देखते हुए इस प्रकार की सम्भावनाओं की कल्पना अस्वाभाविक नहीं कही जा सकती। मनुष्य का यह स्वभाव है कि वह एक चीज से अधिक दिनों तक सन्तुष्ट नहीं रहता। वह उससे ऊबकर नवीन वस्तुओं अथवा नये रूपाकारों की खोज करता है। नवगीत के साथ भी ऐसा होना सम्भव है और ऐसा होगा भी किंतु यह सब कब होगा, यह भविष्य ही बतायेगा।

पुस्तक-सूची

आधार-ग्रंथ

1. ऋग्वेद, सायण भाष्य, प्रथम संस्करण, चौखम्भा संस्कृत सीरीज़, वाराणसी
2. यजुर्वेद, पंचम संस्करण, संस्कृति संस्थान, बरेली
3. सामवेद-संहिता—सं. श्रीपाद दामोदर सातवेलकर, स्वाध्याय मण्डल पारडी
4. अथर्ववेद—पंचम संस्करण, सं. श्रीराम शर्मा आचार्य, संस्कृति संस्थान, बरेली
5. मेघदूत—कालिदास
6. विक्रमोर्वशीय—कालिदास
7. मालविकाग्निमित्र—कालिदास
8. अभिज्ञानशाकुन्तल—कालिदास
9. गीत-गोविन्द—जयदेव
10 थेर-थेरी गाथा—धम्मपद-पालित्रिपिटक
11. गाहा सतसई—प्रथम संस्करण, हाल, स. परमानन्द शास्त्री, प्रकाशन संस्थान, मेरठ
12. चर्यापद—राहुल सांकृत्यायन
13. थेरीगाथा (सुत्त निकाय)—अनुवादक श्री धर्मरक्षित
14. थेर-मुक्ता
15. पउम चरिउ—प्रथम संस्करण, स्वयंभू—सं. डॉ. हरिबल्लभ मयाणी, भारतीय विद्या भवन, बम्बई
16. महापुराण—प्र. संस्करण, पुष्पदन्त—सम्पादक पी. एल. वैद्य, मानिकचन्द दिगम्बर जैन ग्रंथमाला, बम्बई
17. सुत्त निकाय—अनुवादक श्री धर्मरक्षित
18. केनोपनिषद्—गीता प्रेस गोरखपुर

19. श्रीमद्भागवद्गीता
20. उपदेश रसायण रास—जिनदत्त सूरि
21. जम्बू स्वामी रासा—धर्मसूरि
22. नेमिनाथ रास—जिनप्रभसूरि
23. रेवन्तगिरि रास—विजयसेन सूरि
24. महाभारत
25. स्कन्द पुराण
26. संघपति समरा रास—अम्बदेव सूरि
27. चच्चरी—जिनदत्त सूरि
28. चर्चरी—सोलण
29. सिरिथूलिभद्द फागु—जिनपद्म सूरि
30. नामदेव के पद : हिंदी साहित्य को मराठी सन्तों की देन—लेखक डॉ. विनय मोहन शर्मा
31. प्राकृत पैंगलम्
32. स्वयंभू छंद
33. नेमिनाथ फागु—राजशेखर सूरि
34. नेमिनाथ चउमई—विनयचन्द सूरि
35. नेमिनाथ फागु—समथर
36. गुरुग्रंथ साहब
37. रामानन्द की हिंदी रचनाएँ—सम्पादक—हजारी प्रसाद द्विवेदी
38. प्रबन्ध चिन्तामणि—सम्पादक—मुनि जिन विजय
39. कबीर ग्रंथावली—द्वितीय खण्ड—सम्पादक—पारसनाथ तिवारी, हिंदी-समिति, प्रयाग
40. तुलसी ग्रंथावली—आचार्य रामचन्द्र शुक्ल—नागरी प्रचारिणी सभा, वाराणसी
41. सूरसागर—नन्द दुलारे वाजपेयी, नागरी प्रचारिणी सभा, वाराणसी
42. भ्रमर-गीत-सार—आचार्य रामचन्द्र शुक्ल, नागरी प्रचारिणी सभा, वाराणसी
43. विद्यापति-पदावली—सम्पादक रामवृक्ष बेनीपुरी, पुस्तक भण्डार लेहरिया सराय
44. संत रविदास और उनका काव्य—संपादक—डॉ. गोपाल जी 'स्वर्णकिरण', समकालीन प्रकाशन, वाराणसी। लोकगीतिका—सम्पादिका श्रीमती प्रभावती सिंह, समकालीन प्रकाशन, वाराणसी।
45. भारतेन्दु ग्रंथावली—सम्पादक—व्रजरत्नदास, नागरी प्रचारिणी सभा, वाराणसी।
46. प्रेमघन-सर्वस्व—बद्री नारायण चौधरी 'प्रेमघन', हिंदी साहित्य सम्मेलन, प्रयाग

47. मरासिये अनीस—अनीस
48. रस बरसात—अमीर सिंह हरि प्रकाश यंत्रालय बनारस द्वारा मुद्रित एवं प्रकाशित।
49. नयी बहार—अमीर सिंह हरि प्रकाश यंत्रालय बनारस द्वारा मुद्रित एवं प्रकाशित।
50. मधुमुकुल काव्य—मल्लिक चन्द आर्ट कम्पनी बनारस
51. मलार-हिंड़ोला आदि—मल्लिक चन्द आर्ट कम्पनी बनारस
52. प्रेम तरंग—हरि प्रकाश यंत्रालय बनारस
53. स्फुट कविता (भारतमित्र—सम्पादक बाबू बालमुकुन्द गुप्त, कलकत्ता, फुटकर कविताओं का संग्रह—संग्रहकर्त्ता—नवल किशोर गुप्त), कलकत्ता 97, मुक्ताराम बाबू स्ट्रीट, भारतमित्र प्रेस, सन् 1905 ई.
54. नित्य कुसुमाकरोद्यान अर्थात् चर्मानस्ताने हमेशः बहार दूसरा भाग, श्री बाबू हरिश्चन्द्र (रसा) हरिप्रकाश यन्त्रालय, बनारस
55. गुलजार पुर बहार (परिशोधित और सस्ती आवृत्ति) श्री हरिशंकर, संपादित—अमीर सिंह, हरिप्रकाश यंत्रालय न. 1, नेपाली खपरा, बनारस, मल्लिक चन्द और कम्पनी द्वारा प्रकाशित, बनारस आर्य यंत्रालय में बाबू अम्बिका चरण चट्टोपाध्याय द्वारा मुद्रित हुआ। सम्वत् 1940
56. मन की लहर—ईश्वरावलम्बित प्रसिद्ध प्रताप नारायण मिश्र (बरहमन) भारत जीवन यंत्रालय, बनारस, 1888 ई.
57. इश्क अजायब—श्री महन्त जानकी प्रसाद उपनाम, श्री रसिक बिहारी, ग्रंथकार, काशी भारत भूषण यंत्रालय में प्रकाशित, सन् 1894 ईस्वी
58. नवीन पद्य-संग्रह (नवीन संस्करण) संग्रहकर्त्ता पं. भगवती प्रसाद वाजपेयी, प्रकाशक, हिंदी साहित्य सम्मेलन, प्रयाग, तृतीय बार, सं. 1989 वि.
59. कविता-कौमुदी (दूसरा भाग-हिंदी) लेखक रामनरेश त्रिपाठी, पहला संस्करण, मार्ग शीर्ष, 1977
60. पूर्ण संग्रह (स्वर्गीय रायदेवी प्रसाद 'पूर्ण' की चुनी हुई सरस कविताओं का संग्रह) संकलनकर्त्ता—लक्ष्मीकान्त त्रिपाठी
61. तुलसी साहिब हाथरसवाले की शब्दावली और जीवन चरित्र भाग-1, इलाहाबाद वेलवेडियर स्टीम प्रिन्टिंग वर्क्स में प्रकाशित हुआ, सन् 1914 ई., दूसरी बार
62. पद्य रत्नावली—संकलनकर्त्ता—अखोरी गंगा प्रसाद सिंह, प्रकाशक साहित्य सेवा सदन, काशी, 1996 विक्रमी
63. पद्य-प्रसून-रचयिता—साहित्य रत्न पं. अयोध्या सिंह उपाध्याय 'हरिऔध' प्रकाशक हिंदी पुस्तक भंडार, लेहरिया सराय, प्रथम संस्करण, 1982

64. कृषक-क्रन्दन या आर्त्त कृषक—ले. सनेही, प्रकाशक शिवनारायण मिश्र 'प्रताप कार्यालय' कानपुर, द्वितीय बार, 1919
65. हिंदी के मुसलमान कवि—गंगा प्रसाद सिंह द्वारा संगृहीत
66. पुष्करिणी--सम्पादक अज्ञेय, साहित्य सदन, चिरगाँव (झांसी)
67. आधुनिक कवि—सुमित्रानन्दन पंत
68. गीतिका--षष्ठ सं., सूर्यकान्त त्रिपाठी निराला, भारती भंडार, लीडर प्रेस, इलाहाबाद, सम्वत् 2021
69. यामा—महादेवी वर्मा, साहित्य भवन लिमिटेड, प्रयाग, दीपशिखा—महादेवी वर्मा, साहित्य भवन लिमिटेड, प्रयाग
70. चन्द्रगुप्त (नाटक)—जयशंकर प्रसाद, भारती भंडार, लीडर प्रेस, इलाहाबाद
71. लहर—जयशंकर प्रसाद, भारती भंडार, लीडर प्रेस, इलाहाबाद
72. परिमल—ग्यारहवाँ संस्करण, निराला-गंगा पुस्तक माला-कार्यालय लखनऊ, सन् 1969 ई.
73. कामायनी—पन्द्रहवाँ संस्करण, जयशंकर प्रसाद, भारती भंडार, लीडर प्रेस, इलाहाबाद, सन् 1971
74. अपरा—निराला, भारती भंडार, लीडर प्रेस, इलाहाबाद, सन् 1971
कुकुरमुत्ता—नया संस्करण, निराला, लोक भारती प्रकाशन, इलाहाबाद, 1969 ई.
75. धूप-छाँह—रामधारी सिंह 'दिनकर', उदयाचल, पटना
76. पल्लविनी—चतुर्थ संस्करण, सुमित्रानन्दन 'पंत'—राजकमल प्रकाशन, दिल्ली सम्वत् 2020
77. झरना—जयशंकर प्रसाद, भारती भंडार, लीडर प्रेस, इलाहाबाद
78. अनामिका—निराला, भारती भंडार, लीडर प्रेस, इलाहाबाद
79. आकुल अंतर, द्वितीय संस्करण—हरिवंश राय बच्चन, भारती भंडार इलाहाबाद, 1944 ई.
80. प्रेम-संगीत—बच्चन, राजपाल एण्ड सन्स, दिल्ली
81. मधुकलश—बच्चन, राजपाल एण्ड सन्स, दिल्ली
82. प्रभात फेरी, प्र. सं.—नरेन्द्र शर्मा, किताब महल प्रकाशन, इलाहाबाद, 1953 ई.
83. सतरंगिणी—बच्चन, राजपाल एण्ड सन्स, दिल्ली
84. प्रतिनिधि रचनाएँ—डॉ. शंभुनाथ सिंह, समकालीन प्रकाशन, वाराणसी
85. हुंकार—दिनकर, उदयाचल, पटना
86. रसवन्ती, दसवाँ संस्करण—दिनकर, राजेन्द्र नगर, पटना, 1966
87. गीत-अगीत—दिनकर, उदयाचल, पटना

नीम के पत्ते, तृतीय संस्करण—दिनकर, उदयाचल, आर्य कुमार रोड, पटना

चौंसठ कविताएँ, प्र. सं.—इन्दु जैन, भारतीय ज्ञानपीठ प्रकाशन, सन् 1964

88. बूँद नेह की दीप हृदय की, प्रथम संस्करण—डॉ. महेन्द्र भटनागर, नेशनल पब्लिशिंग हाउस, दिल्ली, 1967 ई.
89. जवानी और जमाना—डॉ. श्यामनन्दन 'किशोर'
90. छायालोक, द्वितीय संस्करण—शंभुनाथ सिंह, समकालीन प्रकाशन, वाराणसी
91. मिलन-यामिनी—बच्चन, राजपाल एण्ड सन्स, दिल्ली
92. माध्यम मैं—शंभुनाथ सिंह, प्रभा प्रकाशन, वाराणसी, द्वितीय प्रकाशन, 1970 ई.
93. दिवालोक—शंभुनाथ सिंह, प्रभा प्रकाशन, वाराणसी. द्वितीय प्रकाशन, 1970 ई.
94. उदयाचल—शंभुनाथ सिंह, प्रभा प्रकाशन, वाराणसी, द्वितीय प्रकाशन, 1970 ई.
95. कवितायें-64—सम्पादक : अजित कुमार-विश्वनाथ त्रिपाठी, नेशनल पब्लिशिंग हाउस, दिल्ली, सन् 1966 ई.
96. भैरवी—सोहनलाल द्विवेदी, इण्डियन प्रेस लिमिटेड, इलाहाबाद, 1951 ई.
97. अप्रस्तुत मन—भारतभूषण अग्रवाल
98. तारसप्तक—सम्पादक : अज्ञेय, भारतीय ज्ञानपीठ प्रकाशन, काशी, सन् 1943
99. युगवाणी—पंत, राजकमल प्रकाशन प्राइवेट लिमिटेड, दिल्ली, षष्ठ-संस्करण, 1966 ई.
100. ग्राम्या—षष्ठ संस्करण—पंत, भारती भंडार, लीडर प्रेस, प्रयाग, सम्वत् 2021
101. सतरंगे पंखोंवाली, प्र. सं.—नागार्जुन, यात्री प्रकाशन, कलकत्ता, 1959 ई.
102. दूसरा सप्तक, प्र. सं., सम्पादक : 'अज्ञेय' भारतीय ज्ञानपीठ प्रकाशन, वाराणसी, 1951 ई.
103. तीसरा सप्तक, सम्पादक : 'अज्ञेय', भारतीय ज्ञानपीठ प्रकाशन, वाराणसी, 1959 ई.
104. इत्यलम्—अज्ञेय, भारतीय ज्ञानपीठ प्रकाशन, वाराणसी
105. अपरम्परा—सम्पादक : गोपीकृष्ण प्रसाद, नर्मदेश्वर प्रसाद, रामनरेश पाठक आदि, ज्ञानपीठ प्रा. लि. पटना, 12 जून, 1959 ई.
106. क्वार की साँझ, प्रथम संस्करण—रामनरेश पाठक, श्रेष्ठ साहित्यागार पटना, 1958 ई.

107. अनुपस्थित लोग, प्रथम संस्करण, भारतभूषण अग्रवाल, लोक भारती प्रकाशन, इलाहाबाद, सन् 1965 ई.
108. शब्द-दंश–जगदीश गुप्त, भारती भंडार, लीडर प्रेस, प्रयाग, सम्वत् 2016 विक्रमी
109. बोलने दो चीड़ को–नरेश मेहता, हिंदी ग्रंथ रत्नाकार (प्राइवेट) लिमिटेड बम्बई, सन् 1961 ई.
110. अर्चना–निराला, निरुपमा प्रकाशन, शहरारा बाग, प्रयाग
111. वेला–निराला, निरुपमा प्रकाशन, शहरारा बाग, प्रयाग
112. नये पत्ते–निराला, निरुपमा प्रकाशन, शहरारा बाग, प्रयाग
113. अभी बिल्कुल अभी, प्र. सं., केदारनाथ सिंह, नया साहित्य प्रकाशन, मिण्टो रोड, इलाहाबाद, सन् 1960 ई.
114. शिला पंख चमकीले, प्र. सं., गिरिजाकुमार माथुर, साहित्य भवन प्राइवेट लिमिटेड, इलाहाबाद 1961 ई.
115. कुछ और कविताएँ–शमशेर बहादुर सिंह
116. आँगन के पार द्वार, प्र. सं., अज्ञेय, भारतीय ज्ञानपीठ काशी, सन् 1961 ई.
117. परिवेश–हम तुम, प्र. सं., कुंवर नारायण, भारती भंडार, लीडर प्रेस, इलाहाबाद, सम्वत् 2018 विक्रमी
118. अरी ओ करुणा प्रभामय, प्र.सं., अज्ञेय, भारतीय ज्ञानपीठ काशी, सन् 1959 ई.
119. शताब्दी–बालकृष्ण उपाध्याय
120. कितनी नावों में कितनी बार–अज्ञेय, भारतीय ज्ञानपीठ प्रकाशन, वाराणसी
121. संक्रान्त, प्र. सं, कैलाश वाजपेयी, भारतीय ज्ञानपीठ प्रकाशन, सन् 1964
122. बाँस का पुल, प्र. सं., सर्वेश्वरदयाल सक्सेना, समवाय प्रकाशन लखनऊ, 1963
123. जलते शहर में–उमाशंकर तिवारी, समकालीन प्रकाशन, वाराणसी, 1968
124. ठंढा लोहा–धर्मवीर भारती
125. आस्था, प्र. सं., सूर्य प्रताप सिंह, सहकारी कविता प्रकाशन, गोबर्धन सराय वाराणसी, सम्वत् 2021
126. इन्द्र धनुष रौंदे हुए ये–अज्ञेय, सरस्वती प्रेस इलाहाबाद, बनारस, 1957
127. खण्डित सेतु, द्वितीय संस्करण, डॉ. शंभुनाथ सिंह, समकालीन प्रकाशन वाराणसी, 1972 ई.

सहायक-ग्रंथ

1. अपभ्रंश भाषा और साहित्य—डॉ. देवेन्द्र कुमार जैन, प्रथम संस्करण
2. प्राचीन भाषा-काव्यों की विविध संज्ञाएँ—लेखक श्री अगरचन्द नाहटा, नागरी प्रचारिणी सभा, वर्ष 58
3. वाग्भट्ट—काव्यानुशासन की वृत्ति
4. अपभ्रंश और हिंदी में जैन रहस्यवाद—डॉ. वासुदेव सिंह, काशी विद्यापीठ, वाराणसी
5. गीतिकाव्य—डॉ. रामखेलावन पाण्डेय
6. हिंदी साहित्य-कोश—ज्ञानमंडल लिमिटेड, कबीर चौरा, वाराणसी
7. हिंदी काव्य की सामाजिक पृष्ठभूमि, प्रथम संस्करण, शम्भुनाथ सिंह, चौखम्भा विद्याभवन, वाराणसी
8. मेरा जुल उरूज—मौलवी कायम रजा साहब, अनवार अहमदी प्रेस, इलाहाबाद
9. छायावाद-युग, द्वितीय सं., डॉ. शंभुनाथ सिंह, नन्दकिशोर एण्ड ब्रदर्स वाराणसी
10. महादेवी का विवेचनात्मक गद्य—लेखिका महादेवी वर्मा, इण्डियन प्रेस, इलाहाबाद
11. कन्वेन्शन ऐण्ड रिवोल्ट इन पोएट्री—थर्ड एडीशन—जान लिविंग्स्टन लेविस
12. इंगलिश लिटरेचर ऐण्ड आइडियाज इन द ट्वेंटियथ सेंचुरी—डॉ. रूथ
13. आधुनिक कथा साहित्य—क्रम-विकास और नयी दिशा—लेखक इलाचन्द जोशी
14. ए हैण्ड बुक आफ पोएटिक्स—बी. गुमरे
15. ऐन असेसमेण्ट आफ ट्वेंटियथ सेंचुरी लिटरेचर—जे. आइजाक
16. हिंदी महाकाव्य का स्वरूप-विकास—डॉ. शम्भुनाथ सिंह
17. प्राचीन भारतीय काव्यरूपों का विकास और पुरानी हिंदी के काव्यरूप (अप्रकाशित) डी. लिट्. का शोध प्रबन्ध—(मगध वि. वि. बोधगया) डॉ. शम्भुनाथ सिंह
18. आधुनिक हिंदी कविता में गीति तत्त्व (शोध प्रबन्ध), डॉ. सच्चिदानन्द तिवारी, हिंदी साहित्य स. प्रयाग
19. आधुनिक हिंदी गीतिकाव्य का स्वरूप-विकास—श्रीमती डॉ. आशा किशोर, विश्वविद्यालय प्रकाशन, वाराणसी
20. हिंदी मुक्तक काव्य का विकास—डॉ. जितेन्द्रनाथ पाठक, नागरी प्रचारिणी सभा, काशी

पत्र-पत्रिकाएँ

1. सरस्वती—प्रयाग
2. माधुरी—लखनऊ
3. सुधा—लखनऊ
4. हिंदी प्रदीप—इलाहाबाद
5. आनन्द कादम्बिनी—मीरजापुर
6. मर्यादा—जबलपुर
7. हरिश्चन्द्र मैगजीन—बनारस
8. रूपाभ—इलाहाबाद
9. प्रतीक—इलाहाबाद
10. योगी—पटना
11. ज्ञानोदय—कलकत्ता
12. कल्पना—हैदराबाद
13. माध्यम—इलाहाबाद
14. निकष—इलाहाबाद
15. धर्मयुग—बम्बई
16. कविता 'अलवर'—अलवर (राजस्थान)
17. लहर—अजमेर
18. नयी कविता—इलाहाबाद
19. आलोचना—दिल्ली

●●●